제5판

LOCAL PUBLIC FINANCE

현대지방재정론

민기 | 강윤호 | 전상경

박영사

제5판 서문

　이 책의 초판이 나온 지는 벌써 20년 가까운 세월이 흘렀고, 제4판이 출간된 지도 5년이 넘었다. 그동안 중앙정부와 지방정부를 둘러싼 정치적·경제적 환경이 매우 빠른 속도로 변화되었다. 이로 인해 지방재정관련 제도에도 상당한 변화가 나타났으며 이를 반영하기 위해 저자들은 이 책의 제5판을 발간하기에 이르렀다.

　이 책의 초판에서 제3판까지는 전상경의 단독 저서 형태로서, 그리고 제4판부터는 민기·강윤호·전상경 3인의 공저 형태로 출간되었다. 이 책이 3인 공저 형태를 띠긴 하지만, 세 저자의 학문적 견해가 서로 다르지 않기 때문에 초판에서 가졌던 문제의식들은 제5판에서도 그대로 견지될 수 있도록 하였다. 비록 그 집필상의 기본철학은 이전 판과 크게 벗어나지는 않았지만, 모든 장과 절의 내용은 이전 판을 읽은 적이 있는 독자들이라면 상당한 변화를 실감할 수 있도록 대폭 수정하였다.

　제5판의 개정작업에서도 가장 역점을 둔 것은 제4판에서와 같이 지방재정의 이론적 측면과 현행 제도적 측면을 균형있게 다루려고 한 점이다. 시대의 변화와 더불어 지방재정제도는 항상 변하게 마련이지만, 그러한 변화는 지방재정의 이론적 토대 위에서 이루어져야 한다. 현행 제도를 지나치게 무시한 채 이론에 치우치면 지방재정을 현실과 유리된 "학술적 유희(遊戲)"의 대상물로 전락시키게 된다. 따라서 저자들은 제도를 다루지만 단순히 현행제도의 해설에 그치지 않고, 그 제도의 이론적 바탕은 물론이고 그 역사적 과정을 소개하면서 그것이 갖고 있는 정치경제적 함의를 탐구하려고 노력하였다.

제5판은 17개 장으로 구성되었던 제4판과 달리 16개 장으로 구성하였다. 제1장부터 제9장까지는 강윤호, 제10장에서 제16장까지는 민기, 집필에 관한 전체적인 조언은 전상경이 담당하였고, 특히 공저의 형식에서 발생될 수 있는 문제점을 최소화하기 위해 집필 전체 과정은 민기가 총괄하였다. 개정작업을 하면서 3인의 저자들은 줄곧 초판을 출간한다는 마음가짐으로 상당한 노력을 기울였지만, 이 작업의 성공 여부는 독자들이 판단할 몫이다.

저자들은 여러 가지 어려운 사정에도 제5판을 발간할 수 있도록 배려해 주신 박영사의 안종만 회장님, 좋은 책을 만들기 위해 애써 주신 배근하 과장님, 개정판의 집필을 독려해 주신 조성호 이사님, 그리고 지금까지 본서를 아껴주신 독자들에게 감사드린다. 물론 가장 고마움을 표해야 할 사람은 저자들의 오늘날이 있기까지 옆에서 도와준 가족들이며 그들에게 제5판을 바친다.

2021년 1월

민 기·강윤호·전상경

초판 서문

　우리나라에서는 1995년 6월 27일 지방정부의 장(長)이 주민직선으로 선출됨과 더불어 지방자치의 제도적 장치는 상당히 갖추어졌다고 생각된다. 이렇게 오는 데까지 무려 35여 년 간의 세월이 흐른 셈이다. 사실 지방자치가 부활되기 전까지 상당수의 사람들은 지방자치는 민주주의 실현의 초석이며, 우리나라의 많은 문제가 지방자치를 실시하지 않았기 때문인 것으로 생각하였다. 그래서 지방자치만 실시되면, 모든 문제들이 하루아침에 해결되는 듯한 환상적인 생각을 하게끔 하는 분위기도 있었다.

　그러나 막상 지방자치가 부활되고 난 지금 여러 가지 문제가 오히려 새롭게 대두되고 있다. 그 중에서도 가장 큰 것이 재정문제이다. 왜냐하면 정치적 민주화의 진전과 지방자치의 부활을 계기로 시민들의 주권의식과 더불어 정부에 대한 기대는 엄청나게 커졌고, 따라서 지방정부들은 제약적인 재정동원 하에서 폭증하는 행정수요를 처리해야만 하는 상황에 직면하게 되었기 때문이다. 즉 선거 때문에 주민에게 추가적 부담을 지우는 것이 더욱 어려워지게 되었는데도 불구하고 오히려 주민들의 행정수요는 폭증하고 있기 때문이다. 그러므로 지방자치가 부활되고 난 후에는 지방재정에 관한 연구의 필요성이 더욱 증대되고 있다.

　물론 지방자치부활 이전에도 지방재정의 연구는 중요하였지만, 연구의 관점은 지금과 다를 수밖에 없었다. 그 당시에는 지방재정의 세입측면이 세출측면보다 훨씬 강조되었고, 세입에 대한 연구도 매우 정태적인 관점에서 이루어졌다. 좀 과장한다면, 그 당시의 지방재정의 연구의 출발점이자 종착역은 일반회계에서 자주재원이 차지하는 비중을 표시하는 재정자립도개념이었다. 그리하여 제5공화국 헌법 부칙에서는 지방정부의 재정자립도를 감안하여 순차적으로 지방자치를 실시한다고 명시하기까지 하였다.

지방자치가 부활되어 지방분권화에 대한 요구가 커지고 따라서 지방정치의 중요성이 증대됨에 따라 전술한 정태적인 세입중심의 지방재정연구는 그 한계를 드러낼 수밖에 없게 되었다. 지방자치가 제 궤도에 오르기 시작함에 따라 이제는 한정된 자원을 어디에 사용하고, 또 누구를 위해 사용되어야만 하며, 그러한 재원조달을 어떻게 할 것인가? 하는 동태적인 측면이 중요시되었다. 환언하면 지방자치 부활전의 지방재정연구는 주로 제한된 공급측면에 치중되었지만, 지금은 지방재정의 수요측면이 크게 부각되고 있는 것이다. 또한 공급측면에서도 지방의회가 정착됨으로 해서 관료들의 생산성 및 재정에 대한 관심이 대두될 수밖에 없었고 이것은 자연스럽게 지방정부의 효율적인 재정운영의 필요성을 부각시키기 되었다.

본서는 이러한 환경변화를 염두에 두고 집필되었다. 지금까지 지방정부의 재정에 관련된 책들이 많이 출간되는데, 다른 학문분야와는 달리 지방재정분야에서의 전문서적은 학계에서보다도 실무계에서 먼저 출간되었다. 이러한 선행연구자들의 학문적 결실들이 저자의 학문 활동에 큰 도움이 되었다. 그렇지만 저자가 본서의 제목을 「현대지방재정론」이라고 굳이 '현대'라는 수식어를 붙이려고 한데는 다음과 같은 몇 가지를 염두에 두었기 때문이다.

첫째, 본서는 우리나라를 연구대상으로 한다. 우리나라의 재정문제를 논하면서 외국문헌을 통한 외국 제도를 지나치게 소개하다보면 몇 가지 문제점이 대두된다. 즉 우리나라와 근본적으로 제도가 다른 미국 같은 나라의 제도를 소개하면 현실감이 떨어지고, 우리나라와 매우 유사한 일본의 제도를 소개하면 동일한 한자를 쓰고 있기 때문에 명칭은 같아도 내용이 달라서 초심자들에게 매우 혼란을 초래하는 경우가 생긴다.

둘째, 저자는 지방재정을 이해하는 데 제도가 중요하기는 하지만 제도의 해설만이 지방재정의 연구범위는 아니라고 생각한다. 지방재정을 연구할 때 현실제도만을 탐구하고 이론을 소홀히 하면 오묘한 원리를 깨우치기 힘들고, 또한 현실을 무시한 채 이론만을 고집하면 탁상공론이라는 비난을 면키 어려운 것이다. 재정학은 현실을 무시한 채 연구될 수 없는 학문인 것이다.

셋째, 지방재정에 관한 상당수의 연구가 '지방'이라는 큰 영역 안에서 근본적으로 성격이 다른 지방정부들을 뭉뚱그려서 취급하고 있는 실정이다. 그렇기 때문에 특히 통계자료를 이용하여 어떤 현상을 기술하고 설명할 경우, 소위 분석단위 구성시의 생태적 오류(ecological fallacy)를 범하게 되고 따라서 중요한 정보손실을 초래하게 된다. 그래서 본서에서는 문제의 성격에 따라서 분석의 단위를 지방정부의 지위에 따라 구분하려고 한다. 또한 중앙정부와 달리 지방정부는 매년 2~3차례의 추가경정예산을 편성하기 때문에 정보왜곡을 제거하기 위하여 될 수 있는 한 모든 통계치는 결산자료를 이용하려고 노력하였다.

넷째, 선진국에서는 교육이 지방정부가 제공하는 주요한 지방공공재이다. 이웃 일본이 그러하고 미국도 그렇다. 김대중 정부가 들어서면서 교육자치를 일반자치와 통합시키려는 정책방향이 잡혀지기는 했었지만 2002년 현재로선 통합되고 있지 않다. 그렇지만 국세인 교육세 중에서 지금까지 7개의 지방세에 부가되어 징수되던 것들이 2001년부터 지방교육세로 바뀌었다. 그래서 본서에는 교육재정도 포함시켰다.

다섯째, 달라진 정치환경을 고려하려고 한다. 지방자치가 부활된 후 분권화에 대한 요구는 줄기차게 제기되고 있으며, 이제 그 어느 누구도 이러한 분권화의 거대한 물결을 역류시킬 수는 없을 것이다. 따라서 앞서 언급하였듯이 지방재정을 수요자측면과 공급자측면을 모두 고려한 동태적인 관점에서 조망할 필요성이 대두되고 있다. 재정은 정치적인 이념을 숫자로 표시한 것이기 때문에 숫자의 이면에 있는 내용을 해석하려고 노력할 때만 재정의 실상을 정확하게 볼 수 있다고 생각한다. 그렇기 때문에 지방재정을 정치경제적 측면에서 파악해야 할 필요성이 제기되며, 저자는 될 수 있는 한 이러한 입장을 반영하려고 노력하였다.

저자가 본서를 구상한 것은 1990년도였기 때문에, 본서는 원래 계획보다 약 10년 늦게 햇볕을 보는 셈이다. 물론 늦게 책을 출간하는 아쉬움도 컸지만,

그동안 지방재정을 바라보는 저자의 시각도 다소 더 넓고 깊어졌기 때문에 그것을 책에 반영할 수 있었다는 이점도 있었다고 자위해 본다. 물론 오랫동안 고민하였다고 해서 반드시 그 내용이 그 기간에 비례해서 좋아진다고 말할 수 없을 수도 있을 것이다.

저자가 본서를 완성해 나가는 과정에서 가장 힘들었던 부분은 각종 표를 만드는 작업이었다. 분석단위를 광역지방정부와 기초지방정부로 구분함으로써 총합적 자료(aggregate data)는 사용할 수가 없었기 때문에 많은 시간을 기울여 직접 표를 만들기로 하였다. 「지방재정연감」을 접해본 사람이라면 표를 만들 때 느낀 저자의 고통을 이해할 수 있으리라 생각된다. 조금 과장한다면 어떤 경우에는 표 하나를 만드는 데 소비한 시간이 한 장(章)의 글을 쓸 때 소비한 것보다 더 길기도 하였다. 독자들이 보기에는 단순한 것 같아도 저자가 직접 만든 표에는 그러한 숨은 노력이 있었음을 밝히고 싶다. 그래서 저자가 다른 연구자들의 표를 인용할 때에는 그 분의 힘든 노력에 조금이나마 보답하는 마음에서 출처를 밝히려고 노력하였다.

본서를 집필하는 데는 여러 사람들의 도움이 있었다. 먼저 저자의 박사과정 지도교수였던 인만(Robert P. Inman)교수님을 빼 놓을 수가 없다. 학자로서 현실을 인식하는 방법에 대한 가르침을 늘 고맙게 생각하고 있다. 또한 저자가 Fulbright Research Associate로서 미국 캘리포니아대학(버클리)에 머물 때 캘리포니아 주의 주민발의 13(Proposition 13)을 위시한 여러 가지 재정제도에 관하여 친절하게 설명해주신 버클리대학의 러빈펠드(Daniel Rubinfeld)교수님과 퀴그리(John M. Quigley)교수님에게 감사함을 느낀다.

일본 큐슈대학 경제학부의 이토 히로부미(伊東弘文) 교수님도 저자로부터 감사를 받아야 할 분이다. 이토 교수님은 1993년에 약 2개월간 저자가 큐슈대학에서 연구할 수 있도록 큐슈대학의 국제교류연구기금을 제공해 주셨고, 또한 1999년에 다시 2개월간 큐슈대학에서 연구할 수 있도록 배려해 주셨으며, 많은 학문적 조언을 아끼지 않았다. 특히 우리나라의 지방재정에 대한 일본의 영향을 생각해 볼 때, 이토 교수님과의 지적 교류는 우리나라의 지방재정에 대한 저자의 이해의 폭을 한층 깊게 해 주었다. 또한 저자가 미국에서 공부할 때 그곳에 방문 교수로 와 있던 일본 도시샤(同志社)대학 경제학과의 이타바 요시오(伊多波 良雄) 교수님도 저자로 하여금 일본의 재정현실을 이해하는데 많은 조언을 아끼지 않았는데, 이 자리를 빌어 감사드리고 싶다.

　서울대학교 행정대학원의 김동건 교수님은 저자의 행정대학원석사과정 때부터 많은 가르침을 주셨다. 특히 지방재정을 비롯하여 오늘날의 저자의 학문적 관심영역은 김동건 교수님으로부터 많은 영향을 받은 결과라고 할 수 있다. 교수님께 감사를 드린다.

　이와 같이 저자가 본서를 집필하는 데는 여러 선생님들의 지적 자극과 조언이 있었다. 그럼에도 불구하고 본서의 미진한 부분은 전적으로 이런 분들의 훌륭한 조언과 지도에 부응하지 못한 저자의 책임임을 밝히며, 앞으로 독자들의 기탄없는 지도·편달을 받아서 계속 보완해 나갈 생각이다.

　출판계의 어려운 사정에도 불구하고 저자로 하여금 본서를 출간할 수 있게 허락해 주신 박영사의 안종만 회장님, 본서의 집필을 독려해 주신 영업부의 박노일 과장님, 모양새 좋은 책을 만들기 위하여 겨울 내내 애써 주신 이경희 편집위원님, 이름에 걸맞게 현대감이 물씬 느껴지는 표지를 디자인 해 주신 편집부의 이선주 선생님께도 감사드린다. 마지막으로 저자의 학문 활동을 아낌없이 후원해 주는 가족에게 무한정의 고마움을 느끼며 본서를 그들에게 바친다.

2002년 2월 12일
전상경(skjun@donga.ac.kr)

차 례

제 3 장　지방공공재의 효율성과 최적공급 및 비용부담

제2편　지방정부 세입

제 4 장　지방정부 세입구조와 현황

제4편   지방정부의 재정관리

제10장   지방정부의 재정구조와 세출예산제도

제11장   지방정부의 예산운영 관리체계 및 예산과정

제5편　지방교육자치기관의 재정

제1편

총 론

Local · Public · Finance

제1장

지방재정과 재정연방주의

제1절 지방재정의 범위와 특징

1. 지방재정의 의의와 범위

1) 지방재정의 의의

재정(public finance)은 정부가 공공욕구(public needs)를 충족시키기 위해 재원을 동원하고 관리하며 지출하는 등의 모든 경제적 활동으로 정의될 수 있다. 여기서 정부는 중앙정부와 지방정부[1]로 구분될 수 있으므로, 중앙정부에 의한 경제적 활동을 중앙재정으로 지방정부의 경제적 활동을 지방재정으로 볼 수 있다. 따라서 지방재정은 지방정부가 관할구역 내 주민들의 공공욕구를 충족시키기

---

1) 본서에서는 '지방정부'와 '지방자치단체', 그리고 '중앙정부'와 '국가'를 상호교환적으로 사용한다. 주로 지방정부라는 용어를 사용하되 법적 용어인 지방자치단체는 법조문의 인용 등에서와 같이 필요한 경우에 사용한다. 그리고 '지방정부'가 '국가'의 일부 구성요소이므로 지방정부와 대칭되는 개념으로 국가 대신 '중앙정부'라는 용어를 사용하고자 한다.

위해 수행하는 수입 및 지출활동, 자금 및 부채관리 활동 등의 모든 경제적 활동을 의미한다.

지방재정론은 지방재정 관련 이론 및 분석도구를 활용하여, 앞에서 말한 지방정부의 경제적 활동 및 그와 관련된 제도나 정책이 사회와 주민복지에 어떤 영향을 미치는지를 연구하는 데에 초점을 둔다.

지방재정의 연구에서는 지방정부의 다양성(diversity)과 지방정부 간 이동성(mobility)이라는 두 가지 개념에 주목할 필요가 있다. 하나의 국가 내에는 많은 지방정부들이 존재하기 때문에 지방정부의 수입 및 지출의 크기와 그 구성요소, 지방정부의 공공서비스 등에서 다양성이 있다. 또한 이 지방정부들 사이에 개인, 기업 등 경제주체들의 이동이 쉽다. 경제주체들은 지방정부의 다양성으로 인해 선호하는 지방정부를 선택할 수 있고, 따라서 지방정부들 간에 경제주체들의 이동 가능성이 높다.[2] 이와 같은 다양성과 이동성 때문에 지방재정 분석은 중앙재정의 분석과 차이가 있으며 매우 흥미롭다(Fisher, 2007: 3~30). 지방정부 간 주민(납세자)·자본·세원(tax base)의 유치경쟁, 사회복지와 지역개발부문 간 지방재정지출의 선택, 지역 간 공간적 외부성(spatial externalities), 지역 간 균형발전 등과 같은 다양한 지방재정 연구의 주제들이 다양성 및 이동성과 관련되어 있다.

2) 지방재정의 범위

지방재정에서 우리는 두 가지 중요한 요소를 먼저 고려해야만 한다. 즉 그 하나는 지방재정이라고 할 때 '어떤 유형의 지방정부 재정활동을 의미하는가'이고, 다른 하나는 '특정 지방정부의 어떤 재정활동을 지방재정에 포함시킬 것인가'이다. 전자는 일반적인 형태의 지방정부만을 다룰 것인가 아니면 시·도 교육자치기관도 지방정부의 한 형태로 다룰 것인가의 문제이며, 후자는 각 지방정부의 일반회계만을 지방재정에 포함해야 할 것인가 아니면 일반회계와 특별회계

---

2) 국가 간의 장벽보다 한 국가 내 지방정부 간의 장벽이 훨씬 낮으므로, 경제주체들은 선호하는 국가를 선택하여 이동하는 것보다 선호하는 지방정부를 선택하여 이동하는 것이 훨씬 더 쉬울 것이다.

및 기금을 모두 포함해야 할 것인가에 관한 것으로 지방재정에 포함될 회계의 범위에 관한 문제이다.

지금까지 우리나라에서 지방재정이라고 할 때는 통상적으로 일반형태의 지방정부 재정활동만을 지칭해왔다. 비록 시·도 교육자치기관의 재정활동이 시·도 광역자치단체의 교육비특별회계로서 계리되고, 그것이 행정안전부가 발간하는 「지방재정연감」에 수록되고 있지만 지방재정의 연구대상으로서 소홀히 다루어졌다. 우리의 지방재정제도에 많은 영향을 주고 있는 이웃 일본의 경우 초·중등 교육서비스는 일반행정에서 다루어지기 때문에 교육비지출은 지방재정의 주요 항목으로 되어 있어 우리의 경우와 대조적이다.

비록 우리나라는 2010년 8월 31일 자로 종래의 시·도 교육위원회제도가 폐지되고 그 기능은 광역지방정부의회로 통합되긴 하였지만[3] 교육자치는 여전히 일반행정과 분리되어 시행되고 있다. 김대중정부 출범초기에 교육서비스를 일반적인 형태의 지방정부로 하여금 담당케 하려는 논의가 진행되었지만 교육계의 강력한 반발에 부딪쳐 별다른 진척을 보지 못한 채 현재에 이르고 있다. 만약 일반 지방정부가 교육자치를 담당하게 된다면 우리나라 국민들의 높은 교육열을 감안할 때 주민들의 지방공공서비스(i.e., 교육서비스)공급에 대한 관심은 놀라울 정도로 높아질 것이며 그것은 자연스럽게 지방자치에 대한 주민참여를 제고시키게 될 것이다. 이렇게 되면 교육재정에 관한 연구는 지방재정연구에서 가장 핵심적인 과제의 하나로 부각될 것이다.

한편 일반형태의 지방정부재정은 일반회계와 특별회계 및 기금으로 구성됨에도 불구하고 상당히 오랜 기간 동안 지방정부에 대한 재정분석은 일반회계 중심으로 이루어졌었다. 이것은 지방정부의 재정지표로 널리 사용되고 있는 재정자립도가 일반회계를 중심으로 구성되고 있는 데서도 잘 알 수 있다. 그렇지만 지방정부 특별회계와 기금의 규모가 매년 크게 증가하고 있기 때문에 일반회계 중심의 지방재정 연구는 그 의미를 점점 상실해 가고 있다고 생각된다. 그러므

---

3) 제주특별자치도의 경우는 교육위원회가 2006년 7월 1일부터 제주특별자치도 의회에 통합되어 운영되었다.

로 지방재정을 총체적으로 파악하기 위해 일반회계와 특별회계 및 기금을 포함하는 통합재정의 개념이 중요해지고 있다. 이와 같이 지방재정의 정확한 실태파악을 위해 현행 지방재정법 제59조는 지방자치단체장은 매 회계연도마다 일반회계, 특별회계(교육비특별회계 포함), 기금 등을 종합적으로 분석한 통계(i.e., 지역통합재정통계)를 작성하여 행정안전부장관에게 제출토록 하고 있다.

　지방재정을 총체적으로 정확히 이해하기 위해서는 지방재정의 범위에 일반지방정부뿐만 아니라 시·도의 지방교육자치기관(시·도교육청)의 재정을 포함시키고, 또한 일반회계와 특별회계 및 기금을 모두 포함시키는 통합재정의 관점에서 접근하는 것이 필요할 것이다.

　이와 같은 지방재정의 범위를 도식화하면 [그림 1-1]과 같다. 지방재정은 일반 지방정부에 의한 일반지방재정과 지방교육자치기관에 의한 지방교육재정으로 구성된다. 일반지방재정은 일반회계, 특별회계, 기금으로 구성되며 여기서 특별회계는 공기업특별회계와 기타특별회계로 구성되어 있다. 시·도의 지방교육재정은 교육비특별회계로 운영된다.

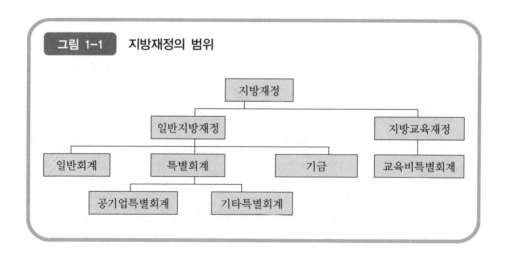

그림 1-1　**지방재정의 범위**

2. 지방재정의 특징: 중앙정부재정과 지방정부재정의 비교

1) 서비스의 성격과 재원조달방식

중앙정부가 공급하는 국가공공재는 주로 비배제성과 비경합성이 강한 순수 공공재로서의 성격을 지니는 경우가 많으며, 따라서 그러한 공공재의 공급에 필요한 재원은 일반적 보상관계를 갖는 조세에 의존한다. 중앙정부는 소득재분배 기능을 수행하기 때문에 그러한 조세는 응익원칙(benefit principle)보다 응능원칙 (ability principle)에 의존하게 되고, 따라서 누진세(累進稅)제도가 광범위하게 실시된다.

여기에 반해 지방정부가 공급하는 지방공공재는 상대적으로 배제성과 경합성을 어느 정도 띠는 비순수공공재인 경우가 많으므로 시장가격의 설정 가능성이 있다. 지방정부는 지방공공재의 공급에 필요한 재원을 주로 지방세에 의존하지만, 지방세는 일반적 보상의 성격을 지니는 국세에 비하여 개별적 보상의 성격을 띠는 경우가 많다. 따라서 지방세는 응능원칙보다도 응익원칙에 입각하여 지방공공재의 가격으로서의 성격을 갖기 때문에 국세에 비하여 상대적으로 누진세제도가 적합하지 않다. 또한 비순수공공재로서의 지방공공재의 성격상 수익자부담의 원칙을 적용하기가 상대적으로 용이하다.

2) 재정운용의 상대적 우월성

지방정부의 경우 중앙정부에 비하여 상대적으로 주민들과 가깝고 그들과 빈번하게 접촉할 수 있어 주민들의 선호를 더 정확하게 파악할 수 있다. 그렇기 때문에 지출업무의 경우는 지방정부가 중앙정부에 비하여 유리하다. 여기에 반해 세입업무는 중앙정부가 지방정부보다 기술과 경험에 있어 유리하다. 즉 중앙정부는 1966년에 설립된 세정전문조직인 국세청을 활용함으로써 효율적인 세정 관리가 가능하지만 지방정부는 그렇지 못하다.[4] 1994년 인천광역시 북구를 위

---

4) 이 같은 이유 때문에 서울특별시와 같은 광역지방정부들은 지방세를 효율적으로 관리할 수 있는 기관의 설치가 필요하다는 입장을 견지하고 있다.

시하여 발생한 지방세 세무비리 사건들은 이와 같은 비효율적인 세원관리 때문에 발생하였다고 생각된다. 따라서 지출관리는 지방정부가 유리하고 세입관리는 중앙정부가 상대적 이점을 갖는다.

3) 재정금융정책 실시의 한계

중앙정부는 화폐발행 등과 같은 기능을 통하여 적절한 재정금융정책을 실시할 수 있으며, 재정이 곤란할 경우 국채를 비교적 손쉽게 발행할 수 있어 적자재정의 편성도 가능하다. 여기에 반하여 지방정부는 금융정책을 실시할 수 있는 정책수단이 없고 또한 재정정책의 수행에도 한계가 따른다. 예를 들면 현행 지방재정법 제35조는 지방자치단체의 세출은 지방채 이외의 수입을 그 재원으로 해야 하고, 부득이한 경우 동법 제11조에 따라 지방채로 충당할 수 있도록 규정하고 있다. 종전과는 달리 2006년부터 지방채 발행 총액한도제가 실시되어 지방자치단체의 지방채 발행에 관한 자율성이 다소 향상되긴 했지만, 지방채의 발행과 유통과정이 국채에 비해서는 제한적이다.

4) 세입구조의 다양성

중앙정부재정의 세입은 내국세와 목적세 및 관세로 구성되는 조세수입과 차관수입이나 판매수입 등과 같은 세외수입으로 구성된다. 연도별로 다소의 차이는 있지만 2020년 본예산 기준 중앙정부 일반회계 세입은 295.9조 원으로 이중 조세수입이 96.0%인 284.1조 원을 차지하고 있으며 세외수입의 비중은 4.0%에 불과하다. 조세수입 중 내국세는 251.1조 원으로 전체 조세수입 중 88.4%를 차지하고 있으며 조세 수입의 주류를 이룬다. 내국세는 소득세·법인세·상속세와 같은 직접세와 부가가치세·개별소비세와 같은 간접세가 주요한 구성요소이다.

여기에 반해 지방정부재정의 세입은 지방정부의 지위에 따라 다소 차이가 있지만 거의 예외 없이 지방세, 지방세외수입, 지방채, 보조금, 지방교부세, 조정교부금, 기타수입 등의 다양한 수입항목으로 구성된다. 그중에서 지방세와 세외수입 같은 자체세입 비중은 일부 지방정부를 제외하고 비교적 낮은 편이며 지방교부세, 국고보조금 등과 같은 의존재원의 비중이 상당히 높은 편이다. 그러나 이와 같은 지방재정의 세입구조도 지방정부의 유형에 따라 큰 차이가 있기 때문에 지방재정이라고 할 때 어느 계층의 지방재정을 지칭하는가가 중요하다.[5]

5) 양출제입(量出制入)과 양입제출(量入制出)의 재정관행

양출제입이란 세출규모를 먼저 파악한 후 그것에 필요한 세입규모를 통제하는 재정관행이지만, 그 반대로 양입제출은 세입규모를 먼저 파악하고 그것에 따라 세출규모를 통제하는 재정관행이다. 지방정부와 달리 중앙정부는 재정금융정책의 수단도 갖고 있을 뿐만 아니라 조세의 신설과 세율의 결정도 지방정부에 비하여 훨씬 탄력적으로 할 수 있다. 중앙정부는 특정 정책실현에 필요한 재원조달을 스스로 결정할 수 있는 권한이 있다. 하지만 지방정부의 세입은 의존재원은 물론이고 자주재원마저도 조세법률주의로 인해 스스로 결정하는 데 한계가 있다. 그렇기 때문에 지방정부는 세입규모를 먼저 추정한 후 그 범위 내에서 세출행위를 하게 된다. 이러한 상황을 고려할 때 지방정부는 양입제출의 재정관행에 의존하지만 중앙정부는 양출제입의 재정관행에 의존한다고 할 수 있다.

6) 예산결정방식

예산의 원칙으로서 가장 많이 인용되는 것이 노이마르크의 원칙인데 그 주요 내용은 예산공개의 원칙, 예산명료성의 원칙, 예산사전의결의 원칙, 예산엄밀성의 원칙, 예산한정성의 원칙, 예산단일의 원칙, 예산통일의 원칙, 예산완전성의 원칙이다. 이와 같은 원칙들은 중앙정부나 지방정부를 막론하고 적용되어야 할 원칙이지만, 이 중 예산사전의결의 원칙 등 중앙정부와 지방정부 간에 다소의 차이가 있다.

예산사전의결의 원칙이란 예산은 집행되기 전에 국민의 대표기관인 의회의 의결을 거쳐야 한다는 것이다. 현행 헌법 제54조 제1항은 "국회는 국가의 예산

---

5) 이러한 경향은 본서의 제4장에 잘 나타나 있다.

안을 심의·확정한다"고 규정하고 있으며, 제2항은 "정부는 회계연도마다 예산
안을 편성하여 회계연도 개시 90일 전까지 국회에 제출하고,[6] 국회는 회계연도
개시 30일 전까지 이를 의결하여야 한다"고 규정하고 있다. 여기에 반해서 현행
지방자치법 제127조에 의하면 광역자치단체(기초자치단체)의 장은 회계연도마다
예산안을 편성하여 회계연도 개시 50일 전(기초자치단체는 40일 전)까지 해당 지방
의회에 제출하여야 하고, 의회는 이를 회계연도 개시 15일 전(기초자치단체는 10일 전)
까지 의결토록 규정하고 있다.

　　국가예산과 지방자치단체 예산의 가장 큰 특징 중 하나는 의회에서 의결된
이후에 나타난다. 국가예산은 헌법 제54조에 의해 국회에서 예산안을 심의·확
정하는 것으로 예산은 성립된다. 그러나 지방자치단체의 예산은 지방의회에서
예산을 심의·확정한 후에도 의결된 예산에 집행할 수 없는 경비가 포함되어 있
다고 지방정부의 장이 판단하면 그 의결사항을 이송받은 날부터 20일 이내에
이유를 붙여 재의를 요구할 수 있다. 이처럼 지방자치단체의 예산에 대해서는
지방정부의 장의 거부권이 지방자치법(제108조)에 규정되어 있다.[7]

7) 재정민주주의

　　재정민주주의란 재정입헌주의 또는 재정국회주의라고도 하는데(김철수, 1993:
779), 그 요체는 재정이 국민에 미치는 중요성을 감안하여 국가재정활동은 국민
의 대표기관인 국회의 의결에 의하도록 하자는 것이다. 이와 같은 관점에서 볼
때 현행 헌법상 국회가 갖는 재정에 관한 권한은 ① 재정입법권, ② 예산의 심
의·확정권, ③ 정부재정행위에 대한 국회의 동의권과 승인권, ④ 결산심사권의
네 가지로 요약될 수 있다(김철수, 1993: 753~755). 이상은 중앙정부 차원에서 고찰
한 재정민주주의이며 지방정부 차원에서의 재정민주주의는 ① 중앙정부에 대한
지방정부의 재정자율권의 확립, ② 지방의회에 의한 지방자치단체장의 민주적

---

6) 국가재정법 제33조(예산안의 국회제출)는 "정부는 제32조의 규정에 따라 대통령의 승인을
　얻은 예산안을 회계연도 개시 120일 전까지 국회에 제출하여야 한다"로 규정하고 있다.
7) 자세한 내용은 본서 제11장을 참고하기 바란다.

통제, ③ 지방정부 재정운용에 있어서의 주민의 참가, ④ 주민복지를 보장토록 하는 재정운용을 들 수 있다(重森曉, 1987: 28-29).

헌법 제59조는 "조세의 종목과 세율은 법률로 정한다"라고 규정하고 있고, 지방자치법 제135조는 "지방자치단체는 법률이 정하는 바에 따라 지방세를 부과·징수할 수 있다"라고 규정하고 있어 우리나라는 엄격한 조세법률주의를 채택하고 있다. 또한 지방세기본법 제5조 제1항은 "지방자치단체는 지방세의 세목, 과세대상, 과세표준, 세율, 그밖에 부과·징수에 필요한 사항을 정할 때에는 이 법 또는 지방세관계법에서 정하는 범위에서 조례로 정하여야 한다"라고 규정하고 있다. 조례에 의하여 지방세를 징수하는 것이 조세법률주의의 예외라고도 볼 수 있겠지만, 헌법에 지방자치단체의 자치입법권을 인정하고 있는 이상 헌법에 위배되지 않는다고 한다(김철수, 1993: 783). 그렇지만 비록 조례에 의한 지방세의 징수가 인정된다고 하더라도 그것은 어디까지나 지방세법의 범위 내에서만 가능하기 때문에 현실적으로 우리나라 지방세의 부과와 징수는 중앙정부의 엄격한 통제 하에서 이루어진다.

조세법률주의는 "대표 없이 조세는 없다"(no taxation without representation)라는 구호의 함축적 표현이라고 할 수 있다. 지방자치단체의 조례에 의한 지방세의 부과징수는 지방의회의 예산심의와 더불어 지방재정민주주의의 핵심적 표현이다. 그러나 만약 지방세를 전적으로 지방자치단체의 조례로써 부과한다면 지방세원의 지역적 편재로 인한 지방정부 간의 재정력 불균등심화, 지방자치단체 간의 조세경쟁, 중앙과 지방간의 세원경쟁 등과 같은 부작용도 초래될 수 있기 때문에 신중한 접근이 요구된다.

제2절 재정연방주의 이론과 지방재정

1. 재정연방주의의 의미

일세기 훨씬 전에 토크빌(Alexis de Toquevile)이[8] 관찰한 바에 의하면 연방 체제(federal system)란 국가의 크고 작음으로부터 나오는 "서로 다른 이점"을 결합하려는 의도로 창조되었다고 한다(Tocqueville, 1945: 163). 그렇지만 그러한 서로 다른 이점을 이해하려면 공공영역의 여러 가지 기능과 재정적 도구 중에서 집권화에 좋은 것은 어떤 것이고, 분권화된 계층에 맡기는 것이 좋은 것은 어떤 것인가에 대한 이해가 선행되어야 한다. 재정연방주의(fiscal federalism)란 바로 이와 같은 주제를 다루는 재정학(public finance)의 한 분야로서 공공영역의 수직구조(vertical structure)에 관한 것이다. 즉 그것은 서로 다른 계층의 정부역할을 탐구하고, 그러한 역할들이 정부 간 지원금(intergovernmental grant)과 같은 재정 도구를 통해서 어떻게 상호관계를 맺고 있는가를 살펴보는 것이다(Oates, 1999: 1120).

경제학 또는 재정학에서 사용되는 "연방주의"라는 용어는 정치학에서 통상적으로 사용되는 그것과는 다소 다르다. 정치학에서 말하는 연방주의란 중앙정부와 분권화된 계층의 정부가 모두 일정한 범위의 자율성(autonomy)과 권력 (power)을 갖도록 헌법상 보장해 주는 정치체제를 지칭한다. 하지만 경제학자들은 정치학적 정치체제와는 무관하게 거의 모든 공공영역은 본원적으로 어느 정도의 연방적(federal) 성격을 띤다고 생각한다. 왜냐하면 공공영역에는 공식적인 헌법과는 별개로 사실상의 의사결정권한을 어느 정도 가지면서 공공서비스를

---

8) 토크빌(1805~1859)은 프랑스의 정치학자이자 역사가이며 정치가였다. 베르사이유재판소 배석판사를 지냈고, 「미국의 민주주의」(2권, 1835-1840)를 저술하였다. 그는 그 저서에서 미국연방제에 관한 자신의 견해를 기술하였다.

공급하는 서로 다른 계층의 정부들이 존재하기 때문이다.9)

2. 재정연방주의의 핵심적 세 요소

공공영역의 수직적 구조를 다루는 재정연방주의는 상이한 계층의 정부에 대한 기능배분, 재정분권화를 통한 사회적 후생증진, 그리고 재정도구의 활용과 같은 세 가지 측면에서 고찰될 수 있다(Oates, 1999: 1121).

1) 상이한 계층의 정부에 대한 기능배분

머스그레이브(Musgrave, 1959)와 오츠(1972)는 상이한 계층의 정부에 대한 기능배분과 그러한 기능을 효과적으로 수행하게 해 주는 적절한 재정도구(fiscal instruments)의 탐구를 위한 규범적 틀(normative framework)을 제시하였다. 그들은 자원의 효율적 활용을 보장해주고, 공정한 소득배분을 실현해주며, 경제가 물가안정을 유지하면서 고도의 고용상태를 유지하게끔 해 주는 것이 공공영역의 주요기능이라고 주장하였다. 그러한 기능들은 각각 자원배분기능(resource allocation function), 소득재분배기능(income redistributional function), 경제의 안정화기능(macroeconomic stabilization function)으로 불린다.

(1) 자원배분기능

자원배분이란 한 사회에 존재하는 한정된 자원을 어느 분야에 얼마나 할당할 것인가, 즉 한정된 자원을 활용하여 어떤 재화나 서비스를 얼마나 생산할 것인가의 문제이다. 한 사회에 존재하는 자원배분기구는 크게 분류하면 시장과 정부가 있다. 시장이 자원을 효율적으로 배분하는 데에 실패하게 되면 정부가 시장에 개입한다. 시장은 주로 소비의 비경합성과 비배제성을 특징으로 하는 공공

---

9) 재정연방주의에 관한 이론적 토대를 정립한 것으로 평가받는 오츠(Oates)는 "공공영역의 수직적 구조와 관련되는 제반 이슈"를 나타내기 위하여 "재정연방주의"라는 용어를 선택한 것이 적절하지 못한 것 같다고 회고한다. 왜냐하면 재정연방주의라는 용어가 많은 사람들로 하여금 예산문제와 연관된 협소한 영역을 연상시킨다고 생각하기 때문이다(Oates, 1999: 1120-1121).

재의 공급에서 자원을 효율적으로 배분하는 데에 실패하게 된다. 정부의 시장개
입은 사회의 자원이 원하는 방향으로 배분되도록 하기 위해, 즉 재화나 서비스
들이 원하는 양만큼 생산되도록 하기 위해 필요하다.

시장실패 현상이 나타날 때 중앙정부이건 지방정부이건 간에 정부의 목표
는 시장실패요인을 제거하여 시장경쟁을 유지시키거나, 혹은 시장이 효율적으
로 공급하는 데에 실패한 재화나 서비스를 직접 공급하는 것이다. 이때 초점은
어느 수준의 정부가 시장실패의 문제를 해소하느냐, 정부재원이 어떻게 동원되
어야 하느냐, 그리고 그러한 재원이 어떤 재화나 서비스의 생산에 소비되어야
하느냐에 있다. 시장이 재화나 서비스를 효율적으로 혹은 공평하게 공급하지 못
하는 시장실패 때문에 정부가 그와 같은 재화나 서비스의 생산에 관여하거나 그
것을 직접 공급하는 것이므로, 정부가 어떻게 그러한 재화나 서비스들을 가장
효율적으로 공급하느냐, 그리고 정부가 시장보다 그러한 역할을 더 잘 할 수 있
느냐가 중요하다. 만일 어떤 재화나 서비스가 정부에 의해 가장 잘 공급될 수
있다면, 그 다음의 문제는 중앙정부와 지방정부 중 어느 수준의 정부 혹은 어떤
형태의 정부가 그러한 책임을 가장 잘 수행할 수 있느냐이다. 효율적 자원배분
을 위한 지방정부의 역할을 탐색하기 위해서는 이상에서 언급한 이슈들이 중요
하며 분석의 초점이 되어야 한다.

중앙정부뿐만 아니라 지방정부도 바람직한 정책목표를 달성하기 위하여 자
원배분기능을 적극적으로 수행한다. 따라서 지방정부의 배분적 기능, 즉 재화나
서비스를 직접 공급하거나 혹은 시장의 경쟁여건을 유지시키는 데 있어서 지방
정부의 역할, 지방정부가 활용하는 재정적 수단, 그리고 그와 같은 역할과 수단
의 효과성 등에 대해서도 역시 분석의 초점이 맞추어져야 한다.

(2) 소득재분배기능

시장경제에서 이루어지는 소득분배는 개인의 능력이나 상속 및 교육의 기
회 등과 같은 요인에 크게 좌우된다. 그러나 그 결과가 사회적으로 공평하지 못
한 경우가 많기 때문에 공공영역의 개입을 통한 해결책의 모색이 요구된다. 사

회후생함수가 알려져 있지 않은 상황에서는 무엇이 가장 바람직스러운 소득분배상태인가에 대한 합의도출이 어렵고, 부유한 사람으로부터 가난한 사람들에게로의 소득이전과정에는 한편으로는 사회적 후생의 증가가 초래되지만 다른 한편으로는 사회적 후생의 손실도 수반된다. 그렇기 때문에 유일한 최선의 정책을 모색하기보다도 정부가 추구하는 정책이념에 따라서 그것에 상응하는 소득분배의 방향을 정하는 것이 보다 현실적인 처방이다.

소득분배기능은 전술한 자원배분기능과는 달리 다음과 같은 몇 가지 이유 때문에 지방정부에서보다도 중앙정부수준에서 더 효율적으로 달성될 수 있다(伊多波良雄, 1995: 139－140).

첫째, 저소득층에 대한 급부(給付)는 국방처럼 일종의 순수공공재이다. 왜냐하면 고소득자들이 느끼는 행복감은 자신들의 직접적인 소비행위를 통해서 뿐만 아니라 저소득자들의 소득향상으로부터도 증가될 수 있는데, 저소득자들의 소득향상으로 인한 편익은 저소득자 자신은 물론이고 고소득자들도 동시에 향유할 수 있어 비경합적일 뿐만 아니라 또한 어떠한 사람도 그 편익의 향유로부터 배제될 수 없어 비배제적이기도 하기 때문이다. 또한 저소득층에 대한 급부는 일종의 국가공공재이다. 즉 어느 한 지역에 거주하는 저소득자의 소득향상으로 인한 고소득자 등 다른 사람이 얻게 되는 편익은 전국적 범위를 지니게 된다. 이와 같이 저소득층에 대한 급부를 통한 소득재분배는 순수공공재 및 국가공공재의 성격을 띠기 때문에, 소득재분배기능은 중앙정부가 담당하는 것이 좋다.

둘째, 지방정부가 이와 같은 기능을 수행할 경우, 지방정부들 간의 소득재분배정책의 차이 때문에 불필요한 인구이동이 야기될 수 있다.[10] 즉 어떤 특정 지방정부에서 고소득자에게 높은 세금을 부과하여 저소득자들을 위한 복지정책을 실시할 경우, 그 지방정부에 거주하는 고소득자는 높은 조세부담을 회피하기 위하여 그 지방정부를 떠날 유인을 갖지만, 다른 지방정부에 거주하는 저소득자들은 복지수준이 높은 그 지방정부로 이동할 유인을 갖는다. 이 지방정부가 처

---

10) 중앙정부가 소득재분배정책을 수행할 경우 전국적으로 동일한 소득재분배정책을 추구하게 되므로 이러한 문제는 발생하지 않는다.

음과 같은 수준의 복지정책수준을 유지하려면 고소득자들에게 더 높은 세금을 부과해야만 하고, 이것은 고소득자의 유출을 더욱 부추기는 결과를 초래한다. 뿐만 아니라 순전히 더 나은 복지혜택을 받기 위한 주민들의 지방정부 간 이동은 상당한 사회적 거래비용을 야기시킨다.

이달곤(1998: 143)은 소득재분배기능을 중앙정부기능으로 한정하는 것은 전통적 견해이며 최근에는 지방정부수준에서도 상당한 수준의 재분배기능이 이루어지고 있다고 하면서 소득재분배기능을 중앙정부기능으로 한정하는데 부정적 견해를 피력한다. 폴리(Pauly)도 소득재배분을 지방정부의 기능으로 인정할 수 있다는 논문을 발표한 적이 있다(M. Pauly, 1973). 최근 우리나라 일부 지방정부에서도 소득재분배정책을 추진하고 있으나 전체 복지정책에 소요된 예산 중 지방정부 순수 재원으로 실시하는 복지정책은 아직 그리 많지 않다. 이런 점에서 볼 때 이론적으로는 지방정부중심의 소득재분배정책을 주장할 수 있겠지만, 실제로 그렇게 널리 수용되지는 않는 것 같다.

지방정부수준에서 소득재분배기능은 매우 한정적 수준에서만 가능할 것이며, 특히 인구의 이동성이 높을 경우 매우 심각한 부작용도 배제할 수 없을 것이다. 우리는 이러한 사례를 1975년도에 미국 뉴욕시에서 발생한 재정파탄에서 찾을 수 있다. 그 당시 뉴욕은 미국의 관문으로서 세계 각국으로부터 미국에 정착하기 위해 이민 오는 사람들로 붐볐고, 다른 도시에서는 볼 수 없을 정도의 높은 복지정책을 실시하였다. 그러한 복지정책은 외부로부터의 인구유입을 더욱 부추기게 되었지만 조세기반은 늘어나지 않았기 때문에 재정파탄의 직접적인 원인이 되었다고 한다(Gramlich, 1976). 이것은 지방정부수준에서 분배정책이 갖는 한계를 보여주는 대표적 사례라고 하겠다.[11]

(3) 경제안정화기능

정부의 재정정책은 생산자원의 완전고용, 물가안정, 그리고 국제수지의 균형달성에 중요한 영향을 준다. 머스그레이브는 경제안정화기능이 단순히 경제

---

11) 지방정부수준에서의 복지정책의 가능성여부는 그 나라의 인구이동성과도 밀접하게 관련된다고 생각된다.

를 안정시키는데 끝나는 것이 아니라 경제성장의 촉진기능까지 포함하는 것으로 설명한다. 공공영역의 경제안정화기능이 크게 부각되기 시작한 것은 1930년대의 대공황부터이다. 재정의 경제안정화기능도 소득재분배기능과 마찬가지로 지방정부보다도 중앙정부수준에서 더 적절하게 이루어진다. 오츠(Oates)는 이것에 대한 이유로서 지방정부경제의 개방성과 한 국가 내에서의 단일통화에 대한 필요성을 들고 있다(Oates, 1972: 4-6).

한 국가 내의 여러 지방정부들은 경제적으로 상호의존성이 매우 높기 때문에 지방정부경제는 일종의 개방경제체제라고 할 수 있다. 개방경제체제 하에서는 한 지역에서 수행하는 경제정책의 효과가 다른 지역으로 누출될 가능성이 매우 크다. 즉 특정 지방정부가 지방세의 세율을 낮추고 구매증가와 같은 재정정책을 통하여 그 지역 경제의 활성화를 추진한다고 하자. 이 경우 이 지방정부가 추진한 재정정책의 편익은 지방정부경제가 갖는 개방성 때문에 그 지방정부뿐만 아니라 다른 지방정부에까지 미친다. 따라서 그 정책을 추진한 지방정부의 노력은 충분히 보상되지 못하기 때문에 앞으로 그러한 정책을 지속적으로 추진하려는 유인은 상당히 약화될 수 있다.

또한 아무리 지방자치가 성숙된 국가라 하더라도 복수의 통화체제를 갖춘다는 것은 상상하기 어렵다.[12] 이것은 단일국가뿐만 아니라 연방국가에서도 마찬가지이다. 국가 간의 상이한 통화체제로 인하여 특정 국가가 환율결정이나 국제수지의 균형과 같은 문제 때문에 겪는 어려움을 상기한다면, 한 국가 내에서의 복수의 통화체제를 갖는 어려움은 쉽게 이해될 수 있을 것이다.[13] 따라서 독자적 통화발행권이 없는 지방정부는 통화량의 적정공급을 통한 물가안정이나 적정 경제성장을 도모할 수 있는 중앙정부에 비하여 상대적으로 한정적인 경제안정화기능을 수행할 수 있을 뿐이다.

---

12) '일국양체제'(一國兩體制)를 채택하고 있는 중국은 극히 예외적이다. 즉 오랜 기간 동안 각각 영국과 포르투갈의 지배하에 있던 홍콩과 마카오가 1997년 7월 1일 및 1999년 12월 20일자로 각각 중국으로 반환되었지만, 그 통화는 여전히 중국의 인민폐(CNY)대신 홍콩달러(HKD) 및 파타카(MOP)를 사용한다.

13) 심지어 국가 간에도 상이한 통화가 가져오는 제반 문제들 때문에 단일통화로 바꾸는 경우가 있다. 이것은 유럽통합을 위한 유로(euro)라는 통화단일화추진에서 그 사례를 찾을 수 있다.

이와 같은 전통적인 견해에 대해 이달곤(1995: 144-145)은 ① 오늘날 사람들은 경제적 이유만으로 지방정부의 경계를 쉽사리 옮겨 다니지 않으며, ② 지방정부가 공급하는 서비스는 대개 그 지방정부에서 소비되고, ③ 국가적 차원이 아닌 지방적 차원에서의 문제가 거시경제적 문제에 영향을 줄 수 있다는 점을 부각하면서 지방정부의 경제적 기능을 강조하기도 한다.

지방자치가 실시됨에 따라 지방정부의 역할이 부각되고 있지만, 우리나라 지방정부 재정운용상의 자율성이나 지방세구조를 고려할 때 지방정부의 경제안정화기능에는 상당한 제약이 따른다. 이것을 설명하기 위해 어떤 지방정부가 지역경제의 활성화를 위하여 지방세감면 및 사회적 기반시설의 제공 등을 통한 기업유치를 계획한다고 가정하자. 그렇지만 현재의 지방세구조 하에서 이와 같은 지방정부의 조치가 가져오는 지역경제의 과실이 곧바로 지방재정확충으로 연결되는데 한계가 있다. 따라서 지역경제의 활성화를 위한 지방정부의 노력으로부터 지방정부가 얻을 수 있는 직접적 성과가 상대적으로 미미하기 때문에 지방정부의 역할 또한 제한적일 수밖에 없다.

2) 재정분권화를 통한 후생증진

특정 지방공공재(a local public good)의 효율적 수준은 주민의 선호와 그 공공재의 생산비용에 좌우되기 때문에 각 계층의 지방정부마다 다를 수 있다. 그렇기 때문에 그러한 재화와 서비스는 전국적으로 일률적인 수준에서보다도 그 지역주민의 선호와 상황에 부응하는 수준에서 생산될 경우 경제적 후생이 증가한다. 따라서 사회적 후생의 극대화를 위해서 지방공공재의 산출물 수준은 지방에 따라 달라야만 한다.

국가 간 비교를 통해서 볼 때 특정 재화와 서비스의 귀착지로서의 "지방"이라는 개념에는 다소간의 차이가 있다. 따라서 서로 다른 계층의 정부가 공급하는 재화와 서비스의 구체적 양상도 시간과 공간에 따라 어느 정도 다를 수 있다. 그렇지만, 공간적 의미에서 볼 때, 공공서비스의 공급은 관련되는 편익과 비용을 모두 포함하는 가장 낮은 계층의 정부에 맡겨져야 한다는 재정분권화의 기본

원칙은 언제나 유효하다(Oates, 1999: 1122). 유럽에서 재정분권을 지지하는 자들은 이른바 보충성의 원칙(principle of subsidiarity)을 언급한다.[14]

보충성(subsidiarity)이란 연방체제하에서 중앙정부와 주(州) 간의 권한과 책임의 분할에 의미를 부여하기 위하여 설계된 통치조직의 원칙(principle of governance)이다. 이 원칙은 어떤 정책의 형성과 집행의 책임을 그 정책의 목적을 성공적으로 수행할 수 있는 능력을 가진 최하위계층의 정부에 할당하는 것을 의미한다. 보충성의 원칙은 유럽연합(EU)의 출범을 위해 1999년 2월에 조인된 마스트리히트조약(Maastricht Treaty)에서 EU법률체계의 기본원칙으로 자리매김함으로써 널리 알려지게 되었으며, 그 지적 원천은 20세기 기독교 철학에서 찾을 수 있다(Inman and Rubinfeld, 1998: 545).

분권화를 통한 후생증진에 관한 이론적 논의는 다음과 같이 세 가지로 정리할 수 있다. 첫째, 오츠가 정립한 하나의 규범적 명제로서 분권화정리는 "… 어떤 (지방)공공재의 중앙공급으로 인한 비용절감 및 지역 간 외부성이 없다면, 사회적 후생은 (지방정부가) 각 지역별로 파레토 효율적 수준의 공공재를 공급할 경우 (중앙정부가) 모든 지역에 걸쳐 획일적 수준의 공공재를 공급할 때보다도 (지방정부가 공급할 때) 최소한 같거나 더 높다"로 정리된다(Oates, 1972: 35). 결국 분권화정리는 경제적 효율성에 입각하여 지역적 효과(localized effects)를 갖는 공공재의 분권화된 공급을 지지하는 명제인 것이다.

분권화정리는 (지방)공공재가 집권적으로 공급되면 필연적으로 모든 지역에 걸쳐 획일적 수준으로 될 것이라는 것을 전제한다. 완전한 정보를 가진 자비로운 중앙기획자가 전체적 사회후생을 극대화시켜 주는 일련의 차별적인 지방공공재집합을 처방하는 것이 가능하다면 재정분권화에 대한 논의의 필요성이 없게 된다. 그렇지만 현실적으로는 정보상의 제약 및 지역에 따른 차별적 공공서비스의 공급이 야기하는 정치적 제약 때문에 중앙정부가 최적 형태의 (지방)공공

---

14) 보충성의 원칙은 2003년 노무현 정부가 지방분권추진을 위한 핵심원칙 중의 하나로 채택함에 따라 우리나라에 널리 소개되기 시작하였으며, 현지성의 원칙으로 번역되기도 한다. 김석태(2005)는 보충성의 원칙에 입각하여 한국에서의 지방분권에 관한 논리적 근거를 제시한다.

재공급을 하는 것은 불가능하다(Oates, 1999: 1123).

둘째, 재정분권화로 인한 후생증진의 크기는 ① 각 지역 간의 수요의 이질성(heterogeneity)과 ② 지역 간 공공서비스 공급비용의 차이에 달려있다. 특히 수요의 지역 간 이질성 때문에 야기되는 분권화로 인한 후생증진의 크기는 수요의 가격탄력성에 반비례한다. 만약 각 지역에 따라 공공서비스의 수요는 다르지만 그 공급비용이 동일하다면, 다른 모든 조건이 동일할 경우, 중앙의 획일적 공공재공급으로 인한 후생손실의 범위는 그 공공서비스의 수요의 가격탄력성이 작을수록 증가한다. 경험적 연구에 의하면 (지방)공공서비스는 수요의 가격탄력성이 적기 때문에 재정분권화로 인한 후생증진은 매우 커진다(Oates, 1999: 1123).

셋째, 재정분권화로 인한 후생증진의 원천은 티보모형(Tiebout model)에서[15] 찾을 수 있다. 티보모형의 핵심적 내용은 주민들의 이동성이 높을 경우 주민들은 자신들의 선호를 가장 잘 충족시켜주는 지역에로의 거주지 이동을 통해 지방정부의 재정결정에 영향을 미침으로써 지방공공재의 효율적 공급을 가능케 한다는 것이다. 이것은 종종 '발로 하는 투표'(voting with one's feet)라고 불리며, 그와 같은 과정에 의해 얻어지는 티보 해결책(Tiebout solution)은 경쟁시장에서와 같은 최선의 결과(first-best outcome)를 낳는다.

새뮤엘슨(Samuelson)의 효율성조건으로[16] 결정되는 (지방)공공재의 효율적 공급수준은 지역에 따라 다르다. 따라서 분권화로 인한 후생증진은 이동성 때문에 증가되기도 하지만 전적으로 이동성 그 자체에만 달려 있는 것은 아니다. 이것은 매우 중요한 함의를 갖는다. 왜냐하면 많은 사람들은 티보모형이 미국과 같은 특이한 상황에서만 가능하다고 생각하며, 따라서 분권화로 인한 후생증진도 미국 이외의 국가에서는 제한적 의미만 갖는다고 믿는다. 그렇지만 이것은 잘못된 것이며 어떤 국가에서도 이동성과는 무관하게 (지방)공공재의 분권화된

---

15) 'Tiebout'를 '티부'로 표기하기도 하지만 'TEE-bow'로 발음된다고 하기 때문에 본서에서는 '티보'로 표기한다.

16) 새뮤엘슨의 효율성조건이란 공공재를 소비하는 개인들의 한계편익의 합(사회적 한계편익)이 공공재 공급상의 사회적 한계비용과 일치되는 수준이다. 이것에 관한 보다 자세한 사항은 본서의 제4장을 참고하기 바란다.

공급으로부터 의미 있는 후생증진을 기대할 수 있다(Oates, 1999: 1124).

3) 재정도구의 활용

각 계층의 정부는 자신의 기능을 수행하는 데 적절한 재정도구를 필요로 한다. 전통적으로 조세와 차입이 그와 같은 재정도구로 사용되지만 재정연방주의 하에서는 여기에 덧붙여 정부 간 지원금(intergovernmental grants)이 활용된다.

(1) 재정연방주의 하에서의 조세

경제주체, 상품, 자원들의 이동성은 국가들 간에 비하여 분권화된 지방정부들 간, 그리고 지방정부들 간에서는 하위계층일수록 더 높다. 분석의 편의상 종종 경제주체들이 지방정부들 간에는 아무런 경제적 비용 없이 이동할 수 있는 것으로 간주되기도 한다. 이러한 상황에서 조세의 수직적구조의 결정에서 규범적 문제는 "어떤 종류의 조세가 상이한 계층의 정부에 가장 적절할 것인가?"라는 것이다. 이 문제에 대한 대답에서 가장 핵심적으로 고려되어야 할 요소 중의 하나는 중앙이나 지방에서의 납세주체들이 갖는 이동성의 차이다.

조세가 부과되면 소비자들의 구매행동이나 생산자들의 생산활동에 변화가 초래되어 자원배분에 왜곡이 생긴다는 것은 경제학의 기본이론이다. 지역 간 이동에 큰 비용이 수반되지 않는다면 납세주체들은 상대적으로 더 유리한 조세여건을 제공해주는 지역으로 옮길 것이다. 공간적 상황(spatial setting)하에서 조세부과로 야기되는 왜곡은 지역적 비효율(locational inefficiency)의 형태를 띠게 된다. 따라서 분권화된 하위계층의 지방정부들은 공공서비스공급에 필요한 재원조달 시 사회적 후생손실의 최소화를 위해 이동성이 강한 경제주체에게 응능원칙(ability-to-pay principle)에 입각한 조세보다도 응익과세를 적극적으로 활용한다(Oates, 1999: 1125).

한편 빈곤층에 대한 소득재분배적 사업은 분권화된 지방정부가 수행하기에는 적절하지 않다. 왜냐하면 경제주체들의 지방정부 간 이동성이 그러한 사업의 효율적 운영을 곤란하게 하기 때문이다. 따라서 응능원칙에 입각한 조세는 상대적으로 높은 계층의 정부가 담당하는 것이 바람직하다. 한 지방정부가 다른 지방정부의 입장을 고려하지 않은 채 내리는 재정결정이 야기하는 경제적 왜곡은 조세부담의 수출, 외부혼잡효과(external congestion effect), 다른 지역의 조세수입에 주는 영향, 공평성문제 등이다(Oates, 1999: 1126).

인만과 러빈펠드(Inman and Rubinfeld, 1996)는 그들의 연구에서 비응익적 과세로 야기되는 왜곡의 감소를 위한 일련의 지침을 제시하였다. 그들에 의하면 거주지기준과세(resident-based tax)는 원천지기준과세(source-based taxes)에 비하여 조세수출이 어렵기 때문에 조세로 야기되는 왜곡을 줄일 수 있다고 한다. 거주지기준과세란 토지, 노동, 자본과 같은 생산요소에 대해서는 그 소유자의 거주지에 근거하여 과세하고, 재화와 용역에 대해서는 그 소비자의 거주지에 근거하여 과세하는 것을 말한다. 여기에 반해 원천지기준과세는 생산요소의 경우 그것이 사용되는 장소에 근거하여 과세하고, 재화와 용역의 경우는 그것이 소비되는 장소에 근거하여 과세한다. 거주지기준과세체제 하에서 정부는 다른 지역주민들에게 조세부담을 전가시킬 여지가 그만큼 줄어든다. 그렇지만 원천지기준과세는 조세행정이 용이하여 주나 지방정부 같은 하위계층의 정부에서 더 자주 활용된다.

(2) 정부 간 지원금과 세입공유

재정연방주의하에서 정부 간 지원금은 ① 다른 지방정부들에 야기하는 재정누출의 내부화, ② 각 지방정부간의 재정력 균등화, ③ 전반적 조세체제의 개선과 같은 세 가지 역할을 갖는다(Oates, 1999: 1126). 재정누출의 내부화를 통한 공공재공급의 효율성 증진을 위해서 중앙 및 상위지방정부는 (하위)지방정부의 자체재원부담과 지원금재원의 사용에 제약이 따르는 조건부보조금(conditional grant)을 활용한다.

하위계층의 정부 간 재정력 균등화는 형평성(equity) 추구를 그 논리적 근거로 하고 있으며, 정치영역에서 언제나 논란거리가 되고 있는 하나의 재분배문제이다. 재정력균등화보조금은 캐나다처럼 연방체제를 더욱 공고하게 해주는 접

착제와 같은 기능을 하는 경우도 있지만, 이태리나 스페인처럼[17] 빈곤 지역에
대한 만성적 대규모의 지원에 염증을 느낀 상대적으로 부유한 지역들이 국가통
합에 회의감을 갖게 되는 역기능을 발생시키기도 한다. 이처럼 재정력균등화문
제는 매우 복잡한 정치경제적 논란거리이다. 하위정부 간 재정력균등화를 위해
서는 지방정부들의 재정수요와 재정능력을 고려하여 일정한 공식에 따라 배분
되는 무조건적 보조금(unconditional grant)이 사용된다(Oates, 1999: 1128).

　　정부 간 지원금은 공평하고 효율적인 조세체제를 유지하는 데도 일정한 역
할을 할 수 있다. 중앙정부가 국세로서 전국에 걸쳐 단일 세율로 관리하는 비응
익적 조세(nonbenefit tax)는 각 지방정부마다 다른 세율을 갖는 지방세 때문에 야
기되는 공간적 비효율(locational inefficiency)을 발생시키지 않는다. 뿐만 아니라 국
세는 지방세에 비하여 누진적 성격이 강할 뿐만 아니라 공간이동에 대한 재정유
인도 상대적으로 적은 편이다. 그렇기 때문에 중앙정부가 각 계층의 지방정부를
위한 효과적인 조세징수기관의 역할을 한 후 그렇게 조달된 재원을 각 계층의
지방정부에게 무조건적 형태(unconditional form)로 이전하는 세입공유(revenue
sharing)제도의 필요성이 제기된다. 이 경우 중앙정부는 공유재원의 배분에 재정
력 균등화적 요소를 포함시킬 수 있다. 하지만 세원공유 하의 무조건적 지원금
은 하위계층 지방정부에서의 재정규율(fiscal discipline)을 저해하지 않는 수준에서
이루어 져야 한다(Oates, 1999: 1128).

　　한편 정부 간 지원금에 관한 실증적 연구에서 인만(Inman)은 미국 연방정부
지원금사업의 적실성 있는 설명을 위해서는 정부 간 지원금의 경제적 논리만으
로는 불충분하며 정치적 모형이 필요하다고 주장한다(Inman, 1988). 지원금의 처
방적 이론은 "사회적으로 바람직한 정책"을 선택하는 중앙기획자 및 정치적 과
정을 전제하지만, 공공선택의 문헌에 의하면 중앙정부의 정치적 메커니즘 때문
에 각종 이익집단에게 다른 영향을 주는 정책들이 비효율적으로 선택될 가능성

---

17) 이탈리아의 정당인 북부동맹(Lega Nord)은 이탈리아 북부 및 중부의 14개 주를 파다니아라
　는 이름의 독립 국가로 독립시키고자 분리 독립 운동을 주도한 바 있으며, 스페인은 카탈로
　니아 지역이 스페인으로부터 독립하는 운동을 시도한 적이 있다.

이 존재한다. 거기에 덧붙여서 지원금을 배분하는 기관들은 그 나름대로의 목표도 갖기 때문에 단순한 경제적 논리만으로 정부간지원금의 작동과정을 설명하기에는 어려움이 있다. 바로 여기에 보조금 획득정치(pork barrel politics)의 중요성이 제기된다.18)

(3) 정부 간 지원금과 그 수혜단체의 재정행태

재정연방주의 하에서 정부 간 지원금에 대한 수혜단체의 재정행태는 많은 학자들의 관심사항이었고 상당한 실증적 연구가 이루어졌으며 몇 가지 재미있는 가설도 도출되었다. 브래드포드(Bradford)와 오츠(Oates)는 지원금 수혜단체의 예산결정이 집합적 선택상황에서 이루어지는 분석틀을 설정함으로써19) 지원금에 대한 수혜단체의 재정행태를 고찰하였다. 그들의 연구는 이른바 "장막가설"(veil hypothesis)이라는 재미있는 동등성정리(equivalence theorem)를 도출하였다. 이것은 한 지방정부에 대한 지원금의 배분적 및 분배적 효과는 중앙정부가 그 지방정부에 속한 주민에게 돌려주는 세금환급(tax rebate)과 완전하게 일치한다는 것이다. 이러한 견해에 의하면 정부 간 지원금은 중앙정부의 조세감면을 위한 하나의 "장막"(veil)인 셈이다.

하지만 그러한 이론적 가설은 실증 자료와 일치되지 않았다. 즉 미국의 실증자료에 의하면 어떤 하위 지방정부의 지출은 그 지역의 개인소득의 증가보다도 상위 정부로부터의 지원금 증가에 훨씬 민감하게 반응하는 것으로 나타났다. 하위지방정부가 상위정부로부터 지원금을 받으면 그것을 이용하여 그 지역주민의 조세부담을 경감시키기보다도 더 많은 공공재를 공급하게 된다. 즉 외부로부터 돈이 들어오기만 하면 그대로 몽땅 지출해 버린다는 것이다. 파리가 파리잡이 끈끈이종이에 달라붙으면 꼼짝없이 그대로 머물 수밖에 없다는 것에 비유하여, 이러한 현상은 끈끈이효과(flypaper effect)로 명명되었다. 끈끈이효과에 대한

---

18) 보조금 획득의 정치에 관해서는 본서의 제10장을 참고하기 바란다.

19) 이것이 의미하는 바는 그러한 지원금이 개개인의 의사결정자에게 주어지는 것이 아니라 단순과반수와 같은 집합적 의사결정규칙에 의해서 예산결정을 하는 정치체에 주어지는 것이라는 점이다.

여러 가지 설명과 해석이 있지만 하인스(Hines)와 타러(Thaler)에 의하면 "지원금
처럼 손안에 있기 때문에 당장 이용할 수 있는 돈과 세금처럼 여러 가지 과정을
거쳐서 조달되어야 하는 돈 간에는 일반적으로 그 효과 면에서 차이가 있으며,
끈끈이효과는 그러한 사례 중의 하나라는 것"이다(Oates, 1999: 1129).

　미국의 경우 정부 간 지원금이 수혜정부의 재정행태에 미치는 영향에 관한
관심은 연방정부지원금이 지속적으로 팽창하던 시기인 1950년대부터 1970년대
에 고조되었고, 그 대부분의 연구는 지원금의 증가에 대한 수혜단체의 반응에
관한 것이었다. 그러나 최근 상위정부의 긴축재정 및 재정분권화 때문에 지원금
사업이 광범위하게 축소되었다. 이에 따라 지원금의 삭감이 수혜단체의 재정지
출행태에 미치는 영향이 지원금이 증가될 때와 완벽하게 대칭적일 것인가라는
의문이 제기되었다. 이것은 재정분권화(fiscal decentralization)의 진행과 더불어 중
요한 의미를 갖는다. 그렇지만 일련의 실증적 연구는 지원금이 삭감되면 수혜단
체는 조세 수입을 통해 삭감된 지원금만큼을 보충한다는 결과를 보여주지만, 다
른 일련의 실증연구는 수혜단체가 삭감된 지원금 규모의 재원을 조달하지 못할
뿐만 아니라 삭감된 지원금사업에 대한 자주재원의 지출도 삭감한다는 상반된
결과를 도출하고 있어 일관성이 부족한 상태이다(Oates, 1999: 1130).

제2장

지방분권화와 지방재정

제1절   지방자치와 분권화

1. 지방자치의 의의와 분권화

"지방자치가 왜 필요한가?"라는 질문을 정치학자와 경제학자에게 던진다면 그 대답은 다를 수 있을 것이다. 즉 정치학자들은 지방자치를 시민의 기본권보장 또는 권력의 균형측면에서 바라보며 민주주의를 위한 필요조건으로 받아들이는 경향이 있다. 이와 같은 그들의 주장은 "풀뿌리 민주주의"(grass roots democracy)와 같이 다소 낭만적인 단어 속에 함축되어 일반인들에게 쉽게 수용될 수 있다. 여기에 비해 경제학자들은 지방자치를 공공부분을 효율적으로 운용하기 위한 수단으로 이해하려는 경향이 있다. 지방자치에 대한 경제학적 해석은 정치학적 해석보다도 그 역사가 짧을 뿐만 아니라 '공공재의 효율적 공급'이나 '발로 하는 투표(voting with one's feet)' 등과 같이 그 주요 개념들도 생소한 편이어서 일반인들이 쉽게 수용하기가 어렵다. 그렇지만 지방자치의 올바른 이해를 위해서는 한 쪽의 편향된 시각보다도 경제적 효율성, 정치적 참여, 그리고 기본권 신장이라 는 가치를 모두 포용할 수 있는 시각이 필요하다(김정훈, 1999: 14-15).

지방자치는 "일정한 지역의 주민들이 자치권을 가지고 그 지역 내의 사무 나 공동문제를 자기 책임과 부담 하에 스스로 또는 그 대표자를 통하여 처리하 는 과정"이라고 정의된다. 지방자치는 종종 민주주의의 살아 있는 교실로서 비 유되기도 한다. 특히 우리나라는 1961년의 군사쿠데타로 들어선 권위주의적 군 사정권에 의해 지방자치가 중단되었다. 1991년 지방의회가 재구성되어 지방자 치가 부활하기까지 근 30년 동안 군사정권에 의한 강력한 중앙집권적 통치가 이루어졌기 때문에, 지방자치와 민주주의를 결부시키려고 하는 경향이 매우 강 하였다. 그 결과 지방자치에 대한 연구는 경제학적 관점에서 이루어지기보다도 주로 정치학적 관점에서 이루어질 수밖에 없었던 것 같다.

경제학적인 관점에서 바라보면 지방자치는 지방공공재의 공급에 대한 판단 을 주민들 스스로 하게 함으로써 지방공공부분을 효율적으로 운영하게 하기 위 한 제도적 장치로서 이해될 수 있다. 이같은 관점에 입각한 지방자치제도가 잘 작동되려면 무엇보다도 주민들의 적극적인 참여가 필요하다. 오늘날과 같은 이 기주의적 사회에서 주민들의 적극적 참여는 공동선(共同善)의 추구와 같은 관념 적 차원에서가 아니라, 지방세를 지방공공서비스에 대한 가격으로 인식함으로 써 지방세와 자신의 일상생활이 긴밀하게 연결된다고 느낄 때 비로소 가능하게 된다(김정훈, 1999: 13).

우리나라에서는 군사쿠데타 이후 오랫동안 지방자치가 실행되지 않았기 때 문에 상당수의 사람들은 지방자치만 실시되면 정치·경제·사회적인 여러 문제 들이 한꺼번에 저절로 해결될 수 있다고 믿었다. 그래서 우리보다 지방자치가 잘 정착되어 있는 선진국들의 지방자치가 갖는 장점들만 집중적으로 소개되었 고, 막상 그러한 나라들이 지방자치를 꽃피우기 위하여 부담한 제약조건들, 즉 지방자치를 성숙시키기 위하여 부담한 비용에 관한 소개는 상대적으로 인색하 였다. 선진국에 비하면 우리의 지방세 부담 특히 재산세 부담은 매우 낮은 편이다. 만약 지방자치의 부활에 대한 논의가 한창일 때 "지방자치를 실시하기 위해서는 주민들의 상당한 비용부담이 수반되는데 그래도 지방자치의 실시를 찬성합니까?"라는 여론조사를 실시하였더라면 어떤 대답이 나왔을지 궁금하기도 하다.

지방분권은 해당 지역의 사무에 대해 중앙정부에 비해 지방정부가 정책결정권한이나 의사결정권한을 상대적으로 많이 지니는 것을 의미한다. 따라서 지방분권이 전제되지 않고서는 실질적인 지방자치가 가능하지 않으며, 지방자치 없이 지방분권이 실현될 수 없다. 지방자치와 지방분권은 수레의 양 바퀴와 같은 것이라고 볼 수 있다. 분권화의 노력은 세계적 추세가 되었다. 즉 이미 1980년대에 영미권은 물론이고 전통적 사회주의 국가였던 동구권과 중국을 필두로 하여 지금도 세계 곳곳에서 분권화에 대한 노력이 추진되고 있다. 어떤 경험적 연구에 의하면 재정분권화가 경제적 효율성의 한 지표인 국가적 경제성장에 기여한 경우는 선진 자본주의 민주주의 국가에 한정되었다고 한다(Davoodi and Zou, 1998). 이것이 시사하는 바는 비록 분권화가 바람직한 것이긴 하지만 충분한 준비나 적절한 통제장치가 없는 상황에서 추진되는 분권화는 부작용을 초래할 수도 있다는 것이다. 가장 대표적인 사례가 지방정부의 지나친 차입(borrowing) 때문에 야기된 아르헨티나와 브라질의 재정위기이다(Rodden, 2003; Webb, 2003).

우리나라의 경우 1991년 약 30년 만에 지방의회의원을 주민직선으로 선출함으로써 지방의회가 부활되었고, 1995년에는 지방자치단체장을 주민직선으로 선출함으로써 이른바 민선자치단체장 시대가 역시 부활됨에 따라 분권화에 대한 열망이 폭발하였다. 이러한 열망은 여러 시민단체들과 전국 시·도지사협의회를 비롯한 지방 4단체를[1] 중심으로 하는 조직적인 분권화추진운동으로 발전되어 나갔다. 중앙정부 차원에서는 특히 2003년에 출범한 노무현 정부는 분권화를 주요한 국정기조로 설정하여 대통령직속 하에 정부혁신분권위원회를 설치하였고, 동 위원회는 2003년 이른바 「참여정부 지방분권추진 로드맵」을 발표하였

---

1) 여기서 말하는 지방 4단체란 전국시장·도지사협의회, 전국시·도의회의장협의회, 전국시장·군수·구청장협의회, 전국시·군·자치구의회의장협의회를 말한다.

다. 분권화 추진에 관한 노무현 정부의 의지는 2004년 5년간의 한시법으로 제정된 '지방분권특별법'에 잘 나타나 있다. 이어 문재인 정부 들어서 2004년부터 추진된 지방이양일괄법[2]이 국회를 통과하게 되어 2021년부터 시행된다. 지방이양일괄법은 16개 중앙부처 소관 46개 법률의 400개 중앙권한 및 사무를 지방정부로 한꺼번에 이양하는 것을 내용으로 하고 있으므로, 지방분권화의 촉진에 큰 기대를 갖게 한다.

2. 오츠(Oates)의 분권화정리와 분권화의 장·단점

공공서비스의 공급을 위하여 어떠한 형태의 정부조직이 효율적일 것인가는 오랫동안 재정학의 주요한 과제로 되어왔다. 극단적인 경우로서 완전한 집권과 완전한 분권을 생각할 수 있으나 현실적으로는 이와 같은 양극단 사이에 다양한 형태의 정부조직이 존재하므로 집권과 분권의 문제는 상대적일 수밖에 없다. 여기서는 오츠(Oates)의 분권화정리를 소개한 후, 집권과 분권의 두 가지 극단적 형태만 존재한다는 가정하에서[3] 분권화의 장점(집권화의 단점)과 분권화의 단점(집권화의 장점)을 고찰해 보려고 한다.

1) 오츠의 분권화정리

(1) 오츠의 분권화정리의 의미

어느 계층의 정부가 특정 공공재의 공급책임을 떠맡는 것이 바람직한가를 결정하는 것은 매우 복잡하고 어려운 문제이다. 그렇기 때문에 매우 단순화된 경우를 상정하여 분석하고 그것으로부터 유용한 시사점을 도출해 내는 것이 편리하다. 분석의 단순화를 위하여 우리는 우선 공공영역이 경제안정화 및 소득분배에 관한 문제에 잘 대처하여, 경제체제가 물가안정 및 이상적인 소득분배를

---

2) 지방이양일괄법은 '중앙행정권한 및 사무 등의 지방 일괄 이양을 위한 물가안정에 관한 법률 등 46개 법률 일부개정을 위한 법률'의 약칭이다.
3) 이 같은 극단적인 가정이 비현실적이긴 하지만 우리의 통찰력을 저해하지는 않는다.

통해 완전고용상태하에 있는 것으로 생각한다.

경제체제에 n개의 한정적인 순수공공재(pure public goods)가 존재할 경우 그와 같은 각 순수공공재는 그 특성상 특정 집단 내의 모든 구성원들이 소비할 수 있을 뿐만 아니라 그들의 소비수준도 소비자의 수와는 무관하게 된다. 분석의 편의를 위하여 이러한 각각의 재화는 그 소비가 지리적으로 일부 주민 집단에 한정되며 그 지리적 범위는 각 공공재마다 차이가 있다고 가정하자. 이러한 가정을 할 경우 이론적으로 한 극단에서는 전 국민이 함께 소비하는 (전국적 수준의) 공공재가 존재할 수 있고, 다른 한 극단에서는 한 개인만이 소비하는 그러한 재화도 존재할 수 있다.[4] 마지막으로 인구의 지리적 분포는 고정되어 있다고 가정하는데, 이것은 각 개인이 현재의 거주지에 속박된다는 의미이다.

이상과 같은 매우 단순화된 경우 n개의 공공재 공급에 필요한 재정적 연방정부의 최적 형태를 도출하는 규칙은 곧 "전체 인구 중 일부 주민집단(subset of population)에 한정되어 소비되는 하나의 공공재가 있다면 그와 같은 주민집단만을 대상으로 한 계층의 정부를 만든다"로 된다. 이것은 각 공공재의 편익을 모두 내부화시키기에 충분한 조건인 것이다. 이와 같이 한 특정 관할구역(jurisdiction)이 어떤 공공재의 모든 소비자들을 빠짐없이 그 구역 속에 포함시킬 수 있게 되면, 그러한 정부구조는 공공재 공급에서의 완전 일치(perfect correspondence) 또는 완전 지형화(perfect mapping)를 이룬다고 한다.

이와 같은 이상적 모형에서는 각 계층의 정부가 주민의 선호를 완전하게 파악할 수 있다. 따라서 후생극대화를 목표로 하는 각 지방정부는 파레토 효율적 수준[5]의 산출물을 공급하려고 할 것이며, 그것에 소요되는 필요한 재원은 수익자부담 방식으로 조달할 수 있을 것이다. 이와 같은 내용을 정리하여 오츠는 다음과 같은 그의 유명한 분권화정리를 도출하였다(Oates, 1972: 33-35).

---

4) 이렇게 되면 민간재도 공공재로 간주될 수 있다. 왜냐하면 공공재를 소비하는 전체 인구의 일부 집단이 한 개인으로만 구성될 경우에 그 집단이 소비하는 공공재는 곧 그 단일 개인의 민간재이기 때문이다.

5) 공공재에 대한 그 지역주민들의 개인적 한계편익의 합이 공공재 공급의 사회적 한계비용과 일치하는 수준을 뜻한다.

오츠의 분권화정리: ① 특정 공공재의 소비가 지리적으로 전체 인구 중의 일부 주민에만 한정되고, ② 각 구역(jurisdiction)에서 소비될 특정 공공재의 공급비용이 중앙정부와 해당 지방정부에서 동일하다면, 중앙정부가 모든 구역(jurisdictions)에 걸쳐서 획일적으로 정해진 수준의 공공재를 공급하는 것보다 지방정부가 그 해당지역에서 파레토 효율적인 수준의 산출물을 공급하는 것이 중앙정부가 공급할 때 보다 더 효율적이거나 최소한 중앙정부가 공급할 때만큼 효율적이다.

오츠의 분권화정리가 나타내고자 하는 바는 각 지방정부가 완전일치(perfect correspondence)조건을 충족시킨다면 그 지방정부가 그 주민에게 파레토 효율적인 산출물을 공급할 때 사회 전체의 후생이 극대화된다는 것이다. 따라서 완전일치조건을 충족시키지 못하는 구역에서는 어떤 수준의 공공재가 공급되더라도 그 구역 내에 거주하는 최소한 한 사람 이상의 효용은 감소될 수밖에 없다. 그러므로 모든 지방정부에 걸쳐서 동일한 수준의 공공재를 공급하는 것으로 간주되는 중앙정부는, 공공재의 효율적 공급수준이 모든 지방정부에 걸쳐서 동일하게 되는 특별한 경우를 제외한다면, 각 지방정부에 파레토 효율적 결과를 가져다 주는 수준의 산출물을 공급할 수 없다. 즉 공공재 공급을 중앙정부가 담당하든 지방정부가 담당하든 아무런 차이가 없는 특별한 경우를 제외한다면, 각 구역주민의 후생수준은 중앙정부가 일률적으로 동일한 수준의 공공재를 공급할 때보다 각 지방정부가 공급할 때 더 높거나 최소한 같아진다.

(2) 오츠의 분권화정리의 함의

분권화정리는 자명한 사실을 매우 장황하고 복잡하게 설명하는 것처럼 보이지만 우리는 그것으로부터 다음과 같은 두 가지 중요한 명제를 도출해낼 수 있다(Oates, 1972: 36-37).

첫째, 분권화정리는 각 구역에서 사용될 공공재 공급비용이 중앙정부나 해당 지방정부에서 동일하다는 것을 가정한다. 만약 중앙정부가 공공재를 공급할 때 개별 지방정부에서는 불가능한 규모의 경제(economies of scale)를 실현시킬 수 있다면, 그 재화가 갖는 소비에서의 분권화적 특성에도 불구하고 중앙정부가 공

급하는 것이 더 바람직할 수도 있다. 그렇지만 집권화를 통해서 그와 같은 비용
절감을 기대할 수 없을 경우는 분권화된 재정이 바람직하다.

둘째, 공공재를 중앙정부가 공급하든 지방정부가 공급하든 아무런 차이가
없는 특별한 경우를 제외하고는, 각 구역 간의 효율적인 산출물 수준이 다양하
면 다양할수록 분권화에의 유인은 더 클 것이다. 왜냐하면 구역 간에 주민의 선
호가 다양하면 다양할수록 전국적으로 모든 지역에 획일적인 산출물 수준과 대
부분의 지방정부에서의 효율적 수준은 서로 다르기 때문이다. 따라서 어떤 주어
진 인구규모에서 ① 국가 전체 내에서의 개인 선호가 (구역 간에) 다양해질수록,
그리고 ② 공공재 소비자의 지리적인 묶음(geographical grouping)이 그 내부적으
로 그 재화의 수요측면에서 더욱 동질적일수록 분권화를 통하여 특정 공공재를
공급함으로써 얻을 수 있는 이득은 그만큼 더 커진다.

우리는 위와 같은 틀 속에서 복수계층의 정부로 구성되는 재정적 연방주
의를 상정할 수 있다. 여기서 재정적 연방주의란 정치적 연방주의와 구별된
다.[6] 이것은 각 계층의 정부가 그 구역 내에 거주하는 개인들이 집합적으로 소
비하는 공공재의 효율적 공급을 책임지는 그러한 체제이다. 우리가 상정하고 있
는 매우 단순한 체제에서는 이와 같은 형태의 재정적 연방주의가 후생극대화를
낳는다.[7]

2) 분권화의 장점(집권화의 단점)

(1) 주민선호에 맞는 산출물의 공급

집권화된 정부는 각 지역주민의 선호가 다르다는 사실에도 불구하고 전국

---

[6] 오츠는 정치적 연방주의와 재정적 연방주의를 구별하면서 양자 간의 기본적 차이점을 다음
과 같이 언급한다. 즉 정치학자들과는 달리 경제학자들에는 특정 계층에서의 의사결정이 위
임된 권한(delegated authority)에 입각한 것인지 또는 헌법상 부여된 권한(constitutionally
guaranteed authority)에 입각한 것인지는 아무런 문제가 되지 않는다. 그들에게 중요한 것
은 특정 구역 내에서 특정 공공재 공급수준에 관한 결정이 어느 정도로 그 구역 내에 거주하
는 주민들의 선호를 반영하여 이루어지고 있는가이다(Oates, 1972: 17).
[7] 이와 같은 논리에 기초하는 정부조직 구성방법은 본절 '3. 정부조직 구성' 부분에서 자세히
설명된다.

적으로 획일적인 수준의 공공서비스를 산출하는 경향이 있다. 그렇게 되면 특정 지방정부에는 공공서비스를 과잉공급하게 되거나 또는 과소공급하게 되어 효율성이 크게 떨어진다. 분권화된 체제에서는 공공재에 대한 선호가 비슷한 사람들이 함께 모여 사는 것이 상대적으로 용이하며 따라서 지방정부는 당해 지역주민들의 선호를 알기가 쉽다. 뿐만 아니라 분권화될수록 지방정부가 주민들과의 접근성이 더 높기 때문에 행정의 대응성(responsiveness)도 더 좋아진다. 그렇기 때문에 각 지방정부는 그들의 주민들이 원하는 종류와 양의 공공재를 공급할 수 있게 되어 자원배분의 효율성이 그만큼 증가될 수 있다.

(2) 정부 간 경쟁의 촉진

공공서비스 공급에서 정부가 차지하는 독점적 지위는 종종 정부실패의 원인으로 지적된다(전상경, 2001: 40). 경쟁적 시장에서 비효율적인 기업은 살아남지 못하기 때문에 생존경쟁에서 살아남기 위해서는 효율적으로 움직이지 않을 수 없다. 여기에 반해 정부관료들이 누리는 독점적 지위는 그들로 하여금 효율성을 추구할 유인을 감소시킨다. 분권화된 체제에서 만약 시민들이 자기가 거주할 지방정부를 선택할 수 있거나 지방정부의 행태를 통제할 수 있다면, 이와 같은 주민들로부터의 위협 때문에 지방정부 관리자들은 상호경쟁을 통해 효율성을 추구할 유인을 갖게 될 것이다.

(3) 공공서비스 공급에서의 혁신과 실험의 촉진

공공서비스 공급에 대한 생산함수는 알려져 있지 않거나 불확실한 경우가 많다. 만약 특정 관리기술이 구체적인 실증적 검증도 없이 전국적으로 동시에 실시되었다가 실패로 끝난다면 엄청난 사회적 비용이 초래될 수 있다. 바로 이와 같은 불확실성과 두려움 때문에 새로운 행정기법이 현실적으로 적용되는 데 한계가 있다.

분권화가 이루어져 다양한 복수의 지방정부가 존재하면 행정서비스 공급에서 혁신과 실험이 가능하게 된다. 왜냐하면 지방정부 차원에서는 혁신과 실험의 실패로 인한 사회적 비용이 중앙정부에 비해 더 낮기 때문에 새로운 혁신적 관리기술의 실험적 실시가 용이하기 때문이다. 혁신과 실험을 통한 관리기술의 개발은 효율성을 가져오고 그것은 곧 타 지역이나 국가 전체로 확산된다. 사실 미국에서 발전된 영기준예산제도(ZBB)는 사기업에서 출발하여 성공을 거둔 후 조그마한 지방정부에 도입되었고, 그 지방정부가 거둔 성공이 다른 지방정부로 하여금 영기준예산제도를 채택케 하는 계기가 되었다. 또한 몇몇 주정부도 지방정부에서의 성공에 힘입어 영기준예산제도를 채택하였으며, 다른 주정부와 연방정부도 그와 같은 성공에 자극받아 영기준예산제도를 도입하게 되었다는 것은 우리들에게 잘 알려진 사실이다.

3) 분권화의 단점(집권화의 장점)

(1) 효율성 측면

가) 외부성으로 인한 비효율성

편익이 특정 지방정부의 시민들에게만 발생하는 공공재를 통상적으로 지방공공재(local public goods)라고 부른다. 그렇지만 현실적으로는 특정 지방정부가 공급하는 지방공공재도 다른 지방정부 시민들의 후생수준에 영향을 미치는 공간적 외부효과를 유발시킨다. 만약 특정 지방정부가 자기구역에 거주하는 시민들의 복지만을 고려한다면 인접 지방정부에 미치는 이와 같은 외부효과는 무시되며, 그 결과 비효율적인 자원배분이 초래된다. 그러나 집권화될수록 그와 같은 외부성이 내부화될 수 있기 때문에 효율적 자원배분이 가능해진다.

나) 공공재 공급상의 규모의 경제 상실

특정 공공재의 경우 그것을 소비하는 사람들의 수가 많을수록 일인당 공급비용은 그만큼 감소한다. 이와 같은 특성을 지니는 재화의 경우 인접한 지방정부들끼리 그 재화의 공급과 사용을 협의·조정한다면, 그 공공재의 공급비용을 감소시킬 수 있기 때문에 해당 지방정부 시민들의 후생은 그만큼 더 좋아진다. 그렇지만 분권적 의사결정구조 하에서 완전한 독자성을 지니고 운영되는 지방정부들은 그러한 경제적 이점을 누리기가 어렵다.

서비스의 종류에 따라서 규모의 경제를 누릴 수 있는 범위는 달라진다. 또한 동일한 서비스의 경우라도 지방정부의 지리적 특성에 따라 규모의 경제가 작동하는 범위가 달라지고, 따라서 그러한 범위를 벗어나면 오히려 공급비용이 증대될 수도 있다. 이와 같은 이유 때문에 각 지방정부는 자기에게 적절한 규모의 경제를 지니는 공공서비스를 공급하게 된다. 그 결과 공공서비스별로 특별구가 설치될 수 있으며, 이것은 궁극적으로 구역의 중첩(overlapping jurisdiction)을 초래하게 된다.

다) 조세체제의 비효율성

조세부과의 효율성을 높이려면 가격에 대한 수요나 공급의 탄력성이 낮은 재화에 대해서는 높은 조세를 부과하고 그렇지 않은 재화에 대해서는 낮은 조세를 부과하여야 한다. 한 국가의 총 자본량은 고정되어 있지만 자본의 지역 간 이동성은 매우 높다고 가정하자. 이 경우 만약 특정 지방정부가 자본에 대해 높은 조세를 부과한다면, 자본은 그 지방정부로부터 이탈하게 된다. 그렇게 되면 세수확보를 위하여 높은 조세를 부과한 그 지방정부의 세수가 오히려 더 줄어든다. 그렇지만 중앙정부는 지방정부와는 달리 자본에 대하여 높은 조세를 부과하더라도 자본의 국외이동은 상대적으로 어렵기 때문에, 중앙정부의 세수확보를 위한 노력은 심각한 부작용을 낳지 않는다.

특정 지방정부의 지방세를 그 지방정부 주민이 아닌 다른 지방정부주민들이 부담하게 될 때 우리는 그 지방정부가 조세수출(tax export)[8]을 한다고 말한다. 지방정부는 조세수출을 통해서 자기지역 주민들의 불평없이 세수를 증가시킬 수 있기 때문에 가능하다면 조세수출이 용이한 세목을 지방세로 선택할 것이다. 예를 들어, 특정 지방정부에 그 국가에서 유일한 석탄탄광이 있을 경우 석탄에 지방세를 부과하면 그 부담은 거의 대부분 다른 지방정부에 기주하는 모든 석탄이용자에게 귀속된다.[9] 그렇기 때문에 이 경우 석탄탄광을 보유한 지방정

---

8) 조세수출에 관해서는 본서의 제6장 제4절을 참고하기 바란다.

9) 과거 부산광역시가 지역개발세(현재의 지역자원시설세)로 부과한 바 있는 컨테이너세는 부산시민들이 아니라 거의 대부분 다른 지역 이용자들에게 부과되었다. 그렇기 때문에 부산시민의 입장에서는 이와 같은 조세가 바람직하지만 국가전체의 입장에서는 꼭 그렇다고만 할

부는 석탄에 지방세를 부과하여 조세수출을 할 강력한 유인을 갖게 된다.

지방공공재의 효율적 공급은 그것의 사회적 한계편익과 사회적 한계비용이 일치하는 수준에서 결정된다. 그렇지만 만약 특정 지방정부가 조세수출을 통해서 조세부담을 다른 지방정부에 이전시킬 수 있게 되면, 조세수출을 하는 지방정부의 주민들은 공공재 공급에 대한 사회적 한계비용을 실제보다도 더 낮게 인식한다. 이렇게 되면 그 지방정부의 지방공공재 공급은 비효율적인 수준까지 확대되어 자원배분의 왜곡이 초래된다.

라) 조세행정상의 비효율성

만약 각 지방정부(특히 기초지방정부)가 세무담당 공무원들의 전문성을 지나치게 고려할 경우 그 지방정부의 인사 및 조직관리가 그만큼 어렵게 된다. 그렇기 때문에 각 지방정부(특히 기초지방정부) 세무담당자의 인사관리를 전문성에만 입각해서 하기가 어렵고, 바로 그러한 이유 때문에 세정의 효율성이 낮아진다. 1994년 9월 인천광역시의 북구청을 비롯한 몇몇 지방정부에서 지방세 징수와 연관된 공무원들의 부정행위가 발생한 것이 언론에 보도되었다. 이와 같은 문제들은 기초지방정부수준에서의 세무관리가 안고 있는 근원적이고 복합적인 요인 때문에 발생되는 것이다(원윤희, 1998: 164).

지방세무행정이 안고 있는 바로 이와 같은 문제점들 때문에 지방세무행정 체계의 광역화에 대한 필요성이 제기되고 있다. 즉 국세행정과 지방세행정을 통합할 수 있도록 현재의 국세청을 개편하여 조세청을 설치해야 한다는 극단적인 주장도 있고(이우택, 1995), 광역지방정부가 세무국 또는 지방세사무소 등을 설치하여 기초지방정부의 지방세정을 담당케 함으로써 지방세무행정을 광역화해야 한다는 주장도 있다(원윤희, 1998). 사실 서울특별시도 이미 1996년에 시세사무소를 설치하여 자치구에 위임되어 있는 특별시세의 부과와 징수업무를 직접 담당

수 없으므로, 부산시가 컨테이너세를 도입할 때 많은 반론이 있었고 그 결과 2001년도까지 10년간 한시적 조세로 도입되었다. 그 이후 인천광역시가 컨테이너세의 도입을 추진하였지만 승인되지 않았다. 원래 2001년까지 한시적으로 운영되기로 하였던 부산시의 컨테이너세는 부산시민과 시의회의 적극적인 노력으로 다시금 5년 연장되었는데, 만약 자신들에게 부담을 주는 조세라면 시민들이나 시의회가 앞장서서 그러한 조세를 유지하기 위하여 노력하지 않았을 것이다.

할 방안을 모색한 바 있었으며, 일본의 동경도(東京都)는 도세(都稅) 징수행정의 전문기관으로서 도세사무소를 설치하여 운영하고 있다(원윤희, 1998: 178).

(2) 형평성 측면

부유한 사람들로부터 가난한 사람들에게로의 소득이전이 어떤 방식으로 어떤 수준만큼 이루어져야 하는가에 관해서는 다양한 경제적 및 철학적 관점에서 논란이 제기될 수 있다. 그렇지만 이러한 논란과는 별개로 사회후생의 증진을 위해서 그와 같은 소득이전 그 자체의 필요성에 관해서는 아무런 이견이 없다.

특정 지방정부가 저소득층에 유리한 세출 및 세입정책을 채택할 경우, 만약 지방정부 간 주민의 이동성에 아무런 장애요인이 없다면, 다른 지방정부에 사는 상당수의 저소득층 주민들이 그 지방정부로 이주하리라는 것은 쉽게 짐작할 수 있다. 저소득층 주민의 숫자가 증가함에 따라서 그 지방정부의 재분배정책비용도 증가한다. 그렇게 되면 그 지방정부는 재배분정책에 필요한 재원을 조달하기 위해서 고소득층 주민의 부담을 더 한층 증가시키지 않을 수 없게 된다. 이 경우 고소득층 주민들이 합리적인 사고를 한다면 조세부담이 낮은 다른 지방정부로 이주할 유인을 갖게 된다. 이런 과정이 되풀이될 경우 지방정부의 조세기반이 감소하게 되어 종국적으로는 그와 같은 재분배정책의 지속적인 수행은 말할 것도 없고 지방정부의 존립 자체를 위기로 몰아넣는 재정파탄을 야기할 수도 있다.

이와 같은 논의는 주민의 거주지 선택에 관한 결정이 각 지방정부의 세입 및 세출정책 패키지에 큰 영향을 받는다는 생각에 기초하고 있다.[10] 그러한 전제의 사실여부는 실증적 고찰을 통해서 밝혀져야 하겠지만, 많은 학자들은 분권화된 지방정부가 상당한 수준의 소득재분배정책을 실행하는 데는 많은 부작용이 수반될 수 있다고 지적한다. 이것에 관한 고전적 사례가 1970년대 중반 사회복지정책을 과도하게 실시하다 재정파탄에 직면한 뉴욕시인 것이다(Gramlich, 1976).

---

10) 미국 지방정부 재정활동의 이해에 필수적 지적 도구인 티보(Tiebout)모형은 이러한 논리적 바탕에 근거하고 있다. 티보모형은 본서의 제4장 제3절에서 자세하게 논의된다.

3. 정부조직 구성

앞에서 살펴본 분권화(혹은 집권화)의 장단점들을 고려할 때 분권화의 수준을 어떻게 할 것이냐, 즉 정부의 규모와 수를 어떻게 할 것이냐에 대한 고민에 직면하게 된다.[11] 정부의 최적규모(수)가 결정되고 난 이후에는 각 규모의 정부들을 어떻게 조화시키고 이들에게 공공서비스의 책임을 어떻게 배분할 것인가의 문제에 부딪치게 된다. 이것에 관해서는 오츠(Oates, 1972)의 최적정부규모에 관한 이론에서 잘 설명되고 있다.

1) 최적 정부규모의 결정

정부가 공급하는 공공재는 다양하며 각 공공재의 편익이 파급되는 지리적 범위는 다양하다. 국방같이 편익이 전국에 파급되는 국가공공재가 있는 반면 그 편익의 범위가 일정한 지역에 그치는 지방공공재도 있다. 주민의 이동성과 공공재 공급상의 규모의 경제가 없으며, 주민들 간에 원하는 공공재의 공급량에 대해 견해의 차이가 있는 경우를 가정해보자. 이런 상황에서 최적의 정부구조는 어떤 공공재로부터 오는 편익의 각 범위별로 분리된 정부를 구성하는 것이다. 편익이 전국으로 파급되는 국가공공재는 하나의 중앙정부가 공급해야 하며, 일단의 분리된 지방정부들은 지리적으로 한정된 소비자들에게만 편익이 미치는 각각의 공공재를 공급하되 편익이 미치는 모든 소비자들에게 공공재가 공급될 수 있을 정도로 충분히 큰 정부가 공급을 담당하여야 한다. 오츠(Oates)는 이와 같은 결과를 일치성의 원칙(correspondence principle)으로 불렀다. 어떤 정부의 규모가 자신이 공급하는 공공재의 편익의 지리적 범위와 일치하기 때문이다. 결과적으로, 각 공공재는 외부효과를 없앨 수 있는 가장 작은 규모(최하위 수준)의 정부에 의해 공급된다.

---

11) 분권화에 관한 경제이론에서 분권화의 수준은 정부의 규모와 수에 의해 결정된다. 즉 하나의 정부의 규모를 작게 할수록(전체 사회 내에서 정부의 수가 많을수록) 분권화의 수준이 높다고 볼 수 있다.

　　일치성의 원칙에 따르면 정부의 최적구조는 공공서비스들의 편익의 범위
에 맞추어 분리독립된 정부형태로 구성해야한다. 즉 국방이나 외교처럼 그 편
익이 전국에 걸치는 것은 중앙정부가 공급하고, 그 하위의 분리독립된 지방정
부들은 쓰레기 수거와 같이 국가의 한 지역에만 편익을 주는 공공서비스를 공
급하되, 하나의 정부가 특정한 한 지역을 책임지고 공급하면서 전국에 걸쳐 그
서비스가 공급될 수 있을 정도의 충분한 숫자의 지방정부가 존재하도록 해야
한다. 이와 같은 일치성의 원칙에 따르면 많은 소규모의 지방정부들로부터 하
나의 중앙정부까지 이르는 하나의 스펙트럼을 따라 연방정부체계가 형성된다
(Fisher, 2007).

　　이와 같은 작업의 토대가 되는 최적의 정부규모의 결정방법을 외부성과 수
요의 충족도라는 두 가지 요인을 가지고 설명할 수 있다. 정부의 규모는 공공서
비스의 비용이나 편익의 공간적 누출(외부성)을 피하기 위해서는 충분히 커야하
는 반면, 주민들이 원하는 공공서비스의 양에 대한 일치성을 확보하기 위해서는
충분히 작아야하므로 이들 두 요인 간에는 상충관계(tradeoff)가 존재한다고 볼
수 있다. 정부규모가 증가함에 따라, 공간적 외부성의 감소로부터 오는 후생의
획득은 주민들 간에 선택된 공공서비스의 양에 대한 불만족의 증가에 기인하는
후생의 손실과 비교될 수 있다. 각 공공서비스에 대한 최적의 정부규모는 이와
같은 후생의 획득과 후생의 손실 사이의 격차(순후생)가 가장 크게 되는 수준의
규모이다.

　　어떤 공공서비스에 대한 최적 정부규모의 선택에 관해서 우선 [그림 2-1]
을 통해 설명해보자. 정부의 규모는 인구수로 표현된다. 곡선 OC 로 표현되는
비용(Cost)함수는 정부규모가 증가함에 따라 공공서비스에 대해 다른 수요를 가
진 개인들을 화합시키는(combining) 것으로부터 오는 비용이나 후생손실을 나타
낸다. 즉 이와 같은 비용이나 후생손실은 정부의 규모가 커짐에 따라 공공서비
스의 공급에 정부 구성원의 선호의 다양성이 반영될 수 없게 됨에 따라 발생
한다. 정부규모가 증가함에 따라 총비용은 증가하며, 정부규모 증가의 한계비용
(비용함수의 기울기) 역시 증가한다. 곡선 OB로 표현되는 편익(Benefit)함수는 정부

규모가 증가함에 따라 공간적 외부성이 감소되는 것으로부터 오는 편익이나 후생의 획득을 나타낸다. 정부규모가 증가함에 따라 이와 같은 편익 역시 증가하지만, 정부규모 증가의 한계편익(편익함수의 기울기)은 감소한다. 이와 같은 특성을 지닌 어떤 하나의 공공서비스에 대해서 최적의 인구규모는 N^*이다.12) 집합적으로 소비되는 공공서비스의 공급에서 어느 정도 규모의 집단(정부)이 최적인가 하는 것은 규모의 증가에 따른 편익의 증대와 후생손실(비용) 증대의 효과를 상호 형량하여 결정된다. 이 두 가지를 고려할 때 비용함수의 기울기(곡선 OC의 접선의 기울기)와 편익함수의 기울기(곡선 OB의 접선의 기울기)로 각각 표현되는 한계비용과 한계편익이 일치하는 지점에서 순후생의 극대화가 이루어진다. 이 지점은 바로 순후생을 표시하는 OW곡선이 최대가 되는 N^*이며 이것의 바로 최적의 정부규모가 된다.

이와 다른 공공재나 공공서비스는 편익함수와 비용함수에 차이가 있으며 이것은 결국 최적 정부규모의 차이를 초래한다. 예를 들어, 지금까지 [그림 2-1]에서 설명한 공공서비스에 비하여 어떤 다른 공공서비스에 대해 주민들 간 원하는 양의 차이가 훨씬 더 크고 이 공공서비스의 공간적 외부성의 문제가 덜 심각하다면, 비용함수 OC는 위로 회전하여 OC'로 되고 편익함수 OB는 아래로 회전하여 OB'로 되어, 결과적으로 정부의 최적 규모는 $N^{*'}$로서 N^*보다 감소된 수준에서 결정된다.

모든 공공재나 공공서비스에 대한 최적 정부규모는 이와 같은 방법으로 결정될 수 있으며, 공공서비스마다 최적 정부규모는 다르다. 이와 같은 분석은 어떠한 규모의 정부들이라도 외부와의 계약이나 공동구매협약에 의해 공공서비스 생산에서 모든 규모의 경제를 달성할 수 있는 경우에만 타당하다. 만일 그와 같은 장치들이 가능하지 않다면 이와 같은 방법에 의해 결정된 정부규모는 최저규모(minimum size)이며, 더불어 만일 규모의 확대에 의해 더 큰 규모의 경제가 달성될 수 있다면 더 큰 규모의 정부가 최적규모로 된다(Fisher, 2007: 127). 또한 이 분석은 행정비용 및 순응비용의 잠재적 절약 가능성을 고려하지 않았는데, 우리

---

12) 만일 인구의 이동성이 없다고 가정한다면 인구규모는 바로 공간적 면적으로 전환된다.

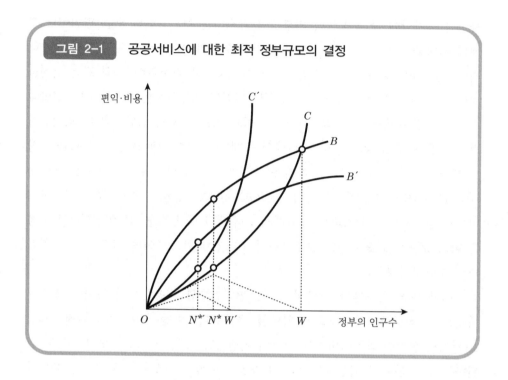

그림 2-1 공공서비스에 대한 최적 정부규모의 결정

는 다음에서 이 문제를 다룰 것이다.

2) 정부조직의 구조형성

만일 앞에서 살펴본 바와 같은 절차에 의해 최적 정부규모가 결정된다면, 각각의 공공재나 공공서비스에 대해서 최적 규모가 다를 것이다. 결과적으로 한 국가 내에 존재하는 공공재와 공공서비스의 형태(종류)만큼 많은 계층의 정부가 요구될 것이다. 모든 개인이나 가구는 그 수만큼의 하위 정부들의 하나의 구성원이 될 것이다. 그러나 앞에서의 분석에서 고려되었던 외부성과 선호의 두 가지 요인에 의사결정비용(행정비용과 순응비용)이 추가로 고려된다면, 그와 같은 구조는 최적이 아닐 것이다.

만일 그와 같은 구조에 따른다면, 가장 작은 정부규모를 요구하는 서비스는 수많은 매우 작은 지방정부들에 의해 공급되는 반면, 국가단위의 가장 큰 정부 규모를 요구하는 서비스는 중앙정부에 의해 공급될 것이다. 이 양극단의 두 가지 서비스의 사이에 위치하는 수많은 공공재와 공공서비스들은 그 두 가지 정부 규모 사이의 수많은 중간적 규모 수준의 정부들에 의해 공급될 것이다. 이럴 경우 의사결정비용은 막대하게 소요된다.

예를 들어, 정부가 1, 2, 3, ⋯ , 8로 표시되는 여덟 개의 다른 공공재를 공급하는 경우를 가정해 보자. 이들 각각을 공급하는 최적의 정부규모는, 앞에서 언급하였듯이, 정부규모의 증가에 따른 공간적 외부성의 감소로부터 오는 후생의 획득과 주민들 간에 선택된 공공재의 양에 대한 불만족 증가에 기인하는 후생의 손실을 상호 형량하여 결정된다. 이 공공재들을 공급하는 최적의 정부규모들(앞에서 N^*로 측정된 최적의 인구규모들)이 [그림 2-2]에 나타나 있다. 이 그림에서 각 공공재(1, 2, 3, ⋯ , 8)의 위치는 여덟 개 공공재 각각의 최적 정부규모(N^*)를 나타낸다. 공공재1은 가장 작은 정부규모를 요구하는 반면에 스펙트럼의 반대쪽 끝에 위치한 공공재8은 가장 큰 정부규모를 요구한다. 공공재1(가령 소방)은 많고 작은 지방정부들에 의해 공급되는 반면에 공공재8(가령 국방)은 중앙정부에

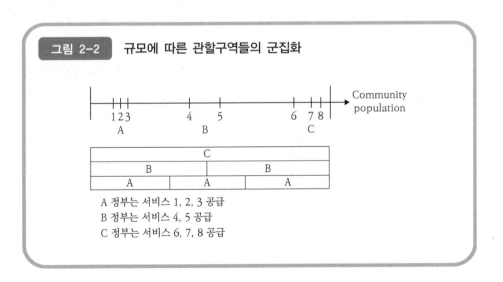

그림 2-2 **규모에 따른 관할구역들의 군집화**

A 정부는 서비스 1, 2, 3 공급
B 정부는 서비스 4, 5 공급
C 정부는 서비스 6, 7, 8 공급

의해 공급되며, 나머지 여섯 개의 공공재들(가령 교육 등)은 중간 수준의 정부들에 의해 공급될 것이다(Fisher, 2007: 128).

오츠(Oates, 1972)는 이와 같은 요인을 고려하여 비슷한 최적규모를 가진 공공재들을 단일의 정부단위들 속으로 함께 군집화(clustering)시키고, 이를 통해 정부 층들의 수와 각 층 내에서 분리된 정부들의 수를 동시에 감소시킴으로써 의사결정 비용을 낮출 수 있다고 제안하였다. [그림 2-2]의 예에서 보면, 공공재1, 2, 3은 A의 정부수준에 의해 공급되도록 함께 군집화될 수 있으며, 공공재4, 5는 B수준의 더 큰 정부들에 의해, 그리고 공공재6, 7, 8은 C수준의 중앙정부에 의해 공급되도록 함께 군집화될 수 있을 것이다. 이렇게 군집화될 경우 여덟 개 층의 정부 수준들이 아니라 오직 세 개 층의 정부수준들이 존재할 수 있으며, 가장 낮은 수준에서는 가령 다섯 개의 분리된 지방정부들이 아니라 세 개의 지방정부들이 존재할 수 있게 된다.

이와 같은 군집화를 통한 정부조직의 구성형태는 정부수준이 중앙정부, 광역지방정부(시·도), 기초지방정부(시·군·자치구)의 세 개의 계층으로 구성되어 있는 우리나라의 정부구조와 유사한 면이 있다. 그러나 현실적으로 정부수준(계층)의 수는 상황에 따라 세 개보다 더 적거나 더 많을 수 있다. 또한 공공재나 공공서비스에 따라서는 최적규모 면에서 다른 재화나 서비스들과 적절히 군집화되기 어려운 것이 있을 수도 있다. 이와 같은 공공재나 공공서비스는 미국의 소방구, 학교구, 상수도구 등과 같은 특별구 형태 또는 다른 형태의 특별지방정부의 구성을 통해 최적 정부규모를 구성할 수 있을 것이다.

제2절 지방정부의 조직 및 사무와 재정부담

1. 지방정부의 조직

우리나라의 지방정부조직은 2006년 7월 1일부터 발족된 제주특별자치도와 2012년 7월 1일에 발족된 세종특별자치시만 단층제구조이며 나머지 지역은 모두 광역자치단체와 기초자치단체의 2층제구조로 되어 있다. 제주특별자치도는 분권화 및 국제자유도시를 효율적으로 추진하기 위한 목적으로 2006년 2월 9일 제정된 제주특별자치도 설치 및 국제자유도시 조성을 위한 특별법에 따라 설치되었다. 단층제구조의 제주특별자치도는 아래에 기초자치단체는 없고 오직 두 개의 행정시만 가지며, 다른 자치단체와는 달리 2006년 출범 당시부터 교육위원회가 도의회의 상임위원회로 통합되었고, 자치경찰제도가 시범적으로 실시되고 있다. 행정중심복합도시로 설립된 세종특별자치시는 수도권의 과도한 집중에 따른 부작용을 시정하고, 지역개발 및 국가균형발전을 실현하기 위한 목적으로 2010년 12월 제정된 세종특별자치시의 설치 등에 관한 특별법에 의해 설치되었다. 종전의 충청남도 연기군과 공주시 일부 및 충청북도 청원군 일부를 지리적 범위로 하여 출범하였으며, 아래에 기초자치단체는 없고 현재 1읍 9면 14동의 지방행정조직을 갖추고 있다.

따라서 2020년 8월 기준으로 광역지방정부는 1개의 특별시(서울), 6개의 광역시(부산·대구·인천·광주·대전·울산), 1개의 특별자치시(세종), 8개의 도(경기·강원·충북·충남·전북·전남·경북·경남), 1개의 특별자치도(제주) 등 17개로 구성되어 있고,[13] 기초지방부로는 75개의 시, 82개의 군, 그리고 69개의 자치구 등 226개로

---

13) 1995년 1월 1일부터 시행된 지방행정구역 개편 이전까지 광역지방정부는 특별시·직할시·도의 형태를 띠었으나, 직할시가 주변의 군을 흡수하여 광역시로 되면서 오늘날의 형태를 띠게 되었다.

구성되어 있어 총 243개의 지방자치단체가 있다.

특별시·광역시·도는 모두 광역지방정부로 분류되지만 그 법률적 지위나 각 정부의 재정구조, 특히 지방세의 구조는 매우 다르다. 마찬가지로 시·군·자치구도 모두 기초지방정부로 분류되지만 그 법적 지위나 각 지방정부의 재정구조가 크게 다르다. 특히 특별시·광역시 산하의 기초지방정부인 자치구는 도의 기초지방정부인 시·군 그리고 광역시의 기초지방정부인 군과는 뚜렷하게 구별된다.

미국의 경우 독자적인 세입·세출행위를 하고 있는 교육구(school district)도 특별지방정부의 한 형태로서 지방정부에 포함된다. 이런 관점에서 본다면 우리나라 각 광역지방정부의 행정구역별로 설치되어 있는 시·도교육청은 교육감을 주민직선으로 선출하고 있고, 시·도정부와 구분되는 상대적으로 독자적인 재정운영을 하기 때문에 일종의 지방정부라고 생각할 수 있을 것 같지만, 지방자치단체의 종류를 규정하고 있는 현행 지방자치법 제2조 제1항에 교육청은 포함되어 있지 않다. 뿐만 아니라 지방자치법 제9조 2항에서는 교육·체육·문화·예술의 진흥에 관한 사무를 지방자치단체의 사무로 명시하고 있다. 한편 2010년부터 모든 교육청의 교육위원회가 제주특별자치도처럼 시·도의회의 상임위원회로 통합됨으로써 교육행정과 일반행정이 부분적으로 일원화되기 시작하였다.

이처럼 시·도 교육청이 특별지방정부로서의 지위를 인정받지 못하고 있을 뿐만 아니라, 현행 지방자치법 제2조 제3항에서 특별지방정부의 설립을 허용하고 있지만 아직 실제로 어떠한 형태의 특별지방정부도 설립되지 않고 있다.

2. 지방정부의 사무와 재정부담

1) 지방정부의 사무범위

우리나라 지방정부의 사무는 자치사무와 위임사무의 두 가지로 대별된다. 자치사무는 지방정부의 존립목적이 되는 지방정부 고유의 사무로서 주로 주민의 복지나 일상생활환경 관련 사무이다. 위임사무는 중앙정부가 지방정부에 위임하여 처리하는 사무를 말하는데, 이것은 다시 단체위임사무와 기관위임사무로 세분된다. 단체위임사무는 중앙정부가 지방정부 그 자체, 즉 독립된 법인격을 지닌 지방자치단체[14] 그 자체에 위임하는 사무를 말한다. 반면에 기관위임사무는 중앙정부가 지방정부의 집행기관장[15]에게 위임하여 처리하는 사무이다. 단체위임사무는 지방적 이해관계와 국가적 차원의 이해관계가 같이 걸린 사무들이 많은 반면, 기관위임사무는 주로 지방적 이해관계보다는 국가적 차원의 이해관계가 큰 사무들이 많다. 지방자치법 제9조는 지방자치단체의 사무범위에 관한 것으로서 제1항은 "지방자치단체는 그 관할구역의 자치사무와 법령에 의하여 그 지방자치단체에 속하는 사무를 처리한다"고 규정하고 있다. 여기서 자치사무는 지방정부의 고유사무를 지칭하고, 법령에 의하여 그 지방정부에 속하는 사무는 (단체)위임사무를 지칭한다. 한편 기관위임사무란 "시·도와 시·군 및 자치구에서 시행하는 국가사무는 법령에 다른 규정이 없으면 시·도지사와 시장·군수 및 자치구의 구청장에게 위임하여 행한다"라는 지방자치법 제102조가 규정하는 위임사무를 지칭하는 것이다.

지방자치법 제9조 제2항은 동법 제1항의 규정에 의한 지방자치단체의 사무를 ① 지방자치단체의 구역, 조직 및 행정관리 등에 관한 사무, ② 주민의 복지증진에 관한 사무, ③ 농림·상공업 등 산업진흥에 관한 사무, ④ 지역개발 및 주민의 생활환경시설의 설치·관리에 관한 사무, ⑤ 교육·체육·문화·예술의 진흥에 관한 사무, ⑥ 지역민방위 및 소방에 관한 사무 등의 여섯 가지로 개괄적으로 예시하고 있다.

지방자치단체는 그 유형에 따라 수행하는 사무도 달라진다. 지방자치법 제10조는 동법 제9조에 따른 지방정부의 사무를 광역자치단체와 기초자치단체 간

---

14) 이때 지방자치단체에는 집행기관뿐만 아니라 의결기관(지방의회)까지 포함된다.

15) 우리나라의 경우 지방정부가 지방정부로서의 지위뿐만 아니라 중앙정부의 지역단위 종합행정기관으로서의 지위를 가지며, 따라서 그 집행기관장이 지방정부의 수장으로서의 지위뿐만 아니라 중앙정부의 일선행정기관장의 지위를 함께 지닌다. 기관위임사무는 중앙정부가 지방정부의 수장이 아니라 자신의 일선행정기관장으로서의 집행기관장에게 위임 처리하는 사무를 말한다.

에 배분하는 기준을 다음과 같이 규정하고 있다. 즉 광역자치단체의 사무로서
적절한 것은 ① 행정처리결과가 2개 이상의 시·군·자치구에 미치는 광역적 사
무, ② 광역자치단체 단위로 동일한 기준에 따라 처리되어야 할 성질의 사무,
③ 지역적 특성을 살리면서 광역자치단체 단위로 통일성을 유지할 필요가 있는
사무, ④ 국가와 시·군·자치구 간의 연락·조정 등의 사무, ⑤ 시·군·자치구가
독자적으로 처리하기 부적당한 사무, ⑥ 2개 이상의 시·군·자치구가 공동으로
설치하는 것이 적당하다고 인정되는 규모의 시설의 설치 및 관리에 관한 사무를
들고 있다.

한편 기초자치단체의 사무로서 적절한 것은 위에서 열거한 바와 같이 광역
자치단체가 처리하는 것으로 되어 있는 사무를 제외한 사무로 하되, 인구 50만
이상의 시에 대하여는 도가 처리하는 사무의 일부를 직접 처리할 수 있도록 규
정하고 있다. 다만, 동법 제9조 제2항의 사무 중에서 '지방자치단체의 구역, 조
직 및 행정관리 등에 관한 사무'는 각 지방정부의 공통사무로 하도록 정하고 있
다. 이와 같은 배분기준에 따라 지방자치단체의 종류별 구체적인 사무는 대통령
령으로 정해진다. 특히 광역자치단체와 기초자치단체는 그 사무를 처리함에 있
어서 상호 경합하지 않도록 하여야 하며, 만약 경합이 발생하는 경우에는 기초
자치단체가 우선적으로 그 사무를 처리하도록 하고 있다.[16]

지방자치단체는 지방자치법 제11조의 규정에 따라 법률상 특별한 규정이
있는 경우 이외에는 ① 외교·국방·사법·국세 등 국가의 존립에 필요한 사무,
② 물가정책·금융정책·수출입정책 등 전국적으로 통일적 처리를 요하는 사무,
③ 농산물·임산물·축산물·수산물 및 양곡의 수급조절과 수출입 등 전국적 규
모의 사무, ④ 국가종합경제개발계획·국가하천·국유림·국토종합개발계획·지
정항만·고속국도·일반국도·국립공원 등 전국적인 규모 또는 이와 비슷한 규모
의 사무, ⑤ 근로기준·측량단위 등 전국적으로 기준의 통일 및 조정을 요하는
사무, ⑥ 우편·철도 등 전국적 규모 또는 이와 비슷한 규모의 사무, ⑦ 고도의
기술을 요하는 검사·시험·연구, 항공관리, 기상행정, 원자력개발 등 지방자치

---

16) 이러한 하위정부 우선의 원칙은 보충성의 원칙(principle of subsidiarity)에 부합되는 것이다.

단체의 기술과 재정능력으로 감당하기 어려운 사무 등과 같은 국가사무를 처리할 수 없다.

2) 지방정부의 사무구분과 재정부담

(1) 자치사무와 재정

자치사무는 자치입법·자치조직·자치재정 등과 같이 지방정부의 존립·유지에 필요한 관리적 사무와 해당지역에 한정되는 토목사업·도시계획·위생 등과 같이 주민들에게 직접적으로 서비스를 제공하는 사무로 분류된다. 원칙적으로 이와 같은 고유사무는 법령에 특별한 규정이 없는 한 해당 지방정부가 그 재량으로 자유롭게 취사선택할 수 있으며, 그런 의미에서 이런 부류의 사무는 수의사무(隨意事務)라고 불리기도 한다. 한편 경우에 따라서는 초등학교의 설치·운영 등과 같은 공익상의 이유 때문에 법률에 의하여 의무적으로 처리해야만 하는 사무도 존재하는데, 이런 부류의 사무는 전자와 구분되어 필요사무(必要事務)로 불린다.

자치사무는 원칙적으로 해당 지방정부가 모든 책임을 져야 하기 때문에 지방의회가 관여하고 국가는 소극적 감독만 한다. 현행 지방재정법 제20조는 "지방자치단체의 관할구역 자치사무에 필요한 경비는 그 지방자치단체가 그 전액을 부담한다"라고 규정하고 있다. 그렇지만 자치사무에 대해서도 국가나 상급지방정부는 보조금을 지급하기도 하는데 그러한 유형의 보조금은 흔히 장려적 보조금으로 불린다. 지방자치가 정착됨에 따라 중앙정부는 자치사무에 대한 이와 같은 장려적 형태의 국고보조금을 중단하거나 대폭 축소하는 방향으로 나가고 있다.

(2) 단체위임사무와 재정

앞서 언급하였듯이 단체위임사무란 지방자치법 제9조 제1항에서 규정하는 바와 같이 '법령에 따라 지방자치단체에 속하는 사무'를 지칭한다. 이러한 단체위임사무는 국가사무로서 지방자치단체에 그 처리가 위임된 것이 대부분이지만

상위지방자치단체의 사무로서 하위지방자치단체에 위임된 것도 있다. 단체위임
사무는 일단 국가로부터 지방자치단체에 위임되면 그 지방자치단체의 사업이
되어 자치사무와 동일하게 취급되기 때문에 흔히 자치적 국가사무라고 부르기
도 한다. 단체위임사무의 구체적인 예로는 조세 등 공과금 징수사무, 하천의 보
수 및 유지사무, 국도의 유지 및 수선사무, 전염병의 예방접종사무 등을 들 수
있다.

　이러한 사무에 대해서도 지방의회가 관여하긴 하지만 그 결과는 국가와 지
방 모두에게 책임이 있다. 따라서 국가나 상급지방정부로부터의 지도·감독이
광범위하며 적극적인 사전감독도 가능하다. 단체위임사무는 그 성격상 지방적
이해관계뿐만 아니라 전국적·광역적 이해관계를 동시에 갖기 때문에 그 처리에
소요되는 경비는 위임기관인 중앙정부 또는 상위지방정부도 분담하여야 한다.
현행 지방재정법 제21조 제1항은 "지방자치단체나 그 기관이 법령에 따라 처리
하여야 할 사무로서 국가와 지방자치단체 간에 이해관계가 있는 경우에는 원활
한 사무처리를 위하여 국가에서 부담하지 아니하면 아니 되는 경비는 국가가 그
전부 또는 일부를 부담한다"라고 규정하고 있다. 이 경우에 국가가 부담하는 경
비는 부담금(負擔金)이라고 불린다.

(3) 기관위임사무와 재정

　앞에서 살펴보았듯이, 지방자치법 제102조는 "시·도와 시·군 및 자치구에
서 시행하는 국가사무는 법령에 다른 규정이 없는 한 시·도지사와 시장·군수
및 자치구의 구청장에게 위임하여 행한다"라고 기관위임사무에 대해 규정하고
있다. 그리고 지방자치법 제104조는 "지방자치단체의 장은 조례나 규칙으로 정
하는 바에 따라 그 권한에 속하는 사무의 일부를 관할 지방자치단체 등에 위임
하거나 위탁할 수 있다"라고 규정함으로써, 상급지방정부와 하급지방정부 간에
도 기관위임이 가능하도록 하고 있다. 기관위임사무의 예로는 호적사무, 주민등
록사무, 병사(兵事)사무, 지적(地籍)사무, 여권발급사무, 국민투표사무, 대통령과
국회의원선거 사무 등을 들 수 있다.

지방정부의 장이 기관위임사무를 처리하는 경우에는 국가 또는 상급지방정부의 하급기관으로서의 지위를 갖기 때문에 그 사무의 처리에 관하여는 국가 또는 상급지방정부의 엄격한 직무감독을 받아야 하며, 사무의 위임이 집행기관장에게 이루어지기 때문에 지방의회는 필요한 경우 감사 등 일부 권한의 행사가 가능하지만 그 외에는 원칙적으로 사무의 처리에 관여할 수 없다. 기관위임사무는 주로 국가적 차원(혹은 광역적 차원)의 이해관계가 크게 걸려 있는 사무들인 만큼 그 처리에 따르는 경비는 중앙정부(혹은 광역지방정부)가 부담하는 것이 원칙이다. 지방재정법 제21조 제2항은 "국가가 스스로 하여야 할 사무를 지방자치단체나 그 기관에 위임하여 수행하는 경우 그 경비는 국가가 전부를 그 지방자치단체에 교부하여야 한다"라고 규정하고 있다. 이 경우 국가가 부담하는 경비는 교부금(交付金)이라고 불린다. 똑같은 논리에 입각하여 동법 제28조는 "시·도 또는 시·도지사가 시·군 및 자치구 또는 시장·군수·자치구의 구청장에게 그 사무를 집행하게 하는 때에는 시·도는 그 사무 집행에 드는 경비를 부담하여야 한다"라고 규정하고 있다.

3) 지방정부의 사무구분과 재정부담상의 문제점

(1) 불명확한 사무구분

우리는 앞에서 지방정부의 사무를 고유사무·단체위임사무·기관위임사무의 세 가지 유형으로 구분하였지만 실제로 특정 사무가 어떤 종류의 사무인지 명확하게 구분하기가 어렵다. 즉 지방정부의 사무범위에 관한 현행 지방자치법 제9조 제2항과 지방정부의 종류별 사무배분기준에 관한 동법 제10조는 지방정부의 종류별 사무분담을 개괄적 수준에서 언급하고 있기 때문에 국가와 지방정부 간 사무배분의 범위와 구분이 불분명한 실정이다.

(2) 사무구분에 따른 재정부담 이행상의 문제점

앞에서 언급하였듯이 원칙적으로 자치사무의 경비는 지방정부가 전액 부담하여야 하고, 단체위임사무는 국가와 지방이 함께 부담하여야 하며, 기관위임사무는 국가가 전액 부담하여야 한다. 그렇지만 현실적으로는 국가의 경비부담이 충분하지 않아 지방재정을 악화시키는 요인이 되고 있다는 비판이 있다(최유성, 1999: 123, 2002: 64, 2005: 76; 서성아, 2008: 255). 이것은 지방재정운용에서의 잠재적 어려움을 시사해 주는 것이다.

(3) 정부사무이양에 따른 재정부담 문제

지방자치 부활 이후 역대 정부는 중앙정부의 기능 및 사무의 지방이양을 추진해왔다. 그 결과 정부 총사무 중 지방정부 수행사무의 비율이 약간 증가되었다. 우리나라 최초로 개별법령에 근거한 정부 총사무 전수조사가 2001년 3월~2002년 1월에 걸쳐 실시되었다. 그 조사에 의하면 총 41,603개의 사무 중 국가수행 사무는 30,240개로서 전체의 73%, 지방정부 수행사무는 나머지 11,363개(국가위임사무 1,311개 포함)로서 전체의 27%였다(지방이양추진위원회, 2004a: 16). 그런데 2013년 8월 기준으로 4천여 개 법령상 정부 총사무는 46,005개이며, 그중 지방정부 자치사무가 14,715개로서 전체의 32%로 조사되었다(지방자치발전위원회, 2014). 이 두 가지 조사결과를 비교해보면, 정부 총사무 중에서 지방정부 수행사무의 비율이 2002년도에 위임사무를 포함하고도 27%에서 2013년도에는 위임사무를 제외한 자치사무만 32%이므로 사무의 지방이양에 어느 정도의 성과가 있었다고 볼 수 있다.

그러나 사무의 지방이양 추진과정에서 가장 경계해야 할 부분은 사무만 이양되고 재원이 수반되지 않을 경우, 지방자치단체들이 지방이양추진사업 그 자체에 대해 부정적 시각을 갖게 되고 종국적으로는 분권화의 의지를 상실할 수도 있다는 점이다. 예를 들어, 1999년 지방이양추진위원회가 설치된 후 2004년 9월까지 총 1,090건의 사무가 이양 확정되었고 그중에서 456건이 이양 완료되었다. 그렇지만 그중에서 행정·재정적 지원규모는 4개 사무에 81명의 인력과 48억 원의 재정지원뿐이었다(지방이양추진위원회, 2004b: 11).[17]

---

17) 소순창(2005: 97)은 당시까지 소단위별로 사무이양이 이루어졌기 때문에 핵심적인 사무 대신 부수적 사무만이 이양되어 관련 업무에 대한 행정적·재정적 지원이 현실적으로 불가능하였다고 주장한다.

특히 2005년부터 국고보조사업의 일부가 지방으로 이양되면서 그러한 사업에 소요되는 국고보조금이 지방교부세화되었다. 즉 국고보조사업의 지방이양을 지원하기 위하여 2005년부터 5년 기한으로 내국세 총액의 0.83%를 재원으로 하는 분권교부세제도가 도입되었다.[18] 첫해인 2005년도의 경우 총 13개 부처의 149개 국고보조사업이 지방으로 이양되어 여기에 소요되는 예산액은 9,581억 원이었다. 그러나 내국세총액의 0.83%인 분권교부세재원은 8,454억 원에 지나지 않아 1,127억 원의 재정부족이 발생하게 되는데, 이 재정부족분은 담배소비세의 인상분으로 보전키로 하였으나 담배소비세의 세수 증가폭이 예상만큼 충분하지 못하였다.[19]

2005년 지방에 이양된 국고보조사업 중 보건복지분야는 모두 67개 사업으로 총 5,958억 원 규모이지만 실제로는 이보다 적은 5,257억 원이 예산에 반영되었다고 한다. 이양된 주요 사업을 보면 장애인·노인·아동생활시설 및 정신요양시설 운영, 사회복지관·노인복지관·장애인복지관 운영 등 주로 사회복지서비스 분야이다. 이러한 서비스의 이용대상자는 대부분 저소득 취약계층으로서 거의 가족이 없어 오갈 데 없는 사람들로서 정부가 기본적인 생활을 보장해야 할 의무가 있는 것이다. 이양된 사회복지사업에 대한 분권교부세의 배분액은 종전의 국고보조금보다 규모가 적기 때문에, 지방자치단체 입장에서는 사회복지예산 지원금이 상당히 삭감되었다고 볼 수 있다.

이와 같이 사회복지사무를 중심으로 사무만 지방정부로 이양되고 그에 대한 재원의 이전이 충분히 수반되지 못한 결과, 지방정부는 사회복지사업으로 인한 상당한 재정적 압박을 겪게 되고 결국 사무의 처리와 재원배분 문제를 놓고 중앙정부와 심각한 갈등을 겪기도 하였다.

우리는 제1장에서 정부재정의 기능을 자원배분기능, 경제안정화기능, 소득재배분기능의 세 가지로 구분한 후, 지방정부는 중앙정부와는 달리 경제안정화

---

18) 이러한 분권교부세는 2010년 지방교부세법 개정에 따라 5년간 연장되어 2014년까지 시행되었고 2015년 1월부터 보통교부세로 통합되었다.

19) 2006년도에는 분권교부세의 재원이 내국세 총액의 0.94%로 인상되었는데 이것은 당초 담배소비세 인상분 수입으로 충당할 계획이었던 부분(1,127억 원)을 반영하기 위해서였다.

기능과 소득재배분기능을 수행하는 데 한계가 있음을 지적하였다. 이와 같은 관점에서 본다면 이러한 복지 관련 사업을 지방이양 대상사업으로 선정한 것은 다소 문제가 있다고 생각된다.

제3절   지방정부의 재정결정 메커니즘

　‘정부재정은 정치과정의 산물’이라는 윌다브스키(Wildavsky)의 말이 시사하듯이 그것은 단순히 경제적 논리만으로 결정되지는 않는다. 정부의 정책결정에서 누구의 선호가 득세할 것인가를 결정짓는 것이 정치라고 한다면, 정부재정은 그와 같은 정치적 행위의 결과가 구체적 숫자로 표시된 것이다(Wildavsky, 1964: 4). 이와 같은 논리는 중앙정부나 지방정부를 막론하고 적용된다. 그렇지만 지방정부의 재정은 지방정부 자체 내의 정치적 요인뿐만 아니라 국가나 상위정부의 정책결정에 의하여 상당한 제약을 받는다. 그러므로 특정 지방정부의 재정결정 메커니즘을 고찰하려면 그 지방정부의 외부적 측면과 내부적 측면을 모두 바라볼 필요가 있다.

1. 지방정부 재정결정 메커니즘의 외부적 측면

　아무리 지방자치제가 실시된다고 하더라도 지방정부는 중앙정부의 통제를 벗어나서 행동할 수는 없다. 국가마다 정도의 차이는 있지만 중앙정부는 지방정부를 통제하기 위한 여러 가지 정책수단을 보유한다. 그러므로 지방정부의 재정결정과정을 이해하려면 이와 같은 중앙정부의 통제를 고찰해야 한다. 우리는 국가(혹은 상위지방정부)가 (하위)지방정부의 재정에 영향을 미칠 수 있는 여러 가지 법적 장치를 통해서 이와 같은 통제를 고찰하려고 한다.

지방정부재정과 연관되는 재정관계법으로는 지방자치법, 지방재정법, 지방자치단체 기금관리기본법, 지방자치단체를 당사자로 하는 계약에 관한 법률, 공유재산 및 물품 관리법, 지방세기본법, 지방세법, 지방세특례제한법, 국세와 지방세의 조정 등에 관한 법률, 지방교부세법, 보조금관리에 관한 법률, 국가균형발전 특별법,[20] 지방교육재정교부금법, 지방공기업법 등 여러 가지가 있다. 이와 같은 법률은 모두 국가가 제정하기 때문에 아무리 지방자치가 실시되고 있다 하더라도 중앙정부는 이러한 법률을 통하여 지방정부를 통제할 수 있다. 따라서 지방정부는 이와 같은 법률의 테두리 안에서 자율성을 모색해야만 한다.

위에서 열거한 지방재정 관련 제 법률들 중에서 지방자치법과 지방재정법 및 지방세관련 법을 제외한 다른 모든 법률들은 지방정부 재정운영의 특정 부분을 구체적으로 규정하는 것들이다. 따라서 여기서는 지방재정운영의 기본지침을 제공해주는 법률로서 지방자치법, 지방재정법, 지방세관련 법(지방세기본법, 지방세법, 지방세특례제한법)에 관해서 간략하게 살펴보기로 한다.

1) 지방자치법

지방자치법은 1949년에 제정된 이후 지방자치의 부활을 앞두고 1988년에 전부 개정되었다. 1988년에 대폭 개정된 지방자치법에서는 재무에 관한 사항이 '재정운영의 기본원칙', '예산과 결산', '수입과 지출', '재산 및 공공시설', '보칙' 등과 같은 다섯 개의 절로 구성되어 있으나, 2020년 8월 기준으로 대도시 특례 확대 등 포함한 많은 내용의 개정을 위해 국회에서 입법과정 중에 있다.

재정운영의 기본원칙에 관한 절은 건전재정의 운영(제122조), 국가시책의 구현(제123조), 그리고 지방채무 및 지방채권의 관리(제124조)에 관한 세 개의 조항을 포함하고 있다.

---

20) 국가균형발전사업을 뒷받침하기 위하여 노무현 정부하인 2004년 1월에 제정되었으며, 이후의 정부들에서 수차례 개정되었다. 2020년 8월 기준으로, 동법 제5장은 국가균형발전특별회계에 관한 것인데, 이 특별회계는 지역자율계정, 지역지원계정, 제주특별자치도계정 및 세종특별자치시계정의 네 개 계정으로 구분하여 지방자치단체에 필요한 재정지원을 하고 있다.

예산과 결산에 관한 절의 주요 내용은 회계연도(제125조), 회계의 구분(제126조), 예산의 편성 및 의결(제127조), 계속비(제128조), 예비비(제129조), 추가경정예산(제130조), 예산불성립시의 예산집행(제131조), 지방자치단체를 신설하는 때의 예산(제131조의2), 재정부담을 수반하는 조례제정 등(제132조), 예산의 이송·고시 등(제133조), 결산(제134조), 지방자치단체가 없어진 때의 결산(제134조의 2) 등이다.

수입과 지출에 관한 절은 지방세(제135조), 사용료(제136조), 수수료(제137조), 분담금(제138조), 사용료의 징수조례 등(제139조), 사용료 등의 부과·징수 및 이의신청(제140조), 경비의 지출(제141조)과 같은 조항으로 구성되어 있다.

재산 및 공공시설에 관한 절의 주요 내용은 재산과 기금의 설치(제142조), 재산의 관리와 처분(제143조), 그리고 공공시설(제144조)에 관한 조항이다.

보칙의 절에는 지방재정운영에 관한 법률의 제정(제145조), 지방공기업의 설치·운영(제146조)에 관한 조항들이 포함되어 있다.

2) 지방재정법

지방재정법은 지방자치법에 명시된 지방재정에 관한 조항들을 보다 구체적으로 명시한 것으로서, 지방자치단체의 재정운용을 위한 총체적 지침이라고 할 수 있다. 지방재정법은 1963년도에 제정되었으며 이후 몇 차례의 개정작업이 있었다.

민선지방자치단체장 시대의 출범 이후 지방의회 활성화 및 주민참여의 확대에 따라 지방행정이 한층 역동적으로 변하였고 지방재정관리시스템도 더 한층 분권과 자율성이 강조되었다. 이러한 변화를 수용하기 위하여 2005년에는 1963년 지방재정법이 제정된 이래 처음으로 전면 개정되었다. 즉 종래의 지방재정법이 지방재정법, 지방자치단체 기금관리기본법, 지방자치단체를 당사자로 하는 계약에 관한 법률, 공유재산 및 물품 관리법 등의 네 개의 법률로 분할되었다.

2020년 8월 기준으로 지방재정법은 2005년 개정 분할 당시의 기본구조를 유지하고 있으며, 성과 중심의 지방재정 운용, 지방채 발행 총액한도제, 지방재정 영향평가, 중기지방재정계획의 수립, 성인지예산서의 작성·제출, 지방예산

편성 등 예산과정에 주민참여, 지역통합재정통계의 작성, 지방재정 운용상황의
공시, 긴급재정관리 등을 담고 있다.

3) 지방세관련 법

지방세법은 1949년 12월 22일 처음 제정되었고, 2010년 3월 31일 전면 개
편을 통해 ① 지방세기본법, ② 지방세법, ③ 지방세특례제한법의 3개 법으로
분할되었으며, 이것은 2011년 1월 1일부터 시행되어 현재에 이르고 있다.

지방세기본법은 지방세에 관한 기본적이고 공통적인 사항과 납세자의 권
리·의무 및 권리구제에 관한 사항 등을 규정하는 것으로서, 지방자치단체의 과
세권, 지방세부과의 원칙, 납세의무, 납세자의 권리, 범칙행위 등에 대한 처벌
및 처벌절차 등을 주요 내용으로 담고 있다.

지방세법은 지방자치단체가 과세하는 지방세 각 세목의 과세요건 및 부
과·징수 등에 대해 규정하는 것으로서, 각 세목별로 과세대상, 납세의무자, 납
세지, 과세표준, 세율 등을 규정하고 있다.

지방세특례제한법은 지방세 감면 및 특례에 관한 사항과 이의 제한에 관한
사항을 규정하는 것이다. 지방세특례제한법은 지방세 특례의 원칙과 제한, 조례
에 따른 지방세 감면, 지방세지출보고서의 작성, 지방세 감면, 지방소득세 특례
및 특례제한 등을 주요 내용으로 담고 있다.

2. 지방정부 재정결정메커니즘의 내부적 측면

1) 지방재정의 수요와 공급

민간재는 시장에서 그 재화의 수요와 공급이 일치되는 점에서 가장 효율적
으로 공급된다. 지방공공재도 주민들의 수요에 부응하는 수준에서 공급되어야
만 효율적 자원이용이 가능하다. 민간재의 수요는 시장에서 소비자가 현시하는
선호에 의하여 결정되지만 지방공공재에 대한 선호는 정치적 과정에 의해서 결

정된다. 이와 같이 민간재나 공공재를 막론하고 특정 재화의 효율적 공급수준을 고찰하려면 그 재화의 수요측면과 공급측면을 동시에 살펴보아야 한다.

공공재의 수요측면에서의 핵심 행동주체들은 공공재에 대한 선호현시를 통하여 집합적 의사결정에 참가하며 공공재를 소비하는 사람들이다. 이와 같은 행동주체들을 좀 더 구체적으로 말한다면 유권자·투표자·납세자로서의 지역주민들이며, 이들이 집단을 이루어 행동하면 이익집단이 된다. 간접민주주의제도 하에서는 자신의 지지자들의 선호를 충실히 대변하기 위해 노력하는 정치인들도 수요측면에 속하는 행동주체인 것이다.

수요측면에서의 중심적 과제는 개개의 시민들이 공공재에 대한 선호를 어떻게 형성하고, 그러한 개개인들의 선호가 어떤 방식을 통하여 집합적 선호체계로 연결되며, 결과적으로 공공재의 자원배분은 어떻게 될 것인가이다. 이와 같은 관심은 1970년대에 접어들면서 공공선택론을 기초로 한 집합적 선택모형 및 공공재의 수요이론과 결합되어 공공재의 수요함수를 분석하는 시도로 발전하였다.

공공재의 공급측면에서 중심적인 역할을 하는 행동주체는 정부, 즉 관료나 공기업조직이라고 할 수 있다. 경우에 따라서는 정부나 공기업이 직접 공공재를 생산하지 않고 민간에게 위탁하기도 한다.[21] 그렇기 때문에 공공재 공급에 필요한 재원을 조달하는 주체와 실제로 생산을 담당하는 주체가 다를 수도 있다. 아무튼 공공재의 공급에 대한 분석은 정부나 관료와 같은 공급주체에 대한 행동분석을 통해서 공공재의 공급이 어떤 방식으로 이루어지는가를 검토하는 것이라고 할 수 있다. 니스카넨(W. Niskanen)이나 브레튼(A. Breton)에 의한 정부·관료들의 행동분석과 공공부분의 생산효율성에 관한 연구는 이러한 분야에서의 연구를 대변해 준다.

---

21) 정부가 공공재를 직접 생산하는 것은 공공생산(public production)이라 부르고, 민간위탁 등을 통해서 간접적으로 생산하는 것은 공공공급(public provision)이라고 부른다.

2) 지방재정결정과 관련된 주요 행위주체자들과 그들의 행동준칙

지방정부 재정에 관한 최종 의사결정은 지방의회에서 이루어진다. 이러한 의사결정은 궁극적으로 주민들의 공공서비스욕구를 충족시켜 주기 위한 것이기 때문에, 공공서비스에 대한 그들의 선호가 가장 존중되어야 한다. 관료들은 주민들의 공공재에 대한 선호를 고려하여 공공재생산을 담당하며, 공공재생산에 필요한 지출수준을 결정하여 의회의 승인을 받아야 한다. 그러므로 지방정부 재정결정에 영향을 미치는 직접적인 당사자들은 공공서비스의 수요자(주민·정치인)와 공공서비스의 공급자(관료)들이며, 이들 양 당사자들 간의 합리적 행동이 균형을 이룬 결과가 곧 지방정부의 예산결정액과 지방세(가격)라고 생각할 수 있다. 이때 관료나 정치인들은 당위론적 입장에서 오직 공익만을 추구하는 행동주체가 아니라 자신들의 효용극대화를 추구하는 행위주체자일 뿐인 것이다.

(1) 투표자와 공공서비스 수요자 및 납세자로서의 주민

지방의회가 구성됨에 따라서 주민들은 행정서비스의 수동적 수요자로서만 머무르지 않고 지방의회 의원을 선출하는 투표자로서의 지위도 동시에 누리게 되었다. 주민들이 추구하는 궁극적인 목적은 주어진 조세가격으로서[22] 자신의 효용을 극대화 시켜주는 공공서비스를 제공받는 것이다.

(2) 공공서비스 공급자로서의 관료

관료들은 국민들의 복지증진을 위해서 노력해야만 하고 자신들의 사익보다 공익의 실현을 위하여 활동할 것으로 기대된다. 그렇지만 공공선택론자인 니스카넨(Niskanen)은 그와 같은 당위론적인 관료상(官僚像)과는 달리 관료도 그들 자신의 효용극대화를 추구하는 합리적인 인간이라고 생각한다. 즉 니스카넨에 의하면 관료들의 행동준칙(行動準則)은 그들에게 주어진 정치적 제약조건 하에서 그들 부서의 예산극대화의 추구이다. 왜냐하면 자기 부서의 예산규모가 커질수

---

22) 실제로 주민들은 조세가격을 주어진 것으로만 생각하기보다 가격 그 자체에도 영향력을 행사할 수 있다고 믿는다. 이것에 대한 가장 대표적인 사례가 지방정부에서의 조세저항운동의 결과 쟁취된 미국 캘리포니아주의 주민발의 13(Proposition 13)인 것이다(전상경, 1995).

록 그만큼 관료들이 향유할 수 있는 역득(perk)도 커지기 때문이다.

지방정부의 예산결정에는 중앙정부의 관료와 지방정부의 관료가 모두 개입된다. 지방자치실시 이전에 각 지방자치단체는 중앙정부의 지휘감독을 받아 재정운영을 하였고[23] 자치단체장도 중앙정부에 의하여 임명되었기 때문에 양자 간의 입장 차이는 별로 표출될 수 없었다고 단순화시켜 생각할 수 있다. 지방자치 실시 이후로는 주민을 대표하는 지방의회의원(정치인)들이 행정서비스 공급을 감독하게 되었다.

관료는 투표자로서의 주민과 공공서비스 공급자의 감독자로서의 정치인과 달리 정보독점력을 갖기 때문에 그들에 비하여 상대적으로 유리한 입장에 설 수 있다(加藤, 1992: 112). 그러한 정보우위력은 전문성의 차이로부터 나온다. 대중민주주의하의 정치인들은 관료들에 비하여 아마추어적인 성향을 띨 수밖에 없다. 왜냐하면 정치인은 선거를 통하여 그 직에 오르지만, 관료들은 일정한 자격(전문성)을 지녀야만 그 직에 오를 수 있기 때문이다(間登志夫, 1989: 59-60). 뿐만 아니라 관료들은 시민들이나 정치인들에 비하여 다년간 같은 업무에 종사하기 때문에 전문성에서 우월적 지위를 누리는 것이 훨씬 용이하다. 니스카넨의 관료제 모형에 따르면 관료들의 이와 같은 정보독점력으로 인해, 관료들의 예산극대화 추구적 합리적 선택행위가 정부예산의 규모를 사회적으로 효율적인 수준보다 두 배까지 증가시킬 수 있다고 본다.

지방자치실시로 중앙정부와 지방정부 관료들 간에도 입장에 변화가 초래된다. 이제 지방정부의 장이 주민의 직접선거에 의하여 선출되기 때문에 지방정부의 관료들도 중앙으로부터의 일방적인 지휘·감독에 맹목적으로 따를 것이라고 기대할 수는 없다. 이와 같은 상황하에서 중앙정부 관료들은 그러한 권한축소의 공백을 메우려고 할 것이다. 따라서 지방정부의 관료들은 중앙정부와 지방정치인 양자 간의 틈바구니 속에서 자신들의 합리적 행위를 추구해 나가야 한다.

---

23) 지방의회가 구성되어 있지 않았기 때문에 내무부가 지방의회의 역할을 대신하여 지방자치단체의 예산안을 승인한 것이 가장 대표적인 사례이다.

(3) 공공서비스 수요 표출자와 공급 감독자로서의 정치인

정치인들은 주민들의 행정수요를 파악하여 관료들에게 전달하는 한편 관료들의 행정서비스 공급을 지휘하고 감독한다. 정치인들은 신분보장을 받는 관료들과는 달리 선거에 의하여 그 직을 갖는다. 그렇기 때문에 아무리 좋은 정치적 이상을 갖더라도 그 이상을 실현하기 위해서는 선거에서 당선되어야만 한다. 그러므로 정치인들은 우선적으로 당선을 목표로 가능한 많은 표를 획득하기 위하여 자신의 노력을 경주하게 되며, 이와 같은 정치적 압박감 때문에 그들이 갖는 시간적 할인율(time discount rate)은 대단히 높다.[24] 그렇기 때문에 그들은 사회적 합리성에 입각한 정책보다도 자신의 득표에 효과적인 정책에 집착하게 된다 (岸昌三, 1987: 16).

비시장영역에서의 왜곡된 보상구조도 비효율을 초래하는 한 요인일 수 있다. 즉 신분이 보장되어 있고 전문성을 지닌 관료들은 정책의 실현가능성 여부에 우선적 관심을 갖지만, 정치인들은 그것보다도 오히려 주민들의 인기를 끌수 있는 정책이 어떤 것인가를 파악하는데 더 많은 관심을 쏟는다. 당선을 목표로 하는 정치인들은 사회적(i.e., 국가적) 후생보다도 지역구민의 후생문제를 더 우선적으로 생각하게 된다. 따라서 정치인들은 한편으로는 재정팽창을 나무라지만, 다른 한편으로는 자기지역구에 보다 많은 사업을 추진하려고 애쓴다.

현대행정은 고도로 복잡하고 전문화되어 있다. 특히 공공서비스의 생산기술은 잘 알려져 있지도 않고, 설사 알려져 있다고 하더라도 관료들이 그러한 정보를 독점하는 경우가 많다. 관료들은 전문성을 바탕으로 신분이 보장되어 있지만, 정치인들은(특히 지방의회의원들은) 매번 선거를 통해 공직에 진출하기 때문에 행정의 전문성이 그만큼 떨어질 수 있어 관료들의 감독이 용이하지만 않다.

---

24) 사회적 또는 정치적 안정성이 낮을수록 시간할인율은 높다. 또한 전문성에 의해 신분이 보장되어 있는 관료들의 시간할인율은 선거에 의해 임기가 결정되는 정치인들의 그것보다 더 낮다. 시간할인율이 높을수록 현재에 대한 관심이 장래에 대한 관심을 지배하게 되어 장기적인 시야에서 결정을 내리는 것이 그만큼 더 어렵게 된다.

3) 지방재정결정자들의 합리적 행동과 사회후생

앞서 살펴보았듯이 지방정부의 재정결정에 관련된 주요 의사결정자들은 주민·관료·정치인이다. 모든 의사결정자들의 행태를 합리적이라고 가정하면 주민들은 적은 세금으로서 많은 혜택을 누리려는 효용극대화 행태를 보일 것이며, 관료들은 예산극대화를 추구할 것이고, 정치인들은 득표극대화를 모색할 것이다. 용의자들의 딜레마 게임(prisoners' dilemma game)에 의하면 집합적 의사결정에서는 개인적 수준에서의 합리적 행동이 사회적 수준에서는 최적이 아닐 수 있다는 명제가 도출된다. 그러므로 예산 관련 행위주체자들의 합리적 행동은 사회적으로 비효율을 초래할 가능성을 내포하고 있는 것이다.

3. 대의민주주의제하의 지방재정결정주체들 간의 정보비대칭성

1) 지방재정결정주체들 간의 정보비대칭

주민들은 조세를 부담하고 지방정부로부터 공공서비스를 공급받기 때문에 당연히 공공서비스의 질이나 공급가격 등에 대한 정보를 알 수 있는 권리를 가지며, 그것들이 자신의 기대수준에 미치지 못할 경우 시정조치를 요구할 수 있다. 그렇지만 일반 주민들은 관료들에 비하여 공공서비스의 공급에 관한 충분한 정보를 갖지 못하기 때문에 관료들의 행태를 효율적으로 통제하기가 어렵고, 이것은 곧 관료들의 도덕적 위해·해이(moral hazard)를[25] 유발시키는 원인이 된다. 더욱이 공공서비스는 민간재와는 다른 특성을 지니기 때문에 주민들이 그와 같은 정보를 지닌다고 하더라도, 집합행동의 딜레마이론이 사사하듯이 관료들을 통제하기 위한 행동을 취하기가 어렵다. 공공서비스공급에 대한 시민들의 정보부족을 해결하기 위해 우리나라에서도 각 지방정부수준에서 정보공개조례안들

---

25) 연구자에 따라 moral hazard는 도덕적 위해 또는 도덕적 해이라고 번역된다. 사전적 의미로 본다면 위해는 적극적 행위이지만 해이는 소극적인 태만을 뜻한다. 그렇기 때문에 필자는 이 두 가지를 모두 나타내기 위하여 moral hazard를 도덕적 위해·해이라고 표기한다.

이 제정되고 있다.

정치인들은 시민을 대신하여 공공서비스의 수요를 표출하거나 또는 효율적
인 공공서비스의 공급을 위하여 관료들을 지도, 감독하는 입장에 있다. 그렇지
만 공공서비스는 그 특성상 생산함수를 추정하기도 곤란할 뿐만 아니라 설령 그
것이 추정가능하더라도 거의 공개되지 않는 것이 보통이다(전상경, 2005: 47). 따라
서 행정서비스의 공급을 담당하는 관료들은 행정서비스의 공급과 관련되는 정
보를 거의 독점하게 되며, 이것 때문에 정치인들이 관료들을 감독하는 데는 상
당한 어려움을 겪게 된다.

2) 재정민주주의의 이상과 대의민주주의제하의 위임자·대리인문제

지방정부재정은 지역주민들의 일상생활에 직접적인 영향을 미친다. 그렇기
때문에 주민들의 부당한 부담을 방지하기 위하여 지방정부의 재정활동은 지방
의회의 의결에 의하도록 하는 것이 재정민주주의의 핵심이다. 재정민주주의의
이상이 실현되려면 지방의회가 지방정부의 재정활동에 대해서 올바른 결정을
내려주어야만 한다.

지방의회의원들은 지역주민들의 권익보호를 위하여 선출된 주민들의 대리
인이라고 생각할 수 있다. 그렇기 때문에 지역주민과 지방의회의원들 간의 관계
는 위임자·대리인모형(principal–agent model)으로서 파악될 수 있다. 위임자·대
리인모형이란 소송의뢰인과 변호사, 주주와 경영자 등과 같이 한 사람(위임자)
이 다른 사람(대리인)에게 일정한 보상을 지급한 후 자신의 이익과 관련된 행위
를 그의 재량으로 하여줄 것을 내용으로 하는 계약관계가 있을 때 적용되는 모
형이다.

이 모형에서 위임자는 자신의 이익극대화를 위해서 유능한 대리인을 선정
해야 할 뿐만 아니라 그러한 대리인이 자신의 이익을 위해서 최선의 노력을 경
주하도록 지휘·감독해야만 한다. 그렇지만 위임자는 자신이 위임하는 업무뿐만
아니라 자신이 고용하는 대리인의 자질이나 행위에 대해서도 대리인만큼 충분
한 정보를 갖지 못하기 때문에 정보의 비대칭성(information asymmetry)으로 인한

역선택(adverse selection)과 도덕적 위해·해이(moral hazard)라는 위임자·대리인문제가 야기된다.

우리는 여기서 주민과 지방의회의원들 간의 관계를 위임자·대리인모형으로 파악할 때 양자 간에 야기될 수 있는 정보의 비대칭성으로 인한 역선택과 도덕적 위해·해이가 어떤 것인지를 설명하려고 한다.

(1) 역선택

주민은 지방의원을 선출하기 전에 입후보자들 개개인에 대한 능력이나 인품에 대해서 충분한 정보를 갖지 못하는 경우가 많다. 그렇기 때문에 선출하지 말아야 할 후보자를 선출하게 될 수도 있는데 이런 현상을 역선택이라고 부른다. 즉 지방의회의원 입후보자들은 각종 선거유세나 홍보물을 이용하여 자신의 능력과 인품에 관하여 신호보내기(signaling)를 하지만, 왜곡되고 불충분한 정보 때문에 선별과정(screening)이 잘못 작동되어 지역주민들이 자질이 부족한 후보자를 대표로 선출함으로써 역선택을 하게 된다.

(2) 도덕적 위해·해이

역선택은 대리인이 위임자와의 계약을 체결하기 전에 발생하는 문제이지만 도덕적 위해·해이는 위임계약 체결 후에 발생하는 문제이다. 지방의회의원은 자신의 입장에서가 아니라 자신의 위임자인 지역주민의 입장에서 의정활동을 수행해야 한다. 만약 지방의회의원들의 원·내외 활동이 지역주민들에게 잘 알려질 수 있는 통로가 없다면, 지방의원들은 굳이 지역주민의 이익을 위해서 일할 유인을 느끼지 못할 것이므로 지역주민이 아닌 자신의 입장에서 일할 수도 있다. 바로 이와 같은 행위가 도덕적 위해·해이인 것이다.

제3장

지방공공재의 효율성과
최적공급 및 비용부담

제1절 공공재와 지방공공재 공급상의 효율성 개념

1. 공공재와 공급메커니즘

재화와 서비스는 크게 민간재(private goods)와 공공재(public goods)의 두 가지로 분류된다. 쌀, 과일, 자동차, 빵 등과 같은 재화는 그것에 붙여진 가격을 지불하지 못한 사람들은 그것을 즐길 수 없다(소비의 배제성). 뿐만 아니라 어떤 한 사람이 그러한 재화를 즐기면 다른 사람들이 즐길 수 있는 양은 그만큼 줄어든다(소비의 경합성). 이러한 재화나 서비스들은 민간재 또는 사적재라고 불리며 가격이라는 신호를 통하여 시장메커니즘 하에서 효율적으로 공급될 수 있다. 이것과는 대조적으로 국방, 맑은 공기, 외교 등과 같은 재화나 서비스는 그것에 대한 개별적인 가격을 지불하지 않고서도 향유할 수 있을 뿐만 아니라(소비의 비배제성) 어떤 사람들이 그러한 재화나 서비스를 소비하더라도 다른 사람들이 소비할 수 있는 양 또한 줄지 않는다(소비의 비경합성). 민간재와는 달리 이러한 재화나 서비스에는 시장가격이란 것도 없고 시장에서 공급되는 것이 효율적이지 않기 때문에, 그것의 생산 및 공급에 정부가 관여할 수밖에 없다. 이와 같은 특성을 지니는 재화나 서비스가 곧 공공재(public goods)이다.

흔히 정부나 공공기관에 의해 생산·공급되는 재화나 서비스를 공공재로 간주하는 사람들이 많다. 그러나 정부는 공공재뿐만 아니라 의료서비스나 수돗물처럼 민간재의 성격을 갖는 것들을 공급하는 경우도 있다. 또한 민간단체나 민간기업이 경찰서비스나 공원처럼 공공재의 성격을 지닌 것들을 생산하여 공급하는 경우도 있다. 따라서 엄밀하게 공공재는 공급의 주체가 누구냐가 아니라 그 자체의 성격에 의해 정의되어야 한다. 결국 공공재란 소비에서의 비경합성(nonrivalry)과 비배제성(nonexcludability)을 지닌 재화나 서비스를 의미한다. 소비에서의 비경합성이란 한 개인이 소비에 참여한다고 해서 다른 개인의 소비 가능성이나 몫이 줄어들지 않는다는 것을 뜻한다. 즉 많은 사람들이 동일한 재화를 동시에 소비한다는 것을 뜻하며, 이러한 의미에서 소비의 비경합성을 공동소비(joint consumption)라고 한다. 비배제성이란 일단 어떤 재화가 공급되었을 경우 그 대가를 지불하지 않는 다른 사람들이 그것을 향유하지 못하도록 배제시키는 것이 불가능하거나 또는 그렇게 하는 데 엄청난 비용이 드는 것을 뜻한다. 이와는 반대로 소비에서의 경합성과 배제성을 지닌 재화나 서비스를 민간재라고 한다. 그러나 현실적으로 많은 재화들이 공공재와 민간재의 중간형태를 띤다.

공공재의 보기로서 TV방송을 생각해 보자. 일단 TV방송이 이루어지면 새로운 시청자가 추가되어도 다른 시청자들의 시청 가능성이 줄어들지 않을 뿐만 아니라, 어떠한 시청자도 가격을 지불하지 않는 다른 사람의 TV시청을 배제시킬 수 없다.[1] 모든 사람들이 동일한 양의 재화를 소비하더라도 그들이 그 재화의 소비에 대하여 동일한 가치를 부여하지는 않는다. 그렇기 때문에 동일한 TV

---

1) 공공재의 특성은 시장조건과 기술상태에 따라 상대적으로 될 수 있다. 만약 케이블TV나 위성TV처럼 TV수신을 위한 특별장치를 구입하지 않거나 시청료를 지불하지 않을 경우 TV수신을 할 수 없다면, 비배제성이란 공공재의 특성은 더 이상 성립되지 않는다.

방송에 대해서도 시청자에 따라서 방송 그 자체에 부여하는 가치가 달라질 수 있다. 극단적으로는 그와 같은 TV방송이 필요 없다고 느끼는 사람도 있을 수 있는 것이다.

순수공공재(pure public goods)란 전술한 비경합성과 비배제성이라는 공공재의 두 가지 특성을 완벽하게 충족시키는 경우이며, 그중 한 가지 특성만을 가진 것을 비순수공공재 혹은 준공공재라고 한다. 또한 공공재는 그 혜택의 범위가 갖는 지역적 한정성에 따라서 국방, 국가적 외교 등과 같이 그 혜택이 모든 사회구성원들에게 돌아가는 국가공공재(national public goods)와 공해방지, 가로등 설치, 전염병 예방 등과 같이 그 혜택이 특정지역에 한정되어 그 지역에 근접하지 않고서는 당해 공공재로부터의 혜택을 향유할 수 없는 지방공공재(local public goods)로 구분된다. 보통 국가공공재 중에는 순수공공재가 많고 지방공공재 중에는 준공공재가 많다. 물론 국가공공재로서 준공공재적 성격을 띠는 것도 있고 지방공공재 중에 순수공공재도 있다.

공공재는 그것이 지니는 두 가지 특성으로 인해 시장에 의한 자원배분이 비효율적으로 되는 시장실패 현상이 나타난다. 즉 시장에서 공공재는 소비의 비배제적 성격을 지니므로 합리적 소비자들이 무임승차자(free rider)가 되고자 자신들의 선호를 현시하지 않기 때문에, 양(+)의 가격을 매겨 징수하는 것이 불가능하게 되어 민간기업에 의한 공급이 이루어지지 않는다. 또한 공공재는 소비의 비경합성 때문에 한 사람을 더 소비에 참여시키는 데 드는 한계비용이 0이 되어 양의 가격을 매기는 것이 효율적이지 못하므로 시장기구에 맡기면 사회적으로 바람직한 수준에서 생산될 수 없다.

이와 같은 공공재 공급상의 시장실패 현상을 치유하여 자원배분의 효율성을 제고시키기 위해 정부가 민간시장에 개입하게 된다. 정부는 공공재를 직접 시장을 대신하여 공급할 수 있다. 정부는 조세와 보조금을 활용하여 민간경제주체의 경제적 의사결정을 변화시킬 수 있는 인센티브를 만들 수 있다. 또한 정부는 민간시장의 경제활동을 규제할 수도 있다. 정부가 시장을 대신하여 공공재를 직접 공급하는 경우 국가공공재는 중앙정부에 의해서, 그리고 지방공공재는 지방정부에 의해서 공급되어야 한다. 특히 일정한 지역적 범위 내에서만 혜택이 발생하는 지방공공재의 경우, 지방정부에 의해서 제공되는 것이 공평성 측면에서나 자원배분의 효율성 측면에서 바람직하다. 어느 특정지역에만 편익이 발생하는 지방공공재를 중앙정부가 전체 국민의 부담으로 부과한 조세수입을 통해 공급하는 것은 사회적 공평성 차원에서 바람직하지 않으며, 그렇게 할 경우 당해 지역주민들은 공공재 공급비용을 제대로 인식하지 못하고 마치 무료로 공급되는 것으로 생각하는 재정적 환상에 빠져서 필요 이상의 많은 공급을 요구함으로써 공공재가 사회적으로 필요한 수준 이상으로 공급되는 비효율성의 문제를 야기 시킬 수 있다. 그러한 지방공공재는 그 지역을 관할하는 지방정부가 지방세 수입을 통해 공급하는 것이 좋다. 또한 지방공공재는 당해 지역의 지방정부가 주민들의 선호를 더 정확하게 파악할 수 있을 뿐만 아니라 지방정부들이 경쟁적으로 공급할 때 시장경쟁논리가 작동될 수 있으므로 더 효율적으로 공급될 수 있다. 시장에 의한 공공재 공급상의 비효율성 문제를 해결하기 위해 중앙정부나 지방정부가 시장에 개입하는 경우에도, 무임승차자 등의 문제는 여전히 존재하기 때문에 정부에 의한 공급이나 다른 관여장치 역시 공공재의 공급 수준을 사회적으로 바람직한 수준으로 만들지 못하는 정부실패 현상이 나타난다.

2. 지방공공재 공급상의 효율성 개념

흔히 지방자치가 실시되면 지방정부는 주민들에게 행정서비스를 '효율적'으로 공급할 수 있으리라고 믿는다. 하지만 어떤 사람들은 지방자치가 실시된 후 각종 세금도 더 많고 행정도 오히려 비효율적으로 이루어진다고 반박하기도 한다. 이처럼 지방자치의 효율성에 관해서 서로 엇갈린 평가가 발생하는 이유는 '효율성'에 관한 개념적 혼란 때문이다. 그러므로 여기서는 '효율성'을 지방자치의 본질과 결부시켜 고찰해 보기로 한다.

공공재의 공급과 관련하여 효율성개념은 두 가지 측면으로 구분하여 접근할 수 있다. 하나는 여러 부문 간 재원(자원)의 배분 및 지출을 통해 공급한 공공

재의 산출물 수준이 사회적으로 최대의 순편익 혹은 최대의 후생을 초래한다는
의미에서의 배분적 효율성(allocative efficiency)이며, 다른 하나는 어떤 하나의 주
어진 공공재의 산출물을 가능한 최소의 비용으로 생산한다는 의미에서의 생산
적 효율성(productive efficiency)이다. 전자는 주민의 선호에 맞게 주민이 원하는
공공재를 원하는만큼 산출한다는 의미에서의 정치적 효율성으로 불리기도 한
다. 후자는 생산기술과 밀접한 관련이 있으므로 기술적 효율성(technical efficiency)
이라고도 한다. 그러므로 지방자치의 효율성에 관해 언급하려면 효율성에 관한
이와 같은 두 가지 관점 모두를 고려하여야 한다.

1) 배분적 효율성

배분적 효율성(또는 정치적 효율성)이란 생산(공급)측면뿐만 아니라 소비(수요)
측면까지 고려한 것으로, 소비자(주민)들에게 최대의 만족을 줄 수 있는 방향으
로 재원이 배분되고 재화의 생산이 이루어지는 것을 의미한다. 즉 여러 부문 간
에 재원을 가장 잘 배분하여 주민이 원하는 공공재를 원하는 만큼 생산함으로써
파레토 최적상태(사회적 후생이 극대화된 상태)를 달성하는 것을 의미한다. 지방자치
가 실시되면 지방의회를 통해서 지역주민의 선호가 지방공공재 공급에 더 잘
반영될 수 있다. 어떤 공공재가 아무리 비용절약적으로 생산된다 하더라도, 그
것이 만약 주민들의 선호와 배치된다면 배분적 효율성을 만족시킨다고 할 수
없다.

배분적 효율성은 [그림 3-1]을 이용함으로써 잘 설명될 수 있다. [그림 3-1]
에서의 실선 PP는 주어진 세입범위 내에서 지방정부가 최대한 생산가능한 공
공재 X_1, X_2의 여러 가지 배합수준을 나타내는 곡선으로서 공공재 생산가능곡
선이다. 실선 PP로 표시되는 생산가능곡선은 공공재 X_1, X_2가 효율적으로 생
산될 수 있는 모든 점들의 궤적이기 때문에 그 선상의 모든 점들은 파레토 효율
적이다.

한편 $W_1 W_1$와 $W_2 W_2$로 표시되는 실선은 지방정부가 갖는 사회후생함수
로부터 도출된 사회무차별곡선이라고 하자. 사회무차별곡선은 전체 사회구성원

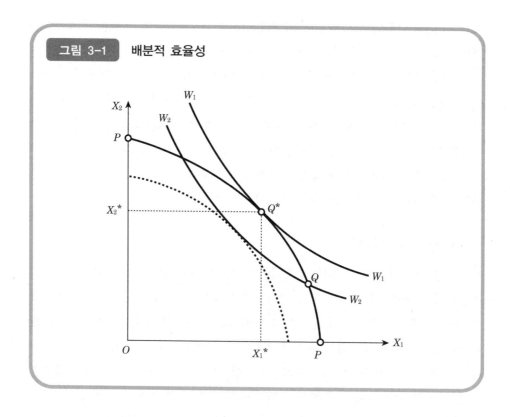

그림 3-1 배분적 효율성

(주민)들의 여러 가지 공공재(X_1, X_2)에 대한 선호(효용)를 집계한 총계적인 효용 수준(사회적 후생)을 밝혀주고 있는 곡선이다. [그림 3-1]에서 보듯이 Q와 Q^*는 모두 생산가능곡선상에 있지만 지역주민들은 Q보다 생산가능곡선과 사회무차별곡선이 접하는 균형점 Q^*에서 더 큰 효용을 얻을 수 있다($W_1 > W_2$). 즉 두 가지 공공재를 (X_1^*, X_2^*) 만큼 생산·소비할 때 주어진 재원으로 생산 가능한 영역 내에서 최대의 사회후생을 얻을 수 있으므로 배분적 효율성이 가장 높다고 볼 수 있다. 이것은 동일한 생산가능곡선상에서도 공공재의 조합을 어떻게 선택하느냐에 따라서 사회후생은 달라질 수 있음을 뜻한다. 바로 이 같은 이유 때문에 자원배분의 효율성이 중요한 것이다.

2) 생산적 효율성

생산적 효율성이란 한정된 자원을 이용하여 주민에게 생산·공급할 수 있는 어떤 지방공공재의 수준을 최대화시키거나, 일정한 수준의 어느 지방공공재를 최소비용으로 생산(공급)하는 것을 의미한다. 배분적 효율성이 여러 부문 사이에서 생산과 소비측면을 동시에 고려하는 반면에, 생산적 효율성은 한 부문 내에서의 생산측면만 고려하는 효율성의 개념이다. 이와 같은 생산적 효율성을 달성할 수 있는 조건들을 고찰하기 위하여, 우리는 우선 $Q = Q(L, K, S, T, E)$ 와 같이 표시되는 생산함수를 상정하자. 여기서 Q는 공공서비스, L은 노동, K는 자본, S는 자연 및 지리적 조건 그리고 규모의 경제에 관한 것으로 생산조건에 영향을 주긴하지만 지방정부의 통제가 미치지 못하는 것이며, T는 기술수준으로서 단기적으로는 고정되어 있다고 가정하고, E는 생산에서 각 지방정부의 효율성을 나타내는 것으로 동일한 L과 K라 할지라도 지방정부에 따라 공공서비스의 생산량이 달라질 수 있음을 나타내기 위한 것이다.

설명의 편의를 위하여 생산함수 Q를 단순화시켜 생산요소가 L과 K 두 개 뿐이라고 가정하고 [그림 3-2]처럼 표시된다고 하자. II는 등생산량곡선으로서 일정량의 공공재를 생산하는 데 드는 L과 K의 여러 가지 집합점의 궤적이고, PP선은 지방정부의 예산제약선(등비용선)으로서 주어진 총예산의 한도 안에서 구입할 수 있는 L과 K의 여러 가지 조합을 나타내는 선이며 그 기울기는 L과 K의 상대가격이다. OA_1, OA_2, OA_3는 공공재 Q를 생산하는데 L과 K의 결합비율이 동일하기 때문에 같은 생산양식이라고 할 수 있지만, OA_4의 경우는 L과 K의 결합비율이 달라서 앞의 세 경우와는 구별되는 생산양식이다. 비록 A2와 A1은 동일한 공공재 생산방식이지만 주어진 총예산의 한도를 넘는 영역에 있다.

이때 등생산량곡선과 예산제약선이 접하는 균형점 A_4에서 K와 L을 (K^*, L^*)만큼 구입하여 지방공공재 생산에 투입할 때 주어진 예산(비용)으로 최대의 공공재 생산량(I_1I_1)을 얻을 수 있다. A_2와 A_4는 동일한 생산량이지만 주어진 예

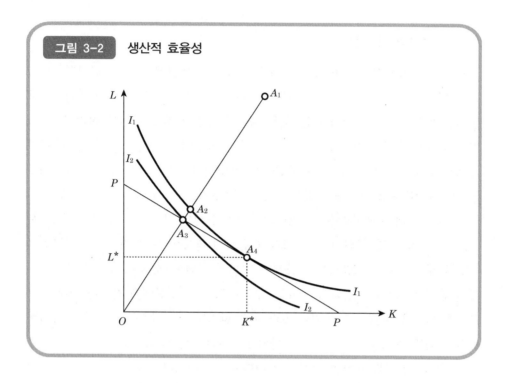

그림 3-2 생산적 효율성

산제약선 PP로서는 A_2를 채택할 수가 없어 A_4를 채택할 수밖에 없다. 이것은 L과 K의 상대가격의 차이로 인해 더 비싼 L을 더 많이 투입하는 A_2가 값싼 K를 더 많이 투입하는 A4에 비해 비용이 더 많이 투입되기 때문이다. A_3에서는 A_4와 동일한 비용이 투입되지만 여기서의 생산량(I_2I_2)은 A_4점에서의 생산량(I_1I_1)보다 더 작으므로 A_4에서 더 효율적이다. 또한 만일 예산의 제약 없이 일정한 생산량 I_1I_1를 생산하는 상황을 가정하더라도, A_4에서 I_1I_1의 생산량을 최소의 비용으로 생산할 수 있다. A_2점에서도 A_4와 동일한 수준의 I_1I_1의 생산이 가능하지만 여기서의 생산비용은 A_4점에서 보다 더 크므로 A_4에서 효율적인 생산이 이루어진다.

이상과 같은 공공재의 생산적 효율성은 종종 다음과 같은 요인들 때문에 달성되지 못하기도 한다. 즉 관료조직이 비대해지면 그 구성원들 간에 동기부여가 상실되고 의사결정과정이 경직되어 공공재 공급상의 비효율을 초래하는 X-비효율성(X-inefficiency)이 발생할 수 있다. 여기에 덧붙여 지방공공서비스를 비롯한 정부서비스는 그 특성상 노동집약적 성격이 강하지만, 사무자동화가 가능한 영역에서조차도 여러 가지 이유 때문에 그것이 실현되지 못하는 경우가 많다. 뿐만 아니라 민간위탁에 의한 경비절감이 가능한 경우에도 관료조직을 둘러싸고 있는 정치적 환경 때문에 민간위탁이 이루어지지 않아 낭비가 생길 수 있다. 이것은 민간기업과 달리 공공영역에는 비용의식이 결여되어 있을 뿐만 아니라 특히 주인의식이 없기 때문에 나타나는 현상이라고 생각된다.

제2절 지방공공재의 최적공급

1. 지방공공재의 영역

앞서 보았듯이 순수공공재가 갖는 소비에서의 비배제성과 비경합성 같은 특성 때문에 소비자들은 공공재에 대한 자신들의 선호를 속이려는 강한 유인을 갖는다. 그 결과 순수공공재의 경우 소비자들은 소위 무임승차(free-riding) 현상을 일으키게 되므로 시장메커니즘 하에서는 그 효율적 공급이 불가능하게 된다. 이와 같은 이유 때문에 순수공공재의 공급은 정부가 조세를 통하여 공급하게 되는 것이 일반적이다. 그렇지만 지방공공재의 경우는 순수공공재가 갖는 두 가지 물리적 특성이 결여되어 있는 경우가 오히려 더 많다. 그럼에도 불구하고 지방정부가 왜 그와 같은 특성을 갖는 재화의 공급에 관여하게 되는가에 관한 몇 가지 이유를 살펴보기로 하자.

첫째, 지방공공재에 내포되어 있는 외부성 때문이다. 상당수의 지방공공재는 특정 지역의 주민에게 직접적인 편익을 가져다주지만 동시에 그 지역 외의 주민에게도 부차적인 편익을 미친다. 그렇기 때문에 이러한 지방공공재의 최적 소비량을 확보하기 위해서는 지방정부의 관여가 요구된다.

둘째, 지역적 독점의 가능성 때문이다. 지방정부가 공급하는 상하수도 서비스는 규모의 경제성을 지니는 대표적 사업으로서 자연독점(natural monopoly) 상태가 되기 쉽다.[2] 만약 그와 같은 사업을 민간에게 맡긴다면 독점으로 인한 병폐가 발생할 수 있으므로 지방정부가 직접 그러한 사업을 수행하게 되는 것이다.[3]

셋째, 시빌미니멈(civil minimum)의 필요성 때문이다. 시빌미니멈이란 용어는 영국의 사회보장정책의 기본이념이었던 내셔널미니멈에서 힌트를 얻어 일본에서 널리 유행된 용어로서 주민생활의 최저기준이라고 생각할 수 있다.[4] 지방정부는 비록 특정 재화가 민간재적 성격을 띠고 있더라도 이와 같은 시빌미니멈적 관점에서 그러한 재화의 공급에 관여하게 된다,

이상과 같은 몇 가지 이유 때문에 지방정부의 영역이 꾸준히 확대되고 있으며, 지방정부의 공공재 공급방식도 다양한 형태를 띤다. 즉 지방정부의 간선도로와 같이 재화나 서비스의 생산과 비용을 모두 지방정부가 담당하는 경우도 있고, 지방정부가 제공하는 몇몇 복지서비스의 경우처럼 그 비용은 지방정부예산으로 조달하지만 생산은 민간이 담당하는 경우(i.e., 민간위탁)도 있으며, 상하수도의 경우와 같이 지방정부가 직접 재화나 서비스를 생산하고 그것에 소요되는 비용은 소비자인 이용자가 부담하는 경우도 있다.

---

2) 어떤 사업이 규모에 의한 수확체증의 특성 때문에 독점의 지위를 누리게 될 경우 그러한 독점을 자연독점이라고 부른다. 자연독점의 대표적 사례로는 전신전화사업, 전력사업, 수도사업 등을 들 수 있다.

3) 자연독점이라고 해서 반드시 지방정부가 담당할 필요는 없으며, 지방정부의 적절한 규제 하에서 민간에 의한 공급형태를 취할 수도 있다.

4) 시빌미니멈(civil minimum)에 관한 자세한 설명은 최우용(2002: 203-221)을 참고 하기 바란다.

2. 공공재의 효율적 공급 조건과 방법

공공재의 공급도 기본적으로 사회적 한계편익과 사회적 한계비용이 일치하는 선에서 이루어져야 효율적이라는 데에는 민간재와 다를 바 없다. 그러나 사회적 수요곡선의 도출방법과 효율적 공급의 조건 및 방법 등 구체적인 면에서는 공공재 나름의 특성을 지닌다. 공공재의 최적 공급의 조건이나 방법에 관해서는 일찍이 새뮤엘슨(Samuelson)과 린달(Lindahl)이 미시경제학적 분석방법을 통해 제시하였는데, 이들의 해결책은 지방공공재에도 그대로 적용된다고 볼 수 있다.

1) 새뮤엘슨의 법칙

새뮤엘슨(Samuelson)은 1954년에 발표한 그의 논문에서 순수공공재의 효율적 공급을 위한 효율성 법칙을 도출하였다. 그는 공공재의 정의에 소비자선호의 이론을 적용하여 자원배분에 관한 파레토 효율성을 위한 필요조건을 도출하였는데, 그것이 곧 새뮤엘슨의 효율성 법칙이며 식 (3-1)과 같이 표시된다. 식 (3-1)에서 SMB은 사회적 한계편익(social marginal benefit: SMB)으로서 그 사회의 각 구성원 i가 공공재의 소비로부터 즐기는 개인적 한계편익(MBi)을 모든 개인에 걸쳐 합한 값이다. 그리고 SMC는 그 공공재의 공급에 소요되는 사회적 한계비용(social marginal cost: SMC)을 뜻한다. 식 (3-1)이 나타내는 바는 공공재의 효율적 공급수준은 사회적 한계비용과 사회적 한계편익이 일치되는 수준에서 결정된다는 것이다.

$$SMB(= \sum_{i=1}^{n} MBi) = SMC \quad \cdots\cdots\cdots\cdots\cdots\cdots\cdots\cdots\cdots\cdots\cdots\cdots\cdots\cdots (3-1)$$

이 법칙의 적용을 예를 들어 구체적으로 설명하기 위하여 공공재(i.e., 치안서비스)에 대해 각자 다른 수요를 가진 A, B, C 세 사람으로 구성된 사회(i.e., 지방정부)를 가정하자. 이와 같이 가정된 상황이 [그림 3-3]에 나타나 있다. 치안서비

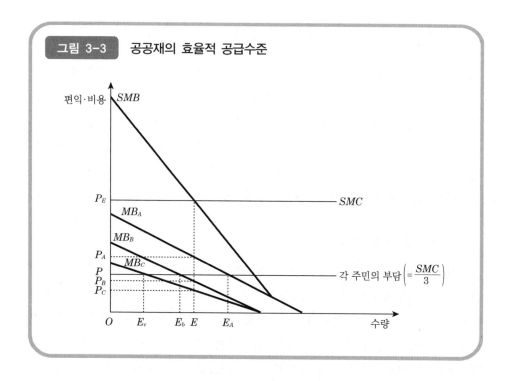

그림 3-3 공공재의 효율적 공급수준

스에 대한 세 사람의 수요곡선은 [그림 3-3]에서 각각 MB_A, MB_B, MB_C로 표시되고 있다. 이들 각각의 수요곡선은 각 개인이 어떤 수준에서 공급되는 치안서비스의 추가적 한 단위에 대해서 기꺼이 지불하려는 금액, 즉 치안서비스에 대한 각 개인의 사적 한계편익을 나타낸다. 또한 이들의 수요곡선은 공공재의 모든 가격에 대해 수요량을 보여준다. [그림 3-3]의 경우 치안서비스에 대한 수요는 A가 가장 높고 C가 가장 낮다.

　공공재는 비경합성과 비배제성이라는 물리적 특성을 지니므로 사회 내의 모든 소비자 A, B, C는 동일한 공공재를 공동소비하게 된다. 이들 소비자는 동일한 공공재를 소비하면서 각자가 느끼는 한계편익이 다르므로, 각자의 한계편익(수요)곡선을 수직으로 합하여 사회적 한계편익(수요)곡선이 도출된다. 즉 [그림 3-3]에서 공공재에 대한 사회적 수요곡선 SMB는 각 개인의 수요곡선인

MB_A, MB_B, MB_C를 수직으로 합하여 도출되었다.5) [그림 3-3]에서 지방정부가 치안서비스를 생산하는 데 드는 비용, 즉 사회적 한계비용을 SMC라고 하자. 이 SMC는 곧 공공서비스의 공급곡선으로 해석될 수 있다.

결국 사회적 관점에서 효율적인 치안서비스의 공급수준은 사회적 수요곡선(사회적 한계편익곡선)인 SMB와 사회적 공급곡선(사회적 한계비용곡선)인 SMC가 만나는 점에서 결정되는 E가 된다. 이와 같은 방법으로 공공재 공급의 효율적 수준을 도출하는 것을 새뮤엘슨의 법칙이라고 부른다.

새뮤엘슨은 어떠한 분권화된 가격설정체제도 공공재의 효율적 공급수준을 결정하는 데 큰 역할을 할 수 없다고 하면서, '투표'와 같은 다른 형태의 '신호'(signalling) 메커니즘(mechanism)이 필요하다고 주장하였다. 그의 주장에 따르면, 합리적인 각 경제주체는 비경합성과 비배제성이라는 공공재가 갖는 두 가지 특성 때문에 공공재에 대한 자신의 실제 효용수준보다 낮은 효용을 갖고 있는 것처럼 거짓신호(false signals)를 보내는 것이 오히려 자신에게는 유리하다고 판단하게 된다.6) 바로 이와 같은 선호표시상의 문제점 때문에 공공재에의 무임승차(free-riding)현상이 야기되고, 종국적으로는 민간재의 영역에서처럼 분권화된 방법으로 응익원칙에 따른 공공재의 가격설정(i.e., 공공재에 대한 조세부과)이 불가능하게 된다(Samuelson, 1954: 388-389). 환언하면 분권화된 시장메커니즘 하에서는 공공재의 효율적 공급이 불가능하기 때문에 공공재의 효율적 공급을 위해서는 정부가 직접 나서야만 한다.

2) 린달의 자발적 교환 모형

정부가 공공서비스를 직접 공급하기로 하였다면 어떻게 정부가 효율적 공급 수준을 달성할 수 있을 것인가가 문제가 된다. 린달(Lindahl)은 각 개인이 자

---

5) 여기에 반해 경합성과 배제성의 속성을 지니는 민간재의 경우 소비자들은 주어진 가격에 대해 구입하고자 하는 수요량에 차이가 있으므로, 사회적 수요곡선(시장수요곡선)은 그 재화에 대한 각 개인의 수요곡선을 수평적으로 합하여 도출된다.

6) 빅셀(Wicksell)은 이와 같은 사실을 인식하고 있었지만 린달(Lindahl)은 충분하게 인식하지 못하였다.

발적으로 자신의 선호를 표시한다는 가정하에서, 소비자들의 개별적이고 자발적인 교섭에 의해 공공재의 균형가격(조세)과 균형공급량이 동시에 해결될 수 있는 모형을 제시하였다.[7]

린달의 모형에 따르면 하나의 특수한 정부재정구조가 효율적인 결과를 초래할 수 있는데, 이것을 [그림 3-3]을 이용하여 살펴보기로 하자. 린달모형에서 A, B, C의 개별 수요(한계편익)곡선은 이들이 치안서비스에 대하여 자신의 진실한 선호를 자발적으로 표시하고 있다는 가정하에 그려진 것이다. 균형상태는 사회적 수요곡선 SMB가 사회적 공급곡선 SMC와 서로 교차하는 점에서 형성된다. 이 균형상태에서의 생산량 E는 사회적으로 최적 공급수준이며 이것은 세 사람의 소비자가 공동으로 소비하는 양이다. 균형상태에서 이 서비스의 균형가격 P_E는 사회적 한계비용 SMC와 같다. 이 균형가격(=균형상태에서 생산의 사회적 한계비용)은 소비자 A, B, C가 각각 P_A, P_B, P_C 만큼씩 가격을 지불함으로써 이루어진다. 즉 $P_A + P_B + P_C = P_E$이다.

공공재에 대한 가격이란 바로 각자가 내는 세금이다. 효율적인 치안서비스의 공급량인 E 수준에서 개인 A, B, C의 한계편익의 크기는 각각 P_A, P_B, P_C이다. 만일 이들에게 치안서비스에 대해 각각 P_A, P_B, P_C 만큼의 가격(조세)이 부과된다면, 각 개인은 자기가 자발적으로 표현한 한계편익에 따라 가격을 지불하는 셈이며, 이때 이들 각 개인들이 원하는 공공재의 양은 사회적으로 효율적인 공급수준인 E와 일치한다. 즉 지방정부가 E만큼의 치안서비스 생산에 대해 납세자 A, B, C에게 각각 P_A, P_B, P_C만큼의 조세를 부과한다면 이것은 바로 납세자들이 지불할 의사가 있는 금액이므로 아무도 이에 반대하지 않을 것이다. 따라서 이 서비스 생산량 E는 가장 최적의 생산규모가 되며 이것이 바로 파레토 최적수준이 된다.

효율적인 결과를 초래하는 이와 같은 상황의 특징은 효율적인 공급수준에서 각 소비자에게 각각의 한계편익과 동등한 조세가 부과되고 있다는 점이다.

---

7) 보웬(Bowen, 1948)은 빅셀(Wicksell)과 린달의 이론을 토대로 공공재의 적정규모의 결정을 설명하는 기본적인 모형을 작성하였는데, 이 모형을 린달모형이라고 부른다.

조세부담이 한계편익과 같은 이와 같은 상황을 린달균형이라고 불린다. 만일 소비자들의 한계비용이 그들의 한계편익을 반영한다면, 효율적인 공공재의 공급량이 그들이 원하는 수요량과 일치하게 될 것이다. 린달균형에서 공공재의 공급수준(E)과 각 조세부담의 크기는 소비자들이 자발적으로 합의한 결과라고 해석될 수 있기 때문에, 린달모형을 자발적 교환 모형(voluntary exchange model)이라고 부른다. 또한 소비자는 공공재의 소비로부터 얻는 한계편익의 크기와 동등한 가격을 조세의 형태로 지불하기 때문에 린달모형은 응익적 과세의 이론에 근거를 두고 있다고 볼 수 있다.

그러나 린달모형이 제시하는 해결책을 실행하는 데에는 몇 가지 한계가 있다. 우선 소비에서 비배제성의 성격을 지닌 공공재의 선택에서 무임승차자가 되고자 하는 소비자들은 공공재에 대한 자발적 선호표시를 하지 않을 것이므로 공공재에 대한 개인별 수요곡선을 얻기가 어려울 것이다. 심지어 비록 정부가 개인의 선호를 파악하여 이에 따른 조세를 결정하였다 하더라도, 조세행정상의 한계 등으로 인해 현실적으로 각 개인의 선호에 따른 차별적인 조세의 징수는 어려울 것이다.

이와 같은 린달모형의 한계점을 고려할 때 현실적으로 [그림 3-3]에서 P_A, P_B, P_C와 같은 응익원칙에 근거한 차별적인 조세부과가 불가능하다면, 지방정부가 치안서비스의 공급에 필요한 비용을 A, B, C 세 사람에게 $\frac{SMC}{3}$만큼씩 균등하게 조세로 부담시킨다고 가정해보자. 이렇게 되면 치안서비스 한 단위당 각자의 부담(사적 한계비용)은 P가 되고, 이 조세가격 하에서 각 주민이 가장 선호하는 공공서비스의 양은 각자의 한계편익과 가격으로 표시되는 한계비용이 일치하는 점에서 결정되는 E_A, E_B, E_C가 된다. 그런데 이렇게 결정되는 각 소비자의 사적 최적 소비량은 위에서 결정한 사회적 최적 공급수준인 E와는 분명히 다르다.

3. 중위투표자모형

시장메커니즘의 작동을 기대할 수 없는 공공재의 경우 그 공급량은 투표와 같은 정치적 메커니즘에 의하여 결정될 수밖에 없다. 이때 문제는 과연 이러한 정치적 메커니즘이 효율성을 가져다줄 수 있을 것인가이다. 여기서는 공공선택론(public choice)에서 발전된 중위투표자모형의 논리를 투표에 의한 지방공공재 공급 문제에 적용해보기로 하자. 과반수투표제 하에서 중위투표자(median voter)가 선호하는 대안이 채택된다는 것이 중위투표자모형이다. 여기서 중위투표자란 어떤 정책이나 재화 등에 대해 각 개인이 선호하는 대안을 크기나 양의 순으로 일렬로 세웠을 때, 한가운데 오는 대안의 지지자를 말한다.

우리가 상정하고 있는 [그림 3-3]과 같은 모형에서 E_A, E_B, E_C와 같은 세 수준의 대안들이 주어졌을 때, 한가운데 위치한 대안인 E_B를 지지하는 B가 중위투표자가 된다. 이 세 대안들 중에서 차례로 두 개씩 짝을 지어 그중에서 어느 것이 더 소망스러운가를 과반수투표로써 결정한다고 가정하자. 먼저 E_B와 E_C가 짝이 되어 투표에 부쳐질 경우, A와 B는 자신의 선호에 더 가까운 E_B를 택하는 반면, C는 자기가 선호하는 E_C를 택하게 되므로 과반수투표에 의하면 E_B가 선택된다. 이제 E_B가 다시금 E_A와 짝지어져 투표에 부쳐질 경우 A만 자신이 선호하는 대안인 E_A를 택하고 나머지 두 사람은 자신들의 최적점과 더 가까운 E_B를 택하게 된다. 결국 투표의 결과는 중위투표자인 B가 원하는 대안인 E_B가 선택되는 것으로 귀결된다. 그러나 [그림 3-3]에서 과반수투표규칙에 의하여 결정되는 치안서비스의 규모 E_B는 최적공급수준 E보다 더 낮은 수준으로서 두 공급수준이 일치하지 않으며, 이는 자원배분의 관점에서 볼 때 비효율적이다. 물론 경우에 따라서는 이 두 가지의 공급수준이 일치할 수도 있겠지만 그것은 우연일 뿐이다. 이와 같은 논의를 통해 민주사회에서 투표로 결정되는 공공재의 공급수준이 효율성을 보장해주지 않는다는 것을 알 수 있다.

4. 티보모형[8]

 앞서 살펴보았듯이 공공재는 모든 소비자들에 의해 공동소비되고 공공재가 일단 공급되고 나면 소비자들을 소비로부터 배제시키는 것이 어렵기 때문에, 소비자들은 공공재에 대한 자신들의 진정한 선호를 현시하지 않고 무임승차자가 되고자 한다. 따라서 공공재의 경우 소비자들의 진정한 선호파악이 어렵기 때문에 응익원칙에 기초한 가격설정이 어렵고, 따라서 시장가격원리에 따른 효율적 공급을 기대하기 어렵다. 이와 같은 관점에서 새뮤엘슨은 그의 유명한 논문에서 어떤 분권화된 가격설정 체제(decentralized pricing system) 하에서도 공공재의 효율적 공급이 어렵다고 주장하였다(P. Samuelson, 1954). 여기에 대해 티보(C. Tiebout)는 지방공공재의 경우 분권화된 공급체제 하에서 지방정부에 의한 공급이 이루어진다면, 응익원칙에 입각한 가격설정이 가능하다고 주장함으로써 새뮤엘슨의 주장을 반박하였다(C. Tiebout, 1956).

 티보는 지방정부와 중앙정부의 공공재 공급에 관한 차이점을 다음과 같이 지적한다. 즉 중앙정부의 경우 소비자·유권자들의 선호는 주어져 있고, 중앙정부는 그렇게 주어진 소비자·유권자들의 선호에 맞추려고 노력하는 것으로 간주된다. 여기에 비해 지방정부의 경우 각 지방정부의 재정패키지(조세-서비스 패키지)는 어느 정도 고정되어 있고, 소비자·유권자들은 자신의 선호를 가장 잘 충족시켜주는 지방정부로 옮겨가려고 한다. 티보는 이와 같은 유권자의 '발에 의한 투표'(voting with one's feet)가 지방 공공재의 효율적 공급을 유발시키는 원동력이라고 생각한다(Tiebout, 1956: 418). 이때 지방정부의 수가 많을수록 그리고 그들 간의 재정패키지가 다양할수록 소비자·유권자들은 자신의 선호를 더욱 충실하게 실현할 수 있다. 티보는 자신의 생각을 정리하기 위하여 몇 가지의 전제 하에 극단적인 모형을 상정하였다.

---

8) 티보모형에 관한 내용의 상당 부분은 전상경(2008)을 원용하였다.

1) 티보모형의 전제와 모형의 주 내용

(1) 티보모형의 일곱 가지 전제

① **시민의 이동성**: 공공서비스의 소비자이자 유권자인 시민은 아무런 거래비용 없이 자유롭게 거주지를 옮길 수 있으며, 여러 지방정부의 재정패키지를 비교한 후 자신의 선호를 가장 잘 충족시켜주는 지방정부로 옮기려고 한다.

② **완전정보**: 시민들은 각 지방정부의 조세-서비스 패키지와 같은 재정패키지에 대한 완전정보를 가지며, 그러한 재정패키지에 따라 대응한다.

③ **다수의 지방정부**: 공공서비스의 소비자이자 유권자인 시민들이 선택할 수 있는 지방정부의 수는 많다.

④ **배당수입에 의한 소득**: 모든 시민들은 배당수입(dividend)에 의존하여 생계를 유지한다. 이것은 거주지 선정에 고용기회가 미치는 영향을 통제하기 위한 것으로서, 시민의 거주지 선정기준은 순전히 지방정부의 재정패키지에 달려 있음을 뜻한다.

⑤ **외부효과의 배제**: 각 지방정부 간에는 공공서비스로 인한 외부경제나 외부불경제가 없다. 이것은 각 지방정부가 공급하는 서비스의 수혜지역은 순전히 그 지방정부에 한정된다는 의미이다.

⑥ **고정적 생산요소의 존재**: 모든 지방정부에는 최소한 한 가지 고정적인 생산요소(fixed factor)가 존재한다. 이 제약은 각 지방정부가 자신에게 맞는 최적 규모(optimal size)를 갖는다는 의미이며. 최적 규모란 일정 수준의 지방공공재가 최저 평균비용으로 생산될 수 있는 인구규모를 뜻한다.

⑦ **최적 규모의 추구**: 모든 지방정부는 자신의 최적 규모를 추구한다. 즉 자신의 최적 규모보다 적은 지방정부는 평균비용을 감소시키기 위하여 더 많은 시민을 유인하려 할 것이며, 자신의 최적 규모보다 큰 지방정부는 자신의 시민을 감소시키려 할 것이고, 자신의 최적 규모에 있는 지방정부는 그들의 인구를 그대로 유지하려 할 것이다.

(2) 티보모형의 주 내용

티보가 상정하는 지방정부 체계가 균형을 이루지 않을 경우, 자신이 살고 있는 지방정부의 재정패키지, 즉 조세와 서비스 패키지(tax and service package)에 불만을 느끼는 일단의 소비자·유권자가 있게 마련이다. 이때 앞에서 열거한 일곱 가지의 전제가 주어지면, 최적규모보다 큰 지방정부로부터 최적규모보다 작은 지방정부에로의 이동이 일어나게 된다. 이때 소비자·유권자들은 자신의 선호를 가장 잘 만족시켜주는 재정패키지를 가진 지방정부로 옮겨간다.

소비자·유권자들의 이동행위와 이동하지 않는 행위는 매우 중요하다. 왜냐하면 이동행위와 이동하지 않은 행위 그 자체는 통상적인 시장에서 재화를 구매하려는 의지(willingness to buy a good)를 나타내는 시장성 테스트(market test)를 대신하는 것이며, 결과적으로 지방공공서비스에 대한 소비자·유권자의 선호를 표현하는 것이기 때문이다. 아무튼 소비자·유권자들이 자신들의 선호에 따라 이동하게 되면 결과적으로 각 지방정부는 주어진 재정패키지에 대해 동질적인 선호를 갖는 소비자·유권자들로 구성되는 셈이다.

이제 이러한 상황이 지방정부의 공공서비스 배분에 어떠한 함의를 갖는지 살펴보기로 하자. 이와 같은 경우에 지방공공서비스의 수요는 [그림 3-4]에서처럼 나타날 것이다. 이 지방정부를 선택한 소비자·유권자의 수는 N명이고 이들 각각은 지방공공서비스에 대한 동일한 수요(또는 한계편익)의 스케줄을 가지며, 그것은 [그림 3-4]에서 "i에게 돌아가는 한계편익"인 MB_i로 표시된다. 따라서 이 지방정부에 거주하는 모든 소비자·유권자들의 공공서비스에 대한 개인적 한계편익의 수직적 총합, 즉 사회적 한계편익($SMB = \Sigma MB_i$)은 모두에게 동일한 수요곡선(MB_i)들의 합이므로 $N \cdot MB_i$로 된다. 지방정부 차원에서 효율적인 공공서비스의 공급수준은 사회적 한계편익곡선 SMB와 공공서비스 생산의 한계비용곡선 SMC가 만나는 점에서 결정되는 E^*이다. 지방정부 내의 모든 소비자·유권자들이 [그림 3-4]의 h_i와 같이 동일한 비용(조세)의 몫을 부담한다면, 모든 소비자들에 대해 원하는 공공서비스의 공급수준은 E_i가 된다. 더욱이 각 개인의

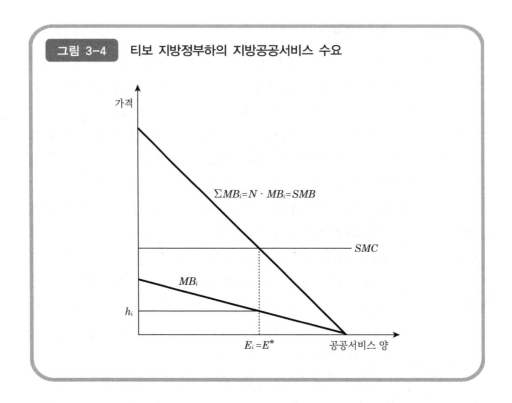

그림 3-4   티보 지방정부하의 지방공공서비스 수요

한계편익의 몫이 각 개인의 비용의 몫과 동일하기 때문에,[9] 각 소비자·유권자가 원하는 지방공공서비스의 양은 또한 효율적인 수준이다. 또한 모든 소비자들이 선호하는 E_i는 이 지방정부 전체 차원에서 공공서비스의 효율적 공급 수준(E^*)과 일치한다. 모든 사람들의 비용(조세)이 한계편익을 반영하고 있기 때문에 각 지방정부에서 이와 같은 티보의 과정을 거친 결과는 응익세균형(benefit tax equilibrium)이다. 이동성이 없는 상황에서 이루어지는 다수결투표의 균형([그림 3-3]의 E_B)과는 달리, 티보적 세계에서 이루어지는 균형에서 모든 소비자·유권자들은 자신의 지방정부에서 공급되는 공공서비스 수준에 완벽하게 만족하며, 그러한 공공서비스 공급수준은 효율적이다.

---

9) 이때 각 개인의 한계편익의 몫과 비용의 몫은 둘 다 $1/N$과 같다.

티보가 가정하는 세계에서 모든 주민들의 개별 수요는 MB_i로 동일하므로, 지방정부는 이들과 이들의 합인 사회적 수요곡선 SMB의 도출이 쉽고 따라서 사회적으로 효율적인 수준으로 공공서비스를 공급할 가능성이 높으며, 또한 균형상태에서 지방정부는 모두에게 동일한 각 개인의 편익의 몫의 크기를 알기 쉽기 때문에 그것과 일치하는 비용(조세)의 몫을 부과하는 것이 가능하다. 결과적으로 공공서비스 공급은 효율적으로 된다.

전술한 티보의 전제조건들 중 최적규모의 추구라는 전제조건은 좀 더 자세히 고찰할 필요가 있다. 최적규모 이하의 지방정부들은 상공회의소나 다른 기관을 동원하여 새로운 주민을 유치하려고 노력하겠지만, 어떤 지방정부든지 자신의 규모가 비대하다는 이유로 주민들을 쫓아내기란 현실적으로 매우 어렵다. 왜냐하면 정치적으로 합리적인 어떤 지방정치인들도 제정신을 갖고 있다면 자신이 살고 있는 도시가 비대하다고 인정하지는 않을 것이기 때문이다. 그렇기 때문에 최적규모의 추구라는 전제는 경제적 메커니즘을 이용하여 지방정부가 필요에 따라 사람들을 몰아낼 수 있다는 것을 뜻한다. 한편 최적규모인 지방정부는 적절한 토지이용제한법(zoning laws)이나 부동산중개자(realtors) 간의 암묵적 협약 등을 통하여 안정적 인구규모를 유지할 수 있는 것이라고 가정한다(Tiebout, 1956: 420).

티보모형에서 조세방식은 거의 언급되지 않았지만 인두세(poll tax)가 상정된 것 같다. 미국 지방정부의 주 세원이 재산세이기 때문에 해밀턴(B. Hamilton)은 적절한 제약조건만 부여한다면 재산세는 인두세와 같은 효과를 지닐 수 있고 따라서 각 지방정부는 내재적으로 효율적이라고 생각한다. 해밀턴은 티보모형이 완벽하게 작동될 수 있게끔 하는 제약조건은 일상적인 경험적 관찰을 통해서 볼 때 토지이용에 관한 여러 가지 제약의 형태로 나타난다고 주장한다. 즉 그는 티보모형의 기본적 전제조건들에 ① 각 지역은 순전히 비례적인 재산세(지역에 따라 세율이 다름)로 운영되고, ② 각 지역은 어떤 주민도 그 지역이 설정하는 최소 크기의 주택규모보다 작은 주택을 그 지역 내에 짓지 못한다는 토지이용제한 조례(zoning ordinance)를 제정할 권한을 갖는다는 두 가지 전제조건들을 덧붙임으로써 각 지역은 효율적인 지방공공재를 공급할 수 있음을 밝히고 있다(B. Hamilton, 1975: 205-206).

2) 티보모형의 정책적 함의와 한국에의 시사점

(1) 티보모형의 정책적 함의

티보모형은 도시정부의 통합(municipal integration)과 주민의 이동성 및 지방정부 재정패키지 선택에 대한 정책적 함의를 준다. 통상적인 경제적 후생의 입장에서 볼 때, 도시정부의 통합이 정당시 되는 경우는 다른 어떠한 서비스도 감소시키지 않으면서 동일한 총비용으로서 더 많은 서비스를 공급할 수 있을 때뿐이다. 사회후생함수가 알려져 있지 않은 상황에서 한두 종류 이상의 서비스가 감소된 상태에서 이루어지는 총비용 감소는 경제적 입장에서 결코 정당화될 수 없다.

티보는 산업 및 노동력에 관련된 정보와 직업 간의 이동성이 민간자원의 배분을 개선시킬 수 있는 것과 똑같은 논리로, 거주 이동성(residential mobility)을 촉진시키고 소비자·유권자의 정보를 향상시킬 수 있는 어떠한 정책들도 지방정부지출의 배분을 개선할 수 있다고 생각한다. 그렇지만 그는 또한 과연 지방정부들이 고정된 재정패키지를 가져야만 하는가라는 규범적 문제가 제기될 수 있다고 지적한다. 왜냐하면 그는 역동적인 대도시 지역에서는 그와 같은 재정패키지의 고정이 거의 불가능하며, 오직 시골지역 및 교외지역에서나 가능할 수 있을 것이라고 생각하기 때문이다(Tiebout, 1956: 423-424).

(2) 티보모형의 한국에의 시사점

사실 상술한 티보모형의 전제조건들은 미국에서조차도 완벽하게 충족되지는 않는다. 즉 현실적으로 사람들의 이동성이 그렇게 높지 않고, 각 개인의 선호를 완벽하게 충족시킬 만큼 다양한 재정패키지를 제공하는 지방정부의 수도 많지 않으며, 한 지방정부 내에서조차도 상당한 소득격차 등과 같은 이질성이 내재하고 있다. 그럼에도 불구하고 티보모형은 미국의 도시정부재정을 이해하는

데 아주 중요한 지적 도구로 간주되고 있다. 사실 미국 대도시가 안고 있는 경제적·사회적 문제점들도 티보모형을 통해서 상당 부분 설명될 수 있다. 즉 부유한 사람들일수록 교외로 나가려고 하는 현상이나, 지방정부 간에 공급되는 공공서비스 공급상의 불공평(특히 교육부분)등이 그와 같은 대표적 사례이다(Rosen, 1985: 521－523).

티보모형이 주는 시사점을 이용하여 우리나라 시·군의 자치단체를 연구한 논문이 있지만(정정목 1992), 티보모형은 미국이라는 특수한 환경에서 생성된 것이므로 그것을 우리나라에 적용하는 데는 상당한 한계가 수반된다. 앞서 언급하였듯이 미국에서조차도 티보가 설정한 몇몇 전제들은 현실과 동떨어져 있지만, 그래도 그러한 전제들이 미국사회에서는 이해할 만한 수준에 있다고 생각된다. 그러나 우리의 경우는 사정이 다르다.

하지만 우리나라에도 '티보적 현상'이 없는 바는 아니다. 즉 많은 서울시민들이 교육여건이 좋은 소위 8학군이 있는 강남지역으로 이주하려는 현상은 분명히 하나의 '티보적 현상'이라고 할 수 있다. 그렇지만 우리의 경우는 미국과는 달리 지방정부의 독자적이고 자율적인 재정정책 때문에 주민의 이동이 촉발된다고 보기에는 무리가 있으며, 더욱이 지방정부가 자율적인 재정정책을 취할수도 없는 것이 우리의 현실이다. 세계 어디를 가더라도 미국처럼 광활한 지역에 많고 다양한 지방정부가 존재하는 나라는 없기 때문에, 티보모형은 미국이라는 특수한 지리적 여건 하에서만 적실성이 있는 것 같다.

허시만(Hirschman)은 시장에 대한 소비자의 통제를 '이탈(exit)·항의(voice)·충성(loyalty)'의 세 가지 개념을 이용하여 설명한다(Hirschman, 1970). 이탈이란 예를 들어 S사 에어컨이 마음에 들지 않으면 L사 에어컨으로 바꿈으로서 시장지배력에 영향을 주어 S전자를 통제하는 것으로서 가장 전형적인 시장메커니즘적 방식이다. 항의란 시장에서도 정치적 메커니즘을 이용하여 기업의 행위에 통제를 가한다는 것인데 가장 대표적 사례가 코카콜라회사의 신제품에 대한 소비자의 반응이었다. 즉 코카콜라회사가 펩시콜라와의 지속적인 시장쟁탈전의 일환으로 1985년에 전통적인 코카콜라의 맛과 다른 새로운 콜라를 출시하였다. 이때 기존의 톡 쏘는 코카콜라 맛에 길들여져 있던 많은 코카콜라 애호가들은 편지와 전화를 통해서 코카콜라회사에 격렬하게 항의하였다. 마침내 코카콜라회사의 경영진은 이와 같은 소비자들의 요구에 굴복하여 'Coke Classic'이라는 이름하에 옛날 제품을 다시 시장에 내놓았다. 이것은 시장에서 이루어지는 항의(voice)의 대표적 사례이다(Wolf, 1991: 132). 마지막으로 충성이란 특별한 통제 없이 그저 공생하는 것이다.

　　시장통제에 대한 허시만의 이와 같은 분류는 지방정부의 통제에도 적용될 수 있다. 즉 이탈(exit)이란 자신이 살고 있는 지방정부의 재정패키지가 마음에 들지 않으면 그곳을 떠나 다른 곳으로 이주함으로써 그 지방정부에 타격을 주는 것으로 티보모형이 상정하는 소위 '발에 의한 투표'(voting with one's feet)와 일맥상통한다. 여기에 비해 항의(voice)는 정치적 메커니즘의 특성을 띠는 것으로 지방정부의 재정패키지에 문제가 있으면 그것의 공론화를 통해서 해결하려는 것이다. 저자의 견해로는 우리나라에 지방자치가 활성화될 경우에도 주민들의 지방정부에 대한 통제는 이탈(exit)이라는 방식에 의존하기보다도 항의(voice)의 방식에 의존하는 것이 효과적이라고 생각된다. 왜냐하면 우리나라의 경우는 '발에 의한 투표'를 모토로 하는 티보모형의 적용은 적실성이 없기 때문이다.

제3절　지방공공재 공급의 비용부담

1. 지방공공재 공급비용 부담상의 효율성

　　지방정부가 제공하는 재화나 서비스는 그 비용이 조세로 조달되기 때문에 그 재화 이용 당사자는 마치 무료로 재화를 공급받는 것처럼 느끼기 쉽다. 뿐만 아니라 비록 그와 같은 공공재의 사용에 비용이 부과되더라도 그 사용가격이 매우 낮게 설정된다. 만약 어떤 공공재의 이용자가 특정 계층에 한정된다면 그 편익이 직접적으로 개인에게 귀속되는 민간재로서 간주될 수 있다. 이러한 경우에는 응익원칙에 입각한 사용료 부과가 바람직스럽다. 왜냐하면 동일한 편익을 향유하는 사람들에게는 그것에 상응하는 동일한 비용을 부담시키면, 재화 공급상의 효율성은 물론이고 재화 공급에 필요한 비용 부담상의 공평화(公平化)를 기할 수 있기 때문이다.

공공재가 특정 계층에 한정되지 않고 모든 주민들이 이용하는 경우라 할지라도 그와 같은 공공재의 재원을 조세로 조달하는 데는 약간의 문제가 있다. 조세로 공공재 공급에 필요한 재원을 마련하면 주민들이 그러한 공공재가 마치 무료로 공급되는 것처럼 착각하기 쉽다. 만약 소비자들이 어떤 공공재가 공짜로 혹은 실제의 공급가격보다 저렴하게 공급된다고 느낀다면 그 공공재에 대한 진정한 비용의식을 갖지 못한다. 이렇게 되면 그들은 그러한 공공재를 필요 이상으로 소비함으로써 자원낭비를 유발시키는 소위 도덕적 위해·해이(moral hazard)를 야기 시킨다. 그렇기 때문에 민간재의 성격을 지니는 공공재의 경우는 자원의 효율적 이용이라는 관점에서 볼 때, 수익자부담원칙에 따라 그 공공재로부터 얻는 소비자의 한계편익과 그 공공재 공급가격(비용부담)을 일치시킬 필요가 있다.

[그림 3-5]의 횡축은 공공재의 수량을 표시하고 종축은 편익과 비용을 표시한다. 공공재의 사회적 수요곡선은 DD이고 그 지방정부가 공공재를 공급하는 데 드는 한계비용곡선이 MC라면 이 공공재의 최적 공급량은 E가 된다. 공공재의 공급에 필요한 재원이 완전히 조세로 조달된다면 그와 같은 공공재를 소비하는 사람들은 그 공공재의 비용(조세 이외에 개인이 지불하는 비용)을 0으로 생각하게 된다. 이렇게 되면 그들이 느끼는 만족감이 0을 상회하는 한 그와 같은 공공재를 소비하려고 할 것이다. 이 결과 이 공공재에 대한 사회적 소비량은 OE'까지 확대되지만 이때의 이 공공재 공급의 실제 한계비용은 O_d이므로 $\triangle CFE'$만큼의 후생손실이 발생한다.

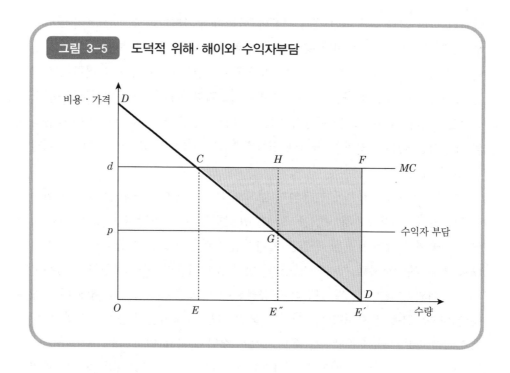

그림 3-5 도덕적 위해·해이와 수익자부담

만약 조세 대신에 그 공공재 이용자들에게 O_P만큼의 수익자부담금을 징수한다면 각 개인들은 소비에 따른 자신의 한계편익과 수익자부담금이 일치하는 수준까지 소비량을 줄일 것이므로, 결과적으로 사회적 소비량은 E''까지 감소하게 된다. 이 같은 논리로 본다면 수익자부담제도를 실시함으로써 후생손실은 △CHG까지 감소시킬 수 있다. 그렇기 때문에 공공재의 소비에 관한 선택이 자유롭고 또한 지방정부는 그 정치적 입장상 언제나 주민의 요구를 (비록 그와 같은 요구가 상술한 논리로 볼 때 과대한 요구일지라도) 100% 만족시킨다고 가정하면, 공공재에 대한 효율적인 자원투입을 위해서 수익자부담원칙을 적용하는 것이 바람직하다.

수익자부담제도의 시행에서도 공공성을 살린다는 취지하에 지방공공재의 공급가격(소비자의 공급비용부담)이 생산원가보다 더 낮게 책정되는 경우가 많은데,[10]

---

10) 예를 들어, 부산광역시 도시철도 요금수준은 시장원리보다도 물가 및 서민생활에 미치는 영향을 고려하여 결정되므로 운영원가보전이 이루어지지 않고 있다. 2012년(2019년) 기준으로

그럴 경우 그 가격이 소비자의 한계편익에 못미칠 뿐만 아니라 소비량을 효율적 수준 이상으로 증대시키게 된다. 이 같은 경우에도 상술한 논리를 그대로 적용시킬 필요가 있다. 즉 공공재 공급상의 효율적 자원배분을 위해서는 공공재 공급의 적정원가를 계산해서 그것을 가격으로 적용하는 것이 필요할 것이다.

2. 민간투자를 통한 지방공공재 공급과 비용부담

1) 민간투자사업 추진방식

지방정부가 특정 지방공공재를 공급할 필요성은 있지만 재원이 부족한 경우 전통적으로는 지방채 발행을 통하여 재원을 조달하였다. 최근에는 지방정부가 채무행위를 통하지 않고 민간투자사업을 통해 민간자본을 유치하여 지방공공재를 공급하고 민간투자자에게 그것에 대한 적절한 보상을 하는 방식이 제시되고 있다. 민간투자사업의 대표적 추진방식으로 다음의 네 가지를 들 수 있다.

(1) 수익형 민간투자사업

수익형 민간투자사업(BTO; Build-Transfer-Operate) 방식은 민간사업자가 민간자본을 동원하여 사회기반시설을 건설(Build)하고, 시설의 준공과 동시에 해당 시설의 소유권을 국가 또는 지방정부에 기부채납[11] 형식으로 이전(Transfer)하고, 그 소유권 이전 대신에 사업시행자에게 일정기간의 시설관리운영권(Operate)을 인정하는 방식이다. 민간사업자는 부여받은 관리운영권에 기초하여 그 시설의 운영을 통해 소비자들에게 공공재를 제공하고 그 대가로 사용료 징수를 통해 수익을 얻게 된다.

　　일인당 수송원가는 1,575.4원(1,982원)인 반면 일인당 평균운임수입은 740.4원(1,300원)으로 일인당 835원(682원)의 적자가 발생하였다(강윤호 외, 2013). 여기에 대한 자세한 논의는 본서 제6장 제3절 참조하기 바란다.

11) 기부채납(寄附採納)이란 나의 재산을 무료로 국가나 지방자치단체에 주는 행위를 뜻한다. 용어상 기부채납이라고 표현하고 있지만, 실제 일정기간(20년) 동안 시설 운용 수익을 거두어 가기 때문에 '무료'로 기부채납한다는 용어는 맞지 않다.

(2) 임대형 민간투자사업

임대형 민간투자사업(BTL; Build-Transfer-Lease) 방식은 민간사업자가 민간 자본을 통해 사회기반시설을 건설(Build)하고, 준공과 동시에 해당 시설의 소유 권을 기부채납형식으로 국가 또는 지방정부로 이전(Transfer)하며, 국가나 지방정 부는 소유권의 이전에 대신하여 사업시행자에게 일정기간의 시설관리운영권을 인정하되, 시설의 관리운영권을 지닌 민간업자로부터 그 시설을 협약에서 정한 기간 동안 임차(Lease)하여 사용하는 방식이다. 국가나 지방정부는 시설 임대자 인 민간사업자에게 정해진 기간 동안 시설물 임대료와 시설물 유지·보수(민간사 업자 담당)에 따른 운영비를 지불하여야 하며, 해당시설의 운영을 통해 소비자들 에게 공공재를 제공하고 필요시 사용료 부과를 통해 수익을 얻을 수 있다.

(3) 운영 후 기부채납형 민간투자사업

운영 후 기부채납형 민간투자사업(BOT; Build-Operate-Transfer) 방식은 민간 사업자가 민간자본을 동원하여 사회기반시설을 건설(Build)하고, 시설의 준공 후 일정기간 동안 사업시행자에게 해당 시설의 소유권이 인정되어 사업시행자에 의해 시설이 운영(Operate)되며, 그 기간이 만료되면 시설소유권이 국가 또는 지 방정부에 기부채납형식으로 귀속(Transfer)되는 방식이다. 사업시행자는 자기자 본으로 건설한 공공시설에 대해 일정기간 동안 소유권을 지니고 운영하면서 소 비자에게 공공재를 공급하고 그 대가로 사용료 징수를 통해 수익을 올린 후, 정 해진 기간이 만료되면 국가나 지방정부로 소유권을 이전하게 된다.

(4) 소유·운영형 민간투자사업

소유·운영형 민간투자사업(BOO; Build-Own-Operate) 방식은 민간사업자가 민간자본을 통해 사회기반시설을 건설(Build)하고, 준공과 동시에 사업시행자에게 해당 시설의 소유권(Own)이 인정되어 사업시행자에 의해 시설이 운영(Operate)되 는 방식이다. 즉 국가나 지방정부로부터 사업권을 부여받은 민간사업자가 자기 자본으로 공공시설을 건설함과 동시에 자신이 직접 소유권을 갖고 시설을 운영하여 공공재를 소비자들에게 공급하고 그 대가로 사용료를 징수하여 수익을 올리게 된다.

　지방공공재의 공급에서 이상의 네 가지 민간투자 활용방식 중에서 특히 BTL 방식은 지방정부가 적정수익률을 반영하여 민간사업자에게 지급할 임대료를 결정하기 때문에, 사전에 목표수익률의 실현이 보장되어 BTO, BOT, BOO 등의 다른 방식과는 달리 민간사업자의 리스크가 상대적으로 줄어든다고 할 수 있다. 그렇기 때문에 BTL 방식은 최종 수요자에게 사용료 부과를 통하여 투자비를 회수하는 것이 불확실하거나 어려운 시설에 적용할 수 있는 적절한 방식이다.

2) 민간투자의 역설(paradox)

　지방정부가 재원제약 하에서 필요한 공공재를 자기재원이나 지방채 발행을 통한 조달재원에 기초한 재정사업으로 공급하는 대신, 민간투자사업 형식으로 민간자본을 유치하여 공급하는 것이 지방정부의 재원 부담을 경감시켜 줄 것으로 기대하는 경우가 많다. 그러나 이와 같은 민간자본의 활용이 오히려 지방정부의 재정적 압박이나 위기를 초래할 수도 있다. 이와 같은 상황을 민간투자사업 방식 중 가장 대표적인 방식인 BTO와 BTL을 통해 살펴보기로 하자.

　정부는 1999년 4월 사회간접자본시설에 대한 민간투자법(2020년 8월 기준 사회기반시설에 대한 민간투자법)과 동법시행령을 제정하면서 법 제53조에서 필요한 경우 민간사업시행자에게 보조금을 지급(교부)할 수 있다는 규정을 두었으며, 이에 근거하여 시행령 제37조에서 법인(사업시행자)의 해산을 방지하기 위하여 불가피한 경우, 사용료를 적정 수준으로 유지하기 위하여 불가피한 경우, 실제운영수입이 실시협약에서 정한 추정운영수입보다 현저히 미달하여 당해 시설의 운영이 어려운 경우 등에 해당하는 경우에 사업시행자에게 보조금을 지급(교부)할 수 있다고 규정하였다. 제정 당시 이 법령 동조항의 보조금 지급 규정은 이후 세부적 내용에 약간의 개정이 있었으나 그 기본적 내용은 2020년 8월 기준으로 계속 이어지고 있다.

　이 법령에 근거하여 정부는 1999년 민간투자사업의 투자위험을 완화시켜

공공사업에 민간자본을 적극적으로 유치·활용하기 위해, BTO방식의 민간투자
사업에 보장추정수입과 실수입의 차액을 보전해주는 최소운영수입보장제도
(MRG; Minimum Revenue Guarantee)를 도입·시행한 바 있다. MRG의 도입으로 민간
투자사업이 활성화 되었으나 그것이 결국 도리어 지방정부에게 엄청난 재정압
박으로 작용하였고, 지방정부 재정적자의 주요인으로 지적되자 정부는 2009년
에 MRG를 폐지하였다. 동제도가 폐지된 현재에도 기존에 체결한 MRG 실시협
약으로 인한 재정부담이 너무 크자 지방정부는 실시협약에 대한 재협약으로 보
조금의 지급규모를 줄이고자 노력하고 있는 상황이다.

한 가지 예를 들면, 2006년 민간자본으로 건설된 강원도 속초와 인제를 연
결하는 미시령터널은 개통 당시 강원도와 미시령동서관통도로(주) 사이에 맺은
MRG 실시협약에 따라, 연평균 25억 원의 손실보전금이 강원도로부터 터널운영
사에게로 지원되고 있다. 문제는 2017년 서울과 양양 간 동서고속도로가 개통되
면 미시령터널 교통량이 급감하면서 강원도가 미시령터널 운영사로 매년 평균
현재보다 10배 정도 많은 260억 원 대의 손실금을 지원해야하며 그 지원규모가
2036년까지 5000억 원이 넘을 것으로 추정되고 있다. 또한 사업의 수익성을 높
이기 위해 통행료를 높게 책정함에 따라 미시령 터널(3.7km)의 통행료는 소형차
기준 3,300원으로서 km당 894원으로 전국의 민자도로 중 가장 비싼 것으로 평
가되고 있다. 이와 같은 상황에서 강원도와 지역 시민사회단체 등은 재정보전방
식을 재협상을 통해 변경해야한다고 주장하였다. 이와 더불어 강원도는 재협상
에 응하지 않는 미시령동서관통도로(주)에 2014년에 보전해야할 19억 원을 지
급하지 않는 한편 재정보전비율을 낮추는 방안과 함께 소송에 나설 것이라고 밝
히기도 하였다(세계일보, 2014. 10. 27).

정부는 BTO방식의 민간투자사업에 대해 지방정부의 재정보전부담이 지나
치게 큰 MRG를 폐지하는 대신 재정보전부담이 더 적은 표준비용보전(Standard
Cost Support: SCS)방식을 시행하였다. SCS방식은 국가나 지방정부가 표준운영비
에 실제수입이 미달될 경우 그 부족분을 민간사업자에게 보전해주고, 실제수입
이 표준운영비보다 많으면 환수하는 방식이다. 기존의 MRG방식으로 실시협약

을 이미 체결한 경우에도 협약변경을 통해 SCS방식으로 재정보전방식을 변경하여 지방정부의 재정부담을 줄인 사례도 나타나고 있다. 예를 들어, 경상남도와 부산시는 거제(경남)와 부산을 잇는 거가대로에 대해 지난 2013년 11월 거가대로 운영사업자와 협상을 통해 재정보전방식을 기존 MRG방식에서 SCS방식으로 전환하는 변경실시협약을 체결했다. 기존의 MRG방식을 적용했다면 2014년 사업시행자에게 보장해 주어야 할 금액이 1,511억 원에 이르는 것으로 파악된 반면, 통행료 수입은 839억 원에 불과해 차액 672억 원을 경상남도와 부산시가 재정으로 보전해야 했다. 하지만 SCS방식으로 재구조화되면서 2014년 보장금액이 884억 원으로 줄어들어, 결과적으로 839억 원의 통행료 수입을 제외한 45억 원(경남과 부산 각각 22억 5000만 원)만 재정으로 부담하게 됐다. 결국 SCS방식 시행으로 인해 기존 MRG 방식과 비교하면 약 627억 원(경남과 부산 각각 313억 5000만 원)의 지방재정을 절감하게 되었다(뉴시스, 2015. 1. 8).

한편 BTO와 유사하게 BTL방식을 통한 민간투자사업 시행에서도 지방정부의 재정부담의 문제가 나타난다. 즉 지방정부는 BTL방식에 의한 민간투자사업 시행시 민간사업시행자에게 협약에 따라 정해진 기간 동안 시설물 임대(Lease)에 따른 임대료와 시설물 유지·보수에 따른 운영비를 보전하여야 하기때문에, BTL 사업의 규모가 증가하게 되면 지방정부의 장기적인 재정건전성에는 부정적인 결과가 초래될 수 있다. BTL 방식이 지방채 발행을 통한 재정사업에 비해 효율적인지에 대한 논란이 있으며, 재정사업에 비해 비효율적이라는 연구결과도 존재한다. 예를 들어, 제주도가 BTL 사업방식에 의해 사업비 15,271백만 원을 투자하여 2009년에 완공한 '설문대여성문화센터(제주종합문화센터)'의 경우, 투자된 민간자본 규모와 지방정부가 민간사업자에게 20년간 지급해야 할 총 시설임대료·운영비 규모를 가지고 지방채 발행 재정사업으로 환산해보면, 연 6.28% 금리의 지방채 15,271백만 원을 빌려 재정사업을 시행하는 것과 동일하다. 이와 같은 BTL 사업의 이자율은 2010년 1월 초 기준 제주도가 재정사업을 위해 발행 또는 차입한 지방채 잔액 평균이자율 4.36%보다 1.92% 포인트가 더 높다. 따라서 이 사례의 경우 지방채 발행에 의한 재정사업의 경제적 효율성이 민간투자사업보다 높다는 것을 알 수 있다(민기, 2013).

　지금까지 살펴보았듯이 공공재의 공급에서 지방정부의 재정부담을 경감시켜 줄 것으로 기대하는 민간투자사업이 오히려 지방정부 재정부담을 가중시키거나, 지방채 발행 등에 의한 재정사업에 비해 더 비효율적일 수도 있으므로 신중한 관리가 요구된다. 따라서 BTO나 BTL방식 등의 민간투자사업으로 인한 지방정부의 재정부담을 보다 더 철저하게 관리할 필요가 있다.

　자주재원으로 공공사업의 시행이 곤란할 정도로 재정적 제약을 받고 있는 지방정부에게 민간투자사업과 지방채 발행을 통한 재정사업은 서로 대체관계에 있는 대안이 될 수 있다. 지방정부는 이들 두 가지 사업추진방식 간에 지방정부의 재정부담 규모나 사업의 효율성 등의 차이에 대한 철저한 분석을 통해 더 바람직한 대안을 채택하여야 할 것이다.

제1편
주요 참고문헌

■ 강윤호 외.(2013).「부산교통공사 중장기경영계획」. 부산교통공사.

■ 권경득·우무정.(2009). "참여정부 지방분권정책의 실태분석: 중앙사무의 지방이양을 중심으로.「한국지방자치학회보」, 21(2): 5-28.

■ 권형신·이상용·이재성.(2001).「한국의 지방재정: 이론과 실무」(개정판). 서울: 도서출판 해남.

■ 기획재정부.(2014).「2013회계연도 결산개요(통계편)」.

■ 김석태.(2005). "지방분권의 근거로서 보충성 원칙의 한국적 적용." 「지방정부연구」, 9(4): 95-110.

■ 김정호.(1989). "지방채발행규제의 논리와 역논리." 「지방행정연구」, 4(3): 1-16.

■ 김정훈.(1999). "조세법률주의와 지방세확충." 「자치재정의 이상과 갈등」(강원개발연구원·조선일보사 공동주최 정책세미나 보고서): 13-34

■ 김정훈 외 5인.(2000).「지방자치환경의 변화에 따른 지방재정조정제도의 개편방안」. 서울: 한국조세연구원.

■ 김형식.(1997).「지방재정의 이해」. 서울: 도서출판 그린북.

■ 김철수.(1993).「헌법학개론」.서울: 박영사.

■ 뉴시스.(2015. 1. 8). 거가대로 재구조화, 지난해 627억 원 재정절감.

■ 민 기.(2013). "지방정부의 재정건전성 강화를 위한 임대형 민간투자사업 관리방안." 「한국지방재정논집」, 18(1).

■ 서성아.(2008).「정부간관계에 관한 공무원 인식조사」(서울: 한국행정연구원).

■ 세계일보.(2014. 10. 27). 혈세 먹는 하마 미시령 터널, MRG 변경필요.

■ 소순창.(2005). "중앙권한의 지방이양실태와 발전방향." 「영남권지방이양포럼」. 지방이양추진위원회: 83-101.

■ 예산청.(1999).「1999년도 예산개요 참고자료」. 1999.

■ 오연천.(1992).「한국조세론」. 서울: 박영사.

■ 원윤희.(1998). "지방세행정체계의 개편방안." 강신택(편)「한국의 재정과 재무행정」. 서울: 박영사: 163-185.

■ 유 훈.(2000).「지방재정론」(제3정판). 서울: 법문사.

■ 유 훈.(1995).「지방재정론」. 서울: 법문사.

■ 유 훈.(1993).「재무행정론」(제4정판). 서울: 법문사.

■ 이경훈.(1988). "지방재정제도: 어떻게 달라지는가?(Ⅰ)."「지방재정」, 7(2): 88-102.

■ 이달곤.(1998). "재정연방론적 관점에서 본 지방정부의 경제적 기능과 재정의 역할." 강신택(편)「한국의 재정과 재무행정」. 서울: 박영사, 139-162.

■ 이우택.(1995). "지방세행정의 근본적 개혁방안."「지방세개혁을 위한 정책세미나 논문집」(한국조세학회).

■ 전상경.(2008). "티보의 공공재이론." 신무섭·유금록 외.「현대지방재정 주요이론」. 서울: 대영문화사, 47-58.

■ 전상경.(2005).「정책분석의 정치경제」(제3판). 서울: 박영사.

■ 전상경.(2000). "William A. Niskanen의 관료제 모형." 오석홍·송하중·박정수(편).「행정학의 주요이론」(제2판). 서울: 법문사.

■ 전상경.(1995). "미국 켈리포니아주의 재산세 저항운동과 그 정책적 함의: Proposition 13을 중심으로."「사회과학논집」, 12: 253-274.

■ 전상경.(1994). "지방정부의 예산편성행태와 지방의회의 예산심의행태에 관한 가설적 논의."「한국행정학보」27권 4호: pp. 1051-1072.

■ 전상경.(1993). "지방정부 예산편성행태와 지방의회 예산심의행태에 관한 가설적 논의: 부산시를 중심으로."「한국행정학보」, 27(4): 1051-1072.

■ 전상경 외 2인. (1993). "국회와 지방의회의 예산심의에 관한 비교연구: 부산시 시의회와 구의회를 중심으로."「지방과 행정연구」, 5(1): 1-38.

■ 정부혁신지방분권위원회.(2003).「참여정부 지방분권 추진 로드맵」.

■ 정정목.(1992). "시·군의 자치단체화와「티이보우모형」."「한국행정학보」, 26(3): 875-888.

■ 지방이양추진위원회.(2004a).「지방이양추진위원회운영계획」.

■ 지방이양추진위원회.(2004b).「지방이양추진기본계획안」.

■ 지방자치발전위원회(2014).「지방자치발전종합계획」.

■ 최우용.(2002).「현대행정과 지방자치법」. 부산: 세종출판사.

■ 최유성.(2005).「정부간관계에 관한 공무원인식조사(2005)」. 서울: 한국행정연구원.

- 최유성.(2002).「정부간관계에 관한 공무원인식조사(2002)」. 서울: 한국행정연구원.
- 최유성.(1999).「정부간관계에 관한 공무원인식조사(1999)」. 서울: 한국행정연구원.
- 최창호.(1988).「지방자치제도론」. 서울: 삼영사.
- 한국개발연구원.(1991).「한국재정 40년사」제3권(재정관련 법령 및 주요정책자료). 서울: 한국개발연구원.
- 행정자치부·한국지방행정연구원.(2005).「지방재정분석편람」.
- 伊多波良雄.(1995).「地方財政システムと地方分權」. 東京: 中央經濟社.
- 伊東弘文.(1992).「入門地方財政」. 東京: ぎょうせい.
- 加藤寛.(1992).「入門公共選擇: 政治の經濟學」. 東京: 三嶺書房.
- 岸昌三.(1987). "地方財政民主主義と地方財政."「都市問題」78(1): 13-25.
- 重森曉.(1987). "地方財政民主主義と住民參加."「都市問題」78(1): 26-36.
- 高寄昇三.(1997).「地方分權と補助金改革」.地方自治ジャーナルブックレット No. 18.
- 間登志夫.(1989). "自治體における政治家と行政官の關係."「都市問題」80(9): 59-72.
- 钱颖一.(2001). "地方分权与财政激励: 中国式的财政联邦制."「北京大学 中国经济研究中心简报」. 第34期(总第 256期).
- Bowen, H. R.(1948). Toward Social Economy. New York: Rinehart.
- Coase, Ronald. 1960. "The Problem of Social Cost," Journal of Law and Economics, 3: 1-44.
- Davoodi, H., and H. Zou.(1998). "Fiscal Decentralization and Economic Growth: A Cross-Country Study," Journal of Urban Economics, 43: 243-257.
- Fisher, Ronald C.(2007). State and Local Public Finance. Thomson South-Western.
- Jackson, P. M.(1982). 전상경·홍완식.(공역)(1991).「관료제의 정치경제학」. 서울: 대영문화사.
- Gramlich, E. M.(1976). "The New York Fiscal Crisis: What Happened and What Can be Done," American Economic Review, May: 415-429.
- Hamilton, B.(1975). "Zoning and Property Taxation in a System of Local Government," *Urban Studies*, 12: 205-211.
- Hirschman, Albert. O.(1970). *Exit, Voice, and Loyalty*. Cambridge: Harvard University Press.
- Inman, Robert P. and Daniel L. Rubinfeld., (1998). "Subsidiarity and European Union," in Peter Newman. (ed.). The Palgrave Dictionary of Economics and the Law. New

York: Palgrave Macmillan: 545-551.

■ Inman, R. and D. Rubinfeld.(1997a). "Rethinking Federalism," Journal of Economic Perspective 11: 43-64.

■ Inman, Robert P. and Daniel L. Rubinfeld. (1997b). "Making Sense of Antitrust State-Action Doctrine: Balancing Political Participation and Economic Efficiency in Regulatory Federalism," Texas Law Review, 75(6): 1203-1299.

■ Musgrave, R. M. and P. B. Musgrave.(1989).Public Finance in Theory and Practice.(5th ed.). New York: McGraw-Hill Book Company.

■ Musgrave, Richard M.(1959). The Theory of Public Finance. New York: McGraw-Hill.

■ Oates, Wallace.(1999). "An Essay on Fiscal Federalism," Journal of Economic Literature, 37(3): 1120-1149.

■ Oates, Wallace E.(1981). "On Local Finance and the Tiebout Model," *The American Economic Review*, 71(2): 93-98.

■ Oates, Wallace.(1972). Fiscal Federalism. New York: Harcourt Brace Jovanovich, Inc.

■ Pauly, M.(1973). "Income Distribution as a Local Public Goods," Journal of Public Economics, 2: 35-58.

■ Rodden, Jonathan.(2003). "Federalism and Bailout in Brasil," In Jonathan Rodden et at.(ed.). Fiscal Decentralization and the Challenge of Hard Budget Constraints. Cambridge, Massachusetts: The MIT Press: 213-248.

■ Rosen, H. S.(1985). Public Finance. Homewood, Illinois: RICHARD D. IRWIN, INC.

■ Samuelson, Paul A.(1954). "The Pure Theory of Public Expenditure," *Review of Economics and Statistics*, 36(4): 387-389.

■ Tiebout, Charles M.(1956). "A Pure Theory of Local Expenditures," *Journal of Political Economy*, 64(5): 416-424.

■ Tocqueville, Alexis de. 1945. Henry Reeve(translated). Democracy in America. New York: Alfred A. Knopf, Inc.

■ Webb, Stephen B.(2003). "Argentina: Hardening the Provincial Budget Constraint," In Jonathan Rodden et at.(ed.). Fiscal Decentralization and the Challenge of Hard Budget Constraints. Cambridge, Massachusetts: The MIT Press: 213-248.

■ Weingast, Barry B.(1995). "The Economic Role of Political Institutions: Market-Preserving Federalism and Economic Development," Journal of Law and Economic

Organization, 11: 1-31. requoted from Wallace Oates. (1999). "An Essay on Fiscal Federalism," Journal of Economic Literature, 37(3): 1120-1149.

■ Wildavsky, Aaron.(1964). The Politics of Budgetary Process. Boston: Little, Brown & Company.

■ Wilson, James Q.(1983). American Government.(2nd ed.). Lexington: D.C. Heath and Company.

■ Wolf, Jr.(1988) 전상경(역). 1991. 「시장과 정부: 불완전한 선택 대안」(한국학술진흥재단 번역총서 119). 서울: 교문사.

제2편

지방정부 세입

Local · Public · Finance

제4장

지방정부 세입구조와 현황

제1절 지방정부 세입구조의 개요와 현황

1. 지방정부 세입구조의 개요

지방정부가 그 행정수요를 충족시키기 위하여 마련하는 모든 재원을 지방세입이라고 한다. 지방정부의 세입구조는 조세수입을 근간으로 하는 중앙정부의 세입구조와는 달리 매우 다양한 세입원을 갖는다. 특히 우리나라는 엄격한 조세법률주의를 채택하고 있기 때문에 지방세의 확충은 각종의 정부지원금과 더불어 중앙정부의 정책의지에 달려있다고도 할 수 있다. 뿐만 아니라 지방정부는 지방세 이외의 지방세외수입이 매우 중요한 역할을 한다.

지방세입은 몇 가지 기준에 의하여 분류되는데 가장 대표적인 것이 자주재원·의존재원에 의한 분류와 일반재원·특정재원에 의한 분류이다(유훈, 2000: 126-127). 자주재원은 지방정부가 직접 징수하는 수입으로서 지방세와 지방세외수입을 지칭하고, 의존재원은 중앙정부나 상위정부로부터의 지원금(grants-in-aid)으로서 지방교부세, (국고 및 시·도비)보조금, 시·군·자치구 조정교부금 등을 지칭한다. 그 밖의 수입으로 '보전수입 등 및 내부거래'와 '지방채'가 있다. 그러나 이들 수입은 새롭게 발생되는 수입이 아니고 회계연도독립원칙에 의한 결산과정 등에서 발생하는 회계상의 수입이어서 별도의 세입과목으로 분류하고 있다.

보전수입 등 및 내부거래는 2013년까지는 지방세외수입으로 분류되었던 잉여금, 이월금, 전입금, 융자금 원금수입, 예탁금 및 예수금 등이 포함된다. 지방채는 상당히 오랫동안 지방세외수입에 포함되어 있었는데 1989년 결산자료까지 지방채가 지방세외수입에 포함되었으나, 1990년 자료에서는 별도의 항목으로 분류되었다. 그러나 1991년의 결산자료에서는 다시 지방채가 지방세외수입에 포함되었지만, 1992년 이후의 결산자료부터 지방세외수입에서 완전히 분리된 별도의 항목으로 취급되고 있다. 특히 1995년의 결산자료에서는 지방채가 재산매각수입, 보조금 사용 잔액, 기부금 및 기금수입, 부담금 등과 더불어 '지정재원'이라는 별도의 항목으로 분류되었다. 그 이후부터 '지정재원'이라는 항목이 없어지고 지방채 항목만 별도로 설정되어 오다가, 2005년부터 2013년 결산자료까지 예치금 회수와 결합되어 '지방채 및 예치금 회수'라는 항목으로 분류되었다. 2014년 결산자료부터는 다시 예치금 회수와 분리되어 지방채 항목만 별도로 분류되어 현재에 이르고 있다.

지방세입에서 일반재원은 지방정부가 그 비도(費途)를 자유롭게 정할 수 있는 재원을 의미한다. 여기에는 지방세 중 보통세, 지방세외수입 중 일부, 지방교부세 중 보통교부세, 시·군·자치구 조정교부금 중 일반조정교부금 등이 포함된다. 한편 특정재원은 지방정부가 그 비도(費途)를 정하는데 제약을 받는 재원을 뜻한다. 여기에는 지방세 중 목적세, 지방세외수입 중 일부, 상위정부로부터의 보조금, 지방교부세 중 특별교부세, 시·군·자치구 조정교부금 중 특별조정교부금 등이 포함된다.

지방세입은 자주재원·의존재원이나 일반재원·특정재원과 같은 기준 이외에도 일반회계와 특별회계 같은 기준에 의한 구분도 필요하다. 왜냐하면 지방정부 재정에서 일반회계가 차지하는 비중과 특별회계가 차지하는 비중의 상대적 규모는 재정구조를 파악하는데 유익하기 때문이다.

본 장에서는 광역지방정부인 특별시·광역시·도와 기초지방정부인 시·군· 자치구를 분석단위로 하여 세입구조를 살펴보고자 한다. 우리나라 지방정부의 예산과 결산 분류체계는 시간의 흐름에 따라 지나치게 자주 변경되어왔기 때문에, 본서에서는 현 시점에서 수집할 수 있는 가장 최근의 결산자료인 2018회계 연도의 세입결산자료를 가지고 그 당시의 예산과 결산 분류체계에 따라 세입구조를 분석하고자 한다. 먼저 일반회계와 특별회계에 기금까지 포함하는 통합재정의 규모를 살펴본 다음, 일반회계와 특별회계의 세입구조를 자주재원, 의존재원, 지방채, 보전수입 등 및 내부거래의 항목을 기준으로 살펴본다.

2. 광역지방정부 세입구조의 현황

현재 우리나라의 광역지방정부에는 특별시·광역시·도와 특별자치시 및 특별자치도가 있다. 서울특별시와 광역시는 동일한 지방세목을 지니고 있으며 도의 지방세목과 차이가 있다. 그리고 관할 구역 안에 기초지방정부가 없는 특별자치시와 특별자치도는 타 시·도와는 달리 기초지방정부의 지방세목까지 세목에 포함하고 있으므로 다른 광역자치단체와 다른 조세체계를 지니고 있다. 따라서 이와 같이 조세의 세목에 차이가 나는 지방자치단체들을 구별하여 분석하는 것이 원칙이지만, 일반적으로 동종의 지방정부로 분류되는 특별시, 광역시 및 특별자치시를 특별·광역시로, 그리고 일반도와 특별자치도를 도로 묶어서 세입구조를 살펴보고자 한다. 현재 행정자치부에서 발간되는「지방재정연감」등에서도 이렇게 동종지방정부를 하나로 묶어서 예·결산자료를 제공하고 있다.

[표 4-1]에 2018년도 광역지방정부 통합재정의 회계별 세입 현황이 나타나 있다. 특별시·광역시의 경우 통합재정에서 차지하는 회계별 비중을 보면, 일반회계 66.7%, 공기업특별회계 7.2%, 기타특별회계 17.5%, 기금 8.6%이다. 도의

회계별 비중을 보면 일반회계가 76.5%로 상당히 높고 공기업 특별회계는 0.9%에 불과하며, 기타특별회계 8.3%, 기금 14.3%이다.

표 4-1	광역지방정부 통합재정의 회계별 세입 현황		(단위: 백만 원, %)
분류	특별시·광역시	도	합계
일반회계	62,184,639(66.7)	70,671,464(76.5)	132,856,103(71.5)
공기업특별회계	6,682,288(7.2)	867,755(0.9)	7,550,043(4.1)
기타특별회계	16,333,168(17.5)	7,661,677(8.3)	23,994,845(12.9)
기금	8,064,368(8.6)	13,236,239(14.3)	21,300,607(11.5)
합계	93,264,463(100)	92,437,135(100)	185,701,598(100)

주: 2018년도 결산 총계기준임
자료: 행정안전부. (2019a). 「2018년도 지방재정연감(결산)」.

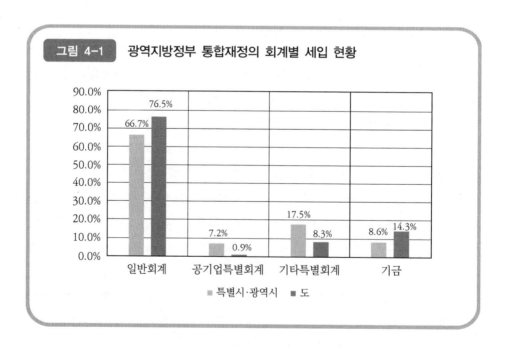

그림 4-1 광역지방정부 통합재정의 회계별 세입 현황

[표 4-2]는 2018년도 광역지방정부에서 일반회계와 특별회계를 통합한 재원별 세입규모 현황을 정리한 것이다. 특별·광역시에서는 지방세 수입이 40.4%로 가장 많은 비중을 차지하고 있다. 반면에 세외수입은 10%로 낮은 편이다. 지방세와 세외수입의 합계인 자주재원의 비중은 50.4%이다. 지방교부세와 국고보조금의 합계인 국가 의존재원의 비중은 25.6%로 나타났다. 보전수입 등 내부거래는 22.0%이며, 지방채는 2.1%로 매우 낮은 수준이어서 재정건전성이 높은 것으로 보인다.

도의 경우는 지방세 수입 비중은 30.4%로 높지 않은 수준이며 특별·광역시에 비해서도 상대적으로 비중이 많이 낮다는 것을 알 수 있다. 세외수입의 비중도 3.3%로서 특별·광역시에 비해서 낮은 편이다. 따라서 지방세와 세외수입으로 구성되는 자주재원의 비중이 33.7%로 대단히 낮게 나올 수밖에 없다. 도는 이와 같이 자주재원의 비율이 낮으므로 국가의 지원금인 지방교부세와 국고보

표 4-2 광역지방정부의 재원별 세입 현황 (단위: 백만 원; %)

분류		특별시·광역시	도	합계
자주재원	지방세수입	34,393,848(40.4)	24,105,599(30.4)	58,499,447(35.6)
	세외수입	8,524,728(10.0)	2,588,979(3.3)	11,113,707(6.8)
	소계	42,918,576(50.4)	26,694,578(33.7)	69,613,154(42.4)
의존재원	지방교부세	5,125,534(6.0)	8,201,732(10.4)	13,327,266(8.1)
	보조금	16,701,445(19.6)	32,671,598(41.3)	49,373,043(30.0)
	소계	21,826,979(25.6)	40,873,330(51.7)	62,700,309(38.1)
지방채		1,752,140(2.1)	–	1,752,140(1.1)
보전수입 등 및 내부거래		18,702,400(22.0)	11,632,989(14.7)	30,335,389(18.5)
합계		85,200,096(100)	79,200,896(100)	164,400,992(100)

주: 1) 2018회계연도 결산 총계규모임
 2) 보조금은 국고보조금을 의미함
 3) 일반회계＋공기업특별회계＋기타특별회계임
 4) 특별·광역시에는 세종특별자치시가, 그리고 도에는 제주특별자치도가 포함됨
자료: 행정안전부. (2019a). 「2018연도 지방재정연감(결산)」.

조금의 규모가 클 수밖에 없는데, 이 두 가지 지원금의 합계가 차지하는 비중이 51.7%로 대단히 높아서 국가에 대한 재정적 의존성이 크다는 것을 알 수 있다. 국가의 지원금 중에서는 지출의 용도가 정해져 있는 특정재원인 국고보조금의 비율이 41.3%로 대단히 높으며, 일반재원으로 지원되는 지방교부세의 비중은 10.4%로 상대적으로 낮은 편에 속한다. 이것은 그만큼 도의 재정적 자율성이 낮다는 것을 말해준다. 보전수입 등 내부거래는 14.7%이며, 2018년도에 지방채를 발행하여 조달한 재원은 없는 것으로 나타났다.

3. 기초지방정부 세입구조의 현황

우리나라에는 광역지방정부의 하급정부로서의 기초지방정부에는 시·군·자치구가 있다. 광역지방정부 중 특별시 아래에는 자치구, 광역시 아래에는 자치구·군, 그리고 도 아래에는 시·군이 있다. 기초지방정부 중에서 시와 군은 조세구조가 같으며, 시·군과 자치구 사이에 지방세 구조는 큰 차이가 있다.

[표 4-3]은 이들 기초지방정부의 통합재정 회계별 세입 규모를 보여주고 있다. 이들은 일반회계의 비중이 압도적으로 높은데 그 비중을 보면 시 77.4%,

표 4-3 **기초지방정부 통합재정의 회계별 세입 현황** (단위: 백만 원, %)

분류	시	군	자치구	합계
일반회계	86,020,202(77.4)	45,055,547(88.0)	38,648,553(89.3)	169,724,302(82.5)
공기업특별회계	12,884,627(11.6)	1,453,022(2.8)	–	14,337,649(7.0)
기타특별회계	7,840,366(7.1)	3,367,061(6.6)	2,036,529(4.7)	13,243,956(6.4)
기금	4,388,326(3.9)	1,339,309(2.6)	2,570,784(5.9)	8,298,419(4.0)
합계	111,133,521(100)	51,214,939(100)	43,255,866(100)	205,604,326(100)

주: 2018년도 결산 총계기준임
자료: 행정안전부. (2019a). 「2018년도 지방재정연감(결산)」.

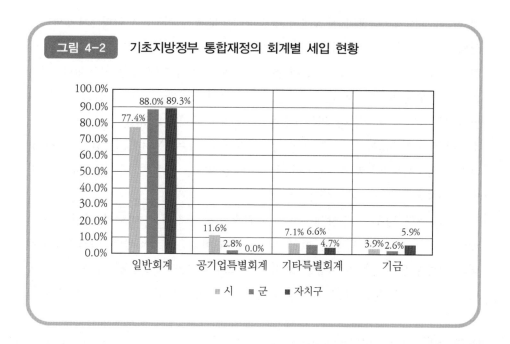

그림 4-2 기초지방정부 통합재정의 회계별 세입 현황

군 88%, 자치구 89.3%이다. 공기업특별회계의 비중은 시가 11.6%이며 군은 2.8%로 낮고 자치구는 전무하다. 기타특별회계는 시 7.1%, 군 6.6%, 자치구 4.7%이다. 기금은 시 3.9%, 군 2.6%, 자치구 5.9%로 각각 나타났다.

[표 4-4]는 기초지방정부에서 일반회계와 특별회계를 통합하여 재원별 세입 현황을 정리한 것이다. 시의 경우, 지방세 수입의 비중은 17.4%, 세외수입의 비중은 10.7%로 낮게 나타났다. 지방세와 세외수입을 합한 자주재원의 비중은 28.1%로 낮은 것으로 판단된다. 중앙정부 및 상급정부에의 의존재원의 비중을 보면, 지방교부세 16.9%, 조정교부금 등 4.9%, 보조금 22.2%이며, 이들을 합한 의존재원의 비중은 44%로 비교적 높은 편이다. 보전수입 등 및 내부거래는 27.8%이며, 지방채의 비중은 0.2%로서 대단히 낮은 수준이라고 볼 수 있다.

군의 경우 지방세 수입의 비중은 5.6%로서 지방세의 규모가 대단히 낮음을 알 수 있다. 지방정부의 가장 안정적인 자주재원인 지방세 수입의 규모가 이렇게 작은 것은 군 재정의 운영에서 상당히 큰 문제가 아닐 수 없다. 지방세외수입의 비중 역시 4.9%로 대단히 낮은 수준이다. 따라서 지방세와 세외수입을 합친 자주재원의 비중은 10.5%로 대단히 낮게 나타날 수밖에 없는 구조이다. 국가로부터 일반재원으로 지원받는 지방교부세의 비중이 33.6%로 가장 크다. 그 외 상급정부로부터 지원받는 의존재원을 보면 보조금이 24.8%로 높은 편이고, 조정교부금 등이 3%이다. 결국 군의 상급정부에의 의존재원 비중은 61.4%로서 상당히 높은 수준이라고 볼 수 있다. 군의 보전수입 등 내부거래는 28.0%이며, 지방채 비중은 0.1%에 불과하다.

자치구의 경우는 지방세수입과 세외수입이 차지하는 비중이 각각 13.9%, 8.6%로서 이 두 가지 항목을 합친 자주재원의 비중은 22.5%이다. 상급정부로부터의 의존재원의 항목별 비중을 보면, 지방교부세 2.3%, 조정교부금 등 14.9%이며 보조금이 42.9%로 대단히 높다. 의존재원 전체의 비중은 60.1%로 대단히 높

표 4-4 기초지방정부의 재원별 세입 현황 (단위: 백만 원; %)

분류		시	군	자치구	합계
자주재원	지방세수입	18,547,959(17.4)	2,789,882(5.6)	5,643,202(13.9)	26,981,043(13.7)
	세외수입	11,399,071(10.7)	2,463,929(4.9)	3,480,421(8.6)	17,343,421(8.8)
	소계	29,947,030(28.1)	5,253,811(10.5)	9,123,623(22.5)	44,324,464(22.5)
의존재원	지방교부세	17,998,103(16.9)	16,768,856(33.6)	934,767(2.3)	35,701,726(18.1)
	조정교부금 등	5,255,317(4.9)	1,475,687(3.0)	6,079,558(14.9)	12,810,562(6.5)
	보조금	23,694,759(22.2)	12,391,551(24.8)	17,467,907(42.9)	53,554,217(27.1)
	소계	46,948,179(44.0)	30,636,094(61.4)	24,482,232(60.1)	102,066,505(51.7)
지방채		205,473(0.2)	25,527(0.1)	1,200(0.0)	232,200(0.1)
보전수입 등 및 내부거래		29,644,513(27.8)	13,960,197(28.0)	7,078,027(17.4)	50,682,737(25.7)
합계		106,745,196(100)	49,875,629(100)	40,685,082(100)	197,305,907(100)

주: 1) 2018회계연도 결산 총계규모임
2) 보조금은 국고보조금과 시·도비보조금을 합친 것임.
3) 일반회계 + 공기업특별회계 + 기타특별회계임
자료: 행정안전부. (2019a). 「2018연도 지방재정연감(결산)」.

은 수준이다. 보전수입 등 및 내부거래는 17.4%이며, 지방채의 비중은 거의 무시할 수 있을 정도로 낮은 수준이다.

제2절 지방정부 세입구조의 특징

앞에서 살펴본 우리나라 지방정부의 계층·유형별 세입구조 현황분석을 바탕으로 우리나라 지방정부 세입구조의 특징을 도출해보고자 한다. 그동안 우리나라 지방정부의 세입과 관련하여 지방세수입 부족, 낮은 재정자립도, 중앙정부나 상급자치단체에 대한 지나친 재정적 의존 등 여러 가지가 주장되어왔다. 그러나 여기서는 앞에서 분석한 지방정부 세입구조의 현황과 직접적으로 관련된 것으로서, 낮은 자주재원수입의 비중, 세입구조의 지방정부 간 격차, 지방채 발행을 통한 수입조달의 미활성화 등 세 가지를 중심으로 지방정부 세입구조상의 특징을 살펴보고자 한다.

1. 자주재원수입 규모의 빈약성 및 상급정부에 대한 재정 의존성

지방정부의 유형별로 차이가 있기는 하지만 전반적으로 지방정부 세입에서 지방세와 세외수입으로 구성되는 자주재원수입의 비중이 낮은 것으로 평가된다. 광역지방정부의 일반회계와 특별회계를 통합한 수입에서 자주재원수입이 차지하는 비중에서, 특별·광역시가 50.4%인데 경제력이 가장 큰 대도시 광역자치단체로서 특별시와 광역시의 위상을 고려하면 자주재원수입의 비율이 낮은 수준으로 평가된다. 특히 이 비중이 도의 경우는 33.7%로서 대단히 낮다고 볼 수 있다. 기초지방정부의 자주재원수입의 비중을 보면, 시, 군, 자치구 모두 낮은 수준인데, 특히 군의 경우 10.5%로 대단히 낮은 수준이다.

자주재원수입의 규모가 작은 지방정부는 그만큼 국가나 상급지방정부로부터의 재정지원금에 대한 의존성이 커지므로 재정운영의 자율성이 낮아질 수밖에 없다. 따라서 진정한 의미의 지방자치가 실현되기 위해서는 무엇보다 지방정부의 재정자주성이 뒷받침 되어야하므로, 자주재원의 수입 규모가 낮은 지방정부는 탄력세율제도를 활용한 지방세 수입 확대, 지방세 체납에 대한 적극적 대처, 세외수입의 적극 발굴 등을 통해 자주재원수입의 확충을 위한 노력을 적극적으로 기울여야 할 것이다.

2. 지방정부간 자주재원과 의존재원 규모의 격차

앞에서 살펴본 바와 같이 지방정부의 유형 간에는 자주재원수입 규모의 차이와 그에 따른 국가나 상급지방정부에 대한 재정의존성의 차이가 크게 존재하고 있다. 즉 광역지방정부 중에서는 특별·광역시에 비해 도의 자주재원수입 규모가 작으며, 기초지방정부 중에서는 자치구와 시에 비해 군의 자주재원수입 규모가 크게 낮다. 이것은 지방정부간에 지역주민에 대한 공공서비스의 수준이나 질 등에서 형평성의 문제를 초래할 수 있다는 점에서 큰 문제가 될 수 있다.

자주재원의 수입규모가 작고 따라서 국가나 상급지방정부에 재정적으로 많이 의존하는 지방정부는 그렇지 않은 지방정부에 비해 그만큼 재정력과 재정운영상의 자율성이 부족하다. 이와 같은 지방정부는 그렇지 않은 지방정부에 비해 지역주민들에게 제공하는 공공서비스의 수준이나 질이 상대적으로 낮아지거나 주민의 선호에 맞는 공공서비스를 공급하는 데 한계가 있을 수 있기 때문에, 결국 주민의 삶의 질적 수준이 다른 지방정부에 비해 크게 저하될 수 있다. 따라서 이와 같은 지방정부간 주민의 삶의 질의 격차 문제를 해소하기 위해서, 재정적 자주성의 격차를 시정해야 할 필요가 있을 것이다. 세원이 각 지역에 보편적으로 분포되어 있는 지방세 종목을 강화시켜 지방정부간 지방세 수입의 편차를 줄이도록 노력하는 한편, 재정의 자주성이 낮은 지방정부 역시 자주재원수입의 확대를 위한 자구노력을 강화해야할 것이다.

3. 지방채의 소극적 활용

2018년 결산기준 지방정부의 채무 총액은 24.5조 원이다. 이는 전체 GDP 의 1.4%에 불과하다. 같은 해 결산기준 중앙정부의 채무는 651.8조 원으로 GDP 대비 34.6%에 해당한다. 지방정부의 지방채 발행을 통한 수입은 전반적으로 그 규모가 매우 작은 편이다. 2018년(결산기준) 한 해 동안 지방채 발행에 의한 수입 의 비중을 보면, 특별·광역시가 17,521억 원(전체 세입의 2.1%)을 발행하여 지방정 부 유형 중 가장 높고 나머지 유형의 지방정부들은 모두 거의 무시할 수 있을 정도로 낮은 수준의 지방채 발행을 한 것으로 나타났다.

지방정부는 그 재정을 수지균형의 원칙에 따라 건전하게 운영하여야 하지 만, 조세수입보다는 지방채 발행을 통해 재정을 동원하는 것이 더 타당한 적채 사업에 대해서는 적당한 수준까지는 지방채를 발행하는 것이 세대 간 재정부담 의 형평성 및 사회적 후생 증진의 차원에서 바람직스러울 수 있다.[1] 따라서 지 방정부는 필요한 경우 지방재정의 건전성을 위협하지 않는 선에서 지방채 발행 을 통한 재정동원 방법을 적절히 활용할 필요가 있을 것이다.

---

[1] 적채((適債)사업, 지방채발행의 필요성 등 지방채에 관한 자세한 내용은 본서 제7장을 참조 하기 바란다.

제5장

지방자주재원

우리는 이미 제4장에서 자주재원의 의미에 대해 언급하였다. 자주재원이라는 용어에는 재원의 자주적 사용과 재원의 자주적 조달이라는 두 가지 측면이 함축되어 있다. 자주재원은 지방정부가 자체적으로 조달하는 재원이기 때문에 그것을 사용함에 있어 지방정부는 상당한 재량권을 갖는다. 그렇기 때문에 흔히 일반회계의 총액에서 자주재원이 차지하는 비율을 재정자립도로 정의하여 지방정부의 재정건전성을 측정하는 지표로 사용하기도 한다.

자주재원을 구성하는 두 요소는 지방세수입과 지방세외수입이다. 지방자치가 부활되기 전인 1970년대에서 1980년대까지 총조세에서 지방세가 차지하는 비율은 불과 11% 내외에 머물렀지만,[1] 지방자치 부활 이후 꾸준히 지방세를 신장시킨 결과 그 비율이 2013년에 약 21%까지 상승하였고 2018년에는 22.3% 수준에 이르고 있다. 지방세외수입은 다시 경상적 세외수입과 임시적 세외수입으로 구분되며, 전자는 후자에 비하여 상대적으로 안정적이다. 그러므로 실질적 의미의 지방자주재원은 지방세수입과 경상적 세외수입이라고 할 수 있다. 우리는 제1절에서 지방세수입을 다루고, 제2절에서는 지방세외수입을 고찰하기로 한다.

---

1) 지방자치가 부활되기 전인 1965년도의 경우 총조세에서 지방세가 차지하는 비율이 16.4%에 이른 적도 있었다.

제1절   지방세수입

1. 지방세의 의의와 특징

조세는 "국가나 지방자치단체가 법령에 의하여 강제적으로 거두어들이는 경제적 부담"으로 정의된다. 그 중에서 지방세는 지방자치단체가 지방 공공재나 지방 공공서비스를 제공하는 데 필요한 경비를 조달할 목적으로, 지역주민들로부터 강제적으로 부과·징수하는 경제적 부담을 말한다. 지방세수입은 지방정부의 다양한 수입원 중의 하나지만 가장 안정적이고 중요한 자주재원으로 간주된다. 지방세는 다음과 같은 특징을 지니고 있다.

첫째, 지방세의 과세 주체는 지방자치단체이다. 이와 같은 점에서 국가가 과세 주체가 되는 국세와 구별된다.

둘째, 지방세는 지방공공재나 지방공공서비스를 제공하는 데 대한 반대급부로서 징수하는 것이지만 일반 보상적 성격이 강하다. 이와 같은 점에서 개별 보상적 관점에서 개별적인 공공시설 이용 대가인 사용료나 개별 공공서비스의 이용에 대한 대가로서 징수하는 수수료와 구분된다.

셋째, 지방세는 지방자치단체의 과세권에 의해 강제적으로 부과·징수된다. 이점에서 시장논리인 자발적 교환의 원리에 기초한 수입인 경영수익사업수입이나 재산수입과 구분된다.

넷째, 지방세는 주로 응익원칙에 기초하여 운영된다. 조세는 응익적(應益的) 성격과 응능적(應能的) 성격을 모두 갖는다. 그러나 국세는 소득분배목적으로 널리 활용되기 때문에 납세자들의 지불능력(소득이나 소비 수준)에 따라 부과하는 응능원칙(ability principle)에 입각하여 운영되는 경우가 많지만, 지방세는 지방정부가 공급하는 지방공공서비스에 대한 가격으로 인식되어 공공서비스로부터 누리

는 편익에 따라 부과하는 응익원칙(benefit principle)에 입각하여 운영되는 경우가
많다.

2. 지방세의 원칙과 세원배분방식

앞에서 언급된 바와 같이 국세와 지방세는 그 목적이나 성격이 다소 다르
긴 하지만 세금으로서의 공통점도 갖는다. 따라서 우리는 지방세의 원칙을 논의
하기 전에 조세가 지녀야 할 일반론적 원칙을 먼저 살펴본 후 지방세의 특수성
을 고려하여 지방세의 원칙을 기술하기로 한다.

1) 조세의 일반적 원칙

처칠(Winston Churchill)은 "좋은 조세란 없다"라고 하였지만, 국가가 존속하
는 한 조세는 필요불가결한 요소이다. 비록 현실적으로 좋은 조세가 존재하지
않는다고 하더라도 좋은 조세가 되기 위한 지침은 존재한다. 우리는 여기서 좋
은 조세가 지녀야 할 일반적 원칙을 고찰해보기로 한다.

조세의 원칙이란 조세체계가 충족시켜야만 하는 기준을 의미하며, 이것에
대한 관심은 이미 아담 스미스(Adam Smith)의 「국부론」에도 나타나 있다. 즉 아
담 스미스는 조세의 요건을 세부담의 형평성(equality), 조세납부의 시기·방법·
금액에 대한 확실성(certainty), 납세의 편의성(convenience), 징세의 경제성(economy
of collection)이라고 지적하였다. 이상의 네 가지 요건 중 세부담의 형평성은 납세
자들이 부담하는 조세부담액의 공평성에 관한 것이며, 나머지 세 요건은 세무행
정의 효율성에 관한 것이다(윤건영, 1995a: 23).

자본주의 경제가 발전함에 따라 19세기부터 20세기 초에 걸쳐 점차로 자본
주의 경제체제가 안고 있는 모순이 노정되었고, 이러한 모순은 국가가 수행해야
할 사회정책적 역할의 중요성을 크게 부각시켰다. 이러한 점을 고려하여 독일의
재정학자인 루돌프·와그너(Rudolf Wagner)는 조세의 원칙으로서 스미스의 조세
원칙에다 국민경제적 요청을 추가하여 재정정책상의 원칙, 국민경제상의 원칙,

공정성의 원칙, 세무행정상의 원칙과 같은 네 개의 대원칙을 정하고 그것들을 다시 아홉 개의 소원칙으로 세분하였다(長沼進一, 1997: 224-226).

현대사회에 널리 통용되는 조세원칙으로서는 노이마르크(Neumark)와 머스그레이브 부부(R. Musgrave and P. Musgrave)의 원칙을 들 수 있다. 노이마르크의 원칙은 와그너의 원칙과 매우 유사하게 국고수입 및 재정정책상의 원칙, 경제정책적 원칙, 윤리적 및 사회정책적 원칙, 세법상 및 세무행정상의 원칙과 같은 네 가지로 되어 있다. 노이마르크의 조세원칙은 그 당시 독일의 새로운 국민경제 개념인 사회적 시장이론의 틀 속에서 고안되어 사회정책상의 목적과 시장경제 지향의 두 가지 면을 동시에 추구하는 것으로서 케인즈(Keynes)류의 재정이론에 영향을 받은 것이다(長沼進一, 1997: 227-228). 여기에 반해 머스그레이브 부부는 바람직한 조세가 갖추어야 할 조건으로서 조세부담배분에서의 형평성, 자원활용에서의 효율성, 거시정책상의 목표, 그리고 행정의 편의성을 들고 있다(Musgrave and Musgrave, 1989: 216-217).

어떠한 분류에 따르든지 조세의 원칙에서 매우 핵심적이고 공통적인 것은 효율성과 형평성(공평성)으로 귀결되기 때문에, 우리는 여기서 조세의 효율성과 형평성에 대해 중점적으로 설명하기로 한다.

(1) 조세의 효율성(efficiency)

조세의 효율성은 경제적 효율성과 행정적 효율성의 두 가지로 구분하여 설명하는 것이 필요하다. 전자가 조세의 중립성(neutrality)을 강조하기 위한 것이라면, 후자는 조세업무 집행시의 행정적 편의성을 강조하기 위한 것이다.

가) 경제적 효율성

조세가 부과되면 납세자들의 경제적 의사결정행태가 달라지게 되고 그것은 궁극적으로 자원배분에 상당한 영향을 미친다. 이 같은 사실은 중세 영국에서 실시된 창문세(window tax)를 통해 잘 드러난다. 즉 1696년에 제정된 창문세는 납세자가 거주하는 주택의 창문수에 따라 부과되는 세금인데, 그와 같은 조세가 도입됨에 따라 사람들이 창문수를 될 수 있는 한 줄이려는 행태를 보였다고 한다(이준구, 1999: 340-341). 이것은 결국 창문소재인 유리에 대한 수요의 감소를 가져오므로 유리 생산자는 유리의 생산을 줄이려는 행태를 보이려 할 것이다. 이와 같이 조세부과로 인하여 민간부분의 경제행위가 영향받는 것을 교란(distortion)이라고 한다. 이와 같은 의사결정의 교란은 유리의 생산을 감소시킴으로써 자원배분에 영향을 주고 결국 사중손실을 초래하게 될 수 있다. 효율적 조세란 바로 이와 같은 교란이 없거나 적은 조세이다.

조세의 중립성(neutrality)이란 특정 조세부과로 인하여 위와 같은 교란이 발생하지 않는 것을 의미하고, 그러한 특성을 지니는 조세는 중립세(lump-sum tax)로 불린다. 현실적으로는 어떠한 조세도 현재의 경제활동에 다소간의 영향을 미치기 때문에 완벽한 조세의 중립성은 거의 불가능하다. 인두세(poll tax)가 중립세에 가깝기는 하지만, 장기적으로는 인두세도 자녀 수의 선택에 영향을 주기 때문에 완벽한 중립세라고 할 수는 없다.

조세의 중립성은 초과부담(excess burden)이라는 개념을 통해서 설명된다. 어떤 조세부과로 인한 조세의 실제 부담은 조세징수액(납부액)뿐만 아니라 초과부담까지 포함하게 된다. 즉 초과부담이란 조세 부과로 인한 조세의 실제 부담에서 조세징수액을 뺀 것을 뜻하며, 이것은 사중적 손실(死重的損失)(deadweight loss) 혹은 후생비용(welfare cost)이라고도 불린다. 조세의 부과가 경제주체의 의사결정을 교란시켜서 자원배분에 영향을 미치고 결국 사중적 손실을 초래하게 된다면, 이 사중적 손실이 바로 초과부담이다. 따라서 경제적으로 효율적인 조세란 이와 같은 초과부담이 없거나 최소화되는 조세인 것이다. 중립세는 경제주체의 의사결정에 대한 교란이 없고 따라서 초과부담을 발생시키지 않으므로, 경제적으로 매우 효율적인 조세라고 볼 수 있다.

나) 행정적 효율성

효율적 조세 개념에는 경제적 효율성 못지않게 조세행정상의 효율성도 중요하다. 조세행정이란 각종 조세 관련 법령에 제시된 내용에 의거하여 납세고지서의 교부나 납세의무자의 신고에 따라 조세채권을 확정하고 그 세액을 징수하는 제반 과정을 지칭한다. 조세행정상의 효율성이란 최소 징세비용으로 목표액을 징수하는 것이다. 이러한 징세비용에는 세정기관의 행정비용(administration costs) 뿐만 아니라 납세자의 순응비용(compliance costs)까지 포함되는 것으로 보는 견해도 있다(원윤희, 1998: 168).

세정기관의 행정비용은 세무담당 공무원의 인건비는 물론이고 컴퓨터 등과 같은 장비구입에 소요되는 경비도 포함되며, 납세자의 순응비용은 납세자가 세법에 따라 세금을 과세당국에 납부하는 과정에서 발생하는 일체의 비용을 지칭한다. 순응비용은 좀 넓게 볼 경우 세법의 이해와 세부담의 최소화를 위해 노력하는 과정에서 소요되는 비용이며, 구체적으로는 세금신고서를 작성하고 그것을 납부하기 위하여 과세관청이나 은행을 방문하는 데 소요되는 비용까지도 포함된다.

이와 같은 행정비용에는 세무행정상의 부조리도 포함된다. 국세행정의 경우 1966년에 세정전문조직으로서 국세청이 설립되어 세정의 전문성 제고와 전산화 작업이 지속적으로 이루어져 왔다. 여기에 비해 지방세행정의 경우는 일반 행정기관인 각 지방정부가 담당하고 있기 때문에 전문성과 인력면에서 상대적으로 열악하며 이것이 세무비리사건을 유발시키는 한 원인으로 지적되기도 한다.[2] 세무행정상의 비리는 조세의 징수과정에서 징수한 세금을 횡령하는 것과 조세채무의 확정단계에서 과세요건의 충족사실을 눈감아 주면서 납세자와 유착하는 것과 같은 두 가지 유형으로 대별된다.

(2) 조세의 형평성(equity)

조세의 형평성이란 조세부담이 모든 납세자들에게 공평해야 한다는 것이다. 많은 사람들이 총론적으로는 조세부담의 형평성에 이견을 보이지 않지만 막상 그러한 형평성의 구체적 내용이 무엇인가에 관해서는 견해를 달리한다.

형평성의 기준으로서는 결과의 균등으로서의 형평성과 기회의 균등으로서의 형평성, 마르크스(Marx)적 형평성, 롤즈(Rawls)의 정의론에 입각한 형평성, 신

---

2) 1994년 9월에 발생한 인천광역시 북구청사건을 비롯하여 지방세징수와 관련된 일련의 비리사건은 비효율적인 지방세행정 때문에 발생하는 것이다.

약에 따른 형평성, 구약에 따른 형평성, 수직적 형평성과 수평적 형평성 등을 열
거할 수 있지만(전상경, 2005: 189), 조세의 형평성에 대한 기준으로는 수직적 형평
성과 수평적 형평성이 많이 사용된다.

조세부담의 수직적 형평성(vertical equity)이란 서로 다른 경제적 상황에 처해
있는 사람들은 조세부과시 서로 다르게 취급되는 것이 바람직스럽다는 것이다.
이것을 조세부담의 응익원칙과 관련해서 보면, 국가나 지방자치단체가 제공하
는 공공서비스로부터 얻는 편익이 큰 사람들에게 높은 세금을 부과하고, 반대로
그 편익이 작은 사람들에게는 낮은 세금을 부과하는 것이 바람직스럽다. 또한
조세부담의 응능원칙과 관련해서는, 지불능력(소득이나 소비 수준)이 큰 납세자들
에게는 높은 세금을 부과하고, 반대로 지불능력이 낮은 납세자들에게는 낮은 세
금을 부과하는 것이 바람직하다.

한편 조세부담의 수평적 형평성(horizontal equity)은 조세부과시 동일한 경제
적 상황에 있는 사람은 동일하게 취급되는 것이 바람직하다는 것이다. 이것을
조세부담의 응익원칙의 관점에서 보면, 국가나 지방자치단체가 제공하는 공공
서비스로부터 얻는 편익이 같은 납세자들에게는 같은 크기의 조세를 부과하는
것이 바람직하다. 또한 이것을 조세부담의 응능원칙과 관련하여 고찰해보면, 지
불능력이 같은 사람들에게는 같은 크기의 조세를 부과해야 한다는 것이다.

2) 지방세의 원칙

지금까지 우리는 국세와 지방세를 막론하고 조세가 지녀야하는 일반적 원
칙을 효율성과 형평성이라는 두 개의 큰 테두리 하에서 설명하였다. 여기서는
그와 같은 두 원칙은 물론이고 특히 중앙정부재정에 대한 지방정부의 특성을 고
려해 볼 때 지방세가 지녀야 할 사항들을 고찰해 보기로 한다. 일반적으로 지방
세의 원칙으로 응익성의 원칙, 보편성의 원칙, 부담분임의 원칙, 안정성의 원칙,
신장성의 원칙 등이 지적되고 있다.

(1) 응익성의 원칙

지방정부는 순수공공재와는 그 기본적 성격이 다른 지방공공재를 공급한다. 응익성의 원칙 혹은 편익성의 원칙이란 지방공공재의 효율적 공급을 위해서 지방정부 주민들은 지방정부가 공급하는 지방공공재로부터 얻은 편익에 부응하는 조세를 부담해야 한다는 것이다. 지방공공재의 경우는 그 편익이 미치는 범위가 명백하기 때문에 조세부담과의 관계설정이 비교적 용이하여 이러한 원칙이 요구된다. 이와 같이 공공서비스에 대한 편익과 비용이 완전히 일치하게 되는 특수한 경우는 본서의 제3장에서 설명한 바 있는 티보(Tiebout)의 '발에 의한 투표'(voting with the feet)가 그 기능을 발휘하여 균형을 이룰 때 일어날 수 있다. 티보모형에서처럼 선호가 다른 주민들이 각자 지방공공서비스의 편익과 그것의 공급비용을 고려하여 원하는 지역을 선택하게 되면, 최종 균형에서는 동일한 선호를 가진 사람들이 한 지역으로 함께 모이게 되어 각 지방정부는 선호가 동일한 주민들로 구성될 수 있다. 만일 지방정부가 이와 같은 방식으로 구성될 수 있다면, 응익원칙은 아래에 설명할 부담분임의 원칙으로 귀결된다.

(2) 보편성의 원칙

보편성의 원칙이란 세원이 각 지역에 보편적으로 분포되어 있어야 한다는 것이다. 즉 이 원칙이 의미하는 바는 모든 지방정부가 자주적으로 일상적인 재정활동을 수행할 수 있으려면 세수가 특정지역에 편중되어서는 곤란하다는 것이다. 그렇기 때문에 보편성의 원칙은 중앙정부가 지방세의 세목을 결정해야 할 경우 매우 중요한 고려 요소가 된다. 보편성이 결여되어 있는 조세가 지방세로 도입된다면, 그러한 지방세 때문에 재정적 손실을 입는 지방자치단체가 발생할 수 있고 그것은 궁극적으로 지방정부간의 재정력격차를 야기시킨다.

1997년 4월 5일자의 일본 아사히신문 보도에 의하면 일본의 어떤 지방정부들이 재정분권화가 가져다주는 재원조달 권한을 기피하는 것으로 나타났다. 왜냐하면 그러한 지방정부들은 좋지 않은 지역경제사정으로 인하여 지금까지 줄곧 중앙정부의 지원에 의존해왔는데, 만약 분권화된 재정제도가 도입되면 열악한 세원(tax base) 때문에 자체적으로 조달할 수 있는 수입이 크게 감소할 것을 우려하였기 때문이라고 한다(Furukawa, 1998: 22-23). 이것은 왜 지방세의 경우 보편성의 원칙이 필요한가를 말해 주는 좋은 사례이다.

(3) 부담분임의 원칙

이것은 응익성원칙의 특수한 경우로서 공공서비스의 공동소비 혹은 등량소비(等量消費)와 주민자치의 근본을 고려해 본다면 아무리 작은 금액이라도 가능한 많은 주민들이 부담을 서로 나누어야 한다는 것이다. 부담분임의 원칙을 가장 충실하게 만족시키는 대표적 조세가 인두세(poll tax)이다. 우리나라의 경우 주민세 균등분이 여기에 해당된다고 할 수 있다. 인두세가 조세부담의 효율성 측면에서 이상적이기는 하지만, 현실적으로 그것의 도입이 그렇게 간단하지 않음을 다음의 사례로부터 알 수 있다. 즉 영국은 대처(Thatcher) 정권시절인 1990년 4월 그 당시까지의 재산세(rate)를 폐지하면서 인두세적 성격을 띠는 지역사회부담금(community charge)을 도입하였다. 지역사회부담금은 재산이나 소득수준에 관계없이 18세 이상의 모든 성인을 대상으로 적용되었기 때문에 고소득층에 비하여 저소득층에 불리하다는 조세부담상의 형평성문제를 야기시켰다. 이러한 논란은 결국 조세저항으로 연결되었고 그것이 대처 총리를 사임시키는 한 계기가 되기도 하였던 것이다.

(4) 안정성의 원칙

안정성의 원칙은 지방정부의 세입은 경기변동에 민감해서는 안된다는 것이다. 왜냐하면 지방정부의 주요 서비스는 주민의 생활과 직결되고 있는 것이 많기 때문에 지역주민들의 일상생활에 필요한 공공서비스를 경기변동과 관계없이 안정적으로 공급하려면 세입이 안정적으로 조달되어야 하기 때문이다. 중앙정부는 경기침체기에 여러 가지 재정금융정책을 동원하여 경제정책을 수립하고 적자국채 등을 발행할 수 있지만, 지방정부는 경기변동에 적극적으로 대응할 수 있는 정책적 수단이 없기 때문에 안정적인 세입확보가 매우 중요하다.

노무현 정부의 부동산보유세 강화정책 이전까지 우리나라 지방세의 상당부분은 부동산거래세로 되어있었기 때문에 지방정부의 세수는 부동산경기에 민감한 영향을 받았다. 즉 1997년 말의 IMF 구제금융으로 인한 부동산경기침체 때문에 부동산거래세적 성격이 강한 취득세·등록세[3]를 주요재원으로 하는 광역지방정부는 상당한 세수감소를 경험하였다.[4] 뿐만 아니라 부동산 보유세 강화를 정책목표로 삼은 노무현 정부는 부동산 실거래가에 입각한 과표설정 및 부동산양도세를 대폭 강화함으로써 거래세도 인상하는 결과를 초래하였다. 이러한 조치는 부동산경기를 극도로 위축시켜 취득세 등의 감소를 초래함으로써 지방자치단체의 재정압박으로 귀결되기도 하였다.

(5) 신장성의 원칙

신장성의 원칙이란 어떤 의미에서 안정성의 원칙과 대립되는 개념이다. 왜냐하면 안정성의 원칙이 경제여건의 변동(i.e., 경기침체)에 따른 급격한 세수감소를 예방하기 위한 것이라면, 신장성의 원칙이란 경제여건의 변동(i.e., 경기호황)에 따른 폭증하는 행정수요에 대응할 수 있는 세수확장의 가능성을 염두에 둔 것이기 때문이다. 만약 지방세가 소득경직적인 재산거래세 중심으로 되어 있을 뿐만 아니라 상당 부분이 정액세(定額稅)의 형태로 되어 있다면,[5] 폭증하는 재정수요에 부응하기 위한 세수확보를 위해서 빈번한 세법개정이나 과세표준의 조정이 요구된다. 특히 우리나라와 같이 세입을 고려하여 세출을 결정하는 소위 '양입제출'(量入制出)과 같은 재정관행하에서는 신장성의 원칙이 갖는 의미가 크다.

---

3) 2011년 1월부터 등록세가 폐지되면서 등록세의 취득관련분은 종전의 취득세로 흡수 통합되었고, 등록세의 취득무관분은 종전의 면허세와 통합되어 등록면허세로 되었다.

4) 특별시·광역시뿐만 아니라 그 산하의 자치구들도 부동산 경기침체 때문에 재정상의 어려움을 겪었다. 왜냐하면 등록세·취득세가 특별시·광역시의 자치구에 대한 재정지원금제도인 자치구재원조정교부금의 재원이었기 때문이다.

5) 2020년 8월 기준으로 채택되고 있는 지방세 중 정액세의 형태를 띠는 것은 등록면허세의 일부, 담배소비세, 주민세의 일부(균등분과 재산분), 자동차세의 일부, 지역자원시설세의 일부 등이다.

3) 지방세의 세원배분방식

중앙정부와 지방정부 사이에 자원을 합리적으로 배분하기 위해서는 무엇보다 국세와 지방세의 세원을 무엇으로 할 것이냐가 중요하다. 전술한 지방세의 원칙을 지침으로 하여 중앙정부와 지방정부 사이에 국세와 지방세의 세원배분이 합리적으로 되도록 하여야 한다. 중앙정부와 지방정부 사이에 세원을 배분하는 방식은 크게 세원분리방식(tax base separation system)과 세원공유방식(tax base sharing system)의 두 가지로 구분되고 후자는 다시 공동세방식(shared tax system), 부가세방식(surtax system), 양여세방식(transfer tax system)으로 구분될 수 있다.

세원분리방식은 중앙정부와 지방정부에 각각 독립적인 세목을 배정함으로써 권한과 책임을 명확하게 할 수 있어 지방정부 과세의 자주성이 보장되는 장점이 있지만, 세원이 부족할 경우 지방정부가 충분한 재원을 확보하기 곤란하다는 단점도 있다. 여기에 비해 세원공유방식은 중앙정부와 지방정부가 동일한 세목에 대해 과세하고 일정한 기준에 따라 그것을 나누어 갖기 때문에 신장성이 높은 세목을 지방세로도 활용할 수 있어 지방세확충에 도움이 되는 장점도 있다. 하지만 동일한 세원에 중앙정부와 지방정부가 모두 과세하기 때문에 세율이 높아져 후생손실(welfare loss)이 초래될 수도 있고 지방정부의 과세자주권도 상대적으로 감소되는 단점도 있다.[6]

세원공유방식 중에서 공동세방식은 하나의 세원으로부터 부과한 세수입을 중앙정부와 지방정부가 일정한 비율만큼씩 나누어 갖는 방식을 말하며, 독일에서 발달된 제도로 알려져 있고 지방재정 확충방안의 하나로서 우리나라에의 도입에 관해 꾸준한 논의가 이루어졌었다. 2010년에 도입되어 2015년 7월 기준으로 국세인 부가가치세 세액의 11%를 세액으로 하는 지방소비세, 그리고 2008년도부터 실시된 서울시와 자치구간에 재산세를 각각 50%씩 나누어 갖는 재산세

---

6) 이것은 국세에 부가하여 지방세를 징수하는 경우이고, 취득세·레저세 등에 부가되는 농어촌특별세나 종전의 국세인 교육세처럼 지방세에 부가되는 국세도 있다. 이 경우는 거꾸로 지방자치단체가 과세표준을 낮게 설정하면 국세의 징수액도 영향을 받게 된다.

공동과세는 일종의 공동세방식이라고 할 수 있다.[7]

부가세방식은 특정 세목의 납세자별 국세 부과액을 과세표준으로 하여 지방세를 부가적으로 부과하는 것으로써 지방세무행정이 비교적 간단하다는 장점이 있지만, 지방세가 중앙정부의 조세정책에 크게 영향 받을 가능성이 있다는 문제점도 있다. 2010년부터 2013년 사이에 사용되었던 우리나라 지방소득세 중 소득분의 부과방식이 여기에 해당된다. 즉 당시 지방소득세의 소득분은 소득세분과 법인세분으로 구성되었는데, 양자는 각각 국세인 소득세액과 법인세액을 과세표준으로 하여 10%를 세율로 하는 지방소득세(소득분)를 부가적으로 부과하였다.[8] 또한 2015년 7월 기준으로 우리나라의 자동차세(자동차 주행에 대한 것)도 부가세방식에 해당된다. 즉 자동차 주행에 대한 자동차세는 자동차 주행에 대해 부과한 국세인 교통·에너지·환경세액을 과세표준으로 하여 36%의 세율로 부가적으로 부과하고 있다.

양여세방식은 조세행정상의 편의 때문에 국가가 특정 세목을 관리하여 징수한 후 그 일부를 징세지주의 등의 원칙에 입각하여 지방정부에 양여하는 것이다. 현재 우리나라는 이러한 양여세방식이 없지만 일본의 지방양여세가 여기에 해당된다고 하겠다.[9] 2005년도부터 국세로 도입된 종합부동산세는 지방세의 세원(tax base)인 토지와 주택에 과세하지만[10] 그 전액을 일정한 기준에 따라 지방정부에 배분하기 때문에 세원공유방식이라고 하기에는 곤란하다.

---

7) 우리나라의 지방교부세는 "local shared tax"로 번역되는 경우가 많은데 공동세(shared tax)와는 근본적 성격이 다르다. 외국인들에게 우리나라의 제도에 관한 혼란을 줄이기 위해서 적절한 번역용어의 선정이 필요하다.

8) 지방소득세(소득분)는 2014년 1월부터 국세의 부가세에서 독립세로 전환되었다.

9) 주의해야 할 것은 1991년에 도입되었다가 2005년에 폐지된 지방양여금은 지방양여세와는 무관한 것이다. 지방양여금제도는 일본의 지방양여세제도를 참고하여 도입되었다. 비록 비슷한 이름을 갖고 있어도 목적이나 내용은 전혀 다른 것이다.

10) 종합부동산세의 도입에 반대한 사람들은 이것이 국세와 지방세의 조정 등에 관한 법률에서 언급하는 이중과세의 금지조항을 위반한다고 하여 헌법소원을 제청하기도 하였다.

3. 지방세 체제의 개관

1) 지방세 관계 법규 체계

우리나라의 헌법 제59조는 "조세의 종목과 세율은 법률로 정한다"라는 조세법률주의를 채택하고 있다. 그렇기 때문에 법률의 제정권한이 없는 지방정부는 지방세에 대한 재량권을 갖지 못하는 셈이다.[11] 이와 같은 헌법규정과 더불어 국세와 지방세의 조정 등에 관한 법률 제2조는 국세의 구체적 항목을 열거하고 있고 동법 제3조는 지방세의 구체적 항목을 열거하고 있다. 특히 동법 제4조는 "국가와 지방자치단체는 이 법에 규정한 것을 제외하고는 과세물건이 중복되는 어떠한 명목의 세법도 제정하여서는 아니 된다"라는 중복과세의 금지를 규정하고 있다.

한편 이와 같은 총괄적 법률과 더불어 지방세의 실질적 운영에 관한 구체적 내용은 지방세기본법 · 지방세법 · 지방세특례제한법에서 규정된다. 지방세기본법은 지방세에 관한 기본적 사항, 부과 · 징수에 필요한 사항, 위법 또는 부당한 처분에 대한 불복절차와 지방세 범칙행위에 대한 처벌에 관한 사항 등을 규정하고 있다. 지방세법은 지방세 각 세목별로 과세요건 및 부과 · 징수에 관한 사항 및 그 밖에 필요한 사항을 규정하고 있다. 그리고 지방세특례제한법은 지방세 감면 및 특례에 관한 사항과 이의 제한에 관한 사항을 규정하고 있다.

2) 지방세 체제의 변화

최근 몇 년 동안 지방세제 개편이 빈번하게 이루어졌고 그에 따라 지방세의 세목, 세율, 과세표준 등에서 상당한 변화가 있었다. 여기서는 지방세목의 변화를 중심으로 지방세 체제의 변화를 고찰하기로 한다.[12]

2000년에는 자동차세 세율의 인하에 따른 세수감소를 보전하기 위해 주행

---

11) 여기에 반해 우리와 매우 유사한 지방세제도를 갖고 있는 일본의 헌법 84는 "새로이 조세를 부과하거나 현행 조세를 변경하는 경우에는 법률 또는 법률이 정하는 조례에 의하는 것이 필요하다"라고 규정함으로써 법정외세의 도입에 대한 길을 열어두고 있다.

12) 지방세 제체의 구체적인 변화 내용에 관해서는 전상경(2011: 167-179)을 참고하기 바란다.

세가 도입되었고, 2001년부터는 종래의 농지세가 과세대상을 확대하여 농업소
득세로 전환되었으며, 1991년부터 국세로서 지방세에 부가되어 오던 교육세도
2001년부터 지방교육세로 전환되었고, 경주·마권세도 2001년 12월의 법개정에
따라 레저세로 명칭이 바뀌었다. 특히 2005년도에는 부동산 보유세 강화정책의
일환으로 종래 토지에 부과되던 종합토지세가 폐지되고 토지도 재산세 과세대
상으로 편입되었다. 2010년부터는 사업소세가 폐지되고 주민세도 재조정하였으
며 지방소득세가 신설되었다, 뿐만 아니라 오랫동안 논의되어 오던 부가가치세
를 세원으로 하는 지방소비세도 도입되었으며, 실효성이 떨어진 농업소득세는
폐지되었다.

특히 2010년 3월에는 지금까지의 지방세법을 지방세기본법·지방세법·지
방세특례제한법으로 나누어 체계화하는 지방세분법안이 제정됨으로써 2011년
부터는 종전의 16개 세목이 통폐합되어 11세목으로 간소화되었다. 즉 취득세와
등록세(취득관련분)가 통합되었고, 재산세에 부가되던 도시계획세가 폐지되었으
며, 면허세와 등록세(취득무관분), 공동시설세와 지역개발세, 자동차세와 주행세
등이 각각 통합되었고, 도축세가 폐지되었다.

3) 현행 지방세 체제

2020년 8월 기준으로 우리나라의 지방세는 총 11개 세목이며, 지방정부의
법적 지위에 따라 지방세의 종류도 다르다. [표 5-1]은 2020년 8월 기준으로 법
적 지위가 다른 각 지방정부별 보통세와 목적세를 정리한 것이다.

| 표 5-1 | 지방정부 유형별 현행 지방세 |

		보통세	목적세
세종특별자치시 제주특별자치도[1]		취득세, 등록면허세, 레저세, 담배소비세, 지방소비세, 주민세, 지방소득세, 재산세, 자동차세	지역자원시설세, 지방교육세
광역 지방정부	특별시·광역시[2]	취득세, 레저세, 담배소비세, 지방소비세,[5] 주민세,[3] 지방소득세, 자동차세	지역자원시설세, 지방교육세
	도	취득세, 등록면허세, 레저세, 지방소비세[5]	지역자원시설세, 지방교육세
기초 지방정부	시·군	담배소비세, 주민세, 지방소득세, 재산세, 자동차세	–
	자치구	등록면허세, 재산세[4]	–

주: 1) 세종특별자치시와 제주특별자치도는 관할구역 내에 기초지방정부가 없으므로 11개 세목 모두를 포함한다(지방세 기본법 제8조 제5항).
2) 광역시의 군 지역에서는 통상적 도세가 광역시세로 되며 통상적인 시·군세가 군세로 된다(지방세기본법 제8조 제 1항).
3) 지방세기본법 제8조는 주민세를 특별시·광역시세로 규정하고 있지만 동법 제11조의 주민세의 특례는 광역시의 된다.
4) 특별시 관할 구역에 있는 자치구의 경우 재산세는 특별시세 및 구세인 재산세로 50%씩 양분되는 공동세 방식이 며, 이렇게 조성된 특별시분 재산세 전액은 관할구역 내 자치구의 재정능력을 고려하여 자치구에 교부되어야 하 며, 이렇게 특별시로부터 교부된 재산세는 해당 자치구의 재산세 세입으로 본다. 이때 자치구·특별시 공동재산세 에서 지방세법 제9장에 따른 선박 및 항공기에 대한 재산세는 제외되어 자치구세가 되며, 특별시세로 규정된 지방 세법 제112조 제1항 제2호 및 같은 조 제2항에 따라 산출된 재산세(재산세 도시지역분)도 공동재산세에서 제외되 어 특별시세가 된다(지방세기본법 제9조 및 제10조).
5) 지방세기본법 제8조에서 지방소비세를 시·도세로 규정하고 있지만, 지방세법 제71조 제3항 제3호 가목 및 나목 에 따라 '국가에서 지방으로 전환되는 국가균형발전특별회계 사업 등의 비용 보전 등을 위하여' 시·군·구에 납입 된 금액은 시·군·구세로 한다(지방세기본법 제11조의 2).

4. 세목별 지방세 개요

1) 취득세

취득세는 재산권의 이전과정에서 재산의 취득사실을 포착하여 취득자에게 부과하는 조세이다. 취득세는 역사가 가장 긴 지방세의 하나이다. 일제강점기 때부터 있었던 부동산취득세가 해방 후에도 도세(道稅)의 한 세목으로 계승되었으며 지방세법의 개정에 의하여 1952년 9월 26일부터 명칭이 취득세로 개편되어 오늘에 이르고 있다(내무부, 1993: 678-682).

2020년 8월 기준으로 취득세는 부동산,[13] 차량, 기계장비, 항공기, 선박, 입목, 광업권, 어업권, 양식업권, 골프회원권, 승마회원권, 콘도미니엄회원권, 종합체육시설이용회원권 또는 요트회원권[14]의 취득에 대하여 당해 취득물건 소재지의 시·도에서 부과한다.

2020년 8월 기준으로 취득세의 과세표준은 취득당시의 가액으로 하지만 연부(年賦)로 취득하는 경우에는 연부금액으로 한다. 취득당시의 가액은 취득자가 신고한 가액이지만, 만약 신고 또는 신고가액의 표시가 없거나 그 신고가액이 지방세법 제4조의 시가표준액 보다 적을 때에는 그 시가표준액이 과세표준이 된다.

취득세의 표준세율은 과세대상에 따라 과세표준의 1~7%이며, 경우에 따라서는 지방자치단체의 조례에 의거하여 표준세율의 50%의 범위에서 가감할 수 있는 탄력세율도 적용가능하다.

특히 별장, 골프장, 고급주택, 고급오락장, 고급선박 등의 취득에 대해서는 중과세가 적용된다. 뿐만 아니라 수도권정비계획법 제6조의 규정에 의한 과밀억제권역 안에서 대통령령이 정하는 본점 또는 주 사무소의 사업용으로 신축·증축하는 부동산을 취득할 경우와 동법, 동조의 규정에 의한 과밀억제권역 안에서 공장을 신설 또는 증설하기 위하여 사업용 과세물건을 취득할 경우에는 중과세된다. 또한 대도시에서 법인을 설립하거나 지점 또는 분사무소를 설치하는 경우 및 법인의 본점·주사무소·지점 또는 분사무소를 대도시로 전입함에 따라 대도시의 부동산을 취득하는 경우, 그리고 대도시에서 공장을 신설하거나 증설함에 따라 부동산을 취득하는 경우에도 중과세된다.

한편 문재인 정부는 다주택 보유자에 대한 세부담을 늘리는 데 초점을 두

---

13) 2020년 8월 기준의 지방세법 제6조 제2호는 취득세에서 사용하는 부동산이란 토지 및 건축물을 지칭하는 것으로 규정한다.
14) 2020년 8월 기준의 지방세법 제7조는 이들을 통틀어 "부동산 등"이라고 지칭한다.

고 2020년 8월 지방세법 개정을 통해 중과세 범위를 확대하였다. 즉 주택을 유상거래를 통해 취득할 때 법인이 주택을 취득하는 경우, 1세대 2주택에 해당하는 주택으로서 주택법 제63조의 2에 따른 조정대상지역에 있는 주택을 취득하는 경우 또는 1세대 3주택에 해당하는 주택으로서 조정대상지역 외의 지역에 있는 주택을 취득하는 경우, 1세대 3주택 이상에 해당하는 주택으로서 조정대상지역에 있는 주택을 취득하는 경우 또는 1세대 4주택 이상에 해당하는 주택으로서 조정대상지역 외의 지역에 있는 주택을 취득하는 경우에 중과세율이 적용된다. 또한 조정대상지역에 있는 주택으로서 대통령령으로 정하는 일정가액 이상의 주택을 무상취득을 원인으로 취득하는 경우에도 중과세된다.

2) 등록면허세

등록면허세는 2011년 1월부터 신설된 지방세로서 종전의 등록세(취득무관분)와 면허세가 통합된 것이며, 등록에 대한 등록면허세와 면허에 대한 등록면허세로 구성된다. 등록에 대한 등록면허세는 등록을 하는 자에게 부과되며, 면허에 대한 등록면허세는 면허를 받는 자에게 부과된다. 지방세법 제23조에서 규정하는 등록은 재산권과 그 밖의 권리의 설정·변경 또는 소멸에 관한 사항을 공부에 등기하거나 등록하는 것을 뜻하며,[15] 면허란 각종 법령에 규정된 면허·허가·인가·등록·지정·검사·검열·심사 등 특정한 영업설비 또는 행위에 대한 권리의 설정, 금지의 해제 또는 신고의 수리(受理) 등 행정청의 행위를 뜻한다.

2020년 8월 기준 등록에 대한 등록면허세의 과세표준은 부동산, 선박, 항공기, 자동차 및 건설기계의 경우 등록 당시의 가액으로 하고,[16] 그 표준세율은

---

15) 하지만 지방세법 제2장(취득세)에 따른 취득을 원인으로 이루어지는 등기 또는 등록은 제외하되, 광업권·어업권 및 양식업권의 취득에 따른 등록과 외국인 소유의 취득세 과세대상 물건(차량, 기계장비, 항공기 및 선박만 해당)의 연부취득에 따른 등기 또는 등록, 취득세 부과 제척기간이 경과한 물건의 등기 또는 등록, 취득가액이 50만 원 이하인 물건의 등기 또는 등록 등은 포함한다(지방세법 제23조).

16) 이 경우 과세표준은 조례가 정하는 바에 의하여 등록자의 신고에 의한다. 다만 신고가 없거나 신고가액이 지방세법 제4조의 시가표준액보다 적은 경우에는 시가표준액을 과세표준으로 한다.

등록대상에 따라 다양하며 경우에 따라 정액세율체제를 띠는 것도 있다. 특히 등록에 관한 등록면허세 중에서 부동산의 등기에 대해서는 조례로 정하는 바에 따라 표준세율의 50% 범위에서 가감할 수 있는 탄력세율이 적용될 수 있고, 지방세법 제28조 제2항의 규정에 해당되는 대도시 지역 내 법인 설립에 따른 등기와 대도시 밖에 있는 법인을 대도시로 전입함에 따른 등기의 경우 등록에 관한 등록면허세의 중과가 가능하다. 한편 면허에 대한 등록면허세는 면허의 종별과 시·군에 따라[17] 일정한 세액이 결정되는 정액세율체제를 띤다.

3) 레저세

레저세는 경륜장이나 경마장 등의 사업장 또는 장외발매소에서 발매하는 승자투표권·승마투표권 등에 부과하는 조세이다. 레저세는 마권세와 경주·마권세라는 이름을 거쳐 2001년 12월의 지방세법 개정에 따라 오늘날과 같은 이름으로 불리게 되었다.

2020년 8월 기준 레저세의 과세대상은 경륜·경정법에 따른 경륜 및 경정, 한국마사회법에 따른 경마, 그 밖의 법률에 따라 승자투표권·승마투표권 등을 팔고 투표적중자에게 환급금 등을 지급하는 행위로서 대통령령으로 정하는 것이다. 과세표준은 승자투표권·승마투표권 등의 발매금 총액이고, 그 세율은 10%이다. 레저세의 납세의무자는 전술한 과세대상에 해당하는 사업을 하는 자이지만 실질적 세부담은 투표권을 구매하는 자들이다.

4) 담배소비세

담배소비세는 담배의 소비에 대해 부과하는 일종의 소비세다. 담배소비세는 지방자치 실시를 앞두고 지방재원의 확충을 위하여 특별시·광역시를 포함한

---

17) 면허는 제1종에서 제5종까지 다섯 가지 유형으로 구분되며, 시·군은 인구 50만 이상 시, 그 밖의 시, 군의 세 가지로 구분한다. 이 경우 특별자치시 및 도농복합형태의 시에서는 동(洞)지역(시에 적용되는 세율이 적합하지 아니하다고 조례로 정하는 동지역은 제외)은 시로 보고, 읍·면지역(시에 적용되는 세율이 적합하지 아니하다고 조례로 정하는 동지역을 포함)은 군으로 보며, 인구 50만 이상 시란 동지역의 인구가 50만 이상인 경우를 말한다. 또한 특별시·광역시는 인구 50만 이상의 시로 보되, 광역시의 군지역은 군으로 간주된다.

시·군의 독립세로서 1989년에 도입되었다. 지방정부의 매우 주요한 재원 중의 하나인 담배소비세는 1985년부터 도입된 담배판매세가 확대·개편된 것이다.

담배소비세의 납세의무자는 제조자, 수입판매업자, 외국으로부터 반입한 자가 된다. 다만, 입국자 또는 수입판매업자가 아닌 사람이 외국으로부터 우편으로 반입하는 담배에 대해서는 그 수취인이 담배소비세를 납부할 의무가 있다. 한편, 면세담배를 반출한 후 정해진 면세에 해당하는 용도에 사용하지 않고 매도, 판매, 소비, 그 밖의 처분을 한 경우에는 그 처분을 한 자가 담배소비세를 납부할 의무가 있다.

2020년 8월 기준으로 담배소비세의 과세표준은 담배의 개비 수, 중량 또는 니코틴 용액의 용량이다. 지방세법 제52조는 담배의 유형에 따른 담배소비세의 표준세율을 정액세 형태로 규정하고 있으며,[18] 대통령령으로 이 표준세율의 30%의 범위에서 가감할 수 있다.[19]

5) 지방소비세

지방소비세는 지역경제 활성화 및 지방재정자립도를 높이기 위하여 국세인 부가가치세의 일부를 지방소비세로 전환한 것이다. 지방소비세는 국세인 부가가치세 세입 총액의 일정률(2020년 기준 21%)을 지방정부로 이양하는 방식이다. 지방소비세는 시·도별 민간최종소비지출이 배분지표로 사용됨에 따라 야기되는 세수의 수도권 집중을 완화하고자 시·도별 민간최종소비지출 비중에 권역별 가중치(수도권 100%, 비수도권 광역시 200%, 비수도권 도 300%)를 적용하여 배분된다. 지방소비세액의 시도별 안분액은 식 (5-1)에 따라 산출한 금액으로 한다.

---

18) 예를 들면, 2020년 8월 기준으로 궐련은 20개비당 1,007원, 파이프담배는 1그램당 36원, 전자담배는 니코틴 용액 1밀리리터당 628원 등으로 규정하고 있다.

19) 이것은 1988년 12월 26일의 법 개정에 의해 도입된 일종의 탄력세율제도라고 할 수 있지만 대통령령으로 조정하는 것이기 때문에, 지방자치단체의 조례에 의거하여 표준세율에 가감하는 탄력세율제도와는 그 근본취지가 다르다고 하겠다.

해당시도배분액 = 지방소비세총액 ×

$$\dfrac{\text{해당시도소비지수} \times \text{해당시도의 가중치}}{\text{각 시도별 소비지수와 가중치를 곱한 값의 전국합계약}} \cdots (5-1)$$

지방소비세는 도입 당시 2010년, 부가가치세 총액의 5%를 과세표준으로 시작하였으나 취득세 세수감소 등을 보전하는 차원에서 2014년 11%로 인상하였다. 이때 인상된 6% 포인트는 2013년 정부가 시행한 취득세율 인하조치로 지방세수의 결손이 발생함에 따라 이를 보전하기 위해 과세표준을 상향한 것이다. 이후 문재인 정부의 재정분권추진의 일환으로 2019년 15%, 2020년 21%로 인상하였다.

6) 주민세

주민세는 조세를 통하여 지방행정에 대한 주민의 참여의식을 고취시키고 또한 날로 팽창해 가는 지방재정수요에 부응할 목적으로 보편성 있는 세목의 신설이라는 요청에 부응하여 1973년 4월에 도입되었다(김형식, 1997: 248).[20] 주민세는 2010년 이전에는 균등할과 소득할로 구성되어 있다가 2010년 지방소득세가 신설되면서 주민세 소득할은 지방소득세로 편입되고 주민세는 폐지되는 사업소세의 재산할을 흡수하여 균등분(균등할)과 재산분(재산할)으로 구성되었다. 이후 2014년에 주민세는 지방소득세의 종업원분을 흡수하여 균등분, 재산분, 종업원분으로 구성되어 현재에 이르고 있다.

균등분은 개인 또는 법인에 대해서 균등하게 일정액으로 부과된다. 즉 지방자치단체의 관할 구역 내에 주소를 둔 개인에 대해서는 지방자치단체의 장이 1만 원을 초과하지 않는 범위에서 조례로 정하는 세액을 부과한다. 지방자치단체에 사업소를 둔 개인에 대해서는 5만 원을 부과한다. 또한 지방자치단체에 사

---

20) 이와 같은 주민세의 기원은 호별세(戶別稅)에서 찾을 수 있다. 즉 일제시대부터 존재하였던 호별세와 호별세부가세가 해방 후에도 도세로서의 호별세와 시·군세로서의 호별세부가세로서 계속 존재하였다. 그러다가 5·16 후인 1961년 12월의 지방세법 개정에 의하여 호별세가 폐지되었다.

업소를 둔 법인에 대해서는 자본금액 또는 출자금액의 규모와 사업소의 종업원 수를 기준으로 분류한 법인의 종류 따라 정해진 세액을 부과한다. 균등분의 세율에 대해 지방자치단체의 장은 조례로 정하는 바에 따라 지방자치단체에 사업소를 둔 개인과 법인의 표준세율을 50%의 범위에서 가감할 수 있다.

재산분은 사업주에 대해서 사업소의 연면적을 과세표준으로 하여 부과된다. 재산분의 표준세율은 사업소 연면적(과세표준) 1제곱미터당 250원이며, 지방자치단체의 장은 조례로 정하는 바에 따라 재산분의 세율을 표준세율 이하로 정할 수 있다.

종업원분은 종업원에게 급여를 지급하는 사업주를 납세의무자로 하며, 종업원에게 지급한 그 달의 급여총액을 과세표준으로 하여 부과된다. 종업원분의 표준세율은 종업원 급여총액의 0.5%이다. 지방자치단체의 장은 조례로 정하는 바에 따라 종업원분의 세율을 전술한 표준세율의 50%의 범위에서 가감할 수 있다.

주민세에 관해 한 가지 주목할 점은 지방세기본법 제8조가 주민세를 특별시세·광역시세 및 시·군세로서 구분하지만, 이러한 규정에도 불구하고 동법 제11조의 '주민세의 특례' 규정은 광역시의 경우 주민세의 재산분 및 종업원분을 자치구세로 규정한다는 것이다.

7) 지방소득세

지방소득세는 2010년 1월 특별·광역시세 및 시·군세로 신설되었다. 지방소득세는 신설될 당시에 기존의 주민세 소득할과 폐지되는 사업소세 종업원할을 합쳐 소득분(소득세분, 법인세분)과 종업원분으로 구성되었다. 그러나 지방세법 등 관련 법 개정으로 2014년 1월부터 지방소득세 중 국세인 소득세와 법인세의 부가세로 부과되던 소득분을 가지고 지방소득세가 독립세로 전환되었고, 그 과정에서 소득에 대한 과세와는 성격이 다른 종업원분은 주민세로 이전되었다. 결국 2020년 8월 기준 지방소득세는 개인지방소득세와 법인지방소득세로 구성되어 있다.

지방소득세가 독립세로 전환되면서 지방소득세의 과세표준은 소득세법 및 법인세법에 따라 계산된 국세(소득세, 법인세)의 과세표준을 그대로 사용한다. 지방소득세의 표준세율은 소득의 종류에 따라 지방세법에서 자체적으로 누진세율의 형태로 규정하고 있다. 또한 지방자치단체의 장은 조례로 정하는 바에 따라 거주자의 종합소득에 대한 개인지방소득세, 거주자의 양도소득에 대한 개인지방소득세, 그리고 내국법인의 각 사업연도의 소득에 대한 법인지방소득세의 세율을 표준세율의 50% 범위에서 가감할 수 있는 탄력세율제도를 시행하고 있다.

8) 재산세

재산세는 재산에 대해 부과되는 재산보유세이다. 재산세는 여러 가지 과정을 거쳐서 오늘날의 형태로 되었다. 즉 일제시대에는 국세로서 지세(地稅)가 있었으며 지방세로서는 지세부가세(地稅附加稅)와 가옥세(家屋稅)가 있었다. 정부수립 후에도 동일한 체제를 유지하였지만 1951년에는 지세부가세가 폐지되었으며, 5·16 후인 1961년 12월에 재산세가 등장하였다(내무부, 1993: 678-685). 재산세가 도입된 후 현재에 이르기까지 상당한 변화가 있었지만 변화의 핵심은 '재산'의 정의였다. 2020년 8월 기준으로 재산세의 과세대상으로서의 '재산'에는 토지21)·건축물·주택22)·항공기·선박이 포함된다(지방세법 제105조).

2020년 8월 기준으로 재산세의 과세표준은 토지·주택 및 건축물의 경우 지방세법 제4조의 규정23)에 의한 시가표준액에 부동산 시장의 동향과 지방재정

---

21) 2005년 1월의 지방세법 개정 전까지 토지에 대한 지방세는 종합토지세의 형태로 운영되었다. 그러나 2005년 1월 지방세법 개정에 의해 종합토지세가 폐지됨에 따라 토지에 대한 지방세는 재산세의 형태로 운영된다.

22) 2005년 1월의 지방세법 개정 전까지 주택에 대한 보유세는 토지와 건물을 분리하여 각각 종합토지세(토지분)와 재산세(건물분)로 부과되었다. 그러나 2005년 1월 지방세법 개정에 의해 토지와 건물을 합산하여 주택의 항목으로 재산세가 부과되고 있다.

23) 지방세법 제4조 제1항은 "이 법에서 적용하는 토지 및 주택에 대한 시가표준액은 부동산 가격공시에 관한 법률에 따라 공시된 가액(價額)으로 한다. 다만, 개별공시지가 또는 개별주택가격이 공시되지 아니한 경우에는 특별자치시장·특별자치도지사·시장·군수 또는 구청장(자치구)이 같은 법에 따라 국토교통부장관이 제공한 토지가격비준표 또는 주택가격비준표를 사용하여 산정한 가액으로 하고, 공동주택가격이 공시되지 아니한 경우에는 대통령령으로 정하는 기준에 따라 특별자치시장·특별자치도지사·시장·군수 또는 구청장이 산정한 가

여건 등을 고려하여 ① 토지 및 건축물의 경우 시가표준액의 50~90%, ② 주택의 경우 시가표준액의 40~80%까지의 범위 내에서 대통령령으로 정하는 공정시장가액비율[24]을 곱하여 산정한 금액으로 한다(지방세법 제110조 제1항). 한편 선박 및 항공기의 경우는 지방세법 제4조 제2항에 따른 시가표준액으로 한다(지방세법 제110조 제2항).

재산세의 세율은 과세대상에 따라 표준세율의 범위도 다르며, 지방자치단체는 필요한 경우 조례에 의하여 표준세율의 50%의 범위에서 가감조정할 수 있는 탄력세율제도를 적용할 수 있다. 그러나 수도권정비계획법 제6조에 따른 과밀억제권역 안에서 행정안전부령으로 정하는 공장 신설·증설에 해당하는 경우, 그 건축물에 대한 재산세의 세율은 최초의 과세기준일로부터 5년간 표준세율의 5배의 세율로 중과세하도록 규정하고 있다.

지방세기본법 제8조는 재산세를 자치구세로 규정하고 있지만 2008년부터 서울특별시 자치구의 경우는 재산세액을 특별시와 50%씩 공유한다. 다만 이렇게 조성된 특별시분 재산세는 특별시가 자치구의 세수사정 등을 고려하여 그 전액을 자치구에 배분하므로 실질적으로는 자치구세입으로 귀결된다. 하지만 자치구는 특별시분 재산세만큼 재산세 관리에 관한 권한이 축소되었다.

9) 자동차세

자동차세는 2011년 1월부터 이전의 자동차 보유에 대한 자동차세와 자동차

액으로 한다"로 되어 있고, 제2항은 "제1항 외의 건축물(새로 건축하여 건축 당시 개별주택가격 또는 공동주택가격이 공시되지 아니한 주택으로서 토지부분을 제외한 건축물을 포함), 선박, 항공기 및 그 밖의 과세대상에 대한 시가표준액은 거래가격, 수입가격, 신축·건조·제조가격 등을 고려하여 정한 기준가격에 종류, 구조, 용도, 경과연수 등 과세대상별 특성을 고려하여 대통령령으로 정하는 기준에 따라 지방자치단체의 장이 결정한 가액으로 한다"라고 되어 있으며, 제3항은 "행정안전부장관은 제2항에 따른 시가표준액의 적정한 기준을 산정하기 위하여 조사·연구가 필요하다고 인정하는 경우에는 대통령령으로 정하는 관련 전문기관에 의뢰하여 이를 수행하게 할 수 있다"로 되어 있고, 제4항은 "제1항과 제2항에 따른 시가표준액의 결정은 지방세기본법 제147조에 따른 지방세심의위원회에서 심의 한다"라고 규정되어 있다.

24) 이것에 근거하여 2020년 8월 기준으로 사용되고 있는 구체적인 공정시장가액비율은 토지 및 건축물은 시가표준액의 70%이고 주택은 시가표준액의 60%이다(지방세법시행령 제109조).

운행에 관한 주행세를 하나로 통합하여 운영되고 있다. 따라서 2020년 8월 기준으로 자동차세는 ① 자동차 소유에 대한 자동차세와 ② 자동차 주행에 대한 자동차세로 구성되어 있다.

자동차 소유에 대한 자동차세의 경우 등록이나 신고된 자동차의 소유자를 납세의무자로 하며, 과세대상으로서 자동차는 ① '자동차관리법'의 규정에 의하여 등록·신고 된 차량과 ② '건설기계관리법'의 규정에 의하여 등록된 건설기계 중 차량과 유사한 것으로서 대통령령으로 정한 것이다. 2020년 8월 기준 자동차 소유에 대한 자동차세는 정액세율(定額稅率)체계로 되어 있으며, 차종의 용도(영업용 또는 비영업용)·배기량·화물적재정량·바퀴의 수·차령 등에 따라 세액이 다르게 책정된다. 지방자치단체의 장은 조례로 정하는 바에 따라 자동차 소유에 대한 자동차세의 세율을 배기량 등을 고려하여 표준세율의 50%까지 초과하여 정할 수 있는 탄력세율제도를 활용할 수 있다.

한편 자동차 주행에 대한 자동차세의 경우는, 비영업용 승용자동차에 대한 자동차세의 납세지를 관할하는 지방자치단체에서 휘발유·경유 및 이와 유사한 대체유류(과세물품)에 대한 국세인 교통·에너지·환경세의 납세의무가 있는 자에게 부과한다. 자동차 주행에 대한 자동차세의 세율은 전술한 과세물품에 대한 교통·에너지·환경세액의 36%로 부과하는 부가세 방식으로 운영된다. 이 표준세율은 교통·에너지·환경세율의 변동 등으로 인해 조정이 필요할 경우 그 세율의 30%의 범위에서 대통령령으로 정하는 바에 따라 가감하여 조정할 수 있다.[25]

10) 지역자원시설세

지역자원시설세는 종전의 지역개발세와 공동시설세를 통합조정하여 2011년 1월부터 시·도의 목적세로 신설된 지방세이다. 지역자원시설세는 지역의 부

---

25) 이것도 일종의 탄력세율제도라고 볼 수 있지만, 지방자치단체의 재량에 의한 것이 아니라는 점에서 담배소비세와 마찬가지로 통상적인 지방자치단체의 탄력세율제도와는 다른 목적에서 출발한 것이다.

존자원 보호·보전, 환경보호·개선, 안전·생활편의시설 설치 등 주민생활환경 개선사업 및 지역개발사업에 필요한 재원을 확보하고 소방사무에 소요되는 제 반비용의 충당을 목적으로 한다.[26]

지역자원시설세는 주민생활환경 개선사업 및 지역개발사업에 필요한 재원을 확보하기 위하여 부과하는 특정자원분 지역자원시설세 및 특정시설분 지역 자원시설세와 소방사무에 소요되는 제반비용에 충당하기 위해 부과하는 소방분 지역자원시설세로 구분된다. 이러한 구분에 따른 지역자원시설세의 과세대상은 ① 발전용수, 지하수, 지하자원으로서 대통령령으로 정하는 것(특정자원분 지역자 원시설세), ② 컨테이너를 취급하는 부두를 이용하는 컨테이너, 원자력발전, 화력 발전으로서 대통령령으로 정하는 것(특정시설분 지역자원시설세), ③ 소방시설로 인 하여 이익을 받는 자의 건축물 및 선박(소방분 지역자원시설세)이다.[27]

지역자원시설세의 과세표준과 표준세율은 지방세법에서 과세대상에 따라 다양한 형태로 정하고 있다. 표준세율은 과세대상에 따라 정액세 또는 정률세의 형태를 취하도록 규정하고 있다. 지역자원시설세는 다른 지방세와는 달리 의무 세가 아닌 임의세 형태를 취하며, 과세대상과 표준세율만 지방세법에서 규정하 고 구체적인 과세권의 행사는 각 지방정부의 조례에 위임된다.[28] 지방자치단체 의 장이 조례로 정하는 바에 따라 지역자원시설세의 세율을 표준세율의 50%의 범위에서 가감할 수 있는 탄력세율제도가 적용되고 있다. 다만, 원자력발전과 화력발전의 경우는 탄력세율을 적용할 수 없다.

---

26) 여기서 지역자원시설세의 목적, 과세대상, 납세의무자에 대한 부분은 지방세법 개정으로 2021년 1월 1일부터 시행되는 내용을 중심으로 하였다. 그 이전의 내용은 지방세법 제141조 (목적), 제142조(과세대상), 제143조(납세의무자)를 참조 바란다.

27) 지역자원시설세의 납세의무자는 과세대상에 따라 정해진다. 즉 ① 특정자원분 지역자원시설 세: 흐르는 물을 이용하여 직접 수력발전을 하는 자(발전용수), 지하수를 이용하기 위하여 채수하는 자(지하수), 지하자원을 채광 하는 자(지하자원), ② 특정시설분 지역자원시설세: 컨테이너를 취급하는 부두를 이용하여 컨테이너를 입항·출항시키는 자(컨테이너), 원자력을 이용하여 발전을 하는 자(원자력발전), 연료를 연소하여 발전을 하는 자(화력발전), ③ 소방 분 지역자원시설세: 건축물 또는 선박의 소유자 등이 납세의무자가 된다.

28) 지방세법 제147조 제6항에 의하면 지역자원시설세를 부과할 지역과 부과·징수에 필요한 사 항은 해당 지방자치단체의 조례로 정하는 바에 따른다.

11) 지방교육세

지방교육세는 지방정부가 지방교육재정의 부담주체가 되도록 교육세의 법령체제를 정비하면서, 1991년부터 지방세에 부가되어온 국세인 교육세를 2001년도부터 광역지방정부의 목적세로서 이양함으로써 신설된 지방세이다. 2020년 8월 기준으로 지방교육세는 ① 취득물건에 대한 취득세의 20%,[29] ② 등록에 대한 등록면허세의 20%, ③ 레저세의 40%, ④ 담배소비세의 43.99%,[30] ⑤ 주민세 균등분의 10%, ⑥ 재산세의 20%,[31] ⑦ 자동차세의 30%, 총 일곱 개 지방세에 부가세 형식으로 운영된다. 지방자치단체의 장은 지방교육투자재원의 조달을 위하여 필요한 경우에는 레저세를 제외한 다른 여섯 가지 지방세에 부가되는 지방교육세의 경우, 조례에 따라 표준세율의 50%의 범위에서 세율을 가감하여 조정할 수 있는 탄력세율제도를 활용할 수 있다.

5. 지방세 수입의 규모

2020년도 본예산 기준으로 지방세 수입의 규모는 [표 5-2]와 같다. 2020년 지방세 수입 예산의 총규모는 90조 9,501억 원이다. 그 중에서 보통세가 81조 8,614억 원(90.0%)이고 목적세가 8조 2,828억 원(9.1%)이다. 세목별 비중을 보면 취득세가 24.5%로 가장 높고 이어서 지방소비세 17.7%, 지방소득세 16.6%, 재산세 14.1%의 순으로 높다. 지방소비세의 비중은 2018년도에 8.8%였는데 2019년도에 9.2%로, 2020년도에 17.7%로 대폭 상승하였다. 이것은 문재인 정부가 지방분권시책의 일환으로 11%이던 지방소비세율을 2019년에 15%로, 2020년에 21%로 증가시킨 데 기인한다. 지방정부 유형별로 세목별 비중을 보면 광역지방정부는 특별·광역시, 특별자치시, 도, 특별자치도 모두 취득세가 가장 높으며,

---

29) 2011년 이전까지 취득세에 대해서는 지방교육세가 부가되지 않았다.

30) 지방교육세 중 담배소비세에 대해 부가되는 부분은 2021년 12월 31일까지 유효하다.

31) 지방세법 제112조 제1항 제2호 및 같은 조 제2항에 따른 재산세액은 제외된다.

| 표 5-2 | 2020년도 지방세 수입 규모 | | | | | | | | (단위: 억 원, %) |

구분		계	특별·광역시	특별자치시	도	특별자치도	시	군	자치구	비율
계		909,501 (923,648)	339,867 (354,013)	6,708	267,362	15,611	182,481	32,128	65,344	100
보통세	소계	818,614 (832,760)	299,916 (314,062)	6,136	222,957	14,107	178,989	31,690	64,820	90.0
	취득세	222,441	96,489	2,041	119,709	4,202	–	–	–	24.5
	등록면허세	17,115	291	86	9,216	322	–	–	7,200	1.9
	주민세	20,737	6,775	94	–	142	9,201	1,350	3,175	2.3
	재산세	128,690 (142,836)	15,844 (29,990)	896	–	1,756	51,380	6,640	52,175	14.1
	자동차세	76,185	30,695	458	–	1,221	36,619	7,192	–	8.4
	레저세	9,447	2,807	–	6,048	592	–	–	–	1.0
	담배소비세	32,644	12,907	160	–	544	15,754	3,279	–	3.6
	지방소비세	160,721	52,862	1,679	87,984	3,666	6,591	5,669	2,270	17.7
	지방소득세	150,634	81,246	722	–	1,663	59,444	7,559	–	16.6
목적세	소계	82,828	36,649	553	43,975	1,391	260			9.1
	지역자원시설세	16,992	7,208	122	9,228	174	260	–	–	1.9
	지방교육세	65,836	29,441	431	34,747	1,217	–	–	–	7.2
지난연도수입		8,060	3,302	19	431	113	3,232	439	524	0.9

주: 2020년도 본예산(당초예산) 순계기준이며 (   )는 총계기준임. 서울특별시와 그 자치구 간 공동재산세 중 서울특별시 재산세분(14,146억 원)은 전액 자치구로 교부되어 자치구 세입으로 되는데, 이 중복되는 부분이 서울특별시 재산세에서 공제된 것이 순계이며 서울특별시 재산세에 포함되어 중복계산된 것이 총계임.
자료: 행정안전부. (2020). 「2020년도 지방자치단체 통합재정 개요(상)」.

기초지방정부의 경우는 시와 군은 지방소득세, 자치구는 재산세가 가장 높다.

6. 지방세액의 결정메커니즘

지방세법은 지방세의 세목과 그 과세대상을 구체적으로 정의할 뿐만 아니라 지방세의 부과방법에 대해서도 자세하게 기술하고 있다. 여기서는 지방세액의 결정방법을 토지 및 주택 관련 재산세를 중심으로 살펴보기로 한다. 어떠한 지방세이든 정액세가 아닌 경우 그 세액은 식 (5-2)와 같이 결정된다.

$$\text{지방세액} = \text{해당 지방세목의 과세표준} \times \text{법정세율} \quad\quad\quad\quad\quad (5\text{-}2)$$

위의 식 (5-2)에서 세율은 지방세법에서 구체적인 숫자로 규정되지만 지방세목의 과세표준은 그렇지 않다. 비록 법률에서 과세표준에 대한 원칙적인 기준은 설정되어 있지만, 그 구체적 산정은 대통령령이나 지방정부에 의해 결정되기 때문에 과세표준은 흔히 '행정세율' 또는 '제2의 세율'이라고 불리기도 한다(권형신·이상용·이재성, 2001: 70). 따라서 세율 못지않게 과표[32]산정은 세액결정에서 매우 중요하다. 우리는 여기서 토지와 주택을 대상으로 하는 재산세의 과표 및 세율의 산정에 대해 설명하기로 한다.

1) 과세표준의 산정

(1) 재산세의 과표산정

2005년 1월의 지방세법 개정으로 종합토지세가 폐지되면서 토지에 대한 지방세는 재산세의 형태로 운영되며, 주택의 경우는 종전에 토지(종합토지세)와 건물(재산세)로 분리과세되었으나 토지와 건물을 합산하여 재산세로 과세하는 방식을 취하였다. 따라서 재산세의 과세대상인 재산의 범주에는 토지·건축물·주택·선박·항공기의 다섯 가지가 포함되게 되었다. 2020년 8월 기준으로 토지와 주택의 경우 재산세의 과세표준은 지방세법 제4조 제1항의 규정에 의한 시가표준액에 대통령령으로 정하는 공정시장가액비율을 곱하여 산정한 가액으로 한다.

---

32) 과세표준은 간단히 과표로 불린다.

(2) 개별공시지가와 개별주택가격 및 공동주택가격의 산정

재산세의 과표산정은 지방세법 제4조의 시가표준액이 기준이 된다. 토지와 주택의 경우를 보면, 이 시가표준액은 곧 부동산 가격공시에 관한 법률에 따라 공시된 개별공시지가와 개별(단독)주택가격 및 공동주택가격이다. 이들 세 가지 가격의 결정 및 공시 절차와 방법에 대해서는 부동산 가격공시에 관한 법률에 명시되어 있다.

2) 세율의 산정

(1) 지방세 세율의 유형과 적용

지방세의 세율유형에는 법정세율, 명목세율, 실효세율, 표준(또는 기준)세율, 제한세율, 탄력세율, 임의세율 등 여러 가지가 있다. 법정세율은 법률에 정해지는 세율이며 과세표준의 크기에 관계없이 일정하게 적용되는 비례세율과 과세표준의 크기에 따라 다르게 적용되는 누진세율의 두 가지로 구분된다. 아무튼 법정세율은 식 (5-1)에서처럼 세액계산시에 과세표준에 곱해지는 세율이며, 과세표준이 시장가격이 아니라는 점에서 흔히 명목세율(nominal tax rate)이라고도 불린다.[33] 여기에 비해 시장가격에 곱해지는 세율은 실효세율(effective tax rate)이라고 불린다.[34]

법정세율은 특별한 사유가 없는 한 적용해야 하는 세율이므로 표준세율 또는 기준세율이라고도 불려진다. 제한세율이란 최고 및 최저세율을 정해놓고 그 범위 내에서 변경이 가능하도록 한 세율이다. 탄력세율이란 법으로 표준세율 및 제한세율을 규정하고 필요에 따라 법이 정한 범위 내에서 지방정부가 세율을 선택할 수 있게 한 세율이다.

---

33) 법정세율은 과세표준에 대한 세액의 비율로서, 「법정세율＝세액/과세표준」과 같이 공식화 될 수 있다.

34) 실효세율은 시장가격에 대한 세액의 비율로서, 「실효세율＝세액/시장가치」와 같이 공식화 될 수 있다.

우리나라에서는 조세법률주의에 따라 세율은 법률에 의하도록 되어 있지만, 지방세의 경우 지방세법에서 표준세율과 제한세율을 규정하여 위임하는 경우 지방정부의 조례가 정하는 바에 의해서 탄력세율제도를 활용할 수 있다.[35] 이 같은 탄력세율제도는 지방의회가 구성된 후인 1991년 12월 14일에 개정된 지방세법에 의하여 본격적으로 도입되었다(원윤희, 1994: 29).[36]

임의세율이란 지방세법상 세율결정권을 조례로써 정하도록 지방정부에 위임한 것인데, 따라서 지방정부마다 세율이 달라질 수 있다. 현재 우리나라는 임의세율이 채택되고 있지 않지만, 일본의 경우는 도·부·현세 가운데 법정외 보통세, 수리지익세(水利地益税), 시(市)·정(町)·촌(村)세 가운데 법정외보통세, 수리지익세, 공동시설세, 택지개발세 및 국민건강보험세 등의 세목에 대해서는 임의세율을 적용하고 있다(이영조·김대원, 1999: 351-352). 이 같은 임의세율제도는 한정된 범위에서나마 지방정부의 과세자주권을 보장할 수 있고, 지방정부가 제공하는 공공서비스에 대한 비용의식을 고취할 수 있다는 점에서 매우 긍정적인 면도 있다고 생각된다.

(2) 시가표준액과 공정시장가액비율 및 실효세율

지방세법 제4조 제1항에 따른 토지·주택의 시가표준액은 토지의 경우 개별공시지가이고 주택의 경우 개별(단독)주택가격과 공동주택가격이다. 이와 같은 시가표준액은 부동산의 시장가격보다 훨씬 낮은 것이 일반적이다.

과세표준은 시가표준액을 기준으로 정해진다. 이것에 대해 재산세를 사례로 하여 설명해보자. 2020년 8월 기준으로 지방세법 제110조 제1항에 의하면 토지·주택의 경우 재산세의 과세표준액은 동법 제4조 제1항에 따른 시가표준액에 부동산시장의 동향과 지방재정여건 등을 고려하여 대통령령으로 정하는 '공정시장가액비율'을 곱하여 산정한 값으로 한다. 동법 제110조 제1항에 따르면

---

35) 지방정부의 입장에서 볼 때 탄력세율제도는 법률에서 규정한 세율을 조례에 의하여 신축적으로 조정할 수 있는 제도이다. 그렇지만 지방세의 경우도 담배소비세와 자동차 주행에 대한 자동차세는 지방자치단체의 조례가 아닌 대통령령으로 법정세율을 조정할 수 있도록 되어 있는 예외적인 경우도 있다.

36) 탄력세율제도에 관한 더 상세한 설명은 본서의 제6장을 참고하기 바란다.

이 '공정시장가액비율'은 ① 토지의 경우 시가표준액의 50~90%, ② 주택의 경우 시가표준액의 40~80%의 범위 안에서 정하도록 되어 있다. 이에 근거하여 2020년 8월 기준으로 지방세법시행령 제109조는 이것의 구체적인 적용비율을 토지는 70% 그리고 주택은 60%로 규정하고 있다.

이와 같이 부동산의 기준시가(시가표준액)도 시장가격에 미치지 못하는데, 과세표준은 이 기준시가에다 '공정시장가액비율'을 곱하여 구해지므로 시장가격에 비해 상당히 낮은 수준으로 보면 된다. 그렇기 때문에 주민들은 자기 재산의 가치에 대한 실질적인 조세부담을 피부로 느끼기가 용이하지 않다. 이것을 시정하기 위해서는 재산세 납세액을 실제의 시장가치로 나눈 실효세율(effective tax rate)의 개념이 필요하다. 지방세액을 실효세율과 재산의 시장가치로 표시하면 다음의 식 (5-3)과 같이 된다.

$$
\begin{aligned}
지방세액 =\ & 재산의\ 시장가치 \times 실효세율 \\
=\ & 재산의\ 시장가치 \times [시장가격에\ 대한\ 기준시가(시가표준액)의 \\
& 비율 \times 공정시장가액비율 \times 법정세율] \cdots\cdots\cdots (5-3)
\end{aligned}
$$

이 식을 통해서 알 수 있듯이, 지방세액은 재산의 시장가치(가격)에 실효세율을 곱해서 산출되며, [시장가격에 대한 기준시가(시가표준액)의 비율×공정시장가액비율×법정세율]이 실효세율이 된다. 또한 이 식에서 [재산의 시장가치×시장가격에 대한 기준시가(시가표준액)의 비율×공정시장가액비율]은 과세표준이 되며, 따라서 과세표준에 법정세율을 곱해서 지방세액이 산출됨을 알 수 있다. 여기서 [시장가격에 대한 기준시가(시가표준액)의 비율×공정시장가액비율]은 과표현실화율이 된다. 따라서 과표현실화율에 법정세율을 곱한 것이 실효세율이 되며, 재산의 시장가치에 과표현실화율을 곱한 것이 과세표준이 된다.

7. 현행 지방세제도의 특징

1) 엄격한 조세법률주의로 인한 지방정부의 재량결여

우리나라의 헌법 제59조는 "조세의 종목과 세율은 법률로 정한다"라고 규정하고 있고, 지방자치법 제135조는 "지방자치단체는 법률로 정하는 바에 의하여 지방세를 부과·징수할 수 있다"라고 규정하고 있어 우리나라는 엄격한 조세법률주의를 채택하고 있다. 비록 지방세기본법 제4조는 지방자치단체의 과세권을 인정하고 있지만 그것은 동법 또는 지방세관계법에서 정하는 바에 따르기로 되어 있기 때문에 지방세에 관한 지방정부의 독자권 권한은 거의 없는 편이다. 지방세기본법 제5조 제1항은 "지방자치단체는 지방세의 세목, 과세대상, 과세표준, 세율, 그 밖의 부과·징수에 필요한 사항을 정할 때에는 이 법 또는 지방세관계법에서 정하는 범위에서 조례로 정하여야 한다"라고 규정함으로써 지방자치단체가 조례를 통하여 지방세부과에 관한 권한을 행사할 수 있는 여지가 있는 것처럼 생각될 수도 있다. 하지만 실제 지방세에 관한 지방정부의 권한은 매우 제약되어 있다.

많은 사람들은 조세법률주의는 지방정부의 과세자주권을 극도로 제약시킨다고 지적한다. 그렇지만 독일은 연방국가이면서도 미국과 달리 조세기반(tax base)이나 세율(tax rate)에 관해서 주가 독자적으로 행사할 수 있는 권한이 거의 없다. 특히 독일은 공동세(shared tax)제도를[37] 택함으로써 연방정부와 주정부 및 지방정부가 동일한 세원으로부터 오는 재원을 공동으로 나누어 갖지만, 그 비율은 법률이 아닌 헌법에 규정되어 있다(S. Huber and K. Lichtblau, 1999: 3-4).

김정훈(1999: 19-20)은 우리나라의 헌법 제59조가 "조세의 종목과 세율은 법률로 정한다"라고 규정하고 있기 때문에 이 조항이 지방정부의 과세권을 부인

---

37) 행정자치부가 발행하고 있는 「지방재정연감」에는 지방교부세가 'local share tax'라고 번역되고 있어 독일의 공동세(shared tax)제도와 용어상으로는 혼돈을 초래할 수 있다. 일본의 경우는 지방교부세가 'local allocation tax'로 번역되고 있다.

하는 것으로 해석되기 쉽지만, 조세법률주의의 취지가 국세와 지방세의 지위설정을 목적으로 하는 것이 아니라 국가의 과세권으로부터 납세자를 보호하기 위하여 마련된 것이라고 한다.

일본의 경우 헌법 제84조는 "새로이 조세를 부과하거나 현행 조세를 변경하는 경우에는 법률 또는 법률이 정하는 조례에 의하는 것이 필요하다"고 함으로써 법정외세의 도입을 가능하게 하고 있다. 우리나라는 이와 같은 법정외세의 도입이 허용되지 않지만,38) 지방정부가 원하기만 한다면 탄력세율의 적용이나 과표결정에 다소간의 영향력을 행사할 수 있기 때문에 과세권을 갖는다고 할 수도 있다. 그러나 이와 같이 현 제도 하에서도 지방정부가 원하는 경우 지방세수를 증가시킬 수 있는 수단이 있지만, 현실적으로 선거전에서 주민의 득표를 의식해야만 하는 지방정부의 정치인들은 자기 지역주민들의 부담증가를 초래하는 지방세를 증가시키기 위하여 자신들의 영향력을 적극적으로 행사하지 않을 것이다. 이때 조세법률주의는 그들에게 좋은 방패막이가 된다.

2) 공공서비스에 대한 '조세가격'(tax price)으로서의 기능결여

앞서 언급하였듯이 우리나라는 엄격한 조세법률주의 때문에 지방정부가 독자적인 세목이나 세율을 결정하는데 상당한 한계가 있다. 지방정부의 독자적인 과세권의 결여는 지방정부의 주민들이 공공서비스의 수요와 그와 같은 지방공공서비스의 공급에 소요되는 비용간의 관계파악을 어렵게 만든다. 이것은 결과적으로 시민들로 하여금 지방세를 지방공공재의 가격으로서 인식할 수 없게 만든다. 여기에 덧붙여 지역사업에 대한 수요가 증가하더라도 지역주민들이 그것에 대한 비용조달을 중앙정부에 의존하려고 하거나 또는 다른 지방정부에 전가시키려고 하면, 결국 지방세가 공공서비스의 비용에 대한 신호(signal)로서의 역할을 할 수 없게 된다. 그 결과 적정 수준 이상의 지방공공서비스가 공급되는 결과가 초래될 수도 있어 자원배분의 효율성을 크게 저하시킨다.

---

38) 우리나라의 지역자원시설세는 비록 법정외세는 아니지만 다른 지방세와는 달리 지방정부의 권한이 상대적으로 크다.

위와 같은 관점에서 볼 때 과세자주권은 지방정부의 고유권한으로서가 아니라 지방공공재의 효율적 공급을 위한 수단으로서 간주되어야 한다. 즉 지방정부의 세입을 확충하고자 할 경우에도 중앙정부지원금이나 다른 지역에 조세부담을 전가시킬 수 있도록 하기보다도 그 지방주민들이 직접적으로 부담을 느낄 수 있도록 하는 조세를 선택함으로써(김정훈, 1999: 29), 주민들로 하여금 지방세를 자기들이 선호하는 공공서비스의 공급가격으로 인식하게 할 필요가 있다. 공공서비스에 대한 '조세가격'(tax price)으로서 지방세를 인식하게 되면 과도하거나 불요불급한 공공재의 수요는 억제될 것이고, 지역주민의 자치의식과 지방정부의 책임성은 더욱 제고될 것이다.

3) 거래관련세를 위주로 한 재산과세 중심

지방세로서는 재산세가 높은 비중을 차지하는 것이 세계 각 국의 보편적인 경향이지만, 우리의 경우도 예외는 아니다. 하지만 우리나라에서는 재산보유에 대한 과세보다도 재산거래에 대한 과세의 비중이 상대적으로 높다.[39] 이와 같은 재산세의 구조는 다음과 같은 몇 가지 문제를 야기한다: ① 담세능력의 척도로서는 재산의 거래보다도 재산의 보유가 더 적절하다. 따라서 재산보유에 비해서 재산거래에 상대적으로 더 많은 조세를 부과하는 것은 조세부담의 형평성의 측면에서 바람직하지 않다. ② 재산의 이전과 거래에 대한 세금이 높기 때문에 부동산 거래의 동결효과를 초래하여 자산이용의 효율성이 저하된다. 정부가 지방세법 개정을 통하여 2014년 1월부터 주택구입에 따른 취득세율을 인하시킨 것은 부동산 거래를 활성화시키고자 하는 목적에서 비롯된 것이다. ③ 재산의 거래와 이전에 부과되는 조세는 부동산경기에 매우 민감할 수 있기 때문에 지방세의 안정적 확보에 지장이 있다. 이것은 1997년 말부터 몇 년간 지속된 IMF구제금융이 가져온 부동산경기의 침체로 인하여 각 지방정부가 경험한 지방세손실을 생각하면 짐작할 수 있다. ④ 부동산의 이전과 거래는 부정기적으로 발생하

---

39) 우리나라의 지방세 세목 중에서 재산보유와 관련된 것으로는 재산세, 자동차세 등이 있으며 재산거래와 관련된 것으로는 취득세, 등록면허세 등이 있다.

기 때문에 정기적으로 부과되는 보유과세에 비하여 세원관리가 어렵다.

4) 재산관련 보유세의 낮은 실효세율과 지역간 불균형

우리나라의 지방세 중 토지와 주택 및 건축물 등의 재산보유에 대한 세부
담이 가벼운 편이다. 왜냐하면 법정세율은 높다고 하더라도 시가 대비 과세표준
(과표현실화율)[40]이 매우 낮고 따라서 실효세율이 대단히 낮기 때문이다. 이것을
대표적인 재산 보유과세인 주택을 대상으로 한 재산세를 사례로 하여 구체적으
로 설명해 보기로 한다.

2013년 국토교통부의 보도자료에 의하면 표준주택가격의 실거래가 대비율
의 전국 평균값은 59%이다(한겨레21, 2013. 5. 13). 따라서 2013년 기준으로 단독주
택에 대한 과표산정의 기준이 되는 시가표준액의 현실화율은 전국 평균이 약
59% 수준으로 추정해 볼 수 있다. 또한 2020년 8월 기준으로 지방세법 제110조
에 의하면 주택에 대한 재산세의 과세표준액은 동법 제4조 제1항에 의한 시가
표준액(개별주택가격 혹은 공동주택가격)에 부동산시장의 동향과 지방재정여건 등을
고려하여 40~80%의 범위에서 대통령령으로 정하는 공정시장가액비율을 곱하
여 산정한 값으로 하며, 동 조항에 근거하여 지방세법시행령 제109조에서는 주
택에 대해 시가표준액에 곱해지는 공정시장가액의 구체적 적용비율을 60%로
정하고 있다.

이 비율은 2009년 지방세법(2월)과 지방세법시행령(5월) 개정 시 정해진 이
후부터 2013년을 거쳐 그대로 이어져 오고 있다. 따라서 2013년도 기준으로 단
독주택의 과표현실화율은 약 35%(0.59×0.6)로 볼 수 있다. 여기에 2013년 당시
지방세법 제111조 제1항 제3호에 따른 과세표준 6천만 원 이하인 주택의 재산

---

40) 과표현실화율은 과세표준의 시장가격(시가) 반영률, 즉 과세표준액의 시장가격 대비율을 의
미하는 개념이다. 흔히 공정시장가액비율(종전의 적용비율)이나 시가표준액(기준시가)의 현
실화율을 과표현실화율로 보는 경우가 있으나 이것은 정확한 용어의 사용으로 볼 수 없다.
만일 시가표준액이 정확히 시장가격을 반영하고 있다면 거기에 곱해지는 공정시장가액비율
을 과표현실화율로 볼 수 있을 것이나, 시가표준액이 시가보다 낮은 현실에서는 공정시장가
액비율을 과표현실화율로 볼 수는 없다. 그리고 시가표준액이 그대로 과표가 되는 경우에는
시가표준액의 현실화율이 과표현실화율이 되지만 이것은 일반적인 경우는 아니다.

세 법정세율(표준세율) 0.1%를 하나의 사례로 적용하면, 2013년 기준으로 이것의 실효세율은 0.035%(0.59×0.6×0.001)로 대단히 낮다.[41]

다른 한편 이와 같은 주택 등에 대한 재산세 과표의 시가대비율(과표현실화율)과 실효세율은 지역 간에 불균형이 크게 나타나고 있다. 이것은 지역 간에 시가표준액의 현실화율에 큰 차이가 있기 때문이다. 역시 이것에 대해서도 주택에 대한 재산세를 사례로 하여 구체적으로 살펴보자. 앞에서 언급한 바 있는 2013년 국토교통부 발표자료에 의하여 추정해보면, 단독주택에 대한 시가표준액의 현실화율은 광주광역시가 68%로 가장 높고 울산광역시가 49%로 가장 낮게 나타나서 두 지방정부 간에는 약 19% 포인트의 큰 차이가 있었다. 2013년 당시 지방세법시행령 제109조에 의한 주택의 공정시장가액비율이 60%이므로, 단독주택 과표의 현실화율은 광주광역시가 41%이며 울산광역시가 29%로 산정되므로 두 지역 간에 차이가 크다. 여기에 2013년 당시 지방세법 제111조 제1항 제3호에 따른 과세표준 6천만 원 이하인 주택의 재산세 법정세율(표준세율) 0.1%를 사례로 적용하여 2013년 당시의 실효세율을 계산하면, 광주광역시가 0.041%이고 울산광역시는 0.029%로 두 지방정부 간에는 실효세율에 상당한 차이가 있음을 알 수 있다.

그동안 정부는 재산세의 과표현실화 정책을 지속적으로 추진해왔으나 세부담 인상에 따른 조세저항 등으로 인해 그 추진에 어려움이 있었다. 그러나 아직 실효세율이 지나치게 낮은 수준임을 감안하면 점진적으로 계속 과표현실화율을 높여서 실효세율을 인상하여야 할 것이며, 이를 통해 지방세수의 증대도 가능할 것이다. 또한 지방정부 간에 시가표준액 현실화율의 차이로 인한 실효세율의 큰 차이는 지역 간에 세부담의 불공평 문제를 발생시키므로, 공평과세를 실현하기 위해서 시가표준액 결정방법의 개선을 통해 시가표준액 현실화율의 지역 간 격차를 줄이도록 하여야 할 것이다.

---

41) 실효세율의 산출방법은 본장의 식 (5-3)을 참조하기 바란다.

제2절 지방세외수입

1. 지방세외수입의 의의와 중요성

우리나라에서는 지방세 이외의 모든 자체수입을 지방세외수입이라고 지칭하며, 일반회계와 특별회계를 포함해서 행정적 용어로 사용되고 있다(권형신·이상용·이재성, 2001: 140). 일반적으로 지방세외수입은 강제적으로 징수되는 지방세와 달리 시장원리인 자발적 교환의 원칙에 따라 징수되는 수입을 통칭한다.

지방세외수입은 응익적인 성격이 높은 재원조달 방식이기 때문에 조세저항이 심할 경우에 특히 유용하게 이용될 수 있다. 우리는 이러한 경우를 캘리포니아 주의 재산세저항운동의 결과로 채택된 주민발의 13(Proposition 13)이 발효됨에 따라 캘리포니아 주의 각 지방정부들이 재원조달방식을 바꾼 데서도 찾을 수 있다.[42] 뿐만 아니라 사용자부담금(user charges)은 보수적인 성향의 사람들이나 공공서비스의 민영화를 주장하는 사람들에게 큰 환영을 받고 있다. 특히 우리나라의 경우는 지방자치의 부활로 인하여 지방세입의 확충에 대한 필요성이 증가하긴 하였지만, 각종 선거에서 지역주민들의 표를 의식하여야 하는 지방정부의 정치인들은 섣불리 지방세를 통한 지방세입의 확충을 시도하기가 어렵다. 그렇기 때문에 지방자치의 부활은 지방정부로 하여금 지방세외수입의 확대에 많은 관심을 기울이게 하였다고 생각된다.

---

[42] Proposition 13이 캘리포니아 주 지방정부들의 재정운용에 미친 영향에 관해서는 전상경(1995: 266-269)을 보기 바란다.

2. 일반회계 세외수입의 구조

1) 일반회계 세외수입의 구성요소

우리나라 정부가 발간하는 각종 연감 등의 자료 간에 지방세외수입의 분류 체계에 차이가 있다. 따라서 각종 교과서도 인용하는 자료에 따라 지방세외수입의 분류체계를 달리하고 있다.

우리나라의 지방재정분석은 거의 대부분 일반회계와 특별회계라는 구분 하에서 이루어지고 있기 때문에, 본서는 일반회계와 특별회계를 분류의 중심기준으로 삼고 일반회계만을 분석의 대상으로 삼는다. 왜냐하면 특별회계는 원칙적으로 조세 이외의 수입으로 구성되고 있기 때문에 구태여 특별회계의 수입을 세외수입이라는 항목으로 구분하여 설명하기보다 특별회계는 그 자체로서 규모를 파악하면 된다는 것이 저자의 생각이다. 그렇기 때문에 본서에서 지방세외수입은 일반회계만 대상으로 살펴볼 것이다. 2020년 8월 기준으로 우리나라 정부는 일반회계의 세외수입을 경상적 세외수입과 임시적 세외수입으로 구분하고 있다 (행정안전부, 2019c).[43]

(1) 경상적 세외수입

경상적 세외수입은 수입의 계속성과 안정성이 있으며 매 회계연도마다 계속 반복하여 조달되는 예측 가능한 수입이다. 경상적 세외수입은 세외수입 중 수입원이 가장 많고 지방정부의 자주재원 확충에 가장 기여를 많이 하는 수입이다.

가) 재산임대수입

재산임대수입은 지방정부가 국·공유재산을 관리 및 운영하는 과정에서 발

---

43) 구체적으로 현재 우리나라 정부의 지방세외수입 분류체계를 살펴보면, 「지방세외수입통계연감」에서는 일반회계 및 기타특별회계는 경상적 세외수입과 임시적 세외수입으로 분류하고 있으며, 공기업특별회계는 사업수입과 사업외수입으로 분류되는데 사업수입은 일반회계(기타특별회계)의 경상적 세외수입과 유사하며 사업외수입은 일반회계(기타특별회계)의 임시적 세외수입과 유사한 개념에 해당된다. 반면에, 「지방재정연감」에서는 일반회계, 기타특별회계, 공기업특별회계 모두 경상적 세외수입과 임시적 세외수입으로 분류하고 있다.

생하는 수입으로 국유재산 임대료와 공유재산 임대료로 구분된다. 국·공유재산을 매각·처분하여 발생하는 수입은 재산임대수입에서 제외된다. 토지 및 건물의 임대수입, 잡종재산의 임대수입 등이 있다.

나) 사용료

사용료(charge)는 개인이나 단체가 지방정부의 공공시설의 사용으로 얻는 편익에 대한 대가로 개별적인 보상원칙에 의거 징수하는 것이다. 사용료에는 도로 사용료, 하천 사용료, 상·하수도 사용료, 시장 사용료, 도축장 사용료, 입장료 수입 등이 있다.

다) 수수료

수수료는 지방정부가 특정인에게 제공하는 특정한 활동이나 행정 서비스에 의하여 이익을 받는 자로부터 그 비용의 전부 또는 일부를 징수하는 것을 말한다. 쓰레기처리봉투 판매수입, 증지수입, 제증명 발급 수수료, 인허가 수수료 등을 들 수 있다.

라) 사업수입

사업수입은 지방정부가 각종 사업의 운영을 통해 얻는 수입을 말한다. 지방정부가 운영하는 종축장, 임업시험장, 원종장 등에서 발생하는 부산물 매각수입과 주차장 운영수입, 보건소 진료수입 등이 있다.

마) 징수교부금수입

징수교부금은 국세, 국가의 부담금이나 부과금 등을 시·도[44]나 시·군·자치구가 위임받아 징수할 경우 징수위임기관인 국가가 징수대행기관인 시·도나 시·군·자치구로 교부하는 것, 그리고 시·도세 등을 시·군·자치구가 위임받아 징수할 경우 징수위임기관인 시·도[45]에서 징수대행기관인 시·군·자치구로 교부하는 것을 말한다. 징수교부금은 징수위임기관이 징수대행기관에 위임한 세입징수에 소요되는 경비(징수비용)를 보상해주는 성격을 지니고 있다. 시·도세

---

44) 특별자치시와 특별자치도를 포함한다.

45) 특별시와 광역시 및 도를 의미하며 관할 구역 내에 기초지방정부가 없어서 위임징수가 가능하지 않은 특별자치시와 특별자치도는 제외된다.

징수교부금, 사용료 및 수수료 징수교부금 등이 있다.

바) 이자수입

이자수입은 지방정부가 그 세입금(자금)을 예치·관리하는 과정에서 발생하는 과실수입을 말한다. 공공예금 및 민간융자금 이자수입 등이 있다.

(2) 임시적 세외수입

임시적 세외수입은 지방정부의 수입 중에서 수입원이 임시적이고 수입이 특정 회계연도에 일회성에 그치는 등 불규칙적으로 발생하는 수입을 말한다. 따라서 임시적 세외수입은 세입규모를 예측하기가 어렵다.

가) 재산매각수입

재산매각수입은 지방정부의 재산매각계획에 따라 공유물건인 잡종재산을 매각하여 얻는 수입을 말한다. 여기에는 국유재산 법령에 의하여 은닉된 국유재산 또는 무주의 부동산을 발견하여 신고한 때에 지급받게 되는 보상금 및 재산교환에서 발생하는 교환차익수입이 포함된다. 국유 및 시·도유재산 귀속 수입금, 공유재산 매각 수입금 등이 있다.

나) 부담금

부담금 또는 분담금이란 지방정부의 특정한 공익사업으로부터 특별한 이익을 받은 이해관계자에 대하여, 그 사업에 소요되는 경비의 전부 또는 일부를 부담시키기 위하여 부과하는 공과금으로서 수익자 부담금 또는 특별 부담금이라고 한다. 부담금 수입에는 일반부담금 외에 지방정부 간 부담금 수입도 포함된다.

다) 과징금 및 과태료 등

과징금 및 과태료 등에는 과징금, 과태료, 이행강제금, 변상금, 위약금이 포함된다. 과징금은 행정법상의 의무를 위반한 자에 대하여 해당 위반행위로 얻게 된 경제적 이익을 박탈하기 위한 목적으로 부과하는 벌과금을 말하며, 자동차운송사업의 규정에 의한 과징금 등이 있다. 과태료는 개별법령과 조례상의 의무에 대하여 의무자가 그 의무나 질서를 이행하지 않거나 위반한 경우에 행정질서 유지 또는 의무이행을 강제하기 위해 부과하는 금전적 부담으로서, 주·정차위반 과태료 등이 있다. 이행강제금은 행정상의 부작위 의무 또는 비대체적 작위 의무 이행을 강제하기 위하여 부과하는 과료 등을 말하는 것으로, 건축법 위반 이행강제금 등이 있다. 변상금은 발생한 손해를 보전할 목적으로 가능한 한 손해가 없었던 것과 같은 상태로 회복하기 위하여 법규에서 정하는 바에 의하여 변상하거나 변상명령에 의하여 변상되는 것으로서, 도로사용 변상금, 하천 사용 변상금 등이 있다. 위약금은 계약당사자가 정당한 이유 없이 계약상의 의무를 지체한 데에 따르는 책임을 지는 금전을 의미하며, 휴양림 사용 위약금 등이 있다.

라) 기타수입

기타수입이란 이상의 각종 수입 이외의 수입을 일괄한 것으로, 불용품 매각 수입, 체납처분수입, 시·도비 반환금수입, 기부금 등이 있다.

마) 지난년도수입

징수결정된 수입금이 당해연도의 출납폐쇄기한[46]까지 수납되지 않고 그 이후에 수납되었을 때는 그 납부된 날이 속하는 연도의 수입으로 하고 이를 지난 연도수입으로 정리한다.

2) 일반회계 세외수입의 규모

[표 5-3]에 2020년도 일반회계 지방세외수입 예산의 규모가 나타나 있다. 지방정부 전체적으로 세외수입의 총규모는 11조 6,249억 원이며, 그 중 경상적 세외수입의 비중이 61.7%이고 임시적 세외수입의 비중이 38.3%로서 경상적 세외수입의 비중이 더 크다. 세부항목별로 보면 임시적 세외수입에 속하는 기타수입의 비중이 17.9%로 가장 크다. 경상적 세외수입의 항목들 중에서는 사용료수입과 수수료수입의 비중이 가장 크다.

광역지방정부 중에서 특별·광역시는 경상적 세외수입이 임시적 세외수입

---

46) 지방정부의 출납폐쇄기한은 2014회계연도 결산까지는 차기년도 2월 말일까지였으나, 2015 회계연도 결산부터는 중앙정부의 출납폐쇄기한과 같이 당해연도 12월 말일까지이다.

표 5-3	2020년도 일반회계 세외수입 규모							(단위: 억 원, %)	
구분		계	특별·광역시	특별자치시	도	특별자치도	시	군	자치구	비율
계		116,249	28,756	588	9,771	1,564	37,195	13,403	24,973	100
경상적 세외수입	소계	71,731	18,264	323	2,647	1,240	22,798	6,778	19,681	61.7
	재산임대수입	3,867	2,032	23	135	1	1,067	270	338	3.3
	사용료수입	16,665	3,952	149	511	358	6,124	1,744	3,826	14.3
	수수료수입	16,360	953	84	338	474	7,113	1,157	6,242	14.1
	사업수입	14,254	10,187	19	225	263	1,775	1,411	374	12.3
	징수교부금수입	14,287	388	8	805	36	4,433	712	7,904	12.3
	이자수입	6,298	752	40	632	107	2,286	1,484	996	5.4
임시적 세외수입	소계	44,518	10,491	264	7,124	324	14,397	6,625	5,292	38.3
	재산매각수입	7,229	3,331	5	937	–	1,567	768	642	6.2
	부담금	9,626	1,578	162	4,185	2	2,693	540	466	8.3
	과징금 및 과태료 등	3,315	124	17	43	80	1,235	270	1,547	2.9
	기타수입	20,802	5,145	71	1,953	215	7,286	4,806	1,326	17.9
	지난연도수입	3,545	334	10	7	26	1,616	242	1,310	3.0

주: 2020년도 일반회계 본예산(당초예산) 총계기준임.
자료: 행정안전부. (2020). 「2020년도 지방자치단체 통합재정 개요(상)」.

보다 더 크며, 항목별로는 사업수입의 비중이 가장 크다. 세종특별자치시 역시 경상적 세외수입이 임시적 세외수입보다 더 크며, 항목별로는 부담금의 규모가 가장 크다. 도의 경우는 예외적으로 임시적 세외수입이 경상적 세외수입보다 훨씬 더 크며, 항목별로는 임시적 세외수입에 속하는 부담금의 규모가 가장 크고, 이어서 기타수입의 규모가 크다. 반면에 제주특별자치도는 경상적 세외수입이 임시적 세외수입보다 훨씬 더 크며, 항목별로는 수수료 수입과 사용료수입의 규모가 크다.

기초지방정부 중에서 시의 경우는 경상적 세외수입이 임시적 세외수입보다 더 크며, 항목별로는 임시적 세외수입에 속하는 기타수입의 규모가 가장 크고 이어서 경상적 세외수입에 속하는 수수료와 사용료 수입의 규모가 크다. 군은 경상적 세외수입과 임시적 세외수입의 규모가 거의 비슷하며, 항목별로는 임시적 세외수입에 속하는 기타수입의 규모가 압도적으로 크다. 자치구에서는 경상적 세외수입이 임시적 세외수입보다 훨씬 더 크며, 항목별로는 징수교부금 수입이 가장 크고 이어서 수수료수입이 크다.

3. 현행 세외수입 구조상의 특징

1) 구조의 불건전성

지방세외수입 중 임시적 세외수입이 많을수록 재정수입의 예측 가능성과 안정성이 낮아진다. 그렇기 때문에 지방재정 수입 확보의 예측 가능성과 안정성을 높이고 지방재정 운영을 계획적으로 해나가기 위해서는 경상적 세외수입의 비중이 높아야 한다.

우리나라 지방정부의 경우 전반적으로 임시적 세외수입보다 경상적 세외수입의 규모가 더 크다. 특히 제주특별자치도와 자치구에서는 경상적 세외수입이 임시적 세외수입보다 훨씬 더 규모가 크다. 그러나 일부 지방정부 유형에서는 반대로 임시적 세외수입의 규모가 너무 커서 문제의 소지가 있다. 즉 도의 경우 임시적 세외수입이 경상적 세외수입보다 규모가 훨씬 더 크며, 군에서는 경상적 세외수입과 임시적 세외수입의 규모가 거의 비슷하다. 임시적 세외수입의 규모가 지나치게 큰 도와 군은 지방재정 운용에 많은 어려움이 있을 수 있으므로, 향후 임시적 세외수입을 감소시키고 경상적 세외수입의 규모를 점진적으로 확대시켜 나가야 할 것이다.

2) 법적 근거의 다양성으로 인한 관리의 비체계성

현재 세외수입의 종류가 매우 다양하고 이들 각각에 대한 법적 근거가 법률, 대통령령, 부령, 조례, 사법상의 계약 등으로 매우 다양하고 상이하다. 법적 근거에 따라서 특정 세외수입은 사용용도가 특정 분야로 지정되어 있기도 있다. 이와 같이 세외수입의 법적 근거와 종류의 다양성 때문에 세외수입의 체계적 관리에 어려움이 있는 실정이다. 따라서 세외수입의 체계적 관리를 위해서 관련 규정을 정비할 필요가 있을 것으로 보인다.

3) 규모의 불충분성

지방재정운영의 자율성을 높이기 위해서는 지방세수입과 더불어 지방세외수입의 규모가 커야 한다. 본서 제4장의 [표 4-2]와 [표 4-4]에서 우리나라 지방정부의 총세입 중 세외수입이 차지하는 비중을 살펴보았다. 총세입에서 차지하는 세외수입의 비중이 광역지방정부와 기초지방정부 모두 대단히 낮다. 따라서 향후 자주적 지방재정의 확충을 위해서 세외수입의 규모를 증대시켜 나갈 필요가 있다.

4) 지방정부 간 수입의 불균형성

수평적으로 지역 간 세외수입의 비중을 비교해 보면, 본서 제4장 [표 4-2]에서 보듯이 광역지방정부 차원에서 특별·광역시에 비해 도가 특히 작다. 기초지방정부에서는 [표 4-4]에서 보듯이 세외수입의 비중이 시와 자치구에 비해서 군이 특히 작다. 이와 같은 세외수입의 지역 간 차이는 지방재정의 부익부 빈익빈 현상을 초래하는 하나의 원인이 될 수 있다. 그렇기 때문에 도와 군의 세외수입 규모를 증대시킬 수 있는 방안을 마련함으로써 지역 간 편차를 줄일 수 있도록 하여야 할 것이다.

제6장

자주재원동원의 정치경제

제1절 재정동원과 지방세확충의 정치경제

1. 지방자치와 재정동원

우리나라는 1961년에 지방자치가 중단된 이후 1991년 지방의회가 구성됨으로써 30년만에 지방자치가 부활되었다. 우리는 상당기간 동안 지방정부의 재정자립도가 충분하지 못하기 때문에 지방자치를 실시하지 못한다는 논리의 포로가 되어 있었다. 지방자치를 성공적으로 꽃피우기 위해서 재정이 중요한 요소임은 아무도 부인할 수 없다. 그렇지만 저자는 재정자립도가 성공적인 지방자치를 위한 선행조건이라고 생각하지는 않으며, 비록 재정자립도는 열악하더라도 지역주민들의 재정에 대한 정확한 인식만 확보된다면 그것이 지방자치의 성공적 정착에 큰 도움이 된다고 생각한다.

충분한 지방재정의 확보가 지방자치에 매우 중요하다는 사실은 아무도 부인할 수 없을 것이다. 지방자치가 부활된 지금도 지방정부의 열악한 재정상태가 큰 문제로 되어있다. 지방정부의 재원은 한정되어 있는데 주민들의 수요는 폭증하고 있기 때문에 재정부족은 당연한 귀결이다. 어떤 측면에서 생각한다면 지방자치가 실시되었기 때문에 그와 같은 재정부족문제는 더욱 심각해질 수밖에 없다. 왜냐하면 이제 지역정치인들은 표를 의식하여야 하기 때문에 주민들에게 새로운 부담을 지우는 데는 선뜻 나서기 어렵지만, 주민들의 숙원사업의 실현을 위해서는 여러 가지 공약을 하지 않을 수 없기 때문이다.

세입확충을 위한 지방정부의 합리적 선택은 가급적 자기지역의 주민들에게 최소의 부담을 지우면서 다른 통로를 통하여 세입을 극대화하는 것이다. 따라서 지방정부들은 탄력세율이나 과표의 조정 등을 통하여 지역주민들에게 부담을 증가시키기보다도 각종의 중앙(상위)정부 지원금을 더 확보하거나 또는 조세수출을 통하여 다른 지역에 조세부담을 전가시키기를 더 선호한다.[1] 우리나라의 현행 제도 하에서 지방정부들이 추구하는 '지방세입의 확충'은 지방세(i.e., 그 지역 주민들이 직접 내는 세금)의 확충이라기보다도 '비지방세(i.e., 그 지역 주민들이 직접 부담하지 않는 세금)의 확충이며 또한 각종 지원금의 확충이라고 해석할 수도 있다. 이것은 결국 지방공공서비스에 대한 비용의식을 마비시키는 효과를 초래하게 된다.

지방자치가 부활된 후 주민들의 욕구는 분출하지만 그러한 욕구를 충족시키기 위한 재원은 충분하게 마련되지 않아 지방공공서비스의 공급이 부족하다는 주장이 많다. 이러한 주장에는 그 나름대로 상당한 설득력이 있다. 그러나 전술한 바와 같이 현행 제도가 초래하게 되는 지방공공서비스에 대한 비용의식의 결여 때문에, 지방공공재를 증가시키려면 더 많은 세금을 부담해야 한다는 인식이 매우 희박하다. 그렇기 때문에 주민들은 적정 수준 이상의 과도한 수요를 표출하기 쉽다.

다른 한편 지방공공재의 공급을 위한 재원이 부족하다고 해서 중앙정부로

---

1) 사실 조세법률주의는 지방정치인들로 하여금 조세확보의 노력을 기울이지 않게 하는 좋은 핑곗거리라고 할 수 있다.

부터의 재원이전이 언제나 국가적으로 바람직할 것인가라는 문제도 제기될 수 있다. 왜냐하면 지역주민들에게는 국가공공재보다 지방공공재가 더 바람직스럽게 여겨질 수 있지만, 사회 전체적 후생의 입장에서 본다면 국가공공재의 공급이 더 바람직할 수도 있기 때문이다. 따라서 공공재에 대한 비용의식이 결여된 상태에서 나타나는 폭발적인 주민들의 행정수요를 충족시키기 위하여 중앙정부로부터의 과도한 재정지원을 요구하게 되면 그것은 지방공공부분의 비효율성은 물론이고 국가공공재의 과소공급까지도 초래하는 결과를 낳을 수도 있다(김정훈, 1999: 24-25). 이러한 상황은 결국 거대한 용의자들의 딜레마게임 상황으로 귀결되어 사회 전체의 후생손실을 초래하게 될 수도 있다.[2] 중앙재정의 지방이양에 소극적 자세를 취하는 대부분의 학자나 실무자들은 바로 이와 같은 논리적 입장에 서 있는 것이다.

한편 지방분권론자들을 위시하여 지방자치 부활 이후 발족된 지방 4단체[3]는 지방자치의 건전한 발전을 위하여 지방재정의 획기적 확충이 필요하다는 주장 하에 국세의 지방세 이양을 꾸준히 요구해 오고 있다. 이러한 요구와 더불어 민선자치단체장 선거가 실시된 1995년 이후 각 지방정부는 그 나름대로 여러 가지 재정확보방안을 강구하고 있다. 이러한 과정에서 선거에서 득표를 의식해야 하는 민선자치단체장은 ① 자기 지역의 주민들에게 추가적인 조세부담을 증가시키려 보다도 조세수출이나 조세경쟁을 통하여 다른 지방정부에 부담을 전가시키려고 하거나, ② 궁극적으로는 자기 지역 주민들의 부담으로 돌아온다고 하더라도 지금 현재 거주하고 있는 주민들이 그러한 부담을 느끼지 못하는 방법으로 재원을 조달하려고 하며,[4] ③ 수익자부담방식이나 각종 경영수익사업과 같은 방식을 통하여 재원을 조달하려는 유인을 갖게 될 것이다.

비록 지방자치가 실시되어도 중앙정부는 여러 가지 정책을 통해서 지방정

---

2) 용의자들의 딜레마게임에 관해서는 전상경(2005: 420-436)을 참고하기 바란다.
3) 지방 4단체란 전국시·도지사협의회, 전국시장·군수·구청장협의회, 전국시·도의회의장협의회, 전국시·군·자치구의회의장협의회를 지칭한다.
4) 지방채 발행을 통한 재원조달이나 지방정부의 공유재산 매각을 통한 재원조달이 대표적인 경우라고 할 수 있다.

부의 자주재정동원에 상당한 영향력을 미칠 수 있다. 특히 사회후생함수(social welfare function)가 알려져 있지 않은 상황에서 한정적인 공공자원을 중앙과 지방에 어떤 식으로 배분하는 것이 사회후생의 극대화에 도움이 될지는 미지수이다. 그렇기 때문에 그것은 언제나 정치적 논란거리가 될 수밖에 없다. 본 장에서는 이와 같은 지방정부의 자주재원확보와 연관된 몇 가지 정치경제적 성격을 고찰하려고 한다. 제2절에서는 지방자주재원에서 가장 대표적인 지방세의 확충과 관련한 중앙정부와 지방정부의 역할을 살펴보고, 제3절에서는 자주재원확충 과정의 효율성·형평성·공익성을 고찰하고, 마지막으로 제4절에서는 지방세를 둘러싸고 벌어지는 조세지출·조세수출·조세경쟁에 대해서 설명하려고 한다.

2. 지방세확충의 정치경제

우리나라의 헌법 제59조는 "조세의 종목과 세율은 법률로 정한다"라고 규정하고 있고, 지방자치법 제135조는 "지방자치단체는 법률로 정하는 바에 따라 지방세를 부과·징수할 수 있다"라고 규정하고 있어 이른바 조세법률주의가 채택되고 있다. 그렇기 때문에 지방자치가 실시되어도 지방세의 확충은 중앙정부의 정책적 의지에 좌우된다. 뿐만 아니라 본서의 제5장 제2절에서 보았듯이 특정 지방세목의 지방세액은 그 지방세의 과세표준과 세율의 곱으로 결정된다. 그렇기 때문에 지방세의 확충을 위해서는 지방세목의 신설 못지않게 과표산정과 적용세율이 매우 중요하다. 따라서 조세법률주의 하에서 지방세확충을 위해서는 ① 국세의 지방세전환 및 지방세의 세목신설, ② 지방세 과세표준의 합리적 산정, ③ 탄력세율제도의 활용 등과 같은 방안이 고려되어야 한다.

1) 국세의 지방세전환 및 지방세의 세목신설

조세는 정부가 희소한 사회적 자원을 공공부분과 민간부분으로 배분하는 제도적 장치이며, 국세와 지방세의 조정은 공공부분으로 들어오는 사회적 자원을 중앙정부와 지방정부에 배분하는 제도적 장치인 셈이다. 모두가 동의할 수 있는 사회후생함수(social welfare function)가 존재하지 않는 상황에서 공공부분으로 유입된 자원이 중앙과 지방에 어떤 식으로 배분되는 것이 사회적 후생을 극대화하는가는 논란거리가 될 수밖에 없다. 그렇지만 지방자치의 부활과 더불어 최근 세계적으로 진행되고 있는 분권화에 대한 열망은 점점 더 많은 공공자원이 지방정부에 이전될 것을 요구하고 있는 실정이다.

우리나라는 그동안 실시된 여러 차례의 조세개혁에 따라 새로운 지방세가 도입되기도 하였고, 국세와 지방세가 서로 교환되거나 국세가 지방세로 전환되기도 하였다. 그 결과 국세와 지방세의 비중이 1960년대는 93 : 7이었다가 지방자치가 도입될 시점인 1988년도를 전후하여 담배전매익금이 담배판매세 및 담배소비세의 형태로 도입됨에 따라 90 : 10으로 전환되었고, 최근(2018년 결산 기준)에는 75.6 : 24.4로 되었다. 지금까지 있었던 대표적인 몇 가지 제도변화 사례를 살펴보기로 하자.

국세의 지방세 전환방안으로서 가장 많이 주장되었던 것이 지방소득세와 지방소비세의 도입이다. 소득과세는 응익원칙보다 응능원칙에 충실한 조세이기 때문에 일반적으로 중앙정부의 세목으로 적합하다고 알려져 있다. 하지만 지방자치의 실시에 따라 지역경제의 활성화에 대한 지방정부 역할의 필요성이 증대됨에 따라 지역경제의 활성화가 지방재정에 직접적으로 연결될 수 있도록 한다는 측면에서 지방소득세의 도입이 주장되어 왔다. 뿐만 아니라 소득세는 신장성과 탄력성이 상대적으로 높기 때문에 지방재정의 확충에도 매우 효과적일 수 있다. 한편 소비세는 응능성보다도 응익성의 원칙에 가깝고 세원의 분포 또한 인구분포와 유사하여 보편성이 높기 때문에 지방세의 원칙에 부합되는 면이 많다. 또한 과세표준(tax base)이 넓기 때문에 낮은 세율로 큰 세수를 얻을 수 있고, 소비생활의 고급화와 소비지출의 증가에 비례하여 세수의 신장성이 좋기 때문에 지방재정의 확충에 매우 효과적일 수 있다.

그리하여 많은 우여곡절 끝에 마침내 2010년부터 지방소득세와 지방소비세가 도입되었다. 그러나 도입 당시 지방소득세는 실질적인 중앙정부 재원의 지방이양이 아니라 종전 주민세의 소득할(소득분)과 사업소세의 종업원할(종업원분)

을 통합한 것이라는 사실에 주의해야 한다. 이후 법 개정을 통해 2014년부터 지방소득세 중 국세인 소득세의 부가세 방식이었던 소득분을 독립세로서의 지방소득세로 전환하였고, 그 과정에서 소득에 대한 과세와는 성격이 다른 종업원분을 주민세로 이전조정 하였다. 지방소비세는 도입 당시 국세인 부가가치세액의 5%를 재원으로 하는 공동세방식으로 도입되었는데, 이후 법 개정으로 이 비율이 2014년 11%, 2019년 15%, 2020년 21%로 점차적으로 상향 조정되었다.

국세의 지방세 전환과는 별도로 지방재정의 확충을 위해 새로운 지방세의 도입방안도 생각해 볼 수 있다. 1985년부터 도입된 담배판매세, 그것이 확대·개편되어 1989년부터 도입된 담배소비세, 지방자치의 부활과 더불어 1992년에 도입된 지역개발세,5) 그리고 2000년에 도입된 주행세6) 등이 신세목 도입의 대표적 사례이다. 이 중에서 다른 지방세와는 달리 지역개발세, 즉 2015년 기준으로 지역자원시설세는 의무세가 아닌 임의세이기 때문에 지방세법은 과세대상과 세율만 규정하고 과세권의 행사는 각 지방정부의 조례에 위임되고 있다. 그렇지만 이 경우에도 지방정부는 중앙정부의 의사에 반하여 과세권을 행사하기는 곤란하다.7) 이처럼 지방정부의 조례에 상당한 권한이 부여된 현재의 지역자원시설세의 경우에도 지방정부가 자율적으로 과세권을 행사하기가 어려운데 중앙정부의 확고한 의지가 없다면 새로운 지방세목의 도입은 불가능하다. 일본의 경우 헌법 제84조에서 "조세의 신설, 변경은 법률 또는 법률이 정하는 조례에 의한다"고 규정함으로써 법정외세의 근거가 마련되고 있는데, 이러한 법정외세제도의 활용은 우리나라에 상당한 시사점을 줄 수 있다고 생각된다.

지방자치의 성공을 위한 중요한 조건으로서 중앙정부가 적절한 세목들에 한하여 지방정부의 과세자주권을 인정하고 가능한 그것을 존중하는 것이 필요

---

5) 2011년부터 지역자원시설세란 이름으로 바뀌었다.

6) 2011년부터 종전의 자동차세로 흡수통합 되었다.

7) 부산시는 현행 지역자원시설세의 전신인 지역개발세의 일환으로 1992부터 2001년까지 10년 동안 한시적으로 컨테이너세를 도입하였었다. 부산시는 매년 약 500억 원의 세수를 안겨주는 컨테이너세의 연장을 위해 중앙정부를 설득하여 2006년까지 5년간 연장하였다. 컨테이너를 처리하는 다른 지방정부에서도 컨테이너세의 도입을 추진하였지만 중앙정부의 반대에 부딪쳐 실현되지 못하였다.

하다. 이러한 관점에서 볼 때 주정부가 지방정부에 대한 자치권 및 과세권을 부여하는 미국의 경우[8] 지방정부들은 상대적으로 독립적인 과세자주권을 누린다고 할 수 있다. 그렇지만 미국에도 예외적인 사건들이 존재한다. 즉 1978년에 이루어진 캘리포니아 주의 주민발의 13(Proposition 13)은 지방정부의 재산세를 사실상 주정부의 세금(州稅)으로 만듦으로써 지방정부의 기능을 약화시켰으며, 미시건주도 지방정부의 토지세를 대폭 삭감하는 대신 주정부의 소비세로 그 재원을 대체한 사례가 있었다(김정훈, 1999: 18-19).

2) 지방세의 과세표준산정: 토지와 주택 관련 재산세를 중심으로

(1) 과세표준산정과 정치경제적 특성

① 과세표준산정제도의 변천

우리나라 지방세가 갖는 특징은 재산보유세의 비중이 상당히 낮을 뿐만 아니라 보유세로 대표되는 재산 관련 지방세의 실효세율(effective tax rate)이 매우 낮은 것이라고 지적되어왔다. 재산 관련 지방세는 부동산시장의 경기에 매우 민감한데, 토지와 주택은 부동산시장의 핵심적 물건들이다. 그동안 우리나라는 토지와 주택을 중심으로 하여 재산세의 개편이 자주 이루어져 왔는데 그 핵심은 과세표준의 현실화와 그것을 통한 실효세율의 현실화에 있었다. 이와 같은 과표산정방식 개편의 목적은 보유세 강화를 통한 사회적 형평성의 제고 및 '동일 가격에 대한 동일 세부담'이라는 조세의 수평적 형평성을 제고하는 것이었다.

재산세 과표산정방식 개편은 특히 노무현 정부하에서 대대적으로 이루어졌다. 특히 2005년도에 주목할 만한 개편이 있었다. 2004년까지 토지는 종합토지

---

8) 주정부에 의해 창조되는 지방정부의 자치권 범위와 기관구성 형태 등은 지방정부의 헌법이라 할 수 있는 헌장(charter)에 규정되어 있다. 주정부가 지방정부에 헌장을 부여하는 방식에는 ① 지방정부가 헌장을 제정·수정할 때마다 주정부가 특별법(special act)을 제정하는 경우, ② 인구규모 등 일정한 기준에 따라 몇 가지 유형의 헌장을 분류해 놓고 이에 해당하는 지방정부에게 동일한 헌장을 부여하는 분류법(classified law)에 의한 경우, ③ 주정부가 두 가지 이상의 헌장을 제시해 놓고 지방정부로 하여금 주민투표를 통해 선택케 하는 선택법(optional law)에 의한 경우, ④ 지방정부가 스스로 헌장을 기안·채택·수정할 수 있는 법적 권한을 주정부의 헌법이나 법률에 의해 보장받는 홈룰(home rule)에 의하는 네 가지가 있는데 각 주마다 다소간의 차이는 있다.

세의 부과대상이었고 주택은 토지와 건물을 분리하여 토지분은 종합토지세, 건물분은 재산세의 부과대상이었다. 그러나 2005년 1월 지방세법 개정을 통해 2005년부터 종합토지세가 폐지되면서 토지가 재산세로 부과되었고 주택은 토지와 건물을 통합하여 재산세로 부과되었다. 2004년까지 토지(주택의 토지분 포함)를 대상으로 한 종합토지세의 과세표준은 토지의 가액인데 이 가액은 지가공시 및 토지 등의 평가에 관한 법률에 의한 개별공시지가에 과세표준액 적용비율을 곱하여 산정한 가액이며, 이 적용비율은 구체적으로 50%로 하였다.

또한 2004년까지 건물(주택의 건물분 포함)을 대상으로 하는 재산세의 과세표준은 재산가액(시가표준액)으로 하였는데, 이 시가표준액은 당해 지방자치단체장이 거래가격, 수입가격, 신축가격 등을 참작하여 정한 기준가격에 종류, 구조, 용도, 경과연수 등 대통령령이 정하는 과세대상별 특성을 감안하여 결정한 가액이다. 그러나 2005년부터 토지와 주택(건물과 토지 합산)에 대한 과세가 재산세로 부과되면서 토지와 주택에 대한 재산세의 과세표준도 변화되었다. 즉 2005년 1월에 개정된 당시의 지방세법 제187조는 토지와 주택에 대한 재산세의 과세표준은 시가표준액[9])에 대통령령으로 정하는 적용비율[10])을 곱하여 산정한 가액으로 하도록 규정되었고, 동법시행령(대통령령) 제138조에서 그것의 구체적 적용비율을 50%로 명시하였다.

그 이후 2005년 12월 지방세법 개정에 따라 2006년부터는 이 적용비율에 관한 규정을 삭제하여 법률상으로는 시가표준액이 곧 과세표준액으로 되었다. 비록 지방세법상 그러한 적용비율에 관한 내용이 삭제되긴 했으나 토지에 대한 재산세는 2006년부터 매년 5% 포인트씩 인상하고, 주택에 대한 재산세는 2008년부터 매년 5% 포인트씩 인상하여 점진적으로 100%까지 상향조정하도록 되었다.

그러나 이명박 정부에 들어 2009년 2월 6일 지방세법 개정에 따라 토지와

---

9) 당시 지방세법상의 토지와 주택에 대한 시가표준액은 부동산 가격공시에 관한 법률(2005년 1월 14일 제정·시행)에 의하여 공시된 가액(개별공시지가, 개별(단독)주택가격, 공동주택가격)으로 하였다.

10) 2018년 8월 기준의 지방세법에서 규정하는 공정시장가액비율과 같은 개념이다.

주택에 대한 재산세의 과세표준 산정방식의 변화가 있었는데, 2006년부터 삭제
되었던 적용비율이 공정시장가액비율이라는 명칭으로 되살아나서 시가표준액
에 이 공정시장가액비율을 곱하여 산정한 가액을 과세표준으로 하였다. 이와 같
이 개정된 당시 지방세법 제187조에서는 과세표준 산정시 시가표준액에 곱해지
는 '공정시장가액비율'을 토지는 시가표준액의 50~90%, 주택은 시가표준액의
40~80%의 범위 내에서 대통령령으로 정하도록 규정하였다. 이와 같은 당시 지
방세법 제187조에 따라 2009년 5월에 지방세법시행령(대통령령) 개정을 통해 당
시 동시행령 제138조(신설조항)에서 이 공정시장가액비율을 구체적으로 토지와
주택 각각에 대해 시가표준액의 70%와 60%로 규정하였다. 이 당시 이와 같이
규정된 공정시장가액비율의 설정 범위와 그것의 구체적 비율은 2020년 8월까지
그대로 이어지고 있다.

　　이와 같은 과표의 현실화 노력을 거친 끝에 2020년 8월 기준 토지와 주택
을 과세대상으로 하는 재산세의 과세표준은 지방세법 제4조 제1항의 규정에 의
한 시가표준액에 대통령령으로 정하는 '공정시장가액비율'을 곱하여 산정한 가
액으로 한다.[11] 지방세법 제4조 제1항에 따른 토지와 주택에 대한 시가표준액
은 부동산 가격공시에 관한 법률에 따라 공시된 가액(개별공시지가, 개별(단독)주택
가격, 공동주택가격)으로 한다. 다만, 개별공시지가 또는 개별주택가격이 공시되지
아니한 경우에는 특별자치시장·특별자치도지사·시장·군수 또는 구청장(자치구)
이 같은 법에 따라 국토교통부장관이 제공한 토지가격비준표 또는 주택가격비
준표를 사용하여 산정한 가액으로 하고, 공동주택가격이 공시되지 아니한 경우
에는 대통령령으로 정하는 기준에 따라 특별자치시장·특별자치도지사·시장·
군수 또는 구청장이 산정한 가액으로 한다. 이와 같은 시가표준액의 결정은 지
방세기본법 제147조에 따른 지방세심의위원회에서 심의한다.

　　2020년 8월 기준 이와 같은 시가표준액에 곱해지는 공정시장가액비율은 지
방세법 제110조 제1항에 의해 ① 토지의 경우 시가표준액의 50~90%, ② 주택

---

11) 토지와 주택을 대상으로 하는 재산세의 과세표준산정방법에 대한 자세한 설명은 본서 제5장
　을 참조하기 바란다.

의 경우 시가표준액의 40~80%의 범위 안에서 정하도록 되어있다. 이에 근거하여 2020년 8월 기준으로 지방세법시행령 제109조는 그 구체적인 적용비율을 토지는 70% 그리고 주택은 60%로 규정하고 있다.

② 과세표준산정의 정치경제적 특성

보유세의 부담이 약한 우리나라 지방세제 하에서 재산세를 비롯한 보유세의 과세표준산정 방법을 개편하고 과표를 현실화시키는 것은 세부담의 형평성 제고를 위해 중요한 개혁과제이다. 이와 같은 논리하에 그동안 우리나라는 지방세의 과세표준산정 방법을 개편하여왔다. 그러나 현실적으로 지방자치단체장을 비롯하여 선출직 정책결정자들은 재산 소유자의 세부담과 조세저항 등을 크게 의식하지 않을 수 없기 때문에 경제논리에 의해서만 과표 현실화를 추진할 수는 없으며, 제도 개편에 정치적 논리가 가미될 수밖에 없다. 그동안 우리나라에서 지방세 중 재산보유에 대한 과세의 과표 현실화를 추진해온 과정에서도 이와 같은 현상이 그대로 드러났다.

우선 노무현 정부에서는 세부담의 형평성과 더불어 부동산 투기 방지와 부동산 가격 안정화도 지방세 과표현실화의 목적이 되었다. 이와 같은 목적 하에서 노무현 정부는 앞에서 언급한 바와 같이 2005년도에 토지와 주택의 보유세에 대대적인 개편을 하였다. 특히 주택의 경우 종합토지세(토지분)와 재산세(건물분)로 나누어 부담하던 것을, 토지와 건물을 합산하여 한꺼번에 재산세로 납부하도록 제도를 변경하였다. 더불어 앞에서 언급하였듯이 2005년 이전까지는 주택의 건물분(건물)에 대한 재산세의 과세표준은 당해 지방자치단체장이 신축가격 등을 참작하여 정한 기준가격에 경과연수 등 대통령령이 정하는 과세대상별 특성을 감안하여 결정한 가액(장부상 가격)으로 하였는데, 이렇게 정해지는 과세표준액은 주택의 가격과 무관하게 평수가 넓을수록, 새 아파트일수록 높아서 현실과 동떨어져 있었다.

그러나 2005년도부터는 주택의 건물분과 토지분을 합산하여 부동산 가격 공시에 관한 법률에 따라 공시된 주택가격인 기준시가(시가표준액)를 기준으로 과세표준을 산정하여, 과세표준액이 실제의 시장거래가격에 근접하게 됨으로써 시장가격이 고가일수록 높아져 세부담의 형평성이 제고되었다. 이와 같이 주택에 대한 보유세의 과세표준산정 방법이 면적(평수)기준에서 가격기준으로 바뀜에 따라, 예를 들어 서울시 강남구의 작은 평수의 비싼 아파트가 다른 지역의 평수가 크나 상대적으로 저렴한 아파트보다 보유세 부담이 적은 불공평성이 해소되는 성과를 거두었다.

이에 더하여 노무현 정부는 토지와 주택에 대한 재산세의 과표산정시 시가표준액에 곱해지는 적용비율을 2006년도부터 삭제함으로써 시가표준액 자체를 과표로 하고자 하였으나, 이명박 정부는 2009년 2월 지방세법 개정을 통해 이 적용비율을 공정시장가액비율이라는 명칭으로 다시 부활시켰다. 부활 당시 이 공정시장가액비율은 토지와 주택 각각에 대해 시가표준액의 70%와 60%로 정함으로써 100%에 훨씬 미치지 못하였는데, 이 비율이 2020년 8월까지 그대로 이어지고 있다. 이와 같은 제도변화 역시 급격한 납세자의 세부담 상승과 조세저항을 의식한 정책결정의 결과라고 해석할 수 있을 것이다.

이와 같은 과표산정상의 정치성은 공정시장가액비율(적용비율) 외에 시가표준액의 산정과정상에서도 나타난다. 지방세법 제4조 제1항의 토지와 주택에 대한 시가표준액은 부동산 가격공시에 관한 법률에 따라 공시된 가액으로 하고 있다. 이 공시가액은 국토교통부장관이 매년 공시하는 표준지 가격을 기준으로 시장·군수·구청장이 결정·공시하는 개별공시지가와 개별(단독)주택가격, 그리고 국토교통부장관이 결정·공시하는 공동주택가격으로 구성된다. 이와 같은 토지와 주택가격을 산정하여 공시할 때, 공시지가는 필지단위로 ㎡당 가격 공시되는데 산정가격이 그대로 공시되는 반면에, 주택가격의 경우 호별로 공시하되 산정된 가액에 비공식적으로 관행상 80%의 비율을 곱하여 공시한다(박성규, 2013: 1-26). 이와 같이 주택가격을 실제평가가격의 80% 수준으로 공시하는 것은 가격 결정·공시자인 국토교통부장관과 자치단체장이 납세자의 세부담을 의식하여 취하는 조치라고 해석할 수 있을 것이다. 또한 본서 제5장에서 설명한 바와 같이 2013년 기준으로 토지와 단독주택에 대한 시가표준액의 현실화율은 각각

약 62%와 59% 수준으로 추정되고 있다.

이와 같이 그동안 꾸준히 보유세에 대한 과표현실화율을 제고시키고자 노력하였음에도 불구하고, 현재 부동산의 기준시가(시가표준액)도 시장가격에 미치지 못하는데 과세표준은 이 기준시가에다 공정시장가액비율을 곱하여 구해지므로 과표는 시장가격에 비해 상당히 낮은 수준으로 결정된다고 보면 될 것이다.

미국의 경우도 과표현실화율이 상당히 낮은 편이지만 재산세의 세율이 상당히 높기 때문에 1% 이상의 실효세율을 갖는 주들이 많다. 미국 주요 시의 주택에 대한 실효세율을 보면, 디트로이트 4.40%, 시카고 2.05%, 애틀랜타 1.74%, 뉴올리언스 1.61%, 보스턴 0.89%, 뉴욕 0.87%, 로스앤젤레스 0.63%로 나타나고 있다(김정훈, 2000: 71-72).

(2) 과세표준의 산정과 조세저항: 주민발의 13(Proposition 13)의 함의

1970년대의 에너지 파동 이후 캘리포니아 주는 미국경제의 새로운 중심지로 부각되었다. 이에 따라 이 지역에 급격한 인구성장이 있었고 그것은 자연히 주택수요를 폭발시켰다. 그렇지만 불행하게도 주택공급은 그러한 폭발적 수요를 충족시키지 못하였으며 그 결과 이 지역의 부동산가격이 폭등하였다. 부동산가격은 연평균 20%씩 상승하였고, 오렌지 카운티(Orange County), 샌프란시스코(San Francisco), 로스앤젤레스(L.A.), 샌디에고(San Diego) 등에 있는 주택가격은 전국에서 가장 비쌌으며 전국 평균치보다 무려 25-45% 가량 높았다. 그 당시에는 카운티의 재산평가관(assessor)이 3년마다 부동산 가격을 평가하였는데, 이와 같은 주택부족 상황 때문에 평가 때마다 재산가격이 크게 상승하였다.

만약 캘리포니아 주의 지방정부들이 이와 같은 평가액의 급격한 상승을 고려하여 법정세율을 조정하였더라면 일반시민들의 재산세부담이 크게 증가하지는 않았을 것이다. 그러나 실제로는 그렇지 못하였기 때문에 특히 주택소유자들의 재산세 부담은 놀라울 정도로 증가되었다. 즉 L.A. 지역에 거주하는 한 가정의 경우 1968년에 $64,000를 주고 집을 샀는데 그 당시에는 $1,800의 세금을 부담하였으나(실효세율 2.8%), 1976년에는 동일한 집에 대하여 $3,500의 재산세를 물게 되었으며, 만약 Proposition 13이 제정되지 않았더라면 $7,000의 재산세를 부담하였을 것이라고 한다(Mansfield, 1991: 506).

그러한 상황에서 캘리포니아 주 정부는 1977년에 25개의 재산세 구제법안 (property tax relief bill)을 고려하여 많은 시민들의 기대감을 부풀려 놓았으나 실제로는 하나도 실현되지 못하였다. 이러한 상황을 틈타서 아파트 소유업자 협의회 회장인 제리스(Howard Jarris)와 은퇴한 부동산 브로커인 간(Paul Gann)은 시민들의 불만에 편승하여 130만 명의 서명을 얻어 재산세제에 관한 주헌법 개정안인 Proposition 13을 이끌어 내었고, 마침내 1978년 주민 63%의 찬성을 얻어 효력을 발생시켰다(Chapman, 1980: 482-483).

Proposition 13의 주요 내용은 다음과 같다: ① 재산세의 세율은 과세표준금액(assessed value)의 1%를 넘지 못한다; ② 1975~1976년도 이후로 명의이전(名義移轉)되지 않은 재산의 과세표준금액은 그 재산의 1975~1976년도의 공정한 시장가격에다[12] 물가상승을 고려하여 연간 2% 내의 복리가산된 금액으로 한다; ③ 1975~1976년 이후로 명의이전된 재산의 과세표준금액은 그 재산의 매매가격으로 하며 여기에도 물가상승을 고려하여 연간 2%의 복리가산을 적용한다. 이 조치는 그 당시까지의 캘리포니아 주의 재산세과표가 시장가격의 일정비율을 평가하던 종가세(ad valorem)에서 탈피하여 취득가액(取得價額) 기준으로 전환됨을 뜻하며 이것은 재산세 부담상의 심각한 형평성문제를 야기하였다; ④ 신세의 도입이나 재산세 이외의 기존 조세를 인상하려면 그것이 주세일 경우 주 의회의 3분의 2 이상의 찬성을 얻어야 하고 지방세일 경우 그 지방주민들의 3분의 2 이상의 찬성을 얻어야 한다는 것으로 요약된다(Oakland, 1979: 387).

Proposition 13이 발효됨에 따라 캘리포니아 주의 재산세평가는 전통적인 종가세(ad valorem)형태로부터 재산의 취득가액(取得價額) 기준으로 바뀌었다. 따라서 재산의 시장가격이 아무리 폭등하더라도 그 재산의 과표평가는 그 재산의 최초 구입가격에 대한 연간 최대 2%의 복리가산액으로 제한되었다. 그 결과 재산세 과표평가액과 그 재산의 시장가격간의 괴리가 커지게 되었다. 뿐만 아니라

---

12) 공정한 시장가격이란 그 재산의 매매가격을 뜻한다.

동일한 가격의 주택일지라도 그것의 구입시점에 따라 재산세부담이 달라지게
되어 재산세부담에서의 심각한 형평성문제가 제기되었다. 이러한 취득가액 방식
은 노인층에 비해 이동성이 높은 젊은 층에 불리하여 세대간의 형평성문제도 제
기하였으며, 현 재산의 소유주가 새 주택을 구입하여 이사를 하게 되면 높은 과
표평가를 받기 때문에 현 거주지에 고착할 수밖에 없는 고착효과(lock-in effect)
를 초래하기도 하였다.

3) 지방세의 탄력세율제도

(1) 탄력세율제도의 의의와 주요 내용

탄력세율제도란 조세법률주의와의 충돌을 피하면서 미흡하지만 지방정부의
과세자주권을 확보할 수 있는 유익한 수단이다. 즉 탄력세율제도는 법률의 위임
을 받아 법집행상 지방정부에 신축성과 자율성을 제고할 목적으로 지방세액 산
정시에 적용하는 세율을 세법상 정해진 세율(기준세율 또는 표준세율)과 다르게 정
할 수 있게 한 제도를 말한다. 여기서 법률의 위임이란 대통령령으로 하든지
아니면 지방정부의 조례에 의하도록 하는 것을 의미한다. 법률의 개정이나 제
정은 국회에서 정치적 합의에 의해 이루어지기 때문에 대통령령의 그것에 비하
여 훨씬 어렵고, 법률은 전국에 걸쳐 영향을 미치므로 사정이 각각 다른 모든
지방정부에게 일률적으로 적용할 경우 현실성이 떨어질 수 있다. 바로 이와 같
은 이유 때문에 탄력세율제도가 필요한 것이다. 2020년 8월 기준 11개 지방세
중 지방소비세와 레저세를 제외한 9개의 지방세는 지방자치단체의 조례 또는
대통령령에 의한 탄력세제도가 활용될 수 있는 법적 장치가 마련되어 있다.

지방세의 경우 탄력세율제도의 적용은 주로 지방정부의 조례에 의하여 이
루어지지만, 지방세 중에서도 담배소비세와 자동차 주행에 대한 자동차세의 경
우는 지방자치단체의 조례에 의해서가 아니라 대통령령에 의하여 탄력세율제도
가 활용된다. [표 6-1]은 2020년 8월 기준 지방세법에서 규정하고 있는 지방세
의 탄력세에 관한 사항을 정리한 것이다. 이 표에서도 알 수 있듯이 지방세체계

에서 탄력세율제도가 본격적으로 도입된 것은 1991년 초 지방의회가 구성된 후인 1991년 12월에 개정된 지방세법부터라고 할 수 있다. 그렇지만 담배소비세, 주민세(기존의 사업소세 포함), 지방소득세(기존의 주민세 소득분을 말함), 지역자원시설세(기존 공동시설세 부분) 등의 경우는 지방의회가 구성되기 전에 지방의회를 대신하는 내무부의 승인을 얻어 탄력세율제도를 실시하였다. 탄력세율제도가 비록 지방정부의 신축성과 자율성을 제고한다고 하지만 그것은 어디까지나 법률에 위임된 한정된 범위 안에서 일뿐이다.

표 6-1 **현행 탄력세율제도의 주요 내용** (2020년 8월 기준)

세목	탄력세율제도 도입연도	탄력세율제도의 주요 내용
취득세	1997년 8월 30일	조례에 따라 표준세율의 50%범위에서 가감할 수 있음
등록면허세	1997년 8월 30일 (등록에 대한 세; 기등록세)	등록에 관한 등록면허세 중 부동산 등기에 대해 조례에 따라 표준세율의 50%범위에서 가감할 수 있음
담배소비세	1988년 12월 26일	대통령령에 따라 표준세율의 30%범위에서 가감할 수 있음
주민세	1976년 12월 31일 (균등분); 1988년 4월 6일 (재산분과 종업원분; 기사업소세)	균등분의 경우 지방자치단체 구역 내에 주소를 둔 개인에 대해 1만 원을 초과하지 않는 범위에서 조례로 정하는 세액을 부과하며, 지방자치단체에 사업소를 둔 개인과 법인에 대해 조례로 정하는 바에 따라 표준세율을 50%의 범위에서 가감할 수 있음. 재산분은 조례로 정하는 바에 따라 표준세율 이하로 정할 수 있음. 종업원분은 조례로 정하는 바에 따라 표준세율의 50% 범위에서 가감할 수 있음.
지방소득세	1976년 12월 31일 (기주민세 소득분)	조례로 정하는 바에 따라 거주자의 종합소득에 대한 개인지방소득세, 거주자의 양도소득에 대한 개인지방소득세, 그리고 내국법인의 각 사업연도소득에 대한 법인지방소득세의 세율을 표준세율의 50%범위에서 가감할 수 있음.

재산세	1997년 8월 30일	조정이 불가피한 경우 조례에 따라 표준세율의 50%범위에서 가감할 수 있음. 다만, 가감한 세율은 해당연도에만 적용됨.
자동차세	1991년 12월 14일 (소유에 대한 세; 기자동차세); 2000년 12월 29일 (주행에 대한 세; 기주행세)	자동차 소유에 대한 자동차세의 세율은 조례로 정하는 바에 따라 배기량 등을 고려하여 표준세율의 50%까지 초과하여 정할 수 있음. 자동차 주행에 대한 자동차세는 조정이 필요할 경우 표준세율의 30%의 범위에서 대통령령으로 정하는 바에 따라 가감조정할 수 있음.
지역자원시설세	1988년 4월 6일 (기공동시설세); 1991년 12월 14일 (기지역개발세)	조례에 따라 표준세율의 50%범위에서 가감할 수 있음. 다만, 원자력발전과 화력발전의 경우는 탄력세율의 적용 대상에서 제외됨.
지방교육세	2000년 12월 29일	필요한 경우에 조례에 따라 표준세율의 50%범위에서 가감할 수 있음. 단, 레저세에 부가되는 지방교육세의 경우는 탄력세율의 적용대상에서 제외됨.

(2) 탄력세율제도의 정치경제적 특성

지방자치 실시 이후 각 지방정부가 심혈을 기울이고 있는 재정확충 노력의 대부분은 주민들의 부담을 초래하는 조세형태를 띠기보다도 경영수익사업이나 중앙정부의 지원금 확보에 치중되어 있었다. 조세의 형태를 띨 경우에도 자기 지역 주민들에게는 부담을 초래하지 않고 다른 지방정부에게 부담을 전가시킬 수 있는 세목의 신설이나 세율의 인상에만 관심을 기울였고, 지방세탄력세율을 활용하는 데는 매우 소극적이었다. 지방세 탄력세율제도는 조세법률주의 하에서도 지방정부장의 의지만 있다면 조세수입의 확충을 기할 수 있는 실질적 방안이다. 그렇지만 주민들의 표를 의식해야 하는 지방자치단체장들은 탄력세율제도에 눈을 돌리기보다도 조세법률주의라는 핑계에 집착하게 된다.

아무튼 현실적으로 탄력세율제도가 적극적으로 활용되지 못하는 이유로서 다음과 같은 몇 가지를 생각해 볼 수 있다: ① 주민직선에 의하여 선출되는 단체장이나 지방의회 의원들은 다음번 선거를 의식하여 세율인상에 대한 비난을 두려워한다; ② 특정 지역의 세율이 인근지역보다 높을 경우 조세저항운동이나 조세회피현상이 일어날 수 있다;[13] ③ 탄력세율을 적용할 수 있는 세목의 경우도 지방정부의 재량이 비교적 적은 편이다(원윤희, 1994: 37-38).

민선자치단체장 시대가 출범하기 시작한 초창기인 1996년도에 강원도의 최각규 지사는 강원도 시·군의 재산세 건축물분에 10%의 가산세를 물린 적이 있었고, 내무부는 인센티브 차원에서 지방교부세의 기준재정수입액 산정시에 그 부분을 제외하기도 하였다(남창우, 1999: 121). 그렇지만 주민들의 조세저항에 부딪혀 탄력세율제도는 그리 오래 시행할 수 없었다고 한다.

지금까지 탄력세율제도라고 하면 일반적으로 지방정부가 표준세율보다 더 높은 세율을 적용함으로써 조세법률주의 하에서 비록 제한적이기는 하지만 지방정부가 지방세를 확충할 수 있는 하나의 방안으로 간주되었으나, 지방자치가 실시됨에 따라 오히려 세율을 표준세율보다 인하하는 경우도 나타나고 있다. 즉 1999년도에 각각 공항이 입지하고 있는 서울의 강서구와 부산의 강서구 간에는 항공기의 재산세를 확보하기 위하여 표준세율보다 더 낮은 탄력세율을 적용시켜 조세경쟁을 벌인 바 있고 그 후에는 이러한 경쟁에 제주도까지 합세하였다.

이와 같이 탄력세율을 표준세율 이하로 적용시키려는 움직임은 노무현 정부 하에서 두드러졌다. 노무현 정부는 폭등하는 부동산 가격의 안정과 조세 형평성의 구현을 위해서 보유세의 강화를 주요한 정책목표로 채택하였다. 2005년도부터 주택의 건물분 재산세의 과표평가방식이 종전의 면적기준에서 가격기준(건물분과 토지분 합산)으로 전환됨에 따라 재산세가 급등하였다. 더욱이 2005년부터는 종합토지세가 폐지되고 토지에 대한 보유세를 재산세로 부과하면서 과표현실화율도 인상되었으며 특히 주택의 경우 건물과 토지를 합산하여 재산세를 부과하게 됨에 따라 종전에 비해 재산관련 세의 부담이 급증하였다. 이러한 새로운 환경으로 가장 많은 영향을 받는 지방자치단체는 부동산 가격이 매우 높은

---

13) 예를 들면 특정 지방정부의 세율이 높을 경우 기업입지나 자동차등록을 세금이 싼 곳에 함으로써 그 지방정부의 세원(tax base)이 감소되는 것을 말한다.

서울의 각 자치구들과 수도권의 지방자치단체들이었고, 이들 단체들은 탄력세율을 표준세율 이하로 적용하였다.

이와 같은 표준세율 이하의 탄력세율의 적용은 비싼 주택보다도 싼 주택의 재산세 부담을 더 크게 하는 이른바 재산세 역전현상을 초래하였다. 즉 주택공시가격이 5억 원일 경우 표준세율이 적용되는 지방자치단체에 사는 주민들은 99만 원의 재산세를 내야하지만, 수도권의 일부 자치단체에서처럼 50%의 탄력세율을 적용받는 주민들의 재산세 부담은 49만 5,000원으로 줄어들었다. 이러한 현상이 발생하게 되자 중앙정부는 재산세 탄력세율을 적용해 재산세율을 표준세율보다 인하할 경우 보통교부세 및 부동산교부세 배분시에 불이익을 주며, 더 나아가서 지방세법을 개정하여 현재 상한선 50%로 되어 있는 탄력세율의 범위를 대폭 축소할 방침을 밝히기도 하였다.[14] 이러한 방침에 대해 "재산세 부과는 지방자치단체의 고유권한"이며 지방자치단체의 재산세 운영을 통제하기 위해 지방세법을 개정하려는 것은 지방자치 시대에 역행하는 처사라는 주장도 제기되었다.[15]

4) 지방세의 확충과 징세노력

징세노력(tax effort)이란 특정 지방정부가 자신의 재원을 확충하기 위하여 얼마만큼 노력하는 가를 지칭하는 용어로서 흔히 동급 지방정부의 평균세율에 대비한 그 지방정부의 세율로 정의된다(Musgrave and Musgrave, 1989: 481). 조세법률주의 하에 있는 우리나라는 지방세법상에 표준세율이 규정되어 있고 그것이 각 지방자치단체에 적용된다. 그렇기 때문에 전술한 의미의 징세노력이란 각 지방정부의 탄력세율의 적용 여부로 나타낼 수 있을 것이다. 비록 최근 재산세의 급등과 연관하여 탄력세율제도의 적용에 대한 논란이 제기되었지만, 우리나라에

---

14) 민선자치시대에 선거를 의식해야 하는 지방자치단체장은 인근 자치단체가 탄력세율을 적용하여 재산세를 인하할 경우 혼자만 표준세율을 적용하는 것이 거의 불가능하다고 생각된다.

15) 사실 재산세의 급등은 지방재정확충을 위해서가 아니라 보유세 강화를 통한 조세정의를 실현하기 위한 노무현 정부의 정책의지로부터 야기된 것이다. 그렇기 때문에 상대적으로 부유한 자치단체가 탄력세율을 적용하여 재산세를 인하하게 되면 보유세를 강화하려는 중앙정부의 정책목표가 크게 훼손될 수밖에 없다.

서는 탄력세율 적용이 아직 활성화되어 있지 않기 때문에 탄력세율로 지방세의 징세노력을 나타내는 데는 한계가 있다.

이러한 현실적인 제약 하에서 각 지방정부의 징세노력은 지방정부의 지방세 체납징수율로 나타낼 수 있다. 지방세 체납징수율은 과년도 지방세 체납액 중에서 과년도 지방세 체납 징수액의 백분율로 표시된다. 지방자치가 실시됨에 따라 지방자치단체는 주민들의 민원(民怨)에 매우 민감해진다. 그렇기 때문에 체납액에 대한 징수의지도 상대적으로 줄어들 수 있을 것이다. 이것은 지방자치실시 이후 매년 체납액이 증가하는 데서도 알 수 있다.

제2절 자주재원 확충과 효율성·형평성·공익성

1. 지방세의 효율성과 형평성

우리는 본서의 제5장에서 조세가 갖추어야 할 일반적 원칙으로서 효율성과 형평성(공평성)의 두 요소를 지적하였다. 효율성은 경제적 효율성과 행정적 효율성의 두 측면에서 고찰할 수 있는데, 조세의 효율성은 형평성에 비해 납세자가 직접 체감하기는 상대적으로 더 어렵다고 생각된다. 왜냐하면 효율성으로 인한 문제는 납세자 개인에게보다도 사회전체에 돌아가는 일종의 사회적 비용인데 반해, 형평성에 관한 문제는 납세자들이 자신과 비슷한 입장에 처해있는 다른 사람들의 조세부담을 자신의 그것과 비교하는 것이 용이하기 때문이다. 그러므로 우리는 토지와 주택을 대상으로 한 재산세를 중심으로 하여 조세의 형평성 측면을 고찰해 보려고 한다.

지방세 과표평가시에 발생하는 오류, 시장상황에 따라 적시(適時)에 과표를 재산정(再算定)하지 못하는 부적응성,16) 재산별로 다르게 적용되는 차별적인 과표평가조건 등은 지방세 부담의 불공평성을 야기하는 주요한 통로이다. 특히 지역별로 과표현실화율이 차이가 날 경우 납세자가 어디에 살고 있는가에 따라 동일한 물건에 대해 서로 다른 지방세를 부담하게 된다. 토지의 과표현실화율이 건물의 과표현실화율에 비해 상대적으로 낮을 경우 토지재산 보유자들은 엄청난 조세감면의 혜택을 누리게 되어 재산세 부담의 불공평을 초래한다. 뿐만 아니라 주택이라도 단독주택, 연립주택, 아파트간의 공시가격 인상률에 차이가 있어 재산세 부담상에 차이가 나는 경우도 있다. 이와 같은 재산별 재산세 부담상의 불공평성은 투자자들의 재산 포트폴리오에도 상당한 영향을 줄 수 있다.

　　조세는 공평하게 부과되어야 하지만 실제로는 종종 한 집단의 희생 위에 다른 집단이 혜택을 누리게 되는 결과가 초래된다. 이러한 관계를 고찰하려면 세율 및 과표와 같은 조세결정의 구조를 살펴볼 필요가 있다. 특히 과표는 세율에 비해 특정 집단에 특혜를 숨길 수 있는 여지가 상대적으로 많으며 이러한 것들이 조세의 형평성을 저해시키는 주요한 요인이다. 우리는 과표의 결정과 세율이 조세부담의 형평성에 미치는 영향을 차례로 기술해 보려고 한다.

　　앞서 언급하였듯이 2005년도에 토지와 주택 등에 관한 보유세 과표산정방식이 기본적으로 변화되었다. 이와 같은 과표산정방식의 개정은 보유세 강화를 통한 사회적 형평성의 제고뿐만 아니라 '동일가격에 대한 동일세 부담'이라는 조세의 수평적 형평성을 제고하기 위한 것이 주요한 목적이었다. [표 6-2]는 과세표준제도의 변화로 인한 조세부담의 수평적 형평성 개선효과를 주택에 대한 보유세(재산세)를 중심으로 고찰해 본 것이다.

　　2005년도부터 주택에 대한 보유세의 과세표준산정 방법이 종전의 면적기준에서 가격기준으로 변경되었다. 이에 따라 [표 6-2]에서 볼 수 있듯이, 2004년도에는 거의 유사한 가격(기준시가)의 주택임에도 불구하고 서울 강남권에 소재한 주택 소유자들이 주택의 평수가 작다는 이유로 타 지역 큰 평수의 주택 소

---

16) 이와 같은 문제 때문에 국세청은 골프회원권이나 주택투기지역에 해당되는 주택의 경우 기준시가를 수시로 발표하고 있다.

| 표 6-2 | 과세표준제도의 변경과 조세부담의 수평적 형평성 | | | |

사례	대상주택	국세청기준시가(2004)	2004년도 세액	2005년도 세액
서울의 강남과 강북	강남소재 아파트(23평)	383백만 원	211천 원	698천 원
	도봉소재 아파트(71평)	360	731	640
서울과 신도시	강남소재 아파트(28평)	252	116	370
	용인소재 아파트(64평)	255	227	378
서울과 소도시	강남소재 아파트(26평)	215	130	278
	청주소재 아파트(81평)	216	430	280
공동주택과 단독주택	서초소재 아파트(44평)	900	890	1,990
	노원소재 단독주택(94평)	900	4,320	1,990

자료: 대구광역시 서구.(2004.11). 「"부동산보유세제" 이렇게 개편됩니다」. pp. 11－12.

유자들에 비해 훨씬 더 낮은 조세를 부담하였다. 그러나 2005년에는 거의 동일한 가격의 주택 간에 조세납부액의 크기가 거의 같아짐으로써, 조세의 수평적 형평성이 제고되는 성과를 거두었다.

우리나라 지방세의 세율은 지방세법에 표준세율이 규정되고 있고, 그것에 대한 예외적인 조치로 탄력세율제도가 활용된다. 탄력세율의 적용 또한 지방세 부담상의 형평성 문제를 야기할 수 있다. 2006년도 재산세의 경우 서울시의 25개 자치구 중 20곳이 각각 10~50%의 탄력세율을 적용하여 표준세율보다 낮은 재산세율을 적용하였다. 이 결과 50%의 탄력세율을 적용한 강남구의 공시가격 9억 4천 6백만 원인 47평 아파트의 재산세 부담은 105만 2천 5백 원이지만, 30%의 탄력세율을 적용한 양천구의 공시가격 7억 9천 3백 만 원인 45평 아파트의 재산세 부담은 120만 5천 750원이 되어 더 비싼 집을 갖고도 재산세 부담이 감소되는 재산세 부담 역전현상이 발생하였다. 이것 때문에 중앙정부는 지방정부의 탄력세율 상한선을 제한하려는 방안을 제기하기도 했었다.

2. 재정동원과 세대간·주민간 형평성

지방정부의 재정동원과 관련된 세대간 및 주민간 형평성 문제는 지방정부의 지방채 발행 및 공유재산 매각과 관련하여 설명할 수 있을 것이다. 지방채발행과 관련된 세대간·주민 간 형평성 문제는 본서의 제7장에서 언급되고 있기 때문에, 여기서는 공유재산 매각과 관련한 형평성 문제를 설명하려고 한다.

공유재산 매각대금이 비록 현 정부의 세수확보에는 도움될지 모르지만, 다음 정부에게는 오히려 재산의 감소를 초래하게 된다. 만약 현재의 지방정부가 공유자산을 매각하여 그 수입을 현재의 주민들에게 당장의 공공서비스를 공급하는 데에 소요되는 경상경비에 충당하였다면, 그러한 의사결정에 참여하지 않은 미래의 정부들(주민들)에게는 매우 불공평한 결과가 된다. 그러므로 공유재산 매각을 통한 지방정부의 재원확보에는 매우 신중한 접근이 요구된다.

3. 지방세외수입의 효율성·형평성·공익성

지방세외수입은 상수도·하수도요금, 쓰레기수거료, 각종 증명서발급의 수수료, 경기장이용료 등과 같이 지방정부가 제공하는 공공서비스에 대한 가격으로서 그러한 서비스를 제공받는 수혜자들로부터 직접 징수한다. 수익자부담의 성격을 띠기 때문에 마치 민간재와 같은 성격을 띤다고도 생각될 수 있다. 그렇지만 이러한 공공서비스는 민간재와는 달리 공익적 성격을 띠며 그것이 이윤추구를 목적으로 하는 민간기업이 아니라 지방정부에 의하여 공급된다는 사실 때문에 그와 같은 서비스의 공급에서 효율성과 형평성은 매우 중요한 고려요소이다.

지방정부가 공급하는 공공서비스를 사용하는 대가로 지불하는 요금은 대체로 공공요금(公共料金)이라고 불린다. 이와 같은 공공요금의 결정은 그 경제적타당성과는 관계없이 그것이 가져다주는 공익성과 더불어 중앙정부의 물가시책 및 서민생활에 대한 고려 등에 따라 결정되는 것이 관례이다. 그렇지만 그러한 공공서비스를 계속해서 생산할 수 있기 위해서는 운영수입에 의해 그러한 서비스의 원가에 대한 보전이 이루어지는 것이 좋다.

만약 어떤 재화의 가격이 그것의 생산비용에 미치지 않는다면, 그러한 재화를 생산하는 기업은 도산할 수밖에 없는 것이 시장경제의 현실이다. 똑같은 논리가 지방정부의 서비스에 대해서도 적용될 수 있다. 현실에 맞지 않는 공공요금은 지방정부를 재정적 압박으로 몰아넣게 되고 또한 지방정부 공공서비스의 낭비와 그 공급에서의 효율성 및 형평성을 저해할 수 있는 것이다. 우리는 여기서 수돗물 공급을 예로 들어 이러한 점을 생각해 보기로 한다.

수요의 제1법칙에 의하면 가격이 쌀수록 그 재화에 대한 수요량은 증가한다. 만약 수돗물 가격이 완전히 공짜로 공급된다면 수돗물을 아끼기 위해 신경을 쓰는 사람들이 없을 것이다. 그러나 수돗물에 가격이 부여되는 순간 그만큼 물을 아껴 쓸 유인이 생길 것이다. 서민생활을 보호한다는 이유로 수돗물 가격을 억제한다면, 그러한 정책은 서민을 핑계로 다른 모든 사람들에게 수돗물 가격에 필요없는 보조금을 지불하는 결과를 낳는다. 그러한 보조금을 지급받는 사람들은 수돗물 가격이 싸기 때문에 물을 필요 이상으로 소비하게 된다. 일반적으로 서민층에 비하여 부유층의 수돗물 소비량이 훨씬 많을 것이다. 서민생활의 보호라는 논리 때문에 실제로는 부유층이 엄청나게 싼 물을 소비하게 된다.

만약 어떤 공공서비스가 공공물가 및 서민생활에 미치는 영향 때문에 생산비에도 미치지 않는 가격으로 공급된다면 부족한 생산비는 결국 일반조세로부터 충당되어야만 한다. 이렇게 되면 대부분의 사람들이 그 특정 서비스를 소비하는 사람들에게 보조금을 지급하는 셈이 된다. 만약 그러한 서비스가 주로 서민층이 소비하는 것이라면 형평성이 제고되겠지만, 부유층이 주로 사용하는 것이라면 중산층의 세금으로 부유층에게 보조금을 지급하는 셈이 되는 것이다.

그러므로 지방세외수입의 가격 설정은 서민생활의 보호라는 공익성이나 형평성 측면, 중앙정부의 물가안정화시책이라는 정치적 측면, 그리고 서비스의 효율적 공급과 배분을 위한 측면 등을 동시에 고려하여 이루어져야 하는 어려움이 있다. 그러나 공공서비스 공급방식을 잘 구성한다면 서민층들도 보호할 수 있고 또한 효율적인 가격설정도 가능하다. 그러한 보기로서 들 수 있는 것이 소위 바우처(voucher)제도이다. 즉 수돗물 공급의 경우 그 생산에 필요한 실제 가격을 설정하고, 서민들로서 보조를 받을 필요성이 있는 주민들에게 바우처(voucher)를 발급하여 그들에게는 싼값을 부과하는 것이다.17) 이렇게 하면 대다수의 사람들에게 적정가격을 부여함으로써 충분한 수입을 확보할 수 있을 뿐만 아니라 수돗물의 낭비도 방지할 수 있게 된다.

다른 한편 공공요금 결정상의 공익성을 지나치게 강조하여 처음부터 조직이 효율적으로 운영될 수 없는 경우도 있는데, 이것에 대한 대표적인 사례가 도시철도 공기업과 공립병원이다. 만약 도시철도 공기업이나 공립병원이 공공조직의 관료적 특성 때문에 비효율이 발생하였다면 마땅히 비난받아야 한다. 그러나 요금설정 그 자체가 지나치게 공익성을 강조함으로써 태생적인 비효율성을 안고 있다면 그와 같은 조직의 비효율성에 대한 비난은 잘못된 것이라고 할 수 있다.

[표 6-3]은 2012년 기준으로 부산교통공사에서 공급하는 부산도시철도 서비스의 요금구조로 인해 나타나는 효율성의 문제를 잘 보여주고 있다. 공익성을 강조하여 지나치게 낮게 설정된 도시철도 요금구조로 인하여 수송원가 보전율이 47%에 그치고 있다는 것을 알 수 있다.18) 이것은 승객 1인당 운임수입이 1인당 수송원가(비용)의 47%만 보전할 수 있다는 의미로 대규모적인 적자가 발생하고 있다는 것을 보여주는 것이다. 또한 이 표를 통해 승객 1인당 수송원가가 운임수입을 835원만큼 초과하고 있다는 사실을 알 수 있다. 이와 같은 낮은 요금으로 인한 비효율성이 부산교통공사의 수익성 악화의 근본적인 원인이 되고 있다. 결과적으로 부산도시철도의 운영수지(수입-지출)는 2009년도 이후 2012년도까지 매년 1천억여 원(2012년 -1,077억 원)의 적자를 내었다. 이와 같은 비효율성을 해소하기 위해 부산교통공사는 2013년도에 도시철도의 이용요금을

---

17) 이러한 바우처제도는 교육부문에서 실제로 도입되어 활용된다(전상경, 2005: 66).

18) 낮은 도시철도 요금으로 인한 비효율성의 문제는 부산시뿐만 아니라 다른 도시에서도 동일하게 나타나고 있다. 즉 2012년도 기준으로 수송원가보전율이 서울메트로 72%, 서울도시철도공사 67%, 대구도시철도공사 50%로 나타났다(강윤호 외, 2013).

표 6-3	2012년도 부산도시철도 수송원가보전율				(단위: 천 명, 백만 원)	
총수송 원가 (A)	수송현황		1인당(원)		1인당 부족액 (D−E)	수송원가 보전율 (E/D)
	수송인원 (B)	운수수입금 (C)	수송원가 (D=A/B)	평균운임 (E=C/B)		
486,686	308,938	228,753	1,575.4	740.4	835	47%

주: 총수송원가: 영업비용(매출원가 + 판관비) + 영업외비용 − 영업외수익
자료: 강윤호 외(2013), 「부산교통공사 중장기 경영계획」, 부산교통공사.

인상하였으나 2012년의 1구간 1,100원, 2구간 1,300원에서 1구간 1,200원, 2구간 1,400원으로 인상되어 인상 폭이 각 100원에 그침으로써 비효율성을 해소하기에는 턱없이 부족하였다.[19]

제3절 지방세상의 조세수출·조세지출·조세경쟁

1. 지방세의 조세수출(tax exporting)

　　지방세는 종종 지방정부가 생산하는 공공재나 공공서비스의 편익을 향유하는 대가로서 지불하는 조세가격(tax price)으로 이해되기 때문에 당연히 그 서비스를 즐기는 사람이 지불하여야 한다. 이 경우 그 지역주민들이 공공재 공급에 소요되는 비용의 전부를 다 부담하지 않고, 그 일부를 다른 주체에게 전가(轉嫁)시키고 싶은 동기를 가질 수 있다. 일반적으로 재정학 연구에서는 이와 같은 조세부담의 전가(轉嫁, shift), 그리고 최종적으로 누가 그 조세를 부담하게 되는가

---

19) 이 요금은 만 19세 이상의 어른에 대해 교통카드 이용시의 기준 요금이다.

하는 조세의 귀착(歸着, incidence)과 같은 문제가 주요한 이슈로 되어 왔다.

미국의 경우 공립학교 교육은 가장 전형적인 지방공공재이다. 그렇기 때문에 자녀를 공립학교에 보내는 학부모들은 그 지방정부가 공급하는 공공재의 직접적인 수혜자이다. 그러나 자녀들을 사립학교에 보내는 일반납세자들은 공립학교 교육(i.e., 지방공공재)을 위한 조세는 납부하지만 편익을 누리지 못하는 셈이 되므로, 이 경우에도 공공재 가격인 지방세의 부담전가가 발생하고 있다고 간주될 수 있다. 이러한 문제는 미국과 같이 일반시민들의 경제적 관념이 충실한 국가에서는 일찍이 큰 문제로 대두되었다.

맥루레(McLure)는 이와 같은 문제를 좀더 확대하여 공공서비스의 비용에 대한 부담 전가가 지역 내의 주민들로부터 지역간의 주민들에게로 이전되는 문제를 고찰하였다. 그는 어떤 지방에서 제공되는 지방공공재에 대한 조세의 부담이 수익자인 그 지역주민들로부터 비거주주민들에게 전가되는 경우를 상정하여 그것을 조세수출(租稅輸出)이라고 명명하였다(McLure, 1967). 여기서 비거주민이라는 것은 그 지방정부가 생산하는 공공재로부터 편익이 미치지 않는 다른 지방정부에 거주하는 주민을 지칭하는 것이다. 결국 조세수출은 재정적 외부성(fiscal externalities)이라고 할 수 있을 것이다.

조세수출의 문제가 발생하면 그 수출액만큼 그 지역 주민들의 부담은 줄어들게 된다. 그렇게 되면 주민들은 공공재 공급에 소요되는 진정한 비용을 느끼지 못하게 되므로, 공공재에 대한 과잉수요를 유발시켜 효율적인 자원배분에 영향을 줄 수가 있다. 그러므로 조세수출의 규모를 추정하면 자원배분의 비효성이 얼마나 큰가에 대해서도 알 수 있다. 맥루레(McLure)는 1962년도의 미국의 주(州)를 대상으로 조세수출에 관한 실증분석을 시도하였는데 그의 연구에 의하면 조세수출의 규모가 미국 전체에서 주·지방정부 세입의 약 25%에 이른다고 하며, (McLure, 1967), 파레스(Phares)는 그 규모가 미국 주정부 세입의 약 17%에 이른다고 한다(Phares, 1980).

우리나라는 조세법률주의에 의거하여 지방세의 세목과 세율은 중앙정부에 의하여 결정되므로 조세수출의 가능성은 상대적으로 낮다고 할 수 있다. 그렇지만 이러한 조세수출현상은 우리나라에서도 발견될 수 있으며, 특히 지방자치가 발전함에 따라 그 가능성은 더욱 높아질 것이다. 본서의 제5장에서 이미 언급하였지만 현행 지방세 중에서 지역자원시설세는 지방정부가 상대적으로 많은 재량권을 발휘할 수 있는 세목이다. 따라서 이와 같은 지역자원시설세를 중심으로 한 조세수출현상이 우리나라에서도 발생되고 있다. 제주도의 경우, 먹는 샘물 '삼다수'(제주도가 100% 출자한 제주특별자치도개발공사 생산)에 과도한 지역자원시설세를 부과하면 그 세금의 부담자는 삼다수의 대부분 구매자인 제주도 외의 사람들이 될 것이다. 이는 일종의 조세수출에 해당되는 것이다.

또한 1992년도부터 부산광역시에서는 지역개발세(현재의 지역자원시설세)의 일종으로서 컨테이너세를 도입한 바 있는데, 이것도 대표적인 조세수출이라고 할 수 있다. 부산시의 컨테이너세는 한시적인 조세로서 2001년에 종료되기로 되어있었지만 중앙정부를 설득하는 노력 끝에 그 기간을 2006년까지 연장하였다. 부산시 당국이나 부산시의회 그리고 시민들 모두 혼연일체가 되어 컨테이너세 기간의 연장을 위하여 노력하였는데, 만약 그 부담이 지역주민에게 고스란히 돌아가는 것이라면 그러한 공동노력은 상상조차 할 수 없는 것이다. 그와 같은 공동의 노력은 컨테이너세가 조세수출적인 조세이기 때문에 가능한 것이다. 아무튼 조세수출이 지나치면 지방정부간 불필요한 경쟁을 유발시키게 되고 그 결과 공공재공급상의 비효율성이 초래된다. 부산시의 컨테이너세를 염두에 두고 인천광역시도 한때 컨테이너세의 도입을 위하여 노력하였지만, 중앙정부의 승인을 받지 못하였다.

2. 지방세의 조세지출(tax expenditure)

조세지출은 정부가 경제적·사회적 목표의 달성을 위하여 징수할 세금을 감면 등의 형식을 빌어 거두어들이지 않는 것을 의미하며, 직접적인 예산지출과 같은 효과를 갖는다는 측면에서 정부지출의 일종이라고 설명될 수 있다. 직접적인 예산지출은 매년 세출예산으로 편성되어 그때마다 의회의 예산심의를 받아야 하지만, 조세지출은 일단 의회에서 관련법이 통과되면 그 조항이 개정되지 않는 한 그 감면은 지속적으로 보장되는 데에 주요한 차이점이 있다. 지방세지출은 조세지출과 개념적 논리는 동일하지만, 적용 대상에서 조세지출이 국세와 지방세를 모두 포함하는 반면에 지방세지출은 지방세로 한정하고 있다는 데에 차이가 있다.

우리나라에서 활용되고 있는 조세지출의 유형에는 비과세, 세액감면, 세액공제, 소득공제, 저율과세 등이 있으며, 지방세지출은 주로 비과세와 감면[20]의 형태로 이루어지고 있다. 2020년 현재 지방세지출의 형태 중에서 지방세 비과세는 지방세법에 근거하고 있으며, 지방세 감면은 조세특례제한법, 지방세특례제한법, 그리고 지방정부 감면조례에 근거를 두고 시행되고 있다.

이와 같은 조세지출제도는 1968년 미국 재무부에서 최초로 도입되어 사용되었고, 서레이(Surrey)가 1977년 국제재정학회에서 조세지출에 대한 개념을 처음으로 제시하였다고 한다. 서레이는 조세구조상의 두 가지 측면을 제시하고 그 양자간의 구분을 통하여 조세지출 개념을 정의하였다. 즉 그에 의하면 조세구조의 첫 번째 측면은 과표·세율·공제수준·과세기간 등과 같은 정상적인 과세요건이며, 그것의 두 번째 측면은 특정 산업의 진흥·특정집단의 경제활동을 촉진하기 위한 조세유인(tax incentives) 및 조세보조금(tax subsidies) 등을 명시하는 조세우대조치인데 조세지출은 바로 이 두 번째 측면이라는 것이다(이삼주, 1998: 73).

조세지출예산제도란 조세지출이 정부의 직접적인 지출과 같은 효과를 갖는다는 점에서 조세지출의 내용을 직접 지출예산에 계상하여 정부의 다른 지출과 동일한 심의나 의결을 거치도록 하는 제도를 의미한다. 이와 같은 조세지출예산은 1968년 미국의 재무부에서 처음으로 작성된 후 그 범위나 이용 면에서 급격히 증가하였는데, 1974년의 의회예산 및 지출거부 통제법(Congressional Budget

---

20) 비과세와 감면은 세금납부 대상자에게 조세의 징수를 하지 않아서 결과적으로 국가나 지방정부의 세수입이 감소한다는 점과 납세자의 경제적 부담이 줄어든다는 점에서는 같다고 볼 수 있으나, 비과세는 원천적으로 납세의무가 성립하지 않는 반면에 감면은 납세의무가 성립 또는 확정되었으나 과세권자가 납세의무의 전부 또는 일부를 소멸해주는 것이라는 데에 차이가 있다(임상수·박지혜, 2012; 엄태호·윤성일, 2014).

and Impoundment Control Act of 1974)은 조세지출예산을 필수적 과정으로 설정하였고, 이에 따라 1975년부터 모든 예산에 조세지출이라는 타이틀이 부여된 특별분석이 포함되었다. 또한 1979년 영국에서도 세출계획서에 조세지출에 관한 도표가 삽입되었고, 1980년과 1982년 사이에 많은 국가들이 조세지출예산제도를 채택하기 시작하였으며 특히 1984년 OECD에서 최초로 회원국들의 조세지출에 대한 비교가 이루어졌고, 현재는 대부분의 OECD국가에서는 조세지출의 내역을 의무적으로 제출토록 하고 있다(이삼주, 1998: 72).

우리나라에서는 조세지출보고서의 작성이 김대중 정부 100대 개혁과제 중의 하나로 1999년부터 중앙정부수준에서 작성되어, 국회 예산심의시의 참고자료로서 정기국회에 제출되었다. 그러다가 2007년 1월부터 시행된 국가재정법에서 조세지출예산제도의 도입을 명시하였고, 중앙정부의 경우 2010년까지 준비기간을 거쳐 2011회계연도 예산안부터 국회에 제출되었다.

한편, 지방세지출예산제도에 대한 구체적인 법적 근거는 2010년 1월부터 시행된 지방세법에서부터 찾을 수 있다. 즉 동법 제9조 3의 제1항은 "지방자치단체의 장은 지방세 감면 등 지방세 특례에 따른 재정지원의 직전 회계연도의 실적과 해당 연도의 추정금액에 대한 보고서(지방세지출보고서)를 작성하여 지방의회에 제출하여야 한다"라고 규정함으로써 지방세지출보고서의 제출을 의무화하였다. 이러한 지방세지출보고서의 작성을 규정하는 지방세법 제9조의 3은 2010년 3월 지방세법이 분법됨에 따라 지방세특례제한법 제5조로 전환되어 2020년 현재에 이르고 있으며, 이것이 현재 지방세지출예산제도의 근거법이 되고 있다. 이에 따라 지방세지출보고서는 2011년도 예산안 제출 때부터 예산안과 함께 지방의회에 제출되고 있다. 사실 지방세지출보고서는 이러한 법적 근거가 마련되기 전인 2006년부터 몇몇 지방자치단체를 대상으로 시범적으로 운영되긴 하였다.[21]

조세지출예산제도가 확립되지 않은 상황에서 조세지출은 정부가 직접 보조

---

21) 2006년에는 17개, 2007년은 32개, 2008년은 126개, 2009년은 전국 246개 단체가 시범적으로 운영하였다(행정안전부, 2010: 36).

금을 지급하는 경우에 비하여 훨씬 너그러운 지원을 제공할 가능성이 있기 때문에, 조세지출의 규모에 대한 적절한 관리는 정부지원의 합리화에 도움이 될 수 있다(윤건영, 1995b: 36). 조세지출예산제도가 정착되면 ① 매년 예산심의 과정에서 조세감면 등의 효과를 객관적으로 평가한 후 그것에 바탕하여 조세감면 등의 범위를 조정할 수 있고, ② 재정활동에 소요되는 재정규모의 전모를 정확하게 파악해 주며, ③ 직접지출과의 중복을 피하고 세출예산과의 유기적 관계를 지움으로써 지방재정의 효율성을 제고할 수 있는 이점이 있다.

조세지출은 눈에 보이지 않는 지출이므로 자칫하면 재정관리에 허점을 노출시킬 가능성이 있다. 조세지출은 민간에게 보조금을 간접적으로 지출하는 것이며, 그것은 일종의 조세탈루(tax erosion)라고 할 수 있다. 이와 같이 조세지출은 정상적인 세수구조로부터의 일탈을 의미하지만 그 목적은 특정한 활동, 집단, 산업을 지원하기 위한 것이다. 그러나 이와 같은 특정 정책목표의 달성 이면에는 일부 집단에 대한 특혜의 가능성이 상존하고 또한 세수감소라는 대가도 치루어야 한다(이삼주, 1998: 73).

대체적으로 조세지출로 인한 혜택의 내용은 뚜렷하며 또한 그 혜택대상도 명확하고 한정되어 있다. 여기에 반하여 그것으로 인하여 직접적인 피해를 받는 계층은 명확히 드러나지 않을 뿐만 아니라 그 피해가 무엇인지도 확실치 않으며 가시적이지 않다. 바로 이런 이유 때문에 조세감면 행위의 추구에는 소위 윌슨(James Wilson)이 말하는 고객정치(顧客政治)의 논리가 적용될 수 있다(Wilson, 1980: 369). 즉 잘 조직된 소수들이 다수를 이용하게 되는 미시적 분리(micro-decoupling)가 발생한다. 특히 그러한 조세감면을 받는 사람들은 자신들이 직접적으로 비용을 부담하는 느낌을 갖지 못할 뿐만 아니라, 각종 기업유치라는 대의명분을 내세우기 때문에 쉽사리 그러한 행위를 유발시킬 수가 있는 것이다. 뿐만 아니라 특히 관료조직의 타성과 더불어 제정된 조세감면에 대해서 다수의 사람들은 무관심한데 반해 이익을 보는 특수집단은 매우 민감하므로, 일단 한번 조세감면제도가 이루어지면 그 조세감면의 원래의 목적이 끝나고서도 지속될 가능성이 많다. 그러므로 이러한 조세지출은 한시적(限時的) 성격의 일몰법(sunset law)형태로 운영되어야 하며 또한 그 운영에 있어 투명성을 제고할 필요가 있다.

일반적인 공공지출에 대해서는 그 정당성을 확보하기 위하여 편익—비용분석과 같은 타당성 분석이 요구되지만, 조세지출에 대해서는 그렇지 못한 경우가 많다. 그렇지만 어떤 측면에서는 직접지출보다도 조세지출에 대한 타당성 평가가 더욱 필요하다는 것이 저자의 판단이다. 왜냐하면 조세지출은 그 수혜자에게는 엄청난 특혜가 될 뿐만 아니라 또한 과연 조세지출이 원래의 목적에 도움이 되고 있는지도 모르기 때문이다. 즉 어떤 지방정부의 장이 선거를 의식하여 그 지역경제 활성화라는 미명하에 기업유치를 위하여 특정 산업에게 등록면허세나 취득세와 같은 지방세를 감면하는 조치를 취했다고 가정하자. 그럴 경우 그러한 기업이 그 지방에서 기업활동을 함으로써 그 지역(혹은 그 지역정부)에 얼마나 기여를 하는가에 관한 실증적 연구가 요구된다. 만약 특별한 효과도 없는데 그러한 조세감면을 하면 그것은 지방세수를 이용하여 특정기업에 특혜를 주는 것과 동일한 결과만 낳게 될 것이기 때문이다.

2017회계연도 결산기준으로 우리나라 지방세지출(비과세·감면)의 총규모는 13.6조 원으로 지방세징수총액(85.5조 원)의 15.93%를 차지하고 있는데, 이것은 상당히 큰 규모로 판단된다. 세목별 지방세 비과세·감면의 규모가 지방세징수총액에서 차지하는 비중은 재산세 6.7%(5.7조 원), 취득세 6.0%(5.1조 원), 담배소비세 2.3%(2조 원) 등 세 가지 세목이 가장 큰 것으로 나타났다(행정안전부, 2018). 특히 지방세목 중에서 취득세와 재산세 두 가지 세목의 비과세·감면액의 합계가 지방세징수총액에서 자치하는 비중이 12.7%로 나타나서, 이 두 가지 세목의 지방세지출이 지방세지출총액의 대부분(79.4%)을 차지하고 있다는 것을 알 수 있다. 이와 같은 조세지출 규모의 세목별 편차는 또 다른 차원의 조세부담상의 형평성 문제를 제기하는 것으로 볼 수 있다. 이와 같이 지방세지출의 규모가 클 뿐만 아니라 그것의 세목간 큰 편차로 인한 조세부담상의 형평성이 문제가 되고 있으므로, 지방정부의 조세지출에 대한 엄격하고 투명한 관리가 요구된다.

3. 지방세의 조세경쟁(tax competition)

지방정부의 조세경쟁이란 두 가지 측면에서 생각할 수 있다. 즉 그 하나는 지방정부가 독자적으로 세목이나 세율을 설치할 수 있을 경우 잠재적인 재정동원의 가능성이 있는 곳에 경쟁적으로 새로운 지방세를 도입하는 것이며, 다른 하나는 서로 다른 지방정부가 특정 기업이나 과세객체를 자신의 관할 하에 유인하기 위하여 그들에게 경쟁적으로 낮은 과세를 부과하는 것을 가리킨다. 전자의 경우는 지방정부가 서로 경쟁적으로 조세를 개발함으로써 지방세가 적정 수준 이상으로 부과될 가능성이 있는 반면, 후자는 지방정부의 조세가 적정 수준 이하로 부과될 가능성이 있다.

지방자치가 실시되어 주민들의 지방세 가격에 대한 관심이 증대될수록 첫 번째 형태의 조세경쟁이 일어날 가능성은 그만큼 희박하다. 왜냐하면 선거를 의식해야만 하는 정치인들은 조세수출의 경우가 아니라면 경쟁적으로 새로운 세목을 도입하여 지방공공서비스의 가격인상을 기하기가 어렵기 때문이다. 그렇지만 두 번째 형태의 세금할인 경쟁은 얼마든지 가능하다. 이러한 지방세 경쟁을 이용하여 기업은 자신에게 가장 유리한 조세를 부과하는 지역으로 조세기반을 옮길 수 있게 된다. 만약 이러한 지방세 할인과 같은 조세 경쟁에 참여하는 지방정부가 지방교부세의 수혜단체라면 중앙정부는 지방교부세 배분에서 각 지방정부의 징세노력을 고려함으로써 적정수준의 지방세부과를 유도할 수도 있다.

비록 우리나라가 엄격한 조세법률주의를 취하고 있기는 하지만 탄력세율제도나 또는 조세감면제도를 활용함으로써 지방정부는 다소간의 재량을 발휘할 수 있는 여지가 있다. 지방자치실시 이후 지방정부들은 조세증대를 위한 목적에서보다도 조세감면이나 할인을 위한 목적에서 이와 같은 재량권을 행사할 가능성이 더욱 높아지고 있다. 이러한 예는 항공기에 부과되는 재산세를 확보하기 위하여 공항을 두고 있는 각 지방정부들 간에 재산세원 확보를 위하여 벌이고 있는 경쟁으로부터 잘 알 수 있다. 즉 인천공항이 개항된 이후 인천공항 소재지인 인천시 중구와 김포공항 소재지인 서울시 강서구가 항공기 등록을 둘러싸고 치열한 경쟁을 벌인 바가 있다.

대한항공과 아시아나항공은 인천공항의 개항과 더불어 국제선 여객기와 화물기 등 항공기의 기적(機籍)을 서울 강서구에서 인천 중구로 옮기려고 하는데 강서구청은 한 대라도 더 붙잡아 두려고 하고 중구청은 한 대라도 더 끌어오려고 치열한 경쟁을 벌였다. 2001년 7월 기준으로 두 항공사의 항공기는 대한항공 114대, 아시아나항공 58대 등 172대인데, 인천공항 개항 이전에는 김포공항에 150대, 부산김해공항에 13대, 제주공항에 5대, 대구와 광주공항에 2대씩 분산되어 있었다. 인천공항 개항 이후인 2001년 7월 기준으로 대한항공은 14대, 아시아나 항공은 1대 등 15대가 인천 중구로 옮겼는데 이 때문에 서울강서구는 2001년도 항공기 재산세가 전년도에 비하여 9억 2,000만 원이 감소한 47억 6,000만 원이 되었지만, 인천 중구는 15대분의 항공기 재산세분으로 약 13억 3,800만 원의 세수증대를 초래하였다(조선일보, 2001년 7월 18일). 따라서 인천 중구와 서울 강서구는 재산세 확보를 위하여 치열한 경쟁을 벌였는데, 비단 이 두 지방자치단체뿐만 아니라 다른 공항 소재지의 자치단체들도 조례의 개정을 통하여 항공기재산세율을 인하함으로써 조세경쟁을 벌인 바가 있다. 앞으로 지방자치가 성숙되어감에 따라 이와 같은 유형의 세수확보를 위한 노력과 경쟁이 지방정부 간에 더욱 치열해질 것으로 예상된다.

제7장

지방채

제1절 지방채의 의의와 종류

1. 지방채의 의의

지방채(local debt)란 지방정부 재정수입액의 부족액을 보충하기 위하여 지방정부가 과세권을 담보로 조달한 채무로서 그 상환이 한 회계연도를 넘어서 이루어지는 것을 말한다. 지방채는 지방정부가 발행하는 것이므로 독립법인형 지방공기업에 의한 차입금은 지방채에 해당되지 않는다.[1] 지방채는 그 상환이 한 회계연도를 넘어서 이루어져야하므로, 당해연도에 채무상환이 이루어지는 일시차입금도 지방채라고 볼 수 없다. 뿐만 아니라 지방채는 교부공채를 제외하고 그

---

1) 우리나라 지방공기업의 경우, 지방정부가 그 소속의 행정기관으로 설치하여 직접 운영하는 지방직영기업은 독립된 법인격이 없으므로 지방채 발행의 주체가 될 수 없고 지방정부가 직영기업의 특별회계의 부담으로 지방채를 직접 발행하는 반면, 독립된 법인격을 지닌 법인형 지방공기업에 해당되는 지방공사와 지방공단은 직접 채권발행의 주체가 될 수 있지만 이들 법인형 공기업에 의해 발행된 채권은 지방채에 해당되지 않으며 회사채로 분류된다.

발행시 당해연도에 자금이동이 수반되므로, 지방정부의 채무부담행위는 그 행위시에는 자금이동이 수반되지 않기 때문에 지방채와 구별된다. 또한 조세는 납세자의 입장에서 볼 때 공공서비스에 대한 일종의 반대급부로서 납부에 강제성을 띠고 있는데 반해, 지방채 발행은 강제성보다는 자발적 교환원리가 더 잘 적용된다고 할 수 있다.[2] 지방채는 현재의 수입부족을 메우기 위해 채무를 조달하는 대체적인 수입조달 방법이므로, 채무자인 지방정부는 채권자에게 미래의 기일에 원금을 상환할 것과 그 사이의 이자를 지불하는 의무를 지게 된다. 이와 같은 특성을 지니는 지방채는 주로 지하철, 도로사업, 교량건설, 상하수도사업, 공단이나 택지조성사업 등과 같은 자본적 투자사업에 필요한 자금을 조달하는 데 유용하게 활용된다.

지방채는 해당 지방정부의 지방세를 미리 당겨쓰는 행위로 이해될 수 있기 때문에, 지방채는 '이자가 붙어있는 지방세'로 간주되기도 한다(伊東弘文, 1992: 179). 또한 지방정부의 차입은 중앙(상위)정부의 엄격한 통제 및 지원 하에서 이루어지므로 국고보조금적 성격도 지녀 '이자가 붙어 있는 보조금'으로 해석되기도 한다(伊東弘文, 1992: 179). 왜냐하면 지방채의 자금원이 이자율이 상대적으로 싼 중앙정부일 때 다른 자금조달원 간의 이자율 차이만큼 지방정부는 혜택을 받을 수 있어 '눈에 보이지 않는 국고보조금'으로 간주될 수 있기 때문이다.[3] 뿐만 아니라 지방채가 첨가소화[4]의 형태로 발행될 경우 그 인수자가 그 자치단체에 속하지 않는다면 그 지방정부는 지방채의 발행을 통해서 이자차액만큼 조세수출(tax exporting)을 하는 것으로 생각될 수 있다(김정호, 1989: 6).

---

2) 지방채의 소화방법에서 대체로 자발적 교환원리가 적용되는 것이 일반적이지만, 때에 따라서는 지방정부의 강제력에 의한 비자발적 교환원리가 적용되는 경우가 종종 있다. 예를 들어, 민간경제주체의 특정한 행위에 대한 지방정부의 인·허가 및 면허에 특정 지방채를 강제로 구입하도록 규정하고 있다면 이것은 비자발적 교환원리에 따라 지방채를 강제적으로 소화하고 있는 것이다.

3) 지방정부는 이와 같은 유형의 국고보조금을 통상적인 국고보조금에 비해 상당히 선호한다. 왜냐하면 통상적인 형태의 국고보조금은 다른 지방정부로 하여금 특정 지방정부에 보조금이 편중된다는 시그널을 줄 수 있어 심각한 형평성 논란을 야기시킬 수도 있지만, 지방채형식의 보조금은 그러한 논란이 거의 제기되지 않는다. 특히 시중 이자율과의 차이로 인하여 득을 보는 금액은 중앙정부의 통제가 수반되지 않는 국고보조금으로 생각할 수도 있다.

4) 부동산이나 자동차 등을 구입할 때 의무적으로 매입해야 하는 채권이다.

2. 지방채와 지방채무 및 지방부채의 구분

　　지방채의 개념과 관련하여 지방채무 및 지방부채의 개념을 이해하고 이들 간의 차이를 이해할 필요가 있다. 우선 지방채와 지방채무의 개념을 살펴보자. 지방재정법 제2조에서 채무는 금전의 지급을 목적으로 하는 지방자치단체의 의무로 규정되어 있는데, 이 개념 정의에 따르면 지방채와 지방채무는 동일한 의미라고 볼 수 있다(윤영진, 2016: 133~134). 그런데 지방재정법 제11조의 지방채발행 규정에 근거한 지방재정법시행령 제7조에서는 지방채의 종류를 지방채증권과 차입금으로 한정하고, 지방자치법 제124조에서는 지방채 발행 외에 채무부담행위와 보증채무부담행위까지 지방채무 관리의 범위에 포함시키고 있어서, 지방채와 지방채무 간에 의미의 차이를 두고 있다.

　　이와 같이 법령상으로 지방채와 지방채무 간에 의미를 명확히 구분하고 있지 않지만, 실제 운용과정에서는 지방채보다 지방채무가 더 넓은 개념으로 활용되고 있다. 주무부처인 행정안전부에서 매년 발간되는 지방채무 현황 자료에도 지방채무에 지방채 외에 채무부담행위액과 확정된 보증채무부담행위액(보증채무 이행책임액)이 포함되어 있다.

　　이어서 지방채무와 지방부채의 개념을 살펴보자. 일반적으로 채무(debt)는 현금주의 회계용어이며 부채(liabilities)는 그보다 넓은 의미의 발생주의 회계용어로 본다. 지방정부에서는 현금주의회계인 예산회계상의 채무와 발생주의회계인 재무회계상의 부채로 구분되어 작성되고 있다. 지방재정법시행령에 규정된 예산회계상의 채무의 대상 범위에는 지방채(지방채증권, 차입금), 채무부담행위, 확정된 보증채무부담행위가 포함된다. 반면에 지방자치단체 회계기준에 의한 재무회계(재정상태표)상의 부채에는 지방채(지방채 증권, 차입금), 퇴직급여충당부채, 그리고 미지급금, 미지급비용, 선수금, 선수수익 등의 발생주의 부채항목이 포함된다(윤영진, 2016: 134~137).

3. 지방채의 종류

1) 일반회계채와 특별회계채

지방채는 발행하는 회계에 따라 일반회계채와 특별회계채로 구분될 수 있다. 일반회계채는 일반회계의 재원으로 조달하는 채무이고 특별회계채는 특별회계의 재원으로 조달하는 채무이다. 현재 우리나라 지방정부의 특별회계는 공기업특별회계와 기타특별회계로 구분되므로, 특별회계채도 이들 각각의 재원을 조달하기 위해 발행되는 공기업특별회계채와 기타특별회계채로 구분된다. 지방채의 발행주체는 지방정부이므로 우리나라 지방공기업 중에서 직영기업만이 지방채를 발행할 수 있으며, 지방공사나 공단의 차입금은 지방채라고 할 수 없다.

2) 내국채와 외국채

지방채는 자금을 자국과 외국 중 어디로부터 차입하느냐에 따라 내국채와 외국채(외채)로 구분된다. 지방정부가 자국의 국민경제로부터 자금을 차입하기 위하여 발행한 지방채를 내국채라 하며, 외국으로부터의 자금차입을 위해 발행한 지방채를 외국채라고 부른다.

3) 증서차입채와 증권발행채

지방채는 발행형식에 따라 그 종류가 구분될 수 있다. 우리나라의 경우 발행형식에 따라 지방채는 증서차입채(차입금)와 증권발행채(지방채증권)로 구분된다(지방재정법시행령 제7조). 전자는 기채(起債)하려는 지방정부가 공공기관 및 금융기관 등과 임차계약을 맺고 차입증서를 교부하여 기채하는 것이며, 후자는 일정한 인수선(引受先)에 대하여 증권을 발행하여 교부함으로써 기채하는 것이다. 이에 대한 구체적 내용을 살펴보기로 하자(행정안전부, 2019b).

증서차입채는 내국채(국내 차입금)와 외국채(국외 차입금)로 구분된다. 그 중 내국채는 정부자금채, 지방공공자금채, 민간자금채로 구분된다. 정부자금채는 중앙정부가 관리하는 특별회계나 기금에서 차입한다. 지방공공자금채는 지방정부에서 관리하는 지역개발기금, 지역상생발전기금이나 한국지방재정공제회에서 관리하는 청사정비(廳舍整備)기금, 지역개발지원금에서 차입한다. 민간자금채는 금융기관의 금융자금이나 일반 민간인자금 또는 기타 연고자금으로부터 차입한다. 증서차입채 중 외국채는 차관형식으로 외국자본을 차입하는 것으로서 공공차관과 상업차관으로 구분된다. 그 중 공공차관은 중앙정부나 지방정부를 포함한 법인이 외국정부나 경제협력기구 또는 외국법인으로부터 현금을 차입하거나 자본재 또는 원자재를 도입하는 것으로서, 개발도상국가를 위한 정책지원으로 제공되는 것인데 우리나라는 1995년부터 그 대상에서 제외되었다. 상업차관은 지방정부가 일반 민간경제주체와 같은 지위에서 외국(법)인과의 차관계약에 의해 외국자본을 차입하는 것을 말한다.

한편 증권발행채도 내국채(국내 지방채증권)와 외국채(국외 지방채증권)로 구분된다. 그 중에서 내국채는 불특정 대중을 대상으로 투자자를 모집하는 모집공채(募集公債),[5] 지방정부로부터 특정 서비스를 제공받거나 특정 수익을 얻는 주민 또는 법인에게 원인행위에 첨가하여 강제소화 시키는 매출공채(賣出公債),[6] 공사대금 및 보상금 지급에 갈음하여 지방채 증권을 교부하는 교부공채(交付公債)[7]로 구분된다. 증권발행채 중 외국채는 지방정부가 외국인을 대상으로 외국통화로 표시되거나 외국에서 지급받을 수 있는 외화채(증)권을 발행하여 외자를 도입하는 형태이다. 이와 같이 발행되는 외화채권의 대표적인 예로서 일본의 사무

---

5) 여기에는 발행주체가 은행, 보험사, 투신사 등과 같은 연고인수선과 계약을 체결하여 발행하는 사모(私募)방식과, 발행주체가 직접 또는 위탁기관을 통하여 간접적으로 자본시장을 통하여 투자자를 모집하는 공모(公募)방식이 있다.

6) 지방정부로부터 면허·인가·허가를 받는 자, 지방정부에 등록(차량 등록 등)을 신청하는 자, 지방정부와 건설도급계약을 체결하는 자, 지방정부와 용역계약 또는 물품구매계약을 체결하는 자 등과 같이 지방정부로부터 특정 서비스나 편익을 제공받는 자에게 채권을 원인행위에 첨가하여 강제 소화시키는 것으로서 대표적인 매출공채로는 지역개발공채(지방공기업법 제19조 제3항)와 도시철도공채(도시철도법 제21조)를 들 수 있다.

7) 지방정부에 의한 대규모 공사 시행시 지방정부가 시공업체나 토지소유자 등에 대하여 공사비나 보상비를 현금으로 지급하는 대신 공채로 교부하는 경우로서, 후년도에 대금지급을 약속하는 형식이다. 공채의 발행조건은 교부선과 협의·계약에 의한 응모범위 안에서 적정한 규모로 결정한다.

라이 본드(Samurai Bond), 미국의 양키 본드(Yankee Bond) 등을 들 수 있다.

4) 단기채와 장기채

지방채는 상환기간에 따라 단기채, 중기채, 중장기채, 장기채로 구분된다. 일반적으로 상환기간이 4년 이하는 단기채, 5-9년은 중기채, 10-15년은 중장기채, 16년 이상은 장기채로 구분되고 있다.

제2절 지방채의 필요성과 적정규모

1. 지방채 발행의 필요성

1) 세대간 재정부담상의 형평성 제고

조세를 통해 조달된 재원이 자본적 지출에 사용되지 않고 경상적 지출에 사용된다면, 조세는 결국 미래에 이용가능한 적절한 수준의 자본을 축적하는 대신 현세대가 자신의 소비지출에 대한 경비를 스스로 부담하는 셈이 된다. 또한 미래에 필요한 자본축적이 전적으로 조세를 통해서 이루어진다면 궁극적으로는 그와 같은 자본축적으로부터 혜택을 누리는 미래세대가 현세대에게 부담을 지우게 된다. 여기에 반해 지방채로 조달된 재원이 자본축적을 위한 투자에 사용되지 않고 현세대의 소비지출에 사용된다면 현세대가 미래세대들에게 부담을 지우게 된다.

[표 7-1]은 경상적 지출과 자본적 지출로 구분되는 재원의 용도와 조세와 지방채와 같은 재원조달방법을 조합하여 분류한 표이다(Bennett, 1980: 260). 경제원칙상 편익을 향유하는 자가 그것에 대한 비용을 부담하는 것이 가장 이상적이

표 7-1	재원의 용도와 재원의 조달방법		

		재원조달방법	
		조세	지방채
재원의 용도	경상적지출	Ⅰ. 편익: 현세대 부담: 현세대	Ⅱ. 편익: 현세대 부담: 현세대와 미래세대
	자본적지출	Ⅲ. 편익: 현세대와 미래세대 부담: 현세대	Ⅳ. 편익: 현세대와 미래세대 부담: 현세대와 미래세대

다. 그렇기 때문에 [표 7-1]에서 Ⅰ과 Ⅳ는 적합적 유형(congruent types)으로 분류될 수 있으며, Ⅱ과 Ⅲ은 비적합적 유형(incongruent types)으로 분류된다. 이와 같은 관점에서 본다면 자본축적의 목적에 사용되는 투자적 지출을 위해서는 지방채의 적극적 활용이 필요한 것이다. 왜냐하면 이렇게 함으로써 특정 공공서비스의 공급에 필요한 비용을 부담시킬 때 세대간 형평성을 제고시킬 수 있기 때문이다.

2) 현재 및 미래 주민들 간 재정부담상의 형평성 제고

위에서 설명한 세대 간의 형평성 논리는 특정 지방정부에 살고 있는 현 주민과 장래에 그곳으로 이주하게 될 미래 주민들 간에도 똑같이 적용될 수 있다. 즉 지방정부의 자본적 지출에 필요한 재원이 전적으로 조세수입에 의존한다고 가정하자. 이 경우 그 지역에 거주하는 현 주민들은 자본적 지출을 통해서 공급되는 지방정부의 공공재건설에 필요한 경비를 부담하지만, 그 지방정부로 이주할 미래의 주민들은 그 지방정부가 공급한 공공재를 아무런 비용도 부담하지 않고 누릴 수 있게 된다. 결과적으로 그 지방의 미래 주민들이 현 주민들에게 과도한 부담을 지우는 셈이다. 그렇지만 지방채로 자본적 지출에 필요한 재원을 조달한다면 미래의 주민들도 그러한 자본적 지출로부터 공급되는 지방공공재에 대한 비용을 부담하므로 주민들 간의 부담 불공평성을 시정하는데 도움이 될 수 있다.

3) 연도간의 재원조정을 통한 후생증진

연도간의 재원조정을 통해서도 사회적 후생이 증진될 수 있다. 이것을 설명하기 위하여 [그림 7-1]을 이용하기로 한다. 어떤 지방정부에서 제1기와 제2기에 공급되는 지방공공재는 각각 G_1과 G_2이며, 제1기와 제2기에 주민들이 지방세를 납부하여 소비할 수 있는(지방정부가 지방세수로 공급하는) 공공재의 양은 각각 T_1과 T_2라고 가정하자. 이때 이 정부의 예산선은 (T_1, T_2)를 통과하는 직선 AA'이다. 예산선은 공공재 소비자인 주민들이 주어진 소득으로 조세를 납부하여 구입(소비)할 수 있는(지방정부가 조세수입을 생산비용으로 하여 공급할 수 있는) 두 재화 G_1과 G_2의 조합을 나타내는 점들을 이은 선으로서 주민들(지방정부)의 예산제약을 나타낸다. 만약 이자율을 r로 잡는다면 이 예산선의 기울기는 $-(1+r)$이 된다. 이 경우 EA'는 현재 지방채 발행으로 자금을 차입하여 장래에 상환해야하는 금액에 대응시키고, EA는 현재 자금을 대부하여 그것을 장래에 회수하여 사용하는 금액에 대응시킬 수 있다.

곡선 U와 U'는 주민들의 사회적 무차별곡선인데 이것은 무차별곡선의 통상적 형태를 띤다고 가정하자. 무차별곡선은 소비자인 주민들에게 똑같은 수준의 효용을 주는 G_1과 G_2의 조합 나타내는 점들을 이은 곡선을 의미하며, 원점(O)에서 멀리 있을수록 주민의 후생(효용)수준이 높다. 만약 자금의 차입이 불가능하다면 주민들은 현재의 재정스케줄 하에서는 1기와 2기에 각각 조세납부를 통해 T_1, T_2만큼 소비할 수 있으며, 주민의 효용극대화는 E점에서 이루어지며, 그때의 효용수준은 무차별곡선 U로 나타난다. 그러나 주민들은 현재의 재정스케줄보다 1기에 더 많이 2기에 더 적게 소비하기를 원하며, 지방채 발행을 통해 자금의 차입이 가능하다고 가정해보자. 그러면 지방정부는 자본시장에서 금번 기에 $T_1 T_1'$만큼을 차입하여 그만큼 공공재 G_1의 공급량을 늘리고 그것을 다음 기에 $T_2 T_2'$만큼 상환하여 그만큼 공공재 G_2의 공급량을 줄임으로써 소비자들

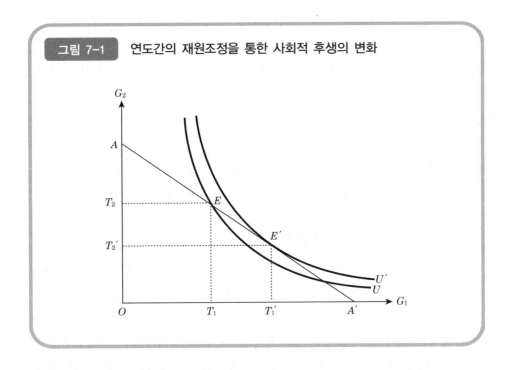

그림 7-1   연도간의 재원조정을 통한 사회적 후생의 변화

은 1기와 2기에 각각 $T_1{'}$, $T_2{'}$만큼씩 소비하는 것이 가능하며, 결과적으로 $E{'}$에서 균형이 이루어짐으로써 U보다 더 높은 사회적 무차별곡선 $U{'}$에 도달할수 있게 된다. 즉 지방채를 활용함으로써 주민들의 후생증가가 이루어지게 된다. 주민들은 무차별곡선과 예산선이 접하는 점 $E{'}$에서 균형을 이룰 때 예산제약의 범위 안에서 가장 높은 후생을 얻을 수 있다. 이와 같이 지방세수의 시간적 패턴(T_1, T_2)과 주민들이 원하는 재정지출의 시간적 패턴($T_1{'}$, $T_2{'}$)이 일치하지않을 경우, 차입에 의한 연도간의 재정조정은 사회적 후생을 증진시킬 수도 있는 것이다(伊多波良雄, 1995: 127-128).

4) 재원보장기능

특정 연도에 예상치 못한 여러 가지 이유 때문에 지방정부의 자체수입에 결함이 발생할 수 있으며, 또한 상위정부로부터의 재정지원에도 차질이 생길 수 있다. 이렇게 되면 지방정부는 기존의 통상적인 재정활동을 중단하거나 사업규모를 축소하지 않을 수 없게 된다. 이것은 자원의 비효율적 운영을 초래하고 종국적으로는 그 지역 주민의 후생을 감소시키게 된다. 이러한 상황에서 지방정부는 지역의 일시적 재원부족을 보충하기 위하여 지방채를 발행할 수 있다.

5) 중앙정부 재정정책의 보완기능

중앙정부가 경기조정을 위한 재정정책을 추구할 경우 지방정부도 지방채의 발행을 통한 지역공공투자의 확대로서 국가의 재정정책을 보완할 수 있는 기능을 할 수 있다. 이 경우 중앙정부는 국가적으로 필요한 사업에의 투자를 유인하기 위하여 조건이 좋은 공공기금을 제공함으로써 지방정부의 지방채발행을 유도할 수 있다. 일본 중앙정부는 1994년에 경기하강을 방지하기 위한 목적으로 제3차 보정예산(補正豫算)[8]에 공공투자를 추가할 때 각 지방정부로 하여금 지방채를 재원으로 한 공공사업을 실시하도록 요구한 바 있고, 이 경우 중앙정부는 지방교부세를 활용하여 지방채의 원리금상환을 지원하기도 하였다(伊多波良雄, 1995: 129).

2. 지방채의 남발 가능성과 그 적정규모

앞에서 우리는 지방채발행의 필요성으로 현 세대와 미래 세대 및 현 주민과 미래 주민들 간의 재정부담상의 형평성 문제를 지적하였다. 그와 같은 형평성 문제가 지방채의 적극적 활용을 위한 필요조건이긴 하지만, 적정수준 이상의 지방채 발행은 오히려 현 세대와 현 주민들이 미래 세대와 미래 주민들에게 지

---

8) 우리나라의 추가경정예산에 해당되는 것이다.

나친 재정부담을 시키는 결과가 된다. 특히 미래 세대들과 미래 주민들은 자신들이 부담하게 될 지방채 발행에 대한 의사결정권한이 없기 때문에 자신들의 의지와는 무관한 재정부담을 지게 될 경우 또 다른 측면의 형평성 문제가 제기된다.

지방채는 그 발행 시점과 상환 시점이 다르기 때문에 지방정부의 장은 조세저항이 예상되는 지방세보다도 지방채 발행을 통한 재정동원을 시도할 수 있다. 왜냐하면 그는 그렇게 조달된 재원을 이용하여 여러 가지 공공사업을 실시함으로써 자신의 업적을 과시할 수 있지만, 지방채의 상환은 추후에 발생하기 때문에 그것으로 야기되는 책임에는 상대적으로 자유롭기 때문이다. 특히 인구이동이 심할 경우 현 세대의 주민들이 지방채를 발행한 후, 상환시점에서는 그것으로 인한 재정부담(i.e., 높은 지방채로 인한 추가적 조세부담)을 회피하기 위해서다른 지방정부로 이주할 가능성도 있다. 이러한 현상은 '지방채 편익을 떼먹고도망가는 것'으로 묘사되기도 한다(齊藤 愼 外, 1991: 100).

비록 지방채가 순기능적 면도 있긴 하지만, 과도한 지방채 발행은 지방정부의 재정압박을 초래하고 그 결과 그 지역주민들은 지방채로 야기되는 재정부담때문에 상당한 후생손실을 입을 수도 있다.[9] 그러므로 지방자치단체가 감내할수 있는 수준의 지방채를 발행하게끔 하는 가이드라인이 필요한데, 현실적으로는 지방채 발행의 적정수준을 결정하는 것이 용이하지는 않다.

지방채의 적정규모에 대한 이해를 돕기 위하여 다음과 같은 단순 모형을 상정하자. 즉 동질적인 주민들로 구성된 지방정부를 가정하고 이 지방정부의 대표적 개인의 효용함수를 $U(G, X)$라고 하자. 여기서 G재는 이 지방정부가 공급하는 지방공공재를 나타내며, X재는 그가 누리는 G재를 제외한 모든 민간재를 나타낸다. 대표적 시민의 소득과 세금부담액을 각각 Y와 T로 나타내고, 지방공공재 G재에 대한 X재의 상대가격을 1이라고 가정하자. 이 경우 그의 예산(제약)식은 $Y = X + T$가 된다.[10] 이 지방정부의 인구수를 N이라고 하면 지방공공재

---

9) 1997년 말에 밀어닥친 우리나라의 외환위기는 우리에게 국가채무의 수준도 중요하지만 또한 그 구성도 매우 중요함을 일깨워 주었다.

10) 예산식은 앞에서 살펴본 예산선을 수식으로 표현한 것이다. 예산선(가격선)의 개념을 일반적으로 표현하면, "소비자가 주어진 예산(소득)으로 최대한 구입할 수 있는 여러(두 가지) 재

의 비용함수는 $C(G) = N \cdot T$가 된다. 따라서 이 대표적 시민의 효용극대화모형
은 다음과 같이 정의될 수 있다:

$$\max U(G, X)$$
$$s.t.\ Y = X + T;$$
$$C(G) = N \cdot T$$

위의 극대화모형에 대한 최적해가 (G^*, T^*)이고 또한 이 지방정부의 세율
이 t라면 부족재원(지방정부 차원의 지방세수입 부족액)은 $N \cdot (T^* - t \cdot Y)$로 표현되며
이것이 바로 곧 이 지방정부의 적정 지방채 규모라고 할 수 있다(김철·신해룡,
1990: 574-575). 이와 같은 단순모형이 암시하는 것은 지방채의 적정규모는 그 지
방정부의 세율과 밀접히 관련되어 있다는 것이다. 즉 이 모형을 통해서 지방정
부의 세율 t가 작을수록 지방채의 적정규모가 커진다는 것을 알 수 있다.

제3절   지방채 관리제도의 실제

1. 지방채의 법적 기초

우리나라는 현재 지방자치법과 지방재정법에서 지방채 발행에 관한 사항을
규정하고 있다. 지방자치법 제124조 제1항은 "지방자치단체의 장이나 지방자치

화의 조합을 나타내는 점들을 이은 선"으로 정의된다. 따라서 본 가정적 상황에서 대표적 시
민의 예산식은 $Y = X \cdot P_X + G \cdot P_G$로 나타낼 수 있다(단, Y는 예산 또는 소득, X와 P_X는 각
각 X재의 구입량과 단위가격, G와 P_G는 각각 G재의 구입량과 단위당 조세가격을 의미).
이때 G재에 대한 X재의 상대가격을 1로 가정하고 있으므로 $P_X = 1$이 되고, $G \cdot P_G = T$가
된다. 따라서 $Y = X + T$가 된다.

단체조합은 따로 법률로 정하는 바에 따라 지방채를 발행할 수 있다"고 규정하고 있다. 한편 지방재정법 제35조는 "지방자치단체의 세출은 지방채 외의 세입을 그 재원으로 하여야 한다. 다만, 부득이한 경우에는 제11조(지방재정법)에 따른 지방채로 충당할 수 있다"라고 하여 지방채의 발행을 예외적인 재정동원수단으로 취급한다.

2. 지방채 발행 대상사업의 선정

지방채를 활용할 수 있는 사업은 어떤 것이어야 하는가? 즉 지방정부가 지방채를 발행하여 조달된 자금으로 시행할 수 있는 사업, 즉 적채사업(適債事業)에는 어떤 것이 있는가? 여기에 대한 대답은 [표 7-1]의 재원의 용도와 재원의 조달방법에 관한 매트릭스로부터 어느 정도 도출된다. 즉 현세대(또는 현 주민)와 미래세대(또는 미래주민)가 편익을 동시에 누리는 자본적 지출의 성격을 띠는 사업에는 그 소요비용을 이들 양집단이 나누어 부담하는 지방채의 활용이 바람직스럽다고 할 수 있다. 이와 같이 사업의 편익을 현세대와 미래세대가 동시에 누리는 자본적 지출사업의 재원을 조세로 조달한다면 그 사업비용을 현세대에만 부담시키는 결과가 되므로 불공평하다.

우리나라는 지방정부가 지방채를 발행할 수 있는 사업의 범위를 공유재산의 조성 등 소관 재정투자사업과 그에 직접적으로 수반되는 경비의 충당, 재해예방 및 복구사업, 천재지변으로 발생한 예측할 수 없었던 세입결함의 보전, 지방채의 차환으로 제한하고 있다(행정안전부, 2019b).

지방채 발행이 허용되는 경우라도 지방재정법시행령 제10조 제1항에 따라 총사업비가 투자심사 대상규모 미만인 소규모 사업(총사업비가 시·도 40억 원 미만, 시·군·자치구 20억 원 미만)에 대해서는 지방채 발행이 허용되지 않는다. 다만, 청사정비기금을 차입하여 시행하는 소규모 지방청사 관련 사업에는 지방채 발행이 가능하다. 또한 행정안전부가 작성하여 지방정부로 시달하는 지방채발행계획 수립기준(지침)에서는, 지방채의 발행은 자본적 지출사업에 대해서 가능하며 소모성의 경상적 지출[11](경상적 사업) 및 인건비에 대해서는 허용하지 않는다(행정안전부, 2019b).

3. 지방채 발행 총액한도제

2006년 이전까지 지방채를 발행하려는 지방자치단체는 지방채 발행 대상 사업별로 행정안전부로부터 승인을 받은 후 지방의회의 의결을 거쳐야 하는 지방채 발행 사업별 승인제도가 시행되었다. 그러나 이러한 번거로운 제도는 지방자치단체의 재정운영상의 자율성을 위축하는 결과를 초래하기 때문에, 법 개정으로 2006년 1월부터 발효된 지방재정법 제11조 제2항과 제3항은 이른바 지방채 발행 총액한도제를 규정하게 되었다. 지방채 발행 총액한도제란 지방자치단체는 그 재정상황 및 채무규모 등을 고려하여 대통령령에 의하여 정해진 지방채 발행한도액 내에서 지방의회의 의결을 얻은 후 자율적으로 지방채를 발행할 수 있으며, 그 한도액을 초과하여 지방채를 발행하고자 하는 경우에는 사전에 행정안전부장관과 협의하거나 그의 승인을 받아서 지방의회의 의결을 거쳐서 지방채를 발행하도록 하는 것이다. 또한 이 제도는 외채의 경우에는 한도액 범위 안이라도 지방의회의 의결을 얻기 전에 행정안전부장관의 승인을 얻도록 하고 있다. 이러한 지방채 발행 총액한도제는 중앙정부의 입장에서는 지방채 발행 총액의 한도를 설정함으로써 지방채남발을 예방할 수 있고, 지방정부의 입장에서는 정해진 범위 내에서 자율적인 재정운영을 할 수 있다는 이점이 있는 제도이다.

지방재정법시행령 제10조 제2항에 의하면 지방채 발행 한도액은 해당 지방자치단체의 전전연도 예산액의 10%의 범위에서, 행정안전부장관이 정하는 산정기준에 따라 정하는 금액으로 하도록 되어있다.

이에 따른 2020회계연도 기준 지방채 발행 한도액의 설정방법은 다음과 같

---

11) 소모성 경상적 지출의 예로서 경상적 유지보수비 및 일반적 조사·연구비, 소모성 기자재비 등을 들 수 있다.

다(행정안전부, 2019b). [표 7-2]에서 볼 수 있듯이 지방자치단체별 지방채 발행 총한도액은 기본 한도액과 별도 한도액의 합으로 결정된다. 기본 한도액은 지방 자치단체별로 경상일반재원[12]을 기초로 채무잔액, BTL임차료, 우발채무[13]를 고 려하여 산정된다. 의무매입공채(지역개발채권, 도시철도채권) 발행액, 기 발행한 지 방채의 금리를 상환기한 연장 없이 저금리의 지방채로 차환하는 금액, 기채조건 이 악화된 차환금액 중 일정요건[14]을 충족하는 금액, 지역 일자리 사업과 장기 미집행 도시계획시설 매입 사업을 위한 지방채 발행액은 별도 한도액으로 인정 된다.

그러나 관리채무상환비 비율[15]이 20%를 초과하는 지방자치단체의 경우는 총한도액을 '0'으로 처리한다. 즉 이와 같은 지방정부에는 지방채 발행을 허용하 지 않는다.

표 7-2 지방채 발행 한도액 산정 기준

구분		시·도, 인구 100만 이상의 대도시	시·군·구
총한도액 (A+B)	기본 한도액(A)	[경상일반재원 − (채무잔액 + BTL 임차료 + 우발채무 50%)] × 10%	
	대도시 특례	기본한도액의 10% 추가	
	별도 한도액(B)	지역개발채권·도시철도채권 발행액 + 차환액 + 지역일자리사업 + 장기미집행 도시계획시설	

---

12) 경상일반재원은 지방세(지방교육세 제외), 경상적 세외수입, 지방교부세, 조정교부금의 합계 이다.

13) 우발채무는 보증채무부담행위액, 지방자치법 제39조 제1항 제8호에 따른 예산 외의 의무부담 등과 같이 보증·협약 등에 따라 지방자치단체의 채무로 바뀔 가능성이 있는 것을 말한다.

14) 해당연도 지방채 상환총액의 25% 이내이면서 이율은 한국은행이 발표하는 금융기관의 가중 평균금리 중 공공 및 기타대출의 금리 이내인 경우를 말한다.

15) 관리채무상환비 비율은 미래 4년 경상일반재원의 평균수입액 대비 미래 4년 순지방비로 상 환할 평균관리채무액의 비율을 말한다. 여기서 관리채무란 일반채무에 BTL임차료를 합한 채 무를 말한다.

4. 지방채의 상장(上場)과 유통

지방채증권의 원활한 유통과 투자자의 보호를 위하여 지방채증권이 자본시장에서 매매가 가능하도록 증권거래소에 등록하는 것을 지방채의 상장(上場)이라고 한다.

현실적으로 우리나라는 자본시장 그 자체가 취약한데다 지방채증권의 발행금리가 워낙 낮기 때문에, 자본시장에의 상장이 그렇게 용이하지도 않고 지방채의 유통도 활발하지 못하다. 따라서 개인 또는 기관투자가의 지방채 매입은 상당부분이 첨가소화에 의존하고 있다. 그렇기 때문에 공모공채는 인수단(syndicate)이 일괄적으로 인수하여 2차 소화기관인 중앙정부 주무부처에 매각하고, 중앙정부 주무부처가 이를 만기까지 보유하게 되므로 거의 유통되지 않는다.

제4절 지방채의 운용 현황

1. 지방채무의 현황

지방채는 지방채무의 핵심 구성항목이므로 지방채무에 대해 살펴보기로 한다. [표 7-3]에서 보듯이 지방채무의 구성항목 중 지방채가 차지하는 비중이 매년 약 90% 이상이다. 지방채무의 나머지 구성요소인 채무부담행위액과 확정된 보증채무부담행위액(보증채무이행책임액)은 그 비중이 대단히 미미한 수준이다.

2014년도 이후 지방채무와 그 구성항목들 모두 점점 그 규모가 감소하는 추세임을 알 수 있다. 이를 통해 지방재정의 건전성이 향상되고 있다는 것을 알 수 있다.

구분	2014	2015	2016	2017	2018
지방채(A)	277,071 (98.9)	276,915 (99.1)	263,399 (99.7)	252,314 (99.8)	244,800 (99.8)
채무부담 행위액(B)	1,738 (0.6)	1,395 (0.5)	108 (0.04)	58 (0.02)	252 (0.1)
보증채무이행책임 액(C)	1,207 (0.4)	1,147 (0.4)	727 (0.3)	577 (0.2)	370 (0.2)
지방채무 (A+B+C)	280,017 (100)	279,457 (100)	264,234 (100)	252,949 (100)	245,422 (100)

표 7-3 지방채무의 현황 (단위: 억 원, %)

주: 각 회계연도 말 통합재정의 잔액 기준.
자료: 행정안전부, 각 연도 말 기준 지방채무 현황(지방재정365: http://lofin.mois.go.kr/portal/main.do).

2. 지방정부의 지방채 의존 현황

선진국에 비하여 우리나라는 지방채의 활용실적이 비교적 저조한 편이다. 왜냐하면 대부분의 지방채금리가 시장금리보다 현저히 낮은 이자율로 발행되고, 그러한 지방채도 인·허가시 등에 첨가·판매되는 매출공채가 대부분을 차지하기 때문이다. 또한 발행절차, 발행계획의 수립 및 운용방법상의 문제점 등도 지방채의 활성화를 저해하는 또 다른 요인으로 지적되기도 한다(김종순, 1995: 1339).

지방채의 현황 파악은 지방채 발행액과 지방채 발행잔액을 모두 검토해야 한다. [표 7-4]에 연도별 지방채 발행액의 규모와 그것이 총세입에서 차지하는 비율이 나타나 있다. 2010년 이후 지방채 발행액과 그것의 총세입 대비율 모두 점점 감소하고 있다. 특히 지방채가 총세입에서 차지하는 비율은 2010년 2.8%에서 점점 감소하여 2018년에는 1.0%까지 하락하였다. 지방채의 총세입 대비율

은 낮다고 볼 수 있으며, 이것을 통해 우리나라 지방정부의 지방채 의존도가 대
단히 낮으며, 지방채의 활용이 활성화되어 있다고 말하기는 어렵다.

　최근 들어 여러 지방정부가 홈페이지나 언론을 통해 '채무 제로' 내지는 '부
채 제로'를 경쟁적으로 선언하는 경향이 있다. 하나의 예를 들면, 경상남도는
2016년 6월 1일 광역자치단체 가운데 처음으로 경남도에 빚이 없다는 채무 제
로를 선언했다. 빚이 가장 많았을 때인 2013년 1월 1조 3,488억 원을 3년 반 만
에 모두 갚았다는 것이다. 그러나 여기에 대해 채무 제로는 투자 제로 정책이었
다는 비판도 있다. 채무 제로가 반드시 편성해야 할 예산을 제때 쓰지 않는 투
자 제로 방식으로 추진됐다는 것이다. 즉 해마다 법적으로 지출해야 하는 시·군
조정교부금, 그리고 영유아 보육료 등 중앙지원사업의 도비 부담분을 그다음 해
로 넘기거나 그해에 100% 다 편성하지 않았다는 것이다. 또 경상남도가 운영하
던 중소기업육성기금 등 12개 기금을 채무상환에 활용했다는 비판도 제기되었

표 7-4　**지방채 발행 규모 추이**　　　　　　　　　　　(단위: 억 원, %)

구분	지방채발행액(A)	총세입(B)	지방채비율(A/B)
2010	63,336	2,291,409	2.8
2011	43,097	2,379,246	1.8
2012	43,718	2,552,964	1.7
2013		2,719,165	
2014	52,607	2,826,120	1.9
2015	64,196	3,137,084	2.0
2016	46,856	3,428,093	1.4
2017	43,896	3,682,599	1.2
2018	40,667	3,915,409	1.0

주: 지방채는 통합재정의 발행액 기준임. 총세입은 통합재정의 결산 기준임.
자료: 지방채발행액은 행정안전부, 각 연도 말 기준 지방채무 현황; 총세입은 지방재정 통합공시(이상 지방재정365:
　　 http://lofin.mois.go.kr/portal/main.do).

다. 경상남도와 기초자치단체가 추진할 공공사업에 투입하기 위해 모은 지역개
발기금 2,660억 원을 채무상환에 활용한 것이 대표적이다. 그리고 채무 제로 상
황을 유지하기 위해 재원이 부족한데도 지방채를 발행하지 않았다는 비판도 있
다. 그동안 재원이 부족해 매년 2000~3000억 원의 예산을 반영하지 못한 채 차
기로 미뤄온 것이다(중앙일보, 2018년 7월 5일). 지방정부가 채무나 부채를 줄여 지
방재정을 건전하게 운영하는 것은 지향해야 할 바이다. 그러나 지방채의 활용이
필요한 적채사업이 존재하고 또 투자가 반드시 필요한 사업이 존재함에도 불구
하고, 채무 제로나 부채 제로 선언을 통한 정치적 지지 확보를 위해 투자나 지
출을 지나치게 감소시키거나 없애는 것은 재고의 소지가 있다고 본다.

3. 회계별·사업별 및 이자율별 지방채의 현황

1) 회계별 지방채의 현황

각 회계별 지방채의 잔액이 [표 7-5]에 나타나 있다. 2018년 말 기준으로
보면 일반회계 52,416억 원(21.4%), 공기업특별회계 3,456억 원(1.4%), 기타특별
회계 84,488억 원(34.5%), 기금 104,440억 원(42.7%)으로, 기금과 기타특별회계의
지방채 잔액의 비중이 크다. 2014년 이후 지방채 잔액의 비중이 일반회계에서는
점점 감소하는 반면, 기타특별회계에서는 점점 증가하고 있다.

공기업특별회계의 지방채잔액의 규모와 비중은 2016년까지 점점 증가하다
가 2017년도부터 크게 감소하였다. 반면에 기금의 지방채 잔액의 규모와 비중은
2016년까지는 미미하다가 2017년도부터 갑자기 크게 증가하였다. 이러한 현상
이 나타나게 된 원인은 지방공기업법 제19조 제3항에 따른 지역개발공채를 수
입원으로 하는 지역개발기금이 2016년까지는 공기업특별회계로 운영되다가,
2017년부터 기금으로 전환되었기 때문이다.

표 7-5	회계별 지방채 잔액 현황				(단위: 억 원, %)
구분	2014	2015	2016	2017	2018
일반회계	102,889 (37.1)	89,383 (32.3)	73,161 (27.8)	57,478 (22.8)	52,416 (21.4)
공기업특별회계	95,528 (34.5)	105,964 (38.3)	108,400 (41.2)	4,980 (2.0)	3,456 (1.4)
기타특별회계	78,514 (28.3)	81,508 (29.4)	81,748 (31.0)	82,931 (32.9)	84,488 (34.5)
기금	141 (0.1)	61 (0.02)	90 (0.03)	106,925 (42.4)	104,440 (42.7)
합계	277,071 (100)	276,915 (100)	263,399 (100)	252,314 (100)	244,800 (100)

주: 각 회계연도 말 기준임.
자료: 행정안전부, 각 연도 말 기준 지방채무 현황(지방재정365: http://lofin.mois.go.kr/portal/main.do).

2) 사업별 지방채의 현황

[표 7-6]에는 지방채 발행 대상 사업별로 지방채의 잔액 현황이 나타나 있다. 2016년 이후 매년 사업별 지방채 잔액의 비율은 지하철 사업에서 가장 높고 그 비중도 점점 증가하고 있으며, 도로건설과 택지개발 사업에서도 비교적 높은 편이다. 나머지 사업들에서는 그 비중이 미미하게 나타나고 있다. 지하철, 도로건설, 택지개발 등 지방채의 발행 잔액이 큰 사업들은 자본적 지출 사업으로서 지방채 발행으로 재원을 조달하는 것이 세대 간, 그리고 현재 및 미래 주민들 간 재정부담의 형평성을 제고시킬 수 있으므로, 현재 지방정부의 지방채 발행 대상사업 선정은 바람직스러운 것으로 보인다.

표 7-6	각 연도 사업별 지방채 잔액 현황					(단위: 억 원, %)	
구분	2016		2017		2018	
	금액	비중	금액	비중	금액	비중
지하철	62,322	23.7	68,750	27.2	70,065	28.6
도로건설	20,917	7.9	29,229	11.6	25,264	10.3
택지개발	16,026	6.1	16,794	6.7	12,841	5.2
국민주택	7,397	2.8	8,267	3.3	9,100	3.7
문화체육시설	7,127	2.7	8,883	3.5	7,936	3.2
공단조성	3,543	1.3	2,788	1.1	2,114	0.9
중소기업육성	451	0.2	836	0.3	2,044	0.8
재난재해	1,280	0.5	2,118	0.8	1,628	0.7
쓰레기처리시설	2,105	0.8	2,260	0.9	1,584	0.7
청사정비	2,004	0.8	1,682	0.7	1,355	0.6
공원녹지조성/주거환경개선	3,110	1.2	4,387	1.7	3,198	1.3
상·하수도 및 하수처리시설	6,243	2.4	6,008	2.4	2,947	1.2
농공단지	1,472	0.6	497	0.2	282	0.1
관광단지	743	0.3	1,621	0.6	259	0.1
기타	127,501	48.4	98,193	38.9	104,183	42.6
합계	263,399	100	252,314	100	244,800	100

주: 각 회계연도 말 지방채 잔액 기준.
자료: 행정안전부, 각 연도 말 기준 지방채무 현황(지방재정365: http://lofin.mois.go.kr/portal/main.do).

3) 이자율별 지방채의 현황

지방채의 이자율은 지방채의 차입선에 따라 달라진다. 정부자금일 경우 민간자금에 비해 이자율이 낮은 경향이 있다. [표 7-7]은 이자율별로 본 지방채 잔액의 규모와 구성 비율이다. 2~3% 미만대 이자율의 지방채 비중이 거의 매년 약 50% 내외로 가장 많은 비중을 차지하고 있다. 이어서 1~2% 미만대 이자율의 지방채가 거의 매년 약 30% 내외의 비율로 두 번째로 높은 비중을 보이고

표 7-7	각 연도 이자율별 지방채 잔액 현황			(단위: 억 원, %)
구분	2015	2016	2017	2018
1% 미만	1,572 (0.6)	1,644 (0.6)	1,203 (0.5)	625 (0.3)
1~2% 미만	76,821 (27.7)	83,991 (29.3)	127,770 (50.6)	73,442 (30.0)
2~3% 미만	136,584 (49.3)	155,324 (54.2)	92,231 (36.6)	121,683 (49.7)
3~4% 미만	57,833 (20.9)	35,694 (12.5)	29,549 (11.7)	47,790 (19.5)
4~5% 미만	4,014 (1.5)	9,745 (3.4)	1,511 (0.6)	1,259 (3.4)
5% 이상	92 (0.03)	67 (0.02)	50 (0.01)	1 (0.01)
합계	276,915 (100)	263,399 (100)	252,314 (100)	244,800 (100)

주: 각 회계연도 말 기준.
자료: 행정안전부, 각 연도 말 기준 지방채무 현황(지방재정365: http://lofin.mois.go.kr/portal/main.do).

있다. 반면, 4% 이상대 이자율의 지방채는 매우 낮은 비중을 차지하고 있다. 2018년도 기준으로 3% 미만인 낮은 이자율의 지방채가 차지하는 비중이 80%에 이른다. 이를 통해 우리나라에서 지방채는 대부분 낮은 이자율로 발행되고 있음을 알 수 있다.

4. 지방채의 차입선과 발행형태별 현황

지방채의 차입선(借入先)이란 지방채의 자금조달원을 뜻한다. 지방정부는 사업의 성격과 차입자금의 활용 그리고 상환전망 등을 고려하여 현실적으로 가장 바람직한 차입선을 선택한다. 지방채의 차입선은 채권의 발행형태에 따라 구분할 수 있다.

　[표 7-8]은 자금의 종류(차입선)와 지방채발행의 유형을 결부시켜 몇 년간에 걸친 지방채 자료를 정리한 것이다. 최근에 증권발행채의 비중이 대단히 커서 자본시장에서의 상장과 유통에 의한 지방채 조달에 대한 전망을 밝게 해주고 있다. 그러나 증권발행채 방식에 의한 자금조달의 대부분이 매출공채(도시철도채권, 지역개발채권)에 크게 의존하고 있으며, 모집공채(모집채권)의 비중이 미미하다는 점에서 아직 지방채 시장구조상의 문제가 있으며 자본시장에서의 지방채 유통의 전망을 속단하기는 이르다고 본다.

표 7-8　발행형태와 차입선별 지방채 잔액 현황　　(단위: 억 원, %)

구분		2016		2017		2018	
		금액	비중	금액	비중	금액	비중
증서차입채	지역개발기금	–	–	14,286	5.7	12,189	5.0
	공공자금관리기금	5,570	2.1	2,657	1.1	1,676	0.7
	기타정부자금	11,382	4.3	10,926	4.3	10,104	4.1
	청사정비기금	1,540	0.6	940	0.4	636	0.3
	지역개발지원금	1,344	0.5	1,945	0.8	2,950	1.2
	지역상생발전기금	2,777	1.1	4,220	1.7	5,854	2.4
	민간금융기관	35,314	13.4	24,258	9.6	18,894	7.7
	소계	57,927	22.0	59,232	23.5	52,303	21.4
증권발행채	도시철도채권	57,394	21.8	58,129	23.0	58,975	24.1
	모집채권	25,261	9.6	28,055	11.1	29,048	11.9
	지역개발채권	122,816	46.6	106,898	42.4	104,474	42.7
	소계	205,472	78.0	193,082	76.5	192,497	78.6
합계		263,399	100	252,314	100	244,800	100

주: 각 회계연도 말 기준.
자료: 행정안전부, 각 연도 말 기준 지방채무 현황(지방재정365: http://lofin.mois.go.kr/portal/main.do).

최근에 증서차입채의 차입선 중에서 민간금융기관 자금의 비중이 점점 감소하고 있다는 점이 눈에 띤다. 그동안 우리나라의 지방채 시장구조가 지나치게 중앙정부나 지방정부의 공공자금에 의존해왔다는 문제점을 고려할 때, 이러한 민간자금 비중의 감소 현상은 부정적으로 평가된다.

제2편
주요 참고문헌

■ 강윤호.(2015). "지방채 발행 총액한도제의 지방채 발행에 대한 영향분석."「지방정부연구」 18(4).

■ 강윤호 외.(2013).「부산교통공사 중장기경영계획」. 부산교통공사.

■ 권형신·이상용·이재성.(2001).「한국의 지방재정: 이론과 실무」(개정판). 서울: 도서출판 해남.

■ 김경환.(1992). "지방세기능강화방안." 송대희·노기성(편).「지방자치제실시에 따른 중앙·지방재정기능의 재정립」. 서울: 한국개발연구원: 49-103.

■ 김정완.(1995). "지방정부 해외자본도입의 가능성과 정책과제."「한국행정학보」 29(1): 217-230.

■ 김정호.(1989). "지방채의 발행규제의 논리와 역논리."「지방행정연구」 제4권 3호: 1-16.

■ 김정훈.(2000). "주요국의 조세제도: 미국의 지방세."「재정포럼」, 46: 64-73.

■ 김정훈.(1999). "조세법률주의와 지방세확충."「자치재정의 이상과 갈등」(강원개발연구원·조선일보사): 13-34.

■ 김종순.(1997).「지방재정학」. 서울: 삼영사.

■ 김종순.(1995). "지방재정확충을 위한 지방채제도의 개편방안."「한국행정학보」 28(4): 1339-1352.

■ 김 철·신해룡.(1990).「지방재정학」. 서울: 세명서관.

■ 김형식.(1997).「지방재정의 이해」. 서울: 도서출판 그린북.

■ 남창우.(1999). "지방교부세의 배분기준과 교부방식의 재조정."「자치재정의 이상과 갈등」(강원개발연구원·조선일보사 공동주최 정책세미나 보고서): 79-114.

■ 내무부.(1993).「지방세정연감」.

■ 내무부.(1991a).「1992년 지방채발행계획수립지침」.

■ 내무부.(1991b).「지방채이론과 실무」 동서증권투자연구소.(1988).「증권투자: 이론과 실제」.

■ 라휘문·조기현.(2008). "지방채 발행 총액한도제의 효과분석 및 발전방향 모색." 「한국 사회와 행정연구」 19(3).

■ 박성규.(2013). "재산세 과세표준의 지역간 불균형에 관한 고찰." 「한국지방재정논집」 18(2): 1–26.

■ 서성아.(2008). 「정부간관계에 관한 공무원인식조사」. 서울: 한국행정연구원.

■ 손희준·강인재·최근열·장노순.(2001). 「지방재정론」. 서울: 대영문화사.

■ 양봉진·송석진.(1991). 「지방자치의 선결과제: 지방재정과 지방채」. 서울: 현대투자자문 주식회사.

■ 엄태호·윤성일.(2014). "지방세지출예산제도 도입이 지방세 비과세·감면에 미친 영향에 대한 평가." 「정책분석평가학회보」 24(3).

■ YTN.(2015. 5. 14). 누리과정지출 강제 … '상생고용' 지원.

■ 원윤희.(1998). "지방세행정체계의 개편방안." 「한국의 재정과 재무행정」(강신택 교수정 년기념논문집). 서울: 박영사: 163–185.

■ 원윤희.(1994). "지방세에서의 탄력세율제도에 관한 연구." 「한국정책학회보」. 3(2): 29– 42.

■ 유   훈.(2000). 「지방재정론」(제3정판). 서울: 법문사.

■ 유   훈.(1995). 「지방재정론」. 서울: 법문사.

■ 유   훈.(1991). 「재정법」. 서울: 서울대학교출판부.

■ 유   훈·신희권·이재원.(2015). 「지방재정론」. 서울: 법문사.

■ 윤건영.(1995a). "지방재정의 자주기반확충방안." 「지방재정발전을 위한 세미나」. 한국재 정학회·경기도: 15–90.

■ 윤건영.(1995b). "지방세제의 근본적 개혁방안." 「지방세개혁을 위한 정책세미나논문집」 (한국조세학회).

■ 윤영진.(2016). 「새지방재정론」. 서울: 대영문화사.

■ 이삼주.(1998). "지방세조세지출제도의 재정균등화효과에 관한 연구." 「지방재정학보」 제3권 제1호: 71–88.

■ 이영조·김대원.(1999). 「지방재정이론과 제도」. 서울: 대명출판사.

■ 이영희.(1991). 「지방세감면대상의 축소조정방안」. 서울: 한국지방행정연구원.

■ 이원희.(1994). 「지방세감면정책의 현황과 발전과제」(국회입법조사실).

■ 이준구.(1999). 「재정학」(2판). 서울: 다산출판사.

■ 임상수·박지혜.(2012). 「지방세 비과세·감면정책의 중장기 전략」. 한국지방세연구원.

- 임성일.(1997). 「지방교육재정제도의 개선방안」. 서울: 지방행정연구원.
- 임성일.(1996). 「지방양여금제도의 개선방안」. 서울: 지방행정연구원.
- 임성일.(1994). "지방세 비과세·감면규정의 개정방향." 「지방세」(지방재정공제회) 4호.
- 전상경.(2011). 「현대지방재정론」(제3판). 서울: 박영사.
- 전상경.(2005). 「정책분석의 정치경제」(제3판). 서울: 박영사.
- 전상경.(1995). "미국 캘리포니아주의 재산세저항운동과 그 정책적 함의: Proposition 13 을 중심으로." 「사회과학논집」(동아대학교 사회과학연구소), 12: 253–274.
- 조기현.(2000). "지방채발행제도의 개선방안."(2000년 한국지방재정학회와 한국재정학회 공동주최의 지방재정세미나 발표논문).
- 중앙일보(2018. 7. 5). 홍준표 도정 채무 제로는 사실상 투자 제로 정책이었다.
- 차병권.(1969). 「우리나라 지방채제도에 관한 연구」(내무부용역보고서).
- 최창호.(1988). 「지방자치제도론」. 서울: 삼영사.
- 한겨레21.(2013. 5. 13). 회장님, 참 검소한 집에 사시네요. 제960호.
- 한국개발연구원.(1991). 「한국재정 40년사」 제3권(재정관련 법령 및 주요정책자료). 서울: 한국개발연구원.
- 한국지방행정연구원.(2004). 「지방채발행 총액한도제 도입방안연구」.
- 행정안전부.(2010). 「2011년도 지방자치단체 예산편성운영기준 및 기금운용계획 수립기준」.
- 행정안전부.(2018). 「2018 지방세통계연감」.
- 행정안전부.(2019a). 「2018년도 지방재정연감(결산)」.
- 행정안전부.(2019b). 「2020년도 지방채 발행계획 수립기준」.
- 행정안전부.(2019c). 「2019 지방세외수입 통계연감」.
- 행정안전부.(2020). 「2020년도 지방자치단체 통합재정 개요(상)」.
- 행정안전부 지방재정경제실.(각 연도). 「XXXX년말 기준 지방채무 현황」.
- 행정자치부.(2006). 「2005년 지방자치단체 채무현황」. (http://lofin.mogaha.go.kr)
- 행정자치부.(1999). 「2000년도 지방채발행수립지침」.
- 伊多波良雄.(1995). 「地方財政システムと地方分權」. 東京: 中央經濟社.
- 伊東弘文.(1992). 「入門地方財政」. 東京: ぎょうせい.
- 齊藤 愼 外 2人.(1991). 「地方財政論」. 東京: 新世社.
- 長沼進一.(1997). "現代の租税理論."片桐正俊(編). 「財政學」. 東京: 東洋經濟新報社: 215–251.
- Benett, R. J.(1980). The Geography of Public Finance: Welfare Under Fiscal Federalism

and Local Government Finance. New York: Methuen & Co.

■ Chapman, Jeffrey I.(1980). "L.A.P.D. in the Wake of Proposition 13. in Frederick S. Lane. (ed.). Managing State and Local Government. New York: St. Martin's Press: 481–506.

■ Driessen, P. A.(1987). "Qualification Concerning the Efficiency of Tax Expenditures." Journal of Public Economics 33(1): Feldstein, S. G. and F. J. Fabozzi. (1983). "The Municipal Bond Rating Agencies and Their Analytical Differences." in F. F. Fabozzi, S. G. Feldstein, I. M. Pollak. eds. The Municipal Bond Handbook I. Homewood, Illinois: Dow Jones–IRWIN. pp. 140–151.

■ Furukawa, Shun'ichi.(1998). "Federalizing Japan: A Silent Revolution?." Institute of Policy and Planning Sciences Discussion Paper Series No. 774. University of Tsukuba.

■ Huber, B. and K. Lichtblau.(1999). "Germany's Federal Financial System: An Analysis and a Reform Proposal." Unpublished Preliminary Draft.

■ Jun, Sang–Kyung.(1989). Essays on the Political Economy of National Aid Distribution in Korea during 1962–1985. Unpublished Ph.D. dissertation. The Wharton School, The University of Pennsylvania.

■ Mansfield, Edwin.(1991). Microeconomics. New York: W. W. Norton & Company.

■ McLure, Charles E.(1967). "The Interstate Exporting of State and Local Taxes: Estimates of 1962." National Tax Journal 20(1): 49–77.

■ Musgrave, R. M. and P. B. Musgrave.(1989). Public Finance in Theory and Practice. (5th ed.). New York: McGraw–Hill Book Company.

■ Oakland, William H.(1979). "Proposition 13: Genesis and Consequences." National Tax Journal, 32(2): 387–409.

■ Phares, Donald.(1980). Who Pays State and Local Taxes? Cambridge, Mass.: Oelgeschlager, Gunn and Hain. (재인용) Rosen, H.(1985). Public Finance. Homewood, Illinois: Richard D. Irwin, Inc.: 510.

■ Ross, S. and R. W. Westerfield.(1988). Corporate Finance. St. Louis: Times Mirror/Mosby College Publishing.

■ Wilson, James Q.(1980). "The Politics of Regulation." 357–394 in Wilson. (eds.) The Politics of Regulation. New York: Basic Books, Inc., Publishers.

■ http://lofin.mois.go.kr/portal/main.do

Local · Public · Finance

제8장

정부지원금제도의 이론과 실제

제1절 정부지원금(grants-in-aids)제도의 이론적 논의

1. 정부지원금제도의 의의

재정학의 핵심 문제, 즉 특정한 공공서비스를 어떤 계층의 정부가 얼마만한 비용을 부담하여 공급할 것인가는 정부조직의 형태와 매우 밀접하게 관련되어 있다. 일반적으로 정부조직에는 분권형(localized), 집권형(centralized), 연방형(federal), 분산형(devolved)의 네 가지 유형이 있다. 실제로는 네 가지 유형 중 어느 한 유형이 나머지 유형을 지배하지는 않으며, 거의 모든 나라들은 정도의 차이는 있으나 분권형과 집권형이 혼합된 조직형태를 갖는다(Bennett, 1980: 278). 그러므로 정치체제와는 관계없이 모든 정부에 공통적 영역으로 존재하는 것 중의 하나가 정부 간 재정관계(intergovernmental fiscal relations)인 것이다.

오츠(Oates)는 이와 같은 특성을 염두에 두고 재정연방주의(fiscal federalism)

라는 말을 사용한다(Oates, 1972). 정치체제가 연방주의국가 또는 단일국가의 형태를 띠든 정부 간 재정관계는 존재하며, 정부 간 재정관계의 전형적인 형태는 정부지원금(grants-in-aids)이라고 할 수 있다. 오츠의 입장을 따른다면 우리나라에는 지방자치 실시 여부와는 관계없이 꾸준히 정부 간 재정관계가 존재하였고, 단지 지방자치실시 이후 여기에 대한 관심이 더욱 증대되었을 뿐이다.

우리나라의 정부 간 재정제도는 일본으로부터 매우 큰 영향을 받았으며 현재 그 같은 현상은 계속되고 있다. 특히 일본과 우리나라는 한자 문화권에 속하기 때문에 재정제도의 명칭까지 동일하거나 비슷한 예가 많다. 하지만 같은 명칭을 사용하더라도 그 운영방식이 다를 수 있고, 다른 명칭으로 표현되더라도 비슷하게 운영될 수 있기 때문에, 접근이 용이한 일본문헌을 여과 없이 활용할 경우 많은 혼란이 초래될 수 있다.

그동안 우리나라의 정부 간 재정제도에 관한 정책과 연구의 상당 부분은 이론에 바탕을 둔 근본적 입장에서 이루어졌다기보다 그때그때의 정치적 필요에 따라 일종의 대중요법적인 입장에서 이루어진 경향이 있었다. 그렇기 때문에 동일한 이론적 배경과 목적을 지닌 제도라도 정치제도에 따라 상이한 명칭으로 나타나, 마치 다른 제도처럼 이해되는 경우가 종종 발견된다. 이와 같은 인식을 근거로 본서에서는 정치체제와는 무관하게 모든 국가에서 존재하는 정부지원금(grants-in-aids)에 관한 보편적 이론을 먼저 설명한 후 우리나라의 현행제도를 고찰하고자 한다.

저자는 영어의 'grants-in-aids'를 국가(혹은 상위지방정부)가 '형평성'의 증진이나 '효율성'의 증진과 같은 특정 목적을 달성시키기 위하여 지방정부(혹은 하위지방정부)나 법인 또는 개인에게 그 재정에서 지원하는 모든 프로그램을 총칭하는 뜻으로 사용하고자 하며, 우리말로는 '정부지원금'이라고 부르기로 한다.[1] 그렇지만 이 용어는 학자에 따라 다르게 번역되고 있다. 즉 'grants-in-aids'를 국

---

1) 국고지원금이라고 해도 무방하겠지만 그렇게 되면 상위지방정부의 하위지방정부에 대한 지원금이 포함되지 못하기 때문에 의도적으로 정부지원금이라고 하였다. 본서에서는 이와 같은 혼란이 생기지 않을 경우에는 국고지원금이라는 용어도 사용할 것이다.

고보조금에 한정하여 "국가가 지방자치단체에 지출하는 지원 중에서 보조금·
부담금·이자보조금·손실보상금·교부금·조성금 등 반대급부를 받지 않고 지
출하는 급부금을 말한다"라고 정의하는 학자가 있는가 하면(조창현, 1996: 98),
'grants-in-aids'를 보조금이라고 생각하면서 그 중에서도 특히 장려의 뜻이 강
한 것을 'subsidy' 또는 'subvention aid'나 'contribution'으로 부르는 학자들도
있다(심정근, 1981: 182; 김렬·최근열, 1993: 471).

　　미국의 재정학자인 브레이크(Break)는 ① 우리나라의 국고보조금이나 도비
보조금 혹은 시비보조금의 성격을 띠는 'categorical grant,' ② 노태우 정부하인
1991년 도입되었다가 노무현 정부하인 2005년에 폐지된 지방양여금과 2005년
신설되어 2014년 12월 폐지된 분권교부세의 설치목적과 유사한 'block grant',
그리고 ③ 우리나라의 지방교부세가 갖는 기능을 하는 'general revenue shar-
ing'을 모두 'grants-in-aids'의 범주에 넣고 있다(Break, 1980: 123-186). 따라서
우리나라의 지방교부세나 자치구 조정교부금 및 시·군 조정교부금, 국고보조금
이나 도비 보조금 및 시비보조금과 일본의 지방교부세, 국고지출금, 지방양여세
등은 모두 'grants-in-aids'의 범주에 포함시킬 수 있고 저자는 그것을 '정부지
원금'으로 번역하려고 한다.[2]

　　우리나라에서는 거의 대부분의 학자들이 지방교부세·국고보조금·종전의
지방양여금을 총칭하는 용어로서 지방재정조정제도를 사용하지만,[3] 차병권
(1984: 243, 467)은 지방재정조정제도로서 지방교부세만을 지칭한다. 또한 이상희
는 (1992: 358) "지방재정의 조정이란 경제력을 달리하는 지방자치단체에 대해서

---

[2] 차병권은 환부금(還付金)·교부금(交付金)·지방분여세(地方分與稅)(재정조정교부금)·재정
　　보조금·국고보조금을 지방자치단체에 교부된 국고지출금이라는 용어로 정리하고 있다(차병
　　권, 1984: 243-252). 이것이 모두 국고지출금인 것은 분명하지만, 그 성격을 고려할 때 정부
　　지원금이라고 표현하는 것이 더 적절할 것 같다. 특히 국고지출금이라는 용어는 일본의 '국
　　고지출금'과 혼돈을 초래할 수도 있다.
[3] 오연천 교수는 지방재정조정제도라고 할 때는 지방교부세를 가리키는 수가 많다고 지적하면
　　서 지방교부세를 지방재정조정제도라는 독립된 장(章)에서 설명하고, 국고보조금은 별도의
　　장으로 취급하고 있다. 그러나 그는 국고보조금의 장(章)에서 "국고보조금은 지방교부세와
　　함께 중앙정부재원을 지방정부에 이전한 지방재정조정제도의 한 형태"라고 분류함으로써 자
　　신의 견해를 다소 애매하게 하고 있다(오연천, 1987: 317).

세부담 및 행정수준의 불균형을 조정하기 위한 재원의 재배분이며, 따라서 이 제도에는 지방양여금이나 재정력에 따라서 보조율을 달리하는 차등보조금도 포함시켜야 하겠지만 일반적으로는 지방교부세와 같은 일반보조금만을 그 대상으로 한다"고 주장한다. 여기에 반해 유훈 교수는 자신의 저서 초판에서는 지방재정조정제도라는 용어의 애매함을 인식한 결과인지는 몰라도 지방교부세·국고보조금·지방양여금을 지방재정지원제도라고 부르다가(유훈, 1995: 186), 자신의 저서 3판에서는 그것을 다른 학자들과 같이 지방재정조정제도로 부르고 있다(유훈, 2000: 208).

　　일본의 경우도 학자들마다 지방재정조정제도라는 용어에 대한 개념을 조금씩 다르게 보는 것 같다. 즉 큐슈대학의 교수였던 이토 히로후미(伊東弘文)는 "지방재정제도란 재정수입을 증강하거나 삭감하는 조치로서, 지방단체 간의[4] 재정력 격차를 축소하기 위하여 국가가 지방단체에 재정자금을 교부하는 것"으로 정의하는데 여기서 재정수입은 경상일반재원을 의미하는 것으로 한정된다. 따라서 그에 의하면 지방재정조정제도란 지방세수(자주일반재원)에 국가의 재정자금(의존일반재원)을 부가함으로써 지방단체 간의 재정력 격차를 축소하기 위한 것이기 때문에, 용도가 제한되는 특정자금인 국고보조금은 지방재정조정제도로 볼 수 없다. 또한 그는 지방재정조정제도를 지방세와 국고보조금의 중간 성격으로 파악하여, 일본의 지방양여세는 지방재정조정제도로 포함하는 것 같다(伊東弘文, 1992: 136-137).

　　사토우·타카하시(佐藤進·高橋誠)(1992: 25)는 "지방재정조정제도란 지방자치단체 상호간의 재정력 격차와는 상관없이 주민들에게 내셔널 미니멈(national minimum)을 보증하기 위하여 주로 중앙정부가 지방에, 또한 드물게는 지방단체 상호 간에 재정적 원조를 하는 제도"라고 한다. 그들에 의하면 이 제도가 국고보조금과 다른 것은 우선 원조하는 자금의 용도가 특정적이지 않다는 것이다. 와타·노로(和田八束·野呂昭朗)(1992: 45-47)도 지방양여세·지방교부세·국고지출

---

4) 일본에서는 지방자치단체라는 말 대신에 지방공공단체 또는 지방단체라는 말을 사용하므로 여기서도 그렇게 사용하였다.

금을[5] 설명하면서 지방교부세만을 지방재정조정제도라고 부른다. 이케가미·시게모리·우에다(池上惇·重森曉·植田和弘, 1990: 38)에 의하면, 지방재정제도란 국가와 지방자치체 간 그리고 자치체 상호 간의 재정적 불균형을 시정하기 위한 여러 제도를 총칭하는 것으로서 넓은 의미로는 ① 국가와 지방간 세원배분 조정, ② 용도가 정해진 특정보조금에 의한 국가와 지방 간 재원재배분, ③ 용도가 정해지지 않은 일반재원의 국가와 지방 간 및 지방자치체 상호 간의 재배분 등을 포함한다. 그러나 일반적으로는 ③의 형태를 좁은 의미의 지방재정조정제도라고 부른다고 한다.

'지방재정조정제도'라는 용어가 한국과 일본에서 동시에 사용되고 있지만, 일본에서는 지방교부세에 한정하여 사용하는 듯한 경향이 있는 반면 한국에서는 대부분의 학자들이 지방교부세·국고보조금을 총칭하는 것으로 보고 있다. 저자는 본서에서 다소 애매모호한 '지방재정조정제도' 대신 '정부지원금제도'라는 용어를 사용하려고 한다.

2. 정부지원금제도의 이론적 논거

정부지원금제도에 대한 이론적 근거는 지방정부의 재정규모가 지원금 배분액만큼 증가된다는 '소득효과'와 정부지원금의 배분결과 수혜단체에 제공되는 공공서비스의 상대적 공급가격이 하락한다는 '가격효과'로 요약될 수 있지만(Rosen, 1985: 526-535), 그것의 궁극적인 정책 목적은 효율성의 증진·형평성의 증진·부정적 간섭주의(paternalism)에 입각한 가치재(merit goods)의 공급 등 세 가지로 정리된다(Jun, 1989: 31-33). 중앙정부(또는 상위정부)는 지방정부(또는 하위정부)에 여러 가지 형태의 정부지원금을 지원할 때 각각의 지원금에 대하여 해당 지방정부가 어떠한 반응을 보일 것인가를 충분히 예측한 후에 가장 효과적으로 소기의 목적을 달성할 수 있는 유형을 선택해야 한다(허명환, 1999a: 31).

---

5) 국고지출금은 국고보조부담금이라고도 불리며 국고위탁금·국고부담금·국고보조금으로 구성된다(橋本徹, 1991: 163).

1) 효율성의 증진

한 경제주체의 경제행위가 시장메커니즘(가격)을 통하지 않고 다른 경제주체의 경제행위에 영향을 미칠 때 외부효과(externalities)가 발생된다고 한다. 외부효과는 시장실패의 한 요인으로서 자원의 효율적 배분을 저해하기 때문에, 자원배분의 효율성을 제고하기 위해서는 그러한 외부효과는 내부화시켜야 한다.

만약 경제주체가 지방정부일 경우 공공서비스 수혜지역의 복잡성, 주민과 기업체의 이동성, 역사적으로 결정된 관할 구역 등과 같은 이유로 인해 외부효과가 발생한다(Musgrave and Musgrave, 1989: 527-528). 최근 혐오시설의 입지선정과 관련되어 회자되고 있는 NIMBY(Not In My Back Yard)나 LULU(Locally Unwanted Land Use)와 같은 현상의 이면에도 이와 같은 외부효과가 존재하고 있는 것이다.

누출효과(spillover effect)와 같은 외부효과는 피구식 조세(Pigouvian tax)에 의해 시정되거나(Oates, 1972: 66), 코스(Coase)의 주장처럼 협상에 의해서도 시정될 수 있지만(Coase, 1960),[6] 상위정부의 지원금으로도 해결될 수 있다. 실제로 많은 지원금이 이런 목적으로 활용되며, 이와 같은 목적을 위해서는 지원금의 사용용도에 제약이 있는 조건부 정률지원금(conditional matching grant)이 유용하게 활용될 수 있다.

만약 어떤 지방정부 A가 B지방에 누출효과가 있는 공공서비스를 공급하려고 한다면 사회적으로 보았을 때 그 공공재의 효율적 공급을 위한 파레토 조건은 다음의 식 (8-1)과 같이 지방정부 A와 B의 공공재와 민간재 간의 한계대체율(marginal rate of substitution: MRS)을 합한 것이 공공재와 민간재 간의 한계변환율(marginal rate of transformation, MRT)과 같아야 한다. 그렇지만 지방정부 A가 공공재를 공급할 때 B지방에 파급되는 효과는 일반적으로 간과된다. 그렇기 때문에 사회적 관점에서 파레토 효율적 수준의 공공재를 공급하려면 중앙정부가 파급효과에 해당하는 금액만큼 지방정부 A를 지원해야만 한다.

---

6) 코스의 주장에 대해서 많은 사람들은 협상과정에서의 비대칭적 정보 및 협상단위의 크기와 숫자 때문에 그것이 현실세계에 적용되는 데는 한계가 있다고 지적하고 있다.

$$MRS_{GX}^{A} + MRS_{GX}^{B} = MRT_{GX} \cdots\cdots\cdots\cdots\cdots\cdots\cdots\cdots\cdots\cdots\cdots\cdots\cdots\cdots \text{(8-1)}$$

G: 공공재; X: 민간재

2) 형평성의 증진

정부지원금과 관련한 형평성의 증진 문제는 수직적 재정불균형(vertical fiscal imbalance)과 수평적 재정불균형(horizontal fiscal imbalance)의 두 가지 측면에서 생각할 수 있다. 수직적 재정불균형은 한 국가 내에서 서로 다른 정부계층 사이에 존재하는 재원조달능력과 지출책임 간의 부조화로부터 유래되며, 그러한 부조화의 발생이유로는 다음의 세 가지가 지적된다(Noto, 1982: 106).

첫째, 특정 재원이 독점적으로 어떤 계층의 정부에 할당된다. 우리나라의 경우 소득세·법인세·부가가치세 등과 같이 경제발전에 탄력적인 대부분의 조세는 중앙정부 재원에 해당한다.

둘째, 정치적·경제적·사회적 환경변화로 인하여 새로운 행정서비스가 야기되기 때문에 기존의 재정체제에 예기치 않은 불균형이 초래될 수 있다. 현재 우리나라는 괄목한 민주화와 지방자치의 정착으로 인하여 정치·행정·사회의 각 부분에 많은 변화가 수반되었고, 이것 때문에 종전에는 생각할 수 없었던 보건·복지·환경보전 등과 같은 새로운 행정수요가 창출되고 있다.

셋째, 중앙정부는 조세법률제정권과 조세행정상의 축적된 전문기술을 통해 효율적 징세(徵稅)가 가능한 반면, 지방정부는 주민들과 밀착하여 그들의 다양한 요구에 대응하기 위해 보다 효율적인 지출활동을 펼 수 있다. 따라서 중앙정부는 지출요인보다 더 많은 재원을 가질 수 있고, 지방정부는 지출요인보다 더 적은 재원을 갖게 되어 양자 간에 자연스러운 재정적 부조화 현상이 발생한다.[7]

수평적 재정불균형은 동일한 계층의 지방정부들 간에 재정자원이 고르게 분포되지 못함을 뜻한다. 지방정부 간에는 지리적·역사적인 여러 요인들로 인

---

[7] 환부세(還付稅)제도는 바로 이와 같은 사정을 시정하기 위해 생겨난 제도라고 할 수 있다.

해 지역경제력상 격차가 발생할 수 있고, 그러한 차이는 지방정부의 재정력 격차로 이어지기 때문에 수평적 재정불균형이 초래된다. 특히 이와 같은 수평적 재정불균형은 헌법에 보장된 평등권과도 연관된다. 왜냐하면 한 나라의 국민이면 자신이 사는 지역적인 위치 때문에 국가로부터의 최소한의 서비스에 차별적 대우를 받아서는 곤란하기 때문이다.

　　일반적으로 형평성의 증진을 위한 지원금으로는 특정 목적을 지녀서 그 사용에 엄격한 제약이 따르는 조건부 지원금(conditional grant)보다도 수혜단체의 일반적 목적에 이용될 수 있는 무조건적 지원금(general grant)이 유용하다. 이러한 형태의 지원금은 제도적으로는 지방정부의 재정력 격차를 시정하기 위한 재정균등화보조금(fiscal equalization grant)의 형식을 띤다.

3) 부정적 간섭주의(paternalism)에 입각한 가치재 공급

　　중앙정부는 특정 지방공공재를 가치재(merit goods)로 파악하고, 그러한 가치재의 공급수준을 증진시키기 위하여 하위지방정부의 재정행태에 영향을 주기도 한다. 이때 활용될 수 있는 국고지원금은 사용 용도에 제약이 있는 조건부 지원금(conditional grant)으로서 정률지원금(matching grant)의 형태를 띤다. 이러한 형태의 지원금은 가치재로 분류되는 공공재의 공급가격을 그만큼 낮추어주기 때문에 지방정부의 공공재 공급수준이 상대적으로 증대될 수 있는 것이다.

3. 정부지원금제도의 이론적 분류와 우리나라 제도의 개관

1) 정부지원금제도의 이론적 분류

　　정부지원금은 여러 기준에 의하여 이론적으로 분류될 수 있지만, 대체로 지원금의 용도에 대한 제한의 유무, 배분공식의 유무, 지원금 지급과 관련된 지방비 분담의 유무, 지원금 규모의 제한성 유무 등을 기준으로 하여 [그림 8-1]과 같이 분류된다. 정부는 정책목표에 따라서 이와 같은 정부지원금의 여러 가지

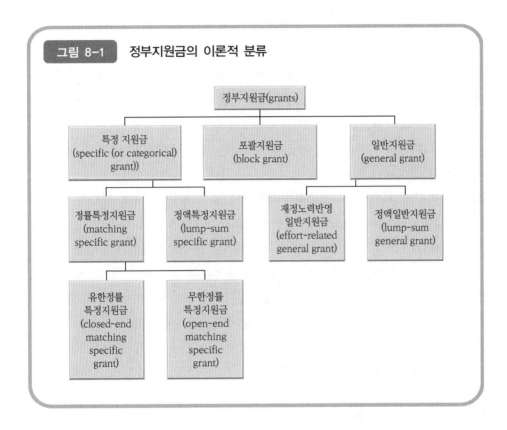

그림 8-1　**정부지원금의 이론적 분류**

차원을 조합함으로써 다양한 형태의 정부지원금을 설계할 수 있는 것이다(허명환, 1999a: 31).

　　정부지원금은 우선적으로 그 사용에 대한 제한의 유무에 따라 일반지원금(general grant)과 특정지원금(categorical grant or specific grant)으로 구분된다. 전자(前者)는 무조건부 지원금(unconditional grant), 후자는 조건부 지원금(conditional grant)으로도 불린다. 일반지원금은 다시 일정한 공식에 의해서 지급되는 정액일반지원금(lump-sum general grant)과 자치단체의 각종 재정노력을 반영하는 일반지원금(effort-related general grant)으로 구분된다.

　　특정지원금은 정률특정지원금(matching categorical grant)과 정액특정지원금

(lump-sum categorical grant)으로 구분된다. 전자(前者)는 상위정부의 지원금에 대해서 하위정부가 반드시 일정비율로 자체비용을 부담하여야만 하는 지원금인 반면, 후자는 그럴 필요가 없는 지원금을 뜻한다. 정률지원금은 다시금 무한정률지원금(open-ended matching grant)과 유한정률지원금(closed-ended matching grant)으로 구분된다. 전자는 하위정부가 계속해서 일정비율을 부담하는 한 상위정부는 그것에 대응하여 지원금을 지급하여야 하는 것을 가리키며, 후자는 상위정부의 지원금 상한액이 정해져 있는 것을 가리킨다. 유한정률지원금도 보조금액이 상한에 이르게 되면 마치 정액특정지원금과 같은 결과를 낳게 된다.

포괄지원금(block grant)이란 일반지원금과 특정지원금의 중간적 성격을 지니는 것이다. 미국의 정부간관계위원회(ACIR)는 "포괄보조금이란 기능적으로 광범위하게 설정된 보조대상 분야에 대하여 중앙정부가 일반적 목적으로 지방정부에게 이전지출하는 자금으로서, 법적 공식(statutory formula)에 의해 배분되는 보조금"으로 정의한다(임성일, 1996: 11). 포괄지원금은 대상사업의 범위와 그 자금의 용도에 비교적 느슨한 제한만 있다는 점에서 일반지원금과 유사한 특성을 갖지만, 기본적으로 제한을 둔다는 점에서는 특정지원금의 성격도 지닌다.

2) 우리나라 정부지원금제도의 개관

우리나라에서 시행되고 있는 정부지원금제도로는 지방정부에 대한 중앙정부의 지원금과 기초지방정부에 대한 광역지방정부의 지원금을 생각할 수 있다. 전자의 경우는 일반지방정부에 지원되는 것과 시·도 교육자치기관에 지원되는 것으로 크게 양분되며, 후자는 특별시·광역시의 경우와 도의 경우가 다소 상이하기 때문에 이들을 분리하여 살펴보아야 한다.

2020년 8월 기준으로 중앙정부로부터 일반지방정부에 지원되는 정부지원금으로는 지방교부세, 국고보조금, 2018년 3월에 개정된 국가균형발전특별법에 따른 국가균형발전특별회계8)가 있다. 그리고 중앙정부로부터 시·도 교육자치

---

8) 국가균형발전특별법은 노무현 정부하에서 제정되었고 국가균형발전특별회계의 운영을 규정하였다. 이명박 정부 출범 후 2009년 4월 국가균형발전특별법은 전문 개정되었고 종전의 국

기관에 지원되는 지원금으로 지방교육재정교부금과 국고보조금이 있다.9) 한편 광역지방정부로부터 기초지방정부로 지원되는 지원금 제도가 있다. 특별시·광역시는 자치구 조정교부금 제도를 갖고 있으며, 특별시·광역시·도는 시·도비 보조금 제도를 지니고 있고 광역시·도는 시·군 조정교부금 제도를 운영하고 있다.

우리는 앞에서 정부지원금의 형태를 이론적으로 구분해 보았다. 이제 여기서는 우리나라의 현행 각종 지원금제도가 이와 같은 이론적 분류상 어디에 속하는가를 살펴보려고 한다. 우리나라의 현행 지방교부세 중 보통교부세와 부동산교부세, 특별시·광역시의 자치구 조정교부금 중 일반조정교부금, 그리고 광역시·도의 시·군 조정교부금 중 일반조정교부금은 위의 일반지원금(general grant)에 속한다. 특히 수혜단체들의 자구노력이 배분공식에 반영되고 있는 보통교부세는 재정노력반영 일반지원금(effort-related general grant)으로 분류될 수도 있을 것이다. 여기에 반해 특별교부세, 소방안전교부세, 특별시·광역시의 자치구 조정교부금 중 특별교부금 및 광역시·도의 시·군 조정교부금 중 특별조정교부금은 사업별로 다소 차이가 있을 수도 있지만 대체로 정액특정지원금으로 분류될 수 있다.

국고보조금이나 시·도비 보조금 등은 특정지원금의 전형적 유형이며, 국가균형발전특별회계도 특정지원금의 한 형태이다. 국고보조금과 지방교부세의 중간적인 성격을 띠는 것으로서 과거의 지방양여금도 특정지원금에 속한다.10) 현실적으로 상당수의 국고보조금이 지방비부담을 수반하고 있기 때문에 정률특정지원금으로 세분될 수 있다.

지방교육재정교부금 중 보통교부금은 일반자치단체의 재정력 불균등을 시

가균형발전특별회계는 광역·지역발전특별회계로 명칭이 바뀌었다. 박근혜 정부 출범 이후 2014년 1월 광역·지역발전특별회계는 지역발전특별회계로 변경되었다. 이것은 문재인 정부에서 다시 노무현 정부 때와 같은 명칭인 국가균형발전특별회계로 명칭이 변경되었다. 이와 같은 명칭 변경으로 인해 일반인들이 보기에는 이들 각각이 새롭게 도입된 제도처럼 인식될 수 있지만, 이론적 관점에서 보면 정부지원금(grants-in-aids)의 한 형태일 뿐이다.

9) 1991년에 도입된 지방양여금과 지방교육양여금은 2005년 1월부터 폐지되었다.

10) 지방양여금에 대해서는 본서의 제3판(2011: 315-320)을 참조하기 바란다.

정하기 위한 목적의 보통지방교부세와 매우 유사한 면이 많지만, 그 용도가 교육에 한정되어 있다는 측면에서 교육포괄보조금이라고 생각할 수 있다.[11] 종전의 교육지방양여금도 포괄보조금적 성격이 강하였으나, 교육재정교부금 중 특별교부금은 지방교부세의 특별교부세와 마찬가지로 정액특정지원금으로 분류될 수 있다. 시·도 교육자치기관에 대한 정부지원금은 본서의 제5편에서 별도로 다루기 때문에 여기서는 일반 지방정부에 대한 중앙정부 및 상급지방정부의 지원금제도에 한정하여 고찰하려고 한다.

제2절 중앙정부의 지방정부에 대한 지원금제도

1. 지방교부세제도

1) 지방교부세제도의 의의와 종류

지방교부세는 그 명칭이 '세(稅)'로 되어 있지만 지방정부가 거두어들이는 조세가 아니고 중앙정부가 법률에 규정된 재원을 일정한 공식(formular grant)에 의거하여 지방정부에 배분하는 일반지원금(general grant)이다.[12] 지방교부세의 기본 목적은 지방정부가 처해있는 자연적·지리적 조건과 더불어 현대 산업사회

---

11) 허명환(1999a: 37)에 의하면 포괄보조금은 ① 포괄적인 비도, ② 지방비부담이 없음, ③ 공식에 의한 배분의 세 가지 특징을 갖는다. 그는 우리나라의 교육재정교부금은 전형적인 포괄보조금이라고 한다. 그러나 더 엄격히 말한다면 교육재정교부금 중 보통교부금만 포괄보조금이라고 할 수 있을 것이다.

12) 저자는 이와 같은 혼란을 없애기 위하여 일본식의 '지방교부세'라는 이름을 과감히 버리고 우리나라에서 지방교부세 도입 이전까지 사용했던 '지방재정조정교부금'이라는 용어를 사용하는 것이 좋다고 생각한다. 특히 행정안전부의 문헌에는 지방교부세가 'local share tax'로 영역되고 있어 공동세라는 오해의 소지도 있다. 지방교부세 중 특별교부세와 소방안전교부세는 사용목적이 한정되는 경우도 있다.

에서의 불균형적인 경제발전의 결과가 야기할 수 있는 지방정부 간의 재정력 격차를 완화함으로써 주민의 거주지역과 관계없이 최소한의 행정서비스를 제공받을 수 있도록 하기 위한 것이다. 즉 지방교부세는[13] 조건이 붙지 않는 국고지원금(unconditional grant)의 일종으로서 ① 지방정부의 기초적인 행정운영에 필요한 부족 재원을 보충해줌으로써 중앙정부와 지방정부 간의 수직적 재정불균형을 시정하고, ② 지역 간의 경제력 격차로 야기되는 재정력 격차를 시정하기 위하여 동일한 법적 지위를 지니는 지방정부 간의 수평적 재정불균형을 시정하기 위한 대표적인 형평화보조금으로 이해되고 있다.

하지만 노무현 정부 하에서 지방교부세의 이와 같은 전통적인 성격이 상당히 변질되었다. 2004년 12월 지방이양사업의 원활한 추진을 위하여 사무이양에 소요되는 재원확보를 목적으로 한시적(2014년 12월 31일 폐지)으로 분권교부세제도가 도입되었고, 2005년에는 보유세 강화를 통한 조세정의의 실현과 급등하는 부동산가격 대책의 일환으로 국세인 종합부동산세가 신설되었는데 그 세수의 처리방안으로서 부동산교부세가 도입되었다. 이와 같은 분권교부세 및 부동산교부세, 그리고 2015년에 신설된 소방안전교부세는 지방교부세제도의 원래의 취지와는 다른 것이며, 지방교부세제도의 운영을 매우 복잡하게 만들었다.

지방교부세의 목적이 지방정부의 수평적 재정불균형 시정으로 이해되긴 하지만 지방교부세의 운영에 관한 제반사항을 규정하는 지방교부세법에서는 그러한 목적이 뚜렷하게 제시되어 있지 않다. 즉 지방교부세의 목적을 규정하는 동법 제1조는 "이 법은 지방자치단체의 행정 운영에 필요한 재원을 교부하여 그 재정을 조정함으로써 지방행정을 건전하게 발전시키도록 함을 목적으로 한다"고 되어 있어 학자들의 통상적인 해석과는 달리 재정 형평화에 대한 언급은 명시되어 있지 않다. 이것은 분권교부세제도나 부동산교부세제도 및 소방안전교부세제도가 도입되기 전에도 마찬가지였다. 2020년 8월 기준으로 지방교부세법 제2조 제1호에 의하면 지방교부세란 "지방교부세법 제4조(교부세의 재원)에 따라

---

13) 물론 여기서 말하는 지방교부세란 특별교부세·부동산교부세·소방안전교부세를 제외한 '보통교부세'의 개념이다.

산정한 금액으로서 제6조(보통교부세의 교부)·제9조(특별교부세의 교부)·제9조의3(부동산교부세의 교부)·제9조의4(소방안전교부세의 교부)에 따라 국가가 재정적 결함이 있는 지방자치단체에 교부하는 금액"으로 정의된다.

　지방교부세의 재원은 2020년 8월 기준 내국세[14] 총액의 19.24%에 해당하는 금액, 종합부동산세 총액, 담배에 부과하는 개별소비세 총액의 45%에 해당하는 금액, 그리고 동법 제5조 제3항에서 규정하는 정산액으로 이루어진다(지방교부세법 제4조). 2005년까지 보통교부세, 특별교부세 및 분권교부세로 구성된 지방교부세의 재원은 내국세의 19.13%였다. 하지만 2005년 12월 31일의 법 개정으로 2006년 1월 1일부터 분권교부세의 재원비율이 종전의 내국세 총액의 0.83%에서 0.94%로 증가됨에 따라 지방교부세(보통교부세, 특별교부세 및 분권교부세) 재원의 비율은 내국세의 19.24%로 인상되었다.[15] 2014년 12월 31일 법 개정으로 2015년 1월 1일부터 분권교부세가 폐지되고, 그 재원인 내국세 총액의 0.94%가 보통교부세로 흡수되면서 보통교부세와 특별교부세의 재원은 내국세 총액의 19.24%가 되었다.[16]

　노무현 정부는 2005년 초에 이전까지 내국세 총액의 15%에 불과하던 지방교부세재원을 19.13%로 큰 폭으로 증가시켰다. 하지만 실제로 따져 보면 이 같은 증가는 실질적으로는 큰 폭의 증가라고 할 수는 없었다. 왜냐하면 2005년부터 ① 지방양여금제도가 폐지되면서 그 재원의 일부가 교부세재원으로 되었고, ② 지금까지 22개 중앙부처에서 국고보조금제도로 운영하던 149개의 사업이 지방교부세화되었으며,[17] ③ 지금까지 내국세 총액의 15%와는 별도의 재원으로 운영되던 증액교부금제도가 지방교부세로 흡수되었기 때문이다. 이렇게 볼 때

---

14) 여기서 말하는 내국세란 목적세 및 종합부동산세, 담배에 부과하는 개별소비세 총액의 45% 및 다른 법률에 따라 특별회계의 재원으로 사용되는 세목의 해당 금액을 제외한 것이다.

15) 2005년 12월 31일의 법 개정으로 2006년 1월 1일부터 부동산교부세가 신설되었는데, 이것의 재원은 타 교부세와 별도로 종합부동산세 총액으로 하였다.

16) 2014년 12월 31일 법 개정으로 2015년 1월 1일부터 소방안전교부세가 도입되었는데, 이것의 재원은 타 지방교부세와 별도로 담배에 부과하는 개별소비세 총액의 20%(당시 기준)에 해당하는 금액으로 하였다.

17) 이것을 분권교부세라 부르고 금액으로는 8,520억 원에 이른다(배국환, 2005: 3).

비록 외형적인 수치상으로는 15%에서 4.13%포인트 증가한 19.13%이지만, 실제로는 1983년 이래 내국세 총액의 13.27%로 운영되다가 김대중 정부하인 2000년부터 1.73%포인트 증가한 수치보다도 실제적으로는 더 미미한 증가 수준이다.

2020년 8월 기준으로 지방교부세법에 의하면 지방교부세는 보통교부세, 특별교부세, 부동산교부세, 그리고 소방안전교부세의 네 유형으로 구성되어 있다. 2004년 12월 30일 지방교부세법 개정 이전까지 지방교부세는 일정한 공식에 의하여 배분되는 보통교부세와 보통교부세로는 파악할 수 없는 특별한 행정수요에 대하여 배분하기 위한 특별교부세의 두 종류가 있었고, 여기에 덧붙여 법정교부율 재원과는 별도로 운영되던 증액교부금이[18] 있었다. 2004년 말의 지방교부세법 개정으로 증액교부금은 폐지되었고 그 대신 중앙정부의 지방권한 이양에 따라 국고보조금사업에 사용되던 재원의 일부를 지방에 이양하는 수단으로 내국세 총액의 0.83%에 해당되는 이른바 분권교부세가[19] 도입되었다. 2005년 12월 31일의 지방교부세법 개정에 따라 종합부동산세를 재원으로 하는 부동산교부세가 도입되었으며 분권교부세의 재원비율도 내국세 총액의 0.94%로 상향조정되었다. 2014년 분권교부세는 폐지되고 2015년에 지방정부의 소방 및 안전시설 확충 등을 위하여 담배에 대한 개별소비세액의 일부를 재원으로 하는 소방

---

18) 증액교부금제도는 지방재정상 부득이한 수요가 있는 경우 내국세 총액의 15%인 법정교부율 외에 국가가 별도로 증액하는 교부세로서 1972년에 발효된 8·3 긴급조치가 거의 10년 만에 해제됨에 따라 1982년 지방교부세법이 개정될 때 도입되었다. 즉 교부세법 개정시 법정교부율이 13.27%로 결정되어 종래의 17.6%에 크게 미달하게 되자 이것을 보완하기 위한 차원에서 도입되었다. 증액교부금은 1988년까지는 주로 도로 관련 기채상환 및 호우피해복구비 등에 사용되었고, 1989~1990년도에는 도심철도이전사업과 방범원 인건비 등에 사용되었으며, 1995년 이후에는 농어촌특별세를 재원으로 추진하는 국고보조사업의 지방비부담을 경감하는데 활용되었다(권형신·이상용·이재성, 2001: 356). 특히 1998년부터는 IMF구제금융 이후 지역경제의 개발수요를 보전하는데 사용되었지만(지방교부세법 시행령 제10조), 동 시행령 제3항은 지역경제개발수요 이외의 용도로 사용할 경우는 당해 연도 국가예산에 따라 교부토록 규정하고 있다.

19) 지방교부세법 부칙에 의하면 분권교부세는 2009년 12월 31일 효력이 소멸되는 한시법이었다. 따라서 2010년 1월 1일부터 폐지되어 보통교부세에 통합하도록 되어 있었지만 2010년의 지방교부세법개정에 따라 2014년 12월 31일까지 연장되었다가 2014년 말 폐지되었다. 내국세 총액의 0.94%였던 분권교부세재원은 2015년부터 보통교부세로 통합되었다.

안전교부세가 도입되었다. 증액교부금도 그 성격이 애매하였지만 분권교부세와 부동산교부세 및 소방안전교부세는 지방교부세의 성격을 더욱 혼란스럽게 만들었다. 부동산교부세는 국세로 징수한 재원을 일정한 기준에 따라 전액 지방자치단체에 배분하는데 엄격하게 말하자면 일본의 지방양여세나 환부금(還付金)과 같은 형식이다. 그렇기 때문에 이러한 제도들의 정책목표가 뚜렷하게 드러날 수 있도록 지방교부세와 구별되는 별도의 틀 속에서 운영되어야 할 것이다.

2020년 8월 기준으로 보통교부세는 교부세 총액[20]의 100분의 97을 재원으로 하여 특별시나 광역시의 자치구를[21] 제외한 전체 지방정부 중 지방교부세법에서 정의되는 기준재정수입액이 기준재정수요액에 미달하는 지방정부를 대상으로 일정한 공식에 따라 배분된다. 특별시나 광역시라고 해서 자동적으로 보통교부세의 불교부단체로 분류되지 않으며,[22] 전술한 조건을 충족한다면 자치구를 제외한 어떠한 지방정부도 교부세의 배분대상이 될 수 있다.

우리나라의 현행 지방교부세제도는 1961년에 도입되었지만, 그 전신은 1950년대 초에 도입된 분여세제도에서 찾을 수 있다. 분여세제도는 1958년에 지방재정조정교부금제도로 바뀌었으며, 1961년에는 다시 오늘날의 지방교부세제도로 발전되었다. [표 8-1]은 지방교부세제도의 발전과정을 개략적으로 정리한 것이다.[23]

---

20) 여기서 교부세 총액은 내국세 총액의 19.24%에 '내국세 예산액과 그 결산액의 차액으로 인한 교부세 차액의 정산액'을 합한 금액이다. 단, 이때 내국세 총액에서는 목적세 및 종합부동산세, 담배에 부과하는 개별소비세 총액의 45% 및 다른 법률에 따라 특별회계의 재원으로 사용되는 세목의 해당금액은 제외된다(지방교부세법 제4조 제1항과 제2항).
21) 자치구의 경우는 기준재정수요액과 기준재정수입액을 각각 당해 특별시나 광역시의 기준재정수요액 및 기준재정수요액에 합산하여 산정하고 이것을 당해 특별시 또는 광역시에 일괄하여 교부한다(지방교부세법 제6조 제1항). 자치구는 보통지방교부세를 받지 못하는 대신 특별시나 광역시의 자치구 조정교부금을 받는다.
22) 지방재정상태가 어려운 단체일수록 지방교부세가 많이 배분되어야 한다는 데는 이견이 없다. 그렇지만 이것이 지방자치단체의 재정자립도가 낮은 단체일수록 지방교부세가 많이 배분되어야 한다는 것을 의미하지는 않는다는 점에 유념할 필요가 있다. 왜냐하면 재정자립도의 정의상 지방교부세를 많이 받으면 받을수록 그만큼 재정자립도는 더욱 낮아져 더 많은 지방교부세의 배분대상이 되기 때문에 재정자립도와 지방교부세의 배분을 연관 짓는 것은 오류이다.
23) 우리나라의 지방교부세제도의 발전에 관한 더 자세한 내용은 본서의 초판(2002: 222-223)

표 8-1	지방교부세제도의 발전과정
법개정연도	제도변천의 개요
1951	• 임시분여세제도(지세 및 영업세 예산액의 13.39~34.68%)
1952	• 지방분여세제도(1952~1958)(2종토지수득세전액 및 영업세액의 15%)
1958	• 지방재정조정교부금제도(1959~1961)(제1호 재원: 유흥음식세·영업세·입장세·전기가스세의 40%, 제2호 재원: 제1종토지수득세의 8.8%와 제2종토지수득세의 50%, 제3호 재원: 앞의 두 재원으로서 불충분할 경우 국가예산으로 충당함.)
1961	• 지방교부세제도(1962~현재)(영업세·입장세·전기가스세의 40%)
1968	• 내국세 총액의 17.6%(1969년부터 실시)
1972	• 8·3조치(1973~1982)(법정교부율제도 및 특별교부세제도 유보)
1983	• 8·3조치의 폐지에 따라 법정교부율제도(내국세 총액의 13.27%) 및 특별교부세제도의 부활(내국세 총액의 11분의 1); 증액교부금제도의 신설
1999	• 법정교부율의 상향조정(2000~2004)(내국세 총액의 15%)
2004	• 증액교부금제도폐지; 분권교부세의 신설(내국세 총액의 0.83%): 특별교부세의 비율하향조정(내국세 총액에서 분권교부세재원을 제외한 금액의 4%)
2005	• 법정교부율의 상향조정(2005년)(내국세 총액의 19.13%), 증액교부금 및 지방양여금 폐지, 분권교부세·부동산교부세 신설
2006	• 법정교부율상향조정(내국세 총액의 19.24%); 분권교부세율상향조정(내국세 총액의 0.94%)
2014	• 보통교부세와 특별교부세 간 재원조정(96%: 4% → 97%: 3%)
2015	• 분권교부세 폐지, 소방안전교부세 신설(담배 개별소비세 총액의 20%)
2020	• 소방안전교부세율 상향조정(담배 개별소비세 총액의 45%)

[표 8-2]는 연도별 지방교부세 중 보통교부세 불교부단체를 나타낸 것인데, 이것으로부터 우리는 다음과 같은 중요한 시사점을 도출할 수 있다. 즉 지방교부세의 불교부단체는 노태우 정부(1988~1992) 기간 중에 가장 많았지만, 그와 같은 불교부단체가 수도권 이외의 지역에도 상당수 분포된 것으로 나타난다. 김영삼 정부(1993~1997) 이후 현재까지 불교부단체가 감소하였지만, 특이한 점은 불교부단체가 1995년 이후부터 거의 수도권에 집중되어 있다는 사실이다.

우리나라의 지방세제도는 엄격한 조세법률주의에 의거하고 있기 때문에 각 자치단체의 지방세입 격차는 각 자치단체의 재정확보 노력에 기인한다기보다도

───────────────

을 참고하기 바란다.

표 8-2 연도별 보통교부세 불교부단체

구분	88	89	90	91	92	93	94	95	96~97	98	99	00	01~03	04~05	06	07	08	09	10~14	15~16	17	18	19	20
서울	○	○	○	○	○	○	○	○	○	○	○	○	○	○	○	○	○	○	○	○	○	○	○	○
부산	○	○	○		○	○	○	○	○	○	○	○												
대구	○	○	○																					
인천	○	○	○	○	○	○	○	○			○	○		○	○	○								
울산	○	○	○	○	○	○	○			○	○													
경기	○	○	○	○	○	○	○	○	○	○	○	○	○	○	○	○	○	○			○	○	○	○
수원	○	○	○	○	○	○	○	○	○	○	○	○	○	○	○	○	○	○	○	○	○	○	○	
성남		○				○	○	○	○	○	○	○	○	○	○	○	○	○	○	○	○	○	○	
안양	○	○	○	○	○	○	○	○	○	○	○	○	○	○	○	○	○							
부천	○	○	○	○	○	○	○	○	○	○	○		○	○	○									
안산	○	○	○	○	○	○	○	○	○	○	○	○	○	○	○	○	○							
고양									○	○	○	○	○	○	○	○	○	○	○	○				
과천				○	○	○	○	○	○	○	○	○	○	○	○	○	○	○	○	○				
시흥	○											○												
군포		○	○	○	○		○	○	○	○	○													
용인														○	○	○	○		○	○	○	○	○	○
화성															○	○	○	○	○	○	○	○	○	○
청주		○	○																					
여천	○	○	○	○	○	○	○																	
광양		○																						
포항	○	○	○	○	○	○	○																	
구미		○	○	○	●																			
창원		○	○	○	○	○	○												○					
마산		○	○																					
하남																						○		
합계	13	19	20	15	15	14	16	12	12	13	15	10	10	11	12	11	10	7	8	7	6	7	6	4

자료: 1988년부터 2000년까지는 허명환(2000: 13); 2001년부터는 행정자치부(2006: 68); 2007년 자료는 행정자치부(2007: 44); 2008년부터 2014년은 행정안전부 각 연도 「지방교부세산정해설」; 2016년과 2017년은 행정안전부(2018: 9).

각 자치단체가 처하고 있는 지역경제여건 때문이라고 할 수 있다. 또한 지방교부세의 불교부단체가 수도권 일부 기초자치단체에 집중되어 있는 것은 해당 기초자치단체의 인구 증가와 아파트 건설 집중 등으로 인한 재산세의 증가에 기인한 것으로 볼 수 있다. 비교적 재정상태가 양호한 것으로 평가되는 수도권 광역자치단체가 보통교부세 교부단체가 된 것은 기준재정수요액 산정 방식의 변화, 재정수요의 증가를 재정수입이 따라가지 못한 것과 기준재정수요액과 기준재정수입액의 차액을 자동보전해 주는 보통교부세의 배분방식에 내재된 지방자치단체의 도덕적 해이 등이 원인으로 지적된다(민기, 2013: 110).

특별교부세는 2014년 지방교부세법 개정으로 교부세 총액의[24] 100분의 3에 해당하는 재원으로 구성되며 특별시나 광역시의 자치구까지 포함한 지방자치단체에 배분된다. 1972년의 '8·3조치'[25] 이전에는 특별교부세의 재원이 보통교부세 재원의 10%로 되어 있었다. 보통교부세 재원은 내국세 총액의 16%였기 때문에 특별교부세 재원은 내국세 총액의 1.6%였다. 8·3조치 기간 동안에는 특별교부세제도가 정지되었으며, 1982년 8·3조치의 해제와 동시에 부활되었을 때는 내국세 총액의 11분의 1로 되었다. 하지만 그동안 특별교부세 배분이 지나치게 정치적 자의성에 따라 배분되었을 뿐 아니라 그 비율 또한 너무 높았다는 비판에 따라 2004년과 2014년에 지방교부세법 개정을 통해 각각 교부세 총액의 100분의 4, 100분의 3의 규모로 축소되었다.

2) 현행 지방교부세의 배분방식

(1) 보통교부세

가) 기본적인 배분메커니즘

특정 지방정부 i가 배분받는 보통교부세(Local Shared Tax: LST_i)는 매 연도 그 정부의 기준재정수입액(Standard Fiscal Revenues: SFR_i)이 기준재정수요액(Standard

---

24) 여기서 교부세 총액은 각주 20)번에서 지칭하는 교부세 총액과 같다.

25) 정식 명칭은 경제의 성장과 안정에 관한 대통령 긴급명령이며, 그 주요 내용은 ① 사채시장의 동결과, ② 지방재정 이전으로 인한 국가재정의 약화를 방지하기 위한 지방교부세법과 지방교육재정교부금법의 일시적 효력정지였다.

Fiscal Needs: SFN_i)에 미달하는 재정부족액(Fiscal Shortage: FS_i)을 기초로 산정된다. 이와 같은 재정부족액이 발생한 지방정부들의 재정부족액의 합산액이 보통교부세 총액을 초과하는 경우에는 해당 지방정부 i의 재정부족액을 조정하여 교부한다. [그림 8-1]과 같이 재정부족액이 발생한 지방정부 i의 재정부족액에 당해 연도의 조정률(α)을[26] 곱하여 조정한다. 이상에서 설명한 특정 지방정부 i에게 교부되는 보통교부세액의 산정방식을 식으로 표현하면 식 (8-2)와 같으며, 조정률(α)은 식 (8-3)을 통해 산정된다. 조정률 산정시 보통교부세 총액에서 제주특별자치도 교부액 3%[27]와 분권교부세 보전분[28]은 제외된다.

$$LST_i = (SFN_i - SFR_i) \times \alpha$$
$$= FS_i \times \alpha \quad\text{\dotfill (8-2)}$$

(LST: 보통교부세, SFN: 기준재정수요액, SFR: 기준재정수입액,

FS: 재정부족액, α: 조정률)

$$\alpha = \frac{\text{보통교부세의 총액(제주도 3\% · 분권교부세보전분 제외)}}{\text{재정부족액이 발생한 지방자치단체의 재정부족액총액}} \quad\text{\dotfill (8-3)}$$

① **기준재정수요액**(SFN_i): 이것은 각 지방정부가 합리적이고 적정한 기본 행정수준을 유지할 경우 필요한 표준적인 재정수요로서 각 지방정부가 실제로 지출하고자 하는 경비의 실적치는 아니다.[29] 그러므로 각 지역의 특수사정이나 독자적인 판단에 의한 특별한 수요는 원칙적으로 제외된다. 기준재정수요액의

---

26) 이와 같은 조정률은 보통교부세 교부대상인 모든 지방정부에 획일적으로 적용된다. 이 조정률은 1999년에 0.7957로 계산되었고, 법정교부율이 15%로 확대된 2000년도의 경우는 0.9249로 계산되었으며, 2006년 0.859, 2012년 0.925, 2014년 0.873, 2019년 0.864 등으로 변화되었다. 여기서 2019년 0.864의 의미는 보통교부세를 통해 원칙적으로 각 지방정부의 재원부족액의 86.4%를 보전해 준다는 것이다.

27) 제주특별자치도의 경우 2007년부터 매년 재정부족액의 규모에 관계없이 보통교부세 총액의 3%를 정률로 교부하는 특례가 인정되고 있다.

28) 보통교부세 불교부 단체라도 2015년부터 분권교부세의 보통교부세로의 통합에 따라 감소되는 분권교부세의 보전분을 위한 금액은 예외로 인정받고 있다.

29) 기준재정수요는 주로 지출 측면의 변수들을 기준으로 측정된다.

산정은 기초수요액·보정수요액·수요자체노력반영액의 세 부분으로 구성된다.

　기초수요액이란 기준재정수요액 중 가장 기본이 되는 부분으로서 측정항목에 단위비용을 곱하여 계산한다. 2020년 현재 총 4개의 측정항목과 16개의 세항목이 이용되고 있는데 이전에 비해 항목 수가 상당히 감소하였다.[30] 기초수요액 산정시에는 지방정부별 환경요인이 무시된 단위비용의 획일적 적용문제 및 기타 다른 요인으로 발생할 수 있는 불합리성을 해결하기 위하여 보정계수가 활용된다. 보정수요액은 측정항목과 측정단위의 방식으로서는 산정할 수 없는 행정상·재정상의 수요가 발생하는 경우 이것을 반영해 주는 금액이다. 수요자체노력 반영액이란 자치단체의 재정운영의 건전성을 도모하고, 모럴해저드(moral hazard)를 방지함으로써 자구노력을 촉진·유도하기 위한 일종의 인센티브를 제공하기 위한 금액이다.

　② **기준재정수입액**(SFR_i): 이것은 각 지방정부의 재정수입을 합리적으로 측정하기 위한 것으로서 임시적 수입이나 의존수입[31] 그리고 특정목적에 의한 수입은 제외되며 자치단체가 공통적이고 일반적인 방법에 의해 조달하는 지방세를 바탕으로 산정된다. 기준재정수입액은 기초수입액·보정수입액·수입자체노력 반영액의 세 부분으로 구성된다.

　기초수입액은 지방세법상 표준세율로서 산정한 당해 연도 보통세 수입액의 80%에 상당한 금액이다.[32] 보통세 수입의 100%가 아닌 80%로 하는 것은 지방정부별 행정운영에 필요한 여유재원의 보장 및 지방세 징수 노력 등 자체수입 증대의 의욕을 고취하기 위한 것이다. 보정수입액은 보통세의 80%로 했을 때 발생할 수 있는 문제점을 보완하기 위한 것으로서 목적세 수입과 경상세외 수입 등을 이용하여 구한다. 수입자체노력 반영액은 수요자체노력 반영액과 마찬가지로 지방자치단체 재정운영상의 모럴해저드(moral hazard)를 방지함으로써 자구

---

30) 기준재정수요액 측정항목·측정단위는 지방교부세법 시행령 제5조 제1항을 참조하기 바란다.
31) 일본의 경우 지방양여세는 우리의 지방양여금과는 달리 지방교부세의 기준재정수입액에 산정되고 있다(岡本全勝, 1995: 91). 왜냐하면 우리의 지방양여금은 국고지원금의 성격을 띠는데 반해 일본의 지방양여세는 지방세로서의 성격이 강하기 때문이다.
32) 일본은 都·道·府·縣의 경우는 80%로 하고 있지만 市·町·村의 경우는 75%로 한다(岡本全勝, 1995: 91).

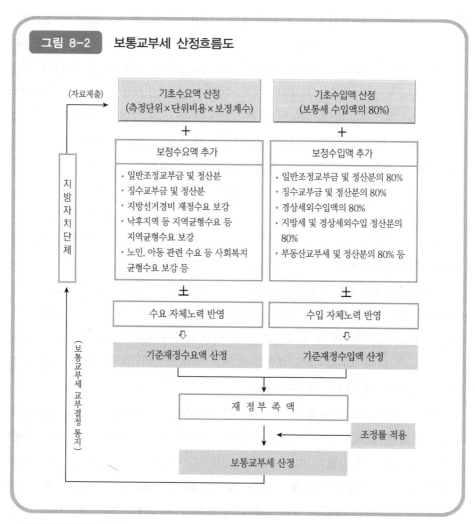

그림 8-2 보통교부세 산정흐름도

자료: 행정안전부(2019: 32).

노력과 재정책임성 제고를 위한 인센티브를 반영하는 것이다.

나) 부당교부세의 시정

각 지방정부는 보통교부세를 배분받기 위하여 필요한 각종 자료를 행정안전부에 제출하고, 행정안전부는 그 제출된 자료를 토대로 각 지방정부의 보통교부세 배분액을 결정한다. 각 지방정부는 보다 많은 교부세를 배정받으려고 하기 때문에 가능한 자신에게 유리한 통계자료를 제출할 유인을 갖는다. 따라서 만약 행정안전부가 적절한 제도적 방안을 강구하지 않으면 각 지방정부는 결국 도덕적 위해·해이(moral hazard)를 유발할 가능성이 있다.

지방교부세법 제11조는 이와 같은 지방정부의 도덕적 위해·해이를 방지하기 위한 조항이며, 제1항은 산정자료의 과장 또는 허위기재에 관한 것이고 제2항은 경비의 과다지출이나 지방세 수입징수의 태만에 관한 것이다. 즉 행정안전부장관은 산정자료의 과장이나 허위기재로 부당하게 교부 받거나 받으려 하는 교부세에 대해서는 초과교부된 부분의 반환을 명하거나, 부당하게 받으려 하는 금액을 감액(減額)할 수 있다. 특정 지방정부가 법령의 규정에 반하여 현저하게 과다한 경비를 지출하였거나, 확보하여야 할 수입의 징수를 태만히 한 경우 행정안전부장관은 당해 지방정부에 배분할 교부세를 감액하거나 이미 배분한 교부세의 일부에 대해 반환을 명령할 수 있다.

각 지방정부는 자신에게 배분된 지방교부세의 결정통지를 받고 당해 교부세의 산정기초 등에 이의가 있다고 판단할 경우 배분통지를 받은 날로부터 30일 이내에 행정안전부장관에게 이의신청을 할 수 있으며, 이 경우 시·군은 광역시장 또는 도지사를 거쳐야 한다. 이의신청을 받은 행정안전부장관은 이의신청을 받은 날부터 30일 이내에 심사하여 그 결과를 해당 지방정부에 통지해야 한다(지방교부세법 제13조).

다) 건전재정운영을 위한 인센티브제도와 감액제도

현재의 지방교부세제도는 재원보장을 통해 각 지방정부간 재정 불균형을 시정하려는 성격이 강하다. 그렇기 때문에 지방교부세의 배분메커니즘 속에는 지방정부가 도덕적 위해·해이를 유발시킬 유인이 내포되어 있다. 지방자치단체의 도덕적 위해·해이를 방지하고 건전재정운영을 위한 노력을 장려하기 위해 도입된 제도가 인센티브제도 및 감액제도이다.

보통교부세를 산정하기 위한 기준재정수요액과 기준재정수입액의 산정에는 각각 수요자체노력과 수입자체노력이 반영된다. 이것은 지방자치단체의 경상경비 절약 및 세입증대와 같은 자구(自救)노력을 촉진하기 위한 것으로서 지방교부세법 시행규칙 제8조에 근거한다. 2020년 현재 기준재정수요액(세출 효율화) 산정시의 9개의 항목과 기준재정수입액(세입 확충) 산정시의 7개 항목 등 모두 16개 항목이 인센티브노력을 측정하는데 이용되고 있다.

　기준재정수요액 산정시 사용하는 세출절감 자체노력 적용항목은 ① 인건비 건전운영, ② 지방의회경비 절감, ③ 업무추진비 절감, ④ 행사·축제성 경비 절감, ⑤ 지방보조금 절감, ⑥ 민간위탁금 절감, ⑦ 일자리 창출, ⑧ 예산집행 노력, ⑨ 지방자치단체 간 협력이다. 기준재정수입액 산정시 사용하는 세입증대 자체노력 적용항목은 ① 지방세 징수율 제고, ② 지방세 체납액 축소, ③ 경상 세외수입 확충, ④ 세외수입 체납액 축소, ⑤ 탄력세율 적용, ⑥ 지방세 감면액 축소, ⑦ 적극적 세원 발굴 및 관리이다.

(2) 특별교부세

　2020년 8월 기준 특별교부세는 지방교부세법 제9조 제1항에 따라 ① 보통교부세의 산정에 사용된 기준재정수요액의 산정방법으로써 포착할 수 없는 특별한 지역현안에 대한 재정수요가 있을 때 특별교부세 재원의 40%에 해당하는 금액을 사용하고, ② 보통교부세의 산정기일 후에 발생한 재난을 복구하거나 재난 및 안전관리를 위한 특별한 재정수요가 생기거나 재정수입이 감소한 경우 특별교부세 재원의 50%를 사용하며, ③ 국가적 장려사업, 국가와 지방자치단체 간에 시급한 협력이 필요한 사업 또는 지역역점시책 또는 지방행정 및 재정운용 실적이 우수한 지방자치단체에 재정지원 등 특별한 재정수요가 있을 경우 특별교부세 재원의 10%를 사용하도록 규정하고 있다.

　행정안전부장관은 지방자치단체의 장이 위의 세 가지 경우에 따른 특별교부세의 교부를 신청한 경우에는 이를 심사하여 특별교부세를 교부한다. 다만 행정안전부장관이 필요하다고 인정하는 경우에는 신청이 없는 경우에도 일정한 기준을 정하여 특별교부세를 교부할 수 있다(지방교부세법 제9조 제2항).

행정안전부장관은 특별교부세의 사용에 관하여 조건을 붙이거나 용도를 제한할 수 있다. 지방자치단체의 장은 이에 따른 특별교부세의 교부조건의 변경이 필요하거나 용도를 변경하여 특별교부세를 사용하고자 하는 때에는 미리 행정안전부장관의 승인을 받아야 한다. 행정안전부장관은 특별교부세를 교부하는 경우 민간에 지원하는 보조사업에 대하여는 교부할 수 없다(지방교부세법 제9조 제4항~제6항). 보통교부세와는 달리 특별시나 광역시의 자치구도 특별교부세를 받을 수 있는 자격이 주어진다.

(3) 부동산세교부세

노무현 정부는 보유세강화를 통한 조세정의의 실현과 급격하게 상승하는 부동산가격대책의 일환으로 엄청난 정치적 논란 끝에 2005년 종합부동산세를 국세로 도입하였다. 종합부동산세액을 재원으로 하는 부동산교부세가 지방교부세의 한 유형으로 정식 분류된 것은 2005년 12월의 지방교부세법 개정으로 교부세의 종류에 부동산교부세가 추가되고(지방교부세법 제3조), 동법 제9조의3은 부동산교부세의 교부에 관하여 규정하고 있다.

부동산교부세는 그 재원인 종합부동산세 총액을 지방자치단체에 전액 교부하되, 그 교부기준은 지방자치단체의 재정여건이나 지방세 운영상황 등을 고려하여 대통령령으로 정한다. 2020년 8월 기준으로 지방교부세법 시행령 제10조의3에 의하면 부동산교부세의 교부는 ① 특별자치시·시·군·자치구는 재정여건 50%, 사회복지 35%, 지역교육 10%, 부동산 보유세 규모 5%를 기초로 하여 산정한 금액, ② 제주특별자치도의 경우 부동산교부세 총액의 1.8%에 해당하는 금액으로 하도록 되어 있다. 부동산교부세는 매년 12월 16일부터 12월 31일까지 교부하되, 예산이 허용하는 범위에서 그 전에 교부할 수 있다.

종합부동산세는 엄청난 정치적 논란 끝에 도입되었다. 종합부동산세의 도입은 재산세를 주요 세원으로 하는 지방자치단체의 과세권을 침해함으로써 지방자치제도의 정착에 큰 위험이 될 것이라는 주장이 있었고, 동일한 과세원에 대한 이중과세이기 때문에 위헌이라는 주장도 제기되었다. 하지만 종합부동산세를 입안한 정책담당자들은 종합부동산세가 보유세의 강화와 급격한 주택가격 상승을 억제할 수 있는 가장 효과적인 수단이며, 일단 도입된 종합부동산세는 헌법보다도 바꾸기 어려운 제도라고 말하기도 하였다. 왜냐하면 비록 종합부동산세의 도입에 대한 반대도 많았지만 종합부동산세의 납세의무자들은 소수이고 특정 지역에 집중되어 있는데 반해, 종합부동산세의 전액이 지방교부세의 형태로 전국의 지방자치단체에 교부되기 때문에 추가적 재원을 확보하려는 대부분의 지방자치단체들과 지역구 출신의 국회의원들이 종합부동산세의 폐지에 찬성하기가 어렵다고 믿었기 때문이다.

(4) 소방안전교부세

정부는 지방정부의 소방 및 안전시설 확충, 안전관리 강화 등을 위해 2014년 12월 지방교부세법을 개정하여 지방교부세의 종류 중 하나로 소방안전교부세를 신설하여 2015년 1월부터 시행하였다(지방교부세법 제3조). 소방안전교부세의 재원은 개별소비세법에 따라 담배에 부과하는 개별소비세 총액의 20%에 해당하는 금액을 재원으로 하여 출발하였는데, 2019년에 지방교부세법을 개정하여 그 비율을 2019년 35%, 2020년 45%로 증가시켰다.

행정안전부장관은 소방안전교부세 재원을 지방자치단체에 전액 교부하여야 한다. 소방안전교부세의 교부기준은 지방자치단체의 소방인력, 소방 및 안전시설 현황, 소방 및 안전시설 투자 소요, 재난예방 및 안전강화 노력, 재정여건 등을 고려하여 대통령령으로 정하도록 되어 있다.

3) 현행교부세제도의 문제점

(1) 제도의 정체성 약화

1961년에 도입된 지방교부세제도는 1972년의 '8·3조치' 때문에 거의 10년간 원래의 취지대로 운영되지 못하였다. 1982년 '8·3조치'의 해제와 더불어 지방교부세법이 개정되면서 '증액교부금'이 도입되었었다. 2005년부터 행정권한의 지방이양에 따른 국고보조금 부분에 해당되는 재원을 지방에 배분하기 위하여 비록 한시적이기는 하지만 이른바 분권교부세가 도입되었었다. 증액교부금이나 분권교부세는 이론적으로 재정형평화 보조금이라고 인식되고 있는 지방교부세의 정체성과는 다소 거리가 있는 제도라고 생각된다. 또한 2005년에는 보유세의 강화와 부동산투기열풍을 억제하기 위한 부동산대책의 일환으로 종합부동산세를 국세로서 신설하여 2006년부터 그 전액을 지방자치단체에 배분하는 부동산교부세를 도입 하였다. 어떤 의미에서 볼 때 이것은 일본의 지방양여세나 환부세(還付稅)와 유사한데 이것을 지방교부세의 법적 테두리 내에 둠으로써 지방교부세제도의 성격을 더욱더 모호하게 만들어버렸다. 뿐만 아니라 2015년 1월부터 시행된 소방안전교부세도 지방교부세 원래의 목적과는 다르다고 할 수 있다.

(2) 명칭의 부적절성

우리나라의 지방교부세제도는 지방정부들 간의 재정력 격차를 시정하기 위하여 일정한 기준에 따라, 각 지방정부에 배분되는 조건 없는 국고지원금(grants-in-aids)의 한 형태가 제도화된 것으로서 일종의 재정형평화 보조금이라고 할 수 있다. 그렇지만 '지방교부세'라는 명칭 때문에 이 분야에 생소한 사람들에게는 마치 이것이 일종의 조세인 것처럼 오해를 불러일으키기도 한다. 일본의 지방교부세제도는 지방배부세(地方配付稅)의 발전과정을 겪었는데 이것이 환부세(還付稅)로서의 성격을 유지하기 때문에 '세'라는 명칭을 사용하는 것으로 이해될 수 있다. 하시모토(橋本徹, 1988: 63-64)가 현재 일본의 지방세 체제를 분류하면서 지방교부세와 지방양여세를 광의의 지방세로 분류한 것도 지방교부세의 역사적 성격을 고려한 것이라고 생각된다.

저자의 생각으로 지방교부세가 현재의 명칭을 갖게 된 데는 지방교부세의 제도개선에 관한 연구물들이 지방교부세의 이론적 측면보다도 제도적 측면에 바탕하여 이루어졌기 때문인 것 같다. 그 결과 지방교부세 제도는 우리나라의 지방재정제도에 많은 영향을 주고 있는 일본제도의 굴레로부터 벗어날 수 없게 되었다. 일본의 경우 샤우프(Shoup) 권고안에 따라 종전의 지방분여세제도(1940~1949)가 지방재정평형교부금제도(1950~1953)로 전환되었다가 1954년에 현재의 지방교부세제도로 바뀌었다. 우리나라도 일본과 같이 지방분여세제도(1952~1958)에서 지방재정조정교부금제도(1959~1961)를 거쳐 1962년부터 현재의 지방교부세제도로 정착하는 과정에서 약간의 시차를 두고 일본의 제도변화를 그대로 따르고 있는 실정이다. 따라서 지방교부세라는 명칭 대신 이 제도의 본래 목적을 명확하게 드러내 줄 수 있는 적절한 명칭이 필요하다.[33]

(3) 재원보장기능과 지방정부의 도덕적 위해·해이

지방교부세법 제1조에 의하면 지방교부세는 지방자치단체의 행정 운영에 필요한 재원을 교부하여 그 재정을 조정함으로써 지방행정의 건전한 발전을 기하도록 되어 있다. 이것은 지방교부세가 암묵적으로 지방정부의 재정부족액을 보전하는 기능을 갖는다는 의미이다. 이와 같이 지방교부세의 배분메커니즘이 재정보전적인 성격을 띤다면, 어떤 이유로 인하여 자치단체의 재정부족이 발생하더라도 그것이 중앙정부에 의해서 보전될 수도 있다는 점이 함축되어 있다. 따라서 그만큼 자치단체의 효율적인 재정운영에 대한 유인은 감소될 수밖에 없다. 특히 중앙정부가 모든 지방정부의 재정운영상태를 정확하게 파악하기는 곤란하므로 지방정부가 그와 같은 정보의 비대칭성을 악용하면 도덕적 위해·해이(moral hazard)를 발생시킬 수 있는 소지가 생긴다(민기, 2013: 115-119).

그렇다 해서 지방교부세 배분메커니즘에서 지방정부의 재정적 수요가 필요없다는 것은 아니다. 저자가 지적하고 싶은 것은 재정형평화의 주 대상은 재정력이 되어야 하고, 재정수요는 더 간접적으로 반영하는 것이 좋다는 의미이다. 왜냐하면 이렇게 할 경우 지방정부의 도덕적 위해·해이의 가능성은 다소 감소될 수 있기 때문이다. 이러한 점을 고려할 때 우리의 지방교부세 배분공식과는 매우 다른 미국의 일반목적 보조금(general revenue sharing)[34] 배분공식은 지방정부의 재정효율성 제고를 위한 유인요소의 설계에 상당한 시사점을 줄 수 있다.

---

33) 외국제도와의 의미 있는 비교연구를 위해서 우리나라 제도의 정확한 영문표기도 필요하다. 행정안전부가 발간하고 있는 「지방재정연감」에는 지방교부세가 'local shared tax'로 번역되어 마치 '지방공동세'라는 오해의 소지를 남긴다. 뿐만 아니라 2004년까지 존재하였던 증액교부금은 'increased amount share'로 되어 있어 혼란을 야기하고 있다.

34) 이것은 1970년대 닉슨(Nixon)행정부 시절에 도입된 제도로서 현재는 존재하지 않는다.

(4) 재원의 총 규모 부족

부동산교부세의 재원은 종합부동산세의 전액이지만, 소방안전교부세는 담배에 부과하는 개별소비세 총액의 100분의 45이며, 보통교부세와 특별교부세 재원은 모두 내국세의 일정비율로 연결되어 있다. 부동산교부세와 소방안전교부세는 다른 두 유형의 지방교부세와 그 도입취지가 다르기 때문에 지방교부세의 재원을 언급할 때는 보통교부세와 특별교부세만을 상정하기로 한다.

지방교부세의 총재원은 1972년 8·3조치 이전까지는 법정교부율 제도 하에 있었고 내국세 총액의 17.6%였다. 8·3조치가 발효된 기간 동안은 법정교부율 제도가 중지되고 매년 정부예산으로 정해짐에 따라 내국세 총액의 약 11%수준을 맴돌았다. 1982년 8·3조치의 해제와 더불어 법정교부율이 부활되어 상당 기간 동안 내국세 총액의 13.27%로 고정되어 있었다. 그러다가 김대중 대통령 취임 3년째인 2000년에 내국세 총액의 15%로 상향조정되었는데, 1.73% 포인트 증가에 무려 18여 년의 세월이 소요된 셈이다.[35]

한편 노무현 정부하인 2005년에는 지방교부세[36]의 법정교부율이 내국세 총액의 19.13%가 되었고, 2006년부터는 분권교부세가 내국세 총액의 0.83%에서 0.94%로 추가됨에 따라 지방교부세율이 내국세 총액의 19.24%로 증가되어 외형적으로는 지방교부세가 크게 많아진 것처럼 보인다. 그렇지만 그 증가내용을 보면 지방교부세의 실질적인 증가폭은 매우 미미한 수준이다. 왜냐하면 2004년까지 교부세의 법정재원에 포함되지 않은 채 운영되어왔던 증액교부금의 폐지로 인한 재원, 국고보조사업의 지방이양에 따라 재원보전차원으로 신설된 분권교부세의 재원, 지방양여금 폐지에 따른 재원 등의 재원이 그대로 지방교부세로 흡수되었기 때문이다.

---

35) 1997년의 대통령 선거에서 이회창 후보와 김대중 후보 모두 지방교부세를 내국세 총액의 18% 선으로 증가시키겠다고 하였다. 김대중 후보는 대통령 당선 이후 자신의 선거공약에 미치지 못하는 15%로 증가시키는 데 거의 3년이 걸렸다.

36) 이때의 지방교부세는 보통교부세, 특별교부세, 분권교부세의 세 종류로 구성되었다.

(5) 기준재정수입액과 기준재정수요액 산정의 정확성 부족

현행 지방교부세의 배분에서는 기준재정수입과 기준재정수요액의 정확한 추계가 매우 중요하며, 특히 기준재정수요액의 정확한 추계는 지방교부세의 공정한 운영을 위한 선결조건이다. 앞에서 지적하였듯이 2020년 현재 기준재정수요는 4개의 측정항목(16개 세항목)이 사용되고 거기에 단위비용과 각종의 보정지수가 적용되어 산정되기 때문에, 실제의 수요를 정확하게 반영하지 못할 가능성이 상존한다. 특히 급격한 사회제도의 변화로 야기되는 행정수요의 변화 및 여러 가지 지역조건의 특수성 등이 고려되지 못할 가능성이 있어, 기준재정수요액을 산정하기 위한 방법 등은 일정 기간을 주기로 하여 끊임없이 개선되고 정비되어야 한다.

2. 국고보조금제도

1) 국고보조금제도의 의의

국고보조금은 지방정부 간에 발생하는 외부효과로 인한 자원배분의 비효율성을 시정하거나 중앙정부의 특정 목적을 달성하기 위하여 중앙정부의 엄격한 통제 하에 운영되는 특정지원금(specific grant)을 말한다. 국고보조금은 매년 중앙정부의 예산에 의하여 배분되기 때문에 예산이 갖는 정치성을 그대로 지니게 된다. 일본의 재정학자인 미야모토 겐이치(宮本憲一)는 국고보조금을 정치인들이 관리하는 '표밭'의 비료에 비유한다(宮本憲一, 1990: 4), 지역구 출신의 정치인들은 자신의 지역구를 관리하는 차원에서 국고보조금을 정치적으로 활용하려고 하는데 이러한 현상은 흔히 보조금 획득의 정치(pork barrel politics)라고[37] 묘사된다.

2020년 현재의 보조금 관리에 관한 법률 제2조 제1항은 "보조금이란 국가 외의 자가 수행하는 사무 또는 사업에 대하여 국가가 이를 조성하거나 재정상의 원조를 하기 위하여 교부하는 보조금(지방자치단체에 교부하는 것과 그밖에 법인·단체

---

37) 여기에 관해서는 본서의 제9장에서 상세하게 설명된다.

또는 개인의 시설자금이나 운영자금으로 교부하는 것만 해당한다), 부담금(국제조약에 따른 부담금은 제외한다), 그밖에 상당한 반대급부를 받지 아니하고 교부하는 급부금으로서 대통령령으로 정하는 것을 말한다"[38]라고 규정하고 있다. 이 규정은 보조금의 용어를 정의하는데 보조금을 이용하는 동의반복적(tautological) 형식을 띠고 있어 보조금의 명쾌한 정의에는 적절하지 않다. 대부분의 실무계 인사들이나 학자들은 우리나라의 국고보조금을 2020년 현재의 지방자치법 제141조와 지방재정법 제21조에서 규정한 부담금과 교부금, 그리고 지방재정법 제23조에 규정된 보조금 등의 세 가지 경비를 총칭하는 것으로 이해하며(김주봉, 1977: 105-110; 김형식, 1997: 417-418; 이상희, 1992: 507-511; 이재원, 1999: 54; 조창현, 1996: 98-99), 흔히 지방재정법 제23조에서 말하는 보조금은 협의의 보조금이라고도 한다.

2) 국고보조금의 분류

보조금은 보조주체, 사업시행주체, 지출목적 및 경비의 성질, 보조형태, 사전신청여부 등에 따라 [표 8-3]과 같이 다양하게 분류할 수 있다.[39]

보조금 사업을 주관하는 주체에 따라 국고보조금과 시·도비 보조금으로 구분할 수 있다. 국고보조금은 국가와 지방의 연계를 강화하고 국가의 정책적 필요에 따라 지방사업의 지원 또는 국가위임사무의 수행을 위하여 국가가 사업비의 일부 또는 전부를 지방에 지원하는 보조금을 발한다. 반면에 시·도비 보조금이란 시·도의 감독을 받는 재원으로 광역자치단체가 하위 기초자치단체인 시·군·자치구에 대하여 특정 사업비의 일부 또는 전부를 지원하는 제도이다.

교부된 보조금을 받아 시행하는 주체에 따라 보조금은 직접보조금과 간접보조금으로 나누어진다. 직접보조금은 재해위험지구 정비사업 등과 같이 국가로부터 교부된 보조금을 지방자치단체가 직접 집행하는 경우를 말한다. 간접보조금은 지방자치단체가 국가로부터 교부된 보조금을 민간이나 타 기관에 재교

---

38) 보조금 관리에 관한 법률 시행령 제2조에 의하면 급부금이란 '농산물의 생산자를 위한 직접지불제도' 시행규정 제3조의 규정에 의한 소득보조금을 말한다.

39) 국고보조금 분류 기준은 국회예산정책처(2013년 7월)의 내용을 중심으로 소개한다.

부하여 사업을 시행하는 것이다. 마을공동양식장 사업 육성을 위해 국가가 제주
도에 국고보조금을 지급하면 제주도는 이 국고보조금을 제주도 내 영어(營漁)조
합 또는 개인사업자에 재교부하여 실수요자가 보조금을 집행하는 것을 말한다.

지출목적 및 경비의 성질에 따라 광의의 보조금을 교부금, 부담금, 협의의
보조금으로 분류한다. 교부금은 국민투표, 대통령과 국회의원선거, 여권발급 등
의 국가사무를 지방자치단체 등에 위임하여 수행하게 하는 경우(기관위임사무) 이
에 소요된 경비 전액을 국가가 지방에 교부하는 것이다. 부담금은 국가와 지방
자치단체의 이해관계가 상호 중첩된 사무에 대해(단체위임사무 등) 국가의 책임 정
도에 따라 국가가 경비의 전부 또는 일부를 부담하는 것을 말한다. 협의의 보
조금은 국가가 지방자치단체의 특정한 행정사무의 집행을 장려하기 위해 지원
하는 장려적 보조금과 지방재정의 어려움을 지원하기 위한 지방재정적 보조금
이 있다. 협의의 보조금은 주로 자치사무를 대상으로 국가의 경비보조가 이루어
진다.

보조형태에 따라 보조금은 정액보조금과 정률보조금으로 구분된다. 정률보
조금의 보조율에는 기준보조율과 차등보조율이 적용된다. 정액보조금은 특정한
사업에 대한 보조금을 정액으로 교부하는 방법이며, 정률보조금은 지출경비의
일정비율을 국가와 지방이 분담하는 방법이다.

대부분의 국고보조사업은 정률보조금의 형태로 국가의 지원이 이루어지고
있다. 현행 보조금 관리에 관한 법률(제9조 및 제10조)에 의하면 보조사업별로 국
가의 부담 비율을 기준보조율(국고보조율)로 규정하고 있다. 예를 들면, 지방의료
원 기능 강화에 관한 기준보조율은 50%로 규정되어 있는데, 이는 지방이 이 사
업을 시행할 경우 국가가 사업비의 50%를 보조한다는 것을 의미한다. 서울의
경우는 몇 가지 사업에 대해 기준보조율을 차등 적용한다. 예를 들면, 기초생활
보장수급자 생계급여 사업에 대한 기준보조율을 서울특별시에는 50%, 지방에는
80%를 적용하고 있다. 사업에 따라서는, 국가가 지방자치단체의 재정사정에 따
라 기준보조율에서 일정 비율을 더하거나 빼는 차등보조율을 적용하고 있다. 예
를 들면, 앞에서 예로 든 기초생활보장수급자 생계급여 사업에서 해당 회계연도

표 8-3	국고보조금의 분류

분류기준	종류	성격
보조주체	국고보조금	국가가 지방자치단체에 교부
	시·도비 보조금	광역자치단체가 기초자치단체에 교부
시행주체	직접보조금	국가로부터 교부된 보조금을 지방자치단체가 직접 집행
	간접보조금	국가로부터 교부된 보조금을 지방자치단체를 통하여 민간이나 타 기관에 재교부
지출목적,경비의성질	교부금	국민투표, 여권 발급 등 기관위임사무에 대해 국가가 전액 교부
	부담금	단체위임사무 등에 대해 국가가 전부 또는 일부 부담
	협의의 보조금	자치사무에 대한 국가의 보조
보조형태	정액보조금	보조사업에 대한 일정 액수의 경비를 교부
	정률보조금	지출경비의 일정비율 보조. 기준보조율·차등보조율
사전신청여부	신청보조금	보조사업을 수행하려는 자의 사전신청에 의해 교부
	무신청보조금	신청이 없는 경우에도 국가가 예산 계상

출처: 국회예산정책처(2013: 18) 내용 일부 수정.

의 전전년도의 최종예산에서 사회복지비 지수가 25 이상이면서 재정자주도가 80 미만인 기초자치단체는 기준보조율에 10% 포인트를 인상하고, 사회복지비 지수가 20 미만이면서 재정자주도가 85 이상인 기초자치단체는 기준보조율에 10% 포인트를 인하시키도록 하고 있다.[40]

보조금 신청여부에 따라 신청보조금과 무신청보조금으로 구분할 수 있다. 즉 보조사업을 수행하려는 지방자치단체가 중앙부처에 관계법령 및 지침 등에 의해서 사전에 국고보조사업을 신청하는 신청보조금과 신청 없이 국가가 직접

---

40) 국고보조금이 지급되는 지방정부의 사업 범위와 기준보조율 및 차등보조율에 대해서는 보조금 관리에 관한 법률 시행령 제4조와 제5조를 참조하기 바란다.

보조금을 지급하는 무신청보조금이 있다. 국고보조사업은 신청주의를 원칙으로 하고 있다. 그러나 중앙정부는 보조금 신청이 없는 보조사업의 경우에도 필요시 보조금을 보조사업 수행자에게 지급할 수 있다. 보조금 관리에 관한 법률 시행령(제3조)에는 보조사업을 수행하려는 자의 보조금의 예산 계상(計上) 신청이 없는 보조사업의 경우에도 국가가 보조금을 예산에 계상할 수 있는 경우로 ① 국가가 소요경비 전액을 교부하는 보조사업, ② 재해 발생 등 예측하지 못한 사유로 보조금의 교부가 불가피한 사업, ③ 그 밖에 기획재정부장관이 국가의 주요 시책 수행상 보조금의 교부가 불가피하다고 인정하는 사업을 규정하고 있다.

3) 국고보조금제도의 운영 현황

(1) 국고보조사업비와 국고보조금 규모 추이

국고보조금은 전국의 각 지방정부들과 중앙정부 각 부처들 사이에 이루어지는 일종의 다자간(多者間) 관계이다. 국고보조금의 편성과 집행을 둘러싸고 전국의 각 지방정부들과 그들이 추진하려는 각 보조사업별 해당 중앙부처 및 지방재정 총괄 관리기관인 행정안전부, 그리고 중앙예산기관인 기획재정부가 참여하는 다자간 관계가 형성된다. 이는 지방교부세 등과 같은 타 국고지원금과 뚜렷이 구별되는 특성이다.

[표 8-4]에 국고보조사업비와 국고보조금 및 지방비 부담 규모의 추이가 나타나 있다. 국고보조사업비는 2005년 23조 391억 원에서 꾸준히 증가하여 2020년에는 86조 7,050억 원까지 크게 성장하였다. 지방정부 총예산에서 국고보조사업비가 차지하는 비율은 2005년 24.9%에서 점점 증가하여 2015년 37.2%까지 증가하였다가 2020년에는 34.2%로 약간 하락하였다. 국고보조사업비의 총예산 대비율이 2010년대에 크게 상승하였다가 2020년도에 약간 하락하는 추세를 보여준다.

국고보조사업은 전액 국비로 추진되는 경우도 있지만 대부분 지방비를 수반한다. 정률보조금의 경우는 보조사업별로 정해진 국고보조율만큼 중앙정부가

지원하고 나머지 비용은 지방정부가 부담한다. 정액보조금의 경우에는 보조사업에 대해 중앙정부가 정해진 금액만큼을 지원하고 나머지 모든 사업비를 지방정부가 부담한다. 거의 대부분의 국고보조사업은 정률보조의 형태로 보조금이 지원되고 있다.

[표 8-4]에 국고보조사업비에서 차지하는 국고보조금과 지방비 부담의 규모가 각각 나타나 있다. 2005년에 국고보조금과 지방비 부담의 비율이 66.6 : 31.8이었는데 2020년은 67.1 : 32.9로 지방비 부담의 비중이 약간 상승하였다. 그런데 지방비 부담의 비중은 2010년에 37.5%까지 상승하는 등 2010년대에 크게 상승하였다가 2020년에 감소한 추이를 보이고 있다. 앞에서 살펴보았던 국고보조사업비의 총예산 대비율이 2010년대에 크게 상승하였다가 2020년도에 약간 하락한 것과 유사한 추이를 보여준다. 2010년대에 국고보조사업의 규모가 크게 증가할 때 지방비 부담의 규모도 동시에 크게 상승하였다는 것을 알 수 있다. 2010년도에는 이 두 가지의 비중이 동시에 약간 하락하였다.

표 8-4 국고보조사업비와 국고보조금 및 지방비부담 규모 (단위: 억 원, %)

구분		2005	2010	2015	2020
지방예산(a)		923,673	1,398,565	1,732,590	2,532,263
국고보조사업비 (b)	규모	230,391	467,410	644,322	867,050
	비중(b/a)	24.9	33.4	37.2	34.2
국고보조금 (c)	규모	153,502	292,186	414,078	581,492
	비중(c/b)	66.6	62.5	64.3	67.1
지방비부담 (d)	규모	73,337	175,224	230,244	285,558
	비중(d/b)	31.8	37.5	35.7	32.9

주: 지방예산은 본예산(당초예산) 순계기준임. 국고보조사업비, 국고보조금, 지방비부담은 지방정부에서 당초예산에 편성한 금액임. 국고보조금에는 국고보조금, 균특보조금, 기금보조금, 특별교부세, 소방안전교부세가 포함됨.
자료: 행정안전부, 각 연도, 「지방자치단체 통합재정 개요(상)」(2010년 이전은 「지방자치단체 예산개요」).

(2) 지방정부 기능별 국고보조금 규모 추이

[표 8-5]에 지방정부의 각 기능별로 세출예산의 규모(비중)와 그 각 기능별 세출예산의 재원 중 국고보조금이 차지하는 규모(비중)의 추이가 나타나 있다. 2010년도에 세출예산 중 사회복지비가 42조 534억 원(총예산대비 23%)으로 타 분야에 비해 상당히 큰 비중을 보이고 있다. 이 비중은 두 번째로 높은 사업분야인 교통 및 물류비의 비중(11%)의 2배가 넘는다. 2010년에 기능별 세출예산의 재원 중 국고보조금이 차지하는 비중은 사회복지 분야에서 47%로 타 분야에 비해 압도적으로 높다. 이것은 사회복지예산의 재원은 절반에 가까운 47%가 국고보조금으로 충당된다는 의미이다. 이것은 국고보조금의 비중이 두 번째로 높은 농림해양수산 분야 15.4%의 3배가 넘는 수준이다.

이와 같은 예산과 국고보조금의 사회복지 분야 집중현상은 2020년에는 더 심해진다. 2020년의 경우 총세출예산 중 사회복지 분야가 차지하는 비중은 35.8%로 타 분야에 비해 압도적으로 높다. 이 비중은 단일 정책분야로서는 두 번째로 높은 환경 분야 9.4%의 4배에 가깝다. 2020년에 분야별 세출예산의 재원 중 국고보조금이 차지하는 비중을 보면 사회복지 분야의 경우 무려 71.6%에 이른다. 이 비중은 국고보조금의 비중이 두 번째로 높은 농림해양수산 분야 8%의 9배 가까이 높은 수준이다. 2020년에는 총지방예산 중 사회복지 분야의 예산이 1/3 이상을 차지하고 있으며, 그 재원의 71.6%를 국고보조금으로 충당하고 있다.

2010년부터 2020년까지 10년간 사회복지예산의 비중은 12.8% 포인트 증가하였다. 같은 기간에 사회복지예산에서 국고보조금의 비중은 24.6% 포인트만큼 크게 증가하였다. 이것을 통해 지난 10년간 사회복지 분야에서 국고보조사업이 대단히 크게 증가하였고 이것이 사회복지사업의 증가를 초래하는 큰 원인이 되었다고 추론할 수 있다.

정부의 각 기능별 세출예산의 비중을 보면 각 분야별 정책이나 사업의 우선순위를 알 수 있다. 위의 분석을 통해 우리나라 지방정부의 경우 사회복지 사업의 우선순위가 대단히 높다는 것을 알 수 있다. 그러나 사회복지사업에서 국고보조사업의 비중이 대단히 높다는 것은 사회복지 사업의 중점적 추진이 지방정부의 자발적 의사가 아니라 중앙정부의 시책에 의한 것임을 알 수 있다.

표 8-5	지방정부의 기능별 세출예산과 국고보조금 비중					(단위: 억 원, %)		
	2010				2020			
구분	세출예산합계		국고보조금		세출예산합계		국고보조금	
	규모	비중	규모	비중	규모	비중	규모	비중
일반공공행정	218,419	11.9	2,844	0.6	304,501	8.8	2,849	0.3
공공질서 및 안전	28,646	1.6	10,589	2.1	89,373	2.6	9,350	0.9
교육	84,239	4.6	432	0.1	141,188	4.1	593	0.1
문화 및 관광	91,543	5.0	18,821	3.8	146,521	4.2	30,436	2.9
환경	191,868	10.5	55,062	11.0	324,286	9.4	74,818	7.1
사회복지	420,534	23.0	235,452	47.0	1,234,945	35.8	757,869	71.6
보건	29,179	1.6	10,139	2.0	58,324	1.7	24,653	2.3
농림해양수산	140,809	7.7	77,023	15.4	222,230	6.4	84,945	8.0
산업·중소기업·에너지	37,509	2.0	11,003	2.2	76,802	2.2	16,486	1.6
교통 및 물류	201,954	11.0	37,891	7.6	241,539	7.0	21,455	2.0
국토 및 지역개발	168,335	9.2	39,838	8.0	221,866	6.4	32,120	3.0
과학기술	4,560	0.2	619	0.1	4,017	0.1	714	0.1
예비비	21,964	1.2	80	0.02	45,485	1.3	114	0.01
기타	192,701	10.5	804	0.2	339,119	9.8	2,523	0.2
합계	1,832,260	100	500,596	100	3,450,197	100	1,058,924	100

주: 본예산(당초예산) 총계기준(일반회계+특별회계). 국고보조금에는 국고보조금, 균특보조금, 기금보조금이 포함됨.
자료: 지방재정365 기능별 재원별 세출예산(http://lofin.mois.go.kr/portal/main.do)

4) 국고보조사업의 문제점

(1) 보조금 개념의 모호성

우리나라의 국고보조금은 국가가 당연히 그 경비의 전부를 부담해야만 하는 교부금, 중앙과 지방 간에 그 업무의 특성상 경비의 전부 또는 일부를 부담해야만 하는 부담금, 그리고 순수한 의미로서의 (장려적)보조금 등이 구별 없이 모두 보조금으로 분류된다. 그러므로 국고보조금이라는 본래의 목적에 맞지 않는 사업들도 상당수 국고보조금의 영역 속에 포함되어 있다. 이러한 제도적 분류 때문에 지방정부의 입장에서 볼 때는 실제보다도 더 많은 국고보조금을 지급받는 듯한 인상을 준다. 사실 기관위임사무에 대한 경비지원에 해당되는 교부금을 국고보조금으로 분류하기에는 곤란하다는 것이 저자의 생각이다.

(2) 보조금제도의 정치적 성격과 제도개혁의 어려움

지방교부세와 국가균형발전특별회계의 재원은 법률에 의하여 보장되어 있고, 보통교부세 경우 재원의 배분도 대체로 공식에 의존하기 때문에 국고보조금에 비하여 상대적으로 투명성이 높다. 여기에 비해 국고보조금의 재원은 매년 예산에 반영되어야하기 때문에 그 규모가 불확실하고 그 배분과정도 상대적으로 불안정하며 투명성도 낮다.

지방정부는 신청 사업에 대하여 매년 소관 중앙부서로부터 승인을 받아야 하고, 소관 중앙부서는 국회의 승인을 받아야 한다. 각 지방정부는 중앙의 자금을 확보하기 위하여 지역출신 정치인들의 힘을 빌리지 않을 수 없기 때문에 국고보조금은 내생적으로 정치적 성격을 띨 수밖에 없다. 국고보조금을 둘러싼 소위 보조금 획득의 정치(pork barrel politics)때문에 전략적이고 집중적인 투자보다도 분산적인 재정투자가 일어나기 쉽다. 따라서 영세보조금의 통폐합이나 포괄보조금의 확대가 그만큼 더 어렵게 된다(이재원, 1999: 52-53).

(3) 보조사업규모의 팽창으로 지방비 부담 가중

국고보조사업이 지방비의 매칭을 요구함과 동시에 지방자치단체는 중앙정부가 요구하는 기준과 지침을 이행하여야 한다. 이러한 구조에 의해 국고보조사업의 수와 규모가 팽창하면 국고보조사업의 특성상 그만큼 자치단체 재정운영의 자율성이 침해받을 수 있으며 지방비 매칭에 따라 지방비 부담이 가중된다. 국고보조사업이 증가하는 이유는 부처별로 경쟁적으로 새로운 사업을 발굴하고 사업을 세분화하거나 종료사업을 유지한 채 신규 사업을 발굴하기 때문이다. 최근 영유아보육 지원, 노인에 대한 기초연금, 일자리 안정자금 등 대규모 사업의 신설과 함께 이러한 신규 사업에 대한 국고보조율(기준보조율)이 낮아지면서 상대적으로 지방비 부담이 커지고 있다.

(4) 보조비율의 획일적 적용

보조율을 획일적으로 적용함에 따라 재정력이 약한 지방정부일수록 지방비 부담으로 인한 재정적 고통이 크다는 점이 지적되고 있다. 보조금 관리에 관한 법률 제10조는 차등보조율에 대해서, 그리고 동법 시행령 제5조는 차등보조율의 적용기준에 관해서 규정하고 있다. 차등보조율은 인상보조율과 인하보조율의 두 가지로 구분된다. 인상보조율은 기준보조율에 20%·15%·10%를 각각 가산하여 적용한 비율이고, 인하보조율은 기준보조율에 20%·15%·10%를 차감하여 적용한 비율이다. 차등보조율의 적용은 재정자주도 및 분야별 재정지출지수와 같은 지표와 해당지역의 발전도 및 국가재정 등을 감안하여 매년 기획재정부장관이 정하도록 되어 있다. 그렇지만 현실적으로 이와 같은 차등보조율을 적용받는 지방정부는 많지 않고 그 효과도 크지 않다(김현아, 2013; 김정완, 2013).

(5) 영세보조금 기준설정의 불합리성

보조금 관리에 관한 법률 제20조는 규모가 영세한 보조금의 통폐합을 규정하고 있다. 중앙관서의 장은 보조금의 교부 결정을 할 때 보조사업의 명세를 세분함으로써 보조금의 규모가 영세해질 경우에는 단위사업 내의 여러 개의 경비 명세를 합하여 결정해야 한다. 동법 시행령(제8조)에 의하면 단위사업 내의 여러 개의 경비 명세를 합하여 교부 결정을 하여야 하는 금액의 기준은 개별 보조사업자에게 교부하는 금액이 연간 500만 원 미만인 경우로 규정하고 있다. 2011년

시행령 개정 이전에는 연간 50만 원 미만의 보조금을 대상으로 하였지만, 현행 상향된 연간 500만 원의 기준도 여전히 소액보조와 유사사업의 지나친 세분화를 초래할 가능성을 높여준다. 이처럼 소액보조사업이 발생하는 것은 소관부처가 기획재정부에서 일단 예산을 확보한 후 그것을 다시 세분화하기 때문에 발생한다. 영세보조금이 많을 경우 국고보조사업의 효율성이 극히 저하되므로 유사보조금 통폐합이나 포괄보조금(block grant)의 필요성이 제기된다.

(6) 지방재정운영의 효율성 저해

현행 지방자치법 제127조에 의하면 시·도의 경우는 회계연도 개시 50일 전인 11월 11일까지, 시·군·자치구는 회계연도 개시 40일 전인 11월 21일까지 예산안을 지방의회에 제출토록 되어 있다. 중앙정부 예산안의 확정 결과에 대한 내시는 당해 회계연도의 전년도 10월 15일까지 이루어져야 하지만 실제로는 그렇지 못하다. 지방정부는 국고보조사업의 경우 의회 일정상 가내시(假内示) 및 구두내시를 기준으로 예산을 편성하여 의회에 제출하기 때문에, 그 후 변경사업은 지방의회 예산심의 기간 중에 수정예산을 편성해야 한다.

중앙부서에서 수시통보(변경 및 추가)해주는 국고보조사업은 추경예산에 편성하여 사용하지만,[41] 회계연도 말에 일시에 통보해 주는 국고보조사업은 그 집행이 불가능하다. 일부 부처에서는 시·도에서 마지막 정리추경예산을 편성하여 시·도의회에 제출한 12월 1일 이후 또는 의회의결 이후에도 추가로 통보하기 때문에 국고보조금을 그대로 반납하는 사례도 발생하고 있다. 뿐만 아니라 연말에 일시에 국고보조사업을 통보할 경우 연말 가용재원이 소진되어 지방비 부담 확보가 곤란하기 때문에 사업의 추진이 어려운 경우도 있다. 그러므로 시·도의 정리추경안이 지방의회에 제출되기 전인 매년 11월 25일 이전까지는 반드시 최종 통보하여, 정리추경 편성 후 사업을 추진하거나 이월할 수 있도록 해주어야

---

41) 이와 같은 이유로 지방정부는 매년 3-4차례의 추가경정예산을 편성하고 있어 재정의 계획적 운영이 어렵고 지방정부의 행정력이 상당히 낭비되고 있다. 이와 같은 문제점 때문에 일각에서는 중앙정부와 지방정부의 회계연도를 달리하여, 회계연도의 시작일을 중앙정부가 지방정부보다 수개월 빠르게 하자는 주장도 있다.

한다.

지방재정법 제36조 제4항은 "지방자치단체장이 예산을 편성할 때에는 제33조에 따른 중기지방재정계획과 제37조에 따른 투자심사결과를 기초로 하여야 한다"라고 규정하고 있다. 그러나 국가시책사업의 투자방향에 따라 국고보조사업이나 특별교부세사업 등을 변경하여 지원하게 될 경우 중기지방재정계획 내용과 예산의 연계성이 결여되어 지방의회의 추궁대상이 되고 효율적인 재정운영에 지장을 줄 수 있다. 따라서 지방정부의 중기지방재정계획의 실효성 확보를 위해서는 중앙부처별로 자치단체별·사업별·연도별 지원계획이 선행될 수 있도록 제도화하는 것이 필요하다. 즉 중기지방재정계획기간 동안 중앙부서별 시·도지원계획(5개년)을 가내시(假內示) 형식으로 시·도에 통보 연계할 수 있는 방안이 요구된다.

3. 국가균형발전특별회계

1) 국가균형발전특별회계의 역사

국가균형발전특별회계는 노무현 정부에서 제정된 국가균형발전특별법에 따라 국가균형발전계획의 추진을 재정적으로 지원하고, 지역개발 및 지역혁신을 위한 사업을 지역의 특성 및 우선순위에 따라 효율적으로 추진하기 위하여 2005년에 설치되었다. 국가균형발전특별회계는 이후 정권의 변동에 따라 명칭이 변경되어왔다. 그 명칭은 이명박 정부에서 광역·지역발전특별회계로 변경되었고 박근혜 정부에서는 지역발전특별회계로 변경되었다가, 문재인정부 들어 다시 원래의 명칭인 국가균형발전회계로 변경되었다.

2005년 신설된 국가균형발전특별회계(균특회계)는 기존 국고보조사업, 지방양여금, 토지관리 및 지역균형개발특별회계(토특회계) 등의 사업과 재원을 재편한 것이다. 국가균형발전특별회계가 신설되었던 당시에는 지역개발사업계정과 지역혁신사업계정의 두 가지 회계구조가 있었으나, 2006년 7월 제주특별자치도

출범에 따라 특별지방행정기관 이관사무 등을 지원하기 위해 제주특별자치도계정(제주계정)이 추가로 신설되었다.

광역·지역발전특별회계는 노무현 정부 하에서 국가균형발전특별회계라는 명칭으로 운영되던 것을 이명박 정부 출범 후인 2009년 4월 국가균형발전특별법의 개정과 더불어 변경한 것인데, 그 기본적 틀은 국가균형발전특별회계와 동일하다. 이명박 정부에서는 기존의 시·도를 넘어 지역 간의 연계·협력발전과 지역 간의 특화된 발전을 촉진할 수 있는 새로운 지역발전전략을 제도적으로 뒷받침할 목적으로, 광역단위의 발전추진기구와 체계를 마련하기 위해 2009년 종전의 국가균형발전특별법을 전면 개정하였다. 이 법 개정에서는 기초생활권·광역경제권·초광역개발권의 개념을 도입하였고, 낙후지역을 효과적으로 지원하기 위하여 성장촉진지역과 특수상황지역을 구분하여 정의하였다. 광역·지역발전특별회계는 지역개발계정, 광역발전계정, 제주특별자치도계정의 총 3개의 회계구조를 가지고 있었다.

박근혜 정부들어 2014년 1월 변경된 지역발전특별회계의 기본구조는 생활기반계정, 경제발전계정, 제주특별자치도계정, 세종특별자치시계정으로 구성되었었다.

문재인 정부 들어 2018년 3월에 국가균형발전계획과 관련된 사업을 효율적으로 추진하기 위하여 지역발전회계의 명칭을 다시 애초의 명칭인 국가균형발전회계로 변경하였다. 2020년 8월 기준으로 국가균형발전회계는 지역자율계정, 지역지원계정, 제주특별자치도계정, 세종특별자치시계정으로 구성되어 있다.

2) 국가균형발전특별회계의 구성내용

(1) 지역자율계정

국가균형발전특별법(제34조)에 규정된 지역자율계정의 세입은 ① 「주세법」에 따른 주세의 100분의 40, ② 「수도권정비계획법」 제16조에 따라 회계에 귀속되는 과밀부담금, ③ 「개발이익환수에 관한 법률」 제4조 제1항에 따라 회계에 귀속되는 개발부담금, ④ 「농어촌구조개선 특별회계법」 제4조 제2항 제4호, 제4조의2 제2항 제3호 및 제5조 제2항 제5호에 따라 회계로 전입되는 전입금, ⑤ 「공공자금관리기금법」에 따른 공공자금관리기금으로부터의 예수금(豫受金), ⑥ 일반회계 또는 다른 특별회계로부터의 전입금, ⑦ 지역지원계정, 제주특별자치도계정 및 세종특별자치시계정으로부터의 전입금, ⑧ 국가균형발전에 관하여 대통령령으로 정하는 사업에 대한 지역자율계정으로부터의 융자금의 원리금, ⑨ 「교통·에너지·환경세법」에 따른 교통·에너지·환경세의 1,000분의 20에 해당하는 금액, ⑩ 국가균형발전특별회계의 부담에 의한 일시차입금, ⑪ 국가균형발전특별회계의 전년도 결산상 잉여금, ⑫ 그밖에 다른 법률에 따라 국가균형발전특별회계로 귀속되는 수입금으로 구성된다.

지역자율계정의 세출은 ① 지방자치단체별 성장촉진지역, 특수상황지역, 농산어촌 및 도시활력증진지역 등의 개발사업으로서 도서개발에 관한 사항, 지방소도읍 육성에 관한 사항 등 각각의 사항을 통합하여 실시하는 기초생활권 생활기반의 확충 관련 사업 등 6개 항목의 사업 보조, ② 국가균형발전을 촉진하기 위한 조사·연구사업에 필요한 경비, ③ 공공자금관리기금으로부터의 예수금의 원리금 상환, ④ 일시차입금의 원리금 상환, ⑤ 계정의 관리·운영에 필요한 경비, ⑥ 지역지원계정, 제주특별자치도 계정 및 세종특별자치시 계정으로의 전출금, ⑦ 그 밖에 국가균형발전에 관하여 대통령령으로 정하는 사업에의 자금의 융자 등 필요한 경비의 지원에 대해 이루어진다(동법 제34조).

(2) 지역지원계정

국가균형발전특별법 제35조에 규정된 지역지원계정의 세입은 ① 「주세법」에 따른 주세의 100분의 60, ② 개발제한구역의 지정 및 관리에 관한 특별조치법 제26조 제1항에 따라 회계에 귀속되는 개발제한구역 보전 부담금, ③ 대도시권 광역교통관리에 관한 특별법 제11조의6 제1항에 따라 회계에 귀속되는 광역교통시설부담금, ④ 자동차교통관리개선특별회계법 제4조 제1항 제8호의2에 따라 국가균형발전특별회계로 전입되는 전입금, ⑤ 공공자금관리기금법에 따른 공공자금관리기금으로부터의 예수금, ⑥ 일반회계 또는 다른 특별회계로부터의 전입금, ⑦ 지역자율계정, 제주특별자치도계정 및 세종특별자치시계정으로부터의 전입금, ⑧ 기타 지역지원계정으로부터의 각종 융자금의 원리금, 국가균형특별회계의 일시차입금, 전년도 결산상 잉여금, 국가균형발전특별회계 소속 재산의 임대료 및 매각대금, 그밖에 국가균형발전특별회계로 귀속되는 수입금 등으로 구성된다.

　　지역지원계정의 지출대상은 ① 광역협력권 활성화 및 지역경쟁력 강화를 위한 교통·물류망 확충 관련 사업에 대한 출연(出捐)·보조 또는 융자, ② 지역특화산업 및 광력협력권산업의 육성과 투자 및 일자리 창출 촉진에 관련된 사업에 대한 출연·보조 또는 융자, ③ 지방대학의 경쟁력 향상 및 지역인적자원의 개발 관련 사업에 대한 출연·보조 또는 융자, ④ 지역의 과학기술 진흥 및 특성화 관련 사업에 대한 출연·보조 또는 융자, ⑤ 공공기관·기업 및 대학 등 인구집중유발시설의 지방이전에 관한 사업에 대한 융자 등 필요한 경비의 지원, ⑥ 지역의 문화·관광자원 육성, 지역고유정신문화 및 지역가치 발굴·선양, 환경보전사업 등에 대한 출연·보조 또는 융자, ⑦ 지역의 주요 성장거점에 대한 출연·보조 또는 융자, ⑧ 관련 법령에 따라 지방으로 이관되는 특별지방행정기관의 이관사무 수행에 필요한 경비, ⑨ 개발제한구역의 지정 및 관리에 관한 특별조치법 제26조 제2항에 따른 사업에 필요한 경비, ⑩ 광역협력권 활성화와 지역경쟁력 강화를 위한 조사·연구사업에 필요한 경비, ⑪ 공공자금관리기금법에 따른 공공자금관리기금으로부터의 예수금의 원리금 상환, ⑫ 지역자율계정, 제주특별자치도계정 및 세종특별자치시계정으로의 전출금 등이 있다(국가균형발전특별법 제35조 제2항).

(3) 제주특별자치도계정

　　국가균형발전특별법 제35조의2에 규정된 제주특별자치도계정의 세입은 ① 일반회계나 다른 특별회계로부터의 전입금, ② 지역자율계정, 지역지원계정 및 세종특별자치시계정으로부터의 전입금, ③ 국가균형발전특별회계의 일시차입금, ④ 전년도 결산상 잉여금 등으로 구성된다. 이 같은 제주특별자치도계정의 지출대상은 ① 지역자율계정의 지출대상인 일부사업에 대한 보조 및 지원, 그리고 지역지원계정에서 지출되는 출연·보조·융자 및 경비의 지원, ② 제주특별자치도 설치 및 국제자유도시 조성을 위한 특별법에 따라 이관되는 특별지방행정기관 이관사무의 수행에 필요한 경비와 자치경찰로 이체되는 경찰인력에 대한 인건비 상당액 및 그 운영의 일부, ③ 지역자율계정, 지역지원계정 및 세종특별자치시계정으로의 전출금 등이다.

(4) 세종특별자치시계정

국가균형발전특별법 제35조의3에 규정된 세종특별자치시계정의 세입은 ① 일반회계나 다른 특별회계로부터의 전입금, ② 지역자율계정, 지역지원계정 및 제주특별자치도계정으로부터의 전입금, ③ 국가균형발전특별회계의 일시차입금, ④ 전년도 결산상 잉여금 등이다. 세종특별자치시계정의 지출대상은 ① 지역자율계정의 지출대상인 일부사업에 대한 보조 및 지원, 그리고 지역지원계정에서 지출되는 출연·보조·융자 및 경비의 지원, ② 국가균형발전특별회계의 일시차입금 원리금 상환, ③ 지역자율계정, 지역지원계정 및 제주특별자치도계정으로의 전출금 등이다.

제3절 광역지방정부의 기초지방정부에 대한 지원금제도

1. 광역지방정부의 기초지방정부에 대한 지원금제도 개관

중앙정부와 지방정부간의 재정관계에 관한 이론적 논의는 상위지방정부와 하위정부 간에도 똑같이 적용될 수 있다. 즉 광역지방정부는 그 산하의 기초지방정부에 대하여 재정적 효율성이나 재정적 형평성을 달성할 목적으로 여러 가지 형태의 지원금제도(grant-in-aid)를 운영할 필요가 있다. 현실적으로 이와 같은 지원금제도는 광역지방정부의 형태에 따라 다소 다르게 운영된다. 2020년 현재 우리나라의 광역지방정부와 기초지방정부간에 존재하는 정부 간 재정관계의 제도적 장치로는 자치구 조정교부금, 도·시비 보조금, 그리고 시·군 조정교부금⁴²⁾ 등의 세 가지를 들 수 있다.

특별시와 광역시의 기초지방정부인 자치구들 간에 존재하는 수직적·수평적 재정불균형의 시정은 자치구 조정교부금제도를 통해서 이루어지지만, 광역시 산하의 기초자치단체인 군의⁴³⁾ 수직적·수평적 재정불균형은 중앙정부의 지방교부세(보통교부세) 및 광역시의 시·군 조정교부금을 통하여 이루어진다. 특별시나 광역시의 경우도 그 구역 내의 지방공공서비스의 효율적 공급을 위하여 시비 보조금을 운영하며, 이 보조금의 경우는 자치구뿐만 아니라 그 산하에 있는 군도 배분대상이 된다.

시·군 조정교부금이란 2014년 5월의 지방재정법 개정에 따라 종래의 재정보전금제도를 개편한 것으로서, 비록 명칭은 바뀌었지만 재정보전금제도의 근본 취지를 그대로 갖는다. 재정보전금제도는 2000년 종래의 징수교부금제도의 폐지와 더불어 도입되었으며, 이 제도의 도입에 따라 자치구는 별다른 영향을 받지 않지만 광역시 산하에 존재하는 복수의 군은 다소간의 영향을 받게 되었다.

도 산하의 시·군 간에 존재하는 재정적 불균형의 시정은 중앙정부의 지방교부세(보통교부세)에 의해서 이루어진다. 그렇기 때문에 특별시·광역시와는 달리 도와 시·군 간의 재정적 관계는 공공서비스 공급상의 효율성에 초점이 맞춰진 도비 보조금이 중심적 과제가 된다. 여기에 덧붙여 종래의 징수교부금제도가

---

42) 시·군조정교부금은 2014년 5월의 지방재정법 개정에 의하여 종전의 재정보전금제도가 바뀐 것이며, 2000년에 도입된 재정보전금제도는 그 이전까지 존재하였던 징수교부금제도가 바뀐 것이다.

43) 2014년 기준으로 부산광역시는 기장군, 대구광역시는 달성군, 인천광역시는 강화군과 옹진군, 그리고 울산광역시는 울주군을 포함하고 있다.

재정보전금제도로 전환되면서 다소 간의 재정조정기능도 부가되었으며, 이것이 다시 시·군 조정교부금제도로 바뀜에 따라 그러한 성격은 더욱 뚜렷해졌다.

2. 특별시·광역시의 자치구 조정교부금

자치구제도는 1988년 4월에 통과된 지방자치법에 의거하여 종전까지 단순한 하부행정기관에 머물렀던 특별시·직할시의 '구'가 법인격을 부여받아 시·군과 더불어 기초지방정부로서의 지위를 누리게 됨으로써 탄생된 제도이다. 2020년 8월 기준의 자치구 수는 모두 69개로서 서울특별시 25개, 부산광역시 15개, 대구광역시 7개, 인천광역시 8개, 광주광역시 5개, 대전광역시 5개, 울산광역시 4개이다.

비록 자치구가 시·군과 동일한 기초지방정부로서의 위상을 지니지만 양자의 지방세목은 다르다. 뿐만 아니라 시·군의 경우는 지방교부세(보통교부세)를 통하여 국가와 지방간 수직적 재정불균형과 자치단체간의 수평적 재정불균형이 시정된다. 하지만 자치구는 보통지방교부세의 배분대상이 아니기 때문에 자치구간의 수평적 재정불균형과 자치구와 광역지방정부간의 수직적 재정불균형은 지방교부세가 아닌 다른 제도적 장치에 의해서 이루어져야 하며, 그러한 장치가 곧 자치구 조정교부금제도인 것이다(전상경, 1989).

자치구 조정교부금제도의 법적 근거는 지방자치법 제173조와 지방재정법 제29조의2이다. 즉 지방자치법 제173조는 "특별시장이나 광역시장은 지방재정법에서 정하는 바에 따라 해당 지방자치단체의 관할구역 안의 자치구 상호간의 재원을 조정하여야 한다"라고 규정하고 있으며, 지방재정법 제29조의2는 "특별시장 및 광역시장은 대통령령으로 정하는 보통세수입의 일정액을[44] 조정교부금으로 확보하여 조례로 정하는 바에 따라 해당 지방자치단체 관할구역의 자치구간 재정력 격차를 조정하여야 한다"라고 규정하고 있다.

---

44) 2014년 5월의 지방재정법 개정 전에는 조정교부금의 재원은 보통세수입의 일정비율이 아니라 취득세액의 일정비율이었다.

　자치구 조정교부금제도의 취지와 그 운영방법은 지방교부세의 경우와 매우 유사하지만, 그 재원결정방식은 차이가 있다. 즉 지방교부세는 내국세의 일정 비율을 재원으로 하도록 지방교부세법에서 규정하고 있지만, 조정교부금의 재원은 지방자치법의 시행령 제117조에 따라 해당 시세 중 보통세로 하되 교부율, 산정방법 등 재원조정방법은 조례로 정하도록 되어 있다.

　자치구 조정교부금은 지방교부세와 마찬가지로 공식에 의하여 배분되는 일반조정교부금과 공식에 의하지 않는 특별조정교부금이 있다. 이 양자 간 재원의 배분비율은 조정교부금 총액에서 일반조정교부금 90%, 특별조정교부금 10%로 하도록 되어 있다.[45] 자치구 일반조정교부금의 배분기준은 특별시·광역시별로 약간의 차이는 있지만 그 기본 골격은 모두 기준(재정)수요액과 기준(재정)수입액의[46] 차이(재정부족액)에 기초하고 있다. 재정부족액이 발생한 자치구에 대해 그 재정부족액에 조정률을 적용하여 산출된 금액을 해당 자치구에 일반조정교부금으로 교부한다. 이 조정률은 특별시·광역시별로 약간 차이가 있다. 자치구 특별조정교부금은 재해, 공공시설의 신설·복구·보호 등과 같이 특별한 재정수요가 발생한 경우 교부된다.

3. 시·도비[47] 보조금

　중앙정부가 지방정부에 교부하는 국고보조금과 동일한 논리로 상위지방정부인 시·도는 하위지방정부인 시·군·자치구에 대하여 시·도비 보조금을 지급할 수 있다. 2020년 8월 기준으로 지방재정법 제23조 제2항은 "시·도는 정책상

---

45) 특별조정교부금은 자치구 조정교부금 도입 당시에는 없었지만 1995년도부터 도입되기 시작하였으며 2001년 기준으로 서울·대구·인천·광주·대전·울산은 조정재원의 10%가 특별조정교부금으로 되어 있었다. 부산의 경우는 다른 도시보다 가장 늦게 1996년 11월부터 특별교부금제도가 도입되었고 그 비중도 조정교부금 총액의 5% 이내로 하였었다. 그러나 2014년 지방재정법 시행령 개정으로 일반조정교부금과 특별조정교부금의 배분비율은 시·군 조정교부금의 9:1 비율을 준용하였다(지방재정법 시행령 제36조의2 제2항).

46) 서울특별시의 경우는 조례에 기준재정수요액과 기준재정수입액이라는 용어가 사용되지만, 나머지 광역시들의 경우는 기준수요액과 기준수입액이라는 용어가 사용된다.

47) 이 경우의 시는 특별시와 광역시를 지칭한다.

필요하다고 인정할 때 또는 시·군 및 자치구의 재정 사정상 특히 필요하다고 인정할 때에는 예산의 범위에서 시·군 및 자치구에 보조금을 교부할 수 있다" 라고 규정하고 있으며, 각 시·도는 시·도비 보조금 운영을 위한 조례를 설치하여 이것에 의거하여 시·도비 보조금을 배분한다. 시·도비 보조금은 크게 두 가지 유형으로 구분되는데, 하나는 국고보조사업에 대한 시·도비부담(부담금의 형태로 지출됨)이고 다른 하나는 순수 시·도비 보조사업에 대한 시·도비부담(자체부담)이다.

시·도비 보조금의 배분은 국고보조금과 마찬가지로 원칙적으로 신청주의에 입각하고 있지만, 시·도비 보조가 전액보조인 경우와 재해발생 등과 같은 특별한 경우에는 시·군으로부터의 신청이 없더라도 배분할 수 있다. 뿐만 아니라 시·도 보조금은 국고보조금과 거의 비슷한 운영상의 문제점을 포함하고 있는데, 가장 대표적인 것으로는 광역·기초자치단체간의 행정기능배분, 기준보조율과 차등보조율제도 적용, 과중한 시·군비부담, 영세보조사업 등을 들 수 있다.

4. 광역시·도의 시·군 조정교부금

앞서 언급하였듯이 시·군 조정교부금은 2014년 5월의 지방재정법개정에 따라 재정보전금제도가 바뀐 것이지만, 그 근본적 성격은 재정보전금제도와 동일하므로 재정보전금제도에 관한 설명이 필요하다. 2000년부터 도입된 재정보전금제도는 종래의 징수교부금을 대신하는 것이었다. 징수교부금이란 도의 경우는 도를 대신하여 도세를 징수하고 있는 산하 시·군에 대하여 도세 징수에 소요되는 경비를 보전한다는 차원에서 인구 50만 이상인 시와 자치구가 아닌 구가 설치되어 있는 시에 대해서는 각자 징수한 도세징수액의 50%를, 그리고 인구 50만 이하인 시와 군에 대해서는 각각 징수한 도세징수액의 30%를 도세의 징수에 대한 징수교부금으로서 해당 지방정부에 교부하였었다.[48] 이 같은 비율

---

48) 징수교부금제도는 1962년에 도입되었으며, 1988년 자치구제 도입을 앞두고 특별·직할시의 경우 자치구가 징수한 세액의 3%, 도의 경우 시·군이 징수한 도세 총액의 30%로 개편하였

은 특별시·광역시의 징수교부금이 3%에 머무르고 있다는 사실에 비추어 볼 때 단순히 징수비용에 대한 실비보상의 차원을 넘어서는 것이라고 생각할 수 있다. 뿐만 아니라 원래의 제도적 목적은 순수징세비용의 보전이었으나 실제로는 기초자치단체의 세수보전수단으로 활용되었고, 이러한 징수교부금제도는 오히려 시·군재정의 빈익빈 부익부 현상과 같은 부작용을 초래하였다.

    징수교부금제도에 내재된 전술한 문제를 시정하기 위하여 2000년도부터 종래의 징수교부금은 순수한 징수비용에 대한 대가로서 3%로 유지하고, 나머지 재원을 바탕으로 하여 재정보전금제도를 도입하였다. 즉 서울특별시를 제외한 시·도의 경우 각 기초자치단체에서 징수하는 광역시세·도세(구 공동시설세는 제외)의 27%에[49] 해당하는 금액을 시·군에 대한 재정보전금의 재원으로 확보하여 당해 시·군의 인구, 징수실적, 재정사정, 기타 대통령령이 정하는 기준에 따라 해당 관할구역안의 시·군에 배분함으로써 시·군 간의 재정조정의 성격을 띠게 되었다.[50]

    시·군 조정교부금은 일반조정교부금과 특별조정교부금의 두 가지 종류가 있다. 일반조정교부금은 시·군의 행정운영에 필요한 재원을 보전하는 등 일반적 재정수요에 충당하기 위한 것이며, 특별조정교부금은 시·군의 지역개발사업 등 특정한 재정수요에 충당하기 위한 것이다. 양자 간 조정교부금재원의 배분은 조정교부금 총액을 일반조정교부금에 90%, 특별조정교부금에 10%를 배분한다.

    2019년 12월 31일에 개정된 지방재정법 제29조에 의하면 시·군 조정교부금의 재원은 ① 시·군에서 징수하는 광역시세·도세(화력발전·원자력발전에 대한 지역자원시설세, 소방분 지역자원시설세 및 지방교육세는 제외)의 시·군별 총액과 ② 해당 시·도의 지방소비세액을 전년도 말의 해당 시·도의 인구로 나눈 금액에 전년도

다. 1990년에 이르러서 시·군은 여전히 30%이지만 자치구가 없는 인구 50만 이상의 시는 50%로 상향조정되었다(최병호·이근재·정종필, 2010: 64).

49) 인구 50만 이상의 시와 사치구가 아닌 구가 설치되어 있는 시의 경우는 47%이다.

50) 광역시 산하에 있는 군의 경우는 자치구와는 달리 광역시세 징세실적의 27%를 재원으로 하는 재정보전금을 배분받는다. 특히 광역시 산하에 군이 하나만 있을 경우 군의 입장에서는 종전의 징수교부금제도와 실질적인 차이를 느낄 수 없지만, 복수의 군이 있을 경우에는 재정보전금이 일정한 기준에 의하여 배분되기 때문에 그 배분결과가 달라질 수 있다.

말의 시·군의 인구를 곱한 시·군별 금액의 두 가지로 구성된다. 시·도지사는 전술한 두 가지 재원 각 금액의 27%(인구 50만 이상의 시와 자치구가 아닌 구가 설치되어 있는 시는 47%)에 해당하는 금액을 시·군 조정교부금의 재원으로 확보하여 해당 시·군의 인구, 징수실적(지방소비세는 제외), 재정사정, 그밖에 대통령령으로 정하는 기준에 따라 해당 시·도의 관할구역 내 시·군에 배분한다.[51][52] 또한 지방재정법 제29조 제3항에 의하면 시·도지사는 화력발전·원자력발전에 대한 각각의 지역자원시설세의 65%에 해당하는 금액을[53] 화력발전소·원자력발전소가 있는 시·군에 각각 배분해야 한다.

한편 지방세징수법 제17조에 따라 종래의 징수교부금은 여전히 운용되고 있다. 동 조항에 의하면 시·도세 징수비용은 시·군·자치구가 부담하고 시·도지사는 대통령령으로 정하는 교부율과 교부기준에 따른 시·도의 조례로 정하는 바에 따라 그 처리비용으로 시·군·자치구에 징수교부금을 교부하여야 한다고 규정하고 있다.

---

51) 위 두 가지 재원 중 ①은 2021년 1월 1일부터 시행되며, ②는 2022년 12월 31일까지 유효하다.
52) 일반조정교부금을 배분할 때에는 일반조정교부금 총액의 50%는 해당 시·군의 인구수에 따라 배분하고, 20%는 해당 시·군의 광역시세·도세 징수실적에 따라 배분하며, 30%는 재정력지수(지방교부세법에 따라 산정한 매년도 기준재정수입액을 기준재정수요액으로 나눈 값)가 1 미만인 시·군을 대상으로 1에서 해당 시·군의 재정력지수를 뺀 값을 기준으로 배분한다. 일반조정교부금의 배분시기 등 집행에 관한 사항과 특별조정교부금의 구체적인 배분기준·산정방법 및 배분시기 등에 관한 사항은 시·도의 조례로 정한다(지방재정법시행령 제36조 제3항과 제5항).
53) 지방세징수법 제17조 제2항에 따른 징수교부금을 교부한 경우에는 그 금액을 뺀 금액이다.

제9장

정부지원금제도의 정치경제적 성격

제1절 정부지원금과 정치성

1. 정부지원금과 Pork Barrel Politics

'Pork Barrel Politics'의 개념을 설명하기 위해서는 우선 'pork barrel'의 의미부터 이해하는 것이 필요하다. 원래 'pork barrel(구유통)'은 미국 남부농장주들이 자신들이 소유하고 있는 노예들에게 줄 훈제된 돼지고기제품(smoked pork products)을 보유하는 통을 일컫는다. 오늘날 'pork barrel'은 미국의 의회 용어로서 로그롤링(log–rolling)과 더불어 이권법안의 속칭으로 사용된다. 즉 'pork barrel'이란 정치인들이 정치헌금이나 투표로서 자신을 지지해준 유권자들에게 대한 보답으로서 자기 지역구민들을 풍요롭게 할 목적으로 추진되는 정부프로젝트를 의미한다. 지역유권자들의 지지를 확보할 목적으로 정부의 정책보조금을 타기 위해 모여드는 의원들의 모습이 마치 농장주가 돼지고기 보관통(pork barrel)에서 한 조각의 돼지고기를 꺼내어 던져줄 때 모여드는 노예와 같다는 의미에서 비유적으로 사용되기 시작한 약간의 경멸적 의미를 내포하고 있는 용어이다.

일반적으로 'pork barrel'의 편익은 특정 집단에게 집중되어 있지만 그것에 소요되는 비용은 전국의 모든 납세자들이 부담하므로 재원배분의 비효율성과 형평성 문제를 야기한다.[1] 한편 'pork barrel politics'란 그러한 정부프로젝트를 확보하기 위한 정치인들의 노력을 총칭하는 것으로서 보조금 획득의 정치 또는 정부 프로젝트 유치의 정치로 번역될 수 있다.[2] 'pork barrel'은 대체로 의회예산심의과정의 마지막 단계에서 타협과 흥정의 산물로서 슬며시 예산에 포함되는 경우가 많다.

바론(David P. Baron)에 의하면 다수결규칙에는 어떤 사업의 편익은 특정 집단에게 한정시키고 그것에 대한 비용은 일반 대중들에게 물리게 하는 내재적 유인이 존재하며, 그 결과 경제적으로 비효율적인 분배적 사업들을 채택하게 한다. 바론은 이러한 비효율적 사업을 'pork barrel program'이라고 부르며, 대체로 그러한 사업들은 나눠먹기식으로[3] 통과되기 때문에 사업의 영세화가 심화될 수 있다고 지적한다(David P. Baron: 1991).

행정안전부에서 고위공무원을 지낸 허명환은 자신의 직관과 공공선택론을 결합하여 지방자치실시 이후 우리나라 지방정부의 재정행태를 사업극대화행태로 상정하여 사업예산이 세세하게 쪼개지는 영세화현상이 있다고 지적하였다(허명환, 1999b: 132-133). 오영민은 이러한 주장과 전술한 바론의 연구를 참조하여 우리나라 지방의회에서의 pork barrel politics 현상을 분석한 후 사업예산의 영세화가 심화될 가능성을 지적하였다(오영민, 2010: 449-450).

---

1) 이것은 잘 조직된 소수가 다수를 이용하는 이른바 미시적 절연(microdecoupling)의 좋은 예이다(전상경, 2012: 42).

2) Won-Hee Lee(2003)는 국회 예산심의과정에서의 pork barrel politics 현상을 고찰하였고, 오영민(2010)은 지방의회 예산심의과정에서의 pork barrel politics 현상을 고찰하였다. 이들 모두 pork barrel politics를 구유통정치로 번역하고 있다.

3) 이러한 나눠먹기식의 예산사업은 종종 로그롤링(log-rolling)의 결과 발생한다. 로그롤링에 관한 상세한 내용은 전상경(2012: 123-126)을 참고하기 바란다.

유명한 정치학자인 이스튼(David Easton)은 정치를 가치의 권위적 배분이라고 정의하였다. 이와 같은 가치에는 희소한 자원을 포함한 여러 가지 바람직스러운 것들이 포함된다. 윌다브스키(Wildavsky)는 예산은 정치적 과정이라고 하였는데, 정치인들이 주민들의 투표를 획득하기 위하여 자신의 출신 지역구에 보다 많은 국가예산을 배정받기 위해서 동분서주하는 현상은 이것을 잘 설명해 준다. 예산결산위원회의 위원으로 참여하는 국회의원들이나 지방의회의원들은 예산결정의 마지막 단계인 계수조정위원회에서 자신들의 지역구에 유리한 예산배정을 하는 것으로 알려지고 있는데 이런 것들은 모두 예산과정의 정치성을 적나라하게 나타내 주는 현상인 것이다.

우리는 제8장에서 국고보조금은 정치인들이 그들의 표밭에 뿌리는 비료라고 비유한 일본의 재정학자 미야모토 겐이치(宮本憲一)의 말을 소개한 바 있다. 국고보조금은 지방교부세의 보통교부세와 달리 정치적으로 결정될 가능성이 매우 높다. 왜냐하면 국고보조금은 그 규모가 법정화되어 있는 지방교부세와는 다르게 그 총액이 매년 국가예산에서 결정되기 때문에 재원이 불안정하다. 일반적으로 나누어 가져할 몫이 많거나 안정적일 때보다도 몫이 적거나 불안정할 때일수록 정치적 영향력이 큰 위력을 발휘하게 된다. 뿐만 아니라 일정한 공식에 의해 배분되는 지방교부세와 달리 국고보조금은 신청에 의하여 심사를 받아야 한다. 심사의 경우는 심사자의 주관이 반영될 가능성이 크기 때문에 그만큼 정치적 결정의 폭이 커질 수 있다.

정부지원금제도는 그 나라의 정치·행정적인 환경변화에 큰 영향을 받는다. 우리나라의 경우 1972년의 이른바 8·3 조치로 인한 지방교부세제도의 파행적 운영, 지방자치의 부활과 더불어 도입된 지방양여금제도, 노무현정부가 추진한 분권화정책 및 보유세제강화와 연계된 지방양여금제도의 폐지와 지방교부세제도의 변화 및 국가균형발전특별회계의 도입 등이 그 좋은 사례이다.

미국의 경우는 그와 같은 재정조정제도의 변화가 연방주의의 변화과정에서 표출되었다.[4] 즉 1960년대에 존슨(Johnson) 대통령의 주도로 추진된 '위대한 사

---

4) 미국연방주의의 발전과정과 정부간재정관계에 대해서는 본서의 제2판 제2장(2007: 11−16)

회'의 건설을 위한 프로그램을 추진하는 과정에서 미국 연방정부에서는 소위 특정 목적 보조금(categorical grant)이 급증하였다. 그 후 등장한 공화당의 닉슨(Nixon) 대통령은 신연방주의라는 기치 하에 특정 목적 보조금을 대폭 정리하여 새로운 포괄보조금(block grant)을 도입하였을 뿐만 아니라, 비록 한시적이긴 하였지만 지방정부의 재정력을 강화하기 위한 목적으로 일반목적 보조금(general revenue sharing)제도를 도입하였다. 이것들은 모두 상당한 정치적 의미를 지니는 조치였으며, 미국 연방주의의 변천과정은 정부간재정관계의 제도적 표현인 지원금제도(grant-in-aid)의 변천과정으로서도 파악될 수 있을 정도이다.

일본에서는 지방정부의 중앙정부에 대한 재원의존도가 너무나 크기 때문에 그것에 수반되는 지방정부의 자주성 결여를 냉소적으로 표현하는 이른바 '3할자치'라는 말이 자주 회자되었다. 그렇지만 일본의 경우에도 1990년대 초부터 시작된 분권화추진운동의 결과 국고보조금운영제도에 커다란 개혁이 이루어졌다. 즉 1998년 5월 29일 일본 정부는 1995년에 발족한 지방분권화추진위원회의 「지방분권화추진계획」을 각의(閣議)에서 결정하여 국회에 제출하였다. 「지방분권화추진계획」은 계획본문 7부와 여섯 개의 별지로 구성되어 있는데, 그 중의 제4부는 동 위원회가 제2차 권고안으로서 1997년 7월 8일 일본 총리에게 제출한 '국고보조부담금의 정리합리화와 지방세재원의 충실확보'이다.

「지방분권화추진계획」 제4부의 서두는 "지방분권의 추진에 의하여 국가와 지방간을 상하·주종의 관계로부터 대등·협력관계로 이행하기 위해서는 ① 지방정부의 자주성·자립성을 고양하는 관점에서 중앙과 지방간의 역할분담 재조정, 기관위임사무의 폐지, 지방으로의 권한 이양, 중앙의 관여·필치규제의 정리합리화 등을 진척시키는 동시에, ② 중앙과 지방정부간의 재정관계에 대해서도 기본적인 재조정을 행할 필요가 있다"라는 말로 시작하고 있다. 일본에서 메이지(明治)이래 중앙지배가 가능했던 것은 보조금의 조작 때문이며, 중앙의 성청(省廳) 뿐만 아니라 지방정부조차도 보조금대망론(補助金待望論)이 뿌리 깊게 체질화되어 있다. 그렇기 때문에 보조금이 붕괴되면 중앙지배의 체제도 자연히 붕

―――――――――――――

을 참고하기 바란다.

괴될 것이라는 주장도 있다(高寄昇三, 1997: 4).

지방정부가 중앙 성청(省廳)의 의향에 반하여 정책결정을 할 경우 보조기준에 합치되지 않기 때문에 보조사업이 채택되지 못한다. 보조사업이 채택되지 못하면 ① 지방교부세의 기준재정수요액에 산정되지 못하고,5) ② 지방채발행의 허가도 얻지 못하며, ③ 경우에 따라서는 그 상환재원의 교부세보전도 끊어진다(高寄昇三, 1997: 10). 그러므로 보조금을 통한 중앙정부의 지배망은 상당한 위력을 지닐 수밖에 없다. 중앙 성청(省廳)은 보조금에서 '성익옹호'(省益擁護)의 첨병적 기능을 찾는다. 보조금은 지방정부 내부에 중앙 성청의 교두보를 구축하기 위한 둘도 없는 효과적 수단인 것이다. 국책(國策)을 추진한다는 명분하에 "성익옹호"(省益擁護)라는 관청의 이기심이 결합하여 보조금비대화의 토양이 초래되고, 궁극적으로 비효율적인 재원배분이 초래된다(高寄昇三, 1997: 21).

「지방분권추진계획」 제4부의 주요 내용은 ① 국고보조부담금의 정리합리화, ② 존속하는 국고보조부담금의 운용 및 관여에 관한 개혁, ③ 지방세·지방교부세 등과 같은 지방일반재원의 충실한 확보이다. 제8장에서 언급하였듯이 일본에서는 국고위탁금·국고부담금·국고보조금을 통틀어 국고지출금 또는 국고보조부담금이라고 부른다. 분권화추진위원회의 권고안에서는 국고위탁금을 제외한 국고부담금과 국고보조금을 총칭하여 '국고보조부담금'이라고 하며, 동 권고안의 거의 대부분은 앞의 세 가지 중에서 ① 및 ②에 관한 것으로 되어 있다. 이러한 사실로부터 국고보조부담금의 문제가 얼마나 심각한 것인가를 상상할 수 있다.

일본에서는 앞서 설명한 분권화개혁을 흔히 제1차 분권개혁이라고 부른다. 제1차 분권개혁은 개혁을 뒷받침하는 지방재정분권개혁과 권한이양 등에 관한 문제가 추진되지 못한 미완의 개혁이라고 평가되었다. 일본의 중앙정부는 2001년 7월 제1차 개혁을 추진한 지방분권추진위원회를 해산하고 제2차 분권개혁을 추진하는 기구로서 '지방분권개혁추진회의'를 구성하였다. 그러나 3년간 한시적으로 설치·운영된 지방분권개혁추진회의의 활동은 지방분권추진위원회와 같은

---

5) 일본에서 보조금사업의 지방비부담은 지방교부세의 기준수요액으로서 산정된다.

독자적인 지방분권정책을 추진하지 못하고, 고이즈미(小泉純一郎)정부(2001~2006)
가 추진하는 구조개혁정책과정에 종속되었다. 구조개혁정책은 중앙정부의 기관
인 '경제재정자문회의'를 중심으로 추진되었다(최낙범, 2005: 7-8).

　　제2차 분권개혁의 핵심과제는 지방재정분권의 개혁이었고 이것은 고이즈
미 정부의 구조개혁 과정 속에서 이른바 '삼위일체개혁'이라는 이름으로 추진되
었다. 삼위일체개혁은 국고보조부담금(국고지출금)·지방교부세·세원이양을 포함
하는 세원배분에 관한 문제를 삼위일체로 개혁하는 것을 의미한다. 삼위일체개
혁은 2002년 6월 경제자문회의의 '경제재정 운영과 구조개혁에 관한 기본방침
2002'에서 처음으로 언급되었다. 국고보조부담금을 폐지·축소하고 지방세로서
의 세원이양을 주장하는 총무성, 세원이양에 소극적인 재무성, 국고보조부담금
의 폐지·축소에 소극적인 각 중앙행정기관, 지방교부세의 개혁을 주장하는 재
무성과 이에 반대하는 총무성 및 지방정부 등의 이해관계가 첨예하게 대립하고
있었다. 삼위일체개혁이란 이러한 갈등을 뛰어넘은 방식으로서 국고보조부담
금·지방교부세·세원이양의 세 가지 과제를 동시에 개혁하려는 것이었다(최낙범,
2005: 14).

　　삼위일체개혁은 2002년을 기점으로 단계적으로 추진되었으며, 복잡한 절충
과정을 거쳐 최종적인 정부방침은 2005년 말에 결정되었고, 2006년 말에 항구
적인 세원이양을 위한 세제개혁을 단행하여 2007년도부터 실시함에 따라 삼위
일체개혁의 제1기는 일단락되었다. 한편 2007년 1월에 신설된 지방분권개혁추
진위원회는 삼위일체개혁의 제2기를 추진하고 있다(이정만, 2008: 384, 403).

2. 정부지원금제도의 정치성

1) 지방교부세제도

　　지방교부세를 둘러싼 이해당사자들(stake-holders)은 행정안전부·기획재정
부·지방정부라고 할 수 있다. 행정안전부와 기획재정부는 모두 중앙정부 부서

이긴 하지만 지방교부세에 관해서는 양자 간에 뚜렷한 입장차이가 존재한다. 즉 행정안전부는 지방교부세를 주관하는 부서로서 지방교부세의 재원확충에 매우 적극적인 반면, 국가재정을 총괄하는 기획재정부는 지방교부세의 재원확충에 상대적으로 소극적이라고 할 수 있다. 여기서 우리는 지방교부세와 연관된 정치적 성격에 대해서 고찰하려고 한다.

(1) 지방교부세제도의 명칭과 정체성

행정자치부(지금의 행정안전부)와 지방정부는 지방교부세라는 명칭을 줄곧 사용하지만 경제기획원(i.e., 지금의 기획재정부)은[6] '지방교부세'보다도 '지방교부금'이라는 명칭을 즐겨 사용한다. 사실 '지방교부세'라는 용어는 지방정부의 당연한 몫이라는 이미지를 강하게 풍기지만 '지방교부금'이라는 용어는 국가의 재정여건에 따라서 그 내용이 변할 수 있는 지원금이라는 이미지를 준다.[7]

이와 같은 부처 간의 문제와는 달리 행정안전부 내에서도 지방교부세라는 명칭사용에 일관성을 결여한 사례가 있다. 매년 행정안전부는 지방정부의 재정통계를 수록하기 위하여 「지방재정연감」을 발행하고 있는데, 1997년도의 「지방재정연감」에서는 '지방교부세'라는 용어대신 '법정교부세'라는 용어가 사용되었다.[8] 그렇지만 1997년 이후에는 다시 지방교부세라는 용어가 사용되고 있다. 1997년도에 '지방교부세'를 '법정교부세'라고 표기한 것이 우연한 실수인지 아니면 지방교부세의 법적 성격을 내세움으로써 은연중 그것이 지방정부의 몫임을 강조하기 위한 것인지는 의문사항이다.

노무현 정부는 조세정의를 실현하기 위하여 보유세의 강화를 위시한 대폭

---

6) 경제기획원은 1994년 12월의 정부조직개편에 따라 재무부와 통합하여 재정경제원이 되었고, 재정경제원은 1998년 2월의 정부조직개편에 따라 재정경제부로 바뀌었으며, 재정경제부는 2008년 2월의 정부조직개편에 따라 기획예산처와 통합되어 기획재정부로 되었다.
7) 경제기획원의 한 공무원은 특별한 의도를 갖고서 교부세를 교부금으로 부르는 것은 아니라고 해명하기도 하였다(내무부, 1991: 63).
8) 뿐만 아니라 '법정교부세'의 영어표기도 1997년 판 이외에는 'local share tax'로 되어 있지만, 1997년도 판에서는 어떤 곳에서는 'law share tax'라고 되어있는가 하면 다른 곳에서는 'general share tax'라고 되어 있어 지방교부세를 총괄하는 부서가 오히려 일관성을 저해하고 있다.

적인 부동산 세제개편을 단행하였다. 그러한 정책의 일환으로 2005년도에 종합 부동산세가 국세의 형태로서 도입되었으나 세수의 전액은 지방교부세법의 테두 리 안에서 부동산교부세라는 이름으로 지방자치단체에 배분하기로 결정되었다. 원래 종합부동산세는 지방자치단체의 재정력을 강화하기 위한 목적으로 정책입 안된 것이 아니었고, 재산(i.e., 부동산)보유자에게 그것에 상응하는 부담을 지움으 로서 조세정의를 실현하는 동시에 부동산가격의 상승을 방지하기 위한 것이 일 차적 목적이었다.

2004년부터 실시된 재산세제도 및 그것과 연관된 과표평가방식의 대대적 개편에 따라 조세부담이 급증하게 되었다. 이에 따라 급격한 재산세 상승을 완 화할 목적으로 재산세 상승폭을 제한하는 조치가 취하여졌지만, 연차적으로 예 정되어 있는 과표현실화비율의 상승을 고려할 때 엄청난 추가적 조세부담에 대 한 우려가 "세금폭탄"이라는 말로 회자되었다. 2005년부터 도입된 종합부동산 세는 이러한 우려를 더욱 증폭시키게 되었고 종합부동산세의 과세기준에 대한 논란도 제기되었다. 이 같은 우려에 대해서 이러한 정책을 입안한 한 당국자는 아직 "세금폭탄"은 멀었고, 종합부동산세는 영원히 바뀌지 않을 것이며 그것의 변경은 헌법 개정보다 더 어려울 것이라고 언급하기도 하였다. 그가 그렇게 말 하는 논리적 근거는 다음과 같이 추론해 볼 수 있다. 즉 종합부동산세를 부담하 는 사람은 일부 소수로서 특정 지역에 집중되어 있지만, 전국의 모든 지방자치 단체가 종합부동산세를 재원으로 하는 부동산교부세를 배분받기 때문에 지방재 정의 확충을 바라는 거의 대부분의 자치단체들은 종합부동산세의 폐지를 원하 지 않을 것이다.

종합부동산세가 교부세의 틀 속으로 정착되긴 하였지만, 그것은 지방교부 세의 근본 취지에 부합되지 않을 뿐만 아니라 처음부터 지방자치단체의 입장을 고려하여 도입된 제도도 아니다. 왜냐하면 상당수의 지방자치단체는 종합부동 산세가 지방자치단체의 중요한 조세원인 재산(i.e., 부동산)관련세에 대한 이중과 세적 성격을 띠기 때문에 지방자치정신에 위배될 뿐만 아니라 위헌적 요소도 있 다고 생각하기 때문이다. 급작스럽게 추진되었을 뿐만 아니라 지방자치단체가 원하지도 않은 종합부동산세를 도입하여 근본적인 취지가 다른 지방교부세의 틀 속에 포함시킨 것은 다분히 정치적 고려 때문이라는 생각이 든다.

(2) 지방교부세의 재원규모

지방교부세는 1961년에 도입된 이래 1972년부터 1982년까지의 기간을 제외하고는 안정적인 재원확보를 위해 줄곧 법정교부율방식을[9] 취해왔다. 1972년에 접어들어 오일쇼크의 여파로 국내의 경제사정이 극도로 악화되었기 때문에, 내국세 총액의 17.6%를 지방교부세의 재원으로 충당하는 것은 중앙정부의 재정 운용에 상당한 부담이 되었다. 박정희 정부는 1972년 8월 3일 사채시장의 동결과 지방교부세의 법정교부율 및 특별교부세의 효력정지를 주 내용으로 하는 경제의 성장과 안정에 관한 대통령의 긴급명령을 발동하였다. 그 당시는 지방자치가 실시되지 않았을 뿐만 아니라 사채시장의 동결조치가 워낙 상상을 뛰어넘는 혁명적인 것이었기 때문에 8·3 조치가 지방교부세제도에 미친 영향은 상대적으로 거의 주목을 받지 못했다.

박정희 정부가 무너짐에 따라 8·3조치는 해제되었고, 1982년에 지방교부세법이 개정되어 법정교부율제도 및 특별교부세제도가 부활되었다. 즉 내국세 총액의 13.27%를 법정교부율로 하게 되었고, 교부세 총액의 $\frac{1}{11}$을 특별교부세제도로 하며, 증액교부금제도도 도입되었다. 13.27%라는 비율은 지방교부세의 필요성에 관한 어떤 경제적 원칙에 의한 것이 아니라 철두철미한 '세입중립성의 원칙'에[10] 입각하여 결정된 것이다. 10여 년 동안 지속된 8·3조치로 인하여 예산에 반영된 1982년 교부세 총액은 7,190억 원으로서 내국세 총액의 12.88%였고, 내무부 소관의 국고보조금이 221억 원으로서 내국세 총액의 0.39%였다. 8·3조치가 효력을 발하는 기간에는 특별교부세제도가 없었기 때문에 이 기간 동안 내무부에 배정된 국고보조금은 특별교부세로 간주되었다. 그래서 1982년

---

9) 법정교부율방식을 취하면 매년 국회의 심의를 받을 필요도 없을 뿐만 아니라, 또한 법률안의 개정은 상대적으로 어렵기 때문에 그만큼 재원의 안정성이 높아진다.

10) 세입중립성의 원칙이란 어떤 제도가 바뀌더라도 그것으로 인하여 이해당사자들 간에 세입상의 변화를 초래하지 않는 것을 뜻한다.

의 교부세 총액 비율과 내무부 몫의 국고보조금 비율을 합하여 그것을 지방교부
세의 법정교부율로 결정하였다.

　8·3조치가 효력을 발생한 기간 동안 지방교부세의 재원은 매년 중앙정부
의 예산으로 결정되었으며, 그 결과 그 규모는 내국세 총액의 10~11% 수준으
로 감소되었다. 지방교부세에 크게 의존하는 지방정부가 시·군인 점을 감안한
다면 8·3조치 때문에 가장 고통을 겪은 단체는 대도시 지역의 지방정부가 아니
라 농어촌 지방정부라고 할 수 있다. 1972년에 대도시 인구과밀을 방지한다는
목적으로 도입된 주민세는 지방정부간의 빈익빈·부익부 현상을 더욱 심화시켰
다. 왜냐하면 이미 인구가 몰려있는 대도시 지방정부는 주민세로 인하여 상당한
추가적 재원을 확보할 수 있었지만, 농어촌 지방정부는 지방교부세의 삭감으로
인하여 상당한 재정적 손실을 감수하였을 뿐만 아니라 또한 주민세로 인한 혜택
도 상대적으로 적었기 때문이다.

　지방교부세의 재원 13.27%가 충분한 것이 아니라는 사실은 1982년의 지방
교부세법 개정 때 도입된 증액교부금 제도로부터도 명백하다. 그 당시의 지방교
부세법 제4조 제3항은 "지방재정상 부득이한 수요가 있는 경우에는 제1항의 규
정에 의한 내국세 총액의 13.27% 외에 별도로 증액 교부할 수 있다"는 규정을
두었다. 그렇지만 중앙정부는 국가재정의 어려움을 들어 지방교부세의 재원규
모 확대에 언제나 소극적이었다. 1994년에는 사회간접자본에 필요한 재원을 마
련하기 위하여 휘발유세를 목적세로 전환시킴에 따라 지방교부세의 재원이 상
대적으로 삭감되는 효과가 있었다.[11] 왜냐하면 교부세의 재원인 내국세의 총액
이란 국가가 징수하는 조세 중 관세와 목적세를 제외한 규모를 의미하기 때문
에,[12] 법정비율은 13.27%로 유지되어도 내국세의 총액이 감소하기 때문이다.

　아무튼 내국세 총액의 13.27%라는 규모는 1972년의 17.6%에 비하면 상당

---

11) 이때에도 휘발유세의 목적세 전환이 초래하는 지방교부세의 감소효과에 대해서 내무부와 재
　　정경제원간에 치열한 논쟁이 있었지만 결과는 내무부의 패배로 끝났다. 그러나 휘발유세의
　　목적세 전환에 따른 지방교부세 감소를 보전할 목적으로 지방양여금에 지역개발사업이 추가
　　되었다.

12) 뿐만 아니라 국세와 지방세의 조정에 관한 법률 제5조의 규정에 따라 지방정부에 양여하는
　　금액도 내국세 총액에서 제외되었다.

히 감소된 규모이므로, 정치권에서는 지방자치의 부활과 더불어 옛날 규모로 환원하자는 주장이 제기되었다. 1997년의 대통령선거에서 김대중 후보는 18% 규모로 증대할 것을 공약으로 내걸었으며, 대통령에 당선된 후에는 1999년까지 15%, 2000년까지 17%, 그리고 임기중 18%까지 인상하라는 지시를 내리기도 하였다(강원개발연구원·조선일보사, 1999: 115 &123). 이러한 대통령의 지시에도 불구하고 재정경제원 당국의 반대에 부딪혀 1999년까지는 13.27% 수준이 유지되었고 2000년에 들어서서야 우여곡절 끝에 15% 수준으로 증가될 수 있었다.

노무현 정부하인 2005년도부터 지방교부세의 재원은 내국세 총액의 19.13%로 증가되었고 2006년부터 19.24%로 증가되어 외형적으로는 지방자치단체의 재원확충에 획기적인 변화가 초래된 것 같은 느낌을 준다. 지방교부세의 재원이 내국세 총액의 13.27%에서 1.73% 증가되어 15%로 되는데 무려 18여 년의 세월이 걸렸다는 사실을 상기한다면 노무현 정부 출범 후 불과 2여 년 만에 15%에서 4.24%가 증가된 19.24%로 되었다는 것은 굉장한 성과로 보여질 수도 있다. 그러나 2005년부터 증액교부금과 지방양여금이 폐지되어 그 재원의 전부 또는 일부가 지방교부세화 되었을 뿐만 아니라, 행정권한의 지방이양에 따라 종래의 상당수의 국고보조금 사업이 지방교부세화 되었다는 점을 고려한다면 순수한 증가는 그렇게 크지 않다고 생각된다.

(3) 특별지방교부세 배분의 정치성

공식에 의하여 배분되는 보통교부세와는 달리 특별교부세는 그 배분기준이 명확하지도 않고 또한 배분자료가 공개되지 않기 때문에[13] 국회에서나 언론에서 지적되는 것을 제외한다면 지역편중에 대한 분석은 흔하지 않다.[14] 뿐만 아니라 특별교부세예산은 일반예산과 같이 국회의 심의·의결을 거쳐 사용내역이 결정되는 것이 아니라 법령에 의하여 정해진 규모의 금액을 행정안전부장관이

---

13) 1986년도 「지방재정연감」에서는 특별교부세의 배분상황이 공개되고 있지만 최근에는 거의 공개되지 않는다.

14) 보통교부세에 관한 연구는 비교적 많지만 특별교부세에 관한 연구는 찾아보기 힘들며, 특히 실증적 연구는 거의 없다. 왜냐하면 행정자치부가 특별교부세가 갖는 정치적 민감성으로 인하여 자료의 공개를 거부하고 있기 때문이라고 한다(김상헌·배병돌, 2001: 732).

재량을 갖고 지방정부에 배분하기 때문에 국회가 공식적으로는 간여할 수도 없다고 한다(김경환 외 6인, 2000: 197).

[표 9-1]은 중앙정부와 지방정부 공무원들을 대상으로 하여 수행한 특별교부세배분의 자의성(恣意性)에 관한 여론조사 결과인데(최유성, 1999: 128; 2002: 67; 서성아, 2008: 303) 이것에 의하면 특별교부세에 대한 일반적 인상은 매우 부정적이라는 것을 알 수 있다.[15] 이 표에 의하면 1999년에서 2008년에 이르기까지 전 기간에 걸쳐 중앙정부 공무원들에 비하여 지방정부공무원들 특히 기초지방정부의 공무원들이 특별교부세가 자의적으로 운영되고 있다고 생각한다.

표 9-1 특별교부세의 자의적 운영여부

응답항목		전혀 아니다	아니다	중립	그렇다	매우 그렇다	잘 모르겠다	무응답	총계
중앙 정부	1999	5(1.6)	41(13.0)	81(25.6)	77(24.4)	9(2.8)	98(31.0)	5(1.6)	316(100.0%)
	2002	3(1.9)	31(11.6)	65(24.3)	73(27.2)	14(5.2)	77(28.7)	5(1.9)	268(100)
광역 지방 정부	1999	3(1.3)	11(4.8)	36(15.7)	121(52.8)	29(12.7)	27(11.8)	2(0.9)	229(100.0)
	2002	3(1.4)	9(4.1)	38(17.3)	112(50.9)	39(17.7)	15(6.8)	4(1.8)	220(100)
	2008	0.3	6.0	18.8	38.7	15.7		20.5	351(100)
기초 지방 정부	1999	0(0.0)	9(3.1)	42(14.3)	159(54.1)	43(14.6)	37(12.6)	4(1.4)	294(100.0)
	2002	2(1.1)	3(1.7)	34(18.9)	101(56.1)	18(10.0)	19(10.6)	3(1.7)	180(100)
	2008	0.0	3.0	17.4	38.7	20.0		20.9	230(100)
합계	1999	8(1.0)	61(7.3)	159(19.0)	357(42.6)	81(9.7)	162(19.3)	11(1.3)	839(100.0)
	2002	8(1.2)	43(6.4)	137(20.5)	286(42.8)	71(10.6)	111(16.6)	12(1.8)	668(100)
	2008	0.2	4.8	18.2	38.7	17.4		20.7	581(100)

주: 1) 최유성(2005)의 조사에서는 이 항목이 빠졌으며, 서성아(2008)의 조사에서는 잘 모르겠다와 무응답이 한 묶음으로 되어 있고 또한 각 항목별 빈도수 대신 상대비율(%)만 표시하고 있다.
자료: 최유성(1999: 128; 2002: 67), 서성아(2008: 303)

---

15) 이러한 일반인들의 인식을 의식한지 몰라도 행정자치부가 지니계수와 변이계수를 이용하여 특별교부세의 형평성효과를 분석한 후 특별교부세는 지방자치단체 전체적으로 재원배분의 형평화에 기여하고 있는 것으로 밝히고 있다(행정자치부, 2000: 107).

다른 한편 특별교부세는 중앙정부와 지방정부간의 관계를 친밀하게 해주고,[16] 행정부와 국회의원간의 갈등해소에도 도움을 주며, 중앙 정치인들이 지역에서 효과적으로 리더십을 발휘할 수 있도록 해주고, 또한 지방의 호의적 반응을 유도하는 좋은 수단이 되기도 한다. 이와 같이 특별교부세는 정치적 성격이 강하기 때문에 특별교부세에 대한 논란은 끊임없이 제기되고 있다. 특별교부세의 지역편중에 대한 비난은 국회의 국정감사나 언론을 통하여 공개되기 때문에 신뢰성에 다소 문제가 있을지 모르지만, 그러한 논쟁이 연례적인 것이기 때문에 주목할 가치가 있는 것이다.

이와 같이 특별교부세는 언제나 그 배분에서의 공정성과 투명성이 문제시되었다. 그렇기 때문에 특별교부세의 폐지 또는 대폭적인 삭감에 대한 주장이 끊임없이 제기되었다. 특별교부세의 규모를 알기 쉽게 내국세 총액의 비율로 환산해 보면, 8·3조치 이전에는 내국세 총액의 1.6%였으나 8·3조치가 해제된 후부터는 내국세 총액의 1.21%였으며, 2011년에는 내국세 총액의 약 0.73%로 대폭 삭감되었고 2020년 현재는 내국세 총액의 약 0.58%로 감소되었다. 이것은 재원배분에서의 투명성과 공정성에 대한 시대적 요구가 반영된 결과라 생각된다. 아무튼 다음에 소개하는 "특별교부세가 정권 실세들의 쌈짓돈인가"라는 한 일간지의 사설은 특별교부세의 정치적 성격을 극명하게 보여준다.

"특별교부세가 대통령이나 정부·여당 실세들의 쌈짓돈처럼 집행된 사실이 드러났다. 행정안전부가 국회에 제출한 특별교부세 배정 내역서에서다. 2005년에는 당시 집권당인 열린우리당의 원내대표 지역구에 가장 많은 73억여 원이 지원됐다. 2006년엔 노무현 정부 핵심 실세로 불린 이광재 의원 지역구가 296억여 원을 지원받아 1위였다. 지난해에는 노 전대통령의 고향인 경남 김해에 가장 많은 103억여 원의 특별교부세가 지원됐다.

특별교부세는 특별한 지역 현안 수요를 위해 정부가 자치단체에 떼주는 국민 세

---

16) 특별교부세 배분에 인센티브를 적용한다면 지방자치단체를 총괄하는 역할을 갖는 행정안전부로서는 지방자치단체를 효과적으로 유도할 수 있는 좋은 수단이 될 수도 있다. 특별교부세의 인센티브 기능에 관해서는 김경환 외 6인(2000: 202-202)을 참고하기 바란다.

금이다. 그러나 배분 기준이 명확하지 않고 세부 사용내역이 공개되지 않아 국민 세
금이 엉뚱하게 샌다는 지적이 많았다. 이번에 그 실체가 드러난 것이다. 늦었지만
그나마 다행이다. 이를 계기로 정권실세들의 지역 선심성 사업에 세금을 펑펑 쓰게
하는 허술한 국가 시스템을 바로잡아야 한다. 감사원이 특별교부세 집행 실태의 시
시비비부터 가리는 게 순서다. 특별교부세가 타당성 있는 사업에 제대로 지원됐는
지, 용도 외로 유용된 것은 없는지 밝혀내야 한다.

제도 자체에 대한 근본적인 수술도 서둘러야 한다. 무엇보다 공정하고 타당한 특
별교부세 지원 기준을 명문화해야 한다. 자치단체의 세부 집행내역도 투명하게 공개
해야 한다. 집행 내용에 대해 국회 심의를 통해 사후 검증을 받도록 해야 한다. 감사
원도 사업에 제대로 집행됐는지 현장감사를 통해 점검할 필요가 있다. 그래야 실수
요와 무관하게 특별교부세가 집행되는 일을 막을 수 있다.

국민이 낸 세금은 기준과 원칙에 따라 쓰여야 한다. 정치인이나 공직자 멋대로 세
금이 쓰여선 국민이 정부에 대한 믿음을 가질 수 없다. 집권 초 특별교부세 개선 의
지를 보이다 쌈짓돈 단맛에 빠져 유야무야했던 노무현 정부의 행태를 현 정부는 되
풀이해선 안 된다."(중앙일보. 2008년 10월 4일자 사설)

한편 특별교부세의 정치성이 부각됨에 따라 그 배분에 관한 실증적 연구도
이루어지고 있다. 대표적인 것으로는 김상헌·배병돌(2001)의 연구와 최연태·이
재완(2011)의 연구를 들 수 있다. 김상헌·배병돌은 특별교부세에 대한 자료가 공
개되지 않기 때문에 1996년에서 1999년까지의 「지방재정연감」에 나와 있는 각
연도별 지방교부세 총액에서 행정자치부가 제공하는 보통교부세 자료를[17] 차감
함으로써 특별교부세를 계산하는 방식으로 각 지방정부의 연도별 특별교부세를
추정하였다. 이렇게 추정된 자료를 이용하여 계량적 모형을 동원한 분석에 의하
면 특별교부세 배분에는 해당 지방정부의 인구 및 그 지역의 보통교부세 변수들
과 더불어 해당지역 출신 국회의원의 당 4역 취임 여부, 그 지역출신 국회의원
의 소속 상임위원회 등과 같은 정치적 변수들이 통계적으로 유의미한 영향이 있
는 것으로 나타났다.

---

17) 행정자치부는 1966년과 1999년 기간 동안의 보통교부세에 대한 자료만을 공개하였다고 한
다(김상헌·배병돌, 2001: 734). 그러나 본 장의 주 13)에서 언급하였듯이 1986년도 「지방재
정연감」에서는 자치단체별 특별교부세 내역이 공개되고 있다.

한편 그들보다 약 10년 후에 이루어진 최연태·이재완의 논문은 전국공무원노조가 공개한 전국 234개 시·군·구의 2005년과 2006년의 특별교부세 세부 내역별 자료를 이용하여 특별교부세 배분에서의 행정안전부 관료들의 지대추구 행위를 분석한 것이다. 이들의 연구가설은 "지방자치단체장이 행정안전부 관료 출신인 지역이 그렇지 않은 지역에 비해 일종의 전관예우와 같은 관료적 지대추구행위를 통해 특별교부세를 더 많이 배분받을 것이다"였다. 분석결과 지역단위별 특별교부세 배분에는 사회경제적 변수로서 행정구역 가변수와 재정자립도, 정치적 변수로서 단체장의 행정안전부 관료출신 여부와 행정안전위원회 소속 국회의원 존재여부가 유의미한 변수로 밝혀졌다. 특히 행정자치부 관료출신 단체장의 존재는 특별교부세 배분에 매우 안정적이고 일관되게 유의미한 변수로 나타나, 전관예우 및 그 영향력의 크기가 상당한 것임을 알 수 있다.

2) 국고보조금제도

국고보조금의 배분은 정부의 다른 지원금과는 달리 공식에 의해서가 아니라 심사에 의존하기 때문에 중앙정부의 정책의지 또는 중앙정부의 정책에 영향을 미치는 요인들에 의해 큰 영향을 받는다. 특히 재원이 법정화되어 있지 않고 매 회계연도마다 예산과정을 거치기 때문에, 국고보조금의 규모나 그 운영은 중앙정부의 정책의지와 정치성에 크게 좌우된다. 이영조 교수는(1991: 104) "우리나라의 현행 국고보조금 배분은 … 배분권자의 자의에 의해서 배분될 수 있는 여지가 많으며, 실제로도 국고보조금의 배분에는 정치적 영향력이 크게 작용하고 있다"고 주장한다.

전술한 국고보조금의 특성을 고려해 볼 때 국고보조금배분에 나타난 중앙정부 정책의지를 추출해 보는 것은 매우 의미 있는 일이라고 할 수 있다. 물론 이와 같은 중앙정부의 정책의지의 파악은 국정운영의 지침을 검토함으로써도 가능하겠지만, '어떻게 하겠다'는 것과 '실제로 어떻게 한 것' 간에는 괴리가 발생할 수 있다. 그러므로 실제로 이루어진 국고보조금배분결과를 바탕으로 국고보조금배분에 관련된 중앙정부의 암묵적 의지를 추출해 보는 것이 사후적이기는 하지만 신빙성이 크다고 생각된다.

국고보조금에 관한 연구는 수없이 많지만, 그 대부분이 국고보조금의 운영상의 문제점들과 그 개선방안들을 기술적으로 정리한 것들이다. 여기에 반해 다소간의 분석기법을 사용하여 국고보조금의 배분결과를 연구한 논문으로서는 우선 차병권(1965)을 들 수 있다. 그는 "지방교부세와 국고보조금제도의 실태와 재정적 공평"이라는 논문에서 다소간의 제도적 설명과 더불어 1963년의 결산자료를 이용하여 국고보조금의 배분결과를 각 시도의 자원조건과 수요조건 등에 결부시켜 분석·평가하고 있다. 비록 분석도구가 그렇게 정교하지 않았고 분석대상 기간도 단년도였지만, 이 분야의 최초의 분석적인 연구라고 생각된다.

이용선(1981)은 1965~1978년도의 자료를 이용하여 지방교부세와 국고보조금의 사회·경제발전에 미쳤던 정책효과를 서울특별시와 부산직할시를 제외한 각 도 및 시를 분석단위로 하여 연구하였다. 차병권(1965)의 논문에 비하여 분석대상 기간이 다년도인 점에서는 진일보하였지만, 사용된 변수들이 일인당 전력소모량이나 인구 1,000명당의 라디오 보유대수 등과 같은 사회적 변수들을 사용한 거시적 분석이었기에 한계가 있다. 그렇기 때문에 연구자 자신도 미시적 분석의 필요성을 지적하고 있다.

조용효(1983)는 1970·1975·1980·1981년의 4개 년도의 자료를 이용하여 전국 도시를 대상으로 국고보조금과 지방교부세의 배분효과를 변동계수를 이용하여 분석하였다. 이 연구의 특징은 지금까지의 연구와는 달리 직접적인 재정변수를 사용하여 국고보조금의 배분효과를 분석한 점이다. 이영조(1991)도 경상북도의 기초단체를 표본으로 조용효(1983)와 비슷한 방식을 이용하여 국고보조금 배분을 전후한 지방정부의 재정상태를 표준편차를 이용하여 분석하였다.

국고보조금의 배분을 연구하는데 정교한 분석모형이 사용되기 시작한 것은 이계식(1985)의 연구부터인 것 같다. 그는 경제적 모형을 상정한 후 가상적 자료를 이용한 시뮬레이션을 통하여 국고보조금정책을 평가하였다. 1987년에는 1985년의 논문을 더욱 발전시켜 1983년의 실제자료를 이용하여 재정정책을 분석하고 평가하였다(이계식, 1987). 한편 Jun(1989)은 그 당시의 연구물들과는 달리

1967년에서 1978년까지 12년 동안 실제로 이루어진 국고보조금의 배분결과를 경제적 모형을 사용하여 분석하였으며, 특히 연구대상기간 중인 1972년도에 발생한 소위 10월 유신이 국고보조금 배분에 미친 영향을 분석하려고 시도하였다.

1990년대에 접어 들어서서는 김수근·김준한·박종구(1990)가 Jun(1989)이 사용한 경제적 모형을 원용하여 전국의 시를 대상으로 1983년에서 1985년까지 3년간의 자료를 이용하여 국고보조금배분의 실태를 경험적으로 분석하였으며, 박완규(1991)는 지방교부세와 국고보조금의 정책결합 및 그에 따른 후생변화를 경제학적 모형을 이용한 시뮬레이션 분석을 통하여 고찰하였다. 전상경(1995)은 그의 1989년 논문(Jun, 1989)의 결과를 이용하여 박정희·전두환·노태우 정부간의 국고보조금배분을 비교·분석하였다. 여기서는 동일한 방법으로 장기간에 걸쳐 국고보조금배분을 실증적으로 분석한 Jun(1989)과 전상경(1995)의 연구결과를 간략하게 소개하려고 한다.

경제적 모형을 이용한 Jun(1989)의 연구는 1965년부터 1978년 동안에 이루어진 국고보조금배분에서의 중앙정부의 암묵적 선호를 탐색하는 것이었다. 그 연구에 의하면 이 기간 동안 중앙정부는 형평성보다 효율성에 더 큰 관심을 나타낸 것으로 밝혀졌다. 특이한 현상은 국정의 효율적 운영을 모토로 단행된 1972년의 10월 유신 이후 기간 동안 형평성에 대한 관심이 더 높았다는 사실이다. 뿐만 아니라 집권당에 대한 정치적 지지도, 도시화정도, 지역적 위치 등의 변수와 국고보조금배분간의 관계도 유신 전(1967~1972)과 유신기간(1973~1978) 동안에 뚜렷한 차이가 있는 것으로 나타났다.

박정희·전두환·노태우 정부 간의 국고보조금배분을 분석한 연구에 의하면 (전상경, 1995)[18] 박정희 정부 기간에는 국고보조금배분에 있어서 중앙정부는 효율성을 중시한 것으로 나타났고, 노태우 정부 기간에는 형평성을 중시하는 것으로 나타났으며, 전두환 정부 기간에는 양자의 중간적인 입장을 취하고 있는 것으로 나타났다. 박정희 정부는 경제성장 제일주의를 모토로 하였고, 노태우 정

---

18) 세 정부 간의 분석대상 기간은 박정희 정부의 경우 1967~1978년이고, 전두환 정부의 경우는 1985~1987년이며, 노태우 정부는 1989~1992년이었다.

부는 소위 6·29선언을 바탕으로 정권을 창출하여 정치적 민주화의 길을 갈 수
밖에 없었다. 이러한 두 정부 간의 정치적 배경을 생각한다면 전술한 실증분석
결과는 타당한 것이다. 특히 노태우 정부 기간 동안에는 다른 두 정부와는 달
리 대구·경북지역이 국고보조금 배분에 있어 특별한 배려가 있는 것으로 추정
되었고, 정치적 지지도도 국고보조금배분과 의미 있는 관련성을 갖는 것으로
드러났다.

전상경(2012)은 "정치적 환경변화와 국고보조금배분의 연관성에 관한 실증
연구"라는 논문에서 국고보조금의 상대적 배분지수라는 간단한 개념적 도구
를[19] 사용하여 영남지역과 호남지역 간 국고보조금배분의 정치성을 분석하였
다. 즉 1961년 박정희가 군사쿠데타로 집권한 이래 거의 36년간 4명의 영남지역
출신이 대통령으로 당선되었고, 그 결과 지역차별 같은 정치적 이슈가 언제나
뜨거운 감자로 되어 왔었다. 이런 정치적 상황에서 호남지역을 정치적 기반으로
하는 김대중이 1998년 대통령으로 당선되었고, 김대중의 정치적 자산을 계승한
노무현이 김대중의 후임대통령으로 당선되었다. 국고보조금이 갖는 정치성을
생각한다면 이와 같은 집권세력의 정치적 기반이 극명하게 다르기 때문에 영남
지역과 호남지역 간에 대한 국고보조금의 배분패턴에도 상당한 영향을 주었을
것이라는 것이 위 논문의 출발점이었다.

위의 논문은 김영삼·김대중·노무현 정부하의 각 지역별 일인당 국고보조
금 자료를 이용하여 흥미로운 가설을 분석한 것인데, 그 분석결과는 직관적 추측
과는 달랐다. 즉 김영삼 정부와 김대중·노무현 정부 기간 동안 영남지역과 호남
지역의 국고보조금 배분패턴에 뚜렷한 변화를 찾기가 어려웠다. 하지만 특별
시·광역시를 분석단위로 할 때에는 다소간의 변화가 있었다. 본 연구는 국고보
조금 전체를 분석대상으로 하고 있지만, 만약 국고보조금배분을 토목·건설 등과

---

19) 국고보조금배분의 상대적 배분지수란 특정 분석단위지역 i의 일인당 국고보조금(si)과 비교
   대상이 되는 전체 지역의 일인당 국고보조금(s)을 구하여 전자를 후자로 나눈 값이다. 상대
   적 배분지수가 1이면 평균몫을 배분받는 것이고, 1보다 크면 평균몫 이상을 배분받는 것이
   며, 1 이하이면 평균몫 이하의 불리한 대접을 받는 것으로 해석할 수 있다(전상경, 2012:
   130).

같이 기능별로 분류하여 분석하면 또 다른 결과가 도출될 수 있을지도 모른다.

노무현 정부 하에서는 지방분권이 중요한 국정과제로 추진되었다. 그러한 조치의 일환으로 2005년 149개의 국고보조사업이 지방이양대상사업으로 전환되면서 그것에 소요되는 재원지원을 위해 한시적으로 분권교부세가 도입되었다. 분권교부세는 도입 처음부터 적정 재원을 확보하지 못하여 이양대상사업이 많았던 사회복지 관련 사업들은 상당한 타격을 받았다. 저자는 사회복지사업은 중앙정부가 담당하는 것이 경제적 논리에도 부합된다고 생각하기 때문에 이러한 사업의 지방이양에 대해서는 부정적인 생각을 갖고 있다.[20]

하지만 노무현 정부하에서 중앙정부는 지방자치단체의 사회복지비지출을 장려하기 위하여 2005년부터 실시하고 있는 지방자치단체에 대한 지방재정분석에 사회복지비지출항목을 포함시킴으로서 지방자치단체의 재정운용에 상당한 간섭을 하였다. 이러한 결과 지방자치단체의 사회복지사업에 소요되는 지방비부담이 매년 크게 증가하여 지방자치단체의 재정운용에 상당한 어려움을 초래하였다. [표 9-2]는 사회복지이양사업과 분권교부세 및 지방비부담의 연도별 비중을 나타내는 것으로서 지방비부담이 매년 크게 증가하고 있음을 보여주고 있다.

노무현 정부 하에서는 지방양여금을 폐지하는 대신 국가균형발전특별법에 의한 국가균형발전사업을 효과적으로 추진하기 위하여 국가균형발전특별회계를 신설하였다. 이 특별회계는 지역개발사업계정과 지역혁신사업계정으로 구분

표 9-2 사회복지이양사업과 재원 (단위: 조 원, 최종예산기준)

	04	05	06	07	08	09	연평균증가율
사회복지이양사업	1.3	1.7	1.9	2.2	2.6	2.8	16.5%
국비(분권교부세)	0.6	0.6	0.7	0.8	1.0	0.8	5.9%
지방비	0.7	1.1	1.2	1.4	1.6	2.0	23.4%

자료: 행정안전부(2010a: 20).

---

20) 이것에 관한 자세한 설명은 본서의 제1장 제2절을 참고하기 바란다.

하여 각종 사업을 실시하였는데 그러한 사업은 모두 국고보조금사업으로 분류될 수 있다. 국고보조금사업은 공공서비스공급상의 외부효과를 시정하거나 또는 국가의 정책의지를 실현하기 위한 정부지원금이다. 국가균형발전특별회계로 운영되는 국고보조사업은 국가가 미리 제시한 특정 분야의 사업추진을 주요 목적으로 하기 때문에 매우 집권적인 성격이 강하여 분권화시대의 집권화된 보조금이라고 할 수 있다. 통상적인 국고보조사업의 재원은 매년 국회의 예산심의를 받아 결정되지만 국가균형발전특별회계하의 국고보조사업은 재원이 법률적으로 보장되어 있기 때문에 그만큼 중앙정부의 정책의지가 안정적으로 구현될 수 있다.

제2절 정부지원금제도와 지방정부의 재정행태

1. 지원금제도가 지방정부의 경제적 행태에 미치는 이론적 논의

정부지원금제도는 재정연방주의(fiscal federalism)의 구체적 실현도구이며, 상위정부는 지원금제도를 통하여 일정한 정책목표를 달성하려고 한다. 재원을 이전하는 상위정부는 가능하면 많은 제약조건을 달아서 하위정부의 행태를 통제하려고 하겠지만, 재원을 이전받는 하위정부는 될 수 있는 한 아무런 꼬리가 달리지 않는 재원을 확보하여 자신의 선호에 맞는 지출행위를 하려고 할 것이다. 이러한 점에서 보면 상위정부의 재원이전이 하위정부의 재정운용에 어떠한 변화를 초래하는가는 매우 중요한 과제이다. 우리는 이러한 것을 고찰하기 위하여 정부의 재정지원금을 무대응지원금과 대응지원금으로 구분하여 그 경제적 효과를 고찰하려고 한다.

1) 무대응지원금과 대응지원금

(1) 무대응지원금(nonmatching grants)

무대응지원금이란 상위정부의 지원금에 대해서 지방정부가 특별한 대응재원을 마련할 의무가 없는 지원금을 뜻하며,[21] 이와 같은 무대응지원금(혹은 일반지원금)의 경제적 효과는 [그림 9-1]을 이용하여 설명할 수 있다. 이 그래프에서 수평축은 지원금을 지급받는 특정 지방정부의 지방공공재를 나타내고 수직축은 민간재를 나타낸다. AB는 그 지방정부의 예산선으로서 그 지방정부 재정으로서 공급할 수 있는 민간재와 공공재의 가능한 여러 가지 조합을 표시한다.[22] 그리고 곡선 I_1, I_2, … 는 지방공공재와 민간재간에 대한 그 지방정부의 선호를 나타내는 무차별곡선이다.

따라 OC만큼의 민간재와 OD만큼의 지방공공재를 선택하는 점 E에서 이루어진다. 이 지방정부는 OD만큼의 공공재를 공급하기 위해서 CA만큼의 민간재를 포기하여야만 한다. 이 경우 조세부담율은 (CA/OA)로 나타나며, OA는 민간재의 크기로 표시된 소득으로 생각할 수 있다.

이제 지방정부에 민간재로 표시할 때 AA'만큼인 무대응지원금이 주어진다면, 이 지방정부의 예산선은 AB에서 $A'B'$로 바뀌고 E'가 새로운 균형점이 된다. 따라서 이 지방정부는 OH만큼의 민간재와 OK만큼의 공공재를 구입하게 되어 무대응지원금은 이 지방정부의 민간재와 공공재 공급수준을 각각 CH 및 DK만큼 증가시키는 셈이다. 이것으로부터 우리는 공공재 공급을 위한 지원금의 일부가 누출되어 민간재의 공급을 증가시켰음을 알게 된다. 지원금의 사용에 어떠한 제약도 붙어있지 않기 때문에 이 지원금은 곧 일반적인 소득보조(general income subsidy)와 동일하다고 간주될 수 있다. 이 경우 이와 같은 지원금이 지방정부에 주는 효과는 오직 소득효과뿐이라고 생각할 수 있고, 민간재와

---

21) 이와 같은 무대응지원금은 대부분 상위정부가 지방정부에 지출의 용도를 지정하지 않고 지원하는 일반지원금(general grant)에 해당된다.

22) 공공재(X)와 민간재(Y)의 가격을 각각 px와 py라 한다면, 예산선은 $B = px \cdot X + py \cdot Y$로 표시된다.

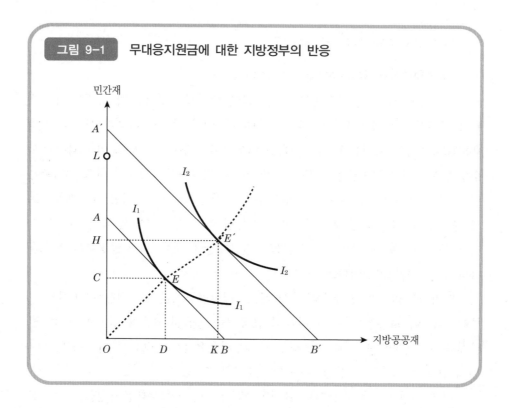

그림 9-1 무대응지원금에 대한 지방정부의 반응

공공재가 모두 정상재(normal goods)라고 가정하면 이러한 소득효과는 두 재화의 공급을 증가시킨다.

그렇지만 지원금은 주민들이 아닌 지방정부에게 지급되며 지방정부는 오직 공공재 공급을 위해 그것을 사용하려고 할 것이기 때문에, 어떤 논리로서 지원금이 곧 소득증대라고 말할 수 있을 것인가라는 문제가 제기될 수 있다. 여기에 대한 대답은 그 지원금의 일부가 조세감면을 통해서 민간소비를 위해서 사용될 수도 있다는 데 있다.[23] [그림 9-1]에서 보면 지원금으로 인하여 민간재의 소

---

23) 여기서 주의해야만 할 것은 그 돈이 정부에게 주어지든 소비자에게 직접 주어지든 아무런 차이가 없다는 가정에 입각하고 있다. 만약 정부에게 주어지면 그 일부는 조세감면을 통해서 민간재에 사용되지만, 만약 소비자에게 직접 주어지면 그 일부는 증세(增稅)를 통해서 공공재 공급을 위해서 소비된다. 따라서 어느 경우에서나 결론은 동일하다는 가정에 입각해 있는 것이다. 그렇지만 실제로는 이 두 결과가 반드시 동일한 결과를 초래하지 않을 수도 있다.

비가 OC에서 OH로 증가함에 따라 조세부담은 CA에서 HA로 감소하여 조세감소의 폭은 CH가 된다. 따라서 AA'의 지원금 중에서 $LA' = CH$만큼은 조세감면으로 귀결되고 오직 AL만 공공재의 증가를 위해서 사용될 뿐이다.

[그림 9-1]에서 점선 OEE'는 지원금의 증가에 따라 변하는 지방정부의 균형점의 궤적으로서 소득소비곡선이라고 불린다. 공공재공급을 위한 무대응지원금 중 민간재로 누출되는 규모의 크기는 이 소득소비곡선의 기울기의 증감에 따라 변한다.

(2) 대응지원금(matching grants)

대응지원금이란 상위정부의 지원금에 대해서 지방정부가 어느 정도의 대응재원을 마련해야 하는 지원금을 뜻한다.[24] 대응지원금(혹은 특정지원금)의 경제적 효과는 [그림 9-2]를 통하여 설명될 수 있다. 지원금이 있기 전의 지방정부의 효용극대화행동에 의한 초기균형은 민간재소비가 OC이고 지방공공재소비가 OD인 E에서 이루어진다. 그러나 공공재 공급을 위한 정율지원금(matching grant)이 있다면 그 지원금은 민간재에 대한 공공재의 상대적 가격을 하락시키기 때문에 예산선 AB는 AM으로 바뀐다. 이와 같은 공공재의 상대적 가격하락 때문에 지원금이 주어진 후의 균형은 민간재가 ON, 공공재는 OP 수준으로 증가된 E'에서 이루어진다. 지원금이 있기 전과 비교한다면 민간재는 CN, 공공재는 DP만큼 증가된다.

지원금이 지급되기 전에는 OD의 공공재를 공급하기 위하여 CA만큼의 민간재 소비를 포기해야 되기 때문에 CA가 곧 조세부담수준이었지만, 지원금 지급 후에는 OP의 공공재를 위해서 AN만큼의 민간재 소비를 포기하면 되므로 AN이 조세부담수준이 된다.[25] 따라서 지원금 때문에 CN만큼 조세부담이 감

---

24) 이와 같은 대응지원금은 대부분 상위정부가 지방정부에 지출의 용도를 지정해서 지원하는 특정지원금(specific grant)에 해당된다.

25) 공공재를 전혀 구입하지 않는다면 예산선 AB는 수직선 AO로 되며 모두 민간재의 구입에 소비된다. 따라서 OA는 민간재로 표시된 소득이라고 할 수 있다. 그렇기 때문에 만약 민간재를 OC만큼만 구입한다면 나머지 부분인 AC는 공공재공급을 위해서 정부에 지급하는 조세라고 생각할 수 있다.

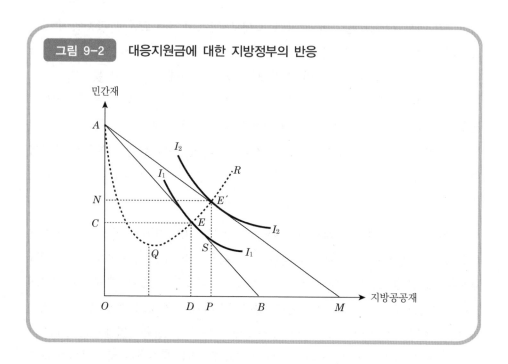

그림 9-2 대응지원금에 대한 지방정부의 반응

소되는 효과가 있고, 지방자치단체에 대한 지원금은 그 감소분만큼 민간재 소비 증가를 위하여 누출됨을 알 수 있다.

비록 [그림 9-2]상으로는 지원금으로 인하여 민간재와 공공재가 모두 증가 하는 것으로 나타나고 있지만, 반드시 이와 같이 되는 것은 아니다. 왜냐하면 공 공재의 상대적 가격하락은 소득효과와 더불어 대체효과를 유발시키는데, 만약 대체효과가 매우 커서 소득효과를 능가하면 민간소비가 감소될 수도 있기 때문 이다. [그림 9-2]에서 점선 AQR은 대응지원금의 비율에 따라 공공재의 가격 이 하락함으로써 균형점 E가 이동하는 궤적을 나타낸 것이다. 이러한 궤적은 소 비자 선택이론에서 가격소비곡선이라고 불린다. 공공재는 이 궤적의 전 영역에 걸쳐 증가하지만, 민간재의 경우는 Q점까지는 감소하다가 그 이후부터는 증가 한다(Musgrave and Musgrave, 1989: 464).

2) 무대응지원금과 대응지원금의 비교 및 평가

우리는 앞에서 두 유형의 지원금에 대한 수혜단체의 재정행태에 관하여 살펴보았다. 이제 이러한 유형의 지원금을 제공하는 상위정부의 입장에서 볼 때 어느 유형이 더 효율적일 것인지를 이론적으로 고찰해보기로 하자. [그림 9-3]에는 두 유형의 지원금이 비교되고 있다. E는 어떠한 형태의 지원금도 배분되기 전에 달성될 수 있는 지방정부의 균형점이며, E_m는 대응지원금이 배분되고 난 후의 균형점이고, E_n는 대응지원금을 활용했을 경우와 동일한 수준인 OP만큼의 지방공공재공급을 보장해 주도록 설계된 무대응지원금 하에서의 균형점이다. 대응지원금과 무대응지원금 하에서 OP수준의 공공재 공급을 위해 소요되는 비용은 각각 $E_m S$와 $E_n S$이다. 이것으로부터 우리는 OP 수준의 공공재공급이라는 상위정부의 정책목적은 대응지원금을 활용함으로써 $E_m E_n$만큼 저렴하게 달성할 수 있다. 무대응지원금은 조세감면을 통해서 민간재의 추가적 구입을 지원하기 위해 사용될 수도 있는 반면, 대응지원금은 공공재공급만을 지원하는 선별적 지원금(selective grant)이라는 사실을 고려한다면 이와 같은 결론은 당연한 것이다.

우리는 특정 형태의 지원금이 주어졌을 때의 지방정부의 재정행태에 관한 이와 같은 분석을 통해서 중앙정부가 특정 목적을 위해서 어떤 유형의 지원금을 활용하는 것이 더 적절한가를 도출해 낼 수 있다. [표 9-3]은 그 결과를 요약한 것인데, ○은 적극적으로 활용가능한 것을 나타내고 ×는 활용하기 곤란한 것을 나타내며 △은 선별적으로 활용될 수도 있는 것을 나타낸다.

첫 번째 경우의 정책목적은 하위정부보다 상위정부에서 더 잘 관리될 수 있는 조세수입원(tax revenue sources)은 상위정부가 관리하고, 그 대신 하위정부도 그것에 대한 일정한 몫을 요구할 수 있도록 하는 것이다. 즉 상위정부가 징수한 조세수입을 징세지원칙에 입각하여 하위정부에 되돌려 주는 것으로서,[26] 일종

---

26) 일본의 지방양여세 중 특별톤세양여세가 바로 여기에 해당되는데, 그것은 톤세와 더불어 국세로서 징수되며 그 징수액 전액은 개항소재지인 징수지의 시·정·촌에 그대로 양여된다

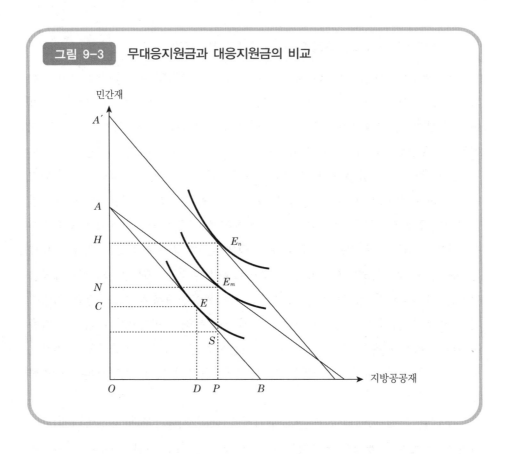

그림 9-3   무대응지원금과 대응지원금의 비교

의 공동세(shared tax) 형태를 띤다. 공동세는 본질적으로 지원금정책(grant policy)의 한 수단이라기보다도 오히려 조세행정(tax administration)상의 한 방편으로 이해될 수 있다.[27]

　[표 9-3]의 두 번째 정책목표와 연관지어볼 때 '공동세' 또는 '환부세'가 지원금정책으로 그 성격이 바뀌는 것은 상위정부가 징수한 수입이 일인당소득과 같은 각종 지표를 이용하여 하위정부에 배분될 때이다. 앞서 고찰하였듯이 지원금을 제공하는 입장에서는 대응보조금이 효율적이기 때문에 [표 9-3]의 3~6까

　　(岡本全勝, 1995: 188).

　27) 이런 의미에서는 일본에서 사용하는 환부세(還付稅)라는 용어가 적절한 것 같다.

| 표 9-3 | 정책목표와 지원금의 형태 |

정책목표	지원금의 형태	
	대응지원금	무대응지원금
1. 상위정부의 세원에서 조달된 재원을 하위 정부도 이용할 수 있게 하는 것	×	×
2. 하위정부간의 일인당 소득격차불균형완화	×	○
3. 하위정부 공공서비스의 전반적인 공급수준 제고	○	△
4. 하위정부간 공공서비스 공급조건의 균등화	○	△
5. 특정 공공서비스 공급수준의 제고	○	△
6. 특정 공공서비스 공급조건의 균등화	○	△
7. 공공재 편익유출(benefit spillovers)의 시정	○	×

지의 정책목표를 위해서는 대응보조금형태가 선호된다. 그렇지만 대응율(matching rate)은 각각의 정책목표에 따라서 달라진다. 지원금제도의 전형적인 형태는 [표 9-3]의 4~7까지의 정책목표를 추구하는 것이었지만, 분권화에 대한 요구가 커짐에 따라서 지원금제도의 목표는 점차적으로 [표 9-3]상의 목표 1과 목표 2의 중간점으로 바뀌어 간다.

2. 지원금제도가 지방정부의 재정행태에 미치는 실제사례

지방정부의 재정자율권이 상당히 큰 미국에서는 지원금제도가 지방정부에 미치는 경제적 효과에 관한 실증적 연구가 많다. 인만의 1979년 논문(Inman, 1979)은 미국지방정부의 지출행태에 관한 학자들의 실증연구결과를 잘 정리해주고 있다. 우리나라는 미국과 달리 지방세의 세율 및 지출결정에 관한 지방정부의 재정자율성이 크게 제약되어있다. 그렇지만 지방자치의 부활 이후 중앙정부의 지원금에 따른 지방정부의 재정행태변화에 관한 관심이 커지고, 최근에는 지방교부세의 배분공식에도 지방정부의 재정행태를 고려하는 요소가 포함되고 있다. 상위정부의 지원금이 하위정부의 재정행태에 미치는 두 가지 가장 대표적인

유형은 끈끈이효과(flypaper effect)와 지원금의 전용(轉用)(fungibility)이다.[28]

1) 끈끈이효과(flypaper effects)

앞에서 설명한 대응지원금과 무대응지원금의 경제적 효과분석에서 근본적인 문제 중의 하나는 무차별곡선이 누구의 것인가라는 점이다. 중위투표자이론에 의하면 그러한 무차별곡선은 그 지방정부의 중위투표자의 것이며, 지방정부의 관료들이나 선출된 공직자들은 오직 수동적 역할을 할 뿐이다. 중위투표자이론을 따른다면 백만 원의 지역소득증가가 지역의 공공지출에 미치는 영향은 동일한 액수의 무조건적 지원금이 지역공공지출에 미치는 그것과 동일하다는 결론을 내릴 수 있다. 즉 [그림 9-1]에서 AA'에 해당되는 금액을 지방정부에 일반보조금으로 주는 대신 주민들에게 소득보조를 해준다고 가정하자. 이 경우 지역주민은 자신의 선호에 따라 증가된 소득을 CH만큼의 민간재를 구입하고 나머지는 지방정부에 조세를 납부하여 DK만큼의 공공재구입에 사용함으로써 균형은 앞의 경우와 마찬가지로 E에서 E'로 옮아간다. 즉 이론적으로는 지원금이 지방정부에 주어지든 지역주민에게 직접 주어지든 그 효과는 완전히 동일하다는 결론을 얻는다.

지방정부의 공공지출 결정인자에 관해서는 엄청난 실증적 연구가 축적되었다.[29] 상당수의 연구결과에 의하면 위에서 도출한 이론적 예상과는 달리 무대응지원금의 형태로 얻는 지방정부의 1달러는 동일한 금액의 지역소득증가보다도 공공지출의 증가에 더 많은 영향을 미치는 것으로 나타났다. 이것은 공공영역이든 민간영역이든 간에 돈이 일단 투입되기만 하면 처음 투입된 곳에 달라붙게 된다는 것을 의미하며, 이러한 현상은 파리가 일단 파리잡이 끈끈이(flypaper)에 들어가면 헤어나지 못하는 것에 비유되어 끈끈이효과(flypaper effect)라고 불린다.

끈끈이효과에 대한 이유로서 어떤 사람들은 관료들의 행태를 들기도 하고

---

28) 끈끈이 효과와 지원금의 전용에 관한 대표적인 연구물들로는 최성수(1993), 문병근·최병호·정종필(1998), 최병호·정종필(1999), 류금록(2000)등을 들 수 있다.
29) 이 같은 실증적 연구결과는 Inman(1979)에 잘 요약·정리되어 있다.

다른 사람들은 지역주민들의 재정착각(fiscal illusion)을 들기도 한다.[30] 하지만 이 두 가지는 서로 분리된 별개의 현상이라기보다는 상호 밀접히 연관되어 있는 것이다. 공공선택론적 시각을 가진 사람들에 의하면 예산극대화를 추구하는 관료들은 지방정부의 지원금수준을 주민들에게 정확하게 알리려는 유인을 갖지 않는다고 한다. 관료들은 이와 같은 재정정보의 은폐를 통해서 주민들로 하여금 더 높은 수준의 재원조달을 지지하게끔 유도할 수 있다. 이러한 관점에서 본다면 결국 끈끈이효과는 주민들이 자기가 살고 있는 지방정부의 정확한 예산제약(budget constraint)을 모르기 때문에 일어나는 결과라고 할 수 있다.[31] 이와 같은 관료들의 의도적 행태와 더불어 지역주민들도 상위정부의 지원금 때문에 공공서비스의 공급가격이 줄어드는 것 같은 재정착각(fiscal illusion)을 일으키게 된다. 즉 마치 무조건적 지원금이 조건적 지원금과 같은 가격효과를 유발시키는 것으로 믿게 되어 공공지출규모의 증가를 초래함으로써 끈끈이효과가 일어난다는 것이다.

2) 지원금의 전용(轉用)(fungibility)

상위정부가 하위정부에 지원금을 배분하거나 선진국들(i.e., 국제원조기관들)이 후진국들에게 지원금을 배분할 경우 지원금의 제공자는 특정 목적을 달성하기 위하여 지원금 이용에 일정한 조건을 달려고 하는 것이 보통이다. 그렇지만 지원금을 배분받는 자는 그와 같은 조건(i.e., 목적)으로부터 벗어나 지원금을 자신이 가장 선호하는 용도에 이용하려는 유인을 갖는다. 'fungibility'라는 용어는 바로 그러한 현상을 지칭하기 위한 것이며, 우리는 그것을 '지원금의 전용(轉用)'으로 번역하기로 한다.

앞서 고찰한 바와 같이 조건부대응지원금은 상위정부가 지정한 특정 공공

---

30) 이 두 가지 이외에도 정치제도, 조세대체, 선호변화, 특수이익집단 등이 끈끈이효과의 원인으로 지적되기도 한다(류금록, 2000: 160).

31) 공공지출규모에 대해 투표를 실시하는 미국의 많은 지방정부에서 투표용지에 조세기반(tax base)에 관한 정보는 포함되고 있지만 상위정부의 지원금에 대한 정보가 실리는 경우는 거의 없다는 사실이 이런 현상을 잘 말해 준다(Rosen, 1985: 534).

재의 공급을 장려하기 위해 널리 사용되는 형식이다. 즉 정률특정보조금(matching categorical grant)은 보조대상이 되는 재화가격의 법적인 대응률만큼 하락시킴으로써 지방정부의 재정지출선택에 영향을 미치려는 것이다. 그러나 경우에 따라서는 지원금을 배분받는 지방정부가 조건부지원금의 일정부분을 자체재원으로 편입시켜 마치 자체재원처럼 사용하려고 시도할 수 있다. 그렇게 되면 보조대상이 되는 재화가격은 법적 대응률과는 다르게 된다. 하지만 지원금의 활용에 대한 상위정부의 감시·감독이 엄격한 경우 이와 같은 지원금의 전용(轉用)은 현실적으로 불가능하다.[32]

우리나라의 보조금 관리에 관한 법률 제22조는 보조금의 용도 외 사용을 금지하고 있고, 동법 제23조는 보조사업의 내용을 변경할 경우 중앙관서의 승인을 받도록 규정하고 있으며, 동법 제5장은 보조금의 반환에 관한 자세한 조항을 포함하고 있다. 또한 지방재정법 제49조와 국가재정법 제46조는 자금의 전용(轉用)에 관해 매우 까다로운 절차를 규정하고 있어 하위정부에 의한 보조금의 전용(轉用)가능성(fungibility)은 매우 희박하다고 생각된다. 쯔카하라(塚原康博, 1988)는 동경도의 산하기관을 대상으로 한 실증분석에서 조건부보조금이 자체재원으로 전용되는 것이 아니라, 오히려 대체가능한 자체재원의 일부가 용도를 특정화시킨 조건부보조금사업으로 흘러들어가는 경향이 있음을 확인한 후 그것을 '역전용(逆轉用)가설'이라고 부른다. 이와 같은 '역전용(逆轉用)가설'은 중앙정부가 국고보조금을 충분하게 보조하지 않기 때문에 지방정부의 자체예산에 의한 지방비부담이 증가 할 수밖에 없는 현상을 설명해 준다.

3) 도덕적 위해·해이(moral hazard)와 자구노력(自救勞力)

우리나라의 보통교부세는 원칙적으로 지방정부의 기준재정수입액과 기준재정수요액을 바탕으로 하여 중앙정부가 그 부족분에 대하여 보전해주는 제도

---

32) 이와 같은 지원금의 전용(fungibility)은 한 국가 내의 상위정부에서 하위정부에 주어지는 지원금에서보다도 국제원조기관이나 선진국에서 후진국에게 주어지는 지원금(공적개발원조, Official Development Assistance)의 경우에 그 가능성이 훨씬 높다.

이다. 그렇기 때문에 지방정부가 의도적으로 재정수요는 늘리지만 수입확보의
노력은 게을리 하려는 유인을 가질 수 있다. 특히 중앙정부의 재정보조는 지방
정부의 재정상황을 단기적으로는 호전시킬 수 있지만 장기적으로는 중앙정부에
대한 재정의존도를 높이고 지방정부의 수익증대를 위한 자구노력을 감소시킴으
로써 도덕적 위해·해이(moral hazard)를 불러일으킬 수 있다. 바로 이와 같은 도
덕적 위해·해이를 방지하기 위해서 지방정부의 수입확보노력(revenue effort)을
측정하고 그것에 따라 인센티브를 제공할 필요가 있는 것이다(김상헌, 1998: 233).

우리는 여기서 지방교부세제도에서 도덕적 해이·위해의 방지를 위하여 생
각할 수 있는 제도적 장치를 기준재정수요와 기준재정수입으로 구분하여 살펴
보기로 한다. 기준재정수입 산정 시에는 지방정부의 조세노력 저하를 방지하기
위하여 ① 탄력세율제도와 같은 역 인센티브를 감소하기 위해서 실제징수액이
아닌 표준세율에 의거한 금액을 계산하고, ② 지방세수의 산입율을 80%로 하여
지방세수의 20%는 지방에 유보되도록 하고 있다. 한편 기준재정수요액 산정시
에는 지방정부의 실제 지출을 수요산정의 기준으로 하지 않고 표준정원 및 표준
단가를 적용함으로써 지출에서의 도덕적 위해·해이의 요인들을 제거한다.

자구노력증대를 위한 인센티브란 중앙정부가 바람직하다고 생각하는 방향
으로 지방정부의 행태를 유도하기 위하여 특정한 노력을 보이는 지방정부에게
그것에 상응하는 보상을 하는 것을 지칭한다. 우리나라에서는 1997년에 처음으
로 자구노력 인센티브제도를 도입한 이래 2000년에는 수요와 관련된 인센티브
를 더 한층 강화하였다.[33] 자구노력증대방안도 기준재정수요액 산정과 기준재
정수입액 산정으로 구분하여 설명될 수 있다. 우선 2000년 현재 기준재정수요와
연관된 자구노력 인센티브로서는 경상경비절감, 일용인부절감, 읍·면·동 통합,
지방세징수율, 상수도요금현실화율 등이 활용되고 있으며, 기준재정수입액 산정
과 연관된 인센티브로서는 주민세 개인균등할[34] 인상율과 종합토지세 과표현실

---

33) 2000년의 경우 자구노력인센티브를 위한 재원이 7,153억 원이었는데 이것은 1999년의 2,397
억 원에 비하여 298% 증가된 규모이다(김경환 외 6인, 2000: 179).

34) 주민세 개인균등할은 1999년도부터 탄력세율 적용대상이 되었으며, 균등할인상율이 높은 단
체는 그만큼 기준재정수입 산정 시에 감액반영하고 있다.

화율이 사용된다(김경환 외 6인, 2000: 177-178). 한편 이러한 인센티브 항목은 꾸준히 증가하여 1998~1999년에는 5개의 항목이 사용되었으나, 2000년에는 8개의 항목, 2001년에는 11개의 항목, 2003년부터 2006년까지는 13개의 항목, 2011년은 16개의 항목 그리고 2020년 현재는 기준재정수요액 산정 시에 9개의 항목과 기준재정수입액 산정 시에 7개의 항목 등 총 16개의 항목이 활용되고 있다.

지방자치가 실시되어도 국가가 지방정부를 의도하는 방향으로 유도하면서 지속적인 국가경제발전을 이룩해야 할 필요성은 상존한다. 그렇지만 지방자치 시대에는 중앙정부의 지방정부에 대한 재정정책수단도 이전의 수량정책에서 가격정책위주로 전환될 필요성이 있다. 이와 같은 가격기구를 통한 지방재정정책을 효과적으로 운용하려면, 중앙정부는 주요한 재정정책 수단별로 지방정부의 재정행태의 변화를 예측할 수 있는 합리적이고 과학적인 정보를 생산하고 그것을 활용할 수 있어야 한다. 지방행정서비스의 단가, 소득탄력도, 가격(지방세)탄력도, 지방재정조정제도의 정책효과 등이 그러한 정보의 구체적 보기라 할 수 있다(허명환, 1999b: 114).

제3편
주요 참고문헌

■ 강원개발연구원·조선일보사.(1999).「자치재정의 이상과 갈등」.(정책세미나 결과보고서).

■ 국회예산정책처.(2013).「국고보조금에 있어서 지방비 부담제도의 문제점과 개선과제」. 국회예산정책처(2013.7).

■ 권형신·이상용·이재성.(2001).「한국의 지방재정: 이론과 실무」. 서울: 도서출판 해남.

■ 권해수.(1997). "시·군지역 개발을 위한 도비보조금의 역할과 합리적 운용방안: 경기도를 중심으로."「지방재정학보」, 2(1): 37-60.(경기개발연구원·한국지방재정학회): 49-73.

■ 김경환 외 6인.(2000).「지방재정조정제도 개선방안연구」. 서울: 서강경제인포럼.

■ 김렬·최근열.(1993). "지방재정조정제도." 강인재(외).「지방재정론」. 서울: 대영문화사: 442-546.

■ 김동건.(1991). "지방자치실시에 따른 중앙과 지방간의 재정협력강화방안."「지방재정발전방향」(내무부): 17-40.

■ 김상헌.(1998). "중앙정부의 재정지원과 지방정부의 도덕적 해이."「경제구조조정기 재정정책의 과제와 방향」(한국공공경제학회 1998년도 제2차 학술대회발표논문집): 231-247.

■ 김상헌·배병돌.(2001). "특별교부세배분에 관한 실증적 연구."「2001년도 추계학술대회 발표논문집」(한국행정학회): 741-742.

■ 김수근·김준한·박종구.(1990). "지방재정조정제도의 형평성 효과분석."「아주사회과학 논집」, 제4호: 145-177.

■ 김정완.(1998). "지방교부세배분에 있어서 자구노력에 대한 인센티브제도의 대안적 모색."「한국행정학보」, 32(2).

■ 김정완.(2013). "기초노령연금 차등보조율제도의 지역간 형평성 제고방안."「2013년 한국지방재정학회 춘계학술대회 논문집」.

■ 김주봉.(1977). "우리나라 국고보조금제도에 관한 연구."「행정논총」, 15(2): 105-123.

■ 김현아.(2013). "재정수요 변화에 따른 국고보조금 개편방향: 보조금 성격규명과 차등보 조율 효과를 중심으로." 「2013 경제학공동학술대회 논문집」, 한국재정학회.

■ 남창우.(1999). "지방교부세 배분기준과 교부방식의 재조정." 「자치재정의 이상과 갈등」 (강원개발연구원·조선일보사 공동주최정책세미나보고서): 79-114.

■ 내무부.(1991). 「지방자치 실시에 따른 지방재정발전방향」.

■ 류금록.(2000). "지방재정교부금이 지방정부 및 중앙정부의 지출에 미치는 효과분석." 「재정논집」(한국재정학회), 14(2): 157-191.

■ 문병근·최병호·정종필.(1998). "우리나라 지방재정조정제도에 있어서 flypaper effect에 관한 실증적 분석." 「경제학논집」, 7(1): 165-185.

■ 민 기.(2013). "보통교부세 배분구조와 지방정부의 도덕적 해이의 개선방안." 「재정정책 논집」. 15(1): 107-135.

■ 박완규.(1991). "지방교부세와 국고보조금의 정책결합 및 그에 따른 지역주민의 후생변 화." 「재정논집」, 5: 267-279.

■ 배국환.(2005). "지방재정혁신추진상황과 향후계획." 「지방세개혁과 참여예산제도입」. 한국지방재정학회 2005년도 동계학술세미나 발표논문집: 1-9.

■ 배인명.(1999). "지방교부세의 개편방안." 「21세기를 위한 지방재정개혁방안」(1998년 1 차 학술대회 Proceeding)(한국지방재정학회): 7-24.

■ 서성아.(2008). 「정부간관계에 관한 공무원인식조사」(서울: 한국행정연구원).

■ 서정섭.(2014). "국고보조사업 지방비부담 증가에 따른 지방재정건전화 방안." 「재정정 책세미나」(한국지방재정학회 2014년 10월 30일): 41-74.

■ 서정섭·조기현.(2006). "분권교부세도입에 따른 문제점과 개선방안." 「새지방정부의 혁 신과 분권」(한국지방정부학회 2006년도 하계학술대회 발표논문집): 191-216.

■ 송병주·정원식.(2000). "도비보조금의 실태분석: 경상남도를 중심으로." 「한국행정학보」, 34(2): 199-218.

■ 심정근.(1981). 「지방재정제도론」. 서울: 법문사.

■ 안전행정부.(2014). 「2014년도 지방교부세 산정해설」.

■ 오연천.(1987). 「한국지방재정론」. 서울: 박영사.

■ 오영민.(2010). "지방의원의 구유통 정치와 사업예산의 분절화: 지방의회 의원과 예산담 당 공무원의 설문조사를 중심으로." 「한국사회와 행정연구」, 20(4): 425-452.

■ 원윤희.(2000). "보통교부세 배분에 있어서의 조정률결정에 관한 연구." 「2000년 제1차 학술대회Proceeding」(한국지방재정학회): 27-40.

■ 원윤희.(1994). "지방교부세배분방식에 관한 연구."「한국행정학보」, 28(2): 649-660.

■ 유 훈.(2000).「지방재정론」(제3정판). 서울: 법문사.

■ 유 훈.(1995).「지방재정론」. 서울: 법문사.

■ 이계식.(1987).「지방재정조정제도와 재원배분」. 서울: 한국개발원.

■ 이계식.(1985). "국고보조금의 효율적 개편방안." 이계식·곽태원(편).「국가예산과 정책 목표: 1985」. 서울: 한국개발원.

■ 이상희.(1992).「지방재정론」. 서울: 계명사.

■ 이영조.(1991). "지방자치의 측면에서 본 국고보조금 실태."「지방과 행정연구」(부산대 학교 행정대학원), 3(2): 103-125.

■ 이용선.(1981). "중앙정부의 지방정부에 대한 보조금 및 교부금배정정책분석."「제4회 한 국정치학회-재북미 한국인 정치학자회 합동학술대회 논문집」: 233-252.

■ 이재원.(1999). "성과중심의 보조금제도의 개선방안."「21세기를 위한 지방재정 개혁방안」 (1998년 1차 학술대회 Proceeding)(한국지방재정학회): 47-66.

■ 이정만.(2008). "일본삼위일체개혁의 추진과정과 성과."「한국행정학보」, 42(1): 383-405.

■ 임성일.(1996).「지방양여금제도의 개선방안」. 서울: 한국지방행정연구원.

■ 재정발전기획단.(1996a).「지방재정발전계획」. 서울: 내무부.

■ 재정발전기획단.(1996b).「재정발전계획수립: 지방자치단체에서 제시된 의견」. 서울: 내 무부.

■ 전상경.(2012).「정책분석의 정치경제」(제4판). 서울: 박영사.

■ 전상경.(1999). "분권화시대의 국고보조금개선방안."「자치재정의이상과 갈등」(강원개발 연구원·조선일보사 공동주최정책세미나 보고서): 127-144.

■ 전상경.(1995). "국고보조금배분의 정치경제: 박정희·전두환·노태우 정부간의 비교."「한 국행정학보」, 29(3): 699-712.

■ 전상경.(1989). "자치구재정조정에 관한 연구."「지방과 행정연구」(부산대학교 행정대학 원), 1(2): 85-104.

■ 조용효.(1983). "국고지원제도의 개선방안." 조정제 외 2인(편).「도시재정의 개선방안연구」. 서울: 국토개발연구원: 73-135.

■ 조욱현.(1999). "우리나라 국고보조금제도의 문제점과 개선방안."「자치재정의이상과 갈 등」(강원개발연구원·조선일보사 공동주최정책세미나보고서): 145-161.

■ 조창현.(1996).「지방재정론」. 서울: 박영사.

■ 중앙일보.(2008년 10월 4일). "특별교부세가 정권 실세들의 쌈짓돈인가"(사설).

■ 차병권.(1984). 「한국지방재정연구」. 서울: 서울대학교출판부.

■ 차병권.(1965). "지방교부세 및 국고보조금제도의 실태와 재정적 공평." 「경제논집」(서울대학교 상과대학), 4(2).차병권(1984)에 재수록된 논문.

■ 최광·이영환.(1999). "지방재정의 건전성와 효율성제고방안." 「공공경제」(한국공공경제학회), 제4권: 131-167.

■ 최낙범.(2005). "일본의 삼위일체개혁의 추진과정과 특성." 「지방정부연구」9(1): 7-26.

■ 최병호·이근재·정종필.(2010). "징수교부금 교부방식개편의 재원재분배효과분석." 「재정학연구」, 3(2): 63-95.

■ 최병호·정종필.(1999). "우리나라 국고보조금제도에 있어서 fungibility 가설에 관한 연구." 「재정논집」(한국재정학회), 13(2): 171-195.

■ 최성수.(1993). 「Flypaper효과에 관한 연구: 한국의 지방교부세를 중심으로」. 단국대학교 박사학위논문.

■ 최연태·이재완.(2011). "관료적 지대추구가 특별교부세 배분에 미치는 영향에 관한 연구." 「한국정책학회보」, 20(4): 189-218.

■ 최유성.(2002). 「정부간관계에 관한 공무원인식조사(2002)」. 서울: 한국행정연구원.

■ 최유성.(1999). 「정부간관계에 관한 공무원인식조사('99)」. 서울: 한국행정연구원.

■ 행정안전부.(2009). 「2010년도 예산편성운영기준 및 기금운용계획수립기준」

■ 행정안전부.(2010a). 「2011년도 예산편성운영기준 및 기금운용계획수립기준」

■ 행정안전부.(2010b). 「2010 지방교부세산정해설」.

■ 행정안전부.(2018). 「2017년도 지방교부세 운영사항」

■ 행정안전부.(2020). 「2020년도 지방교부세산정해설」.

■ 행정안전부.(각연도). 「지방자치단체 통합재정 개요(상)」

■ 행정자치부.(2007). 「2008년도 지방자치단체예산편성기준」.

■ 행정자치부.(2006). 「지방교부세현황」.

■ 행정자치부.(2005). 「2006년도 국고보조금 신청지침」

■ 행정자치부.(2000). 「지방교부세백서」.

■ 행정자치부 교부세과.(1999). 「지방재정조정제도 개선방안: 지방재정 개혁과제 연관사항 검토」.

■ 행정자치부.(1998a). 「1999년도 국고보조금신청지침」.

■ 행정자치부.(1998b). 「1998년도 지방자치단체예산」.

■ 허명환.(2000). "보통교부세 공식디자인론."「2000년 제1차 학술대회 Proceeding」(한국 지방재정학회): 4-25.

■ 허명환.(1999a). "지방양여금제도의 개편방안."「21세기를 위한 지방재정 개혁방안」 (1998년 1차 학술대회 Proceeding)(한국지방재정학회): 27-44.

■ 허명환.(1999b). "한국지방자치단체의 공공선택모델."「재정논집」, 13(2): 113-138.

■ 허 선.(1985). "지방정부에 대한 재정지원시스템의 합리화방안."「한국의지방재정연구」. 서울: 한국경제연구원.

■ 池上惇・重森 曉・植田和弘.(1990).「地方財政論」. 有斐閣 ブックス.

■ 伊東弘文.(1992). 「入門地方財政」. ぎょうせい.

■ 岡本全勝.(1995). 「地方交付税: 仕組と機能」.東京: 大藏省印刷局.

■ 齊藤愼・林宜嗣・中井英雄.(1991). 「地方財政論」. 新世社.

■ 佐藤進・高橋誠.(1992). 「地方財政讀本」(3版).東京: 東洋經濟新聞社.

■ 高寄承三.(1997). 「地方分權と補助金改革」. 地方自治ジャーナル ブックレット No.18.

■ 橋本徹.(1988). 「現代の地方財政」. 東洋經濟新聞社.

■ 橋本徹・牛じま 正・米原淳七郎・本間正明. (1991).「地方財政」. 有斐閣.

■ 宮本憲一.(1991). 「補助金の政治經濟學」. 東京: 朝日新聞社.

■ 和田八束・野呂昭朗. (1992).「現代の地方財政」. 有斐閣 ブックス.

■ 塚原康博.(1988). "フアンジビリティー假設とフライペパー 效果"「一橋論叢」, 99(6): 860-874; 최병호・정종필(1999) p. 172 에서 재인용.

■ Baron, David P.(1991). "*Majoritarian Incentives, Pork Barrel Programs, and Procedural Control.*" *American Journal of Political Science*, 35(1): 57-90.

■ Bennett, R. J. 1980. *The Geography of Public Finance: Welfare Under Fiscal Federalism and Local Government Finance.* New York: Methuen & Co.

■ Bradford, D. F. and W. E. Oates.(1971). "Toward a Predictive Theory of Inter-gov-ernmental Grants." *American Economic Review*, 61: 440-448; 최병호・정종필.(1999). "우리나라 국고보조금제도에 있어서 fungibility 가설에 관한 연구."「재정논집」, 13(2). 172에서 재인용.

■ Break, G. F.(1980). *Financing Government in a Federal System.* Washington, D.C.: Te Brookings Institution.

■ Coase, R.(1960). "The Problem of Social Cost." *Journal of Law and Economics*, 3: 1-44.

- Huber, B and K. Lichtblau.(1999). "Germany's Federal Financial System: An Anslysis and a Reform Proposal." Unpublished preliminary draft.
- Inman, Robert P.(1979). "The Fiscal Performance of Local Governments: An Interpretative Review." In Current Issues in Urban Economics, ed. Peter Mieszkowski and Mahlon Straszheim. Baltimore: Johns Hopkins University Press: 270-321.
- Jun, Sang-Kyung. 1989. *Essays on Political Economy of National Aid Distribution in Korea during 1962-1985.* unpublished Ph.D. dissertation. The University of Pennsylvania.
- Lee, Won-Hee.(2003). "Analysis of Pork Barrel in the Korean Legislature."「한국행정논집」, 15(1): 225-239.
- Musgrave, R. and P. Musgrave.(1989). *Public Finance in Theory and Practice.*(5th ed.). New York: McGraw-Hill Book Company.
- Noto, N. A.(1982). "Revenue Turnback: An Evaluation According to Traditional Criteria for Intergovernmental Funding." in Studies in Taxation, *Public Finance, and Related Subjects: A Compendium 6.* Washington D.C.: Fund for Public Policy Research.: 104-111.
- Oates, W. E.(1972). Fiscal Federalism. New York: Harcourt Brace Jovanovich, Inc.
- Rosen, H. S. (1985). Public Finance. Homewood: Richard D. Irwin, INC. http://lofin.mois.go.kr/portal/main.do

지방정부의 재정관리

Local · Public · Finance

제10장

지방정부의 재정구조와 세출예산제도

제1절   지방정부의 재정구조

　　우리나라의 재정은 운영 주체에 따라 중앙정부의 재정과 지방정부의 재정으로 구분되며, 지방정부의 재정도 중앙정부의 재정과 같이 예산과 기금을 별도로 계리(計理)하고 있다. 일부에서는 예산과 기금을 구별하지 않고 통합하여 예산이라는 표현을 사용하기도 한다. 매년 연도 말 다음 연도 정부 지출이 확정될 때 우리는 "내년 예산 512.3조 확정" 등과 같은 보도 기사 제목을 쉽게 볼 수 있다.[1] 그러나 2020년 정부 지출 512.3조 원은 예산 351.1조 원(일반회계 296.0조 원, 특별회계 55.1조 원)과 기금 161.1조 원을 포함한 금액이다. 이처럼 정부지출을 예산과 기금으로 구분하는 것은 국가재정법에 근거를 두고 있다. 즉 국가재정법 제4조 제1항은 '국가의 회계는 일반회계와 특별회계로 구분한다'고 규정한 반면, 동법 제5조 제2항은 '기금은 세입세출 예산에 의하지 아니하고 운용할 수 있다'

---

1) https://www.yna.co.kr/view/AKR20191210181400002(2020년 6월 20일 16: 10)

라고 규정함으로써 기금이 예산 외(off-budget)로 운영될 수 있음을 밝히고 있다.

　　지방자치법 제125조 제1항은 국가재정법과 마찬가지로 '지방자치단체의 회계는 일반회계와 특별회계로 구분한다'라고 규정하고 있다. 또한 동법 제142조 제1항은 행정목적을 달성하기 위한 경우나 공익상 필요한 경우에 지방자치단체도 재산을 보유하거나 특정한 자금을 운용하기 위한 기금을 설치할 수 있도록 규정하고 있다. 예산과 기금은 수입의 원천, 설치의 목적 및 세출의 용도 등과 같은 다양한 기준에 따라 구별되나, 예산과 기금의 가장 중요한 구분 기준은 회계연도의 엄격한 적용의 여부이다. 예산은 '일정기간의 정부의 수입과 지출을 나타내는 예정액'이라는 정의와 같이, 매 연도의 예산은 일정기간이라는 회계연도에 따라 독립적으로 운영되어야 한다. 이와 달리 기금은 적립된 기금을 연도를 초과하여 운용하거나 기금의 목적 달성을 위해 장기간 지속성을 유지해야 하는 특성이 있다. 이러한 구분에 따른 우리나라의 재정체계는 [그림 10-1]과 같이 정리될 수 있다.

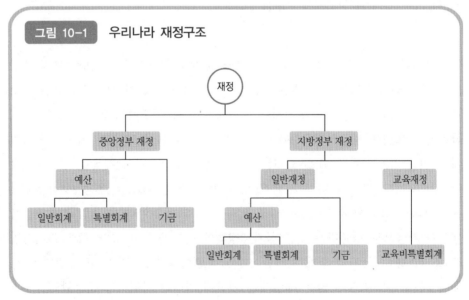

그림 10-1 **우리나라 재정구조**

출처: 국회예산정책처(2020: 4).

1. 지방정부의 세출예산: 일반회계와 특별회계

지방정부의 세출예산은 일반회계와 특별회계로 구성된다. 일반회계는 지역주민에게 가장 기본적인 공공서비스를 제공하는 항구적 재정활동으로서 총 세입과 총 세출을 모두 포함하는 예산이다. 세입은 주로 지방세 수입과 세외수입으로 구성되는 자체재원, 지방교부세와 국고보조금 등으로 구성되는 의존재원과 지방채 및 보전수입 등의 기타재원으로 구성되며, 세출은 지방정부의 존립의 유지에 필요한 기본적 서비스와 지역경제개발 및 주민복지 증진을 위한 여러 가지 사업 등에 소요되는 경비로 이루어진다.

국가재정법은 일반회계에 대한 명시적 규정을 두고 있지 않는 지방자치법과 지방재정법과는 달리 제4조 제2항에서 '일반회계는 조세수입 등을 주요 세입으로 하여 국가의 일반적인 세출에 충당하기 위하여 설치한다'라고 규정하고 있다. 이러한 관점에 따라 지방재정을 살펴보면 지방정부의 일반회계 세입 또한 원칙적으로 지방세(보통세) 수입 등을 주요한 재원으로 하고, 세출은 지방정부의 일반적인 공공서비스 활동을 위한 기본적인 경비 지출이라고 말할 수 있다. 일반회계로 지원되는 경비는 지방정부가 기본적으로 제공해야 할 분야에 대한 지출이기 때문에 경제적 효율성보다 공공성과 형평성이 강조되는 예산이다. 일반회계가 갖는 이와 같은 특성 때문에 재정자립도의 산출도 일반회계만을 대상으로 한다. 따라서 가장 좁은 의미의 예산이라고 하면 각 지방정부마다 1개씩 설치하고 있는 일반회계를 지칭한다고 볼 수 있다.

특별회계는 지방자치법 제126조와 지방재정법 제9조에 근거하여 ①「지방공기업법」에 따른 지방 직영기업이나 그 밖의 특정 사업을 운영할 때 또는 ② 특정 자금이나 특정 세입·세출로서 일반 세입·세출과 구분하여 회계처리 할 필요가 있을 때만 법률이나 조례로 설치될 수 있다. 목적세에 따른 세입은 다른 법률에 특별한 규정이 있는 경우를 제외하고는 반드시 특별회계를 설치하여 이에 대한 세출에 충당하여야 한다. 그리고 법률에 따라 의무적으로 설치해야 하는 특별회계가 아닌 지방정부가 조례에 따라 설치하는 특별회계는 5년 이내의 범위에서 그 존속기한을 조례에 명시하여야 한다.

특별회계는 공기업 특별회계와 기타 특별회계로 구분·관리되고 있다. 특별회계 중 공기업특별회계를 별도로 구분하는 이유는 지방공기업법 제13조가 동법 제2조에서 정한 수도사업, 공업용 수도사업, 궤도사업(도시철도사업) 등에[2] 해당하는 사업에 대해서는 공기업특별회계를 설치하도록 규정하고 있기 때문이다. 이 같은 이유 때문에 지방공기업법에 규정되지 않은 특별회계는 기타특별회계로 구분된다. 기타특별회계는 공기업특별회계를 제외한 특별회계로 여기에는 의료보호, 영세민생활안정, 학교용지부담금 등이 있으며, 지방자치단체는 조례에 근거를 두고 다양한 기타특별회계를 설치·운영할 수 있다.

특별회계의 설치는 특정한 세입이나 세출을 일반회계와 구분하여 계리함으로써 회계운영의 효율성을 높이기 위한 것이지만, 너무 많이 설치될 경우 특정한 세입이 특정한 목적에만 사용되어 예산의 경직성이 높아지고, 예산이 방만하게 운영됨으로써 오히려 예산운영의 효율성과 투명성을 저하시킬 우려도 있다. 그렇기 때문에 지방재정에서 차지하는 특별회계의 규모나 그 숫자는 적은 것이 바람직하다. 지방의회의 예산심의 시에도 대부분의 관심은 일반회계에 주어지기 때문에 지방정부가 지방의회의 예산심의 전략상 특별회계를 활용할 가능성도 제기될 수 있다(전상경, 1994: 1069).

기타특별회계는 공기업특별회계와 달리 상대적으로 일반회계적 성격이 강하다. 특히 지방자치가 부활되어 주민직선에 의한 단체장이 출현함에 따라 그 단체장이 자신의 선거공약사업의 원활한 추진을 위하여 기타특별회계를 전략적으로 설치할 수 있다. 이 같은 특별회계는 재정자립도 산출 시에 제외될 뿐만 아니라 일반회계와 특별회계간의 내부거래를 고려한다면 지방정부의 재정현황을 파악하는데 복잡성을 가중시키고 있다. 이러한 문제를 예방하기 위해 예산통일의 원칙과 예산단일의 원칙이 강조되고 있다. 특히 특별회계는 조례에 의해서

---

2) 제2조에서 정하고 있는 사업은 수도사업, 공업용수도사업, 궤도사업, 자동차운송사업, 지방도로사업, 하수도사업, 주택사업, 토지개발사업, 주택·토지 또는 공용·공공용건축물의 관리 등의 수탁 등이다.

설치될 수 있기 때문에 지방정부별로 특별회계의 구성내용이 다를 수 있어 지방정부간 재정통계자료를 비교할 때에는 주의해야만 한다.

일본의 경우는 지방정부의 근본적이고 원칙적인 재정활동을 중심으로 전국적으로 통일된 기준에 따라 지방정부의 재정을 재구성하여 보통회계를 작성하고 있다. 즉 일본에서의 보통회계란 결산이 끝난 후에 지방정부의 일반회계와 특별회계를 사후적으로 재구성함으로써 작성되는 회계이다. 이것은 지방정부의 근본적이고 원칙적인 재정활동을 나타내 주는 항목을 중심으로 작성되는 통계적 목적의 회계이다(伊東弘文, 1992: 28). 이렇게 구성되는 보통회계는 의미 있는 지방정부간 재정비교를 가능케 하므로 우리에게 많은 시사점을 준다.

2. 지방정부의 기금

기금은 일반적으로 적용되는 예산원칙에서 벗어나 지방정부의 특정한 정책목적에 신속하고 탄력적으로 대응하기 위해 예산에 의하지 아니하고(off-budget) 운영될 수 있는 특정 자금을 말한다. 지방자치법 제142조는 지방자치단체는 행정목적을 달성하기 위한 경우나 공익상 필요한 경우에는 재산을 보유하거나 특정한 자금을 운용하기 위한 기금을 설치할 수 있다고 규정하고 있다. 기금은 법률에 따라 설치되는 법정기금3)과 지방자치단체가 조례에 근거하여 설치하는 자체기금으로 구분된다. 지방자치단체 기금관리기본법 제3조에 의하면 법률에 따라 지방정부에 재정적 부담이 되는 기금을 설치하려는 경우 소관 중앙행정기관의 장은 기금 신설의 타당성을 미리 행정안전부 장관과 협의하여야 하며, 행정안전부장관은 기금설치에 대해서 지방정부의 의견을 들어야 한다.

지방정부가 지방의회의 의결을 얻어 기금을 신설·운용하려는 경우에 기금의 존속기한을 기금 신설의 근거가 되는 조례에 명시하여야 한다. 다만 법률에

---

3) 법정기금에는 법정의무기금과 법정재량기금이 있다. 법정의무기금은 개별법률에서 의무적으로 설치하도록 하는 기금으로 재해구호기금, 재난관리기금, 식품진흥기금 등이며, 법정재량기금은 개별 법률에 설치 근거가 있는 기금이나 지자체에 따라 임의적으로 설치할 수 있는 중소기업육성기금, 청소년육성기금, 문화예술진흥기금 등이 있다.

| 표 10-1 | 예산과 기금 비교 |

구분	예산	기금
설치사유	자치단체 고유의 기능수행(일반회계), 특정세입으로 특정세출 충당(특별회계)	특정 목적을 위한 특정자금 운영 필요시
재원조달	지방세, 세외수입(일반회계), 지방교부세, 사용자부담, 목적세(특별회계)	중앙정부·자치단체의 출연금, 민간부담금, 기금운용수익금 등
수입과 지출의 연계	연계배제(일반회계), 특정수입과 지출의 연계(특별회계)	특정한 수입과 지출의 연계
확정절차	지방의회 예산 심의·의결	지방의회 기금운용계획안 심의·의결
재량범위	목적 외 용도의 정책사업(항)간 이용(移用)시 지방의회 의결	정책사업 지출금액의 10분의 2 이하 변경시 지방의회 의결 없이 가능

따라 의무적으로 설치·운용되는 기금은 존속기한을 명시하지 아니할 수 있다(지방자치단체 기금관리법 제4조). 예산과 기금의 특징은 [표 10-1]과 같이 정리된다.

기금은 설치목적에 따라 사업관리기금, 융자성기금, 적립성기금으로 구분된다. 사업관리기금은 특정 목적사업의 수행에 필요한 자금을 관리·운용하는 기금으로 사회복지기금, 문예진흥기금, 장학기금 등이 이에 해당된다. 융자성기금은 일정한 자금을 조성하여 특정 부문의 융자기능을 수행하는 기금으로, 여기에는 중소기업육성기금, 농어촌진흥기금 등이 있다. 적립성기금은 신청사 건립기금, 주차장기금 등과 같이 장래 지출에 대비하여 원금을 이식하는 등 자금을 적립하는 기금이다. 기금은 또한 관리방식에 따라 지방정부가 직접 운용·관리하는 직접관리기금과 장학재단 또는 체육회 등과 같은 다른 기관에 위탁하여 운용·관리하는 위탁관리기금으로도 구분된다.

기금의 재원은 지방정부의 출연, 민간인의 출연, 부담금, 기금운용수익, 기타수입, 지방채 등으로 조성된다. 지방정부의 출연은 기금을 관장하는 소관부서에서 개별기금의 조성 및 운용계획을 토대로 예산 요구시에 이루어지며, 민간인의 출연은 주민성금이나 기탁금 등과 같이 민간의 출연규정에 근거하여 이루어진다. 부담금은 법규에 의하여 강제적으로 부과하는 재원으로서 과징금이나 과태료 등이 해당되며, 기금운용수익은 기금의 여유자금 운용에 따라 발생하는 수입(예: 이자수입, 임대료수입 등)과 기금의 고유사업 수행에 따라 발생하는 사업수입 등이고, 기타 수입은 특별회계로부터의 잉여금 수입과 기타 수입금 등과 같은 잡수익이다. 지방정부의 장은 기금의 조성을 위하여 일정한 범위 내에서 지방채를 발행할 수 있다(지방자치단체 기금관리기본법 제6조).

제2절 지방정부의 사업예산제도

1. 사업예산제도의 도입과정과 기본구조

1) 사업예산제도의 도입과정

사업예산제도는 자율과 책임의 기반 하에 지방정부의 정책이 체계적으로 반영될 수 있도록 사업(정책사업·단위사업·세부사업)을 중심으로 예산을 편성·배정·집행·평가함으로써 재정성과를 극대화하기 위한 예산제도이다. 1980년대 이래 세계 각국은 효율성·투명성·책임성·효과성의 기치를 내걸고 공공부문의 개혁을 위해 많은 노력을 기울였고, 특히 1990년대부터 재정개혁의 일환으로 예산배분 과정과 예산지출의 목표달성 수준을 직·간접적으로 연계시키려고 하였다. 이러한 변화에 따라 중앙정부와 지방정부 모두 성과관리시스템을 도입하기 위해 노력했고, 사업예산제도는 그러한 노력의 산물이라고 할 수 있다.

2005년 8월에 전면 개정된 지방재정법 제5조는 성과중심의 지방재정 운용에 관한 조항으로서, '지방자치단체의 장은 지방재정을 운용함에 있어서 지출성과의 극대화를 위하여 노력하여야 한다'고 규정하고 있다. 이와 같이 지방재정운용시 성과관리가 강조됨에 따라 지방정부 예산제도의 개혁이 추진되었고 사업예산제도는 몇몇 지방자치단체의 시범운영을 거쳐 2008년에 전면적으로 도입되었다.4) 한편 중앙정부의 사업예산제도는 프로그램예산제도5)라고 불리며 2007년부터 전면 실시되고 있다(윤영진, 2011b: 56).

행정안전부는 2008년 본격적으로 도입된 사업예산제도를 토대로 성과계획과 연계한 사업예산 성과관리 체계를 마련하여 광역자치단체 성과예산서를 시범 작성하였고, 2012년에는 모든 기초자치단체를 대상으로 성과예산서를 작성하였다. 이후 2014년 5월 지방재정법이 개정됨에 따라 2016년 회계연도부터는 성과계획서와 성과보고서를 작성하여 예산안 및 결산서를 의회에 제출하도록 의무화되었다(지방재정법 제5조).

2) 사업예산제도의 기본구조

사업예산은 조직별 임무에 근거하여 성과계획서에 전략목표와 성과목표를 수립한 후, 이를 달성하기 위한 수단(예산서)으로 정책사업, 단위사업 및 세부사업을 설정한다. 사업예산은 [그림 10-2]와 같이 새로운 성과주의예산제도(New Performance Budgeting System)의 기관 임무(비전), 전략목표 및 성과목표를 정책사업 성과지표 및 단위사업 성과지표와 연계하는 재정시스템이다.

사업예산은 지방정부의 전략과 정책을 체계적으로 사업에 반영하기 위해 분야·부문과 정책사업·단위사업·세부사업이 일정한 규칙에 따라 계층을 형성하도록 하며, 이것을 사업구조화라고 한다. 사업이 체계적으로 편성될 수 있도록 일정한 계층구조를 형성하며, 그 결과 지방정부의 전체 재정은 [그림 10-3]과 같이 정책사업, 행정운영경비, 재무활동으로 구분된다.

---

4) 2004년도에 9개의 지방정부를 대상으로 시범적으로 운영되었다. 2006년에는 그 범위가 모든 지방지방정부로 확대됨에 따라 2007년도 당초 예산은 사업예산으로 시범 편성되어 2007년 3월 지방의회에 제출되었고, 2007년 4월에서 7월까지 4개월에 걸쳐 문제점에 대한 제도개선이 이루어졌다(행정안전부, 2010: 248).
5) 국가예산과목구조는 2007년부터 분야-부문-프로그램-단위사업-세부사업-목 등으로 변경되었다.

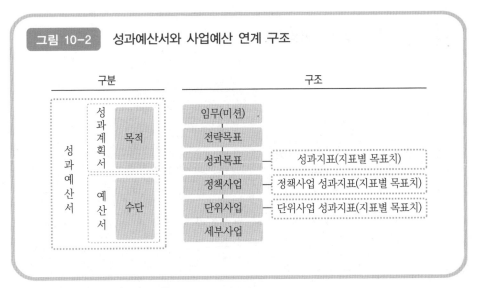

자료: 지방자치인재개발원(2020: 140).

정책사업이란 재정사업과 업무를 대상으로 부서의 성과목표를 고려하여 정책적으로 일관성을 가진 다수의 단위사업들의 묶음을 의미한다. 이것은 지방정부의 정책수행을 위해 설정되는 세출예산서상의 일차적 사업단위로서 하부사업인 단위사업설정의 근거가 된다. 1개의 정책사업은 단일 부문으로 구성되어야 하고, 그 운영 또한 단일 조직 조직(실·과)내로 한정된다. 하지만 정책사업은 다수의 회계와 기금을 포함할 수 있다.

단위사업은 정책사업을 세분한 실행단위로서 정책사업을 수행하기 위한 활동근거이다. 정책사업과 달리 1개의 단위사업은 동일 회계 및 기금으로만 구성되어야 한다. 통상 3~5개의 단위사업들이 하나의 정책사업을 이루도록 구성하는 것이 바람직하다. 세부사업은 단위사업을 수행하기 위한 다수의 사업단위로서 가장 하위의 사업단위이다.

행정운영경비는 지방정부의 행정조직 운영을 위한 최소한의 경상비로, 인력운영비와 관서운영을 위한 기본경비로 구분된다. 인력운영비는 기준인건비

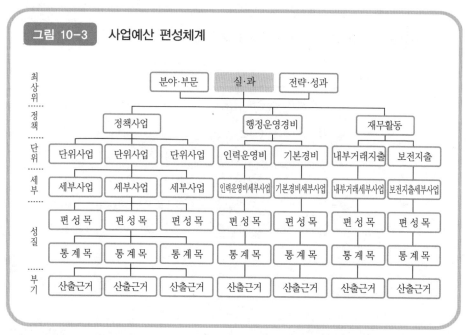

그림 10-3 사업예산 편성체계

자료: 지방자치인재개발원(2020: 150).

항목에 포함되는 경비를 의미하며, 기본경비는 정책사업 수행부서의 운영을 위한 기본적인 행정사무비로서 성질별 예산의 물건비 중 일반운영비, 여비 등이 이에 해당한다.

재정보전적 이전재원, 채무상환 등을 포함하는 재무활동은 내부거래지출과 보전지출로 구분한다. 내부거래지출에는 공기업 자본 및 경상전출금, 기관 내의 회계 간 전출입금, 기금전출금 등이 있으며, 보전지출에는 차입금 원금 및 이자상환, 예치금, 반환금 등이 포함된다.

2. 사업예산제도 하의 세출예산의 분류

1) 예산분류의 의의

예산분류란 세입과 세출의 내용을 일정한 기준에 따라 체계적으로 배열하는 것을 말한다(윤영진, 2011b: 56). 이는 예산과목의 내용을 명확히 하기 위해 일정한 기준에 따라 예산을 구분해 놓은 것이며, 예산과목의 구분은 지방재정법 규정에 따른다. 예산과목을 분류하는 목적은 복잡하고 광범위한 예산을 통일적으로 분류하여 납세자인 주민과 예산심의 주체인 의회가 예산을 보다 명확히 파악할 수 있도록 하는 데 있다. 이와 함께 예산편성 및 집행의 주체인 공무원에게 예산운용에 대한 통일성과 책임성을 부여하는 데 있다.

예산과목은 세입예산과 세출예산으로 구분한다. 지방재정법 제41조에 따르면 세입예산은 그 내용의 성질과 기능을 고려하여 장(章)·관(款)·항(項)으로 구분하고(동법 제1항),[6) 세출예산은 그 내용의 기능별·사업별 또는 성질별로 주요항목 및 세부항목으로 구분한다. 이 경우 주요항목은 분야·부문·정책사업으로 구분하고, 세부항목은 단위사업·세부사업·목으로 구분한다(동법 제2항 및 제3항).

세출예산 과목은 2008년 이전까지는 품목별 예산제도에 따라 '장-관-항-세항-세세항-목-세목' 체계였지만, 2008년부터 사업예산제도가 도입되면서 '분야-부문-정책사업-단위사업-세부사업-편성비목-통계비목'으로 변경되었다. 여기서 분야·부문은 기능별 분류에 해당되고 편성비목·통계비목은 품목별 분류로서 성질별 분류에 해당된다. 아래의 [표 10-2]는 이러한 두 예산제도하의 예산과목을 비교하여 정리한 것이다.

---

6) 국가재정법(제21조)은 국가예산의 "세입예산은 그 내용을 성질별로 관·항으로 구분하고, 세출예산은 그 내용을 기능별·성질별 또는 기관별로 장·관·항으로 구분한다"고 규정하고 있다.

표 10-2 품목별예산제도와 사업별예산제도의 세출예산 과목체계

분류	품목별예산	사업예산제도			
기능별	장(5개)	분야(13개)			
	관(16개)	부문(52개)			
조직별	항(자율)	정책사업	행정 운영경비	재무 활동	
사업목적별	세항(자율)	단위사업			
경비유형별	세세항(자율)	세부사업			
성질별 (품목별)	목(8그룹, 38개) 세목(109개)	편성목(8그룹, 38개) 통계목(128개)			

자료: 지방자치인재개발원(2020: 140) 재정리.

2) 기능별 분류

기능별 분류는 가장 기본적인 예산분류 방법 중 하나로서 지방정부가 수행하는 기능을 중심으로 예산을 분류하는 것이며, 세출예산에만 사용되는 분류방식이다. 기능별 분류는 지방정부의 사업계획 및 예산정책의 수립을 용이하게 하며, 지방의회의 예산심의에 도움을 준다. 특히 지역주민이 지방정부예산을 통해 정부활동 및 정책의 우선순위를 파악하는데 유용한 정보를 제공하기 때문에, 예산의 기능별 분류는 '시민을 위한 분류'(citizen's classification)라고도 불린다.

지방정부의 기능별 분류는 종전 품목별 예산제도 하에서 5장 16관으로 이루어졌던 예산구조를 UN의 정부기능분류(UN COFOG: Classification of Functions of Government) 및 중앙정부 기준과 통일시켜 13개 분야 52개 부문으로 전환시킨 것이다. 2008년 지방정부에 사업예산제도가 도입되는 과정에서 재정환경의 변화 등을 반영해 지방정부의 기능별분류와 중앙정부의 기능별 분류가 통일된 분류기준을 채택하였다.

[표 10-3]은 13개 분야 52개 부문으로 구성된 2020년 현재의 지방정부의

기능별 분류이다. 중앙정부(국가예산)의 기능별 분류는 16분야 69부문으로 되어 있다. 지방정부의 기능별 분류 13개 분야는 (010)일반공공행정 (020)공공질서 및 안전 (050)교육 (060)문화 및 관광 (070)환경보호 (080)사회복지 (090)보건 (100)농림해양수산 (110)산업중소기업 (120)수송 및 교통 (140)국토 및 지역개 발 (150)과학기술 (160) 예비비로 구성되어 있다. 기타 (900)행정운영경비는 지 방정부 기능별 분류에서만 사용하고 있는 분야인데, 행정운영경비는 향후 원가 시스템에서 해당 단위사업에 따라 분야·부문에 배부된다. 예를 들면 행정운영 경비 10억 원이 현재는 '기타'로 분류되어 있으나 이 10억 원이 생활폐기물처리 관련 인건비 등 행정운영경비에 사용되었다면, 원가시스템에서 이 10억 원을 환 경분야 생활폐기물부문으로 배분하는 것이다. 따라서 '기타'는 지방정부의 기능 별 분류를 하는데 있어서 편의상 설치한 분야라고 볼 수 있다. 그리고 분야를 나타내는 코드 중 030(통일·외교)·040(국방)·130(통신) 코드[7]와 일부 부문(국정운 영, 정부자원관리, 법원 및 헌재, 법무 및 검찰, 해경, 공적연금, 건강보험, 철도)은 중앙정부의 주된 기능이기 때문에 제외되어 있다.

표 10-3 지방정부의 세출예산 기능별 분류

분야	부문	명칭	분야	부문	명칭
010		일반공공행정(4)		089	사회복지일반
	011	입법 및 선거관리	090		보건(2)
	013	지방행정·재정지원		091	보건의료
	014	재정·금융		093	식품의약안전
	016	일반행정	100		농림해양수산(3)
020		공공질서 및 안전(2)		101	농업·농촌
	023	경찰		102	임업·산촌
	025	재난방위·민방위		103	해양수산·어촌
050		교육(3)	110		산업·중소기업(6)
	051	유아 및 초중등교육		111	산업금융지원

---

7) '통일·외교, 국방, 통신' 분야는 순수공공재적 성격이 크기 때문에 이 분야의 공공서비스는 지방정부보다 국가(중앙정부)가 제공하는 것이 바람직하다.

	052	고등교육		112	산업기술지원
	053	평생·직업교육		113	무역 및 투자유치
060		문화 및 관광(5)		114	산업진흥·고도화
	061	문화예술		115	에너지 및 자원개발
	062	관광		116	산업·중소기업일반
	063	체육	120		수송 및 교통(5)
	064	문화재		121	도로
	065	문화 및 관광일반		123	도시철도
070		환경보호(6)		124	해양·항만
	071	상하수도·수질		125	항공·공항
	072	폐기물		126	대중교통·물류 등 기타
	073	대기	140		국토 및 지역개발(3)
	074	자연		141	수자원
	075	해양		142	지역 및 도시
	076	환경보호일반		143	산업단지
080		사회복지(8)	150		과학기술(3)
	081	기초생활보장		151	기술개발
	082	취약계층지원		152	과학기술연구지원
	084	보육·가족 및 여성		153	과학기술일반
	085	노인·청소년	160		예비비(1)
	086	노동		161	예비비
	087	보훈			
	088	주택	900		기타

주: 괄호 안 숫자는 해당분야에 포함되는 부문의 개수임.
자료: 지방자치인재개발원(2020: 141).

3) 성질별 분류

　　성질별 분류는 품목별 분류라고도 하는데, 예산을 지출대상 품목별로 분류
하는 방법이다. 지출대상 '품목'이란 어떤 재원을 사용하여 예산을 운용하는지
를 알 수 있도록 재원을 일정기준에 따라 과목별로 분류한 것을 의미하며, 목
그룹·편성목·통계목을 통칭한다. 성질별 분류는 예산 및 결산의 분석에서 가장
기초적으로 사용되고 있다. 사업예산제도로 변경되었음에도 불구하고 성질별

분류는 세출예산을 8개 그룹, 38개목, 128개 세목으로 구분되어 사용되고 있다.

각각의 과목을 의미하는 경우에는 '목'을 사용하는 것이 일반적이지만, 품목 또는 목을 재무회계 과목과 상대되는 개념으로 사용될 때는 예산과목으로 부를 수도 있다. 목그룹(8개)이란 유사한 편성목을 묶어 명칭을 부여한 것이며, 편성목(38개)은 예산편성과 심의의 기초가 되는 품목으로서 목그룹을 한단계 더 세분화한 품목이다. 통계목(128개)은 통계목적 및 복식부기와의 연계를 위해서 편성목을 세분화한 품목인데, 예산부서 및 사업부서의 통계관리대상을 위해 사용될 뿐 예산서에는 표기되지 않는다.

성질별 분류의 8개 그룹은 (100)인건비 (200)물건비 (300)경상이전 (400)자본지출 (500)융자 및 출자 (600)보전재원 (700)내부거래 (800)예비비 및 기타로 구성되어 있다. 예를 들어, 세출예산서에 (200)일반운영비라고 편성되어 있으면 (200)으로 시작되어 있기 때문에 물건비에 해당되며, (201)은 물건비 중 일반운영비에 해당된다. 세출예산서에는 나타나지 않지만 (201)일반운영비의 세부사업명세서를 보면 일반운영비는 '사무관리비, 공공운영비, 행사운영비, 맞춤형복지제도 시행경비, 공립대학 운영비'와 같은 통계목으로 구성되어 있다.

성질별 분류의 8개 그룹의 내용을 살펴보면 다음과 같다. (100)인건비는 지방정부의 정규직 및 비정규직, 각종위원회 등의 구성원에게 지급하는 기본급과 수당으로 구성되어 있다. 인건비 편성목은 다른 편성목으로부터 전용해 올 수 있으나 전용을 해 줄 수는 없으므로 예산편성시 과다하게 편성하지 않아야 한다. (200)물건비는 지방자치단체의 기관유지와 사무처리를 위한 기본적 성격의 경비로 주로 행정 내부의 비용이다. 물건비는 소모적인 경상적 경비이므로 지출구조조정의 최우선 대상이 되기도 한다. (300)경상이전은 지방정부가 민간·공공기관·단체 등에 지출하는 예산이다. 공공재정의 집행주체가 지방정부에서 민간·공공기관·단체 등으로 이전되기 때문에 경상이전은 재정이전에 대해 법령이나 조례에 근거를 두어야 한다.

(400)자본지출은 지방정부가 사업주체가 되어 투자사업을 시행하거나 자산을 취득하는 자본형성적 경비이다. 따라서 자본지출의 비중이 많아질수록 해당

지방정부는 지역의 SOC 사업이나 지방공사·공단에 대한 지방정부의 자본비중이 높아지는 것을 의미한다. (500)융자 및 출자는 지방정부가 민간에게 일정기간 빌려주거나 공익법인 또는 지방공사·공단에 출자하는 경비이다. (600)보전재원은 각종 차입금 원금 상환과 기금운영상 발생한 여유자금 예치와 관련된 경비이다. (700)내부거래는 지방정부의 회계 간 내부거래로 기타특별회계 등 전출금, 기금전출금, 교육비특별회계전출금, 예탁금·예수금 원리금 상환 등으로 구성된다. (800)예비비 기타는 예측할 수 없는 예산 외의 지출 등을 위해 편성한 예비비와 보조금 반환금 등 기타 경비를 말한다.

표 10-4 **예산의 성질(품목)별 분류**

그룹(8개)	편성목(38개)
100 인건비	101 인건비
200 물건비	201 일반운영비, 202 여비, 203 업무추진비, 204 직무수행경비, 205 의회비, 206 재료비, 207 연구개발비
300 경상이전	301 일반보상비, 302 이주 및 재해보상금, 303 포상금, 304 연금부담금등, 305 배상금등, 306 출연금, 307 민간이전, 308 자치단체등이전, 309 공기업경상전출금, 310 국외이전, 311 차입금이자상환
400 자본지출	401 시설비및부대비, 402 민간자본이전, 403 자치단체등 자본이전, 404 공기업자본전출금, 405 자산취득비, 406 기타자본이전, 407 국외자본이전
500 융자 및 출자	501 융자금, 502 출자금
600 보전재원	601 차입금원금상환, 602 예치금
700 내부거래	701 기타회계전출금, 702 기금전출금, 703 교육비특별회계전출금, 704 예탁금, 705 예수금원리금상환, 706 기타내부거래
800 예비비 및 기타	801 예비비, 802 반환금기타

자료: 지방자치인재개발원(2020: 142).

4) 기타 경비유형별 분류

다음은 통상적인 예산의 분류로 사용되지는 않지만 실무에서 많이 사용되고 있는 경비유형별 분류이다. 첫째, 의무적 경비와 임의적 경비이다. 의무적 경비는 매 회계연도마다 지방정부가 의무적으로 지출해야 하는 인건비, 구호비, 법정복지비 등이다. 이러한 경비는 재정경직성이 매우 높다. 이와 달리 임의적 경비는 지방정부가 자체사업 등에 투자한 경비로서 지출에 있어서 탄력성과 융통성이 있다. 둘째, 소비적 경비와 투자적 경비이다. 소비적 경비는 지출의 효과가 단기적인 인건비, 물건비, 수용비, 경상보조금 등인 반면에 투자적 경비는 지출의 효과가 자본형성에 투자되는 시설비, 민간자본이전 등을 말한다. 셋째, 이전적 경비와 실질적 경비이다. 이전적 경비는 복지비용과 같이 경비지출이 소득재분배기능을 하는 반면, 실질적 경비는 인건비나 물건비처럼 지방정부가 재화나 서비스를 직접 구입하는데 소요되는 비용을 말한다. 넷째, 보조사업비와 자체사업비이다. 보조사업비는 국보보조금이나 시도비보조금처럼 지방정부가 상위정부로부터 재원을 교부받아 시행하는 사업이다. 자체사업비는 순수한 지방비로 시행하는 사업의 경비이다. 사업의 성격에 따라 보조사업비와 자체사업비가 함께 투자된 경우도 있고, 100% 보조사업비나 자체사업비로만 시행되는 경우도 있다.

제3절 광역 및 기초 지방정부의 일반회계 세출구조

1. 광역지방정부

1) 기능별 분류

우리가 앞 절에서 살펴본 기능별 분류는 2008년 지방정부의 사업예산제도가 시작되면서 도입된 제도이다. 2008년 이전에는 1996년부터 적용하였던 ① 일반행정비, ② 사회개발비, ③ 경제개발비, ④ 민방위비, ⑤ 지원 및 기타 총 다섯 개의 장으로 구분된 기능별 분류를 사용하였다. 이 시기에 사용하였던 기능별 분류는 각 관·항·세항이 각 장의 성격에 정확하게 부합되지 않은 경우가 발생하였다(전상경, 2011). 본 서에서는 2008년부터 전면 시행된 사업예산제도에 의거 광역자치단체 세출예산의 기능별 분류에 따라 이명박 정부하의 2010년, 박근혜 정부하의 2014년, 문재인 정부하의 2018년 결산자료를 활용하여 세출예산의 변화를 비교·분석하고자 한다.[8]

광역지방정부 중 특별시(1개)와 광역시(7개)[9](이하, '특·광역시')의 예산투자 비중이 높은 분야를 살펴보면, 이명박 정부의 2010년 세출결산에서는 사회복지 25.2%, 일반공공행정 19.0%, 수송 및 교통 13.9%, 교육 12.5%, 국토 및 지역개발 7.3%, 기타 6.9% 순이었다. 2014년 박근혜 정부의 세출결산에서는 사회복지 비중이 31.9%로 2010년에 25.2%에 비해 6.7% 포인트 크게 상승하였다. 이어서 일반공공행정 17.9% 교육 12.0%, 수송 및 교통 10.4%, 국토 및 지역개발 6.1% 순으로 나타났다. 2014년 세출결산에서의 특이점은 기초연금의 확대로 인해 사

---

8) 김영삼 정부(1996), 김대중 정부(2002), 노무현 정부(2005)의 기능별 분류 세출예산 비교는 전상경(2011)을 참조하고 바란다.

9) 광역시 7개는 2012년 신설된 세종특별시를 포함한 부산, 인천, 대구, 대전, 광주, 울산광역시 이다.

회복지 비중이 크게 증가한 반면, 지역 SOC 사업과 관련된 '국토 및 지역개발, 수송 및 교통'분야의 세출 비중이 낮아진 것이다. 2018년 세출결산의 비중은 2014년과 동일한 순서로 나타났으나 분야별 비중의 변동이 있었다. 사회복지 비중은 2014년에 비해 1.5% 포인트 증가한 33.4%이며, 일반공공행정 20.3%, 교육 11.6%, 수송 및 교통 8.7%, 국토 및 지역개발 5.6%로 나타났다. 2018년 세출에서도 지역 SOC 사업 관련 분야의 세출이 감소한 반면 사회복지 및 일반공공행정 분야의 예산 비중이 높아졌다. 예산의 비중은 낮지만 2010년 이후 높은 증가율을 기록한 분야 중 하나는 공공질서 및 안전으로 2010년 1.2%에서 2018년 3.3%로 2.1% 포인트 증가하였다. 이는 세월호 사건 등으로 인하여 주민들의 높아진 안전에 대한 욕구를 지방정부가 정책에 반영하기 위하여 예산 투자를 많이 한 결과라고 볼 수 있다.

광역지방정부 중 도(道)의 예산투자 비중이 높은 분야를 살펴보면, 이명박 정부의 2010년 세출결산에서는 사회복지 22.4%, 일반공공행정 14.2%, 농림해양수산 14.1%, 수송 및 교통 8.6%, 환경보호 7.8% 순이었다. 2014년 박근혜 정부의 세출결산에서는 특·광역시 세출에서와 같이 사회복지 비중이 2010년 22.4%에서 2014년 29.0%로 6.6% 포인트 크게 상승하였다. 이어서 일반공공행정 15.5% 농림해양수산 12.9%, 교육 7.3%, 기타 6.9% 순으로 재원 투자가 이루어진 반면, 2010년에 비중이 높았던 수송 및 교통, 환경보호에 재원 투자가 크게 감소하였다. 2018년 세출결산의 비중은 사회복지 31.6%, 일반공공행정 15.1%, 농림해양수산 11.0%, 교육 7.5%, 환경보호 5.5% 순으로 나타났다. 2010년 및 2014년 세출 대비, 사회복지 비중이 크게 증가한 반면, 농림해양수산, 수송 및 교통, 국토 및 지역개발, 기타 분야의 세출 비중이 상대적으로 크게 감소하였다.

특·광역시와 도는 광역지방정부로서의 동일한 지위를 가졌지만, 서로의 사회경제적 여건, 차등 보조율이나 교육비특별회계로의 법정전출금 의무와 같은 법적 규정이 달라 재원 배분에서도 이 같은 특징이 반영된 것이다. 광역지방정부 모두 사회복지분야의 세출이 크게 증가하고 있으나, 특·광역시는 도에 비해 일반공공행정, 교육, 수송 및 교통 분야에 상대적으로 높은 비중의 재원을 투입하고 있다. 도의 경우는 공공질서 및 안전, 환경보호, 농림해양수산분야에 재원을 특·광역시보다 더 배정하고 있다. 특·광역시가 도에 비해 교육에 대한 세출 비중이 높은 것은 지방교육재정교부금법 등에 의해서 교육행정기관에 의무적으로 전출해야 하는 법정전출금 비율 등이 높기 때문이다.[10]

표 10-5	광역지방정부 일반회계 세출 기능별 분류					(단위: 억 원, %)	
		이명박 정부		박근혜 정부		문재인 정부	
		2010		2014		2018	
		금액	비중	금액	비중	금액	비중
특·광역시	일반공공행정	64,210	19.0	75,402	17.9	116,274	20.3
	공공질서 및 안전	4,028	1.2	6,416	1.5	19,174	3.3
	교육	42,159	12.5	50,604	12.0	66,366	11.6
	문화및관광	14,471	4.3	19,476	4.6	20,686	3.6
	환경보호	10,941	3.2	9,471	2.3	15,914	2.8
	사회복지	85,407	25.2	134,203	31.9	191,888	33.4
	보건	6,624	2.0	7,868	1.9	10,343	1.8
	농림해양수산	4,336	1.3	4,766	1.1	6,414	1.1
	산업중소기업	10,283	3.0	10,455	2.5	16,130	2.8
	수송 및 교통	47,000	13.9	43,972	10.4	49,986	8.7
	국토 및 지역개발	24,874	7.3	25,758	6.1	32,015	5.6
	과학기술	711	0.2	1,689	0.4	1,980	0.3
	기타	23,495	6.9	30,765	7.3	26,607	4.6
	합계	338,540	100	420,845	100	573,777	100
도	일반공공행정	57,968	14.2	77,476	15.5	98,402	15.1

10) 교육재정은 본서 제15장을 참고하기 바란다.

공공질서 및 안전	17,157	4.2	16,613	3.3	28,781	4.4
교육	27,710	6.8	36,641	7.3	48,992	7.5
문화 및 관광	20,040	4.9	22,638	4.5	29,847	4.6
환경보호	31,571	7.8	32,306	6.5	35,944	5.5
사회복지	91,185	22.4	144,645	29.0	206,263	31.6
보건	6,110	1.5	8,665	1.7	11,705	1.8
농림해양수산	57,390	14.1	64,460	12.9	72,002	11.0
산업중소기업	11,908	2.9	9,671	1.9	18,171	2.8
수송 및 교통	34,968	8.6	26,205	5.3	33,711	5.2
국토 및 지역개발	23,769	5.8	23,963	4.8	32,210	4.9
과학기술	1,265	0.3	934	0.2	1,495	0.2
기타	26,189	6.4	34,644	6.9	35,224	5.4
합계	407,229	100	498,860	100	652,746	100

주: 결산, 총계기준.
자료: 각 연도 「지방재정연감」.

2) 성질별 분류

성질별 분류는 기능별 분류와 달리 현행 사업예산제도에서도 과거의 분류기준과 거의 유사하다. 이는 사업예산제도의 편성목과 통계목이 성질별 분류로 구성되어 있기 때문이다. 8개 목그룹 중 2008년 이전에 '이전경비'로 명명되었던 그룹이 '경상이전'으로 변경되었을 뿐, 실질적인 내용에는 거의 변화가 없다. 본서에서는 앞 절에서 논한 기능별 분류와 같이 광역자치단체 세출예산의 성질별 분류에 따라 이명박 정부하의 2010년, 박근혜 정부하의 2014년, 문재인 정부하의 2018년 결산자료를 활용하여 비교·분석하고자 한다.[11]

11) 김영삼 정부(1996), 김대중 정부(2002), 노무현 정부(2005), 이명박 정부(2008)의 성질별 분류 세출예산 비교는 전상경(2011)을 참조하고 바란다.

광역지방정부 중 특·광역시의 성질별 분류에 따른 예산투자 비중이 높은 분야는 모든 정부에서 경상이전, 내부거래, 자본지출, 인건비 등의 순서로 나타났다. 경상이전은 이명박 정부에서 47.7%였으나 박근혜 정부에서 54.5%, 문재인 정부에서 56.8%로 크게 증가하였다. 이는 사회복지비 등 특·광역시가 부담해야 재원을 기초지방정부(자치구)로의 이전하거나 공기업 경상전출금 등이 큰 부분을 차지했기 때문이다. 경상이전에 이어서 큰 비중을 차지하고 있는 내부거래는 이명박 정부에서 24.6%에서 박근혜 정부 21.4%, 문재인 정부 25.4%로의 증감을 보이고 있다. 경상이전은 사회보장적 수혜금, 민간이 수행하는 사회복지사업보조 사업, 민간경상사업보조, 민간행사보조 등이 크게 증가하였기 때문이다. 사회복지와 같이 지방정부의 지원을 받아 민간기관에서 수행하는 사무가 많을수록 기능별 분류의 사회복지비와 성질별 분류의 경상이전의 비중이 동시에 높아질 수 있다. 특·광역시의 내부거래 비중이 다른 지방정부보다 높은 것은 일반회계로부터의 기타특별회계로의 전출금, 기금전출금, 교육비특별회계전출금 등과 같은 특·광역시의 특징이 반영된 것이다.

자본지출은 이명박 정부 17.5%, 박근혜 정부 12.9%, 문재인 정부 10.1%로 분석 기간 중 7.4% 포인트가 감소되었다. 자본지출은 각종 건물, 도로, 항만 등과 같은 시설 사업의 시설비와 부대비, 민간자본이전 등에 투자되는 재원이다. 자본지출은 기능별 분류의 국토 및 지역개발 분야, 수송 및 교통 등 분야와 관련성이 높다. 기능별 분류의 이 같은 분야의 예산이 감소된 것이 성질별 분류의 자본지출과 연계되기 때문에, 분석기간 중 자본지출의 비중이 감소한 것이다.

광역지방정부 중 도(道)의 성질별 분류 예산투자 비중이 높은 분야를 살펴보면, 이명박 정부의 2010년 세출결산에서는 경상이전 43.1%, 자본지출 38.1%, 내부거래 10.1% 순이었으며, 2014년 박근혜 정부의 세출결산에서는 경상이전 50.3%, 자본지출 29.3%, 내부거래 11.9%로 나타났다. 2018년 문재인 정부에서는 경상이전 54.2%, 자본지출 25.4%, 내부거래 13.4%로 나타났다. 분석기간 중 경상이전이 11.1% 포인트의 높은 증가를 한 반면, 자본지출은 12.7% 포인트 감소하였다. 내부거래는 3.3% 포인트 증가하였다.

| 표 10-6 | 광역지방정부 일반회계 세출 성질별 분류 | (단위: 억 원, %) |

		이명박 정부		박근혜 정부		문재인 정부	
		2010		2014		2018	
		금액	비중	금액	비중	금액	비중
특·광역시	인건비	18,338	5.4	24,095	5.7	21,005	3.7
	물건비	9,118	2.7	10,706	2.5	12,636	2.2
	경상이전	161,470	47.7	229,491	54.5	325,736	56.8
	자본지출	59,356	17.5	54,438	12.9	57,813	10.1
	융자 및 출자	1,587	0.5	973	0.2	710	0.1
	보전재원	4,822	1.4	9,847	2.3	7,738	1.3
	내부거래	83,129	24.6	90,204	21.4	145,985	25.4
	예비비	720	0.2	1,090	0.3	2,154	0.4
	합계	338,540	100	420,845	100	573,777	100
도	인건비	20,189	5.0	26,300	5.3	27,435	4.2
	물건비	9,587	2.4	12,202	2.4	13,533	2.1
	경상이전	175,439	43.1	250,950	50.3	353,982	54.2
	자본지출	155,301	38.1	146,369	29.3	165,717	25.4
	융자 및 출자	1,134	0.3	579	0.1	314	0.0
	보전재원	4,020	1.0	1,787	0.4	1,901	0.3
	내부거래	41,072	10.1	59,204	11.9	87,649	13.4
	예비비	487	0.1	1,470	0.3	2,214	0.3
	합계	407,229	1	498,860	100	652,746	100

주: 결산, 총계기준.
자료: 각 연도 「지방재정연감」.

특·광역시와 도의 성질별 분류의 재원배분에서 나타난 특징은 도로 등 시설비에 투자되는 자본지출은 특·광역시보다 도가 높은 반면 교육비특별회계 등으로 전출되는 내부거래는 특·광역시가 도보다 훨씬 높았다. 두 종류의 광역자치단체 모두 경상이전은 전체 예산에서 차지하는 비중이 가장 크고 분석기간 중 높은 증가율을 보였다. 그리고 전체 예산에서 차지하는 비중이 상대적으로 낮은 인건비, 물건비, 융자 및 출자, 예비비 등에 투자되는 재원의 변동은 크게 나타나지 않았다.

2. 기초지방정부

1) 기능별 분류

우리가 앞 절에서 살펴본 광역지방정부의 기능별 분류에 따른 재원배분 결과와 같이 기초지방정부에서도 사회복지 비중은 높아지는 반면 수송 및 교통과 국토 및 지역개발 분야의 재원 비중이 낮아진 것으로 나타났다. 다만, [표 10-7]의 기타(900) 분야는 광역지방정부의 통계와 달리 기초지방정부에서는 인건비 등에 소요된 재원이 원가시스템에서 관련 단위사업에 배부되지 않아 상당한 비중을 차지하고 있다. 따라서 기타 분야의 예산 비중이 높지만 특정한 분야의 예산이 아니기 때문에 본 분석에서는 기타 분야를 제외하고자 한다.

독립적 도시의 특징을 가진 시의 주요 분야별 투자 비중을 살펴보면, 이명박 정부의 2010년 세출결산에서는 사회복지 24.8%, 수송 및 교통 12.9%, 국토 및 지역개발 9.2%, 농림해양수산 8.6%, 일반공공행정 8.0% 순이었다. 2014년 박근혜 정부의 세출결산에서는 광역지방정부에서와 같이 사회복지 비중이 2010년 24.8%에서 2014년 31.3%로 6.5% 포인트 크게 상승하였다. 이어서 수송 및 교통 10.3%, 농림해양수산 9.0%, 일반공공행정 7.1%, 국토 및 지역개발 6.8%, 환경보호 6.8% 순이었다. 사회복지 비중이 높아진 반면, 다수의 다른 분야의 예산 비중이 낮아졌다. 2018년 세출결산의 비중은 사회복지 32.3%, 수송 및 교통

10.3%, 농림해양수산 8.3%, 국토 및 지역개발 7.5%, 일반공공행정 7.2% 순으로 나타났다. 2010년 및 2014년 세출 대비, 사회복지 비중이 크게 증가한 반면, 수송 및 교통, 국토 및 지역개발, 기타 분야의 세출 비중이 상대적으로 크게 감소하였다.

우리나라의 대표적인 농어촌지역을 구성하고 있는 군의 주요 분야별 투자 비중을 살펴보면, 이명박 정부의 2010년 세출결산에서는 농림해양수산 21.5%, 사회복지 16.2%, 국토 및 지역개발 12.1%, 환경보호 8.2% 순이었다. 2014년 박근혜 정부의 세출결산에서는 농림해양수산 21.6%, 사회복지 18.2%, 국토 및 지역개발 10.6%, 환경보호 7.9% 순이었다. 사회복지 비중이 2.0% 포인트 높아졌으나 농림해양수산이 여전히 가장 높은 비중을 차지하였다. 2018년 세출결산의 비중은 농림해양수산 20.3%, 사회복지 20.0%, 국토 및 지역개발 10.2%, 환경보호 7.9% 순으로 나타났다. 2010년 및 2014년 세출 대비, 사회복지 비중이 크게 증가하였으나, 농어촌지역의 특성을 가진 군에서는 농림해양수산 분야의 세출 비중이 가장 높았다.

특별시와 광역시에 소속되어 있어 대도시의 특성이 강한 자치구의 주요 분야별 투자 비중을 살펴보면, 이명박 정부의 2010년 세출결산에서는 사회복지 43.2%, 일반공공행정 9.0%, 국토 및 지역개발 5.1%, 환경보호 5.0% 순이었다. 2014년 박근혜 정부의 세출결산에서는 사회복지 52.6%, 일반공공행정 6.7%, 환경보호 4.1%, 국토 및 지역개발 3.1% 순이었으며, 2018년 문재인 정부에서는 사회복지 53.5%, 일반공공행정 6.5%, 국토 및 지역개발 3.9% 순이었다. 자치구의 재원배분에서 나타난 가장 큰 특징은 사회복지의 비중이 전체 예산의 50% 이상을 기록하고 있고, 각종 인건비들이 포함된 기타 분야의 예산이 20% 내외를 차지하였다.

기초지방정부는 도시의 형태인 시, 농어촌 중심의 군, 특별시와 광역시에 속해 있는 대도시의 자치구로 구성되어 있어 시·군·구의 사회경제적 환경이 크게 다르다. 이로 인하여 분야별 재원배분의 비중에 있어서도 기초지방정부 간의 차이가 크게 나타나는 것을 알 수 있었다. 도시의 형태를 보이고 있는 시의 경

우는 다른 기초정부보다 SOC 분야인 수송 및 교통, 국토 및 지역개발에, 군의
경우는 농림해양수산 분야에, 대도시 구의 경우는 사회복지 분야에 상대적으로
많은 재원을 배분하고 있다.

표 10-7 **기초지방정부 일반회계 세출 기능별 분류** (단위: 억 원, %)

		이명박 정부		박근혜 정부		문재인 정부	
		2010		2014		2018	
		금액	비중	금액	비중	금액	비중
시	일반공공행정	31,179	8.0	34,621	7.1	47,877	7.2
	공공질서 및 안전	6,091	1.6	7,686	1.6	9,494	1.4
	교육	6,311	1.6	11,135	2.3	14,824	2.2
	문화 및 관광	30,844	7.9	32,745	6.7	47,311	7.1
	환경보호	27,234	7.0	33,209	6.8	41,369	6.2
	사회복지	97,114	24.8	152,435	31.3	215,140	32.3
	보건	6,495	1.7	9,235	1.9	13,855	2.1
	농림해양수산	33,671	8.6	43,876	9.0	54,932	8.3
	산업중소기업	11,144	2.8	9,463	1.9	15,988	2.4
	수송 및 교통	50,651	12.9	50,301	10.3	68,704	10.3
	국토 및 지역개발	35,839	9.2	33,198	6.8	49,659	7.5
	과학기술	92	0.0	182	0.0	103	0.0
	기타	54,975	14.0	68,772	14.1	85,887	12.9
	합계	391,639	100	486,857	100	665,141	100
군	일반공공행정	14,622	6.3	16,522	6.4	21,156	6.4
	공공질서 및 안전	6,989	3.0	6,959	2.7	8,718	2.7
	교육	2,075	0.9	2,495	1.0	3,100	0.9
	문화 및 관광	17,398	7.5	18,597	7.2	25,658	7.8
	환경보호	18,788	8.2	20,196	7.9	25,881	7.9
	사회복지	37,402	16.2	46,754	18.2	65,618	20.0

보건	4,242	1.8	4,957	1.9	7,015	2.1
농림해양수산	49,625	21.5	55,567	21.6	66,843	20.3
산업중소기업	5,016	2.2	5,281	2.1	7,268	2.2
수송 및 교통	14,713	6.4	13,725	5.3	18,483	5.6
국토 및 지역개발	27,788	12.1	27,264	10.6	33,532	10.2
과학기술	68	0.0	3	0.0	5	0.0
기타	31,784	13.8	38,350	14.9	45,546	13.9
합계	230,509	100	256,670	100	328,823	100
일반공공행정	15,618	9.0	15,372	6.7	20,652	6.5
공공질서 및 안전	1,858	1.1	1,782	0.8	2,958	0.9
교육	2,429	1.4	3,952	1.7	5,084	1.6
문화 및 관광	6,057	3.5	6,948	3.0	10,328	3.2
환경보호	8,723	5.0	9,436	4.1	15,046	4.7
사회복지	75,118	43.2	120,854	52.6	170,502	53.5
보건	4,119	2.4	6,379	2.8	8,648	2.7
농림해양수산	1,701	1.0	1,966	0.9	2,411	0.8
산업중소기업	2,003	1.2	1,649	0.7	2,363	0.7
수송 및 교통	7,092	4.1	5,958	2.6	9,101	2.9
국토 및 지역개발	8,889	5.1	7,198	3.1	12,322	3.9
과학기술	2	0.0	0	0.0	3	0.0
기타	40,249	23.2	48,255	21.0	59,439	18.6
	173,857	100	229,748	100	318,857	100

(자치구)

주: 결산, 총계기준.
자료: 각 연도 지방재정연감.

2) 성질별 분류

기초지방정부의 성질별 분류는 그룹별 재원 배분 비중이 기초지방정부 간에 따라 달리 나타났다. 시의 경우, 2010년 이명박 정부에서는 경상이전 38.8%,

자본지출 38.1%, 인건비 12.0%였으나 2014년 박근혜 정부에서는 경상이전 48.3%, 자본지출 28.3%, 인건비 11.9%로 재원배분이 되었다. 2018년 문재인 정부에서는 2014년과 같이 경상이전 49.4%, 자본지출 27.4%, 인건비 11.0%를 유지하였다. 사회복지비가 포함된 경상이전 비중이 10% 이상 크게 높아진 반면 자본지출의 비중이 10% 이상 감소하였다.

군의 경우, 2010년 이명박 정부에서는 자본지출 49.8%, 경상이전 27.9%, 인건비 12.2%로 나타났다. 2014년 박근혜 정부에서는 자본지출 44.6%, 경상이전 31.5%, 인건비 12.5%로 재원배분 순위가 변화되었다. 자본지출이 5.2% 포인트 감소한 반면 경상이전이 3.6% 포인트 증가하였다. 2018년 문재인 정부에서도 자본지출 41.9%, 경상이전 33.5%, 인건비 12.6%로 나타나, 재원 배분의 변화 추세는 박근혜 정부와 동일하게 유지되었다. 그러나 군의 경우는 시나 자치구와 달리 자본지출이 가장 높은 비중을 유지하고 있다.

자치구의 성질별 분류 예산 배분은 2010년 이명박 정부하에서는 경상이전 51.7%, 자본이전 18.6%, 인건비 19.9%였으나 2014년 박근혜 정부에서는 경상이전 63.3%, 인건비 17.2%, 자본지출 11.0%로 변화되었다. 이러한 재원배분의 순위는 2018년 문재인 정부에서도 그대로 유지되어 경상이전 64.4%, 인건비 15.4%, 자본지출 11.7%로 나타났다.

광역지방정부와 마찬가지로 시·군·자치구 공히 경상이전의 비중이 높아지고 있다. 다만, 농어촌 지역을 기반으로 하는 군의 자본지출이 다른 목그룹보다 재원 투자 비중이 높은 것은 지역개발을 위한 자본적 시설에 아직도 많은 투자를 하고 있기 때문이다. 그리고 자치구는 기능별 예산에서 사회복지 비중이 시나 군보다 월등히 높았던 것처럼 경상이전이 전체 예산의 약 3분의 2 정도를 차지하고 있다. 이 같은 재원배분은 대도시의 하부자치단체인 자치구가 수행하는 업무의 대부분이 사회복지와 관련된 일이며, 사회복지의 비중이 커질수록 경상이전의 비중도 높아질 것이라는 점을 시사하고 있다.

표 10-8	기초지방정부 일반회계 세출 성질별 분류					(단위: 억 원, %)	
		이명박 정부		박근혜 정부		문재인 정부	
		2010		2014		2018	
		금액	비중	금액	비중	금액	비중
시	인건비	47,179	12.0	58,045	11.9	73,448	11.0
	물건비	25,055	6.4	30,734	6.3	40,109	6.0
	경상이전	151,824	38.8	235,364	48.3	328,714	49.4
	자본지출	149,031	38.1	137,731	28.3	182,105	27.4
	융자 및 출자	217	0.1	1,209	0.2	556	0.1
	보전재원	5,699	1.5	8,015	1.6	4,954	0.7
	내부거래	9,087	2.3	11,340	2.3	29,615	4.5
	예비비	3,548	0.9	4,418	0.9	5,639	0.8
	합계	391,639	100	486,857	100	665,141	100
군	인건비	28,036	12.2	32,063	12.5	41,488	12.6
	물건비	15,371	6.7	17,757	6.9	22,589	6.9
	경상이전	64,380	27.9	80,810	31.5	110,224	33.5
	자본지출	114,783	49.8	114,601	44.6	137,875	41.9
	융자 및 출자	154	0.1	39	0.0	38	0.0
	보전재원	1,739	0.8	2,531	1.0	1,406	0.4
	내부거래	4,168	1.8	5,641	2.2	11,375	3.5
	예비비	1,879	0.8	3,228	1.3	3,828	1.2
	합계	230,509	100	256,670	100	328,823	100
자치구	인건비	34,517	19.9	39,519	17.2	48,960	15.4
	물건비	13,583	7.8	15,391	6.7	19,380	6.1
	경상이전	89,857	51.7	145,324	63.3	205,209	64.4
	자본지출	32,359	18.6	25,374	11.0	37,407	11.7
	융자 및 출자	1	0.0	8	0.0	8	0.0
	보전재원	273	0.2	459	0.2	424	0.1
	내부거래	673	0.4	950	0.4	3,256	1.0
	예비비	2,594	1.5	2,723	1.2	4,213	1.3
	합계	173,857	100	229,748	100	318,857	100

주: 결산, 총계기준.
자료: 각 연도 「지방재정연감」.

3. 지방자치의 활성화와 세출구조 변화

1991년 지방의회의 설치와 함께 부활된 지방자치로 인해서 지방정부의 정치적 환경이 급속히 변해가고 있다. 예산결정은 정치적 과정의 산물이라는 Wildavsky(1961)의 주장처럼 지방정부를 둘러싼 이와 같은 정치적 환경변화는 지방정부의 세출결정에 정치적 영향력을 증가시키는 계기가 되었다. 선거에 의하여 공직에 진출하는 정치인들의 시간할인율은 직업공무원으로 근무하는 관료들의 그것에 비하여 높은 편이다(전상경, 2018). 이러한 이유로 인해서 지방정부의 세출결정에 미치는 정치적 영향력이 증대될수록, 장기적 관점에서 지역경제에 도움이 되는 분야보다는 득표에 직접적으로 도움이 될 수 있는 분야에 지출이 증가할 것이라고 생각할 수 있다.

주민직선에 의해서 지방의회와 단체장이 선출되어 출범한 1995년 이후, 우리나라의 지방자치는 제도적 기틀을 마련하고 이제는 지방을 분리하여 국정운영을 할 수 없을 만큼 중요한 정치체제가 되고 있다. 이러한 지방자치의 발전을 지방재정지출과 연관해 볼 때 지방자치는 일종의 사회적 실험이라고 할 수 있다. 따라서 이러한 실험결과를 고찰해 보면 ① 지방재정지출구조를 통해 지방자치의 영향력을 측정할 수 있고, ② 지방재정지출구조의 변화를 통해 정부지출의 결정에 관한 일반적 이론수립에 기여할 수 있으며, ③ 지방정부지출에 미치는 영향요인들의 확인을 통해 제도개선을 할 수 있는 이론적 근거를 정립할 수 있다(김상헌, 2004: 84).

지방자치실시이후 현재까지 일관성을 보이고 있는 성질별 분류의 변화추이를 살펴보면 사회복지비 또는 민간기관·단체 지원비용과 관련 있는 경상이전의 지속적인 증가와 동시에 자본지출의 지속적인 감소가 모든 정부의 형태에서 나타나고 있다. 경상이전의 경우, 도(道)에서는 1995년 26.9%였으나 2002년 27.1%, 2005년 33.7%, 2010년 43.1%, 2014년 50.3%, 2018년 54.2%로 지난 23년 동안 27.3% 포인트 증가하였다.[12) 자본지출의 경우에는 1995년 59.0%에서

---

12) 1995~2005년 세출분석은 전상경(2011)을 참조하기 바란다.

2002년 52.9%, 2005년 46.0%, 2010년 38.1%, 2014년 29.3%, 2018년 25.4%로
같은 기간 동안 33.6% 포인트 감소하였다. 기초지방정부에서도 이 같은 현상은
동일하게 나타나고 있다. 시의 경우, 경상이전은 1995년 11.8%였으나 2002년
20.7%, 2005년 25.9%, 2010년 38.8%, 2014년 48.3%, 2018년 49.4%로 지난 23년
동안 37.6% 포인트 증가하였다. 자본지출의 경우에는 1995년 56.0%에서 2002
년 50.9%, 2005년 49.3%, 2010년 38.1%, 2014년 28.3%, 2018년 27.4%로 분석
기간 동안 28.6% 포인트 감소하였다.

　　지방자치실시 이후 지방정부지출구조에 미친 영향을 분석한 초창기의 연구
와 최근 연구의 결과에서도 동일한 결론이 도출되고 있다. 김상헌(2004)의 연구
결과에 의하면 지방자치실시로 인하여 사회개발비, 이전경비, 민간이전 등 이전
적 지출이나 단기사업에 대한 비중은 증가되었지만, 경제개발비나 자본지출과
같은 장기사업에 대한 비중은 감소되었다. 박기묵(2015)은 지방정부의 사회복지
지출 비중의 증가로 나타난 재정구조의 변화를 도와 광역시, 시·군·자치구를
대상으로 실시하였다. 그 결과에 의하면, 사회복지분야를 제외한 일반행정, 공
공질서 및 안전, 교육 등 10개의 세출예산분야에서 사회복지비 예산 증가로 인
한 대체효과가 있는 것으로 나타났다. 특히, 농림·해양, 수송교통, 국토개발부
문에서의 감소가 두드러지게 나타났는데 이는 사회복지 비중의 증가로 인해 지
역경제성장의 기반 조성에 투자되는 세출이 감소되고 이로 인하여 지역경제성
장이 상당히 억제될 수 있는 전망을 연구는 제시하였다.

　　지방정부의 세출구조의 변화는 지방자치제의 실시로 인한 정치적 환경 변
화가 상당한 영향을 미치고 있다. 지방선거가 실시될수록 증가하는 현금 선심성
예산의 증가로 인한 지방정부의 재정건전성에 대한 우려가 높아지고 있다. 매일
경제[13]에 따르면, 243개 지방자치단체의 복지예산은 2017년 79조여 원에서
2019년 105조 5천억 원으로 크게 증가하였는데 이러한 배경에는 지방정부의 청
년수당, 출산장려수당, 농민수당 등 현금성 무상복지 경쟁에 있다고 신문은 지
적하고 있다. 이러한 주장에도 불구하고 사회복지비 등 민간지원 예산의 변화를

---

13) 매일경제.(2019) "[사설] 복지 퍼주기 지자체 재정건전성 책임 강화해야"(2019. 7. 3.).

단순히 정치적 환경 때문이라고 결론짓는 데는 주의가 필요하다. 왜냐하면 그 동안의 고도성장에 따른 부작용을 최소화하고 국민소득 증대에 따라 소외된 사회적 취약계층에 대한 배려가 국가와 지방의 정책과제로 대두되었기 때문이다. 따라서 지방자치단체의 세출구조변화를 분석할 때는 정치적 환경, 국민의 사회적 욕구의 변화, 각종 정책 환경 등을 충분히 고려하여 그 원인을 찾아야 할 것이다.

제11장
지방정부의 예산운영 관리체계 및 예산과정

제1절   지방정부의 예산운영체계

1. 지방예산운영 관리체계

　　지방정부의 예산관리가 추구하는 근본적 이념은 재정건전성과 효율성에 있다. 지방정부는 예산편성, 심의, 집행 그리고 결산에 이르는 예산운영의 제 과정을 통해 이 같은 재정이념을 실현한다. 예산의 시스템적 관리과정이란 [그림 11-1]에서처럼 ① 지방재정영향평가, ② 중기지방재정계획수립, ③ 투자심사, ④ 예산편성, ⑤ 예산심의, ⑥ 예산집행, ⑦ 결산, ⑧ 재정분석의 단계와 재정환류(feedback)를 거치는 일련의 과정을 가리킨다. 이러한 절차는 상호 연계성을 가지고 연속적으로 이루어지며, 공적 재원을 사용하는데 있어서 필요한 내용상 및 형식상의 정당성이 확보될 수 있도록 하는 중요한 과정이다.

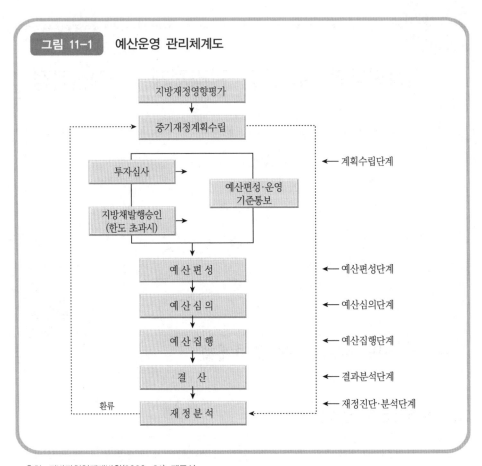

그림 11-1 예산운영 관리체계도

출처: 지방자치인재개발원(2020: 81) 재구성

2. 지방재정영향평가

1) 도입배경 및 근거

지방자치의 부활 이후 지방정부가 지역발전 및 지역경제 활성화 등을 위해 경쟁적으로 유치하고 개최하는 국내외 각종 경기대회 및 축제와 행사 또는 공모사업이 당초의 의도와 달리 지방정부에 막대한 재정적 부담을 주고 있다(정재호·

이성우, 2018: 49). 이와 함께 중앙정부가 법령에 근거하여 추진하는 정책으로 인해 지방정부가 대규모 재정 부담을 하게 되는 사례들이 발생하여 지방재정의 건전성을 악화시키는 빌미가 되고 있다. 이러한 문제의 해결을 위해 지방재정법 제27조의6(지방재정영향평가)에 의거하여 2014년 11월 29일 지방재정영향평가제도가 도입되었다. 지방재정영향평가의 평가범위와 평가항목은 지방정부의 대규모 재정적 부담을 수반하는 국내·국제경기대회, 축제, 행사 등의 유치를 신청하거나 응모할 경우와 중앙관서의 법령안이나 예산안 등이 지방재정에 부담을 수반하는 경우에 미리 해당 지방정부의 재정에 미칠 영향을 평가하는 제도라는 점에서 후술하는 투자심사제도와는 그 근본적 성격이 다르다.

2) 평가대상 및 범위

지방재정법 시행령 제35조의5는 지방재정영향평가의 대상이 되는 사업을 다음과 같이 규정하고 있다. 지방정부는 총사업비 30억 원 이상인 국내·국제경기대회 및 공연·축제를 개최(응모·유치 포함)할 경우, 그리고 공모사업 등 유치를 신청하거나 응모하는 사업으로서 총사업비가 100억 원 이상이고 지방정부의 재정부담이 50억 원 이상인 신규 공모사업을 유치할 경우에 해당 지방사업에 대하여 지방재정영향평가를 받아야 한다.

동법 시행령 제35조의6 제2항에 의하면 중앙관서의 장은 총사업비가 500억 원 이상이고 지방정부의 재정 부담이 200억 원 이상이 소요되는 신규법령 제·개정안, 세입·세출 및 국고채무부담행위 요구안에 대해서는 지방재정영향평가를 실시하여야 한다. 중앙관서의 장이 행정안전부장관에게 제출하는 지방재정영향평가서에는 지방재정 부담의 기간, 소요 금액에 대한 내역 및 재원조달 가능성에 대한 평가결과가 포함되어야 한다.

3) 평가절차

지방정부는 재정영향평가 대상사업에 대하여 사업승인에 소요되는 기간 등을 고려하여 최초 예산반영이 필요한 연도 전에 그리고 중기지방재정계획에 반

영하기 전에 지방재정영향평가를 실시한다. 평가 결과는 지방재정법 제37조의2
에 따른 사업으로서 동 심사에서 적정 판정을 받을 경우, 지방정부는 해당사업
을 중기지방재정계획에 반영한다.

중앙부처의 법령 제·개정안에 따른 지방재정영향평가의 경우, 해당 중앙부
처의 장은 법령 제·개정안에 대한 관계부처 의견 조회 시 행정안전부장관 및
기획재정부 장관에게 제출한다. 그리고 세입·세출 및 국고채무부담행위 요구안
에 대해서는 예산요구서 작성 시에 평가서를 작성하여 행정안전부장관(협의 필요
시)과 기획재정부 장관에게 제출한다.

3. 중기지방재정계획

1) 중기재정계획의 의의와 그 도입배경

(1) 중기재정계획과 연동계획

재정계획(financial plan)은 한정된 자원의 효율적 관리를 위해 필요하며, 통상
그 기간을 기준으로 하여 단기계획·중기계획·장기계획으로 구분된다. 단기계
획이란 3년 미만의 계획을 지칭하며, 가장 전형적인 단기계획은 연차계획(annual
plan)이다. 중기계획은 3년 이상 7년 미만의 계획을 지칭하지만 5년을 기간으로
하는 것이 가장 일반적이다. 여기에 반해 장기계획은 대체로 10년 내지 20년을
대상으로 하여 수립되며 전망의 성격이 강하다.

중기재정계획이란 의회가 행정부를 통제하기 위하여 채택해 온 단년도 예
산편성방식을 탈피하여 예산의 시계를 3~5년으로 연장하여 중기에 걸친 재정
운영정책을 수립한 후 그것을 기초로 재정배분방향을 설정함으로써 한정된 재
원을 효율적으로 배분하기 위한 제도라고 할 수 있다(김신복, 1999: 431). 중기재정
계획은 계획집행상의 융통성을 확보하기 위하여 지속적으로 수정·보완되어야
하기 때문에 연동계획(rolling plan)방식을1) 취한다.

---

1) 연동계획은 sliding plan, moving plan, revolving plan이라고 불리기도 한다(김신복, 1999:
   78).

연동계획이란 장기계획 또는 중기계획의 집행과정에서 경제사정이 변함에 따라 매년 계획내용을 수정·보완하되 계획기간을 계속해서 1년씩 늦추어가면서 동일한 연한의 계획을 유지해나가는 제도이다. 이 같은 연동계획은 장기적 비전과 미래설계 속에서 구조적 변화를 모색하는 장기계획의 장점과 실제와의 괴리가 적기 때문에 계획의 실현가능성이 높은 단기계획의 장점을 결합시킬 수 있는 제도로 간주된다.

다음과 같은 몇 가지 이유 때문에 계획의 집행과정에서 원래의 계획을 수정·보완해야 할 필요성이 제기된다. 첫째, 원래 계획의 목표가 초과 달성되었거나 또는 미달될 수 있기 때문이다. 둘째, 원래의 계획 수립 시에는 구할 수 없었던 새로운 자료나 정보가 활용가능하여 상황의 진단과 분석이 새롭게 이루어져야 할 필요성이 제기되기 때문이다. 셋째, 계획추진에 직·간접적으로 영향을 주는 정치·경제·사회적인 여건이 변화하여 계획수립의 기본 가정을 다시 바꾸어야 할 필요가 있기 때문이다(김신복, 1999: 78).

연동계획의 기본철학은 상황과 여건의 변화에 따라 계획의 세부방침 뿐만 아니라 목표까지도 수정되어야 한다는 이른바 점진주의 전략(strategy of incrementalism)에서 찾을 수 있다. 이것은 미래의 불확실성과 인간의 미래전망능력 및 비판능력의 한계를 감안한 현실적 접근방법인 것이다. 연동계획은 매년 계획이 수정·보완되기 때문에 몇 년에 걸쳐 한 번씩 확정·공포되는 고정(단위)계획보다도 국민들의 관심을 끌기가 상대적으로 어렵다. 뿐만 아니라 해마다 계획목표가 바뀌기 때문에 투자자나 일선행정요원 및 일반 국민들이 계획의 방향과 지향하는 목표를 확실하게 인지하지 못할 수도 있다. 그 결과 계획내용을 경시하고 그것에 별다른 의미를 부여하지 않는 경향도 나타나게 된다(김신복, 1999: 79).

(2) 중기재정계획의 도입

중기재정계획제도는 유럽의 주요 국가나 미국 등에서는 1960~1970년대에 그리고 일본에서는 1981년에 도입되었다. 중기재정계획의 법적 구속력에 대한 방침에는 국가마다 일관성이 없다. 그렇지만 재정운용의 합리성 제고라는 목적 때문에 각국에서 적극적으로 활용되고 있다(김형양, 1989: 268). 외국의 대표적인 중·장기재정계획으로는 영국의 중기재정계획(Comprehensive Spending Review), 스웨덴의 공공지출계획(Spring Fiscal Policy Bill), 미국의 중기재정전망(Mid-Session Review)과 자본투자계획(Capital Improvement Program), 일본의 재정중기전망(Medium-term Fiscal Projection and Estimate) 등을 들 수 있다.[2] 이들 국가들의 재정계획 수립 상의 공통점은 제2차 세계대전 후 복지국가의 추진과정에서 엄청난 사업들이 구상되었으나 그것에 필요한 재원조달에는 한계가 있었다는 점이다. 바로 이러한 이유 때문에 각국은 효율적 재정운영을 통한 건전재정을 추구해야 할 필요성이 제기되었고 그것이 곧 중기재정계획에 관심을 갖게 된 직접적 배경이 되었다(권형신·이상룡·이재성, 2001: 456).

우리나라의 중앙정부는 1981년도부터 중기재정계획의 필요성을 인식하였고, 1982년부터 예산요구서를 제출할 때 중기재정소요내역서를 첨부토록 함으로써 중기재정계획이 본격적으로 도입되기 시작하였다. 중앙정부가 중기재정계획을 도입하게 된 가장 큰 이유 중의 하나는 예산과 그 당시 추진 중이었던 5개년 계획[3] 간의 괴리를 극복하기 위해서라고 한다(김신복, 1999: 350).

지방정부의 경우도 중앙정부로부터 국고보조금이나 지방교부세와 같은 상당한 재정지원금을 받기 때문에 그 재정의 효율적 운영을 위해서 국가재정과 연계할 필요성이 제기되었다. 이리하여 지방정부도 1982년부터 1986년까지를 계획기간으로 삼아 중앙정부의 중기재정계획에 버금가는 중기지방재정계획을 수립하게 되었다.[4] 초창기의 중기지방재정계획은 당시 내무부(현, 행정안전부)의 지

---

2) 이들 국가들 간의 재정계획에 관한 비교는 권형신·이상룡·이재성(2001: 456)에 잘 정리되어 있다.

3) 우리나라는 1962~1981년까지 4차에 걸친 경제개발 5개년계획을 수립하였고, 1982년부터는 그 명칭이 경제사회발전 5개년계획으로 바뀌었다. 그리하여 1982~1986년의 제5차, 1987~1991년의 제6차, 1992~1996년의 제7차 경제사회발전 5개년계획으로 이어졌다.

4) 이때의 중기지방재정계획은 서울특별시를 제외한 197개 지방자치단체의 일반회계만을 대상으로 하였다. 1981년도를 기준년도로 하고 다른 나라의 중기재정계획처럼 불변가격이 사용되었다고 한다(유훈, 2000: 342).

침에 따라 수립·운용되었다. 갑작스럽게 도입되어 제반여건이 미비하였기 때문에 만족할만한 수준이 되지 못하였지만(김형양, 1989: 268), 1988년 4월 6일 지방재정법을 전면 개정할 때 중·장기지방재정계획수립에 관한 규정이 신설되었다.5)

1988년의 지방재정법 전면 개정작업에 실무적으로 참여한 공무원에 의하면 전면 개정된 지방재정법에 중·장기 지방재정계획의 수립에 관한 규정이 명문화된 것은 지방자치실시에 따라 예상되는 정치·행정적 변화 때문이라고 한다. 지방자치가 실시되면 재정운영의 자율성은 높아지지만, 다른 한편으로는 그 반사적 효과로서 방만한 재정운영 때문에 건전재정이 위협받게 될 우려도 생긴다. 예산에 결정적인 영향력을 행사할 수 있는 지방정부의 장이나 지방의회의원들이 주민직선으로 선출된다는 점을 고려한다면, 공공자원이 특정 선거구민의 이해와 관련하여 비효율적으로 배분될 수 있는 가능성이 높아진다. 지방재정계획제도는 과거에 시험적으로 운영해 본 바 있지만 행정수준이 제도의 완전한 이행에 부응할 수 없었고 또한 그 실효성에도 의문이 생겨 현재는 시행되고 있지 않다. 그렇지만 위에서 언급한 바와 같은 사태를 사전에 방지하기 위한 제도적 장치의 하나로서 지방재정법에 명문화시키게 되었다(이경훈, 1988: 101).

1988년에 신설된 지방재정계획에 관한 조항인 지방재정법 제16조는 1991년 12월에 다시금 전면적으로 개정되었으며, 그 주요 내용은 다음과 같다. 첫째, 지방자치단체의 장은 계획성 있는 재정운용을 위하여 중·장기지방재정계획(i.e., 지방재정계획)을 수립하여 지방의회에 보고하고 내무부장관에 제출해야 한다. 둘째, 지방재정계획은 국가법령에 의한 국가계획 및 지역계획과 연계되어야 하며, 셋째, 내무부장관은 각 지방자치단체의 재정계획을 기초로 하여 관계 중앙행정기관의 장과의 협의를 거쳐 종합적인 지방재정계획을 수립한 후 그것을 국무회의에 보고하여야 한다는 것이다.

중기재정계획과 연관하여 1991년의 지방재정법개정에서 주목해야 할 점은

---

5) 1963년 11월 11일에 제정·공포된 지방재정법은 1988년에 전부개정되기 전까지 4차에 걸쳐 부분개정되어 각 장·절마다 새로 추가된 내용들이 30여개의 가지 조문으로 혼재하여 있었기 때문에 법률체제를 정비할 필요성이 있었다.

다음과 같은 두 가지로 요약된다. 첫째는 지방정부의 장은 지방재정계획수립에 필요한 자문을 받을 수 있도록 지방재정계획심의위원회를 구성하도록 한 것이고, 둘째는 지방정부의 장은 수립된 지방재정계획을 기초로 예산편성을 하게 되었다는 점이다. 이러한 규정들은 지방재정에서 중기지방재정계획의 중요성을 부각시켰다고 생각된다.6)

2005년 8월에 지방재정법이 전면적으로 개정되었으나 중기지방재정계획에 관한 내용 그 자체는 크게 바뀌지 않았다. 그렇지만 이전까지의 "중·장기지방재정계획"이라는 명칭이 2005년의 법 개정에 따라 "중기지방재정계획"으로 바뀌었고, 종전까지 여러 조문에 포함된 내용들이 지방재정법 제33조로 통합·정비되었다. 2021년 현재 중기지방재정계획은 지방재정법 제33조와 동법 시행령 제39조에 의해 작성되며 특히 2008년도부터는 사업예산제도운영과 연계하여 수립되고 있다.

2) 중기지방재정계획의 수립과정과 그 유용성

중기지방재정계획은 수립주체인 지방정부가 당해 지역의 지역계획을 재정적으로 뒷받침하는 자금계획, 무한한 재정수요와 유한한 재정공급을 동시에 고려하는 수지균형계획, 한정된 재원을 부문별·사업별로 적절히 배분하는 자원배분계획으로 계획예산제도(Planning Programming Budgeting System)에 그 이론적 토대를 두고 있다. 이상과 같이 중기지방재정계획을 바라볼 때 그것은 ① 지역발전을 위한 정책형성의 합리화·계획화기능, ② 국가시책 등 상위계획과의 연계기능, ③ 지방재원의 확충기능, ④ 재정운영의 지표적 기능, ⑤ 지방지원사업의 합리적 선정 및 투자효율의 극대화기능, ⑥ 지방의회에 대한 예산심의의 준거제공기능 등의 다양한 기능을 갖는 것으로 생각된다(권형신·이상룡·이재성, 2001: 453).

지금까지 지방재정운영에서는 ① 전년도 답습적인 예산편성을 함으로써 재

---

6) 1988년에 신설된 중기지방재정계획에 관한 조항은 지방자치의 부활을 염두에 둔 것이라고 지적한 바 있지만, 1991년 12월의 지방재정법개정은 거기서 한걸음 더 나아가 지방자치의 실시에 대비한 것이라고 해석할 수 있을 것이다.

정의 경직성을 심화시켜 재정의 탄력적 운영이 어려웠으며, ② 예산의 연도 간 연결성 및 종합성이 결여되어 투자사업계획의 효율적 집행이 곤란하였고, ③ 장래의 가용재원한계가 불명확하여 주요 투자사업의 우선순위결정이 곤란하다고 지적되어왔다. 1991년 12월에 개정된 지방재정법부터 지방정부 예산은 지방재정계획에 입각하여 편성하도록 규정함으로써 지방재정계획의 위상이 크게 높아졌다. 그렇기 때문에 제대로 운영된다면 지방재정계획은 합리적인 재원조달 및 배분방향을 설정할 수 있고, 투자사업의 우선순위를 책정함으로써 합리적 재원배분과 그것으로 인한 투자효율성을 제고할 수 있으며, 재정운용의 체계성과 효율성을 제고할 수 있기 때문에 지방정부의 건전재정운용을 위한 제도적 장치로서의 기능을 발휘할 수 있다.[7]

2014년 5월 28일 정부는 중기지방재정계획의 계획적 운용 및 실효성을 강화하기 위하여 지방재정법 제33조를 다음과 같이 개정하였다. 즉 지방자치단체의 장은 지방재정을 계획성 있게 운용하기 위하여 매년 다음 회계연도부터 5회계연도 이상의 기간에 대한 중기지방재정계획을 수립하여 예산안과 함께 지방의회에 제출하고, 회계연도 개시 30일 전까지 행정안전부장관에게 제출하여야 한다. 또한 미래 예측 기능 강화를 위해 종전의 당해 회계연도부터 5년간의 계획수립에서 다음 회계연도부터 5년으로 개정하였으며, 지방의회에 보고에 그쳤던 중기지방재정계획을 예산안과 함께 지방의회에 제출하도록 함으로써 재정민주주의를 강화하였다. 그리고 지방정부의 장은 중기지방재정계획을 수립할 때에는 행정안전부장관이 정하는 계획수립 절차 등에 따라 그 중기지방재정계획이 관계 법령에 따른 국가계획 및 지역계획과 연계되도록 하여야 한다.

개정된 지방재정법은 중기지방재정계획 다음 사항이 포함되도록 새롭게 규정하고 있다: ① 재정운용의 기본방향과 목표, ② 중장기 재정여건과 재정규모

---

7) 지방재정계획이 차지하는 이와 같은 중요성에도 불구하고 현실적으로는 매우 형식적으로 운영되고 있다는 지적이 많다. 왜냐하면 지방재정계획은 특별한 전문 인력이 구성되어 수립되는 것이 아니라 각 사업부서들로부터의 장기적 예산요구의 단순취합에 불과하기 때문이다. 행정안전부가 2006년도 중기지방재정계획수립시 발전방안에 대한 전문 용역을 병행하도록 한 것은(행정안전부, 2005: 6) 이러한 비판 때문이라고 생각된다.

전망, ③ 관련 국가계획 및 지역계획 중 해당 사항, ④ 분야별 재원배분계획, ⑤ 예산과 기금별 운용방향, ⑥ 의무지출(법령 등에 따라 지출과 지출규모가 결정되는 지출 및 이자지출 등)의 증가율 및 산출내역과 재량지출(의무지출 외의 지출을 말함)의 증가율에 대한 분야별 전망과 근거 및 관리계획, ⑦ 지역통합재정통계의 전망과 근거, ⑧ 통합재정수지(일반회계, 특별회계 및 기금을 통합한 재정통계로서 순(純) 수입에서 순 지출을 뺀 금액을 말함) 전망과 관리방안, ⑨ 투자심사와 지방채 발행 대상사업, ⑩ 그 밖에 대통령령으로 정하는 사항.

행정안전부장관은 매년 중기지방재정계획의 수립에 필요한 ① 국가의 재정

그림 11-2 중기지방재정계획 수립 일정

구분	실행내용	시기
계획수립 기준 마련 및 지방자치단체 시달	• (행정안전부) 중기지방재정계획 수립 기준 마련, 지방자치단체 통보	7월중
중기지방재정계획 수립	– (지방자치단체) 세부사업조서 입력	8~9월
	• (지방자치단체) 중기지방재정계획안 작성, 지방재정계획심의위원회 심의·확정	10~11월
	• (지방자치단체) 지방의회 및 행정안전부 제출	11~12월
중기지방재정계획 종합 및 부처 협의	• (행정안전부) 전국 계획 종합 • (행정안전부) 종합 계획 관계부처 협의	12월 다음연도 2월
국무회의 보고 및 자치단체 등 송부	• (행정안전부) 국무회의 보고 • (행정안전부) 중앙부처·자치단체 송부	다음연도 3~4월

자료: 행정안전부.(2019). 「2020~2024년 중기지방재정계획」. 재정리.

운용방향, ② 관련 국가계획 및 지역계획, ③ 중기지방재정계획의 수립에 필요한 그 밖의 정보, ④ 중기지방재정계획 수립의 기준이 포함된 지침을 지방정부에 통보하여야 하며, 각 지방정부가 제출한 중기지방재정계획을 기초로 매년 종합적인 중기지방재정계획을 수립하고, 국무회의에 보고하여야 한다. 종합적인 중기지방재정계획을 수립할 때에는 행정안전부장관은 국가재정법에 따른 국가재정운용계획과의 연계성을 높일 수 있도록 관계 중앙관서의 장과 협의하여야 한다.

지방정부의 장은 중기지방재정계획의 수립에 관한 자문을 얻기 위하여 해당 자치단체에 지방재정계획심의위원회를 둘 수 있고, 중기지방재정계획에 반영되지 아니한 사업에 대해서는 원칙적으로 투자심사와 지방채 발행 대상에서 제외하여야 한다.[8] 이상과 같은 절차와 기준에 의해서 수립된 중기지방재정계획안은 회계연도 개시 30일 전까지 지방정부의 장이 행정안전부장관에게 제출한다. 중기지방재정계획 수립 일정은 [그림 11-2]와 같다.

4. 투자심사제도

1) 투자심사의 개념 및 연혁

지방정부의 투자심사제도는 2014년 지방재정법 개정을 통해 종전의 투·융자심사제도를 통일한 개념으로 지방정부예산의 계획적·효율적 운영을 기하고 각종 투자사업에 대한 무분별한 중복투자의 방지를 위하여 예산편성 전에 사업의 타당성과 효율성을 심사·분석하는 제도이다. 지방재정법 제36조에 따라 지방정부의 장은 중기지방재정계획과 투자심사 결과를 기초로 예산을 편성하여야 한다.

투자심사제도는 1981년 지방투자사업의 타당성 확보와 예산의 합리적 사용을 위하여 도입되었으나 예산요구서 수준의 자료를 내부 공무원들이 심사하

---

8) 구체적인 내용은 지방재정법 제33조 참조하기 바란다.

는 수준에 그쳤기 때문에 제도 도입의 취지를 살리지 못하였다. 이 같은 문제점을 해결하기 위하여 정부는 지방재정법 시행령에 투자심사의 근거를 마련하고 지방재정투융자사업 심사규칙을 제정하였다. 시행령에 규정되었던 투융자심사 제도가 1994년에 처음으로 지방재정법상에 규정되었으며, 이 규정에 따라 지방 정부는 투융자심사 결과를 바탕으로 예산편성을 해야만 하였다.

투융자심사제도는 투자심사제도로 명칭이 변경되어 지난 30여 년 동안 총 사업비 범위 확대, 재심사제 도입, 투자심의위원회의 위원수 확대, 사후평가 도입, 지방투자사업 타당성 조사 전문기관 도입 등 합리적이고 체계화된 제도적 토대를 갖춰가고 있다.[9] 특히 그동안 지방정부가 아무런 투자심사 없이 보증, 확약·협약 등으로 지방재정에 부담을 주는 사업을 실시하고 사업타당성 조사 연구 연구용역 기관을 임의로 선정하는 등과 같은 문제점을 바로 잡기 위해서 2014년 5월 지방재정법이 개정되었다. 그 결과 투자심사 대상에 보증채무부담 행위, 예산외 의무부담(확약·협약 등)이 추가되었고, 500억 원 이상 사업의 사전 타당성 조사는 행정안전부장관이 지정하는 전문 기관에서 실시하도록 하였다.

2) 심사의 대상범위

(1) 심사대상 사업의 유형

투자심사 대상사업의 유형은 사업의 성격에 따라 일반투자사업과 행사성사 업으로 구분된다. 일반투자사업은 시설의 설치, 자산의 취득 등 자산형성적 투 자사업으로 지방정부가 예산을 반영하여 추진하는 사업을 말한다. 세출예산서 의 투자사업비가 이에 해당되며, 형식적으로 당해 지방자치단체가 사업시행주 체가 아니라 하더라도 실질적으로 지방예산에서 재원을 투자하는 결과가 수반 되는 사업이 일반투자사업에 포함된다.

행사성사업이란 일반투자사업과는 달리 행사 그 자체를 위한 사업이다. 행 사에 필요한 시설물·구조물 등을 임시적·일회성으로 설치·구축하는 경비와 각

---

9) 지방투융자심사제도의 연혁은 한국지방행정연구원에서 펴낸 '지방투자사업의 효율적 추진을 위한 지방투융자심사제도 발전방안'에 자세하게 정리되어 있다.

종 행사개최를 위하여 지출되는 경상경비를 대상으로 투자심사를 한다. 투자심사제도의 도입 초기에는 행사성사업이 심사대상에 포함되지 않았으나, 지방정부가 대규모 행사를 유치하여 시행하는 과정에서 예산의 낭비사례가 발생됨에 따라 2001년도부터 10억 원 이상의 행사성 사업이 심사대상에 포함되었다. 다만 행사성사업 중에서 국가가 주관하는 올림픽, 월드컵, 전국체육대회 등과 같은 행사를 지방정부가 대행하여 개최하는 경우에는 투자심사 대상에 포함되지 않는다.

(2) 심사주체에 따른 대상사업 구분

투자심사는 시행하는 주체에 따라 지방정부가 직접 심사하는 자체심사와 사업비의 규모가 일정 범위를 넘어 자체적으로 사업시행 여부를 심사하는 것이 곤란한 사업의 경우 이를 시·도 및 중앙정부에 의뢰하는 의뢰심사로 구분된다. 따라서 투자심사는 시·군·구 및 시·도 자체심사, 시·도 의뢰심사, 중앙정부 의뢰심사로 구분·운용된다. 지방재정 투자심사의 대상 사업은 지방재정법 제37조 제1항 제1호의 규정과 같이 재정투자사업에 관한 예산안 편성 관련 사업이다. 여기서 예산안 편성 관련 사업은 다음 회계연도에 시행하고자 하는 총 사업비가 일정금액 이상인 신규투자사업을 말한다. 지방재정 투자심사의 대상사업의 유형은 일반투자사업, 행사성 사업, 홍보관 사업, 지방자치단체 청사 신축사업, 문화·체육시설 신축과 같은 사업을 말한다.

그 밖에 지방재정법 제37조 제1항 제2호의 규정과 같이 지방의회가 의결을 통해 채무부담행위, 보증채무부담행위, 법령과 조례에 규정된 것을 제외한 예산 외의 의무부담 사업에 대해서 투자심사를 지방정부의 장에게 요청할 경우 실시된다. 지방재정 투자심사에서 제외되는 대상사업은 지방재정투자사업심사규칙 제3조 제2항의 규정처럼, 신규투자사업이 아닌 사업은 제외된다. 그 밖에 재해·재난복구 등 원상복구를 목적으로 하는 사업, 공유재산 대체 취득, 소방장비의 구매사업, 보건소, 소방서 및 119 안전센터의 건축사업, 총 사업비의 100분의 80 이상의 재원을 국가에서 지원하는 사업, 사업비 전액이 민간자본 또는 외국자본인 사업 등 다수의 사례가 투자심사 대상 제외사업으로 법령에 규정되어 있다.
　　지방재정 투자심사의 유형과 대상사업의 범위는 지방재정법 제37조, 시행
령 41조 및 지방재정투자사업 심사규칙(2019. 5. 17. 시행) 등에 규정되어 있다.
[표 11-1]은 사업비 규모에 따른 자체심사와 의뢰심사 대상을 구분하여 정리한
것이다.

표 11-1　**투자심사 대상사업 사업비 기준**

구분	심사기관	사업대상별 사업비 기준
자체심사	시·군·구	• 총 사업비 20억 원 이상~60억 원 미만의 사업 • 총 사업비 3억 원 이상~5억 원 미만의 홍보관 사업 • 총 사업비 1억 원 이상~3억 원 미만의 공연·축제 등 행사성 사업 • 총 사업비 5억 원 이상의 신규투자사업으로서 외국차관도입사업 또는 해외투자사업
	시·도	• 총 사업비 40억 원 이상~300억 원 미만의 사업 • 총 사업비 5억 원 이상~30억 원 미만의 홍보관 사업 • 총 사업비 3억 원 이상~30억 원 미만의 공연·축제 등 행사성 사업
의뢰심사	시·도	• 시·군·구의 사업비 60억 원 이상~200억 원 미만 투자사업 • 시·군·구의 총 사업비 5억 원 이상~30억 원 미만의 홍보관 사업 • 시·군·구의 총 사업비 3억 원 이상~30억 원 미만의 공연·축제 등 행사성 사업 • 전액 자체재원 부담 시·군·구의 청사 및 문화·체육시설 신축사업
	중앙정부	• 시·도 사업비 300억 원 이상 또는 시·군·구의 사업비 200억 원 이상의 사업 • 시·도 또는 시·군·구의 총사업비 30억 원 이상의 공연·축제 등 행사성 사업과 홍보관 사업 • 전액 자체재원 부담 시·도의 청사 및 문화·체육시설 신축사업 • 외국의 자본이 도입되는 총사업비 10억 원 이상의 투자사업 • 기타 행정안전부장관이 국가경제 및 사회정책상 필요하다고 인정하는 사업

자료: 지방재정법시행령 제14조 등 재정리.

(3) 투자심사의 절차

투자심사는 해당 지방정부의 사업부서가 작성한 기초심사자료를 바탕으로 심사주관 심사부서(예, 예산담당관)는 서면심사와 현지심사를 실시한다. 사업부서는 중기지방재정계획 반영여부의 확인·조치, 사업규모의 적정성 및 사업시행의 타당성 등을 중점 검토하여 자체 투자방침을 정한 후, 부서 내 투자우선순위를 부여하여 기초심사 자료를 작성한다.

심사주관부서는 해당 사업에 대한 재원조달 가능성, 중기지방재정계획 반영 여부, 사업비 산정의 적정성 여부, 사업의 타당성·적정성 등에 대해서 심사한다. 해당 사업의 투자 사업비 재원 중 일부가 민간자본이 포함된 경우는 심사부서는 민간투자유치 가능성을 검증하기 위하여 민자유치 확약서 또는 민자유치 계획서를 투자심사 의뢰 시에 제출받아 심사한다. 투자심사 대상 사업현장이 주민생활지역과 인접한 경우, 사업시행으로 주민들의 피해발생이 우려되는 사업, 사업이 다른 사업과 중복되거나 연결되는 경우, 기타 현장에서 확인이 필요한 경우 등에는 현지심사를 실시하여야 한다.

심사부서는 서면심사와 현지심사를 통해 작성한 평가를 바탕으로 지방투자심사위원회를 개최한다. 지방재정법 제37조의2는 투자심사에 관한 지방정부의 장의 자문에 응하기 위하여 지방정부의 장 소속으로 학계전문가, 공무원, 민간단체소속원 등 15인 이내의 지방재정투자심사위원회를 두도록 규정하고 있다. 위원회에서는 대상사업 중 쟁점사업을 선정하여 관련 사업부서로 하여금 당해 사업에 대한 설명을 실시토록 기회를 제공한다. 심사결과의 최종결정은 가급적 위원 만장일치로 결정하되, 의견 일치가 되지 않는 경우에는 다수결에 의해서 결정할 수 있다. 투자심사 결과는 적정, 조건부 추진, 재검토, 부적정과 같은 4가지 유형으로 구분된다.

제2절 지방정부의 예산과정

1. 예산과정 및 예산의 주기

　　예산은 한 회계연도의 지방정부의 수입과 지출의 예정액이다. 이 같은 예산은 ① 편성, ② 심의, ③ 집행, ④ 결산의 4단계 과정을 통해서 회계연도마다 반복된다. 이렇게 반복·중첩되는 예산의 과정을 예산주기(budget cycle) 또는 예산순기라고 한다. [표 11-2]는 그러한 예산주기를 나타내고 있다. 즉 2021년 회계연도(fiscal year)의 예산(FY 2021)은 2020년에 집행기관에 의해 편성되어 의회에 심의·의결을 거쳐 확정되고, 2021년 회계연도가 시작되면 회계연도 동안 집행과정을 거쳐 다음 해인 2022년에 결산이 완료되면 FY2021 예산은 종결된다.

표 11-2 　예산주기의 국면

회계연도	2020년(t-1)	2021년(t연도)	2022년(t+1)
2020년도 예산	집행	결산	-
2021년도 예산	편성·심의	집행	결산
2022년도 예산	-	편성·심의	집행

　　회계연도는 회계 실체(예, 정부, 기업, 비영리 기관 등)의 회계사무를 명확하게 구분·정리하기 위해서 인위적으로 설정한 기간이다. 회계기간은 통상 1년(단년도 예산, annual budget)이나, 미국의 20여 개 주정부는 회계기간을 2년(biennial budget)으로 하고 있다.[10] 회계연도의 시작은 국가 또는 지방정부별로 다르게 규

---

10) NCSL, State Experiences with Annual and Biennial Budgeting(http://www.ncsl.org/research/ fiscal-policy/state-experiences-with-annual-and-biennial-budgeti.aspx).

정되어 있으나 우리나라를 포함한 많은 나라에서는 한 해가 시작하는 1월에 시작하여 12월에 종결되는 역년(calendar year)과 일치한다. 지방자치법 제125조는 '지방자치단체의 회계연도는 매년 1월 1일에 시작하여 그 해 12월 31일에 끝난다'라고 규정하고 있다.[11] 지방정부의 재정은 영속적이기 때문에 일정 기간을 단위로 구분하여 정리하지 않으면 수지(收支) 상황에 대한 기간별 정확성과 세대별 책임성을 확보할 수 없다. 그렇기 때문에 회계연도는 회계 기간 동안의 계리를 보다 명확히 하기 위해 회계연도를 구분되는 것이다.

2. 예산편성

1) 예산편성의 의의

지방정부의 예산편성은 다음 회계연도 동안의 지방정부가 수행하고자 하는 정책을 구체화하는 예산 과정의 첫 번째 단계이다. 지방정부는 다음 연도에 추진할 각종 사업에 필요한 재원을 추계하고, 예산과정을 통해 세입과 세출의 규모를 확정한다. 이 같은 예산편성의 책임은 집행기관(지방정부의 장)이 맡고 있다. 예산편성에 집행기관이 주도권을 갖는 것은 사업계획의 수립 및 분석에 필요한 지식과 경험 등 전문성을 가진 관료들이 각 분야별 예산을 편성하는데 더 적합하고, 지방정부의 사무를 총괄하는 권한을 가진 집행기관의 장이 각 분야별 예산을 조정·통합할 수 있기 때문이다.

2) 예산편성 절차

지방정부의 실질적 예산편성은 지방정부의 예산편성 주관부서(예, 예산담당관실 또는 기획예산과 등)에서 각 실·국 및 하부행정기관 등 사업부서에 예산편성운영기준과 사업부서별 세출예산의 총액배분(budget ceiling)을 하는 8월 초부터 본격

---

11) 미국의 50개 주정부 중 46개 주정부의 회계연도는 7월 1일 시작하여 다음 해 6월 30일 끝나지만, Alabama 와 Michigan 주는 10월 1일, New York 주는 3월 31일, Texas는 9월 1일 회계연도가 시작된다. 연방정부의 회계연도는 10월 1일 시작하여 다음 해 9월 30일 종료한다.

그림 11-3	예산편성 절차

주요과정	내용
지방재정영향평가 (지방재정법 제27조의6)	• 대규모 신규공모사업, 국내·국제 경기 • 법령개정에 의한 지방재정 영향 평가
⇩	
중기지방재정계획 (지방재정법 제33조)	• 예산편성의 기본자료 활용 • 예산안과 함께 지방의회에 제출
⇩	
투자심사 (지방재정법 제37조)	• 중기지방재정계획에 반영된 사업을 대상으로 투자심사 실시 후 예산편성
⇩	
예산편성기준통보 (지방재정법 제38조)	• 예산편성기준: 7월 31일(행정안전부 → 자치단체) • 지방교부세 내시: 10월 15일 • 국고보조금 내시: 10월 15일
⇩	
예산안 편성 (지방자치법 제127조) • 시·도: 회계연도 개시 50일 전 • 시·군·구: 회계연도 개시 45일 전	• 예산담당부서 예산편성운영기준 통보 • 각 사업부서 예산요구서 작성 • 주민참여예산 의견 반영12) (지방재정법 제39조) • 예산담당부서 예산요구서 심사·조정 • 집행기관의 장 예산안 결재

자료: 행정안전부.(2019).「2020~2024년 중기지방재정계획」. 재정리.

---

12) 지방재정법 제39조(지방예산 편성 과정의 주민 참여)의 주요 내용은 다음과 같다: ① 지방정부의 장은 대통령령으로 정하는 바에 따라 지방예산 편성 과정에 주민이 참여할 수 있는 절차를 마련하여 시행하여야 하며; ② 지방정부의 장은 제1항에 따라 예산 편성 과정에 참여한 주민의 의견을 수렴하여 그 의견서를 지방의회에 제출하는 예산안에 첨부하여야 한다.

적으로 시작된다.[13] Top-down 형식의 예산총액배분 자율편성제도는[14] 2004
년 국가예산에서 도입된 이후 지방정부 예산에도 적용되고 있다. 사업부서는 예
산편성기준과 총액 배분된 예산의 범위 내에서 지정된 기일까지 세입·세출예산
요구서와 사업관리카드(정책사업·단위사업·세부사업)를 작성하여 예산부서에 제출
한다. 세입예산은 세입부서(예, 세정담당관실)에서 각 부서의 자료를 취합하여 제
출한다. [그림 11-3]은 지방정부의 예산편성 절차를 정리한 것이다.

예산은 한정된 재원으로 각 분야의 수요를 골고루 충족시켜야 하므로 재정
수요에 비하여 가용재원은 항상 부족한 상태이다. 지방정부의 각 부서의 예산요
구를 동원가능한 세입재원 범위 내로 조정하여 맞추어야 한다. 예산부서는 예산
요구서 조정 및 심사 시 소관 부서장이 참여하는 예산조정회의에서 소관 부서의
장의 설명을 듣고 지방정부의 재정운영방침, 재정상황, 정책우선순위 등을 고려
하여 예산요구서를 조정·배분한다. 이상과 같은 절차를 거쳐 편성된 예산안을
지방정부의 장은 지방자치법이 정한 법정기일 내에 지방의회에 제출한다. 지방
정부의 장은 예산안을 시·도의 경우 회계연도 개시 50일 전(전년도 11월 11일),
시·군·구의 경우 회계연도 개시 45일 전(전년도 11월 21일)까지 제출하여야 한다.
국가예산안, 시·도예산안, 시·군·구 예산안의 제출기한이 하위정부로 내려오
면서 회계연도 개시일과 가까워지는 것은 상위정부로부터의 이전재원이 확정되
어야 하위정부의 예산안 편성이 가능하기 때문이다.

3. 예산심의

1) 예산심의의 의의

예산심의는 집행기관이 작성한 예산안을 의결기관인 지방의회가 심사하는
예산과정이다. 지방의회의 예산심의는 주민의 대표기관인 의회가 집행기관이

---

13) 예산부서는 예산주관부서(예, 예산담당관과 기획예산과), 세입부서는 세입주관부서(예, 세정
   담당관과 세무과), 사업부서는 각 실·국 등 예산소관부서를 말한다.
14) 예산총액배분 자율편성 제도는 예산부서가 각 실·국 및 소속기관의 지출한도를 미리 정해
   주고 그 범위 내에서 예산편성의 자율성을 확대해 주는 제도이다.

제안한 정책에 대해 결정·감독·통제하는 기능을 포함하고 있다. 예산심의는 주민의 대표기관인 의회가 해당 지역의 정책결정에 참여하는 동시에 주민을 대표하여 주민이 받는 공공서비스에 대한 비용을 결정하는 기능을 수행함으로써 재정민주주의의 이념을 실현하는 제도적 장치이다.

예산심의 과정에서 지방의회 의원과 정당 및 각종 이해관계자들은 자신들의 선호를 반영시키기 위해 상호 갈등하고 타협하는 정치적 게임을 벌이게 된다. 윌다브스키가 예산은 정치적 과정이며, 따라서 예산에 대한 연구는 정치에 관한 연구이고, 예산개혁이 곧 정치개혁이라고 주장한 것은(Wildavsky, 1961) 예산심의과정이 내포하고 있는 이와 같은 정치적 성격 때문이다.

2) 예산심의의 절차

지방의회에 예산안이 제출되면 지방의회의 의장은 지방정부의 장으로부터 예산안에 대한 설명을 들은 후, 예산안을 소관별 상임위원회에 회부하고 소관별 상임위원회는 예비심사 후 그 결과를 의장에게 보고한다. 의장은 예비심사보고서를 첨부하여 예산안을 예산결산특별위원회에 회부하거나, 필요한 경우 예산결산특별위원회 내에 계수조정소위원회를 구성하여 예산안에 대한 계수 조정을 실시한 후 그 심사가 끝나면 본회의에 부의한다.

지방의회 의원의 정수가 소수여서 상임위원회가 설치되어 있지 않은 시·군·구의회에서는 예산안이 예산결산위원회에 바로 회부되어 종합심사를 함으로써 예산안 심의가 완료된다. 지방자치법 제127조에 의하면 지방의회는 예산심의 과정에서 제출된 예산안에 대해 지방정부의 장의 동의 없이 지출예산 각 항의 금액을 증가하거나 새로운 비용항목을 설치할 수 없다. 이를 달리 표현하면, 지방정부의 장의 동의를 얻을 경우 지방의회는 예산안 심의 시 세출예산의 각 정책사업의 금액을 증가하거나 새 비용항목을 설치할 수 있다는 것이다.

지방의회 예산결산특별위원회의 종합심사가 완료된 예산안은 본회의에 상정된다. 광역정부인 시·도의회에서는 회계연도 시작 15일 전(전년도 12월 16일)까지, 기초정부인 시·군·자치구의회에서는 회계연도 개시 10일 전(전년도 12월 21

그림 11-4 **지방예산의 심의·의결 흐름도**

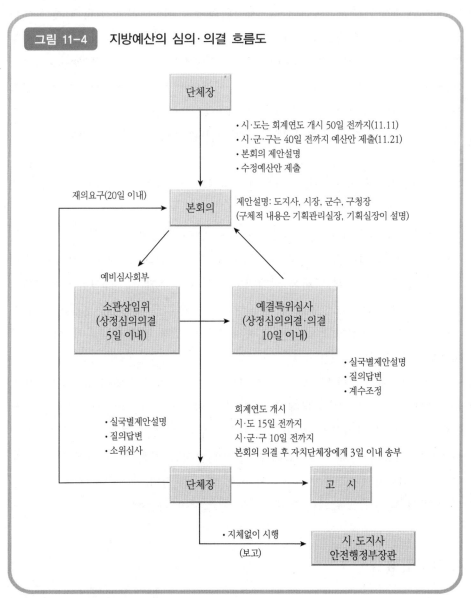

단체장

• 시·도는 회계연도 개시 50일 전까지(11.11)
• 시·군·구는 40일 전까지 예산안 제출(11.21)
• 본회의 제안설명
• 수정예산안 제출

재의요구(20일 이내)

본회의

제안설명: 도지사, 시장, 군수, 구청장
(구체적 내용은 기획관리실장, 기획실장이 설명)

예비심사회부

소관상임위
(상정심의의결
5일 이내)

예결특위심사
(상정심의의결·의결
10일 이내)

• 실국별제안설명
• 질의답변
• 계수조정

• 실국별제안설명
• 질의답변
• 소위심사

회계연도 개시
시·도 15일 전까지
시·군·구 10일 전까지
본회의 의결 후 자치단체장에게 3일 이내 송부

단체장

고 시

• 지체없이 시행
(보고)

시·도지사
안전행정부장관

출처: 지방자치인재개발원(2020: 93).

일)까지 예산안을 의결하여야 한다. 지방의회에서 예산안을 의결하면 예산은 확정된다. 지방의회 의장은 의결된 예산을 의결된 날로부터 3일 이내에 지방정부의 장(자치단체의 장)에게 이송하여야 한다. 지방정부의 장은 지방의회로부터 예산을 이송받으면 지체없이 시·도에서는 행정안전부장관에게, 시·군·자치구에서는 시·도지사에게 각각 보고하고 그 내용을 고시하여야 한다. 그러나 지방정부의 장은 지방의회가 의결한 예산에 집행할 수 없는 경비가 포함되어 있다고 판단하면 그 의결사항을 이송받은 날부터 20일 이내에 이유를 붙여 재의를 요구할 수 있다(지방자치법 제108조). [그림 11-4]는 지방의회의 예산심의 과정을 정리한 것이다.

예산심의 과정에 다음과 같은 두 가지 변수가 발생될 수 있다. 그 하나는 예산안이 지방의회에 제출된 이후 부득이한 사유로 인해 그 내용의 일부를 수정해야 할 경우이고, 다른 하나는 회계연도의 시작 이후까지도 예산안이 의결되지 않은 경우이다. 전자의 경우를 위해 지방자치법 제127조 제4항은 수정예산을 작성할 수 있도록 규정하고 있으며, 후자의 경우를 위해 지방자치법 제131조는 준예산제도를 규정하고 있다.

수정예산은 ① 법령·조례 등 개정으로 소요경비의 반영이 불가피한 경우, ② 국고보조금이나 지방교부세 등의 내시가 변경된 경우, ③ 기타 제출된 예산안의 내용 중 불가피하게 변경이 필요한 경우에 한하여 편성될 수 있다. 한편 준예산이 성립되면 ① 법령·조례에 의하여 설치된 기관 또는 시설의 유지·운영비, ② 법령 또는 조례상 지출해야 하는 의무적 경비, ③ 이미 예산으로 승인된 사업의 계속에 소요되는 경비 등은 그 집행이 가능하다.

4. 예산집행

1) 예산집행의 의의

예산집행은 지방정부의 수입과 지출을 실행·관리하는 모든 행위를 말한

다. 이 같은 예산집행의 주요 내용은 재무적 측면과 경제적 측면으로 구분된
다(윤영진, 2011b: 187). 예산집행의 재무적 측면은 특정 목적에 의해서 의결된
예산을 그 목적대로 지출하는 것이다. 이것은 회계책임성의 확보 및 예산통제
를 강조하는 전통적 예산의 원칙에 바탕을 둔 것이다. 이에 비해 예산집행의
경제적 측면은 예산이 단순한 재정적 지출이 아닌 정책 및 사업의 수행이라는
점을 감안해 예산이 의도하는 사업계획의 목표를 달성하는데 초점을 맞추고
있다.

이 같은 두 가지 측면의 성격을 가진 예산집행의 목표는 예산통제와 예산
집행에 있어서 신축성 유지에 있다. 예산통제는 예산의결을 통해 반영된 주민의
재정적 의도를 예산집행기관이 효과적으로 실행하여야 하며, 실행과정에서 예
산집행기관의 재량을 최대한 억제할 수 있는 제도적 장치가 구비되어야 한다.
동시에 예산집행과정에서 발행할 수 있는 환경변화에 적절히 대응하기 위한 예
산집행의 신축성을 유지할 수 있어야 한다.

2) 예산집행과정에서의 신축성 유지방안

예산집행의 일차적 목표는 예산통제이지만 예산편성이나 심의시 예측하지
못했던 환경의 변화에 대응할 수 있는 예산집행의 신축성을 유지할 제도적 장치
가 필요하다. 예산집행의 신축성을 유지하는 것은 예산통제를 완화하는 의미이
며, 이는 사업내용과 시행방법상, 그리고 시기상의 신축성을 부여하는 것을 말
한다(윤영진, 2011b: 190). 예산집행과정에서의 신축성을 유지하는 방안에는 예산
의 이월, 예산의 이용·전용·이체, 채무부담행위, 계속비의 활용, 예비비의 활용,
추가경정예산의 편성 등이 있다.

(1) 예산의 이월

예산의 이월(Carry-over of Budget Authority)은 당해 회계연도(t)에 집행할 것
으로 승인된 예산의 전부 또는 일부를 사용하지 않고 다음 회계연도($t+1$)로 넘
겨쓰는 제도를 말한다. 당해 회계연도의 지출은 그 회계연도에 지출해야 하는

것이 원칙이다. 그러나 예산의 이월이란 회계연도 독립의 원칙에 대한 예외[15]로서 당해 회계연도 예산의 일정액을 다음 연도로 넘겨서 사용할 수 있도록 시기적 신축성을 보장한 제도이다. 지방재정법 제50조는 명시이월과 사고이월에 대해 규정하고 있으며, 동법 제42조는 계속비 이월제도에 관해 규정하고 있다. [표 11-3]은 각종 이월제도의 특징을 비교한 것이다.

표 11-3 지방자치단체 예산이월 비교

구분	명시이월	사고이월	계속비이월
요구권자	자치단체의 장	부서(기관)의 장	자치단체의 장
승인권자	지방의회	자치단체의 장	지방의회
요구시기	회계연도 내	회계연도 내	회계연도 내
확정시기	회계연도 완료 후 10일 이내	회계연도 완료 후 10일 이내	회계연도 완료 후 10일 이내
재이월	사고이월 가능	불가	의회의결후 재이월

명시이월은 세출예산 중 경비의 성질상 당해 연도 내에 그 지출을 끝내지 못할 것이 예측될 때 그 취지를 세입·세출예산에 명시하고, 사전에 의회의 승인을 얻어 다음 연도에 이월하여 사용하는 것을 말한다. 여기서 경비의 성질이란 주로 그 경비의 사용대상인 사무나 사업이 상당한 기간(회계연도 초과)이 소요됨으로써 당해 회계연도 내에 지출을 필하지 못하거나 사업집행 시기가 늦어져 연도 말까지 사업을 완결하지 못하는 경우를 말한다. 이 같은 사례는 공사발주가 지연되거나 보상협의 지연, 주민반발로 인한 사업착수가 불가한 사업 등에서 발견된다. 명시이월된 예산은 다음 회계연도에 사고이월할 수 있어 사업진행기간이 최장 3년까지 가능하다.

---

15) 예산의 이월은 예산한정성(목적, 초과지출, 연도경과)의 원칙의 예외이기도 하다. 그 이유는 당해연도에 집행하라는 시기의 한정을 예외적으로 인정하여 다음 시기(다음 회계연도)에 사용할 수 있도록 하기 때문이다.

사고이월은 세출예산 중 당해 연도 내에 지출원인행위를 하고 불가피한 사유로 그 연도 내에 지출하지 못한 경비와 지출원인행위를 하지 아니한 그 부대경비의 금액에 대한 이월을 말한다. 불가피한 사유는 원칙적으로 천재지변과 같은 재난, 관급자재의 지급 지연 등 당초에 예상할 수 없었던 사고로 인해 연도 내에 이행이 불가피한 사유를 말하며, 당초부터 연도 내에 완료되지 못할 것이 예상된 사업에 대해서는 사고이월의 사유로 볼 수 없다. 기타 사고이월을 할 수 있는 경우는 지출원인행위를 위하여 입찰공고를 한 경비 중 입찰공고 후 지출원인행위를 할 때까지 오랜 기간이 걸리는 경우, 공익·공공사업의 시행에 필요한 손실보상비, 경상적 성격의 경비로서 대통령령으로 정하는 경비 등이다(지방재정법 제50조 제2항). 사고이월은 당해 연도 1회에 한하며, 다시 다음 연도에 재차 이월할 수 없다.

계속비이월은 수 연도에 걸쳐 시행하는 사업의 경비 중 연간부담액 중 당해 연도에 지출하지 못한 금액은 사업완성 연도까지 계속하여 차례로 이월하여 사용할 수 있도록 한다. 계속비로 지출할 수 있는 연한은 당해 연도로부터 5년 이내로 하며, 다만 필요하다고 인정될 때에는 지방의회의 의결을 얻어 다시 그 연한을 연장 할 수 있다.

이 같은 이월이 발생한 사유별 내용은 ① 계획변경 및 사업집행 지연 ② 절대공기부족 ③ 사전절차 및 행정절차 이행·지연 ④ 협의·보상지연 및 지역민원 ⑤ 하반기 국비 및 추가경정예산 편성 ⑥ 준공기한 미도래 ⑦ 기타(조달, 재료구입, 동절기 공사, 납품기한 지연 등) 등으로 나타났다(민기·류춘호 외, 2018: 94). 예산의 이월은 예산집행의 신축성을 통해서 지방정부의 공공서비스 전달이 단절되지 않도록 하는 이점이 있는 반면, 지방의회의 심의·의결을 거쳐 승인된 지방공공서비스 관련 예산이 예산집행과정에서 예산의 이월로 지연 또는 단절이 되는 현상이 발생되는 단점이 있다. 따라서 가능한 이월을 억제하고 불가피한 경우에만 이월제도를 활용하는 것이 바람직하다.

(2) 예산의 이용, 전용 및 이체

예산의 이용(移用)은 정책사업 간에 예산을 상호 융통하여 사용하는 것을 말한다. 정책사업은 입법과목(장·관·항)에 해당하기 때문에 예산의 이용은 집행부의 재량사항이 아니고 지방의회의 승인을 얻어야 한다. 지방정부의 장은 세출예산이 정한 목적 외에 다른 용도로 이용할 필요가 있을 경우에 필요로 하는 과목·금액·이유 등을 명시한 서류를 지방의회에 제출하여 지방의회의 의결을 얻어야 한다.

예산의 전용은 정책사업 내 단위사업 간 예산을 변경하여 사용하는 것을 말한다. 지방정부의 장은 법령이 정하는 바에 의하여 각 정책사업 내의 예산범위 안에서 행정과목인 각 단위사업의 금액을 전용할 수 있다. 전용의 범위는 정책사업 내 단위사업 간 예산의 전용이나 동일 단위사업 내 목 그룹 간 전용을 허용하고 있다. 그러나 인건비, 시설비 및 부대비, 차입금 원금상환, 차입금 이자상환,16) 예수금 원리금상환은 다른 편성목으로 전용할 수 없으며, 업무추진비는 다른 편성목에서 전용 받을 수 없다.17)

예산의 이체는 회계연도 중 지방정부의 기구·직제 또는 정원에 관한 법령이나 조례의 제정 또는 개폐로 인하여 관계기관 사이에 직무권한 기타의 변동이 있을 때에는 그 예산을 이체하여 사용할 수 있다. 이체는 사업부서의 장의 요구에 의하여 지방정부의 장이 하게 된다. 예산의 이체를 지방정부의 장의 권한으로 하는 것은 이체의 원인이 되는 법령, 조례 또는 기구·직제 등의 개편 시 이미 지방의회의 의결을 받았기 때문이다. 예산의 이체는 지방의회의 의결에 따른 후속조치의 일환이다.

(3) 채무부담행위

채무부담행위란 지방정부의 장이 법령 또는 조례에 의한 것과 세출예산과 명시이월비 또는 계속비 총액의 범위안의 것 이외에 금전의 급부를 내용으로 하는 계약의 체결이나 그 밖의 행위를 할 때에는 미리 예산으로 지방의회의 의결을 얻는 행위를 말한다. 채무부담행위의 경우 당해 연도와 다음 연도에 걸쳐 지

---

16) 단 차입금 원금상환과 차입금 이자상환 간에는 상호 전용이 가능하다.
17) 동일 세부사업 내 통계목 간 예산은 사업부서장(실·국장) 책임하에 상호융통할 수 있다. 그러나 동일 세부사업 내 편성목의 변경이 목그룹을 달리할 경우에는 전용에 해당한다.

출하여야 할 지출원인행위를 할 수 있다. 채무부담행위는 세출예산이 수반되지 않고 지출의무 부담에 소요되는 경비의 지출이 다음 연도 이후에 그 이행의 책임이 부과되는 의무부담만을 원칙으로 한다. 따라서 채무부담이 되는 행위를 하였을 때에는 늦어도 다음 회계연도 세출예산에 반드시 계상하여야 하며, 그 밖의 회계연도 세출예산에는 계상할 수 없다.[18)]

(4) 계속비의 활용

지방정부의 장은 공사나 제조 및 그 밖의 사업의 완성에 수년이 걸릴 경우 그것에 필요한 경비의 총액과 연도별 금액에 대하여 지방의회의 의결을 얻어 계속비로서 여러 해에 걸쳐 지출할 수 있다. 계속비로 지출할 수 있는 연한(年限)은 그 회계연도부터 5년 이내이지만, 필요한 경우 지방의회의 의결을 거쳐 다시 그 연한을 연장할 수 있다. 지방재정법 제42조에 의하면 지방정부는 완성까지 여러 해가 걸리는 공사 중 ① 시급하게 추진하여야 하는 사업으로서 재난 복구사업과 ② 중단 없이 이행하여야 하는 사업의 예산은 특별한 사유가 없으면 계속비로 편성하여야 한다.

(5) 예비비의 활용

예비비는 지방정부가 재정활동을 수행함에 있어서 예측할 수 없는 예산 외의 지출 또는 예산 초과 지출을 충당하기 위해 세입세출예산에 계상한 금액을 말한다. 예비비는 예산한정성의 원칙의 예외[19)]로서 지방정부가 사업을 효율적으로 추진할 수 있도록 예산 운용에 탄력성을 부여한 제도이다. 지방자치법 제129조는 세입·세출예산에 예비비 계상을 의무화하고 있으며, 지방재정법 제43조는 당초예산 일반회계 예산총액의 100분의 1 범위 내에서 예비비를 편성하도

---

18) [채무부담행위 예시] ○○년도에 총 300억 원이 소요되는 종합체육시설 공사의 경우, 250억 원은 당년 세출예산에 계상하고 나머지 50억 원은 당해 연도 가용재원 판단상 부득이 계상 못하고 공사만 시행하였다(즉 외상공사). 50억 원 외상공사 대금은 다음 연도 세입 중에서 지출하는 예산회계 제도로써 그 채무액은 채무부담행위 조서를 예산안으로 의회의 의결을 받은 다음 다음 연도 세출예산에 계상할 경우 50억 원은 채무부담행위액이 된다.

19) 예산은 반드시 특정사용 경비의 목적이 지정되어 있어야 하나, 예비비는 포괄적인 용도만 지정하고 있기 때문에 예산한정성의 원칙의 예외이다.

록 규정하고 있다.[20] 지방정부의 장은 예비비를 사용한 경우 예비비 지출에 관한 총괄표를 작성한 뒤 다음 연도에 지방의회의 승인을 얻어야 한다.

예비비는 예산 외의 지출 또는 예산초과지출에 충당하기 위한 것이기 때문에 예비비 사용에는 다음과 같은 내재적 및 실정법상의 제약이 수반된다. 내재적 제약으로는 ① 연도 중의 계획이나 여건변동에 의한 대규모 투자지출의 보전, ② 예산편성이나 지방의회의 심의과정에서 삭감된 경비, ③ 다음 연도로의 이월을 전제로 한 경비에 소요되는 것과 이용·전용 등으로 재원의 소요를 우선적으로 충당할 수 있는 경우 등이 있다. 한편 실정법상의 제약은 지방재정법시행령 제48조가 업무추진비·보조금 등의 목적으로 예비비를 지출할 수 없다고 규정하는 것이다. 하지만 긴급재해대책을 위한 보조금으로는 집행이 가능하다.

(6) 추가경정예산

추가경정예산은 예산 성립 후에 생긴 사유로 인하여 이미 성립된 예산에 변경을 가할 필요가 있을 때 편성하는 예산이다. 예산부족액이 크지 않은 경우에는 예비비로 충당하지만, 그 부족액이 큰 경우에는 추가경정예산을 편성한다. 추가경정예산은 ① 순세계잉여금의 발생으로 인한 재원을 활용하기 위한 경우, ② 국고보조금이나 지방교부세와 같이 국가에서 추가로 지원된 예산에 대해 지방비 부담을 해야 할 경우, ③ 이미 편성된 예산 중 사업집행 등 경비집행에 있어서 부득이한 사유로 사업비를 추가하거나 변경할 필요가 있는 경우에 편성한다. 추가경정예산도 본예산 심의·의결과 같은 절차에 따라 사전에 지방의회에 의결을 얻어야 한다.

5. 결산

1) 결산의 의의

결산은 예산과정의 최종 단계로 1회계연도의 세입세출예산의 집행실적을

---

20) 하지만 재해와 재난 관련 목적 예비비는 별도로 예산에 계상될 수 있다.

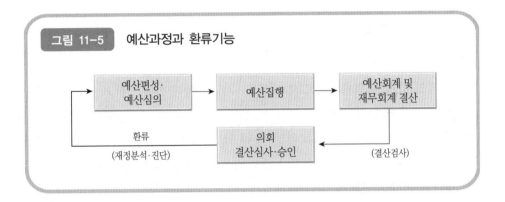

그림 11-5 예산과정과 환류기능

예산편성·예산심의 → 예산집행 → 예산회계 및 재무회계 결산

환류
(재정분석·진단)

의회
결산심사·승인

(결산검사)

확정된 계수로 표시하는 행위다. 예정적 계수의 예산과 확정적 계수의 결산이 일치하는 경우는 거의 없다. 예산과 결산의 불일치하는 이유는 세입의 경우 세입 추정액과 실제 징수액의 차이, 세출의 경우 예산의 이월, 예비비 사용, 예산의 이용 및 전용, 불용액 등으로 인해 예산액과 결산액 간의 차이가 발생하기 때문이다.

결산은 주민의 대표기관인 지방의회가 결산을 승인한다는 점에서 재정민주주의의 실현을 의미함과 동시에 집행기관의 예산집행 책임을 해제하는 정치적 효과를 갖는다. 또한 결산은 예산 집행을 통해 나타난 각종 사업이나 정책의 경제성, 효율성, 효과성과 같은 정보를 산출하는 활동으로서의 의미도 포함하고 있다. 결산을 통해 산출된 정보는 [그림 11-5]와 같이 예산편성 및 예산심의에 반영된다는 점에서 환류(feedback) 기능을 수행한다.

예산이 정부의 재정활동에 관한 권한을 부여하지만, 결산은 위법 또는 부당한 지출이 지적되어도 그것을 무효화하거나 취소하는 법적효력은 없다. 그렇지만 의회는 집행기관의 장에 정치적·도의적 책임을 추궁할 수 있을 뿐만 아니라 예산 집행상 위법·부당한 사실이나 재정행위가 발견될 경우 예산집행 관련자에게 법적 책임을 요구할 수 있다.

2) 결산의 절차

(1) 결산서 작성

예산의 집행은 원칙적으로 회계연도 내에서 행하여져야 하고, 결산은 예산이 구체적으로 집행된 실적이기 때문에 출납사무의 완결을 전제로 작성된다. 지방정부의 출납은 회계연도 종료일인 12월 31일 폐쇄하는데, 이를 출납폐쇄기한이라고 한다. 매 회계연도에 속하는 경비의 정산 지출 또는 지출된 세출금의 반납, 그리고 매 회계연도에 속하는 세입금·세출금의 수납 또는 지급은 이와 같은 출납폐쇄기한 내에 이루어져야만 한다.

하지만 출납원이 수납한 세입금은 회계연도가 끝나는 날부터 20일(다음연도 1월 20일)까지 지방정부의 금고에 납입할 수 있으며, 일상적 경비는 회계연도가 끝나는 날부터 20일까지 반납될 수 있다. 특정 회계연도에 속하는 세입·세출의 출납에 관한 모든 사무는 다음 해 2월 10일(출납사무완결일)까지 마쳐야 한다(지방회계법 제7조). 지방정부의 장은 출납 폐쇄 후 80일 이내에 결산서와 증빙서류를 작성하고, 지방의회가 선임한 검사위원의 검사의견서를 첨부하여 다음 회계연도 5월 31일까지 지방의회에 제출하여야 한다(지방회계법 시행령 제10조).

(2) 결산의 승인 및 결산승인 고시

결산의 승인은 지방정부가 결산검사위원의 의견서를 첨부하여 제출한 결산서를 지방의회에서 의결함으로써 이루어진다. 결산서 승인 절차는 예산안 심의 절차와 거의 동일하다. 결산 승인은 매년 5월 또는 6월 중에 개회되는 제1차 정례회의 회기 내에 처리되어야 한다. 결산승인이 이루어지면 지방의회는 그 결과를 지방정부의 장에게 이송하고, 지방정부의 장은 5일 이내에 시·도에서는 행정안전부장관에게, 시·군·자치구에서는 시·도지사에게 각각 보고하고 그 내용을 고시하여야 한다. 지방자치법 제134조에 의하면 결산의 심사결과 위법 또는 부당한 사항이 있는 경우 지방의회는 본회의 의결 후 지방정부 또는 해당 기관에 변상 및 징계 조치 등 그 시정을 요구하고, 지방정부 또는 해당 기관은 시정요구를 받은 사항을 지체 없이 처리하여 그 결과를 지방의회에 보고하여야 한다.

(3) 결산상 잉여금의 처리

결산상 잉여금은 결산결과 징수한 수입총액에서 지출한 세출총액의 차액을 말한다. 이 같은 잉여금은 예산상의 세입보다 더 많은 세입이 징수된 결과와 예산상의 세출보다 이월이나 불용 등과 같은 세출예산의 미집행에 의해서 발생된다. 결산상 잉여금은 지방회계법 제19조에 의해 법정잉여금, 이월금, 국비나 시·도비 집행잔액에 우선적으로 사용되어야 한다. 이러한 경비에 사용하고 남은 순세계 잉여금은 조례에서 규정한 지방채의 원리금 상환, 다음 회계연도의 세입재원 등으로 활용할 수 있다. 잉여금은 당해연도 세입이 당해연도 세출재원으로 활용되지 못하는 문제점을 내포하고 있다. 따라서 예산편성시보다 정확한 세입과 세출 예측이 필요하다.

6. 지방자치단체 예산과정에서 나타난 특이점

국가예산과 달리 지방정부의 예산과정에서 나타난 독특한 특징들이 있다. 이러한 특징은 예산의 주체가 중앙정부 하나인 국가예산과 달리 지방정부의 예산주체는 243개에 달하고, 광역과 기초지방정부, 거대도시, 대도시, 도시 및 농촌 등 지방정부의 다양한 환경에 의해서도 국가예산과 다른 특징이 나타났다. 그 중에서 국가예산과 제도적으로 다르게 규정된 지방정부의 장의 예산재의요구권과 예산행태에서 나타난 추가경정예산에 대해서 살펴보고자 한다.

1) 지방정부 장의 예산재의요구권[21]

우리나라는 예산을 법률로 의결하는 많은 선진국들과 달리 예산을 법률 제정 과정과 다른 형식, 내용 그리고 절차에 따라 확정하고 있다. 헌법은 '국회는 국가의 예산안을 심의·확정한다'(제54조 제1항)는 별도의 규정을 통해 예산을 입

---

21) 본 내용은 민기·박철민(2015)의 논문을 요약하여 정리한 것이다.

법절차와 구별하고 있다. 예산성립과정이 법률과 다른 우리나라의 이러한 제도를 예산의결주의 또는 예산비법률주의라고 한다.

예산법률주의는 행정부가 의회로부터 예산을 승인받기 위해서 예산안과 함께 예산의 내용을 규정하는 법률을 동시에 의회에 제출한다. 미국의 경우, 이 법률을 지출승인법(Appropriation Act)이라고 한다. 지출승인법은 '미국 헌법 제1장 제9조의 법률로서 승인된 지출 이외에 어떠한 금전도 국고로부터 인출될 수 없다'는 규정에 근거하고 있다. 그러므로 지출승인법, 즉 세출예산에 관한 법이 제정되면 국고로부터 금전을 인출하여 사용해도 된다는 의미이다.

이와 달리 우리 헌법은 '국회에서 의결된 법률안은 정부에 이송되어 15일 이내에 대통령이 공포한다'(제54조 제1항)고 규정한 반면 국가 예산안은 국회에서 심의·확정하도록 하였다. 예산이 법률과 달리 국회의 의결로 확정되는 예산의결주의가 가진 가장 큰 특징은 국회가 의결한 예산에 대하여 대통령의 거부권이 인정되지 않는다는 점이다. 이러한 점에서 볼 때 예산의결주의와 예산법률주의는 그 의결 및 확정과정, 재의 여부 등에서 많은 차이가 존재한다.

그러나 국가의 예산과 달리 지방자치단체의 예산에 대해 지방자치법은 예산의결과 관련한 재의요구권(Veto Power)을 지방정부의 장에게 부여하고 있다. 지방정부의 장은 지방자치법 규정에 의거 '지방의회의 의결이 월권 또는 법령에 위반하거나 공익을 현저히 해하는 경우'(107조)와 '지방의회의 의결이 예산상 집행할 수 없는 경기, 비상재해로 인한 시설의 응급복구를 위하여 필요한 경비를 삭감할 경우'(제108조)에는 지방의회로부터 의결된 예산을 이송받은 날로부터 20일 이내에 의회에 재의를 요구할 수 있다. 지방정부의 장은 국가예산의 최종 책임과 권한을 갖고 있는 행정수반으로서의 대통령과 달리 '지출예산에 대한 증액 및 신비목 설치 동의권'과 '예산재의요구권(예산거부권)'을 모두 갖고 있다.

지방정부의 장이 갖고 있는 예산재의요구권에는 지방의회가 제·개정한 조례안에 대한 재의요구권과 동일한 절차와 성격을 포함하고 있다. 지방의회의 의장은 조례안이 의결된 날로부터 5일 이내에 지방정부의 장에게 조례안을 이송하고, 지방정부의 장은 이 조례안을 20일 이내에 공포하여야 하여야 한다. 만약,

지방정부의 장은 이송받은 조례안에 대하여 이의가 있을 경우에는 20일 이내에 이유를 붙여 지방의회로 환부하고 그 재의를 요구할 수 있다. 만약, 재의요구한 조례에 대해서 지방의회에서 재의결을 가결하게 되면, 지방정부의 장은 재의결된 날로부터 20일 이내에 대법원에 소(訴)를 제기할 수 있다. 조례의 이와 같은 과정이 동일하게 예산 재의요구에서도 적용된다.

지방정부의 장이 재의요구한 예산을 지방의회에서 '재적의원 과반수 출석과 출석의원 3분의 2 이상의 찬성으로 전과 같이 의결(거부권 압도)'하면 예산은 다시 확정된다. 만약, 지방정부의 장은 재의결된 예산이 법령에 위반된다고 판단하면 재의결된 예산을 대법원에 소(訴)를 제기할 수 있다. 따라서 지방정부의 예산은 예산의결주의를 채택하고 있는 국가예산과 달리 예산조례주의를 택하고 있다고 볼 수 있다.

예산의결주의를 채택하고 있는 국가예산의 헌법 규정과 달리, 지방자치법은 지방자치단체의 예산에 대해 지방정부의 장에게 재의권(거부권)을 부여함으로서 변형된 예산의결주의(예산조례주의)가 지방정부 예산과정에 적용되고 있다. 이로 인해 지방의회에서 심의·의결로 확정된 예산이 회계연도 개시 이후 지방정부의 장에 의해 거부되는 상황이 발생하게 되면, 지방정부는 준예산 체제를 유지하는 등 지방재정운영에 불안정성이 커질 수 있다. 따라서 지방의회 예산도 국가예산처럼 예산의결주의가 적용될 수 있도록 단체장에게 부여한 재의요구권을 폐지하거나, 법령에 명백히 위반된 예산 항목에 대해서만 거부할 수 있는 항목별 특별 거부권 등의 도입이 필요하다고 본다.

2) 지방정부의 잦은 추가경정예산 편성

2020년 전세계적으로 확산되어 인류의 삶의 형태를 크게 바꾼 COVID 19[22]에 대응하기 위해서 국가는 2020년 8월에 4차 추가경정예산을 확정·집행하고 있다. 이처럼 비상한 상황 속에서는 불가피하게 추가경정예산을 편성하는 것은

---

22) 「CORONA 19」라고 우리사회에서는 표기하나, 본 서에는 전 세계가 공식적으로 사용하고 있는 「COVID 19」을 사용한다.

정부가 제도적으로 보장된 정책수단을 활용하는 것이라고 볼 수 있다. COVID 19로 인해 2020년의 국가 및 지방정부의 추가경정예산편성은 매우 예외적인 사례이다.

그러나 이 같은 예외적인 상황이 아닌 시기에도 상당히 많은 지방정부들은 추가경정예산을 자주 사용하고 있다. 예를 들면, 전라남도는 회계연도가 1/2도 지나지 않은 5월 24일(2016년) 제2차 추가경정예산을 의결하였다. 본예산을 포함하여 세 번째 예산이 편성된 것이다. 이러한 예산행태는 수도권 지역의 기초지방정부를 들여다보면 경기도 용인시는 2014년과 2015년에 각각 4회와 3회, 화성시는 2013년과 2015년 각각 4회와 3회의 추가경정예산을 편성하였다. 2006년부터 2014년까지 10회계연도 동안 추가경정예산 편성회수를 살펴보면, 국가예산은 총 4회(연평균 0.44회)에 불과한 반면, 같은 기간 지방정부는 연 평균 2.71회로 나타났다(민기·백상규, 2016: 95).

추가경정예산은 예산이 성립한 후에 생긴 부득이한 사유로 인하여 이미 성립한 예산에 변경을 가하는 것이다. 예산이 확정된 이후 발생하는 부득이한 사유에 대하여 국가재정법(제89조)은 "1. 전쟁이나 대규모 재해에 따른 피해가 발생한 경우, 2. 경기침체, 대량실업, 남북관계의 변화, 3. 법령에 따라 국가가 지급하여야 하는 지출이 발생하거나 증가하는 경우" 등으로 한정하고 있다. 이러한 규정과 달리 지방자치법과 지방재정법은 추가경정예산 편성에 대한 근거 조항은 두고 있으나 편성사유에 대한 규정은 두고 있지 않다.

이러한 편성사유와 관련된 규정의 불비가 추가경정예산의 무제한 편성을 허용하는 것은 아니다. 지방재정법은 지방재정의 기본원칙을 통하여 효율적이고 계획적인 예산운용의 규율을 지방정부에 부여하고 있다. 다만, 추가경정예산은 예산단일의 원칙에 의한 경직적 재정운용으로 인해 본예산안 편성시 예측하지 못했던 부득이한 상황이 예산 집행 중인 당해 회계연도에 발생하는 경우에 이를 신축적으로 대처하도록 예외적 제도로서 도입된 것이다. 이런 입법취지에도 불구하고 추가경정예산이 필요 이상의 빈번한 편성과 지방정부의 재정운용 능력에 따라 비합리적으로 운영되고 있음이 지적되고 있다.

백상규·민기(2016)는 지방정부의 추가경정예산 편성 행태를 분석하기 위해 지방정부의 재정력과 재정운용능력에 따라 지방정부를 네 가지 유형으로 분류하였다. 백상규·민기가 제시한 모델에서 「유형Ⅱ 계획형 지방정부」는 재정력과 재정운용능력이 모두 높은 지방정부를 말한다. 「유형Ⅰ 내핍형 지방정부」는 재정력은 낮으나 재정운용능력이 높으며, 「유형Ⅲ 빈곤형 지방정부」는 재정력과 재정운용능력 모두 낮다. 「유형Ⅳ 방만형 지방정부」는 재정력은 높으나 재정운용능력이 낮은 경우를 말한다.

표 11-4 유형별 지방정부 예산편성 행태

		재정력	
		부족	풍부
재정 운용 능력	높음	[유형 Ⅰ] 내핍형: 의존적 추가 행태	[유형 Ⅱ] 계획형: 자립적 점증 행태
	낮음	[유형 Ⅲ] 빈곤형: 의존적 반복 행태	[유형 Ⅳ] 방만형: 자립적 반복 행태

출처: 백상규·민기(2016: 103).

유형Ⅱ의 지방정부는 재정력과 재정운용능력이 높기 때문에 재정계획을 면밀히 수립하고 그 계획에 입각하여 재정지출을 하는 계획형 정부이다. 계획형은 비교적 정확한 세입추계를 바탕으로 초과세입이 발생한 경우 연 1회 정도의 추가경정예산을 편성할 것으로 예측하였다. 유형Ⅰ의 지방정부는 예산집행에 있어서 절약과 통제를 강조한다는 점에서 내핍형이다. 내핍형의 경우, 자체재원보다는 상위정부로부터의 이전재원의 변화에 따라 추가경정예산 편성이 일어날 것이다. 유형Ⅲ의 지방정부는 자체재정력이 낮기 때문에 이전재원의 교부나 자체재원의 잉여가 발생할 때마다 의존적이며 반복적으로 추가경정예산을 편성할 것이다. 유형Ⅳ는 도시형 지방정부로서 대단위 아파트 단지의 건설 및 인구 유입 등으로 재정수입이 크게 증가하는 반면 재정운영능력이 떨어지기 때문에 자

립적 반복형 추가경정예산을 편성할 것이다. 이 같은 예측을 바탕으로 9년간의
자료를 이용하여 지방정부 81개, 총 729개 사례를 분석하였다. 그 결과 추가경
정예산 편성 연평균 횟수는 「유형Ⅰ」 2.31회, 「유형Ⅱ」 2.23회, 「유형Ⅲ」 3.01
회, 「유형Ⅳ」 3.18회로 밝혀졌다. 그리고 본예산 대비 추가경정예산으로 인하여
증가된 예산비율은 「유형Ⅰ」 13.81%, 「유형Ⅱ」 12.64%, 「유형Ⅲ」 16.45%, 「유
형Ⅳ」 20.40%로 나타났다.

　　예산이 성립한 후에 부득이한 사유로 인하여 이미 성립한 예산에 변경을
하는 추가경정예산이 지방정부의 경우 '부득이한 사유' 보다는 지방정부의 재정
력이나 재정운용능력에 따라 활용되고 있는 흥미로운 발견이 백상규·민기 논문
에서 밝혀졌다. 추가경정예산 도입 입법 취지와 달리 운영되고 있는 제도의 정
상화와 주민의 부담으로 조달된 공적재원의 합리적 이용을 위해 지방정부가 추
가경정예산제도를 방만하게 남용하지 않도록 향후 제도개선을 고민해 봐야 할
것이다.

제12장

지방정부의 회계관리 및 재정관리제도

제1절 지방정부의 회계관리

1. 정부회계의 개념 및 도입배경

　　회계(accounting)는 회계실체(accounting entity)의 경제활동에 대한 유용한 재무정보를 측정하여 그 이용자가 합리적으로 의사결정을 할 수 있도록 전달해 주는 정보시스템이다. 이 같은 회계의 목적을 달성하기 위해서 회계의 구성요소인 정보의 측정요소(예: 자산, 부채, 자본, 수익, 비용 등)와 전달요소(예: 대차대조표, 손익계산서 등 재무제표)가 상호 유기적으로 결합되어야 한다. 이러한 점에서 회계는 단순한 반복적 절차를 통하여 회계정보를 축적(기록)하는 부기(bookkeeping)뿐만 아니라, 축적된 정보에 근거하여 예산안을 마련하고 생산활동과 판매활동에 반영하기 위해 정보를 해석하고 이용하는 기능을 수행한다(표영인·최종윤, 2008: 4-5).

　　정부회계는 중앙정부나 지방정부와 같은 경제실체의 경제적 사건, 즉 경제적 거래발생에 관한 정보를 인식, 측정, 기록하여 단체장, 지방의원, 주민, 기타 이해관계자들에게 의사결정에 유용한 회계정보형태로 전달하는 일련의 과정을 의미한다. 1990년대에 들어서면서 선진국을 중심으로 정부부문의 산출이나 성과를 구체적으로 측정하여 공공서비스의 효율적 공급을 모색하려는 결과 중심의 행정개혁이 큰 위세를 떨치기 시작하였다. 이러한 행정개혁 중에서 가장 큰 비중을 차지하는 것이 정부회계제도의 개혁이다.

　　일부 영미권 국가에서는 이미 1990년대 이전에도 지방정부를 중심으로 회계제도 개혁의 일환으로 발생주의 회계제도의 도입이 간헐적으로 시도되었었다. 이러한 시도 중 가장 주목할 만한 사건은 1989년 뉴질랜드가 정부개혁 프로그램의 일환으로 제정한 공공재정법(Public Finance Act of 1989)이다. 이 법은 정부는 예산과 운영의 목적에 따라 일반적으로 인정되는 회계원칙(Generally Accepted Accounting Principles, GAAP)[1]에 근거한 회계제도의 도입을 규정하고 있다.

　　우리나라도 김대중 정부 출범 이후 1987년 외환위기로 인한 국가적 위기 하에서 공공부문의 효율성 도모를 위해 정부부문에 시장적 요소를 가미하는 행정개혁을 추진하였다. 선진국을 중심으로 진행 중인 결과 중심의 행정개혁이 큰 관심을 불러일으킴에 따라 정부활동의 투명성과 효율성을 증진시키기 위한 정부회계제도의 관심도 자연스럽게 높아졌다. 따라서 시장적 요소를 중시하는 분위기와 맞물려 정부회계제도에 기업에서 사용하는 방식을 도입하는 것이 가능할 것인가가 큰 관심사로 대두되었다.

　　또한 시민사회단체인 경제정의실천시민연합과 회계사들을 중심으로 정부회계에 복식부기를 도입함으로써 정부재정에 관한 회계학적 정보를 공급해야 된다는 주장이 제기되었다. 이러한 주장은 정부 고위 정책담당자들의 주의를 끌어 구체적인 실행방안이 수립되기 시작하였고, 한 걸음 더 나아가 복식부기뿐만 아니라 발생주의의 중요성도 큰 관심거리가 되었다. 1999년에 들어서면서 당시 재정경제부(현, 기획재정부)와 행정안전부는 정부회계제도의 개선을 위한 연구용

---

1) GAAP는 재무회계의 지침이 되는 모든 회계 관습, 절차, 법령 등 일반적으로 인정되는 회계 원칙을 통틀어 말하는 것이다.

역을 발주하였을 당시의 보고서들이 발생주의의 필요성과 그 도입방안에 대한 많은 관심을 불러일으킨 것이다(옥동석, 1999: 167-168).

이상과 같은 정부회계제도의 개혁 분위기에 힘입어 우리나라에서는 지방정부가 중앙정부보다 먼저 회계제도 개혁에 박차를 가하였다. 즉 지방정부의 경우 1999년 12월부터 2001년 3월까지의 일정으로 지방자치단체의 회계 개선을 위한 복식부기 시범사업이 경기도 부천시와 서울특별시 강남구를 중심으로 실시되었고(강인재, 2000: 112-112), 이러한 실험을 거쳐 2007년 1월부터 발생주의에 입각한 복식부기가 지방자치단체에 전면적으로 실시되었다. 이처럼 새로운 제도를 전면적으로 도입하기 전에 시범사업을 실시함으로써 ① 복식부기의 도입에 필수적인 기존 예산회계체제(재정구조)의 개혁, 정부회계기준의 제정, 통합재정관리 시스템의 구축을 위한 전산화 작업을 검토할 수 있었고, ② 공무원들의 예산회계 지식 부족 등의 여건들 때문에 현행 예산제도의 전면적 개혁은 상당한 시간이 소요되므로 기존의 예산회계제도와 새로운 정부회계제도의 병행 실시 가능성을 확인할 수 있었다(강인재, 2000: 120-121).

중앙정부의 재정관리는 오랫동안 예산회계법에 근거하여 이루어져 왔었지만, 노무현 정부 하에 실시된 각종 재정개혁을 뒷받침하기 위해 예산회계법을 대체하는 국가재정법이 2006년 10월에 제정되어 2007년 1월에 시행되었다. 한편 2007년 10월에 제정되어 2009년 1월부터 시행된 국가회계법 제11조는 "국가의 재정활동에서 발생하는 경제적 거래 등은 발생사실에 따라 복식부기 방식으로 회계처리하는데(이하 생략)…"라는 조항을 통해 복식부기 방식을 규정하고 있다. 중앙정부에서의 발생주의·복식부기제도의 도입은 2007년 회계연도부터 시작한 지방정부보다 2년 늦게 시작한 셈이다. 여기서는 지방정부·중앙정부를 막론하고 종전의 정부회계제도에 대한 문제점을 인식하는데 핵심적인 발생주의·현금주의 그리고 복식부기·단식부기에 대한 기본개념을 설명한 후,[2] 지금까지 추진된 정부회계제도의 개혁내용을 간략하게 고찰하려고 한다.

---

2) 발생주의와 현금주의 그리고 복식부기와 단식부기에 관한 이하의 설명은 옥동석(1999)이 발표한 논문 중의 일부를 요약하여 정리한 것이다.

2. 정부회계의 기초개념

1) 회계실체와 보고실체

일반적으로 경제적 자원의 창출·교환·소비 등과 같은 경제적 활동을 수행하는 주체를 경제실체(economic entity)라고 하고, 이 같은 경제실체를 회계적 관점에서 파악할 때 회계실체(accounting entity)라고 한다. 지방자치단체 회계기준에 관한 규칙(이하 지방회계기준이라고 한다)에 의하면 회계실체는 지방자치단체의 회계구분에 따라 일반회계·기타특별회계·기금회계·지방공기업특별회계의 유형으로 구분되며, 그 활동의 성격에 따라 행정형 회계실체와 사업형 회계실체로 나누어진다. 지방회계기준 제6조에 의하면 행정형 회계실체는 지방자치단체의 일반적이고 고유한 행정활동을 수행하는 회계실체이고, 사업형 회계실체는 개별적 보상관계가 적용되는 기업적 활동을 주된 목적으로 하는 회계실체이다.

한편 보고실체(reporting entity)는 사용가능한 자원이나 독립적인 예산권한을 가지고 경제적 자원의 사용 및 통제에 대한 책임과 권한을 소유하면서 회계처리 결과에 재무보고서를 작성하여 공표하는 회계단위를 말한다. 중앙정부의 회계 단위는 정부 각 부처와 독립된 예산권한을 갖는 하부조직(중앙관서)이고, 지방정부의 회계단위는 시·도 및 시·군·구가 이에 해당한다. 회계실체와 보고실체를 서로 구분하지 않고 회계실체라는 하나의 통일된 용어로 사용되기도 한다.

2) 발생주의와 현금주의

(1) 발생주의와 현금주의의 개념

가계나 기업과 같은 경제주체들은 원활한 경제적 거래를 수행하기 위해서 유동성과 재산을 관리하고 보유해야 한다. 뿐만 아니라 그들은 자신들이 수행하는 각종 거래를 일정 기간별로 기록하여 유동성과 재산 가치에 미치는 영향을 체계적으로 파악하고 예측해야 한다. 이때 그들이 수행하는 경제적 거래가 유동성과 재산 가치에 미치는 영향의 시점을 어떻게 잡을 것인가 하는 것이 주요한 과제이다.

위와 같은 문제를 고찰하기 위하여 기업 활동을 다음과 같이 간략하게 묘사해보기로 하자. 즉 기업활동이란 기업이 원재료를 구입하여 제품을 생산·보관하고, 판매계약을 체결하여 제품을 인도한 후, 그 대가로 매출채권을 획득하며, 그것을 회수하는 일련의 과정으로 묘사된다. 이 과정에서 기업이 다른 경제주체와의 거래를 통해서 얻게 되는 수익의 발생시점을 언제로 인식할 것인가는 매우 중요한 문제이다.

현금주의회계(cash basis accounting)란 현금수입이 완료되는 시점에서 비로소 경제적 거래를 인식하는 기업활동의 거래표기 방식이다. 이때는 현금이 수반되지 않는 거래는 인식되지 않기 때문에 회계처리의 대상에서 제외된다. 현금주의를 적용하면 수익(revenues)과 수입(receipts)의 의미가 동일하고 비용(expenses)과 지출(expenditures)의 의미가 동일하므로 굳이 수익이나 비용이라는 용어를 사용할 필요가 없다(최진현, 2007: 8).

기업의 수익은 일정 기간 동안의 기업활동이 누적된 결과이기 때문에 현금주의를 바탕으로 거래를 인식할 경우 당해 기간 내에 이루어진 많은 기업활동들의 참모습을 파악하는 데 한계가 있다. 비용의 경우도 마찬가지이다. 이와 같이 엄밀한 현금주의에 의하면 수익과 비용이 실제로 발생한 기간별로 잘 대응되지 못하여, 그 결과 기업의 진정한 경영성과 파악이 곤란해진다. 이러한 문제점 때문에 현금의 수취라는 객관적 사실보다도 기업의 자산이나 부채에 영향을 미치는 경제적 사건에 초점을 맞추어 수익과 비용을 인식할 필요성이 생긴다.

발생주의회계(accrual basis accounting)란 현금의 수취와는 무관하게 경제적 거래의 발생사실에 근거하여 수익과 비용을 인식하는 기업활동의 거래표기 방식이다. 발생주의 하에서는 수익과 수입의 개념이 달라지며, 비용과 지출의 개념도 달라진다. 예를 들면, 어떤 수익활동은 두 회계기간 이상에 걸쳐서 수행되지만, 그 활동으로부터 현금 수령은 없고 오직 수익만을 획득하였을 수도 있다. 현금주의회계에서는 현금의 수령 시까지 이러한 수익은 인식될 수 없지만, 발생주의회계에서는 인식된다.

　　발생주의회계는 조정분개(adjusting entry) 또는 수정분개3)를 통해서 현금주의
회계에서 나타난 수익·비용의 대응, 기간 귀속 등의 문제점을 해결한다. 발생주
의는 단순히 현금의 수취와는 무관하게 일련의 경제적 사건이 발생하면 그때마
다 발생의 사실에 맞추어 적정한 가치를 추정·할당하여 수익이나 비용으로
인식하게 해주기 때문에 기업 활동을 보다 정확하고 동태적으로 파악하게 해
준다.

(2) 발생주의 적용상의 문제점과 수정발생주의

　　발생주의를 엄격히 적용하려면 기업 활동의 전 과정에 걸쳐 발생하는 수익
과 비용을 인식하여 추정해야 한다. 이론적으로는 매우 타당한 것처럼 들리지만
사실상 이러한 과정은 대단히 복잡할 뿐만 아니라 자칫하면 객관성이 결여될 수
도 있는 문제가 있다. 따라서 현실적으로는 전 과정에 걸친 엄격한 발생주의보
다도 일정한 요건을 만족시키는 경제적 사건에 한정하여 수익과 비용을 인식하
는 이른바 수정발생주의가 채택된다.

　　현금주의·발생주의·수정발생주의에 대한 개념을 설명하기 위해 다음과 같
은 사례를 가정해보자. 3년 만기의 회사채를 발행한 어떤 기업이 그 이자 90만
원을 3년 뒤에 일시불로 지급할 경우, 지급이자에 대한 회계처리방식이 세 가지
기준에 따라 어떻게 달리 인식되는지 생각해 보는 것이다. 먼저 현금주의 기준
에 의하면 이자 90만 원은 [그림 12-1(a)]와 같이 1, 2차 연도에는 기록되지 않
고 3년 차에야 비로소 기록된다. 여기에 반해 발생주의 기준에 의하면 이자지급
은 3년 후의 현금지급과는 무관하게 매일매일 연속적으로 발생하는 것으로 간
주되기 때문에 지급이자의 누적액은 [그림 12-1(b)]와 같이 된다. 한편 수정발
생주의 기준에 의하면 [그림 12-1(c)]와 같이 연 단위의 기간 개념을 이용하여
각 연도별로 30만 원씩의 이자가 지급되는 것으로 파악될 수 있다(옥동석, 1999:
170-171).

---

3) 조정분개(수정분개)에는 비용이연(선급비용, 감가상각 등), 수익이연(선수수익) 비용발생(미
　지급비용), 수익발생(미수수익)의 네 가지 유형이 있다. 자세한 것은 회계원리 또는 재무회
　계 원리 교재를 참고하기 바란다.

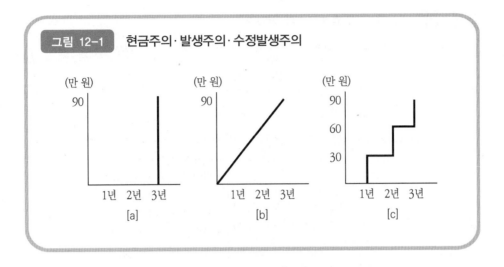

그림 12-1 현금주의·발생주의·수정발생주의

(3) 발생주의 도입으로 인한 (기업)회계의 변화

발생주의 기준에 따르면 현금의 흐름과 무관하게 기업의 수입과 비용이 기록된다. 따라서 현금주의 기준 하에서 기록되지 않는 거래가 발생주의 기준 하에서는 기록되고, 반대로 현금주의 기준 하에서 기록되는 거래가 발생주의 기준 하에서는 기록되지 않는 두 가지 경우가 생길 수 있다. 전자에 속하는 거래는 발생항목이라 불리고 후자에 속하는 거래는 이연항목이라고 불린다. 이 두 가지 모두 현금의 흐름과는 다른 시점에서 거래를 인식하는 것이기 때문에 실제 거래와는 구분하여 '회계상의 거래'라고 부를 수 있다. 발생항목과 이연항목은 [표 12-1]과 같이 각각 다시 두 가지로 구분될 수 있다(옥동석, 1999: 171).

표 12-1	기업회계의 발생항목과 이연항목	
구분	내용	예시
발생항목	당해 기간에 현금수입은 없지만 당해 기간의 수익으로 간주해야 하는 경우	미수금과 미수수익
	당해 기간에 현금지출은 없으나 당해 기간의 비용으로 간주해야 하는 경우	• 대손상각, 감가상각[1] • 무형자산과[2] 이연자산상각[3] • 부채성충당금과 우발채무[4] • 미지급금과 미지급비용
이연항목	당해 기간에 현금수입이 있었지만 그 전체를 당해 기간의 수익으로 간주하지 못하는 경우	• 선수금과 선수수익 • 가수금
	당해 기간에 현금지출이 있었지만 그 전체를 당해 기간의 비용으로 간주하지 못하는 경우	• 무형자산과[2] 이연자산에[3] 대한 지출 • 선급금과 선급비용 • 가지급금

주: 1) 대손상각은 회수불가능한 채권을 추정·평가하여 그것을 당해 기간의 비용으로 인식하는 거래이고, 감가상각은 자산가치의 하락을 추정하여 당해 기간의 비용으로 인식하는 거래이다.
　　2) 무형자산이란 영업권이나 공업소유권과 같이 일정한 형태는 없지만 미래 장기간에 걸쳐 수익을 발생시킬 수 있는 자산을 말한다.
　　3) 이연자산이란 창업비·개업비·신주 혹은 사채발행비·연구개발비 등과 같이 일정 기간에 현금지출이 이루어졌지만 그 지출효과가 차후에도 미치는 경우로서 물리적 형태가 없다는 점에서는 무형자산과 유사하다. 무형자산은 당해 기간의 현금지출이 미래에 경제적·수익을 발생하는 것을 지칭하기 위한 것이지만, 이연자산은 당해 기간의 현금지출을 당해 기간의 비용으로만 처리하기 곤란한 경우를 뜻한다.
　　4) 우발채무란 계류 중인 소송사건에 패하여 손해를 배상해야 할 의무가 발생할 가능성이 있는 경우처럼 채무의 지급금액·대상자·시기 등이 불명확 한 채무이다.
자료: 옥동석(1999: 172).

3) 복식부기와 단식부기

전술한 발생주의와 현금주의의 구분은 경제적 거래의 인식기준에 관한 것이다. 여기에 반해 단식부기와 복식부기는 그러한 경제적 거래를 어떻게 기록하는가에 관한 기준이라고 할 수 있다. 우리는 경제적 거래의 기록방법에 관한 이해를 돕기 위해서 먼저 경제적 거래가 갖는 이중적 성격을 고찰하고, 단식부기와 복식부기의 차이점을 설명한 후 복식부기 하에서의 대차평균의 원리개념을

설명하기로 한다.

(1) 경제적 거래의 이중성 개념과 분개

경제적 거래란 경제적 가치가 있는 자원이 거래당사자들 간에 상호 교환되는 것을 지칭한다. 따라서 일정한 기준에 의거하여 특정한 경제주체를 중심으로 유입·유출되는 자원의 유형을 구분하여 그것들을 일대일로 대응시키면 모든 종류의 경제적 거래가 망라될 수 있다. 경제적 거래는 항상 '자산=자본+부채'의 등식이 성립할 수 있도록 이중으로 일어나며, 그러한 특성은 경제적 거래의 이중성으로 불린다. 특히 '자산=자본+부채'의 등식은 회계등식 또는 대차대조표 등식이라고 부른다.[4]

회계학에서는 재산을 자산으로 부르며 남의 돈으로 산 물건을 보유하던 또는 자신의 돈으로 산 물건을 보유하던 기업이 소유하고 있는 총재산을 자산으로 본다. 따라서 대차대조표 등식에서 자본은 소유자 지분(owner's equity)의 자산이고 부채는 채권자 지분(creditor's equity)의 자산인 것이다. 이러한 회계등식은 '자산=(자본금+수익-비용)+부채'로도 표시된다.

기업회계에서는 자산의 증가 및 감소, 부채의 증가 및 감소, 자본의 증가 및 감소, 비용·손실의 발생 및 수익·이득의 발생 등을 이용함으로써 회계등식을 성립케 하는 경제적 거래의 이중성을 나타낼 수 있다. 이와 같은 기준들은 종종 거래의 8요소라고 불리고, 이것을 이용함으로써 기업의 모든 거래를 일대일 대응관계로 파악할 수 있다. 경제적 거래를 [그림 12-2]에서와 같이 일대일 대응관계로 파악하여 차변과 대변으로 나누는 것을 분개라고 한다. 예를 들면 원가 80억 원의 고정자산을 100억 원에 매각한다면 차변에는 현금자산의 형태로 100억 원이 기록되고, 대변에는 고정자산 감소의 형태로 80억 원, 고정자산 매각으로 인한 수익발생의 형태로 20억 원을 기록하는 것이 분개이다. 이때 거래의 이중성에 따라 차변과 대변은 완전 일치한다.

---

[4] 대차대조표 등식을 이항하여 만들어진 '자본=자산-부채'라는 등식은 자본등식이라고 불린다. 대차대조표 등식은 관점의 주체가 기업인 반면 자본 등식은 관점의 주체가 주주이다.

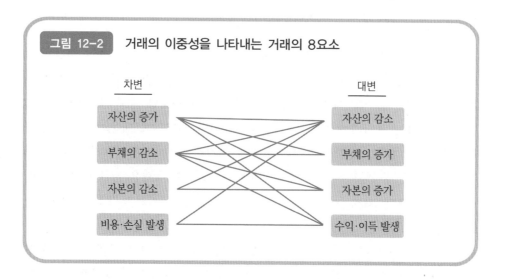

그림 12-2 거래의 이중성을 나타내는 거래의 8요소

차변

대변

자산의 증가

자산의 감소

부채의 감소

부채의 증가

자본의 감소

자본의 증가

비용·손실 발생

수익·이득 발생

(2) 경제적 거래의 두 가지 기록방법: 단식부기와 복식부기

단식부기(single-entry bookkeeping) 하에서 개별 거래들은 발생시점마다 각종 장부에 기록되고 그 내역은 장부의 비고란에 기록된다. 즉 현금이 획득되면 현금출납장에 현금수입으로 기재되고 그 수입내역은 장부의 비고란에 기록되며, 유가증권 같은 재산이 획득되면 현금출납장 대신에 유가증권의 증감내역 장부에 기록된다. 그렇기 때문에 해당 항목의 장부가 없는 거래들은 비망록의 형태로 관리될 수밖에 없다. 여기서는 개별 거래들을 총괄하여 관리하는 체계가 없기 때문에 오차나 누락이 있을 경우 사후 점검이 매우 어렵게 된다.

복식부기(double-entry bookkeeping) 하에서는 거래의 이중성이 충분히 반영되기 때문에 하나의 거래는 [그림 12-2]의 기준에 따라 반드시 차변과 대변에 기록된다. 뿐만 아니라 거래에서 교환되는 가치는 현금, 유가증권, 예금, 재고자산, 유동부채, 고정부채 등과 같이 몇 가지 계정과목으로 구분되어 각 계정과목별로 장부가 정리된다. 거래의 이중성에 근거하여 일정기간에 일어나는 기업의 모든 경제적 거래를 차변과 대변에 기록할 경우 차변의 총합과 대변의 총합은 반드시 일치하여야만 한다. 또한 각 계정과목별로 증감내역을 계산하여 그것들을 합하면 그 순액은 0이 되어야만 한다. 이것은 대차평균의 원리라고 불린다. 복식부기 하에서는 이러한 대차평균의 원리를 이용함으로써 회계처리에서의 오차나 누락을 자동적으로 검증할 수 있다.

(3) 현금주의·단식부기와 발생주의·복식부기상의 회계처리 비교[5]

회계상의 거래란 자산·부채·자본(자본금＋수익－비용)에 증감변화를 일으키는 모든 사항을 지칭한다. 전술하였듯이 발생주의·복식부기하에서는 대차평균의 원리에 따라 거래의 8요소를 기준으로 하는 회계처리를 하게 된다.

〈사례 1〉

공무원 급여로 현금 3억 원을 지급한 경우, 현금주의·단식부기(예산회계)에서는 세출예산서에 인건비 3억 원을 지출하는 것으로 기록한다. 반면에, 발생주의·복식부기에서는 인건비 지출은 현금(자산) 감소와 공무원 급여(비용) 발생으로 구분하여 계리한다. 자산 감소는 재정상태보고서에 반영, 비용 발생은 재정운영보고서에 반영한다.

(현금주의·단식부기)		(발생주의·복식부기회계)	
지출(세출)	⇔	비용(발생)	자산(감소)
인건비 3억 원		공무원급여 3억 원	현금 3억 원

〈사례 2〉

장부가액(원가) 100억 원의 토지를 입찰매각을 통해 120억 원(이익 20억 원 포함)에 매각한 경우, 현금주의·단식부기에서는 토지매각대금 120억 원의 임시적 세외세입이 발생한 것으로 기록한다. 반면에, 발생주의·복식부기에서는 현금수입을 원인별로 토지매각대금 100억 원과 처분이익(수익) 20억 원으로 구분하여 계리한다. 자산변동과 수익발생 내역을 용이하게 파악할 수 있다.

---

5) 사례는 김혁·김경호·전중열(2009)에서 발췌한 것이다.

(현금주의·단식부기)		(발생주의·복식부기회계)	
수입(세입)		자산(증가)	자산(감소) 수익(발생)
매각대금 120억 원	⇔	현금 120억 원	토지 100억 원 처분이익 20억 원

〈사례 3〉

자치단체는 250억 원의 건물을 신축하는 공사를 시행하고 있다. 지난해(2019년) 공사비 100억 원을 이미 투자하였으며, 2020년 회계연도에 공사비 150억 원을 지출하였다. 이 경우 현금주의·단식부기에서는 금년 공사비 150억 원의 지출만 기록되며 지난해 이미 투자한 공사비는 파악이 되지 않는다. 그러나 발생주의·복식부기에서는 금년도 지출한 공사비 150억 원은 현금 자산의 감소와 함께 건물자산 150억 원의 증가로 기록됨과 동시에 지난해 지출한 100억 원이 포함된 총 250억 원의 자산(건물)의 증가가 누적 표시된다.[6] 발생주의·복식부기에서는 장기계속 사업의 연도간 소요 재원의 거래 내역을 명확히 파악할 수 있다.

(현금주의·단식부기)		(발생주의·복식부기회계)	
지출(세출)		자산(증가)	자산(감소)
공사비 150억 원		건물 150억 원	현금 150억 원
	⇔	↓	↓
기투자 100억 원 자동파악 불가		건물 250억 원	현금 250억 원

3. 지방자치단체의 재무보고서와 재무제표

지방자치단체의 재정운영에 관한 종합적인 보고서는 재무보고서(financial report)라고 한다. 지방자치단체회계기준에관한규칙 제8조에 따르면 재무제표는

---

[6] 편의상 2019년 100억 원 지출시 건설 중인 일반유형자산 회계 처리 과정에 대한 설명은 생략하였다.

지방자치단체의 재정상태와 재정운영상황을 표시하는 중요한 요소로서 재정상태표·재정운영표·현금흐름표·순자산변동표·주석으로 구성된다. 현행 지방회계법 제16조 제3항은 "지방회계법 제15조 제3호에 따른 재무제표는 지방회계기준에 따라 작성하여야 하고, 공인회계사법에 따른 공인회계사의 검토의견을 첨부하여야 한다"고 규정하고 있다.[7)]

1) 재정상태표

지방자치단체의 재정상태표는 기업의 대차대조표와 같은 것이다. 재정상태표는 특정 시점에서 해당 지방자치단체의 자산과 부채의 내역 및 상호 관계 등 재정상태를 나타내는 재무제표로서 자산·부채 및 순자산으로 구성된다(자산=부채+순자산). 자산은 회계실체가 소유하고 이들 자산을 일정기간 보유 또는 사용함으로써 공공서비스 잠재력이나 경제적 효익을 창출할 수 있는 자원을 말한다. 부채는 과거 사건의 결과로 회계실체가 부담하는 의무로서 그 이행을 위하여 미래에 자원이 유출될 것으로 예상되는 현재 시점의 의무를 말하며, 순자산은 회계실체의 자산에서 부채를 차감한 잔여액을 의미한다.

지방회계기준 제14조는 재정상태표의 자산을 유동자산, 투자자산, 일반유형자산, 주민편의시설, 사회기반시설, 기타비유동자산으로 나누고 있다. 유동자산은 회계연도 종료 후 1년 내에 현금화가 가능하거나 실현될 것으로 예상되는 자산으로서 현금 및 현금성 자산, 단기금융상품, 미수세금, 미수세외수입금 등

---

7) 이와 같은 규정에 따라 공인회계사의 업무영역은 엄청나게 확대되었다고 생각된다. 사실 발생주의·복식부기제도의 장점에도 불구하고 세계 각국에서 그러한 제도의 도입에는 상당한 시간이 걸렸고 또한 도입 그 자체에 주저하는 나라도 많다. 즉 현재 정부회계제도에 관한 한 세계 최첨단을 걷고 있는 뉴질랜드도 발생주의 도입은 그 논의가 시작된 후 7년 만에 가능했고, 일본의 경우도 1980년대 말 이후 꾸준한 논의와 일부 자치단체를 중심으로 한 부분적 시도가 있었지만 우리처럼 전면적으로 실시되고 있지는 않다. 스페인의 경우 중앙정부는 1986년에, 그리고 지방정부는 1992년에 각각 복식부기제도를 도입하였으나 그 이전 수년간에 걸쳐 정책발표와 공무원교육 및 홍보에 많은 노력을 기울인 것으로 알려지고 있다. 영국의 중앙정부도 과거의 논의를 토대로 1995년에 자원회계에 대한 백서가 발표된 이후 1998년에야 비로소 그 시행이 이루어졌다고 한다(임성일, 2001: 76). 이런 점을 고려할 때 매우 단기간에 전면적인 발생주의·복식부기제도의 도입 이면에는 공인회계사들의 지대추구행위(rent-seeking behavior)가 작용할 수 있었다는 생각이 든다. 지대추구행위에 관한 자세한 사항은 전상경(2012: 407-500)을 참고하기 바란다.

이다. 투자자산은 지방정부가 투자하거나 권리행사 등의 목적으로 보유하고 있는 비유동자산으로서 장기금융상품, 장기융자금, 장기투자증권 등이다. 일반유형자산은 공공서비스의 제공을 위하여 1년 이상 반복적 또는 계속적으로 사용되는 자산으로서 토지, 건물, 입목 등을 말한다. 주민편의시설에는 주민의 편의를 위하여 1년 이상 반복적 또는 계속적으로 사용되는 자산으로서 도서관, 주차장, 공원, 박물관 및 미술관 등이 있다. 사회기반시설은 초기에 대규모의 투자가 필요하고 파급효과가 장기간에 걸쳐 나타나는 지역사회의 기반적인 자산으로서 도로, 도시철도, 상수도시설, 수질정화시설, 하천부속시설 등을 말하며, 기타유동자산은 다른 자산으로 분류되지 않은 자산으로서 보증금, 무형자산 등을 포함한다.

동기준 제21조는 부채를 유동부채, 장기차입부채 및 기타비유동부채로 분류하고 있다. 유동부채는 회계연도 종료 후 1년 이내에 상환되어야 하는 부채로서 단기차입금, 유동성 장기차입부채 등, 기타비유동부채는 다른 부채에 속하지 아니하는 부채로서 퇴직급여충당부채, 장기예수보증금, 장기선수수익 등을 말한다.

그리고 순자산은 고정순자산, 특정순자산 및 일반순자산으로 구분된다(기준 제25조).[8] 고정순자산은 일반유형자산, 주민편의시설, 사회기반시설 및 무형자산의 투자액에서 그 시설의 투자재원을 마련할 목적으로 조달할 장기차입금 및 지방채증권 등을 뺀 금액으로 한다. 특정순자산은 채무상환 목적이나 적립성 기금의 원금과 같이 그 사용목적이 특정되어 있는 재원과 관련된 순자산이며, 일반순자산은 고정순자산과 특정순자산을 제외한 나머지 금액을 말한다.

2) 재정운영표

지방자치단체의 재정운영표는 기업의 손익계산서에 해당하는 재무제표이다. 그러나 정부의 재정운용표는 민간기업처럼 수익·비용을 대응할 수 없기 때문에 행정에 소요된 비용을 중심으로 보고하게 된다. 지방회계기준에 의하면 재

---

8) 재정상태표는 지방자치단체 회계기준에 관한 규칙 별지 제1호 서식을 참고하기 바란다.

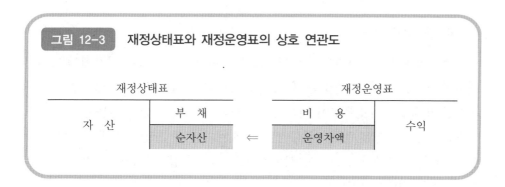

그림 12-3 재정상태표와 재정운영표의 상호 연관도

재정상태표		재정운영표	
자 산	부 채	비 용	수익
	순자산 ⇐	운영차액	

정운영표는 회계연도 동안의 재정운영에 대한 이익과 손실의 산정이 아닌 수익과 비용의 내역을 일정기준에 따라 체계적으로 표시하는 재무제표로서 수익과 비용으로 구성된다.9) 재정상태표와 재정운영표의 상호 관계는 [그림 12-3]에서 같이 재정운영표의 수익에서 비용을 차감한 운영차액은 재정상태표의 순자산을 변동하는 요인이 된다.

3) 현금흐름표

현금흐름표는 기업회계의 현금흐름표에 해당된다. 지방회계기준 제35조에 따르면 현금흐름보고서는 회계연도 동안의 현금자원의 변동에 관해 자금의 원천과 사용결과를 표시하는 재무제표로서 경상활동, 투자활동 및 재무활동으로 구성된다. 경상활동은 지방자치단체의 행정서비스와 관련된 활동으로서 투자활동과 재무활동에 속하지 아니하는 거래를 말한다. 투자활동은 자금의 융자와 회수, 장기투자증권, 일반유형자산, 주민편의시설, 사회기반시설 및 무형자산의 취득과 처분 등을 의미하며, 재무활동에는 자금의 차입과 상환, 지방채의 발행과 상환 등이 포함된다.10)

---

9) 재정운영보고서는 지방자치단체 회계기준에 관한 규칙 별지 제2호 서식을 참고하기 바란다.
10) 현금흐름보고서는 지방자치단체 회계기준에 관한 규칙 별지 제3호 서식을 참고하기 바란다.

4) 순자산변동표

정부회계의 순자산변동표는 기업회계의 이익잉여금처분계산서에 해당되는 재무제표이다. 순자산변동표는 회계연도 동안의 순자산의 증감 내역을 표시하는 재무제표로서 재정운영에 따른 운영차액과 기타 순자산의 변동을 기재한다. 순자산의 증가사항은 전기오류수정이익, 회계기준 변경으로 생긴 누적이익 등을 말한다. 순자산의 감소사항에는 전기오류수정손실, 회계기준변경으로 생긴 누적손실을 의미한다.[11]

5) 주석·필수보충정보 및 부속명세서

주석은 재무제표에 포함해야 하는 주요한 보고서 중의 하나이다(제8조). 주석은 정보이용자에게 충분한 회계정보를 제공하기 위하여 채택한 중요한 회계정책, 회계과목의 세부내역 및 재무제표에 중대한 영향을 미치는 사항을 말한다. 주석에 포함되는 사항은 ① 지방자치단체 회계실체 간의 주요 거래내용 ② 타인을 위하여 제공하고 있는 담보보증의 내용 ③ 천재지변, 중대한 사고, 파업, 화재 등에 관한 내용과 결과 ④ 채무부담행위와 보증채무부담행위의 종류와 구체적 내용 ⑤ 무상사용허가권이 주어진 기부채납자산의 세부내용 ⑥ 그 밖의 재무제표에 중대한 영향을 미치는 사항과 재무제표의 이해를 위하여 필요한 사항 등이다(제41조).

경기도 2019년 결산 재무제표의 주석 내용을 살펴보면, 총 30개 항목의 정보를 제공하고 있다. 그 내용에는 주요 회계정책, 재정자금의 세부내역, 미수세금 및 미수세금 대손충당금의 세부내역, 장단기대여금의 세부내역, 재고자산의 세부내역, 기타유동자산의 세부내역, 장기투자증권, 출자금 및 투자주식 발행 등 피투자기관의 요약 재무정보, 유형자산 등에 포함된 토지의 내역, 보증금의 세부내역, 무형자산의 세부내역, 기타유동부채의 세부내역, 장기차입금의 세부내역, 향후 5년간 차입금 상환 스케줄, 지방채증권의 세부내역, 퇴직급여충당부

---

11) 순자산변동보고서는 지방자치단체 회계기준에 관한 규칙 별지 제4호 서식을 참고하기 바란다.

채의 세부내역, 순자산의 세부내역, 금융리스, 우발부채 등, 보증채무부담행위, BTO 계약의 내용, 지방공기업특별회계 원가정보, 회계 변경 및 오류수정 등이 포함되어 있다.

필수보충정보는 재무제표의 내용을 보완하고 정보 이용의 이해를 돕기 위해 필수적으로 제공되어야 하는 정보를 말한다. 필요보충정보에는 ① 예산결산요약표 ② 지방자치단체 성질별 재정운영표 ③ 일반회계의 재정운영표 ④ 개별회계실체의 재정운영표 ⑤ 관리책임자산[12] ⑥ 예산회계와 재무회계의 차이에 대한 명세서 ⑦ 그 밖에 재무제표에는 반영되지 아니하였으나 중요하다고 판단되는 정보 등이 포함된다. 그리고 부속명세서는 재무제표에 표시된 회계과목에 대한 세부내역을 명시할 필요가 있을 때에 제공되어야 하는 추가적인 정보를 말한다.

6) 재무제표 상호 간의 관계

재정상태표, 재정운영표, 현금흐름표, 순자산변동표는 [그림 12-4]와 같이 상호 밀접하게 연계되어 있다. 재정상태표의 순자산금액은 전년도 말의 순자산

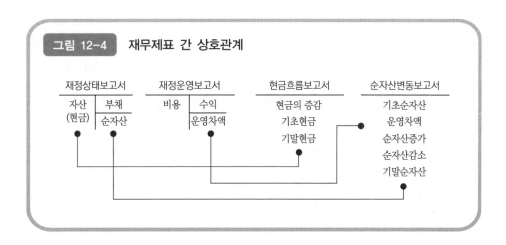

그림 12-4 재무제표 간 상호관계

---

12) 관리책임자산은 유산자산, 자연자원 등과 같이 합리적인 가치측정이 어렵고 보존을 위한 비용만 발생하며, 처분의 대상이 되지 않은 자산이나 회계실체가 반드시 책임 있게 관리할 책무가 있는 자산을 말한다(지방자치단체 회계기준에 관한 규칙 해설).

금액에서 재정운영표의 운영차액 및 순자산의 증감을 감안하여 산정된다. 재정
운영표의 운영차액은 재정상태표 순자산 금액의 증감 원인이 되며, 결산 시점에
서 순자산변동표의 기말순자산과 재정상태표의 순자산 잔액은 동일하게 된다.
그리고 재정상태표의 현금은 현금흐름표의 기말현금이 되며, 재정상태표의 순
자산은 순자산변동표의 기말순자산이 된다.

4. 정부회계기준의 일반원칙

지방자치단체회계기준에 관한 규칙 제5조에 의하면 지방자치단체의 회계
처리와 재무보고는 발생주의·복식부기 방식에 의하며 다음 각 호의 일반원칙에
따라 다음과 같이 이루어져야 한다고 규정하고 있다. 그 원칙은 첫째, 신뢰성의
원칙으로 회계처리와 보고는 신뢰할 수 있도록 객관적인 자료와 증거에 의하여
공정하게 처리하여야 한다. 둘째, 이해가능성의 원칙으로 재무제표의 양식 및
과목과 회계용어는 이해하기 쉽도록 간단명료하게 표시하여야 한다. 셋째, 충분
성의 원칙으로 중요한 회계방침과 회계처리기준·과목 및 금액에 관하여는 그
내용을 재무제표상에 충분히 표시하여야 한다. 넷째, 계속성의 원칙으로 회계처
리에 관한 기준과 추정은 기간별 비교가 가능하도록 기간마다 계속하여 적용하
고 정당한 사유 없이 이를 변경하여서는 아니 된다. 다섯째, 중요성의 원칙으로
회계처리를 하거나 재무제표를 작성할 때 과목과 금액은 그 중요성에 따라 실용
적인 방법을 통하여 결정하여야 한다. 여섯째, 실질우선의 원칙으로 회계처리는
거래의 사실과 경제적 실질을 반영할 수 있어야 한다.

제2절 주요 지방재정관리제도

1. 성인지예산제도

1) 성인지예산제도의 개념

성인지 예산(gender-responsive budgeting)[13]은 양성평등기본법(제16조) 및 국가재정법(제16조 제5호)에 따라 예산이 여성과 남성에 미치는 효과를 분석함으로써 국가재원이 보다 성 평등한 방식으로 사용될 수 있도록 예산의 배분구조와 규칙을 변화시키고자 하는 재원배분과정이다. 성인지 예산은 여성을 위한 별도의 예산을 의미하는 것이 아니며, 여성과 남성을 대상으로 하는 예산을 50 : 50으로 동등하게 배분하는 것 또한 아니다. 성인지 예산은 성 중립적(gender-neutral)으로 보이는 국가재정지출을 성인지적 관점에서 분석하여 예산이 기존의 성 불평등에 대해 미치는 영향을 파악하고 국가의 재원이 평등하고 효율적으로 배분될 수 있도록 분석결과를 예산과정에 반영하는 것이다.

예산의 성별 형평성과 공정성을 높이기 위한 제도적 장치인 성인지 예산에 대한 논의는 유엔여성기금(United Nations Development Fund for Women), 유엔개발기구(United Nations Development Programme) 등과 같은 국제기구의 지원으로 전 세계적으로 확산되고 있다. 1995년 북경 세계여성대회는 성 평등(gender equality)에 대한 새로운 접근으로 성주류화(gender main-streaming) 전략을 채택하였으며, 성인지예산제도 도입에 대한 최초의 포괄적 합의(the Beijing Platform for Action)를 이끌어 냈다. 이 합의를 통해 UN은 각 국 정부에 '공공지출(public expenditures)'이 여성에게 어떠한 편익을 제공해 주는지와 예산이 성 평등에 어떻게 기여할 것인

---

13) 성인지 예산이란 용어는 gender responsive budgets, gender-sensitive budgets, gender budgets, women's budgets 등으로 다양하게 사용된다.

지를 평가'하도록 요청하였다(Bureau for Gender Equality, 2006: 1). 2001년 벨기에 브뤼셀(Bruxelles)에서 열린 유엔여성기금 회의에서 EU와 회원국들이 2015년까지 성인지 예산을 실행하기로 협의하였다.

성인지 예산이 여성을 위한 예산을 할당하는 것은 아니지만 이 제도의 출발 배경에는 역사적으로 사회제도 속에 소외되어 온 여성에 대한 배려를 예산과정에 반영시키려는 노력이 담겨져 있다. 예산에 있어서 세입보다는 '공공지출' 분야와 남성과 여성 중 '여성'에 보다 큰 관심을 두고 출발한 성인지예산제도는 이후 '정책 수행과정에서 투입되는 예산이 남성과 여성이라는 성 요인(gender factor)의 특성을 인식하고 양성 평등 관점에서 예산과정에 투영될 수 있도록 하는 제도'로 발전하였다. 성인지 예산에 대한 정책적 지침(initiatives)은 많이 논의되었으나, 성인지예산제도의 법적 근거, 추진 주체, 추진 범위, 분석 방법 등이 국가에 따라 매우 다양하다. 이처럼 성인지 예산에 대한 국가 간 합의된 특정한 모델이 존재하지 않은 것은 각 국이 직면한 성 불평등성의 역사와 사회문화적 맥락이 다르기 때문이다(윤영진, 2011a: 5).

2) 성인지예산제도 현황

우리나라는 2006년 국가재정법 제정시 성인지예산제도 근거를 마련하여, 중앙정부는 2010회계연도 예산부터 성인지 예산서를 작성하여 국회에 예산안 첨부서류로 제출하도록 의무화하였다.[14] 국가재정법 제16조 제5항은 예산운영 원칙의 하나로 '정부는 예산이 여성과 남성에게 미치는 효과를 평가하고, 그 결과를 정부의 예산편성에 반영하기 위하여 노력하여야 한다'라고 천명하였다. 그리고 동법 제26조 제1항은 '정부는 예산이 여성과 남성에게 미칠 영향을 미리 분석한 보고서(성인지 예산서)를 작성하여야 한다'라고 규정하였고, 제2항은 '성인지 예산서에는 성 평등 기대효과, 성과목표, 성별 수혜분석 등을 포함하여야 한다'고 규정하였다. 국가회계법 제15조의2 또한 결산보고서의 부속서류로서 성인지 결산서와 성인지 기금결산서를 첨부하도록 의무화하고 있다.

---

14) 국가재정법 개정으로 2011회계연도부터 성인지 대상사업의 범위를 기금까지 확대하였다.

[표 12-2]는 2010년 중앙정부의 성인지 예산제 시행 이후 성인지 예산 참여 중앙관서가 2010년 29개 기관에서 제도가 정착되기 시작한 2015년 이후부터 참여기관 수도 크게 증가하였으며, 사업수도 195(2010년)개에서 351(2017년)개로 대폭 확대되었음을 나타내고 있다. 뿐만 아니라 성인지 관련 예산도 2010년 7.5조 원에서 2017년 34.4조 원으로 크게 증가하였다. 그러나 성인지 예산의 규모(참여기관, 대상사업, 예산)가 2019년 크게 감소하였는데, 이는 현재 시행하고 있는 성인지 예산서는 성인지 대상사업으로 부적절한 사업이 많고 형식적으로 운영되고 있어 부적절한 사업을 제외하고 주요사업 중심으로 실효성 있게 운영하기 위한 효율적 개편의 결과라고 해석하고 있다(국회예산정책처, 2020: 11).

표 12-2 **연도별 국가 성인지 예산(기금 포함) 현황**

회계연도	2010	2015	2016	2017	2018	2019
참여기관	29	42	43	42	41	33
대상사업	195	343	331	351	345	261
예산(조 원)	7.5	26.2	28.0	34.4	33.8	25.4

자료: 대한민국정부. 각 연도 「성인지 예산서」.

지방재정법 개정(2010년)을 통해 2013회계연도부터 전국의 모든 지방정부가 지방의회의 승인을 받는 성인지 예산서와 결산서를 작성하도록 하는 성인지 예산제의 근거 규정을 마련하였다.[15] 이에 따라 지방정부의 장은 예산이 여성과 남성에게 미칠 영향을 미리 분석한 보고서(성인지 예산서)를 작성하고, 지방의회에 제출하는 예산안에 성인지 예산서를 첨부하여야 한다. 그뿐만 아니라 지방정부의 장은 여성과 남성이 동등하게 예산의 수혜를 받고 예산이 성차별을 개선하는 방향으로 집행되었는지를 평가하는 보고서(성인지 결산서)를 작성하여 지방의회에 제출하여야 한다.

---

15) 「지방자치단체 기금관리기본법」 개정(2015년)으로 지방자치단체의 장은 성인지 기금운용계획서를 작성하여 의회에 제출하여야 한다.

2020년도 주요 광역지방정부의 성인지 예산 현황을 살펴보면, [표 12-3]과 같이 대전광역시가 전체 예산대비 성인지 예산 비율이 9.87%로 다른 광역지방정부보다 그 비율이 높은 것으로 나타났다. 경기와 부산이 각각 8.67%와 8.61%, 그리고 서울 7.21%, 제주 2.14%로 지자체 간 성인지 예산이 차지하는 비중의 편차가 컸다. 전체 예산 대비 비율과 달리, 성인지 예산 사업 수는 서울과 제주가 각각 333개와 238개로 가장 많았고, 이어서 경기, 대전, 부산이 각각 201개, 162개, 137개로 나타났다.

이처럼 주요 광역지방정부 간에 성인지 예산의 비중과 사업 수에 있어서 차이가 발생하는 것은 지방정부의 사회경제적 환경에 기인한 것일 수도 있다. 또, 성인지예산제도 시행 초기로 인해 각 지방정부별 성인지 예산서 작성 대상 사업의 선정 기준이 모호함에서 이러한 차이가 발생할 수도 있다. 중앙정부 예산 편성과정에서도 각 부처에 시달되고 있는 성인지 예산서 작성 지침에 대상 사업 선정 기준이 제시되어 있긴 하지만, 해당 기준이 구체화되어 있지 않고 모호한 형태로 설정되어 있기 때문에 부처 간 성인지 예산의 편차가 크게 나타난 것으로 지적되었다(원구환, 2014: 377).

표 12-3 2020년도 주요 광역지방정부 성인지 세출예산 현황 (단위: 억 원)

구분		서울	부산	대전	경기	제주
예산(A)		419,845	137,805	67,827	317,377	67,581
성인지 예산	사업 수	333	137	162	201	238
	금액(B)	30,250	11,867	6,696	27,501	1,445
비율(=B/A)		7.21%	8.61%	9.87%	8.67%	2.14%

주: 본예산(일반회계, 특별회계, 기금) 순계기준.
자료: 각 자치단체 성인지 예산서.

3) 성인지 예산서 작성 개요[16]

(1) 추진체계

행정안전부는 국가정책의 방향, 여성정책기본계획, 성별영향분석평가 등과 연계하여 성인지 예산서 대상사업 선정 및 작성에 관한 기준을 마련한 후 여성가족부와 협의하여 확정한다. 이렇게 마련된 '성인지 예산서 작성기준'은 지방자치단체 예산편성 운영기준과 함께 7월 31일까지 지방정부에 통보된다. 각 지방정부는 행정안전부에서 통보한 작성기준으로 성인지 예산서를 수립한다. 수립한 자체 성 평등 목표를 고려하여 대상사업을 확정한 후 성인지 예산서를 작성하고 이를 사업(성과)예산안에 반영한다. 각 지방정부의 예산부서에서 사업(성과)예산서와 성인지 예산서를 동시에 심사·확정한 후 단체장의 결재를 받아 지방의회에 제출한다.

(2) 대상사업 선정기준

성인지 예산서 작성 대상 회계는 일반회계, 기타 특별회계와 기금을 대상으로 작성하고 있다. 성인지 예산서 작성 대상사업에는 양성평등정책추진사업, 성별영향분석 평가사업, 자치단체가 별도로 추진하는 사업이 포함된다. 양성평등정책추진사업은 여성가족부장관이 수립한 양성평등정책기본계획에 따라 자치단체가 추진하는 사업이다. 성별영향분석평가사업은 법령(조례 제·개정)·계획·사업 등 정부의 주요 정책을 수립·시행하는 과정에서 여성과 남성의 특성과 사회·경제적 격차 등의 요인들을 체계적으로 분석·평가함으로써 정책이 성 평등 실현에 기여하도록 하는 사업이다. 자치단체 별도추진사업은 자치단체에서 시행하는 사업 중에서 성별 수혜분석이 가능하다고 판단되는 사업, 성불평등 혹은 성 격차 개선 가능성이 큰 사업을 말한다. 성인지 예산 작성의 제외대상은 행정운영경비, 재무활동비와 사업이 특정되지 않은 예비비 등이 있다.

자체 수립한 성 평등 목표에 부합하는 대상사업의 선정은 예산부서가 총괄

---

16) 성인지 예산서 작성기준은 행정안전부(2019)의 「예산편성운영기준 및 기금운용계획수립기준」에 실린 내용을 요약·정리한 것이다.

하고, 여성정책담당부서는 각 지역별 성별영향분석 평가센터 등과 협조하여 해당 지방정부의 성인지 대상사업을 예산부서에 제출한다. 예산부서는 성 평등 목표와의 연계성과 대상사업 선정기준과의 부합성 등을 고려하여 성인지 예산안을 편성한다.

4) 성인지예산제도의 발전 방안

시행초기 단계에 지방정부의 성인지예산제도가 효율적으로 정착되기 위해서는 다음과 같은 점들이 보완되어야 할 것이다.[17)]

첫째, 성인지예산제도에 대한 지방정부의 인식의 전환이 필요하다. 지방재정법의 강행 규정에 의한 형식적 제도 도입을 넘어서 성인지예산제도의 도입 취지에 부합하는 성 평등을 실현하기 위한 재정적 도구로서 기능을 할 수 있도록 제도의 실효성을 확보해야 한다. 이를 위해서 성인지 예산에 대한 인식이 전체 예산과정에 투영되어야 한다.

둘째, 성인지예산제도와 지방정부의 사업예산제도와의 긴밀한 연계성이 확보되어야 한다. 성인지 예산은 사업예산 시스템과 분리 운영되는 것이 아니고, 사업예산의 틀 속에서 성 인지와 성 변수라는 특성을 반영한 것이다. 그러므로 성인지 예산사업의 경우, 사업예산으로서의 기본정보와 성인지 예산으로서의 기본정보를 논리적으로 연계함으로써 전체 예산효과를 높여야 한다. 동시에, 성과관리 측면의 경우에서도 사업예산으로서의 성과목표와 성인지 예산사업으로서의 성과목표를 기본적으로 연계시켜 종합적으로 관리해 나가야 할 것이다.

셋째, 성인지 예산 국고보조사업의 지방 연계성을 강화하여야 한다. 성인지 예산 대상사업의 다수가 중앙정부의 보조사업으로 실시되고 있는데 이 사업에 대한 중앙정부와 지방정부 간에 사업의 책임성, 성별수혜분석, 성 평등 영향분석, 파급효과 등의 측면에서 연계성이 결여되어 있다. 중앙정부가 성인지 예산 국고보조사업을 실시함에 있어 지방정부의 상황과 환경을 반영하지 못하고 일방적인 정책결정에 의해서 시행할 경우 해당 국고보조사업의 정책목표를 달성

---

17) 성인지예산제도 발전 방안은 임성일(2012a: 16-27)의 내용을 일부 요약 정리한 것이다.

하는데 한계가 노정될 가능성이 크다. 따라서 성인지 예산 국고보조사업이 효과
적으로 실시되기 위해서는 지방정부와의 연계성이 강화되어야 한다.

넷째, 지방정부의 중기지방재정계획과 단년도 중심의 성인지예산제도 간의
체계적 연계성이 확보되어야 한다. 성별 수혜 영향을 미치는 사업 중 상당수의
사업은 그 사업의 효과가 중장기적 관점에서 수혜 격차를 유발하고 있다. 특히
중기지방재정계획에 반영되는 예산일수록 사업규모가 상대적으로 크기 때문에
해당 예산이 편성되었을 때 성별 영향이 크게 나타날 수 있다. 그러므로 성인지
예산을 중기지방재정계획과 체계적으로 연계시키는 제도적 방안의 구축이 필요
하다.

다섯째, 성인지 예산 대상사업 선정기준이 객관적이고 명확하게 정립되어
야 한다. 주요 광역지방정부의 성인지 예산 사업 수와 예산액의 비교에서 나타
난 바와 같이 대상사업 선정기준이 모호하여 자치단체별 담당 공무원의 판단에
따라 예산은 유사함에도 불구하고 사업 수의 편차가 크게 나타나고 있다. 명확
한 선정기준의 수립과 함께, 정부의 정책결정과 활동에 성 요인을 인식하고 양
성 평등을 실현하려는 공무원의 인식 변화와 성인지 예산 운영 기법의 연마가
필요하다.

2. 주민참여예산제도

1) 주민참여예산제도의 개요

참여예산제(Participatory Budgeting)는 참여 민주주의의 한 형태로서 공공 부
문의 세출 예산을 결정하는 데 있어서 일반 주민이 예산결정과정에 참여할 수
있도록 하는 것이다. 주민참여예산제를 처음 도입했던 브라질 Porto Alegre시의
참여예산제도는 다음과 같은 단계적 절차를 통해 이루어졌다: ① 지역주민들은
지출 우선순위를 가려내고 예산위원(budget delegates)을 선출한다; ② 예산위원은
전문가의 도움을 받아 특정 세출예산 항목을 구성한다; ③ 지역주민은 세출예산

항목 중 예산배정 항목을 투표를 통해 결정한다; ④ 시정부는 주민들이 결정한 예산항목을 집행한다(Wampler, 2007: 45).

주민참여예산제를 구성하고 있는 세 가지 원칙을 살펴보면, 첫째, 모든 시민은 주민참여예산제에 참여할 수 있는 권리가 있다. 모든 시민들은 평등한 권리를 가지고 있으며 어떤 지역 단체도 이 제도에 참여하는 데 있어서 특별한 지위나 특권을 가질 수 없다. 둘째, 참여는 직접 그리고 대의민주주의 원칙을 따라야 하며, 참여 활동은 참여자들에 의해서 결정된 내부 규칙에 따라야 한다. 셋째, 투자 재원은 일반적 기준(general criteria)에 기초한 객관적인 방법에 따라 배분되어야 한다(Sousa Santos, 1998: 468).

주민참여예산제는 각 나라 또는 지역의 정치사회적 상황에 따라 그 정의가 매우 다양하게 나타날 수 있으나, 전통적으로 관료에 의해서 독점적으로 이루어졌던 예산편성 활동에 주민이 참여하는 형태라고 정의할 수 있다. 이 제도에는 예산에 대한 의사결정 권한의 일부가 집행기관으로부터 주민에게 이전되는 분권적 성격이 포함되어 있다. 주민참여예산제도가 도입된 배경에는 정부의 재정 활동 성과에 대한 국민의 불신, 정부실패와 공공부문의 비효율성, 재정 투명성 부족 등을 개선하려는 시민사회의 개혁적 시도가 놓여 있다(임성일, 2012b: 24).

2) 주민참여예산제도의 기원 및 우리나라의 도입 과정

(1) 참여예산의 기원과[18] 운영 사례

참여예산은 1989년 브라질 포르토 알레그레(Porto Alegre)시에서 시민 간의 심각한 생활수준의 불균형을 해결하기 위한 혁신적 개혁 프로그램의 일환으로 최초로 시작되었다. 당시 포르토 알레그레 시민의 1/3은 상·하수도, 보건시설, 학교 등도 없는 시 외곽의 외딴 슬럼(slum) 지역에 거주하고 있었다. 이 같은 지역의 문제를 해결하기 위해 시작된 포르토 알레그레시의 참여예산은 매년 근린(neighborhood), 구청(regional), 시(city) 순으로 시작하여, 주민과 선출된 예산위원

---

18) 참여예산 기원에 대한 일부 내용은 wikipedia의 participatory budgeting의 내용을 참고하여 작성하였다.

은 지출 항목을 선정하고, 선정된 지출항목에 대해 투표를 통해 최종 우선순위
를 결정한다. 참여예산 참가자들은 연기금, 채무상환과 같은 고정경비를 제외하
고 연 평균 2억 달러의 재원을 건설과 공공서비스 분야에 배정하는 것을 결정한
다.[19] 1989년 이후 매년 전체 인구 백 오십만 명 중 약 오천 명이 참여예산에
참가하고 있으며 그 참여인원이 증가하고 있다. 다양한 사회경제적·정치적 배
경을 가진 사람들이 참여예산에 참가하고 있는 것으로 알려져 있다.

참여예산 과정은 매년 1월에 시작되는데, 매년 초 참여와 소통을 증진하기
위해 시 전역에 걸친 모임들이 시작된다. 2월에는 시의 예산 전문가로부터 예산
편성과 관련한 기술적인 분야에 대한 교육이나 지침을 받는다. 3월에는 시의 16
개 구청별로 참여예산 총회(plenary assemblies)를 소집하여 교통·보건·교육·스포
츠·경제개발 분야를 다루는 회동을 한다. 구청별 총회[20]에서 특정지역들(specific
neighborhood)을 대표하는 예산위원(regional delegates)을 선출한다. 시장과 공무원
들은 이 총회에 참석하여 시민들의 관심 사항에 대해 응답을 한다. 이어서 다음
몇 달 동안 선출된 예산위원들은 주간 또는 격주간 단위로 모여서 구청의 행정
서비스 수요와 기술 프로젝트 기준을 심사한다. 이 과정에서 시 공무원은 자신
의 전문 업무 분야에 따라 예산위원의 회의에 참석할 수 있다.

두 번째 총회에서 구청 예산위원들(regional delegates)은 구역별 행정수요의 우
선순위를 정하고 모든 구역과 사회분야를 대표하는 42명의 예산의원(councillors)을
선출한다. 선출된 예산의원은 「시예산위원회」(the Municipal Council of the Budget)
의 역할을 수행한다. '시예산위원회'는 가용재원 내에서 각 구역의 행정수요를
조정하는 역할을 통해 예산을 확정하여 시의회(city council)에 제출한다. 시예산
위원회에 의해 시의회에 제출된 예산은 법적 구속력을 가진다. 그래서 시의회에
서 수정을 제안할 수 있으나 시예산위원회가 이 수정 제안을 반드시 따라야 하
는 의무는 없다. 다만, 시장은 시예산위원회가 제출한 예산을 거부할 수 있다.
시장에 의해 거부된 예산은 예산위원회로 다시 회부되나 실제 거부된 사례는 현

19) Yes! Magazine. (2002.12). "Porto Alegre's Budget Of, By, And For the People."
20) 구청에 따라 총회 참석 인원이 1,000명이 넘는 곳들도 있다.

재까지 없는 것으로 알려져 있다.

세계은행(Word Bank)에 따르면 참여예산제 도입 이후 많은 변화가 포르토 알레그레에 나타난 것으로 조사되었다. 상하수도 보급률이 75%(1988년)에서 98%(1997년), 1986년 이후 1997년까지 학교 수의 4배 증가, 보건 및 교육 예산은 13%(1985년)에서 40%(1996년)로 증가하였다. 전체 예산 중 참여예산으로 결정할 수 있는 비중도 13%(1985년)에서 21%(1999년)로 증가하였으며 시민들의 참여예산 참가도 대폭 확대된 것으로 알려졌다. 포르토 알레그레의 성공 사례는 브라질 국내 도시뿐만 아니라 전 세계로 전파되었다. 남미의 16,000여 개의 도시 중 1,000개 이상, 2008년 기준으로 서유럽의 100개 이상의 도시, 아시아, 아프리카, 북미 등의 많은 지역에서 참여예산제도가 실시되고 있다(Sintomer et. al, 2008: 164). 일부 국가에서는 지방정부의 예산뿐만 아니라 학교, 대학, 공공주택기관의 예산에도 참여예산제가 적용되고 있다.

포르토 알레그레에서 시작된 참여예산은 부패한 지방의회와 정치에 대한 불신, 사회 불공평에서 시작된 것과 달리, 유럽, 북미, 아시아 등에서는 대의민주주의의 한계 극복과 민주주의 체제의 도입(동유럽 등)에 따라 참여예산제도가 도입되었다. 이러한 이유로 인해 포르토 알레그레의 참여예산제와는 달리 각 국가와 지역의 역사적 배경과 사회정치적 상황에 따라 다양한 형태의 참여예산제가 시행되고 있다.

(2) 우리나라의 도입 과정 및 현황

국내의 주민참여예산제도는 지방정부의 집행기관이 독점적으로 행사해오던 예산편성을 지역주민들이 예산편성과정에 직접 참여할 수 있도록 하는 제도이다. 이 같은 주민참여예산제도는 그동안 포괄적으로 규정하고 있던 주민의 재정에 대한 참여 권한을 보다 특정하여 '예산편성 과정에 주민참여'로 강화되었다. 이 제도는 지방재정의 투명성과 공정성 및 효율성을 높이고 재정민주주의를 구현하는데 의의를 두고 있다.

2003년 광주광역시 북구가 국내 최초로 주민참여예산제를 도입하여 실시하였으나, 당시에는 조례 제정 등 법적 근거 규정이 없이 제도가 시행되었다. 광주광역시 북구는 2004년 3월 25일 「광주광역시 북구 주민참여예산 운영 조례」를 전국 최초로 제정하여 주민참여예산제도를 법제화하였다. 국가(당시 행정안전부)는 광주광역시 북구의 주민참여예산제 성공사례를 전국으로 확산시키기 위하여 2005년 8월 지방재정법을 개정하여 예산편성과정에 주민참여예산제도의 법적 근거를 마련하였다.21)

2005년 12월 지방재정법 시행령 개정을 통해 주민참여 예산의 범위 및 운영 절차 등을 지방정부의 조례에 위임하는 규정을 도입하였으며, 2006년 6월에는 당시 행정안전부가 주민참여예산조례 표준조례안을 제시하였고, 같은 해 11월 대전광역시가 광역자치단체 중 처음으로 참여예산 조례를 제정하였다. 이후 2011년 8월 개정된 지방재정법은 지방정부의 장은 주민참여예산제도를 마련하여 시행하도록 의무화하였다.22) 2004년 광주광역시 북구에 의해서 최초로 조례가 제정된 이후, 2020년 현재 전국의 243개 지방자치단체가 주민참여예산제 운영 관련 조례를 제정·완료함으로써 국내 모든 지방정부가 주민참여예산제도를 도입·운영하고 있는 상황이다.

2010년 당시 행정안전부는 주민참여예산제 운영조례안의 3가지 유형을 제시하였다. 정부가 3가지 유형을 제시한 것은 각 지방정부의 상이한 상황을 고려하여 주민참여예산조례를 채택할 수 있도록 재량을 부여하기 위한 것으로 볼 수 있다. 도입 초기에 제정된 광주광역시 북구와 울산광역시 동구의 조례는 예산참여시민위원회, 예산정책토론회, 예산참여지역회의, 예산참여민관협의회, 주민참여예산제연구회 등과 같은 제도를 포함하고 있었다. 그러나 2006년에 제정된 정부의 표준조례안은 주민참여예산위원회 구성을 필수 요건이 아닌 선택 요건으로 규정하였다. 이는 제도 도입의 초기라는 점을 감안하여 지방정부에 선택적

---

21) 지방재정법 제39조(지방예산편성과정에 주민참여) 지방자치단체의 장은 대통령으로 정하는 바에 따라 지방예산 편성 과정에 주민이 참여할 수 있는 절차를 마련하여 시행할 수 있다.

22) 지방재정법 제39조(지방예산 편성 과정의 주민 참여) ① 지방자치단체의 장은 대통령으로 정하는 바에 따라 지방예산 편성 과정에 주민이 참여할 수 있는 절차를 마련하여 시행하여야 한다.

재량을 부여한 것이라고 해석할 수 있다.

그러나 단일 표준조례에 의해 전국의 참여예산 관련 조례가 획일화되는 경향이 나타나자, 정부는 3가지 유형의 참여예산제 운영 조례안 제시를 통해 지방정부가 조례 유형을 선택할 수 있는 폭을 확대하였다. 제1유형은 주민참여예산위원회 설치에 관한 규정 없이 '설치 할 수 있다'라는 임의 규정을, 제2유형은 '주민참여예산위원회를 둔다'라는 강제규정은 있으나 주민참여예산위원회 운영을 위한 세부사항에 대한 상세한 규정은 제시하고 않고 있다. 그리고 제3유형은 '주민참여예산위원회를 둔다'라는 강제규정과 함께 주민참여예산위원회 운영을 위한 세부규정과 분과위원회의 인적 구성 및 재정지원에 대한 상세한 규정을 제시하고 있다.

3) 주민참여예산제도의 실시와 관련된 핵심쟁점

2011년 지방재정법 개정으로 주민참여예산제도가 의무화된 이후에 모든 지방정부가 주민참여예산 조례를 제정·운영하였다. 소수 지방정부를 제외하고 참여예산에 대한 경험이 아직은 일천하고 제도 도입 초기 수준에 머물고 있다. 따라서 우리의 주민참여예산제도를 분석하기에는 아직 질적 및 양적 데이터가 부족한 실정이어서 참여예산제도의 성과와 문제점을 논하기에는 아직 이른 감이 있다. 그럼에도 불구하고 주민 대표성 문제, 참여예산위원의 참여 단계와 수준, 예산편성과정에서의 참여자의 불평등한 영향력, 주민참여예산제도에 대한 공무원의 부정적 인식, 지방의회 예산심의권 침해 논란 등과 관련된 쟁점이 제기되고 있다. 다음은 주민참여예산제도의 실시와 관련된 주요 쟁점들이다.[23]

첫째, 주민참여예산제도의 운영과정에서 가장 빈번히 제기되는 본질적 사안은 주민대표성의 확보 문제이다. 참여예산에 참가하는 주민은 '보통 일반 주민인가 아니면 지역의 시민단체 또는 특정한 이익을 목적으로 하는 집단인가'에 관련된 문제가 끊임없이 제기되고 있다. 주민참여예산제에 참여하는 주민의 비율이 낮을 뿐 아니라 주민들이 제도에 대한 인식도 제대로 하지 못하고 있는 것

---

23) 임성일(2012b: 33-44)의 연구 내용을 재정리한 것이다.

으로 파악되고 있다. 이러한 현상은 향후 주민참여예산제도의 추진과정에서 극
복해야 할 가장 중요한 과제라는 점을 시사해 주고 있다.

둘째, 주민참여예산제도의 도입과정에서부터 빈번하게 제기되고 있는 쟁점
중 하나는 이 제도가 현 대의민주주의를 침해하는 요인을 포함하고 있다는 점이
다. 지방의회는 주민의 투표에 의한 합법적 주민대표기구인 데 비해 주민참여예
산위원회는 기구의 권한과 구성원의 주민 대표성 측면에서 취약한 정당성의 문
제점을 갖고 있다. 그럼에도 불구하고 주민참여예산위원회에서 제안한 사업에
대해 의회가 예산 심의시 자유스럽게 삭감 또는 폐지할 수 있는 데에는 상당한
제약이 따를 것으로 예상된다. 주민 대표성이 확보되지 않은 참여예산위원들의
과도한 의욕이나 지나친 예산에 대한 개입은 오히려 재원배분의 효율성과 효과
성을 저해하는 역효과를 초래할 수도 있어 이 점에 대한 제도적 보완 등이 향후
필요하다.

셋째, 주민참여예산은 집행기관의 예산편성과정에 참여하는 것을 말하는
데, 예산편성의 어떤 범위(회계·기금, 추가경정예산 등)와 대상(재량적 지출, 의무적·법
적 지출 등)에 실질적으로 참여하는 것인지에 대한 명확한 규정은 없다. 일반적으
로 예산사업의 특성상 법적·의무적 경비 등 주민들이 기본적으로 관여할 수 없
는 대상과 항목들이 존재한다. 전체 예산에서 이 같은 경비를 제외한 잔여 예산
의 어느 정도를 주민참여예산의 영향 범위에 둘 것인지에 대한 종합적 검토가
이루어져야 할 것이다.

주민참여예산을 둘러싼 쟁점과 문제점들이 제기되고 있으나 주민참여예산
제도는 풀뿌리 민주주의에 이념적 근거를 둔 새로운 예산제도로 평가받고 있다.
또한 이 제도는 정부의 정책·사업 우선순위에 대한 결정과정에 주민의 의견을
합리적으로 반영하기 위한 제도적 장치이다. 비록 제도의 초기에 나타나고 있는
쟁점이나 문제점으로 인해 이 제도가 지향하는 목표와 성과를 달성하는데 많은
시간이 소요된다 할지라도, 참여예산제도의 도입목적과 지향하는 바를 달성할
수 있도록 지역주민과 행정이 협치를 통해 지방정부의 실정에 적합한 모델을 만
들어 나가야 할 것이다.

3. 지방재정사업평가제도

1) 개요

예산의 성과지향을 위한 노력은 우리나라를 비롯하여 OECD 국가들에서도 활발하게 도입되어 운영되고 있다. 우리나라에서는 재정성과목표관리제도, 재정사업자율평가제도, 재정사업심층평가제도로 구성된 재정사업평가제도를 중심으로 성과중심의 예산제도 개혁이 지속적으로 이루어지고 있다. 2006년 국가재정법 제정과 함께 재정사업평가제도는 법적근거를 확보하고 10년 이상의 시행과정을 거치면서 제도적 안정성이 높아지고 있다.

중앙정부를 중심으로 추진되고 있는 성과중심적 예산주의는 지방정부의 예산규모의 증대에 따른 예산운용의 효율성 및 책임성 강화를 위하여 2014년 지방재정법 개정을 통해 도입되어 2016년부터 시행되고 있다. 이 규정(제5조 성과중심의 지방재정운영)의 도입으로 지방자치단체의 장은 재정활동의 성과관리체계를 구축하고 예산의 성과계획서 및 성과보고서를 작성하여 지방의회에 제출하여야 한다. 이 같은 제도를 실행하기 위하여 지방자치단체는 사업의 성과를 평가하고 그 결과를 다음 연도 예산편성과정에 반영하여야 한다. 따라서 지방재정사업평가는 사업부서의 다음 연도 예산확보에 상당한 영향을 미치는 제도이다.

2) 평가대상

지방재정법은 주요재정사업 평가대상을 크게 투자사업과 행사성 사업으로 구분하고, 투자사업에 대해서는 광역자치단체와 기초자치단체 간 평가대상 사업의 규모에 차이를 두고 있다(지방재정법 시행령 제1조의2). 광역자치단체는 총사업비 5억 원 이상의 투자사업과 모든 공연·축제 등 행사성 사업을 대상으로 하고, 기초자치단체는 총사업비 2억 원 이상의 투자사업과 모든 공연·축제 등 행사성 사업을 대상으로 규정하고 있다. 다만, 지방보조사업 또는 법령에 따라 의무적으로 예산을 부담해야 하는 사업은 제외하고 있다.

3) 평가절차 및 방법

행정안전부의 지방자치단체 주요재정사업 평가기준에 따르면 평가의 절차와 방법은 사업 유형에 따라 다르게 적용되고 있다. 투자심사에 대해서는 다음 해에 전년도 실적에 대해 부서의 자체평가와 평가담당부서의 확인·점검형태로 평가가 진행된다. 이와 달리 행사성 사업은 민간위원회 평가가 의무화되어 있고, 2018년부터 신규 행사성 사업에 대해서는 사전심사를 실시하여야 한다.

사전심사는 신규 행사·공연·축제 등 행사성 사업을 대상으로 실시된다. 평가는 15명 이내로 구성된 민간위원회에서 실시한다. 민간위원회는 민간인 4분의 3 이상으로 구성되어야 한다. 주요 재정사업평가 민간위원회는 지역축제위원회, 지방보조금심의위원회 등 기존 민간위원회를 활용할 수도 있다. 민간위원회에서는 신규 행사성 사업의 목적성·타당성·사업비 적정성 등에 대한 사전심사 평가를 실시한다.

사후평가는 투자사업과 행사성 사업에 동일하게 적용된다. 투자사업에 대한 평가는 자체평가 및 예산부서 확인·점검 등 순차적으로 진행된다. 사업부서에서는 대상사업에 대해 자체평가를 실시한 후, 평가결과를 평가부서에 제출한다. 평가부서는 전문연구기관의 지원 등을 받아 평가결과를 확인·점검한 후 평가점수를 결정하여 사업부서에 통보한다. 행사성 사업에 대해서는 평가는 민간위원회의 사후평가 및 예산부서 확인·점검 등의 과정을 거친다. 평가부서는 평가계획을 수립한 후 민간위원회에서 평가를 실시한다. 평가부서에 평가결과가 제출되면 확인·점검 과정을 거쳐 최종 평가점수가 확정된다.

4) 평가지표 및 평가방법

행정안전부의 지방자치단체 주요재정사업 평가기준에 의하면, 평가지표는 계획(20점), 관리(30점), 성과·환류(50점) 단계로 구분하고 11개 지표를 사용한다. [표 12-4]에서와 같이 11개 지표 중 계획부문은 '사업계획의 적정성' 및 '성과계획의 적정성', 관리부문은 '사업관리의 적정성', 성과·환류부문은 '성과달성 및 사업평가결과의 환류' 항목을 중심으로 평가한다. 행정안전부는 주요재정사업 평가의 지표와 평가배점을 활용하는 지방정부의 필요에 따라 이를 자율적으로 조정할 수 있도록 하였다.

평가방법은 상대평가로 사업별로 60점 미만은 '매우 미흡', 60~69점 '미흡', 70~79점 '보통', 80~89점 '우수', 90점 이상은 '매우 우수'로, 총 5단계로 등급화

표 12-4 지방자치단체 주요재정사업 평가기준표

단계	평가항목	평가지표	배점	결과
계획 (20점)	사업계획의 적정성 (10)	1-1. 사업목적이 명확하고 성과목표 달성에 부합하는가?	2	
		1-2. 다른 사업과 불필요하게 유사·중복되지 않는가?	3	
		1-3. 사업내용이 적정하고 추진방식이 효율적인가?	5	
		소 계	10	
	성과계획의 적정성 (10)	2-1. 성과지표가 사업목적과 명확한 연계성을 가지고 있는가?	5	
		2-2. 성과지표의 목표치가 구체적이고 합리적으로 설정되었는가?	5	
		소 계	10	
관리 (30점)	사업관리의 적정성 (30)	3-1. 예산이 계획대로 집행되도록 노력하였는가?	15	
		3-2. 사업추진상황을 정기적으로 모니터링하고 있는가?	5	
		3-3. 사업추진 중 발생한 문제점을 해결하였는가?	10	
		소 계	30	
성과 /환류 (50점)	성과달성 및 사업평가 결과의 환류 (50)	4-1. 계획된 성과지표의 목표치를 달성하였는가?	30	
		4-2. 사업이 효과적으로 수행되는지 점검하기 위한 사업평가를 실시하였는가?	10	
		4-3. 평가결과 및 외부지적사항을 사업구조개선에 환류하였는가?	10	
		소 계	50	
계		100		

자료:「지방자치단체 주요재정사업 평가기준」행정안전부, 2017. 9.

하고 있다. 평가의 관대화 경향을 방지하기 위하여 평가결과는 '우수' 이상 사업 비율을 20% 이내, '미흡' 이하 사업비율을 10% 이상으로 의무화하고 있다. 평가 결과 '우수' 이상 등급 사업은 원칙적으로 예산을 증액하거나 유지한다. 그러나 '미흡' 이하 등급의 사업은 예산 10% 이상 삭감 원칙을 적용한다.

5) 평가사례 및 시사점

제주도는 2019년에 추진한 사업 중에서 투자사업 164건과 행사성 사업 161 건, 총 325건 사업(사업비 107,019백만 원)에 대해서 주요재정사업 평가를 실시하였 다. 제주도는 도와 시에서 실시한 자체평가 결과와 제주연구원 공공투자관리센 터 평가 결과를 수합하여 예산담당부서에서 검수·확정하였다. 평가는 상대평가 로 이루어지고, 2020년 평가는 '미흡' 이하 사업비율을 15% 이상, '우수' 이상 사 업비율을 15% 이하로 계획하여 평가하였다. 그 결과 '우수' 이상의 사업 비율은 325건 중 42건(12.9%), '보통' 194건(59.7%), '미흡 이하' 89건(27.4%)으로 나타났다. 이러한 결과에 따라서 2021년 예산안 편성시 '미흡' 77건은 예산삭감, '매우 미 흡' 12건은 예산 반영의 상황에 직면할 것으로 예상된다(제주특별자치도. 2020).

지방정부의 주요재정사업평가 제도 도입이 2016년에 도입되어 이에 대한 실증적 연구 결과가 거의 없는 편이다. 주현정·민기(2019)는 외부평가자에 의해 실시되는 2차 사후평가에 가장 큰 영향을 미치는 요인을 분석하였다. 그 결과 2차 외부 전문가에 의한 외부평가 결과에 가장 큰 영향을 미치는 요인은 현행 평가기준에 포함된 평가요인인 '사업계획의 적정성, 성과계획의 적정성, 사업관 리의 적정성, 성과달성 및 사업평가결과의 환류 문항'의 총합으로 구성된 1차 자체평가 점수였다. 1차 평가로 실시되는 자체평가 점수가 높으면 2차 외부평가 자에 의한 평가도 높게 나타나는 것으로 밝혀졌다. 이는 자체평가 점수와 외부 평가 점수의 차별화가 나타나지 않고 있다는 점을 시사하고 있다. 이는 사업에 대한 이해 부족, 시간의 제약, 현장검증 제한 등으로 인해서 외부평가자가 자체 평가 결과에 의존하는 현상이 사업평가 결과에서 나타나고 있다. 이러한 현상을 해결하기 위하여 자치단체별로 자체평가와 외부평가의 심사 기준을 별도로 만들고 자체평가와 외부평가의 평가점수의 비중을 달리 하는 방안을 도입해 볼 수 있을 것이다.

제13장

지방정부 재정운용행태와 지방재정규율[1]

제1절 재정분권화와 지방정부의 연성예산제약

1. 지방자치하의 재정분권화와 연성예산제약

티보(1956)는 '발로 투표'하는 이동성이 강한 주민들을 상정하는 매우 엄격한 몇 가지 조건들 하에서 이기적(selfish) 지방정부들이 지방공공서비스를 효율적으로 공급한다고 제시하였다. 오츠(1972)도 그의 분권화정리를 통하여 분권화된 정부는 각 정부별로 정책을 차별화시킬 수 있기 때문에 작은 정부가 더욱 효율적이라고 주장하였다. 이러한 주장들은 정부의 분권화는 효율적이고 대응성이 강한 정부로 가는 유익한 수단을 의미하는 것이라고 해석될 수 있다. 하지만 이러한 부류의 연구자들은 분권화로 인하여 각 지방정부가 다른 지방정부들에게 야기할 수 있는 시정되지 않는 외부성(uncorrected externalities)에 대해서는 시

---

1) 본 장의 상당수의 내용은 전상경(2006)의 논문에서 발췌·정리한 것이다.

장영역에서 발생되는 외부성과는 달리 별다른 주의를 기울이지 않았다. 최근의 문헌들은 분권화로 초래되는 문제들에 관심을 갖기 시작하였고 그러한 관심은 곧 분권화의 비용과 편익이라는 형식으로 논의된다(Rodden, Eskeland, & Litvack, 2003: 6).

한 국가는 분권화될수록 지방정부의 자율성은 그만큼 증대된다. 분권화로 자율성이 증대되면 그만큼 지방정부의 기회주의적 행태(opportunistic behavior)의 가능성도 커지고 그 결과 국가 전체적으로 바람직스럽지 못한 결과가 초래될 수 도 있다. 따라서 한 국가에서의 분권화는 어떤 지방정부가 다른 지방정부에 유 발시키는 외부성은 물론이고 각 지방정부들의 기회주의적 행태가 존재하지 않 거나 무시될 수 있을 때만 그 본래의 이점을 누릴 수 있다(Vigneault, 2005: 1). 그 렇기 때문에 재정분권화를 추진하는 국가는 지방정부의 그러한 행태를 어떻게 예방하고 통제할 것인가가 중요한 과제로 대두되며, 재정분권화로 야기될 수 있 는 이러한 문제들은 지방정부의 연성예산제약(soft budget constraint)의 고찰을 통 해서 잘 부각된다.

현실세계에서 인간의 모든 경제행위는 예산제약하에서 이루어진다. 만약 지출이 예산을 초과하면 차입 등과 같은 수단을 통해 외부로부터 자금을 조달해 야 한다. 차입에 대해서는 상환의무를 지며, 상환의무를 이행하지 않으면 그 순 간부터 더 이상 정상적인 경제활동을 할 수 없게 된다. 예산제약이 엄격한 지출 제약으로 작용하는 경우는 경성적(hard)이라 하고, 그렇지 못한 경우는 연성적 (soft)이라고 한다. 주어진 예산을 더 쓰고서도 외부로부터 추가적 예산지원을 기 대할 수 있다면 애초의 예산제약은 제약으로서의 엄격성을 상실하여 연성적 (soft)이 된다. 예산제약이 경성을 상실하여 연성적으로 되면 그것 때문에 경제주 체의 행위는 상당한 영향을 받게 되며, 이러한 경제주체의 행태변화와 그에 따 른 현상은 연성예산제약증후(soft budget constraints syndrome)로 불린다(이윤호·김성 현, 2007: 158-159).

연성예산제약이란 개념은 원래 적자를 보는 기업에 대한 지속적인 재정지 원을 뜻하는 것으로서 코르나이(Kornai)가 만든 용어인데(Kornai, 1979, 1986) 사회

주의 경제체제의 가장 중요한 유인문제(incentive problem)를 설명하기 위한 지적
도구이다.[2] 즉 연성제약 하에 있는 국영기업은 정부로부터의 재정지원 가능성
이 엿보이기만 하면 기회주의적 행태를 하게 되어 효율성을 크게 떨어뜨린다는
것이다. 연성예산제약이라는 개념의 중요성과 적실성은 사회주의 경제체제는
물론이고 동유럽과 아시아를 비롯한 전환기경제체제(transition economies)하에서
잘 인식되고 있다. 예를 들면 대기업이나 은행이 비록 부실로 운영된다고 하더
라도 그것이 국가경제에 미치는 영향이 워낙 크기 때문에 정부가 계속해서 지
원하지 않을 수 없을 것이라고 판단하게 되면 그러한 대기업이나 은행의 기회
주의적 행태는 통제되기 어렵다.[3] 1990년대 후반 동아시아지역의 금융위기는
이 지역의 금융산업에 만연해 있던 연성예산제약 때문이었다는 지적도 있다
(Dewatripont & Roland, 1999: 2).

최근에는 정부간관계의 연구에도 이러한 연성예산제약의 개념이 적용되기
시작하였다(Vigneault, 2005: 1). 중앙정부는 분권화하에서 지방정부의 지출과 차입
에 대한 제한적인 통제권밖에 갖지 못하지만 여전히 지방정부의 제반문제에 관해
상당한 관심을 갖는다. 만약 지방정부가 자신이 재정적 곤란에 처하게 될 경우 중
앙정부가 반드시 상당한 재정지원을 할 것이라고 확신하면, 그러한 확신은 지방
정부로 하여금 재정운영상 전략적 행태(strategic behavior)를 유발시킨다. 이렇게 되
면 재정운영에서 지방정부들의 기회주의적 행태(opportunistic behavior)가 나타나게
되고, 중앙정부는 지방정부의 전략적 행태에 말려들게 된다. 왜냐하면 아무리 지
방분권화가 진행되어도 지방정부는 한 국가의 사회후생을 결정하는 중요한 부분
이기 때문에 중앙정부는 지방정부의 재정곤란을 외면할 수 없기 때문이다.

지방정부가 연성예산제약하에 있으면 그 지방정부는 자신이 공급하는 지방

---

2) 코르나이(Kornai)는 그러한 연성예산제약의 원인을 정치적 제약, 즉 사회적·정치적으로 초
래될 수 있는 엄청난 비용을 피하려고 하는 정부의 온정주의적 욕심(paternalistic desire)탓
으로 돌린다.

3) 이것은 우리나라 경제성장과정에서 대규모의 부실기업에 대한 지속적인 정부지원이 이루어
진 상황을 이른바 '대마불사(大馬不死)'라는 상황으로 비유하는 데서도 나타난다. 이러한 상
황에서 정부지원이 계속되더라도 기업은 부실하지만 기업주들은 아무런 피해를 입지 않게
되므로 기회주의적 행태는 더욱 심각해질 수 있다.

공공서비스의 비용을 전부 인식하지 못한다. 즉 지방공공서비스의 한계편익이 한계비용을 초과하게 되고, 그 결과 과잉지출을 하려는 유인이 생긴다. 특히 분권 하에서 지방정부는 자신과 자기 지역주민들의 이익을 보다 큰 범위의 국가이익보다 우선시하기 때문에 이러한 과잉지출의 유인은 더욱 강렬하다(Rodden, Eskeland, & Litvack, 2003: 6). 과잉지출이 누적되면 재정곤란과 재정위기가 초래되고 그것을 해결하기 위한 국가의 개입은 궁극적으로 중앙정부의 예산균형을 해치게 된다(Bordignon, 2000: 5).

2. 연성예산제약하의 재정누출과 경제적 효과

재정누출(fiscal spillovers)이란 어떤 지방정부가 현재 수준의 공공서비스공급에 소요되는 예산비용의 일부를 그 지방정부의 주민이 아닌 전국의 다른 주민들, 즉 현재나 또는 미래의 비거주민들(nonresidents)에게 전가시키는 행위를 말한다. 지방정부가 이와 같은 재정누출행위를 하게 되는 것은 재정선택에 관한 자신의 의사결정시에 그것 때문에 초래될 수 있는 모든 사회적 결과를 고려하지 않기 때문이다. 이것은 지방정부가 그러한 사회적 비용을 인식할 수 없을 경우에 발생하지만, 비록 그러한 것을 인식하더라도 지방정부의 기회주의적 행위로 야기되는 연성예산제약 하에서도 발생하게 된다. 심각한 것은 후자의 경우이다.

지방자치 하에서는 동일한 사람이 중앙정부의 시민·납세자로서의 지위뿐만 아니라 지방정부의 시민·납세자로서의 지위도 갖는다. 지방정부의 사무는 중앙정부의 그것에 비하여 주민들의 일상생활과 보다 밀접하게 연관되어 있는 경우가 대부분이다. 뿐만 아니라 인구 n의 특정 지방정부에서 한 사람이 차지하는 비중은 $(1/n)$이지만 그 시민이 살고 있는 인구 N의 국가에서 그가 차지하는 비중은 $(1/N)$이기 때문에 지방정부에 대한 소속감이 훨씬 크다. 따라서 사람들은 중앙정부 시민·납세자로서의 지위보다도 지방정부 시민·납세자로서의 지위를 더욱 강하게 의식하게 된다.[4] 이와 같은 시민·납세자의 이중적 지위의 불균

---

4) 미국과 같이 국가의 영토가 넓으면 넓을수록 양자간의 괴리는 더 커진다. 미국의 일반시민들

형은 재정누출을 야기하는 근본적 원인이 되며, 지방정부의 수가 많을수록 재정누출의 가능성은 더 커진다.[5]

　재정누출이 발생하면 그 지방정부 주민들은 지방공공서비스 공급비용을 실제보다 낮게 인식하며, 그 결과 지방공공서비스가 과잉 공급되어 비효율성이 초래된다. 지방정부 재정누출행위의 통제는 국가전체의 효율적 자원배분을 위해서 매우 중요한 과제이다. 재정누출이 국가경제 전체에 초래하는 경제적 효과는 [그림 13-1]을 이용하여 설명된다(Inman, 2003: 36).

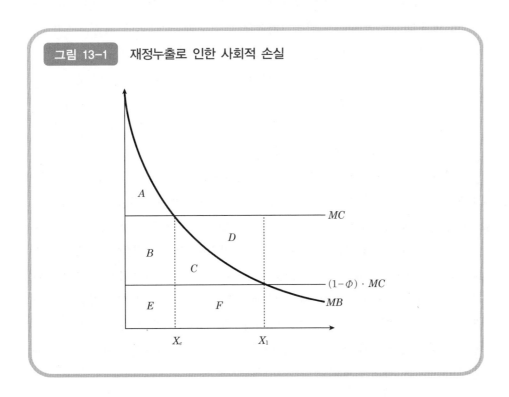

그림 13-1　　재정누출로 인한 사회적 손실

은 연방정부의 일보다도 대체로 지방정부나 주정부의 일에 더 많은 관심을 보인다.
5) 일찍이 올슨(Mancur Olson)은 그의 유명한 「집합행동의 논리」라는 저서에서 구성원의 수가 많을수록 집합행동의 딜레마가 발생할 가능성이 높다고 지적하였다(Olson, 1965).

[그림 13-1]에서 MB는 지방정부의 거주자가 현 시기에 소비하는 지방공공서비스의 추가적 증가로부터 누릴 수 있는 한계편익을 나타내며, MC는 현시기에 공급하는 지방공공서비스의 추가적 증가로부터 야기되는 사회적 한계생산비를 나타낸다. 지방정부의 재정누출이 없다면 효율적인 자원배분수준은 $MB=MC$인 X_e에서 결정된다. 이때 지방정부의 주민·납세자는 X_e의 공공서비스를 공급하기 위하여 $[B+E]$을 지불함으로써 $[A+B+E]$의 편익을 얻게되므로 궁극적으로 A만큼의 순수재정잉여(fiscal surplus)를 얻는다.

만약 재정누출이 발생하여 비용전가가 일어난다면 지방정부가 인식하는 지방공공서비스의 공급비용은 비용전가액만큼 감소한다. 단위당 비용전가비율이 Φ이라면 지방정부의 시민·납세자가 느끼는 한계비용곡선은 $(1-\Phi)\cdot MC$가 되어 $MB=(1-\Phi)\cdot MC$인 X_1까지 공공서비스공급을 확대하려고 할 것이다. 이경우 지방정부 시민·납세자들은 X_1 수준의 공공서비스를 공급하기 위해 $[E+F]$의 비용을 부담하여 $[A+B+C+E+F]$의 편익을 누리기 때문에 $[A+B+C]$의 순재정잉여를 얻는다.

재정누출을 야기하는 지방정부의 입장에서는 $[B+C]$만큼 더 큰 재정잉여를 누릴 수 있기 때문에 재정누출전략을 구사하려는 유인을 갖는다. 재정누출을 통하여 지방공공서비스의 수준이 X1로 되면 그 지방정부 시민·납세자들은 $[A+B+C]$의 재정잉여를 누리지만, 그 지방정부 때문에 유발되는 총 재정누출 $[B+C+D]$는 결국 전국의 다른 지방정부 시민·납세자들이 부담하게 된다. 따라서 국가경제 전체에서 본 재정잉여는 $[A+B+C]-[B+C+D]=[A-D]$가 되어 지방재정누출이 없을 경우의 재정잉여인 A보다도 D만큼 감소한다. 결국 국가경제 전체적 측면에서 볼 때 바로 이 D가 특정 지방정부의 재정누출 때문에 야기되는 사회적 비효율인 것이다.

3. 재정누출의 주요 통로와 예방책

지방정부는 중앙정부나 다른 지방정부가 지방공공서비스 공급비용의 일부를 지불할 것으로 예상하면 지방공공서비스 공급수준을 비효율적 수준까지 확장한다. 이와 같은 사후적(ex post) 비용부담공유의 원인과 메커니즘은 여러 가지 유형으로 나타날 수 있기 때문에 연성예산제약을 간단하게 확인하기는 곤란하다(Rodden, Eskeland, & Litvack, 2003: 8). 비그노르(Vigneault)는 연성예산제약이 발생할 수 있는 두 가지 필요조건을 다음과 같이 정리한다: ① 지방정부가 중앙정부로부터 추가적인 재원을 끌어내기 위해서 전략적으로 행동할 유인을 갖고 ② 중앙정부는 지방정부가 재정곤란이나 재정위기에 직면할 경우 지방정부가 스스로 그것을 해결하도록 방치하기보다도 지방정부에 긴급구제금(bailout)를 지원하는 것이 더 바람직하다고 판단해야 한다(Vigneault, 2005: 2). 우리는 이러한 연성예산제약발생의 필요조건을 염두에 두고 지방정부의 연성예산제약행태를 유발할 수 있는 재정적 및 정치적 요인을 다음과 같이 유형화한 후,[6] 그것을 예방할 수 있는 제도적 조건들(institutional conditions)을 고찰한다.

1) 국고지원금획득정치와 조세수출

중앙정부는 효율성의 증진, 형평성의 증진, 부정적 간섭주의(paternalism)에 입각한 가치재(merit goods)의 공급 등과 같은 이유로 하위정부에게 재정적 지원을 할 수 있다. 중앙정부지원금은 특정 지방정부의 지방공공서비스공급비용을 낮추어 그 지역주민들의 과도한 재정수요를 유발시킴으로써 재정누출을 야기할 수 있다. 특히 국고보조금의 지급기준이 명백하지 않을 경우 그러한 기준은 쉽게 조작될 수 있다. 이 경우 지방정부는 중앙정부의 재량적인 보조금지급권한(discretionary transfer power)을 활용하기 위하여 적극적인 노력을 하게 될 것이다

---

6) 비그노르(Vigneault)는 정부간재정관계에서 연성예산제약이 발생할 수 있는 필요조건으로서 수직적 재정불균형(vertical fiscal imbalance), 자체재원의 유연성, 상위정부지원금유형, 예산의 투명성, 지출책임의 배분, 기채자율성의 정도, 정치적 연방주의, 정치적 편익, 신뢰성(reputation), 정보 등의 10가지 유형으로 구분하여 설명하고 있다(Vigneault, 2005: 3-7).

(Vigeanult, 2005: 4). 바로 이것이 연성예산제약의 한 원인이 된다. 또한 이것과 더불어 다른 지방주민들에게 부담을 전가시키는 지방세의 조세수출도 공공서비스의 공급비용을 낮게 인식시킴으로써 재정누출을 야기할 수 있다.[7]

중앙정부의 보조금이나 조세수출 때문에 발생되는 지방정부의 재정누출은 중앙정부의 협조 없이는 발생될 수 없다. 따라서 왜 전국의 납세자들이 이와 같은 국가적 차원의 비효율성을 용인하는가라는 의문이 제기된다. 이러한 의문은 국고보조금획득을 둘러싸고 벌이는 국회의원들의 정치적 게임으로서 설명된다. 즉 비록 국가적으로는 비효율적이라도 특정 지방정부에게 돌아가는 국고지원금이 그 지방정부에 도움된다면, 재선을 염두에 두어야 하는 그 지역출신의 국회의원은 국가전체의 재정효율성을 개선하기 위해 자신의 당선에 결정적 영향을 줄 수 있는 지방정부의 보조금을 희생하려고 하지 않는다.[8] 즉 국회의원들은 국가보조금획득과 관련하여 거대한 용의자들의 딜레마게임(prisoners' dilemma game) 상태에 빠지게 된다.[9]

용의자들의 딜레마게임 상황에 빠져있는 국회의원들의 비용전가행위를 통제하려면 국회의원들을 통제할 수 있는 적절한 보상구조가 필요하다. 민주주의 정치구조 하에서 그러한 보상구조는 ① 국회의원의 당선가능성을 통제할 수 있는 힘을 지닌 강력한 전국 정당(Wittman, 1989) 또는 ② 국회의원 및 지역유권자의 청탁을 들어주거나 거절할 수 있는 능력을 가진 대통령으로부터 나온다고 한다(Chari, Jones, & Marimon, 1997). 이것이 의미하는 바는 매우 역설적이긴 하지만 효율적인 지방재정을 보장하기 위해서 우선 강력한 중앙정부를 보장해주는 제

---

7) 보조금의 정치성으로 야기되는 재정누출의 사회적 비용은 두 가지 측면에서 생각해 볼 수 있다. 즉 그 하나는 특정 지방정부가 정치적 게임에 승리하여 한정된 중앙재원을 쟁취해감으로써 경제적으로보다 생산적인 지역에 필요한 재원이 배분되지 못하기 때문에 야기되는 기회비용이고, 다른 하나는 보조금 때문에 실제 비용을 느끼지 못하여 발생하는 원가의식의 결여이다.

8) 일본의 미야모토 겐이치(宮本憲一)는 보조금은 표밭에 뿌리는 비료로서 비유하고 있다(宮本憲一, 1999). 뿐만 아니라 일반적으로 유권자들은 전체로서의 의회는 싫어하지만 지가 출신지역의 의원들에게는 자기들에게 무엇인가를 해 줄 수 있다고 믿기 때문에 그들을 신뢰하고 좋아하는 경향이 있다. 이러한 경향은 국회의원들의 국고보조금획득의 정치와 직결된다(Tullock, 1993).

9) 용의자들의 딜레마게임은 전상경(2012: 349-351)을 참고하기 바란다.

도적 장치가 필요하다는 것이다(Inman, 2003: 41).

2) 기채행위의 자율성

지방정부가 기채권(起債權)이 없으면 재정곤란상태는 매우 한정적 수준에 머무르지만 기채권을 갖게 되면 재정곤란상황이 재정위기로까지 발전할 수 있다.[10] 바로 이러한 이유 때문에 대부분의 나라에서는 지방정부의 차입에 상당한 제약을 가하여 균형예산을 요구한다.[11] 특정 지방정부는 만약 자신이 재정적 곤란에 직면할 경우 중앙정부가 긴급구제금(bailout)을 지원할 수밖에 없을 것이라는 기대하에 과도한 차입을 통하여 지방공공서비스를 공급한 후 채무불이행(default)을 선포할 수 있다. 중앙정부는 그와 같은 지방정부의 채무불이행에 개입하지 않을 경우 엄청난 사회적 비용을 감당해야 하기 때문에 채무불이행을 선언한 후 긴급지원금을 요구하는 지방정부의 전략적 행태에 매우 취약하게 된다.[12]

인만(Inman)은 긴급지원금을 지원하지 않을 때 중앙정부가 입게 되는 사회적 비용을 재정적 비용과 배분적 비용으로 구분한다. 전자는 특정 지방정부의 채무불이행이 다른 지역에 유발하는 재정누출(financial spillovers)로서 그 지방정부 이외의 다른 지역에 대한 앞으로의 공공 및 민간투자에 실질적으로 미치게 되는 악영향을 의미하며, 후자는 특정 지방정부의 채무부담을 그 지역납세자 또는 채권자가 떠맡게 될 때 중앙정부가 안타깝게 느끼는 비용으로서 중앙정부가 특정 지방정부에 대해 온정적(paternalistic) 생각을 가질 때만 발생한다(Inman, 2003: 46). 그렇기 때문에 중앙정부는 ① 재정적 비용이 발생되지 않더라도 특정

---

10) 1990년대 후반에 발생한 브라질의 재정위기는 지방정부의 파산 때문에 야기되었다고 한다(Rodden, Eskeland, & Litvack, 2003: 8).

11) 그렇지만 지방정부는 예산 외 활동에 종사하거나, 공사(public corporation)나 정치적 지원체(political subsidiaries)에 위임된 특별기능에 필요한 기채를 통하거나, 공공부문의 연금준비를 부족하게 하거나, 지방공공재의 과소공급 등을 통해서 그러한 제약을 교묘하게 피해나갈 수 있는 여지가 있다.

12) 채무불이행과 긴급구제를 둘러싸고 벌어지는 지방정부와 중앙정부 간의 이와 같은 행태를 Inman은 순차게임(sequential game)적 상황으로 설명한다(Inman, 2003: 42).

지방정부에 대해 온정적인 생각을 갖거나, ② 특정 지방정부에 온정적이지 않더라도 재정적 비용이 엄청나다면 긴급구제금을 지원할 수밖에 없다.

결국 중앙정부의 긴급구제금은 전술한 재정적 비용과 배분적 비용의 제반 요인들이 모두 제거된다면 지원되지 않을 수 있다. 재정적 비용은 성숙한 은행제도, 전략적 적자와 외부적 요인으로 인한 진정한 재정위기를 식별하게 해주는 명백하고 집행가능한 회계기준, 전략적으로 적자를 유발하려는 지방정부에게는 높은 차용부담을 부과시킬 수 있을 정도로 잘 발달된 지방채시장이 존재하면 제거될 수 있다. 한편 배분적 비용은 중앙정부가 효율적인 소득재분배정책을 통하여 특정 지방정부에 대한 온정적 생각을 가질 필요성이 없을 경우 사라질 수 있다(Inman, 2003: 48-50).

3) 재정운영에 관한 비대칭적 정보

중앙정부는 특정 지방정부의 재정위기가 자생적(self-inflicted)으로 발생한 것인지 아니면 다른 거시경제적 요인 때문에 발생한 것이지를 구분할 수 있는 충분한 정보를 갖지 못할 수 있다(Vigneault, 2005: 7). 만약 특정 지방정부의 재정위기가 그 지방정부의 외생적 요인 때문에 발생한 것이라면 중앙정부의 지원이 정당화되지만, 그렇지 못할 경우 중앙정부의 지원은 지방정부의 기회주의적 행태를 자극하여 결국 도덕적 위해·해이(moral hazard)를 낳게 된다. 특정 지방정부의 납세자들이 무담보적자(unfunded deficit)를 발생시킨 후, 그 지방정부에 이주할 미래주민들이 주택 구입 시에 그렇게 발생한 부채를 깨닫지 못할 것이라고 기대하면서, 그 지방정부를 떠난다고 가정하자. 이렇게 되면 그와 같은 무담보적자에 대한 충분한 정보없이 그곳에 이주하는 미래주민들은 현주민들의 지방재정운영에 암묵적 보조금을 지급하는 셈이 된다. 이것을 결국 현재의 주민들이 재정누출을 야기하는 결과를 초래한다.

지방정부의 재정운영에 관한 이와 같은 비대칭정보는 중앙정부가 지방정부 재정적자를 직접 모니터링하거나 지방정부의 재정적자를 파악하기 위해 중앙정부가 설정한 회계기준을 적용함으로써 완화될 수 있다. 각 지방정부의 적자

(deficit)규모에 대한 정확한 정보가 주어지면 그 지역에 이주할 미래주민들은 그러한 재정여건에 상응하는 주택가격을 지불하게 된다. 만약 현 거주자가 소유한 주택가격 하락치의 현재가가 그 지방정부의 적자규모와 동일하다면 무담보 적자에 대한 완전 자본화(capitalization)가 이루어져 재정누출은 발생하지 않는다 (Inman, 2003: 52).

4) 중앙정부정책의 신뢰성

중앙정부는 그때그때의 정치적 이해득실 때문에 지방정부의 재정지원에 대한 엄격한 원칙을 준수하려는 유인이 약해질 수 있다. 특정 지역에 대한 재정지원이 정치적으로 도움이 되기 때문에 선거를 의식할 경우 원칙을 벗어난 재정지원을 하려는 유인을 갖는다. 정치체제가 불안정할수록 지방정부의 연성예산제약은 더 강해지는 경향이 있기 때문에, 선거를 의식해야 하는 중앙정부는 지방정부에 대한 재정지원원칙을 엄격하게 고집함으로써 얻는 것보다 잃는 것이 많다고 판단할 수 있다.

중앙정부가 과거에 특정 지방정부에 특별한 긴급지원금을 지원하였다는 선례가 있다면 그것은 다른 지방정부들로 하여금 비슷한 경우 특별지원금에 대한 기대감을 부풀려서 기회주의적 행동을 자극하게 된다. 이것에 대한 대표적 보기는 광주광역시 강운태 시장이 광주광역시가 2013년 4월 2일 '2019년 세계수영선수권대회' 유치신청서 제출 시에 일어난 국무총리와 장관의 위조서명논란과[13] 관련한 사과와 해명을 하면서 "인천아시안게임과 대구육상선수권대회는 지원하고, 광주수영선수권대회는 지원하지 않겠다는 것은 형평성과 관례에도 맞지 않는다"고 말하였다. 아무튼 광주광역시는 6월 19일 2019년 세계수영선수권대회의 유치에 성공하였고, 세계대회를 유치했으니 위조서명논란에도 불구하

---

13) 광주광역시는 2019년 세계수영선수권대회 유치 신청서를 제출하면서 "대회유치시 성공적인 개최를 위해 긴밀히 협조하겠다"는 내용을 "대구세계육상선수권대회 당시 한국 정부가 1억 달러를 투자했던 전례처럼 지원하겠다"는 내용으로 바꾸어 국무총리와 문화체육관광부 장관의 사인을 스캔해 첨부하였다. 이후 이 사실이 알려지면서 공문서위조논란이 일어났으며, 광주광역시는 다시 내용을 수정해서 신청하였고, 2013년 6월 19일 동 대회를 유치하였다(매일경제, 2013년 7월 22일).

고 중앙정부는 마땅히 지원해야 한다고 주장을 폈다(조선일보, 2013년 7월 23일).

형평성과 같은 이러한 주장에 직면하게 될 경우 중앙정부가 그러한 특별지원금의 요청을 거부하기란 매우 어렵게 되어 종국적으로는 재정누출의 빌미를 제공할 수밖에 없게 된다. 그렇기 때문에 중앙정부가 지방정부재정지원에 대한 일관성 있는 원칙을 세워 그것을 투명하고 확고하게 준수함으로써 지방정부의 기회주의적 행태를 억제하게 된다(Vigneault, 2005: 6-7).

제2절 지방재정운영의 정치경제적 성격과 재정누출

1. 지방자치개념의 재음미: 재정부담 및 연성예산제약측면

지방자치는 "일정한 지역의 주민들이 지방공공단체를 구성하여 국가의 일정한 감독 하에 그 지역 내의 공공문제를 자기부담 하에 스스로 (또는 그 대표를 통하여) 처리하는 것"으로 정의되기도 하지만(최창호, 1988: 49; 한국지방자치학회(편), 1995: 22; 권형신·이상용·이재성, 2001: 4), "일정한 지역의 주민들이 자치단체를 구성하여 그 지역 내의 공공사무를 지역주민 스스로 또는 대표를 통하여 처리하는 과정"으로 정의되기도 한다(이승종, 2005: 2; 유훈 2000: 27). 얼핏 보면 두 정의는 매우 비슷한 것처럼 보이지만 실제로는 재정문제에 대한 인식에 근본적인 차이가 있다. 전자의 정의에 따르면 지방주민은 자신의 사무를 처리하는데 필요한 비용을 원칙적으로 스스로 조달해야 하지만, 후자의 정의는 다소 다른 입장을 취하고 있다. 즉 이승종은 '자기부담'에 관한 특별한 언급없이 그것을 제외하고 있으며(이승종, 2005: 2), 유훈은 '국가의 감독이나 자기부담'을 굳이 강조할 필요가 없다고 하면서 그것을 제외하고 있다(유훈, 2000: 27).

현재 우리나라 지방정부의 재정자립도는 전제적으로 매우 낮아 지방세로서 인건비조차 충당하지 못하는 지방자치단체도 있다. 현실적으로 자기부담 하에서 모든 일을 처리하지 못하고 있기 때문에 군이 자기부담이라는 것을 강조할 필요가 없다는 점은 이해가 된다. 그러나 자기부담이 전제되지 않아 지방공공서비스에 대한 비용의식이 부족한 상태에서의[14] 지방자치는 지방정부의 연성예산제약을 야기함으로써 재정누출(fiscal spillovers)을 초래하여 궁극적으로는 국가경제전체를 비효율에 빠뜨릴 수도 있다.

우리나라는 한정된 자주재원으로서 분권화를 추진하고 있기 때문에 수직적 재정불균형을 시정하기 위한 중앙정부의 재정적 책임은 상당히 크다. 중앙정부와 지방정부간의 수직적 재정불균형이 연성예산제약의 한 원인으로 지적되고 있음을 감안한다면(Vigneault, 2005: 3), 우리나라 지방정부가 연성예산제약의 덫에서 벗어나는 것은 용이하지 않다. 특히 지방자치실시 이후 자치단체장들은 한정된 세입으로 폭증하는 행정수요에 직면해 있으며, 지역주민들의 비용의식이 부족하면 이러한 재정수요를 통제하는 것이 어렵다. 재선을 의식하는 정치인들이라면 주민들의 직접적인 부담증가를 통한 재원조달을 시도하지 않는다. 그렇기 때문에 지방정치인들은 중앙정부지원금확보나 경영수익사업을 통한 재정확보를 모색하는 한편, 비록 장기적으로는 주민들에게 비용이 돌아가더라도 단기적으로는 주민들이 느끼지 못하는 지방채발행을 적극적으로 활용하려는 유인을 갖기 쉽다.

2. 우리나라 지방재정운영의 정치경제적 성격과 연성예산제약

지방재정을 결정짓는 주요한 의사결정자들은 시민, 관료, 정치인이다. 지방

---

14) 정치·행정학자들은 지방자치를 시민의 기본권보장 또는 권력의 균형적 측면에서 바라보며 민주주의를 위한 필요조건으로 받아들이는 경향이 있지만, 재정·경제학자들은 지방자치를 공공부분을 효율적으로 운영하는 수단으로서 이해하려는 경향이 있다. 우리나라의 경우 지방자치에 대한 재정·경제적 관점보다도 정치·행정적 관점이 더 익숙하기 때문에 지역주민들이 지방세를 지방공공서비스에 대한 가격으로 인식하는데 다소 어려움이 있는 것 같다(김정훈, 1999: 13).

정부의 재정결정은 시민들의 효용극대화행태, 관료들의 예산극대화행태, 정치인들은 득표극대화행태가 균형을 이룬 결과이다. 지방자치 부활전에는 지방공공서비스의 수요측면보다도 공급측면이 상대적으로 더 중요하였기 때문에 관료의 역할이 부각되었지만, 지방자치 부활 후에는 공급측면보다도 수요측면이 상대적으로 더 중요하기 때문에 시민이나 정치인의 역할이 부각된다.

지방자치 하에서 특정 지방정부의 시민은 중앙정부와 그 지방정부의 시민·납세자로서의 이중적 지위를 갖는다. 뿐만 아니라 지방정부의 시민은 지역정치인 (의회의원 및 단체장)을 선출하는 투표자이기 때문에 더 이상 관료가 공급하는 행정서비스의 수동적 수혜자가 아니라 그것에 대한 적극적인 수요 표출자가 된다. 시민들은 가장 적은 부담으로서 자신의 선호를 가장 잘 만족시켜주는 정치인들을 선택하려고 할 것이다. 이러한 시민들의 행태를 잘 파악하고 있는 정치인들은 시민들로부터의 득표를 극대화하기 위해 시민들에게는 새로운 부담을 지우지 않거나 또는 궁극적으로는 시민들에게 부담이 돌아가지만 지금 당장은 그것을 느끼지 못하는 방법을 동원하여 시민들의 선호를 충족시켜 주는 공공사업을 추진하려고 할 것이다.

연성예산제약 하에서 지방정부는 중앙정부가 그 지방공공서비스 비용의 일부를 떠맡을 것으로 기대하기 때문에 공공서비스 공급으로부터 느끼는 한계편익이 그 공급에 필요한 한계비용을 초과한다. 한계편익과 한계비용의 차이는 그 지방정부주민이 아닌 전국의 다른 납세자가 부담하게 되어 재정누출이 초래되는데, 이것은 연성예산제약으로 야기되는 공유자원문제(common-pool)의 핵심이다(Vigneault, 2005: 2). 우리나라 지방정부의 재정자율성은 상당히 제약되어 있지만, 지방자치 부활 이후 분권화를 추진하면서 세출의 자율성은 세입의 자율성보다 상대적으로 크게 증대되었다. 세입의 자율성은 높은데 세출의 자율성이 낮은 경우 지방정부는 주어진 권한을 적극적으로 활용하여 재정운용에 필요한 재원을 확보하고자 하는 동기를 상실하지만, 그 반대로 세입의 자율성은 낮은데 세출의 자율성이 높은 경우 지방정부는 재정을 지나치게 팽창하려는 동기를 갖는다(안종석, 2003: 51). 우리는 이와 같은 관점에 따라 지방정부의 재정누출통로가

되는 몇 가지 사례들을 지적하려고 한다.

1) 국고지원금획득의 정치

지방정부에 대한 중앙정부의 보조금은 원칙적으로 자원배분의 외부성이 있을 경우 그것을 내부화시키기 위한 목적에 한정되어야 한다. 현실적으로 국고보조금이 그렇게 이상적으로만 운영되지 않고 정치인들의 정치적 목적실현을 위한 수단으로 이용되고 있다(이영조, 1991). 미야모토 겐이치(宮本憲一)는 이러한 현상을 빗대어 국고보조금은 정치인들이 득표를 위해 표밭에 뿌리는 비료로 비유하기도 한다(宮本憲一, 1990: 4).

지방자치단체장 선거나 국회의원선거에서 많은 후보자들은 자신이 중앙정부와 맺고 있는 네트워크를 강조하면서 자신만이 중앙으로부터 많은 보조금을 확보할 수 있다고 주장한다. 중앙정부의 보조금재원은 한정되어 있기 때문에 보조금획득을 위한 노력은 일종의 제로섬게임(zero-sum game)인 셈이다. 따라서 보조금배분이 경제적 합리성보다 정치적 합리성에 따라 이루어지면 보조금을 획득하는 단체가 나머지 단체에 재정누출을 촉발시켜 국가 전체적으로 상당한 비효율을 유발시킨다. 특히 보조금이 공식에 의하여 배분되지 않고 심사에 의할 경우 정치성의 위력은 더욱 강해지고, 정치성이 강할수록 보조금으로 인한 재정누출의 가능성은 커진다. 우리나라의 경우 공식에 의해서 배분되는 지방교부세 등을 제외하면 상당 부분이 심사에 의거하여 지급된다.

2) 무리한 공약사업의 추진

지방자치가 부활되면서 각 지방정부는 경쟁적으로 지역경제발전을 위한 각종 대규모 프로젝트를 추진한다. 이러한 대규모 프로젝트는 중앙정부의 지원없이는 실현되기 어렵다. 그러한 사업을 추진할 당시에는 자치단체가 모든 것을 다 할 수 있다고 하지만 막상 그러한 사업이 집행될 당시에는 재원이 충분하지 않기 때문에 중앙정부의 지원을 요구하게 된다. 여기에는 일단 일을 벌려 놓고 나면 중앙정부도 어쩔 수 없을 것이라는 지방정부의 전략적 사고가 내포되어 있다. 2002년 아시안게임과 2005년의 APEC정상회의를 유치한 부산시가 정부의 대규모 지원을 얻기 위해 총력을 기울인 것이 그 한 예이다. 뿐만 아니라 지방자치제 부활 이후 전국 곳곳에서 국제적인 영화제, 연극제와 같은 각종 이벤트성 행사가 개최되고 있다. 출발 당시에는 특정지역의 지방행사였지만 그 행사가 되풀이되면서 상당수의 지방자치단체가 국가의 재정지원을 요구하고 있는 실정이다.

　　더욱이 엄격한 경제성 분석 없이 지역발전이라는 이름으로 엄청난 국가재원을 동원하여 대형국책사업을 유치하였지만 결과는 아무런 성과 없이 국가재원의 낭비를 초래하는 경우가 있다. 가장 대표적인 사례로 지적될 수 있는 것이 전국 각지의 공항건설이다. 관련 사례를 살펴보면, 3,500억여 원을 들여 건설된 강원도 양양 국제공항은 2002년 4월 개항하였으나 2017년 기준 이용객은 예상 이용객 연간 272만 명의 1.1%에 불과한 연간 3만 명으로 나타났다. 1999년 연간 이용객이 857만 명이 될 것이라는 예측을 바탕으로 착공하여 2017년 개항한 무안공항은 연간 이용객이 2018년 56만 명에 그쳤다. 이러한 와중에 무안공항에서 자동차로 1시간여 거리에 있는 전북 새만금 지역에 8,000억 원을 들여 새로운 국제공항을 건설하기로 했다.[15]

　　이처럼 부실한 SOC 사업에는 공항뿐만 아니라 도로, 철도, 경전철 사업 등 다수가 있다. 이중에서 2010년 이후에 들어와 가장 크게 문제가 되는 사업 중 하나가 경전철 사업이다. 터무니없는 수요예측을 토대로 매년 수백억 원의 적자를 내고 있는 용인경전철, 의정부경전철 사업이 대표적인 부실사업으로 거론되고 있다. 용인시는 사업비 6,752억 원이 투입된 경전철 사업을 위해 매년 300억 원 가까운 적자를 보충해 주어야 하는 실정이다.[16] 의정부경전철은 개통(2012년 7월 1일) 이래 4년 10월간의 누적적자가 3,600억 원에 달해 2017년 5월 26일 파산하였다. 당초 민간투자 방식을 통해 건설했던 의정부 경전철은 파산 이후

---

15) 한국경제.(2019. 6. 12.). 적자 무안공항 옆에 "또 짓겠다" … 차로 1시간여 거리에 공항만 네 개.

16) 용인시민신문.(2019. 10. 20.). 개통 7년 차 접어든 용인경전철에 드리운 빛과 그림자.

2017년 7월 민간투자업체가 설립한 의정부경전철주식회사는 의정부시에 소송을 제기하였다. 의정부시는 2019년 10월 16일 사업자에게 1,153억 원과 연 12~15%의 이자를 지급하라는 패소 판결을 1심 법원으로부터 받았다. 지방자치의 연륜이 거듭될수록 재정건전성이나 책임성, 행정에 대한 시민의 견제나 감시의식이 높아지는 것이 아니라 해가 거듭할수록 무리한 공약사업이나 선심성 공약 등으로 인한 지방재정 문제가 우리사회의 이슈가 되고 있다.

3) 지방채발행과 재정누출

지방정부가 지방채발행에 상당한 자율성이 제약받고 있던 시점에서도[17] 지방정부가 무리한 지방채를 발행하여 궁극적으로는 국가가 그러한 지방채부담을 떠맡은 경우가 있다. 기획재정부(당시, 기획예산처)에 따르면 서울·부산·대구·인천·광주·대전시 등 6대 도시가 진 부채는 17조 5,000억 원인데 이 중 63%인 11조 원이 지하철 공사 때문에 발생하였다. 지방자치단체의 부실을 우려한 국토교통부는 결국 2004년 8월 대구·인천·광주·대전시의 부채 일부를 중앙정부가 떠안도록 결정하였다(조선일보, 2005b). 다른 시·도와는 달리 국가공단의 형태로 운영되던 부산지하철공단은[18] 2006년 1월 1일자로 부산시로 이관되면서 그 상당부분의 부채를 국가가 떠맡았다. 이러한 조치들은 결국 전국의 다른 지방주민들이 대도시주민들에 보조금을 지급하는 셈이 되어 재정누출은 물론이고 형평성 문제마저 불러일으킨다.

4) 지방재정정보와 재정운영의 투명성 결여

지방정부의 재정활동은 복잡성과 전문성 때문에 지방정부와 중앙정부, 그

---

17) 2005년 이전까지는 지방자치단체는 개별사업별로 행정안전부장관의 승인을 얻은 범위 내에서 지방의회의 승인을 얻어 지방채를 발행하였지만, 2005년부터 지방채총액한도발행제도가 도입되어 지방채발행에 지방정부의 재량의 범위가 한층 커졌다.

18) 부산시지하철사업이 국가공단의 형태로 발족된 데는 나름대로의 이유가 있었다. 즉 부산항 수출물동량으로 인한 컨테이너 차량의 도심통과로 인한 만성적인 교통체증의 해결도 그 주요한 논리적 근거라고 할 수 있다. 하지만 그러한 이유가 타당성이 없지 않지만 다른 도시와 달리 지하철사업을 국가공단으로 운영한 것은 잘못이었다고 생각된다.

리고 시민과 지방정부간에 상당한 정보의 비대칭성을 야기시킨다. 이러한 비대칭적 정보가 존재하면 당연히 정보를 많이 갖는 지방정부의 기회주의적 행태가 발생하게 된다. 감사원은 2005년 1월 12일 서울특별시를 포함한 16개 광역자치단체 부단체장과 행정안전부 관련국장 등이 참석한 가운데 "자치행정 감사결과 설명회"를 개최하였다. 이 설명회에서 감사원은 상당수의 지방자치단체가 민간과 경합되는 분야에 제3섹터 법인을 설립하여 부실경영에 직면해 있고, 무분별하게 기금을 설치하여 일반회계와 동일사업을 기금으로 집행하거나 선심성용도에 자의적으로 집행하고 있으며, 관광사업의 경우 사업추진이 불가능한 사업에 보조금 교부신청을 하여 보조금을 사장시키거나 반환하지 않고 있고, 국고보조금을 사용 금지된 용도에 사용하거나 미집행보조금을 장기간 이월시키는 사례가 빈번하며, 허위의 통계자료로 보통교부세를 산정하는 경우도 있음을 지적하였다(감사원, 2005).

뿐만 아니라 지방정부의 기회주의적 행태는 이른바 분식회계를 작성함으로써 지방정부의 정확한 재정정보를 왜곡시키기도 한다. 비록 발생주의·복시부기 회계제도와 같은 회계제도의 개혁이 있었지만 그러한 개혁이 곧 분식회계의[19] 방지를 자동적으로 보장해 주는 것은 아니다. 감사원은 지방재정의 건전성진단과 점검의 결과를 공개하면서 일부 지방정부의 분식회계 사례를 공개하였다. 즉 인천광역시, 천안시, 화성시 등은 지방재정 결손을 숨겨 단체장의 공약 및 시책사업을 추진하고 지방의회의 결산심사를 방해할 목적으로 분식회계를 감행하여 결손액이 있음에도 흑자가 난 것처럼 재정상황을 왜곡시켰다(매일경제, 2012년 1월 10일).

5) 재정규모에 맞지 않는 경쟁적인 청사건립

민선지방자치 이후 새 청사를 건립한 지방자치단체는 54곳에 이르며 앞으

---

19) 분식회계(window dressing settlement)란 기업이 재정상태나 실적을 실제보다 좋게 보이게 할 목적으로 부당한 방법으로 자산이나 이익을 부풀러 계산하는 회계로 분식결산이라고도 한다. 이러한 분식회계는 현금주의보다 발생주의 하에서 더 용이하게 일어날 수 있다.

로 10여 곳이 새로운 청사건립을 계획중인데 이러한 청사건립에 투자된 돈은 2조 9,000천 억에 이른다고 한다(조선일보, 2005a). 청사건립자체가 문제라기보다는 과연 그러한 청사건립이 열악한 지방재정상황하에서 필요한 것이며 다른 사업에 비해 우선순위를 갖는 것인지 검토해야 할 필요가 있다. 지방자치단체들이 경쟁적으로 청사건립에 나서는 것은 자치단체장들의 청사건립을 자신의 업적으로 삼고자 하는 정치적 의도도 배제할 수는 없는 상황이다. 청사를 신축하는 지방자치단체들 중 상당수가 재정규모나 인구측면에서 볼 때 규모가 지나치다는 지적이 있다.[20]

2004년 1월 29일 개정되기 전의 지방교부세법 제9조에는 "지방정부의 청사 또는 공공복지시설의 신설·복구·확장·보수 등의 사유로 인하여 특별한 재정수요가 있을 때는 특별교부세를 배분할 수 있다"라는 조항이 있어 지방자치단체장의 입장에서는 청사건립을 시도할 기회주의적 행태를 가질 수 있었다. 청사건립을 추진하는 자치단체들은 그것에 소요되는 재원의 상당 부분을 상위정부의 지원이나 지방채발행 등을 통하여 조달하는데 이렇게 되면 이러한 비용은 궁극적으로 다른 지역주민은 물론이고 미래세대 혹은 미래의 주민들에게 전가시킬 수 있어 그 지역주민들이 실제비용을 그만큼 피부로 덜 느낄 수 있게 된다.

6) 재정자율성의 제약으로 인한 책임성의 결여

국세와 지방세의 비율이 8: 2[21]로 되어 있는 데서 알 수 있듯이 지방정부의 재원확충노력에는 근본적인 한계가 있다. 이와 같은 법률적 제약으로 야기되는 근본적인 수직적 재정불균형(vertical fiscal imbalance) 때문에 지방정부는 물론이고 유권자들이나 채권자 모두 지방정부가 곤란에 처할 때 당연히 중앙정부의 긴급구제금이 있을 것으로 기대한다. 사실 지방자치가 부활된 지금에도 전국 243개

---

20) 대표적 예를 들면 인구 52만의 포항시는 지하 3층 지상 14층의 연면적 1만 6500평, 인천광역시는 지하 3층 지상 33층의 연면적 4만평, 인구 21만의 충주시는 1997년 연건평 9,013평, 광주광역시는 지하2층 지상 18층의 연면적 2만 6,000평, 경기도 용인시는 지하2층, 지상 16층의 연면적 2만 4,000평 등을 들 수 있다.

21) 국세 대 지방세 비율은 2020년 76.2%:23.8%이다.

지방자치단체 중 113개인 46.5%가 지방세 수입으로 해당 지방정부 공무원의 인
건비를 충당하지 못하고 있다.[22] 이런 단체들은 중앙정부로부터의 지원을 당연
한 것으로 간주한다. 현행 지방교부세는 기준재정수요와 기준재정수입의 차이
를 기준으로 배분되기 때문에 이러한 경향은 더욱 강하다. 뿐만 아니라 우리나
라에서는 지금까지 한 번도 지방정부의 재정파산을 경험하지 못했다. 그것은 오
랫동안 지방자치가 실시되지 않는 상황에서 자율성이 없는 지방정부가 책임을
져야 할 필요성이 없었기 때문이다. 지방자치가 부활된 지금에도 지방정부의 세
입확충측면에서의 자율성은 상당히 제약되어 있기 때문에 지방정부가 재정적
곤란에 직면할 경우 언제나 책임을 회피할 수 있는 변명거리를 찾을 수 있다.
이러한 여러 상황들은 지방정부의 기회주의적 행태를 조장할 수 있다.

제3절 지방정부의 재정규율과 지방재정분석

1. 지방재정규율의 정책적 함의: 재정운영의 책임성

재정분권화로 야기되는 연성예산제약과 재정누출의 문제점들은 선진국이나
후진국을 막론하고 발생될 수 있는 것이다. 분권화된 미국, 캐나다, 노르웨이, 독
일 등과 같은 OECD 국가들은 물론이고(Rodden, Eskeland, & Litvack, 2003: 33-186),
아르헨티나, 브라질, 인도 등과 같이 연방주의와 재정분권화의 역사를 지닌 개발
도상국(Rodden, Eskeland, & Litvack, 2003: 187-286)과 중국, 남아프리카공화국, 우
크라이나, 헝가리 등과 같은 새롭게 분권화가 진행되고 있는 국가들(Rodden,

---

22) 지방세 수입으로 인건비 미해결단체는 시 15개, 군 69개, 자치구 29개 총 113개이다(행정안
　전부, 2020).

Eskeland, & Litvack, 2003: 287-428)에서도 지방정부의 연성예산제약이 큰 문제로 대두되고 있다. 지방자치의 부활로 오랫동안의 중앙집권으로부터 분권화를 강력히 추진하고 있는 우리나라의 경우도 이러한 문제로부터 자유로울 수는 없다.

인만(Inman)은 분권화가 상당한 수준에 있는 미국을 대상으로 하여 국고보조금, 조세수출, 지방정부의 기채행위, 그리고 중앙정부의 긴급구제금을 둘러싸고 발생되는 재정누출의 통로와 그 예방책을 제시하고 있다. 역설적이긴 하지만 그는 효율적인 지방정부재정을 보장하기 위해서 강력한 중앙정부를 보장할 수 있는 제도적 장치가 필요하다고 한다(Inman, 2003: 41). 하지만 강력한 중앙집권으로부터 분권화를 추진하고 있는 우리나라의 경우 이러한 처방책은 논란거리가 될 수 있다. 감사원이 전국 자치단체의 재정운영에 대한 감사를 시도할 때나 1994년 개정된 지방재정법에 따라 1998년부터 행정안전부 주관으로 지방자치단체의 재정분석을 실시할 때, 지방자치하의 신중앙집권적 발상이라는 비난이 제기된 것은 그러한 사례이다. 지방자치제도 및 지방재정과 관련하여 한쪽에서는 자치단체들의 재정부족과 중앙정부의 통제위주의 정책 때문에 지방자치가 발전하는데 상당한 한계가 있다는 주장이 있으며, 다른 한쪽에서는 민선자치단체장들이 지나치게 선거를 의식함으로써 지방재정운영에 상당한 비효율이 제기되고 있다는 주장이 있다. 이것은 자율과 책임이라는 지방자치의 두 축 중의 한 가지만을 강조하는 것으로서 분권화의 추진과 더불어 제기될 지방재정운영에서의 자율성과 책임성 간의 조화가 필요함을 암시해 주는 것이다(원윤희 2003: 6).

그동안 국가는 지방정부의 책임성을 보장하기 위한 여러 가지 제도적 장치를 마련하였다. 2005년 6월에는 지방재정법을 전면적으로 개정하여 지방재정법, 지방자치단체 기금관리기본법, 지방자치단체를 당사자로 하는 계약에 관한 법률, 공유재산 및 물품관리법의 4개 법으로 분할하였다. 개정된 지방재정법에서는 지방재정분석과 진단에 따른 재정인센티브 부여를 위한 규정을 마련하였고, 복식부기회계제도와 재정운영공시제도의 근거를 마련함으로써 재정투명성제고를 위한 장치를 구축하고 있다. 재정분석의 경우 종래에는 10개 지표로서[23] 지

23) 10개의 지표란 ① 재정자립도, ② 재정력지수, ③ 경상수지비율, ④ 세입세출충당비율,

방자치단체의 거시적 재정운영실태를 분석하는 데 그쳤다. 그 이후 거시적 재정
운영실태뿐만 아니라 미시적 재정운영상황을 분석하기 위하여 분석지표를 확
대하였다. 2020년 현재 재정분석지표는 3개 분야 14개 지표와 참고지표 18개
로 구성·운영되고 있다. 행정안전부는 재정분석의 결과에 따라 우수 지방정부
에 상당한 인센티브를 부여하는 한편 재정운영이 부진한 지방정부에 대해서는
재정컨설팅을 실시하는 등 간접 방식의 감독과 통제를 통하여 지방정부의 책임
성 강화를 모색하고 있다.

　　지방정부에 대한 가장 바람직한 재정규율은 지방주민의 세금가치(Value for
Money)와 공공서비스에 대한 비용의식의 제고를 통해서 이루어져야 한다. 하지
만 이 경우에도 특정 지방정부의 다른 지방정부에 대한 재정누출은 그 지방주민
에 의해 통제되기는 어렵다. 왜냐하면 지방자치하의 지방주민은 중앙정부시민
과 지방정부시민으로서의 이중적 지위를 갖지만 지방재정운용의 경우는 지방시
민으로서의 지위가 중앙정부시민으로서의 지위를 압도하기 때문이다. 바로 이
와 같은 이유 때문에 극단적인 지역이기주의가 발생한다. 그렇기 때문에 국가
전체적 입장에서의 자원배분의 효율성을 제고하기 위해서는 재정분석이나 재정
공시제도와 같은 중앙정부수준에서의 간접적인 통제방식은 물론이고 지방재정
에 관한 중앙정부정책의 일관성과 투명성이 필요하게 된다.

2. 지방재정규율로서의 PAYGO 준칙

　　'PAYGO'는 'pay-as-you-go'의 줄인 말로서 정부지출의 재원을 차입이
아닌 경상적 자금으로서 조달하는 미국에서의 재정관행을 지칭한다.[24] 즉 정부
의 정책 추진 시 재원확보를 위한 대책을 함께 검토하도록 함으로써 인기영합성

---

　　⑤ 지방채무상환비율, ⑥ 재정계획운영비율, ⑦ 세입예산반영비율, ⑧ 투자비비율, ⑨ 자체
　　수입증감율, ⑩ 경상경비증감율 등이다.

24) pay-as-you-go는 이런 의미 외에도 ① 원천징수소득세(pay-as-you-go tax), ② 음식과
　　음료가 무료인 상업지역(pay-as-you-go cafe), ③ 구조화된 재정산물(財政産物)(PAUG),
　　④ 선불휴대폰이나 기타 서비스 등을 지칭하는 데도 사용된다.

포퓰리즘적 정책을 원천적으로 차단하고 균형재정을 달성하기 위한 정부재정 건전화 방안의 하나로서 활용된다. 이러한 Pay-Go방식의 재정규율은 의회와 행정부의 재정에 관한 재량권을 제약시키려는 목적을 갖는다. 왜냐하면 선출직 공무원들은 당선을 위한 득표극대화 정책을 추구하기 때문에 근시안적 시야를 갖게 되고 그것은 종국적으로 비효율적 재정운용을 초래하기 때문이다.

미국에서의 PAYGO 준칙은 법정지출의 증가 또는 세입감소를 수반하는 새로운 입법을 할 때 이에 대응되는 세입증가나 다른 법정지출의 감소 등과 같은 재원조달 방안이 동시에 입법화되도록 함으로써 재정수지에 미치는 영향이 상쇄되도록 하는 수입과 지출의 균형을 달성하기 위한 노력의 산물이다. 미국 연방정부는 만성적인 연방정부의 재정적자를 통제하기 위해 이러한 원칙을 적용하여 1985년의 균형예산과 긴급적자통제법(The Balanced Budget and Emergency Deficit Control Act of 1985),[25) 1990년의 예산집행법(The Budget Enforcement Act of 1990), 2010년의 PAYGO법(The Statutory Pay-As-You-Go Act of 2010) 등과 같은 법안을 제정하였다.

민기 교수는 제주특별자치도를 대상으로 하여 이러한 PAYGO 재정규율의 지방정부에의 적용가능성을 고찰하였다. 그가 제시하는 지방정부의 PAYGO 재정규율이란 조례의 제정과 개정으로 법정지출의 증가 또는 세입의 감소가 발생할 경우 반드시 이에 상응하는 세입증가나 다른 법정지출의 감소 등과 같은 재원조달 방안이 동시에 입법화되도록 의무화하여 불필요한 지방채무증가에 미치는 영향을 상쇄함으로써 건전재정을 도모하기 위한 것이다(민기, 2010: 101-103). 이후 PAYGO 준칙 도입에 대한 논의는 중앙정부 예산에까지 확대되어 국회에 이와 관련된 법안들이 제출된 적이 있었다. 그러나 일부 의원들은 PAYGO 준칙이 복지지출을 저해하고 의회의 예산권 및 입법권을 침해한다는 이유로 반대하였다. 이로 인해 우리나라에서는 아직 PAYGO 준칙이 도입되지 않고 있다. 입

---

25) 이 법안은 제안자인 텍사스 주 공화당 상원의원인 필 그램(Phil Gramm), 뉴햄퍼서 주 공화당 상원의원인 워렌 러드만(Warren Rudman), 사우스캐로리나 주 민주당 상원의원인 어니스트 홀링스(Ernest Hollings)의 성 첫 알파벳을 따서 GRH법안으로 불리기도 한다.

법 반대 등 여러 가지 현실적 여건을 감안하여 강력한 재정준칙으로서의 PAYGO 준칙 보다는 재정충격을 최소화 할 수 있는 느슨한 형태의 원칙을 적용하고 점진적으로 강화하는 한국형 PAYGO 원칙을 주장하는 학자도 있다(염명배·이성규, 2015: 99).

3. 우리나라의 지방재정분석제도

지방자치제의 부활과 함께 1991년 지방의회가 구성되었으며, 1995년 단체장을 직선으로 선출하면서 우리나라의 지방자치제는 명실상부한 민선시대를 맞이하게 되었다. 그 이전까지도 지방정부가 있었지만 지방정부의 재정문제는 지방자치단체의 재정문제라기 보다는 오히려 중앙정부의 재정문제라는 인식이 팽배하였다. 지방자치제의 부활 이후 간간이 지방재정의 위기 및 재정 파탄가능성에 관한 논의가 있긴 하지만, 실질적인 재정자주권이 행사되지 않았기 때문에 그와 같은 재정파탄이 무엇을 의미하는지에 관해서 주민들이나 학자들이나 공무원들 모두 실감하지 못하는 것 같다. 그러나 2010년 부산시 남구가 공무원인건비를 지급하지 못해 지방채를 발행하고, 또한 경기도 성남시가 모라토리움을 선언함에 따라 지방재정위기에 관한 관심이 증가하기 시작하였다. 그 이후 지방재정관리가 강화되고 2015년 7월 행정안전부는 부산·대구·인천광역시와 강원 태백시에 대해 예산대비 채무비율이 '주의' 기준에 해당되어 이들 단체를 재정위기 '주의' 단체로 지정하였다.

1975년의 미국 뉴욕시 재정위기, 1994년의 미국 캘리포니아 주 오렌지카운티의 재정파산, 2006년 일본 홋카이도 유바리(夕張)시의 재정파산 그리고 2013년 미국 디트로이트시의 재정파산은 그 지역의 시민들뿐만 아니라 많은 국가의 지방정부에 엄청난 반향을 불러 일으켰다. 재정파산에 직면한 해당 지방정부들은 지금까지 누려온 재정자주권을 포기한 채 뼈를 깎는 고통으로 재정건전화를 도모하였으며, 이러한 사례들은 우리들에게 지방정부의 건전재정운영을 위한 정책적 시사점을 던져 주었다.

우리나라의 경우 지방정부의 재정자주권이 그렇게 높지 않았기 때문에 실제로 파탄이 발생하여도 해당 지방정부가 구체적으로 어떠한 제약을 받게 될지 전혀 피부에 와 닿지 않는다. 우리나라가 1997년 맞이한 외환위기의 극복을 위하여 국제통화기금(IMF)으로부터 구제금융을 받음으로써 국가의 주요한 경제적 의사결정에 관해 IMF로부터의 상당한 간섭을 받았음은 잘 알려진 사실이다. 만약 지방정부의 재정자주권이 확보되어 있는 상태에서 특정 지방정부가 재정위기에 직면하게 되면, 그 해당 지방정부는 주요한 재정적 의사결정에 관하여 중앙정부의 엄격한 통제를 받아야만 한다.

지방분권화가 진행될수록 지방정부의 재정자율성에 대한 요구는 증대될 것이다. 지방정부의 자율성 증대가 곧 지방정부의 건전한 재정운영을 보장하는 것은 아니다. 오히려 그 반대로 증가된 자율성이 재정운영의 건전성을 위협할 수도 있고 나아가서는 국가 전체의 재정운영에 부담을 초래할 수도 있다. 따라서 자율성의 증대와 더불어 그것에 부응하는 책임성이 필요하다. 지방재정운영에서의 책임성제고를 위해서는 우선 지방재정운영이 투명하여야 하고 그 운영결과도 일반 주민들이 손쉽게 알 수 있어야 한다. 지방재정분석과 지방재정공시는 바로 이와 같은 이유 때문에 필요한 것이다.

1) 재정자립도개념과 재정분석

전문가집단이나 일반인들을 막론하고 오랫동안 지방재정에 관한 논의에서 재정자립도란 용어가 약방의 감초 격으로 등장하여 재정자립도에 관한 언급 없이 지방재정을 논의하는 것이 어려운 지경에 이르렀다. 어떤 사람들은 재정자립도라는 말을 맹신하여 낮은 재정자립도 때문에 지방자치가 성공적으로 정착될 수 없다고 주장하며, 또 다른 사람들은 다소 조심스럽게 재정자립도가 안고 있는 문제점들을 지적하기도 하지만 그들 역시 재정자립도라는 용어의 포로가 되고 있기는 마찬가지라는 느낌이 든다.

재정자립도는 일반회계의 총세입 중 지방세수입 및 지방세외수입으로 구성되는 자주재원의 비율로 정의된다. 어떤 연구자들은 이러한 개념이 ① 일반회계만을 기준으로 하며, ② 세출을 도외시한 세입에 치중된 개념이고, ③ 일인당 개념이 아니기 때문에 실제의 재정규모를 파악하기 곤란하며, ④ 지방세외수입 항목에서 임시적 수입으로 분류되어 있는 지방채나 재산매각수입 같은 항목 등이 포함되어 있다는[26] 등의 이유로 비판적인 입장을 취한다.

재정자립도에 관한 이와 같은 비판 그 자체는 매우 타당한 것임에 틀림없다. 그렇지만 재정자립도 개념에 대해서 우리가 곰곰이 따져봐야만 할 사항은 전술한 바와 같은 재정자립도가 안고 있는 기술적 문제점들이 아니라 보다 더 근본적인 문제점이다. 위와 같이 정의되는 재정자립도는 일반회계의 자주재원 비율을 나타내는 단순한 기계적 지표일 뿐인데 여기에 엄청난 개념이 부여되고 있다는 사실이 간과되고 있다. 좀 더 구체적으로 말한다면 많은 경우 재정자립도가 마치 재정자주권처럼 이해된다는 것이다. 이것은 개념에 대한 정의가 잘못된 대표적 사례라고 할 수 있을 것이다.[27]

지방자치에서 중요한 것은 위와 같이 정의되는 재정자립도가 아니라 지방정부가 여러 가지 어려움 속에서도 재정적 의사결정을 스스로의 책임 하에서 할 수 있는 재정자주권의 확보이다. 현실적으로는 재정자립도가 학계나 실무계를 막론하고 지방재정의 논의에서 등장하는 필수적 지표로 되어 버렸다. 저자는 한낱 기계적 지표에 불과한 재정자립도가 재정자주권의 의미를 대신하는 것 같은 이러한 현상을 '잘못 붙여진 이름에 대한 의미 없는 논의'라고 묘사하려고 한다.

쿠데타로 출범한 제3공화국 헌법은 최초의 지방의회 구성시기는 법률에 의한다고 규정하였지만 그러한 법률은 제정되지 않았다. 1972년 소위 '10월 유신'에 의해 제정된 제4공화국 헌법은 그 부칙에서 지방의회의 구성은 남북통일 때까지 유보한다고 하였지만, 그 당시의 정치적 상황으로서는 통일의 가능성이 거의 희박하였다. 그렇기 때문에 헌법상에 명기된 그와 같은 규정의 의미는 지방

---

26) 지방채나 재산매각수입이 지방세외수입에서 분리된 연도와 포함된 연도에 관한 자세한 설명은 본서의 제3판(2011) 제7장 제1절을 참고하기 바란다. 2014년부터 '지방채 및 예치금 회수'과목에 편성되었으나 '지방채'로 독립되었으며, 종전에 세외수입 과목에 포함되었던 전년도 이월금 등 수입은 '보전수입 등 및 내부거래' 과목으로 독립 신설되었다.

27) 사회과학연구에서 개념과 정의 및 용어의 중요성에 관한 보다 자세한 설명은 강신택(1995: 42-64)을 참고하기 바란다.

의회를 구성하지 않겠다는 것과 다를 바 없는 것이었다.

제5공화국의 헌법부칙은 지방정부의 재정자립도를 감안하여 지방의회를 순차적으로 구성하되 그 구성 시기는 법률로 정한다고 규정하였다. 그렇지만 재정자립도가 무엇을 의미하는지 그리고 지방의회의 구성을 위해서는 얼마만한 재정자립도가 필요한지에 관한 언급은 전혀 없었다. 지방의회를 구성하지 못하는 이유가 '남북분단'에서 지방자치단체의 열악한 '재정자립도'로 바뀌었다. 그 당시에는 남북통일에 대한 기대보다도 재정자립도라는 용어가 더 손에 잡힐 듯한 용어이기 때문에 어떤 의미로서는 제5공화국 헌법은 제4공화국 헌법보다도 지방자치에 다소 적극적인 자세를 보였다고 평가할 수도 있을 것이다. 오랫동안 재정자립도는 지방자치를 부활하지 못하는 그럴듯한 핑계로서 상당한 위력을 발휘해 왔을 뿐만 아니라, 지방재정에 관한 대부분의 연구도 지방재정자립도라는 도구의 포로가 되어 온 느낌이 들 정도이다.

지방자치에서 지방재정이 중요한 요소임이 분명하지만, 지방자치의 선진국이라는 영국의 경우를 보더라도 위에서 정의한 바대로의 재정자립도가 지방자치를 위한 필요충분조건이 아님은 분명하다. 왜냐하면 100%의 재정자립도가 가장 바람직스러운 것도 아닐 뿐만 아니라, 집권층의 의지에 따라서 그 수치도 달라질 수 있기 때문이다. 대부분의 나라에서는 재정자립도라는 용어 자체를 쓰지 않는 것 같고, 우리의 지방재정제도에 많은 영향을 주고 있는 일본의 지방재정 교과서에도 재정자립도라는 용어는 찾아보기가 어렵다.

실무계나 학계를 막론하고 특정 지방정부의 재정상태의 열악상을 나타내기 위하여 재정자립도라는 지표가 자주 이용된다. 우리가 조금만 주의를 기울인다면 재정자립도에 바탕한 그러한 분석이 얼마나 자의적으로 해석될 수 있는지 알 수 있을 것이다. 저자는 신문지상이나 방송을 통해서 "우리 지방정부는 다른 지방정부보다 재정자립도가 낮아 재정이 어려운데도 불구하고 왜 중앙정부로부터 충분한 지원금을 받지 못하는가?"와 같은 질문이 제기되는 것을 여러 번 읽거나 들은 적이 있다. 이러한 질문은 얼핏 보면 매우 타당한 것 같지만, 재정자립도의 정의에 따른다면 그러한 질문은 곧 자기모순이라는 것이 밝혀진다. 왜냐하면 보조금이나 교부세를 많이 받으면 받을수록 재정자립도가 낮아질 수밖에 없기 때문이다. 환언하면 중앙정부로부터의 지원금을 받지 않으면 재정자립도는 높아지기 때문에, 전술한 질문은 오히려 "우리 지방정부는 다른 지방정부보다도 중앙정부로부터 많은 지원금을 받고 있다"는 사실을 암묵적으로 나타내는 것이다. 이렇게 볼 때 지방재정자립도라는 지표는 지방재정분석 시에 조심스럽게 사용하여야 할 것이다.

2) 재정분석제도의 목적

현행 지방재정법 제5장(재정분석 및 공개)은 지방정부의 재정분석 및 공개에 관한 것으로서 모두 12개 조항을 포함하고 있다. 동법 제55조는 지방정부의 재정분석·재정진단에 관한 것으로서 행정안전부장관은 지방자치단체가 제출하는 재정보고서를 분석한 후, 재정의 건전성과 효율성이 현저히 떨어지는 단체는 대통령령에 따라 재정진단을 실시할 수 있으며, 재정진단의 결과를 바탕으로 해당 지방자치단체에 재정건전화계획의 수립 및 이행을 권고하거나 재정건전화를 위해 필요한 사항을 지도할 수 있다고 규정한다.

동법 제55조의2는 재정위기단체의 지정 및 해제에 관한 것으로서 행정안전부장관은 제55조에 따른 재정분석 및 재정진단결과 등을 토대로 재정위험수준이 심각하다고 판단되는 지방자치단체를 동법 제56조에 따라 구성되는 지방재정위기관리위원회의 심의를 거쳐 재정위기단체로 지정할 수 있다. 또한 동법 제57조는 재정분석결과 재정의 건전성과 효율성이 우수한 지방자치단체에 대해서는 지방교부세법 제9조의 규정에 의한 특별교부세를 인센티브로 교부할 수 있도록 규정하고 있다.

재정분석·재정진단을 규정하고 있는 지방재정법을 검토해보면 재정분석의 목적은 지방정부의 재정현황 및 성과를 객관적인 지표에 근거하여 종합적으로 분석·검토함으로써 지방재정의 건전성과 효율성을 높이는데 있다. 더 나아가서 각 지방정부 재정운영결과의 정례적인 분석과 공개를 통해 지방재정운영의 건전성·효율성·책임성 등을 제고시킴으로써 지방정부의 재정위기를 사전에 예방하는 데도 목적이 있다.

3) 재정분석제도의 발전과정

우리나라에서 지방재정분석·재정진단제도가 처음 도입된 것 1994년부터이다. 즉 1994년에 개정된 지방재정법 제118조 제1항은 "지방자치단체의 장은 대통령령이 정하는 바에 의하여 재정보고서를 행정안전부장관에게 제출하여야 한다. 이 경우 시·군 및 자치구에 있어서는 시·도지사를 경유하여야 한다"라고 규정되어 있으며, 제2항은 "행정안전부장관 및 시·도지사는 제1항의 규정에 의한 보고서 내용을 분석하여 필요한 경우에는 적절한 지도를 할 수 있다. 이 경우 그 분석결과 재정의 건전성과 효율성이 현저히 떨어진 지방자치단체에 대하여는 대통령령이 정하는 바에 의하여 따로 재정진단을 실시할 수 있으며, 필요한 경우는 그 결과를 공개할 수 있다"고 규정하고 있다.

상식적으로는 재정분석과 재정진단이 유사한 것으로 이해될 수 있지만, 양자는 엄격하게 구분된다. 즉 재정분석은 자치단체의 재정현황과 운용상태를 중심으로 모든 지방자치단체를 대상으로 실시되는 것이지만, 재정진단은 이와 같은 재정분석의 결과 재정의 건전성과 효율성에 심각한 문제가 있다고 판단되는 자치단체만을 대상으로 실시하는 정밀분석과정이다. 재정분석은 대상 연도의 다음해 하반기에 실시되지만, 재정진단은 그러한 재정분석을 바탕으로 실시되기 때문에 재정분석과 재정진단 간에는 약 2년의 시차가 발생한다(윤영진, 2001: 26).

재정분석·진단제도는 제1기 민선자치단체장이 출범한 1995년 7월 전에 마련되어 지방자치하의 신중앙집권적 발상이라는 비난도 제기되었으나, 지방재정의 건전성을 제고하기 위해 필요한 장치라고 생각된다. 비록 1994년도에 개정된 지방재정법이 지방자치단체의 재정분석·재정진단제도를 도입하긴 했어도 재정분석이 체계적으로 실시된 것은 1998년부터이다. 1998년도 이후 매년 행정안전부 주관으로 한국지방행정연구원이 지방재정의 건전성과 효율성을 분석하여 공개하고 있다.

재정분석의 필요성과 그것에 대한 관심이 증가함에 따라 재정분석을 위한 지표나 재정진단을 위한 지표 등의 타당성에 관해서 지속적 연구 및 개선이 이루어지고 있다. 재정분석지표가 1998년도에는 지방재정을 4개 부분과 7개의 기준지표로 구분한 후, 각 기준지표에 가중치를 부여하여 1,000점을 만점으로 하는 '지방재정 종합지표' 형태로 구성되었다. 하지만 1999년 이후에는 지방재정을 2개 부문·4개 영역·10개의 단위지표로 분석하였고, 단위지표는 서열로서 그리고 부문 및 영역별 지표는 등급으로서[28] 평가하는 방식을 취하였다.

2005년에는 재정운영결과를 납세자인 주민에 대해 책임을 지는 자율통제시스템을 구축하기 위하여 재정분석제도가 대폭적으로 개선되었다. 주요한 개선내용을 보면 ① 종전까지 사용된 10개의 분석지표 대신 새롭게 30개의 지표가 개발되어 사용되며, ② 분석의 객관성제고를 위해 민간연구기관에 분석을 위탁수행하고, ③ 재정분석결과 우수단체에 특별교부세를 지원하며,[29] ④ 분석결과를 등급별로 공개함으로써 주민자율통제기능을 강화하도록 하였다. 한편 2009년에는 지금까지와는 달리 지방자치단체를 자치계층 및 재정력을 기초로 하여 13개 그룹으로 묶어서 유사단체 간 재정비교를 통해 지방자치단체 스스로 재정위상을 확인할 수 있는 방향으로 재정분석을 실시하게 되었다. 왜냐하면 2007년도부터 복식부기회계가 도입되었고 2008년부터 사업예산제도가 도입됨에 따라 지방정부의 자산·자본·부채·수익·비용 등을 평가지표에 포함시킬 필요성이 제기되었고, 또한 지방자치로 인한 지역정치의 활성화에 따라 행사성·선심성 사업의 증가 및 분산투자에 대한 우려가 제기되었다. 이런 사항들을 고려하여 지표체계를 재구성하여 단순화시켜 핵심지표를 13개의 계량지표와 2개의 비계량지표로 구성하였다(행정안전부·한국지방행정연구원, 2009: 4-9).

2010년에는 지금까지의 재정분석경험을 토대로 지방재정 사전위기경보시스템의 구축 및 계획적인 재정운영을 강조하기 위하여 건전성·효율성·계획성

---

28) 광역단체는 3등급이고 기초자치단체는 4등급으로 구분한다.
29) 이전에도 특별교부세가 배분되긴 하였지만 그것이 법제화되어 있지 않아 자치단체의 관심이 부족하였다. 그러나 2005년에 개정된 지방재정법 제57조는 재정분석결과가 우수한 지방자치단체와 재정진단결과에 따른 권고조치의 이행결과가 우수한 지방자치단체에 대해서는 지방교부세법 제9조의 규정에 의한 특별교부세배분을 법제화하였다.

을 중심으로 총 20개로 구성되는 새로운 지표를 구성하였다. 이러한 20개의 지표 이외에도 재정통계 관리목적으로 ① 실질수지비율, ② 행정운영경비비율(증감률 조합), ③ 시설비지출비율, ④ 유동비율, ⑤ 자산가동유지비비율, ⑥ 고정순자산비율(증감률조합) 등과 같은 6개의 참고지표도 활용되었다.

2014년도에는 분석 목적과 정보의 활용도를 고려하여 지방재정의 지표를 건전성·효율성·재정운용노력의 세 분야로 구분하였다. 재정건전성 9개 지표, 재정효율성 6개 지표, 재정운용노력 19개 지표, 총 25개의 지표와 15개의 참고지표를 통해 재정분석을 실시하였다.

2019년 지방재정분석지표는 재정건전성, 재정효율성 그리고 재정책임성의 3개 분야 14개 지표로 구성되었다. 재정건전성 분야는 현재 및 중장기적 관점에서 건전재정 원칙에 입각한 재정상태의 건전성 여부를 재정수지, 채무(부채)관리, 공기업관리 관점에서 6개의 지표로 구성되어 있다. 재정효율성은 세입관리·세출관리·자본시설관리 세분하여 재원조달 및 재원지출효과를 측정하기 위한 7개의 지표로서 구성되며, 재정책임성은 자치단체 재정의 준법운영 등을 위한 것으로 페널티 지표 1개로 구성되어 있다. 총 14개의 본 지표 이외에 재정통계 관리목적으로 18개의 참고지표를 통해 재정분석을 하고 있다. [표 13-1]은 2019년 재정분석지표체계이다.

표 13-1 2019년도 지방재정분석지표체계

분야	분석지표	분석기간	대상회계	지표성격
Ⅰ. 재정건전성	1. 통합재정수지비율	단년도	통합회계	상향지표
	2. 경상수지비율	단년도	통합회계	하향지표
	3. 관리채무비율	단년도	통합회계	하향지표
	4. 통합유동부채비율	단년도	통합/공사공단/출자출연	하향지표
	5. 공기업부채비율	단년도	직영·공사·공단	하향지표
	6. 총자본대비 영업이익률	단년도	직영·공사·공단	상향지표
Ⅱ. 재정	7. 자체수입비율(증감률)	2년	일반회계	상향지표

효율성	8. 지방세징수율(제고율)	2년	일반회계	상향지표
	9. 체납관리비율(증감률)	2년	일반회계	하향지표
	10. 지방보조금비율(증감률)	2년	일반/기타특별	하향지표
	11. 출자출연전출금비율(증감률)	2년	통합회계	하향지표
	12. 지방의회경비 절감률	단년도	일반회계	상향지표
	13. 업무추진비 절감률	단년도	일반회계	상향지표
Ⅲ. 재정 책임성	14. 재정법령준수	단년도	일반회계	패널티
※ 참고 지표	참고 1. 관리채무부담비율	단년도	통합회계	하향지표
	참고 2. 관리채무상환비율	미래4년	통합회계	하향지표
	참고 3. 장래세대부담비율	단년도	통합회계	하향지표
	참고 4. 의무지출비율(증감률)	2년	일반/기타특별	하향지표
	참고 5. 정책사업투자비율	단년도	일반/기타/공기업 특별회계	상향지표
	참고 6. 행정운영경비비율(증감률)	2년	일반/기타특별	하향지표
	참고 7. 자본시설지출비율(증감률)	2년	일반/기타특별	상향지표
	참고 8. 자본시설유지관리비율(증감률)	2년	통합회계	하향지표
	참고 9. 인건비집행률	단년도	일반/기타특별	하향지표
	참고 10. 실질수지비율	단년도	일반/기타특별	상향지표
	참고 11. 주민참여예산지출비율	단년도	일반/기타특별	상향지표
	참고 12. 탄력세율	단년도	일반회계	상향지표
	참고 13. 행사축제경비비율(증감률)	2년	일반/기타특별	하향지표
	참고 14. 환금자산대비부채비율	단년도	통합회계	하향지표
	참고 15. 민간위탁금비율증감률	2년	일반/기타특별	하향지표
	참고 16. 예산집행률	단년도	일반/기타/공기업 특별회계	100% 달성
	참고 17. 예산이월비율	단년도	일반/기타/공기업 특별회계	하향지표
	참고 18. 일자리사업지출비율	단년도	일반/기타특별	상향지표

주: 통합회계: 일반회계, 기타특별회계, 공기업특별회계, 기금.
자료: 행정안전부·한국지방행정연구원(2019: 7).

제14장

지방정부의 재정위기관리제도 및 외국 사례

제1절 지방정부의 재정위기

　　1991년 지방자치제가 부활되기 전까지 지방정부의 재정건전도를 나타내는 지표로 재정자립도가 주로 사용되었다. 하지만 일반회계의 세입 중 자주재원이 차지하는 비율인 재정자립도 개념은 정태적 지표로서 지방정부의 재정운영상황을 충분하게 반영해 주지 못한 측면이 있다. 지방자치 실시 후 지방재정운영의 실상을 동태적으로 파악하기 위해 1994년부터 지방재정법은 지방재정분석과 재정진단에 대한 규정을 두고 있지만, 2011년 3월 지방재정법 개정을 통해 재정위기단체의 제도가 도입되기 이전까지 우리나라는 미국·일본과 달리 지방정부의 재정위기에 대한 명문규정은 없었다.

　　재정위기관리제도의 도입이 늦은 이유는 그동안 지방정부의 중앙정부에 대한 재정 의존도가 매우 높고 중앙정부가 지방정부의 후견인 역할을 해오고 있어, 지방정부의 재정위기라는 개념이 우리의 피부에 와 닿지 않았기 때문이다.

그러나 2010년 7월 부산시 남구청과 대전시 동구청이 공무원의 인건비를 제때에 지급하지 못해 지방채를 발행하고, 또한 경기도 성남시가 모라토리움(moratorium)을 선언하는 등의 사태가 발생됨에 따라 지방재정위기(fiscal crisis)에 대한 관심이 크게 증가하였다. 이에 행정안전부는 2011년 지방재정법을 개정하여 재정위험 수준이 심각한 자치단체를 재정위기단체와 재정주의단체로 지정할 수 있는 제도(제55조의2)를 도입하였다. 이후 2015년 7월 행정안전부는 부산, 대구, 인천, 태백시를 재정위기단체로 지정한 바 있다.

지방정부의 재정위기는 구체적으로 무엇을 지칭하는가? 재정위기를 설명하기 위해서는 재정위기에 대한 개념적 의미 및 그 기준의 이해가 필요하다. 미국의 경우 재정위기(fiscal crisis)는 재정압박(fiscal distress), 재정비상(fiscal emergency), 재정파산(fiscal bankruptcy)의 세 가지 범주로 구분되어 설명된다(서정섭, 2001: 226).[1] 먼저 재정압박이란 재원조달과 공공서비스기능이 취약한 상태로서 ① 지방정부의 예산이 단기적으로 수지균형을 이루지 못하거나, ② 현재의 조세부담으로서 낮은 서비스를 공급하거나 또는 일정한 서비스수준을 유지하기 위해서 높은 조세부담을 해야 하는 상태로 정의된다. 재정비상(fiscal emergency)은 재정압박상황이 지속되어 어느 시점부터 공무원임금지불·채무상환·계약이행 등과 같은 재정책임의 의무를 이행할 수 없는 상태를 말한다. 마지막으로 재정파산은 채무상환의 불이행상태로서, 상위정부 또는 중앙정부가 개입하지 않으면 안 될 정도로 지방정부 자력으로는 회복이 불가능한 재정상황을 의미한다.

1. 우리나라의 지방재정위기관리제도

1) 지방재정위기단체 지정

지방재정법(제54조 재정운용에 관한 보고)은 지방자치단체장이 보고한 각 자치단체의 재정상황을 분석한 결과 재정의 건전성과 효율성 등이 현저히 떨어지는

---

1) 서정섭(2001: 226)은 'fiscal crisis'와 'fiscal emergency' 모두 '재정위기'로 번역하고 있으나, 본서에는 'fiscal emergency'는 '재정비상'으로 번역한다.

지방자치단체에 대하여 행정안전부장관으로 하여금 재정진단을 실시하도록 규정하고 있다. 행정안전부장관은 재정분석 및 재정진단 결과 등을 토대로 재정위험 수준이 심각하다고 판단되는 지방자치단체를 지방재정위기관리위원회의 심의를 거쳐 재정위기단체로 지정할 수 있다.[2]

행정안전부장관이 재정위기단체를 지정하는데 있어서 기준은 통합재정수지 적자비율, 예산대비 채무비율, 채무상환비율, 지방세 징수액, 금고잔액현황, 공기업 부채비율 총 6개 지표를 사용한다. 지방재정법 시행령(제65조의3 제1항)에 규정된 재정위기단체의 지정시 판단의 기준은 ① 통합재정수지 적자 비율이 100분의 30을 초과하는 경우, ② 예산대비 채무비율이 100분의 40을 초과하는 경우, ③ 채무상환비 비율이 100분의 17을 초과하는 경우, ④ 지방세 징수율이 100분의 70 미만인 경우, ⑤ 금고잔액비율이 100분의 10 미만인 경우, ⑥ 공기업 부채비율이 100분의 600을 초과하는 경우이다.

표 14-1 재정위기단체의 지정 판단지표

구분	재정지표	산정방식	주의	심각 (위기)
재정 수지	① 통합재정수지 적자비율	$\dfrac{(세입-지출\ 및\ 순융자)}{통합재정규모}$	25% 초과	30% 초과
채무 관리	② 최종예산대비 채무비율	$\dfrac{지방채무잔액}{총예산}$	25% 초과	40% 초과
채무 관리	③ 채무상환비율	$\dfrac{지방채무상환액}{일반재원}$	12% 초과	17% 초과
세입 관리	④ 지방세징수율	$\dfrac{해당연도\ 월별\ 누적\ 징수액}{최근\ 3년간\ 평균\ 월별\ 징수액}$	80% 미만	70% 미만
자금 관리	⑤ 금고잔액현황	$\dfrac{해당연도\ 분기말\ 잔고}{최근\ 3년간\ 평균\ 분기말\ 잔고}$	20% 미만	10% 미만
공기업	⑥공기업부채현황	$\dfrac{부채}{순자산}$	400% 초과	600% 초과

---

2) 지방재정법 제55조의2(재정위기단체와 재정주의단체의 지정 및 해제).

　행정안전부 장관은 [표 14-1]과 같이 6개 지표 중 어느 하나에 해당하는 지방자치단체 중 재정위험의 수준이 주의 또는 심각(위기)하다고 판단되는 자치단체를 대상으로 재정진단을 실시하여야 한다(지방재정법 시행령 제65조의2). 재정진단 실시 결과 6개 지표 중 어느 하나가 심각(위기)에 해당될 경우 행정안전부장관은 해당 자치단체를 지방재정위기관리위원회의 심의를 거쳐 재정위기단체로 지정할 수 있다.

　지방재정위기관리위원회는 위원장 1명을 포함한 15명 이내의 위원으로 구성하되, 성별을 고려하여 위원을 임명하여야 한다. 위원회는 재정분석 및 재정진단, 재정위기단체의 지정 및 해제, 재정위기단체의 재정건전화계획 승인, 재정건전화계획 수립 및 이행결과가 현저히 부진한 지방자치단체에 대한 불이익 부여 등에 관한 사항을 심의한다. 행정안전부장관에 의해 재정위기단체로 지정된 자치단체의 장은 재정위기단체로 지정된 날부터 60일 이내에 재정건전화계획을 수립하여 행정안전부장관의 승인을 받은 후, 지체 없이 지방의회의 의결을 얻어야 한다. 이 경우 시장·군수 및 자치구의 구청장은 시·도지사를 경유하여야 한다. 재정건전화계획을 변경하려는 경우에도 동일한 절차를 거쳐야 한다.

　재정위기단체의 장은 재정건전화 계획을 기초로 예산을 편성하여야 하고 재정건전화 계획의 이행상황을 지방의회 및 행정안전부장관에게 보고하여야 하며, 매년 2회 이상 주민에게 공개하여야 하며, 재정위기단체의 장은 재정건전화 계획에 의하지 아니하고는 지방채의 발행, 채무의 보증, 일시차입, 채무부담행위, 신규재정투자사업[3]에 관한 예산을 편성할 수 없다. 그리고 행정안전부장관은 재정위기단체의 재정건전화계획 수립 및 이행결과가 현저히 부진하다고 판단되는 경우에는 지방교부세를 감액하거나 그 밖의 재정상의 불이익을 부여할 수 있다. 행정안전부장관은 재정건전화계획의 목적 달성을 위하여 관계 중앙관서의 장 및 시·도지사에게 필요한 조치를 취하도록 협조를 요청할 수 있으며 협조를 요청받은 관계 기관은 특별한 사유가 없는 한 협조하여야 한다. 행정안

---

　3) 시·도의 경우 총 사업비 40억 원 이상, 시·군 및 자치구의 경우 총 사업비 20억 원 이상의 신규 투자사업을 말한다(지방재정법 시행령 제65조의5).

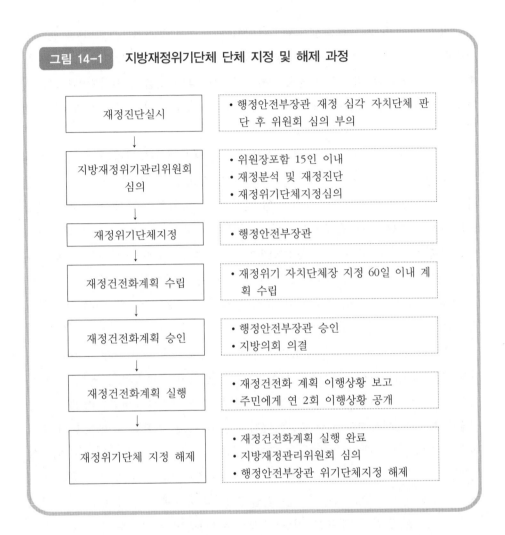

그림 14-1 지방재정위기단체 단체 지정 및 해제 과정

재정진단실시	• 행정안전부장관 재정 심각 자치단체 판단 후 위원회 심의 부의
지방재정위기관리위원회 심의	• 위원장포함 15인 이내 • 재정분석 및 재정진단 • 재정위기단체지정심의
재정위기단체지정	• 행정안전부장관
재정건전화계획 수립	• 재정위기 자치단체장 지정 60일 이내 계획 수립
재정건전화계획 승인	• 행정안전부장관 승인 • 지방의회 의결
재정건전화계획 실행	• 재정건전화 계획 이행상황 보고 • 주민에게 연 2회 이행상황 공개
재정위기단체 지정 해제	• 재정건전화계획 실행 완료 • 지방재정관리위원회 심의 • 행정안전부장관 위기단체지정 해제

전부장관은 지정된 재정위기단체의 지정사유가 해소된 경우에는 지방재정관리위원회의 심의를 거쳐 그 지정을 해제할 수 있다.

2) 긴급재정관리제도

지방재정위기단체 이외에 행정안전부는 2015년 지방재정법 개정을 통해 긴급재정관리제도(제5장의2)를 도입하여 2016년 6월부터 시행 중에 있다. 긴급재정관리제도는 지방정부가 스스로 해결할 수 없는 재정위기 상황이 닥칠 경우, 주민에게 제공하는 필수적인 공공서비스가 중단되는 것을 방지하기 위하여 중앙정부와 해당 지방정부가 협력하여 재정위기를 신속하게 해결하기 위해 도입되었다.

긴급재정관리제도는 해당 지방정부가 재정위기단체로 지정된 후 일정기간(3년)이 경과되었음에도 불구하고 [표 14-1]의 지표 값이 약화거나, 소속 공무원의 인건비를 30일 이상 지급하지 못한 경우 또는 상환일이 도래한 채무의 원금 또는 이자에 대한 상환을 60일 이상 이행하지 못하는 등 자력회생이 불가능하다고 판단될 경우, 이러한 위기를 신속하게 해소하기 위해 도입되었다. 긴급재정관리단체 지정은 행정안전부 장관의 직권 또는 지방자치단체의 장의 신청으로 해당 자치단체를 긴급재정관리단체로 지정할 수 있다. 이 경우 지방재정위기관리위원회의 심의를 거쳐야 한다.

행정안전부 장관은 긴급재정관리단체의 재정위기를 신속하게 극복하기 위해서 지방재정위기관리위원회의의 심의·의결을 거쳐 국가공무원 또는 관계 전문가를 긴급재정관리인으로 선임하여 파견할 수 있다. 긴급재정관리인은 해당 지방정부의 장이 작성한 긴급재정관리계획안 검토, 동 계획의 이행상황에 대한 점검 및 보고, 자료제출 요구 등을 할 수 있다. 긴급재정관리계획안에는 채무상환 및 감축계획, 경상비 및 사업비 등의 세출구조조정계획, 수입증대계획 등이 포함되어야 한다. 해당 지방정부는 긴급재정관리계획에 포함되지 않은 지방채 발행, 채무보증행위, 일정규모 이상의 재정투자사업 등을 할 수 없는 자치재정권의 제약을 받게 된다. 긴급재정관리단체의 장은 동 계획을 성실히 수행하여야 하며, 행정안전부 장관은 동 계획의 이행상황을 점검하고 평가를 실시한 후 필요한 사항을 권고할 수 있다. 이러한 계획이 성공적으로 실행되어 긴급재정관리단체의 지정사유가 해소될 경우, 행정안전부 장관은 신청시와 동일한 절차를 거쳐 긴급재정관리단체 지정을 해제할 수 있다.

3) 지방재정위기관리제도의 특징

우리나라 지방재정위기관리제도는 다음과 같은 특징을 가지고 있다. 첫째, 지방자치단체가 재정위기로 인해서 파산할 수 있도록 시장(market)에 맡기는 형태가 아니라 중앙정부의 개입을 통해 재정위기에 처한 자치단체가 스스로 재정 건전화를 할 수 있도록 감독 및 지원하는 형태이다. 재정위기 상황에 직면한 지방자치단체를 파산하도록 방치할 수 없는 이유는 지방자치단체는 해당 지역주민에게 필수적인 공공서비스를 독점적으로 제공하는 공법인이기 때문이다. 둘째, 재정위기단체 지정은 행정안전부장관의 재량적 판단에 의해서 결정된다. 특정 자치단체가 비록 6개 재정위험 판단지표 요건 중 어느 하나에 해당된다 할지라도 행정안전부장관이 해당 자치단체를 반드시 재정위기단체로 지정해야 하는 것은 아니다. 이처럼 행정안전부장관에게 재량적 판단의 여지를 준 것은 특정 자치단체가 재정위험 요건 중 하나에 해당된다 할지라도 이러한 요건이 자치단체의 특정 사업으로 인해 발생되는 일시적인 원인으로 일정 기간이 지나면 해소될 수 있기 때문일 것이다.

2. 외국의 지방재정위기관리제도

1) 미국의 지방재정위기관리제도

미국 미시건(Michigan)주 디트로이트시(Detroit)는 185억 달러의 채무를 감당하지 못하고 2013년 7월 18일 미국 역사상 최대의 재정파산신청을 하였다. 2013년 12월 3일 법원으로부터 재정파산자격을 얻은 디트로이트시는 2014년 11월 7일 채권자들과의 채무조정을 거쳐 재정위기를 극복하는 과정에 있다. 미국은 1937년 이래 현재까지 약 650여 개의 지방정부가 파산을 경험했으며, 이 중 2013년의 디트로이트시, 2011년 알라바마(Alabama)주의 제퍼슨 카운티(Jefferson County), 1994년 캘리포니아(California)주의 오렌지 카운티(Orange County)

의 재정파산이 규모와 내용 면에서 가장 주목을 받고 있다.[4]

　미국의 경우 지방정부의 재정위기나 재정파산시에는 주정부 혹은 연방정부
가 개입하여 해결한다. 주의 재정위급 선언기준은 주법에 제정되어 있다. 미국
정부간자문위원회(ACIR)는 주정부가 지방정부의 재정위급을 결정할 수 있는 네
가지 가이드라인, 즉 ① 채무상환불이행, ② 세금·연금부담·기타 위임부담 등
정부간 부담의 일정기간 불이행, ③ 공무원봉급 및 연금지급의 일정기간 불이
행, ④ 경상계정에서 전년도 지출의 10%를 초과하는 일시차입금 등을 설정하고
있다.

　연방정부와 같이 주권(sovereignty)을 보유하고 있는 주정부(state government)
는 산하 지방정부가 재정위기관리제도에 최종 절차에 해당하는 연방파산법(Title
11 of the United States Code: U.S. Bankruptcy Code) 제9장 자치단체 채무조정(Chapter
9: Adjustment of Debts of a Municipality) 법령의 적용을 받을지의 여부를 결정하고
있다. 연방파산법의 적용을 허용하고 있는 주는 26개이며, 3개 주는 산하 지방
정부의 연방파산법 적용을 금지하고 있다. 기타 21개는 연방파산법 적용에 대한
특별한 규정을 두고 있지 않다(이희재, 2014: 372).

　연방정부에 의한 지방정부의 파산선언은 연방파산법 제9장에 따라 지방정
부가 공식적으로 신청하고 파산법원에서 파산판결이 있어야만 적용된다. 연방
파산법 제9장에 규정된 파산신청 요건은 ① 지방정부[5]로서의 권한이 있을 것,
② 파산신청이 주법에 의해 인정되어야 할 것, ③ 지불불능(default) 상태이거나
만기채무를 상환할 수 없을 것, ④ 채권자들의 동의를 얻어 파산법원이 승인한
채무조정계획의 수립을 만족해야 할 것 등이다.

　지방정부의 파산신청이 적법하다고 인정되면 법원의 구제명령에 의해 채무
조정 및 재정재건절차가 착수된다. 파산재판관이 정해지고 지방정부의 재정재
건계획에 참여할 채권자위원회(Creditors' Committee)가 구성된다. 일반기업에 적용

4) http://en.wikipedia.org/wiki/Chapter_9,_Title_11,_United_States_Code

5) 여기서 지방정부는 city, town, village, counties, tax district, municipal utilities, school district를 말한다.

되는 연방파산법 제7장(Liquidation)이나 제11장(Reorganization)에서는 파산신청이 이루어지면 채무자는 일체의 활동을 중단해야 하는 것과 달리, 제9장에 의한 파산신청의 경우 파산신청이 이루어진 이후에도 채무자인 지방정부는 재산을 점유하고 행정서비스를 계속 제공하면서 파산법원의 감독 하에 채권자와의 협의를 통해 채무조정절차를 진행한다.

채무자인 지방정부는 채무변제기간, 채무변제액의 변경으로 지방정부의 재정 상황에 따른 지출수요와 수입예상 등을 포함한 채무조정계획을 작성하여야 한다. 지방정부가 작성한 채무조정계획에 대해 채권자가 동의하지 않으면 채무조정계획은 승인되지 않는다. 채권자들의 동의를 통해 채무조정계획이 작성되면 파산법원은 이 계획을 승인한다. 채무조정계획이 승인된 시점에서는 파산절차와 관련한 파산법원의 역할은 끝이 나고 채무조정이 계획대로 실행되면 모든 파산 절차는 종결된다. 이상의 절차에서 나타난 것과 같이 미국의 재정위기관리제도는 그 실행 권한이 행정부에 있는 것이 아니라 실질적으로 사법부가 가지고 있다. 이러한 관점에서 보면 미국의 지방재정위기관리는 행정부의 재정위기관리제도라기보다는 사법부에 의한 법적인 분쟁조정절차라고 볼 수 있다(이희재, 2014: 372).[6]

2) 일본의 지방재정위기관리제도

일본은 1955년부터 '지방재정재건촉진특별법'(이하 '재정재건법'이라 한다)을 만들어 지방자치단체의 신청에 의한 재정재건절차를 추진해왔지만, 2006년 6월 홋카이도의 유바리(夕張)시 재정파산을 계기로 지방자치단체의 재정위기 조기예측기능을 강화하고 재정건전화의 추진 및 재정공시를 의무화하는 내용의 '지방공공단체 재정건전화에 관한 법률'[7](이하, '재정건전화법'이라 한다)이 2007년 6월 22일에 제정되었다. 이 법은 지방공공단체의 재정건전성과 관련한 비율을 제도화

---

6) 미국 지방정부의 재정위기에 대해서 보다 다음 사이트가 잘 설명하고 있다(http://en.wikipedia.org/wiki/Chapter_9,_Title_11,_United_States_Code).
7) 「地方公共団体の財政の健全化に関する法律」.

하고, 해당 비율에 따라 지방공공단체가 재정의 조기 건전화, 재정 재생 및 공기업의 경영 건전성을 높일 수 있도록 행·재정상의 조치를 강구하는데 목적을 두고 있다. 또한 이 법은 감시대상의 회계를 과거 재정재건법과 달리 보통회계뿐만 아니라 공영기업, 공사·제3섹터로 확대하였다.

재정건전화법은 매년 지방공공단체(도도부현, 시정촌 및 특별구)로 하여금 매년도 ① 실질적자비율, ② 연결실질적자비율(전체 회계의 실질적자 등의 표준재정규모에 대한 비율), ③ 실질공채비비율, ④ 장래부담비율(공영기업, 출자법인 등을 포함한 보통회계의 실질적 부채의 표준재정규모에 대한 비율)을 감사위원의 심사에 회부한 후 의회에 보고하고 공표하도록 규정하고 있다. 재정건전화법의 재생시스템 규정에 따르면 지방공공단체는 재생판단비율(① 실질적자비율, ② 연결실질적자비율, ③ 실질공채비비율)[8] 중 어느 하나가 정령에서 정하는 재정재생기준 이상일 경우에는 재정재생계획을 책정하도록 의무화되어 있다. 이 경우 지방공공단체의 장은 의회의 의결을 거쳐서 재정재생계획을 책정하여 공표함과 동시에 총무대신과 협의하여 동의를 구할 수 있도록 되어 있다.

그러나 과거 재정재건법에서는 재정재건계획의 책정에 있어서 총무대신의 동의가 필수요건으로 되어 있었으나, 현재 시행 중인 재정건전화법에서는 총무대신의 동의가 필수요건으로 되어 있지 않기 때문에 총무대신의 동의 없이도 재정재생이 가능하도록 하고 있다. 다만, 총무대신의 동의를 얻지 않은 재정재생계획에 따른 재정재생을 행할 경우에는 ① 재해복구사업 등을 제외한 지방채의 기채가 불가능하며 ② 재생대체특별채(재정재생 기간 중에 발행되는 자금 이월을 위한 지방채) 발행이 불가능하다는 제약이 있다(한국법제연구원, 2007).

---

8) 장래부담비율을 재생판단비율에서 제외한 것은 '유량지표는 장기적으로는 악화 가능성을 가지고 있다 하더라도 그 자체만으로 즉시 재정악화가 절박한 상황이라고는 말할 수 없기' 때문이라고 밝히고 있다(한국법제연구원, 2007: 36).

제2절 외국의 재정위기·재정파산 사례 및 시사점

1. 미국 뉴욕주 뉴욕시의 재정위기[9]

   뉴욕(New York)시의 재정위기와 캘리포니아주의 주민발의 13(Proposition 13)
은 1970년대 미국의 주정부와 지방정부 재정분야에서 가장 주목받았던 두 사건
이다. 그 당시 미국에서는 뉴욕시뿐만 아니라 뉴왁(Newark), 디트로이트(Detroit),
버팔로(Buffalo), 보스톤(Boston), 필라델피아(Philadelphia), 클리블랜드(Cleveland) 등
도 상당한 재정적 곤란을 겪었고, 실제로 클리블랜드 시는 재정파산을 경험하였
다. 하지만 뉴욕시는 다음과 같은 몇 가지 점에서 다른 도시들과 구분된다: ①
조세수입의 43%(전국 평균은 62%)만 경기변동에 덜 민감한 재산세 수입에 의존하
였고 또한 주정부는 2.5% 이상의 재산세율을 금지하였으며, ② 1974년도에 주
정부와 연방정부의 법률에 따라 자녀부양을 위한 현금가족수당(Aid to Families
with Dependent Children Cash Assistance)과 의료보호비(Medicare Payments)의 23%를
부담해야 했고,[10] ③ 통상적인 경우와는 달리 대규모의 공립병원 및 시립대학
을 갖고 있었다.[11]

   뉴욕시가 1960년대 말부터 1970년대 초에 직면한 재정문제들은 뉴욕시 특
유의 문제들과 다른 오래된 도시들이 공통적으로 갖고 있던 문제들이 결합되어

---

   9) 본 절은 Gramlich(1976)의 논문을 소개한 전상경(2009)을 재구성하여 요약·정리한 것이다.

  10) 이것과 대조적으로 미네소타(Minnesota) 주와 캘리포니아(California) 주는 지방정부로 하여
      금 각각 21.8%와 14.5%를 부담케 하였으며, 규모가 작은 도시가 있는 다른 주들의 경우는
      10% 미만을 부담케 하거나 또는 전혀 부담을 요구하지 않기도 하였다. 이러한 법률의 결과
      뉴욕시의 사회복지비 관련 지출은 1974년도에 총 경상회계예산(current account budget)의
      3분의 1을 차지하였고, 이것은 전국 평균 7.5%에 비하면 엄청난 규모였다(E. S. Mills and B.
      W. Hamilton, 1984: 278).

  11) 이것은 뉴욕시가 비거주재산(nonresidential property value)에 대한 과세를 통해서 재원을
      조달할 수 있었던 시기에 시작되었다.

나타난 것이었다. 경상회계적자는 증세나 지출삭감을 통하기보다도 거의 10년 동안 해마다 단기차입에 의존하여 해결되었다. 다른 주와 마찬가지로 뉴욕 주에서도 경상적 계정의 재원조달을 위한 차입은 불법이었지만, 자본적 지출을 위한 차입이나 수입을 예상하고 이루어지는 차입은 용인되었다. 그 결과 교량도색(橋梁塗色)과 직업학교 교사급료와 같은 상당수의 경상적 기능들이 자본적 계정으로 이관되었다. 뿐만 아니라 수입예상채권(anticipation bonds)을 발행하였지만 실제로는 아무런 수입도 발생하지 않은 경우가 많았고, 심지어 연방정부로부터의 지원금을 예상하고 일년 기한의 채권을 발행하였지만 의회가 그러한 지원금을 승인하지 않는 경우도 있었다. 그 결과 이미 뉴욕시는 1975년 상반기에 53억 달러의 단기 채무를 지게 되었고, 그것은 전국 총액의 29%였다. 또한 뉴욕시는 94억 달러에 이르는 장기채무도 보유하였지만, 그 비중은 전국 총액의 6% 수준이어서 상대적으로 양호하였다.

놀랍게도 뉴욕시는 채무상환에 대한 특별한 희망이나 아무런 구체적 계획도 없이 전술한 바와 같은 엄청난 채무를 쌓아가고 있었다. 뉴욕시는 차입(borrowing)을 마치 하나의 통상적인 재원조달 행위처럼 취급하였다. 뉴욕시의 재정위기라는 드라마의 공연을 위한 무대장치는 완료되었고, 그 시작을 알리는 풍선이 터지는 것만 남아 있었다. 마침내 그것은 1975년 4월에 일어났다. 뉴욕시에 자금을 제공하던 주요 금융기관들이 위험을 인식하여 뉴욕시에 대한 신용창구(credit window)를 폐쇄하였다. 이에 따라 뉴욕시의 부채상환을 위한 채무조달은 점점 어렵게 되었고 재정위기는 서서히 그 막을 올리게 되었다. 주요 금융기관들은 뉴욕시에 대해 고용인원의 감축, 급료동결 또는 삭감 등과 같은 조치를 요구하였지만, 뉴욕시의 조치는 충분하지 못하였고 점점 채무불이행상황으로 접어들고 있었다.

뉴욕시는 채무불이행상태로 빠지는 것을 방지하기 위하여 뉴욕 주정부와 더불어 여러 가지 노력을 하였으나 자체적으로 감당하기 어려웠다. 포드(Ford) 행정부도 처음에는 뉴욕시에 대한 긴급구제(bailouts)를 거절하였지만 1975년 11월 26일 입장을 바꿈으로써 뉴욕시의 재정위기는 진정의 길로 접어들었다.

1) 뉴욕시 재정위기의 주요원인

(1) 경상회계의 적자보전을 위한 단기채무의 활용

지방정부는 다음과 같은 세 가지 이유 때문에 차입을 하지만, 그 중 두 가지 이유는 채권보유자들로부터 수용될 수 있으나 나머지 이유는 위험한 것으로 간주된다. 즉 첫 번째 수용될 수 있는 이유는 장기적인 자본적 투자사업을 위한 재원조달을 위한 것이다. 예를 들어 지방정부가 장기간 사용할 수 있는 학교건물을 지을 경우, 유동적인 장기부채(floating long-term debt)를 발행하면 그 전체 비용을 학교건물의 내구 연수(durable years) 동안 분산시킴으로써 세대간 공평성을 제고시킬 수 있다. 두 번째 수용될 수 있는 이유는 단기차입을 통하여 세입과 세출상의 계절적 변동(seasonal fluctuations)을 조정할 수 있다는 것이다. 지방정부의 법률이나 채권보유자들의 입장에서 수용될 수 없는 이유는 경상회계(current account)의 적자보전을 위한 차입이다.

뉴욕시 재정위기에 대해 인식해야 할 첫 번째 사실은 뉴욕시가 1960~61 회계연도 이후 경상회계의 적자보전을 위하여 지속적으로 차입을 해 왔다는 것이다. 특히 1970년도부터 시작된 경상회계의 대규모 차입은 자본형성(capital formation)으로 연결되지 않았고, 그와 같은 차입은 단기시장(short-term market)에서 이루어져야만 했었다. 따라서 뉴욕시는 엄청난 규모의 단기 채무를 지게 되었고, 매년 이러한 단기 채무를 차환(roll over)시키기 위해 매우 높은 수준의 통제불가능한 비용(uncontrolled expenses)을 감수해야 했다. 1973년도의 경우 일인당 단기 채무는 $485로서 다른 어떤 도시에 비해서도 뉴욕시의 채무는 매우 높은 수준이었다. 단기 채무는 새로운 차입선을 찾지 못할 경우 그것을 모두 갚아야 하기 때문에, 이것을 위해 경상경비의 32%정도가 소요되었다.

(2) 경상회계적자의 지속적인 과소평가

그람리히는 그의 논문에서(Gramlich, 1976) 미국 도시정부 재정에 관한 통계조사국(U.S. Bureau of Census)의 정보를 이용하여 1960~1974년간의 뉴욕시 예산자료를 작성한 후 경상회계적자 및 순차입을 설명하였다. 하지만 이렇게 작성된 예산자료들은 뉴욕시 재정문제의 심각성을 다음과 같은 세 가지 방법으로 과소 평가한 것으로 밝혀졌다. 첫째, 예산자료들은 뉴욕시에 심각한 타격을 준 현재 의 경기위축이 시작되기 전인 1973~74년도까지만 이용가능하였다. 만약 1973~ 74년도 뉴욕시의 실업률이 현재와 같은 수준이라면(i.e., 6.5% 대신 11%라면) 적자 는 4억 8천 8백만 달러에서 5억 달러가 추가되었을 것이다. 둘째, 통계조사국은 경상적 지출과 자본적 지출의 구분에 관한 뉴욕시의 말을 액면 그대로 받아들였 으나, 뉴욕시 공무원이 인정한 바에 의하면 상당수의 경상적 지출이 부당하게 자본적 지출로 분류되었다고 한다. 조사국의 자료 대신 시지원공사(Municipal Assistance Corporation: MAC)의 보다 현실적인 통계치를 사용하면, 약 7억 달러가 자본계정에서 경상적 지출로 이관되어야 하고, 그 결과 경상적 적자는 그만큼 더 커져야 한다. 셋째, 재직 중인 공무원이 납부하는 연금기여금이 매년도 지 불해야 하는 연금책임액의 증가폭에 미치지 못한다. 연금재정의 건전성이 확 보되기 위해서는 해당연도의 지불액보다 25%정도 높은 수준(i.e., 2억 달러)이어야 한다.

연금지급액 등 여러 상황을 고려하면, 1973~74년도에 4억 8천 8백만 달러로 추정된 경상회계적자는 14억 달러만큼 증가되어 그 규모는 거의 20억 달러 수준 에 육박하게 된다. 그것은 세입의 17% 규모에 해당되는 수준이다. 1975~76 회 계연도에 예상되는 적자폭은 뉴욕 주의 재정통제비상위원회(Financial Emergency Control Board)의 명령에 따른 지출삭감 때문에 이 규모보다 작았다. 하지만 이러 한 지출삭감에도 불구하고 경상회계의 적자폭은 여전히 커서 장래의 대부업자 (lenders)를 놀라게 할 것이며 또한 조만간 파산의 위협을 주게 될 것이다.

(3) 공무원노조의 막강한 정치적 힘과 과다한 사회복지사업의 추구

이러한 적자를 설명하기 위하여 제안된 가설은 두 가지 유형으로 구분된다. 첫 번째 가설은 뉴욕시 공무원 노조의 막강한 힘과 관련된 것이다. 즉 재정위기 가 발생하기 전까지 다년간 공무원노조가 협상을 통해 뉴욕시로부터 무리한 양보를 끌어내었으며, 그것은 뉴욕시 재정운영에 상당한 부담을 주었다. 공무원노조의 막강한 힘은 선거에서 결정적 영향력을 행사할 수 있는 공무원노조의 규모와 정치력 때문에 가능하였다.12) 두 번째 가설은 뉴욕시가 상당한 재원을 사회복지사업(social welfare program)에 할당한 것과 관련된다. 즉 뉴욕시는 대중교통사업으로 인한 지속적인 적자를 경험하고 있었고, 관대한 공무원연금제도를 갖고 있었으며,13) 또한 고비용의 복지사업, 고등교육,14) 공립병원, 공공주택사업 등에 재원을 조달하였다. 다른 대도시의 경우 이러한 사업들은 주정부가 실시하거나 아니면 공공영역에서는 전혀 시도되지 않았다.

(4) 채권신용평가시스템상의 문제

뉴욕시가 재정파산으로 치닫게 된 흥미로운 배경설명 중의 하나는 투자자들이 뉴욕시가 발행한 채권의 신용평가에만 주목하다가 잘못된 정보를 갖게 되었다는 것이다. 신용평가기관인 무디스(Moody's)와 스탠다드 앤드 푸어스(Standard and Poor's)는 뉴욕시가 최초로 경상회계(current account)상의 적자지출을 경험한 1960년대 초반에 뉴욕시의 채권을 중상급(upper medium)인 A등급으로 평가하였다. 그러다가 그와 같은 경상회계적자가 5년간 지속된 1965-66회계연도에는 두 신용평가기관 모두 뉴욕시의 채권을 중하위(lower medium)급인 Baa등급으로15) 평가하였다. 이것은 뉴욕시의 차입비용을 0.5~0.75%p 인상시키는 결과를 초래하였다.

---

12) 그람리히가 자신의 논문(Gramlich, 1976)을 작성할 시점에서 뉴욕시의 공무원 수는 상근과 비상근을 합쳐 총 45만 명이었다. 이들 공무원이 각각 결혼하여 뉴욕시에 살고, 뉴욕시의 제반문제와 관련하여 그와 동일한 투표성향을 갖는 한 명의 친구나 친척을 갖는다면, 뉴욕시 전체 유권자수의 30%에 해당되고 실제 투표자수의 거의 절반에 가까운 135만 표가 노동조합에 유리한 정책을 이끌 수 있도록 결집될 수 있었다.

13) 대표적 사례는 1960년대 초에 연금수익산정의 기초기간을 변경하는 법령이 통과되었다. 즉 종전에는 퇴직 전 5년간의 평균임금을 기초로 하여 연금이 산정되었지만, 새로운 법에서는 최종연도의 임금을 기준으로 산정되게 되었다. 이에 따라 뉴욕시정부의 연금부담이 가중되었다.

14) 미국의 다른 도시와는 달리 뉴욕시는 뉴욕시립대학교(City University of New York)를 운영하였으며 등록금도 없었다고 한다.

15) 이것은 무디스사의 평가분류인데 동일한 평가등급을 스탠다드 앤드 푸어사는 BBB로 분류한다.

이 당시 금융시장의 분위기는 뉴욕시의 경우 Baa평가를 받은 다른 도시들보다 더 높은 비율로 차입하도록 조성되어 있었다. 그럼에도 불구하고 뉴욕시 공무원과 뉴욕출신 연방의회의원들은 평가등급을 하향조정한 두 민간평가기관에 지속적으로 항의하였다. 아무튼 오랫동안 계속된 그러한 정치적 노력은 효과가 있어 1972년 12월에 무디스는, 비록 뉴욕시가 매우 큰 폭의 경상회계적자가 시작될 것이라는 사실에도 불구하고, 뉴욕시의 채권을 다시 A급으로 상향조정하였다. 스탠다드 앤드 푸어스는 더 이상스런 행태를 보였다. 즉 이 평가기관은 1974년 12월까지 뉴욕시 채권의 상향조정을 보류하였다가, 잠재적 파산의 초기 징조가 나타나는 시점에 이르러서 채권등급을 A로 상향조정하였다.

신용평가기관을 강력하게 비판하는 것이 어렵기도 하고 또한 아마 공정하지도 않았을 것이다. 왜냐하면 신용평가기관의 평가를 받은 어떠한 일반보증채 (general obligation bond)도[16] 전후기간 중 채무가 이행되지 못한 적이 없었기 때문이다. 이와 같은 좋은 전통이 유지된 데는 신용평가기관이 제공하는 정보와 승인의 역할이 컸음이 분명하다. 그러나 뉴욕시의 경우가 설명하듯이 언제나 '처음'은 있게 마련이다. 즉 뒤돌아보면 평기기관이 공급한 정보가 뉴욕시의 특수한 경우에는 그렇게 좋지 못하였다. 왜냐하면 평가기관들이 1965~1972년 기간 동안에는 뉴욕시에 적절한 제재를 가하였지만, 1972년에는 부적절하게도 아무런 제재를 가하지 않았다. 경상회계의 적자가 신용평가에 별다른 영향을 주지 않았다는 사실은 ① 신용평가기관이 채택하고 있는 평가기준에 문제가 있거나, ② 평가기관의 평가가 뉴욕시 공무원과 뉴욕시 출신의 정치인들로부터의 압력에 상당한 영향을 받았을 수 있었다는 것을 말해 준다.

2) 뉴욕시 재정위기가 경제에 미친 영향

뉴욕시와 다른 주요 도시들의 재정위기는 상당 부분 경기불황(economic recession) 때문에 야기되었지만, 거꾸로 도시의 재정위기가 경기회복에 상당히 나쁜 영향을 줄 수도 있다. 즉 도시가 파산하거나 파산의 위기에 직면하면, 경기회

---

16) 이것은 원금과 이자지급에 보증된 지방채를 의미한다.

복에 찬물을 끼얹을 수 있는 일련의 연쇄반응을 불러일으킬 수 있다. 뉴욕시 재
정위기가 경제에 미친 일련의 반응은 다음의 세 가지로 정리된다.

첫째, 가장 직접적인 문제는 부도난 채권으로부터 야기되는 자본손실이다.
만약 뉴욕시가 채무를 변제하지 못하면, 첫 번째 손실을 입게 되는 사람들은 채
권소유자이다. 변제되지 못한 채권의 상당부분은 뉴욕소재의 은행들이 보유하
고 있었다. 그 손실 폭이 너무 커서 뉴욕소재의 은행들로부터 예금이탈이 발생
할 위험이 제기된 때도 있었다. 하지만 연방정부가 뉴욕시에 단기융자를 제공하
기로 합의하였고, 연방준비은행(Federal Reserve)도 곤란해 처해 있는 은행에 대해
서는 우대융자(discount loan)를 해주기로 결정하였기 때문에, 뉴욕시의 재정위기
로 인하여 은행이 연쇄적으로 붕괴될 위험성은 상대적으로 작았다.

둘째, 뉴욕시 재정위기가 경기회복의 지연을 초래할 수 있는 것은 균형예산
을 유지하기 위해 요구되는 지출삭감과 조세증가 때문이다. 즉 균형예산을 달성
하기 위한 뉴욕 주 재정통제비상위원회의 계획은 1975~76년 회계연도에 1억
달러, 1976~77회계연도에 5억 달러, 1977~78회계연도에 7억 달러의 지출삭감
을 요구하였다. 이것은 이미 뉴욕시가 행한 6% 지출삭감과 7%의 세입증가조치,
그리고 연방정부의 단기융자조건 속에 포함된 2억 달러의 증세조치와는 별도이
다. 자신의 재정문제를 안고 있는 뉴욕 주도 이미 6억 달러의 증세조치를 취하
였다. 이러한 일련의 조치들은 결과적으로 주정부와 지방정부에 의한 총수요
(aggregate demand)를 약 20억 달러 감소시켰고, 그것은 궁극적으로 약 40억 달러
에 달하는 GNP감소를 초래하였다.

셋째, 뉴욕시 재정위기가 주와 지방정부 채권수익률(bond rate)에 미치는 영
향도 중요한 요소이다. 이것을 고찰하기 위하여 1955~74년 기간 중의 반년도
자료를 이용하여 다음 방정식을 추정한 후, 그 추정방정식에 입각한 1975년도
지방정부 채권수익률 추정치와 1975년도의 실제치를 비교하였다: CORP(1−
t)−RATE = $a_0 + a_1 U + a_2$TIME.[17] 양자 간의 차이가 전부 뉴욕시 때문에 야기된

---

17) 여기서 CORP는 Aaa급의 회사채수익율, t는 주나 지방정부가 발행한 채권 소유자들의 개인
및 법인 한계세율의 평균세율, RATE는 각각의 위험군(Aaa, Aa, A, Baa)에 속한 지방채수익

것인지는 확실하지 않지만, 상당 부분은 뉴욕시 때문에 야기된 것으로 추측된다. 지방채 신용평가등급에서 높은 위험군에 속한 지방채일수록 양자 간의 차이는 컸고, 그러한 차이는 도시재정문제에 대한 뉴스가 심각했을 때 가장 컸다. 만약 ① 양자 간의 차이는 전적으로 뉴욕시 때문에 야기되었고 ② 지방채 시장에서의 어려움 때문에 회사채의 수익률이 하락되지 않는다는 극단적 전제를 할 수 있다면, 뉴욕시의 재정위기는 자본건설사업을 위한 재원조달을 위해 주정부와 지방정부가 차입할 수 있는 여지를 감소시킨다는 결론을 이끌어 낼 수 있다. 이 경우 주정부나 지방정부의 건설사업은 45억 달러규모로 축소되고, 이것이 GNP에 미치는 영향은 첫 일이년에는 90억 달러에 이를 것이다. 이러한 영향과 위에서 언급한 직접적인 삭감의 영향을 합칠 경우 0.7%의 GNP 감소와 0.25%의 실업률 상승이 초래될 것인데, 이것은 한 도시의 재정적 곤란 때문에 야기된 결과로서는 상당히 큰 규모이다.

3) 뉴욕시 재정위기에 대한 단기적 대책과 장기적 과제

(1) 단기적 대책: 연방정부의 긴급재정구제(bailout)

전술한 뉴욕시 재정위기의 전개과정을 살펴보면 다음과 같은 두 가지 원칙이 도출될 수 있다. 첫째, 뉴욕시가 겪는 재정적 곤란의 궁극적 책임은 뉴욕시 자체에 있다. 예산상의 적자는 오래 전에 시작되었고, 그 부분적 이유는 그러한 문제의 심각성이 공식적으로 과소평가되었기 때문이었다. 또한 적자폭도 현재의 불황 이전에 더 컸고, 그러한 적자는 하나의 특정 사업 때문이 아니라 여러 가지 사업이 복합적으로 작용하여 생긴 것이었다. 둘째, 비록 뉴욕시의 재정위기는 뉴욕시 자신이 초래한 것이지만, 이제 그 상황은 뉴욕시 스스로 그 문제를 시정할 수 없는 지점에 이르렀다. 즉 뉴욕시와 뉴욕 주의 조세부담은 이미 매우 높은 수준이었고, 경직성경비도 매우 높으며, 단기부채를 회전시키는데 필요한 현금지출도 매우 어려운 상황이다. 재정통제비상위원회가 설정한 심각한 지출삭감으로서도 뉴욕시가 균형예산을 회복하는 데는 3년이 걸리며, 그것도

률, U는 실업률, TIME은 시간을 나타낸다.

미래의 세입에 대한 매우 낙관적인 가정하에서이다.

연방정부가 직면한 문제는 뉴욕시가 가까운 시일에 만기가 도래하는 채권을 부도내지 않도록 긴급구제(bailout)에 나설 것인가였다. 만약 연방정부가 개입하지 않는다면 재정적 공황상태(fiscal panic)가 발생할 가능성이 있으며, 설령 그러한 재정혼란은 발생하지 않더라도 경기회복이 좌절될 수 있는 가능성이 있었다. 뿐만 아니라 뉴욕시가 부도나면 치안, 소방, 위생, 보건, 교육 같은 필수적 서비스의 전달이 일시적으로 중단되거나 영원히 붕괴될 수 있고, 따라서 그 뒷수습을 하는 것이 매우 어렵게 될 가능성이 충분히 존재하였다. 이러한 두려움을 최소화시키는 것이 뉴욕시의 파산을 방지하는 근거가 된다.

다른 한편 뉴욕시가 파산될 경우 장점도 있었다. 뉴욕시는 처음부터 충족할 수 없는 계약을 체결한 경우도 있었고, 예산과정의 개선과 적자폭의 감소에 대한 요구도 있었다. 하지만 강제적 파산과정이 없다면 스스로 그러한 노력을 경주하는 것이 결코 쉽지는 않을 것이다. 이럴 즈음 뉴욕 주는 재정통제비상위원회를 통하여 뉴욕시에 대해 상당한 통제를 가하였으며, 그 결과 뉴욕시는 실질적으로 예산자율성을 상실하였고 어떤 계약은 부도여부와는 관계없이 취소될 수밖에 없었다. 부도로 얻을 수 있는 이러한 한계적 이점은 그렇게 중요하지 않은 것 같았다. 따라서 뉴욕시의 재정파산을 방치하는 위험의 감수는 바람직스럽지 않았고, 연방정부는 긴급재정구제(bailout)를 결정하였다.

(2) 장기적 과제

뉴욕시의 재정위기는 몇 가지 장기적 이슈들을 제기해 주었다. 첫째, 주정부와 지방정부 재무회계(financial accounting)제도의 시급한 개선이 요구되었다. 규모가 큰 주정부나 지방정부가 표준화된 방식과 공식적인 규약(conventions)에 입각하여 자본적 지출과 경상적 지출, 연금부채, 미해결된 부채의 규모와 만기 등에 관련된 각종 재정정보를 보다 신속하고 정확하게 금융계(financial community)에 제공하여야 할 필요성이 제기되었다. 또한 채권평가기관이 증권거래위원회(Securities and Exchange Commission)의 소속으로 되어야 하는지에 관해서 뿐만 아니라 채권의 평가과정과 평가기준 및 그 사용자료 등에 관한 검토도 요구되었다. 그때까지 신용평가기관은 평가재산가치(assessed property values)에 대한 부채의 비율과 같은 저량(貯量)자료(stock figures)에만 의존하였으나, 경상회계의 잉여규모, 예산의 경직성비율, 단기채무를 회전시킬 수 없는 위험 등과 같은 유량(流量)자료(flow figures)의 활용가능성에 대한 검토도 제기되었다.

둘째, 거시경제조건이 변할 때 주정부와 지방정부가 겪는 재정적 곤란에 대한 대처방안이다. 그 당시 주와 지방정부의 세입은 주로 소득세와 판매세로 구성되어 있었으며, 1973년의 경우 그 두 조세는 자체수입의 60%를 차지하였다. 사회복지와 의료보호분야의 순지출도 크게 증가하였다. 연방정부예산과 마찬가지로 주정부와 지방정부의 예산도 총수요가 감소되면 자동적으로 안정화 방식(stabilizing manner)으로 작동되는 경향이 있다. 그렇지만 주정부나 지방정부는 연방정부와는 달리 경상회계를 적자로 운영할 수 없기 때문에 그러한 안정화 장치는 지출삭감이나 조세증가로 상쇄된다. 이것은 거시경제적 관점에서 볼 때 역효과를 가져올 뿐 아니라 주와 지방정부수준에서 서비스전달상의 불안정을 초래하게 된다. 그렇기 때문에 좋은 대책은 연방정부의 세입공유재원(revenue sharing money)을 경기조정의 토대(countercyclical basis) 위에서 나누어 주는 것이다.

셋째, 연방주의체제 하에서 지방정부가 수행해야 하는 적절한 기능이 무엇인가에 대한 검토가 요구된다. 뉴욕시가 수행한 각종 사회사업(social programs)은 재분배적 성격을 띠고 있었다. 그와 같은 사회사업 중 공무원의 연금적립, 고등교육, 대중교통보조금, 공립병원 등과 같은 분야는 순전히 뉴욕시가 스스로 선택한 것이지만, 사회복지 및 의료보호와 같은 분야는 뉴욕 주가 법률에 의하여 뉴욕시의 예산에 위임한 것이다. 이러한 선택은 사회적 관점에서 본다면 바람직한 정책 방향이다. 하지만 연방체제에서의 지방정부는 ① 납세자에게 지나친 부채와 무리한 부채상환금을 부담시키지 않도록 해야 할 뿐만 아니라 ② 지나친 소득재분배를 시도하지 않도록 각별한 주의를 기울여야 한다. 만약 그러한 정책들을 추진하려면 그 재원은 전국적 토대 하에서 조달되어야 한다. 이런 입장에서 본다면 뉴욕시의 경험은 신연방주의(new federalism)에 역행하는 것으로 해석될 수 있다. 왜냐하면 몇몇 신연방주의의 주창자들은 소득재분배와 같은 기능을 주나 지방정부에 되돌려주어야 하는 것으로 생각하지만, 뉴욕시의 경험은 그것과의 반대방향을 시사해 주기 때문이다.

4) 뉴욕시 재정위기로부터의 교훈

뉴욕시의 재정위기는 한 지방정부의 재정위기이지만 국가경제전체에 커다란 반향을 불러일으켰다. 단기적으로는 연방정부가 개입하여 위기를 넘겼지만 장기적으로 상당한 후유증과 지방정부재정운용상에 해결해야만 할 과제를 남겼다.

뉴욕시의 재정위기는 여러 가지 복합적인 요인들 때문에 발생하였지만, 가장 중요한 네 가지 원인으로서는 ① 경상회계 적자보전을 위한 단기채무의 활용, ② 경상회계적자의 지속적 과소평가, ③ 공무원노조의 막강한 정치적 힘과 지나친 사회복지사업의 추구, ④ 채권평가시스템상의 문제 등을 들 수 있다. 그러므로 지방정부는 자본적 사업 이외에 지방채를 발행하지 않아야 하고, 분식회계와 같은 수단을 통해 재정정보를 왜곡하지 않아야 하며, 중앙정부와 지방정부 간의 합리적 기능배분을 통해 지방정부의 적절한 역할을 찾아야 하고, 지나치게 특정 정치적 세력에 영향을 받아서도 안될 것이다.

2. 미국 캘리포니아주 오렌지 카운티의 재정파산[18]

캘리포니아주 오렌지 카운티(Orange County)는 1994년 당시 미국에서 다섯 번째로 크고, 가장 부유하며 공화당이 지배하는 카운티 중의 하나였다.[19] 이러한 오렌지 카운티가 1994년 12월 미국에서 가장 큰 규모의 도시파산을 맞이함으로서 미국전역에 큰 반향을 불러일으켰다. 17억 달러에 상당하는 투자손실은 오렌지 카운티의 투자풀(investment pool)에 참여하고 있는 오렌지 카운티 내의 여

---

18) 본 사례는 권순만(1997)의 논문을 재구성하여 요약·정리한 것이다.

19) 2019년 기준으로 인구 317.6만 명으로 미국 내에서 여섯 번째 인구가 많은 도시이다.

러 시, 학교구(school district), 특별구, 공공기관에 상당한 영향을 끼쳤다. 오렌지
카운티의 파산은 정부 내의 행정절차상 나타나는 여러 가지 심각한 문제를 반영
해 주고, 또한 지방정부가 직면하고 있는 재정적 고통(financial distress)의 상황을
극복하기 위한 재원확충의 노력에서 기업가정신(entrepreneurship)과 책임성간의
상충성문제를 제기한다.

1) 오렌지카운티 재정파산의 배경

캘리포니아주는 화재·홍수·지진과 같은 자연재난, 군사기지의 폐쇄 및 방
위산업에서의 인력해고로 야기된 지역경제의 위축, 그리고 불황 등과 같은 이유
가 겹쳐 주와 지방정부는 상당한 재정적 고통을 겪었다. 특히 재산의 가치하락
과 주민발의 13(Proposition 13)과 같은 조세제한규정[20] 때문에 야기된 재산세수
의 감소는 지방정부의 재정력을 크게 위축시켰다. 그와 같은 조건하에서 공공서
비스를 유지하기 위해서 지방정부들은 수익자부담에의 의존비율을 크게 증가시
켰고, 또한 지역경제개발사업을 추진하고 더 나아가서 투자이익(investment prof-
its)을 적극적으로 활용하게 되었다.[21] [표 14-2]는 그러한 재정구조의 변화를
잘 나타내 준다.

오렌지 카운티의 재정관인 시트론(Robert Citron)은 매우 공격적인 투자전략,
즉 유가증권(securities)을 담보로 하여 투자은행으로부터 단기대출(short-term
loan)을 받는 역환매채(reverse repurchase agreement)를[22] 적극적으로 활용하였다.
오렌지 카운티는 그와 같은 단기대출금을 이용하여 장기증권(long-term securities)
에 투자하였다. 만약 장기증권의 쿠폰금리(coupon rate)가[23] 대출이자율보다 높

---

20) 주민발의 13(Proposition 13)의 구체적 조항에 관해서는 본서의 제6장 제2절에 상세하게 설
명하고 있다.
21) 주민발의 13(Proposition 13)이 지장정부의 재정운용에 미친 영향에 관해서는 전상경(1995:
266-269)을 참고하기 바란다.
22) 환매채(還買債, repurchase agreement(RP))는 채권발행자가 일정기간 지난 후에 다시 매입
해 주는 조건으로 채권을 매도해 단기자금을 조달하는 금융거래방식을 말한다. 역환매채(逆
還買債)란 환매채와는 반대로 자금 공여자가 특정가격에 정해진 이자를 부과한 가격으로 재
판매할 것을 약정하고 증권을 구매하는 것을 말한다. 결국 환매채와 역환매채는 동일한 거래
이지만 각각 채권을 파는 사람과 사는 사람의 관점에서 묘사한 금융거래이다.

표 14-2	오렌지 카운티 자체수입의 구조

주요 항목	구성비율(%)	
	1991~92	1994~95
이자	3	35
재산세	60	25
자동차수수료	21	21
이용가능한 기금잔고(fund balance available)	8	12
판매세 및 기타세	3	4

으면 이러한 투자전략은 맞아 떨어진다. 특히 재정관인 시트론은 저금리를 예상하여 투자금액의 60%를 구조어음(structural note),[24] 즉 이른바 적용금리가 시장금리와 역으로 변하는 변동금리채(inverse floaters)에 투자하였다. 일반적으로 구조어음(structural note)은 금융위험에 대비할 목적으로 사용하기 위하여 개발된 매우 섬세한 금융상품으로 알려져 있다.

재정파산이전에는 오렌지 카운티의 투자풀(investment pool)이 다른 도시들에 비해 가장 성공적이고 매우 잘 작동하는 것으로 알려져 있었다. 즉 1994년 캘리포니아주 다른 카운티의 평균 수익률은 4.47%에 불과하였지만, 오렌지 카운티의 연평균 수익률은 7.23%였다. 오렌지카운티의 투자전략에 대해 자세히 모른 채, 많은 도시나 공공기관들은 그저 오렌지 카운티의 높은 투자수익률에 매료되어 오렌지카운티의 투자풀(investment pool)의 일원이 되기를 원하였다. [표 14-3]은 오렌지카운티의 투자풀(investment pool)에 참가하고 있는 기관들이다. 규모의 경제 때문에 소규모의 자금을 운영하는 개개의 기관보다 큰 투자풀이 훨씬 유리하였다. 오렌지 카운티는 이와 같은 공격적인 투자전략 덕택에 세금을 인상하지도 않으면서 공공서비스 수준을 그대로 유지할 수 있었다.

---

23) 채권에서의 확정금리를 쿠폰금리(coupon rate) 또는 표면금리라고 한다.

24) 구조어음(structural notes)란 계약이 구매자의 요구조건에 맞추어서 만들어진 어음을 지칭한다(권순만, 1997: 373).

표 14-3	오렌지 카운티 투자풀(investment pool)의 주요 참여기관들

주요 참여기관	금액(단위: 백만달러)
오렌지 카운티	2,760.5
오렌지 카운티 운수청(Transportation Authority)	1,092.9
오렌지 카운티 위생구(Sanitation District)	441.0
교통망기관(Transportation Corridor Agencies)	341.8
오렌지 카운티 고용자 퇴직기금	133.4
학교구(School Districts)(60개)	1,048.0
시(Cities)(37개)	1,043.0
수도구(Water Districts)(11개)	516.2
기타구 및 기관(Other Districts and Agencies)	40.7

　　시장이자율이 상승하면 단기대출에 대한 이자비용이 장기채권의 투자수익률보다 더 클 수 있기 때문에 오렌지 카운티의 투자전략은 맞아 떨어지지 않는다. 또한 시장이자율의 상승에 따라 장기채권의 가치는 줄어들며, 따라서 담보의 가치도 하락하고, 그 결과 채무자는 보다 많은 담보를 요구하게 된다.

　　연방정부의 금융정책변화가 오렌지 카운티의 투자풀(investment pool)에 영향을 끼치게 되자 전술한 최악의 시나리오가 현실로 나타났다. 즉 연방준비은행(Federal Reserve Bank)이 1994년 2월을 기하여 이자율을 인상하였다. 하지만 오렌지 카운티의 재정관 시트론은 미국 경제가 그렇게 빨리 회복할 것이라고 판단하지 않았기에 자산의 위험적인 투자전략을 포기하지 않았다. 하지만 이자율은 몇 차례 더 인상되었고, 시간이 지남에 따라 오렌지 카운티는 부채에 대한 이자지급과 같은 재정의무이행에 필요한 최소한의 유동성(cash reserves)만 갖게 되었다. 오렌지 카운티는 77억 달러의 투자를 담보로 해서 129억 달러를 빌렸고, 결과적으로 200억 달러에 해당되는 투자를 초래했다. 그 결과 1991년 4월에 160%였던 레버리지(leverage)비율이[25] 1994년 11월에는 260%로 대폭 상승하였다. 이자율 상승 때문에 고도로 부채에 의존한 오렌지 카운티의 투자풀(investment pool)은 이중의 타격을 입게 되었고, 결국 그러한 압박에 못이겨 1994년 12월 재정파산을 하게 되었다.[26]

2) 재정파산의 신청과 재정파산의 원인

(1) 재정파산의 신청

미국의 연방파산법 제9장(Chapter 9)은 공공영역의 파산신청(bankruptcy petition)에 관한 것이다. 공공영역에서의 파산신청은 민간영역에서와는 달리 결코 도시정부가 공공서비스공급을 중단하거나 모든 재산을 매각해야 한다는 것을 뜻하지는 않는다. 1976년과 1978년도의 연방법의 개정에 따라 지방정부(municipality)는 채권자의 승인 없이도 파산신청을 할 수 있게 되었기 때문에 지방정부의 파산신청은 훨씬 간편해졌다. 연방파산법 제9장은 지방정부가 재무구조개선중에는 채권자(creditors)에게 지불유예를 할 수 있게 하였고 또한 채무청구권(liability claims)을 갖는 일반보증채(general obligation bond)[27] 보유자, 공급자, 종업원, 기타 관련당사자들에게도 지불유예를 허용하였다. 동법 제9장은 지방정부와 채권자간에 재무구조개선에 관한 협상이 진행되는 동안 투자가가 지방정부에게 소송을 제기하지 못하도록 지방정부를 일시적으로 보호해 준다. 소송비용(litigation expenses)이 엄청나기 때문에 지방정부들은 지급판정과 관련된 법원조치를 늦추기 위해 전략적으로 종종 파산절차를 활용한다.

오렌지 카운티는 파산신청을 함으로써 투자은행을 중심으로 하는 채권단들

---

25) 레버리지(leverage)란 지렛대란 의미로서 금융계에서는 차입을 뜻한다. 빚을 지렛대로 투자수익률을 극대화하는 레버리지는 경기가 호황일 때 효과적인 투자법이다.

26) 오렌지 카운티는 재정파산을 극복하기 위해 공무원 2,000명을 해고하고, 시영버스와 복지시설·출장소폐지, 공공요금 인상 등과 같은 구조조정의 결과 1996년 6월 파산에서 벗어났다.

27) 일반의무채권(general obligation bond)이란 발행자의 모든 재무자원과 세금부과력에 의해 상환이 약속되는 지방채를 말한다. 따라서 이 채권은 어떤 특정 사업계획이나 보다 한정된 보증에 의해서만 상환이 약속되는 수익채권(revenue bond)에 비해 채권등급이 훨씬 높게 평가되어 안전성이 매우 높지만 투자자에게 돌아가는 수익률은 낮은 편이다. 이 채권은 완전 신용채권 또는 도덕적 의무채권이라고도 불린다.

의 담보물 처분을 저지하려고 하였다. 그렇지만 연방파산법 제9장의 조항은 환매채(repurchase agreement; RP)의 경우 담보물의 처분에 대해 명확하게 규정하고 있지 않았기 때문에, 메릴 린치(Merrill Lynch)를[28] 제외한 나머지 채권단들은 모두 담보로 잡은 유가증권을 처분함으로써 오렌지 카운티 포트폴리오(portfolio)의[29] 가치를 더욱 떨어뜨렸다. 지방정부관련 재무시장에서 규모가 가장 큰 채권인수업자(underwriter)인 메릴 린치는 오렌지 카운티에 20억 달러를 융자해 주었었고, 600만 달러어치의 어음(note)도 발행해 주었었지만, 그러한 자금은 위험성이 높은 메릴린치 발행의 유가증권 구매에 사용되었다. 이러한 상황에 직면하여 메릴린치사가 오렌지카운티의 재정파탄에 대한 법적 책임성이[30] 있는가의 여부도 하나의 문제가 되었다.

(2) 재정파산의 원인

오렌지 카운티 재정파산의 가장 중요한 요인은 공적 투자자금을 관리하는 공무원들의 법적·도덕적 책임성(accountability and responsibility)의[31] 결여이다. 공공기관투자의 목적은 투자수익의 극대화가 아니라 기금의 안정성과 유동성의 확보 및 일정한 수준의 투자수익확보가 되어야 한다. 하지만 오렌지 카운티의 재정관은 더 높은 수익률을 올리기 위해 원금의 안정성을 희생하면서까지 공공기금의 전부를 위험도가 매우 높은 곳에[32] 투자하였다. 뿐만 아니라 오렌지 카

---

28) 메릴 린치(Merrill Lynch)는 미국에 본사를 둔 세계적 증권회사이다. 세계 제2차 대전 후 제일 먼저 증권투자의 대중화를 위해 노력하였고, 증권회사의 종합금융화를 이룩하는데 크게 기여하였다. 2008년 경제위기시 투자손실을 입은 메릴 린치는 Bank of America에 의해서 인수되었다.

29) 포트폴리오(portfolio)란 유가증권일람표를 의미하며, 분산투자를 전제로 한 위험성 극소화투자과정을 뜻한다. 즉, 어느 주식에 어떻게 투자하는 것이 안전하고 유리한가를 고려하여 투자금액의 배분을 결정하는 이론이다.

30) 예를 들면 다가오는 절박한 재정위기에 대한 적절한 경고조치를 충분히 하였는가에 관한 것이다.

31) accountability는 공식적·법적 책임을, responsibility는 도의적·행정적 책임을 뜻한다.

32) 레버지리(leverage)와 투기적 재정기법에 크게 의존한 투자 방식이었다. 레버리지란 '지렛대'란 의미로 금융계에선 차입을 뜻한다. 빚을 지렛대로 투자수익률을 극대화하는 레버리지는 경기가 호황일 때는 효과적인 투자방법이다. 왜냐하면 상대적으로 낮은 비용(금리)으로 자금을 끌어와 수익성 높은 곳에 투자하면 자금조달비용을 갚고도 높은 수익을 남길 수 있기 때문이다.

운티의 투자 풀(investment pool)에 참여하고 있는 상당수 공공기관의 재정담당자들과 같은 공공영역의 재정관리인들이 순전히 투자목적으로 돈을 빌리는 것은 결코 정당화될 수 없다.

오렌지 카운티 재정관의 투자전략 결정에 대한 감시·감독의 부재 때문에 신용평가기관을 포함한 어느 누구도 오렌지 카운티의 투자풀(investment pool)이 이룩한 엄청난 성공요인들에 대해 아무런 의심을 품지 않았다. 오렌지 카운티의 재정파산 전에는, 지방정부들이 재정압박을 받고 있는 시점에 엄청난 투자수익을 올리고 있는 오렌지 카운티의 재정관에게는 찬사의 박수가 쏟아질 뿐이었다. 뿐만 아니라 주입법부도 지방정부 재정관의 재정적 의사결정에 더 많은 재량권을 부여하였다. 즉 1979년의 주 법률개정은 유가증권을 담보로 한 차입금을 활용해서 더 많은 유가증권의 구입을 허용하였다. 실제 역환매채(reverse repurchase agreement)의 이용은 카운티 감독위원회(board of supervisors)의 승인을 필요로 함에도 불구하고, 오렌지 카운티의 포르트폴리오(portfolio)는 재정관 단독으로 결정되었다.

카운티 감독위원회는 카운티 재정관리 결정의 감독에 관한 자신들의 책임을 수행하지 못했다. 감독위원회의 감독역할이 제약받은 것은 오렌지 카운티의 재정관이 다른 카운티와는 달리 임명에 의해서가 아니라 선거에 의해 선출되었던 것도 한 원인이 되었다. 감독위원회는 카운티 재정관을 감독할 책임을 지고 있지만, 감독위원들은 재정관의 재정관리 결정에 대한 효과적 감독을 통해서 아무런 대가로 얻지 않는다. 파산이나 부도와 같은 심각한 재정위기는 감독위원회의 선거에 영향을 줄 수 있지만, 공공영역에서 재정위기상황이 발생할 확률은 그렇게 높지 않기 때문에 감독위원회의 감독유인은 그렇게 크지 않다.[33] 따라서 감독관의 감독유인이 거의 없고 또한 재정관의 업무수행에 관한 적절한 통제체제가 없다면, 재정자율성으로 야기되는 재정적 부담은 모두 고스란히 납세자에

---

33) 1994년 오렌지 카운티 재정관 선거에서 로버트 시트론(Robert Citron)에 패한 존 무어라흐 (John Moorlach)는 선거유세기간 동안 오렌지 카운티의 매우 위험적인 투자정책을 비판하였다. 다섯 명의 오렌지 카운티 감독위원회 중 어느 누구도 존 무어라흐가 보낸 진지한 경고에 귀를 기울이지 않았다.

게 돌아간다.

오렌지 카운티 감독위원회는 투자 포트폴리오(investment portfolio)의 구조와 성과에 대한 정보접근의 제약으로 야기되는 지식과 정보의 비대칭성 때문에[34] 투자결정에 관한 효과적 감시가 제약을 받는다. 오렌지 카운티에서는 비록 정기적인 재정보고서가 마련되었지만,[35] 감독위원들이나 투자자들은 오렌지 카운티의 복잡한 재정투자전략의 건전성을 평가할 전문성을 갖지 못하였다. 오렌지 카운티의 투자풀(investment pool) 참여자들 중 위험과 수익률간의 상충관계를 이해하는 사람은 거의 없었고,[36] 따라서 투자풀의 엄청난 성공은 오렌지 카운티의 매우 위험적인 투자전략의 대가라는 사실을 결코 깨닫지 못했다. 투자관리가 매우 정교한 재정수단을 사용할 경우에는 언제 어디서나 주요한 재정관리결정이 입법부나 일반시민들의 관여없이 전적으로 재정전문가들의 재량으로 이루어지게 되는데, 오렌지 카운티는 이러한 자율성의 대가를 지불하게 되었다.

3) 재정파산의 결과와 교훈

(1) 재정파산의 결과

오렌지 카운티의 재정파산은 오렌지 카운티의 투자풀(investment pool)에 자금을 넣고 있던 지방정부들(municipalities)과 여러 기관들의 재정건전성에 즉각적으로 부정적인 영향을 미쳤다. 오렌지 카운티는 직원의 해고 및 고용동결(hiring freezes), 대규모 공공사업의 연기, 정부서비스의 축소·민영화·민간위탁 등을 통해서 비용절감을 해야만 했다. 1995년 오렌지 카운티의 주민들은 7.75%였던 판매세의 0.5%p 인상안을 거부하였는데, 그 당시 로스앤젤레스(Los Angeles)와 샌프란시스코(San Francisco)카운티의 판매세는 각각 8.25%와 8.5%였다. 주민들은

---

34) 이와 같은 정보의 비대칭성이 존재할 경우 정보를 더 많이 가진자의 도덕적 위해·해이(moral hazard)가 발생한다. 정보의 비대칭성으로 인한 문제에 관해서는 전상경(2012: 303-318)을 참고하기 바란다.
35) 법적으로는 월별 보고서가 요구되었다.
36) 투자위험성이 클수록 투자수익률은 높다. 따라서 합리적 투자자는 증가된 위험에 대한 추가적 수익률과 같은 보상의 가능성이 있는 경우에만 위험적인 자산에 투자하게 된다.

조세의 인상을 통해서가 아니라 카운티 정부의 비효율성의 제거를 통해서 당면한 재정위기를 극복하라는 메시지를 던져 주었지만, 결국 최종적으로는 그러한 재정파탄의 부담을 자신들이 직접 지게 된다는 것을 예상했어야 했다. 재산세 인상이 어렵게 되자 사용자비용과 수익자부담의 인상은 불가피했다. 카운티정부의 서비스 삭감 때문에 가장 고통 받는 사람들은 정부의 복지지출과 공공 교통서비스(public transportation service)에 의존하는 빈곤층이었다. 오렌지 카운티를 떠나는 가게도 생겼고, 양질의 교육수준도 점점 추락하였으며, 부동산의 가치도 하락하였다.

오렌지 카운티의 재정파산은 지방채시장(municipal bond market)에 찬물을 끼얹었다. 투자자들은 앞으로 오렌지 카운티와 같은 지방정부가 더 있을 수도 있다는 두려움 때문에 지방채 시장을 외면함에 따라 지방채 시세는 폭락하였다. 이런 이유 때문에 공공영역에서의 자금조달비용 및 자본투자비용을 상승시켜 상당수 지방정부에 재정적 부담을 안겨 주었다. 이러한 분위기는 다른 지역보다도 캘리포니아 지방정부들에게 더욱 나쁜 영향을 주었다. 왜냐하면 켈리포니아주 주정부는 재정적 어려움을 겪는 지방정부를 특별히 지원하지 않기로 이름나 있었기 때문이다. 앞 절에서 언급한 뉴욕시가 재정위기를 겪었을 때 파산하지 않도록 지원한 뉴욕주 주정부와는 대조적으로 그 자신 또한 재정적 어려움을 겪고 있는 캘리포니아주 주정부는 오렌지 카운티의 파산신청 전에 오렌지 카운티에 대한 재정지원을 거부하였다.

재정파산은 일종의 공개적 불명예(public stigma)로서 당장 오렌지 카운티의 신용도에 큰 영향을 미쳤다. 오렌지 카운티의 지방채의 신용평가(credit rating)는 스탠다드 푸어스사(Standard & Poor's)의 AA와 무디스사(Moody's)의 Aa1으로부터 각각 CCC와 Caa로 낮추어졌는데,[37] 이것은 부실채권(junk bond)등급보다[38] 낮

---

37) 두 평가기관은 오렌지 카운티의 파산 전에 오렌지 카운티의 신용평가를 일관되게 높게 평가함으로써 투자자들에게 파산위험경고를 하지 못한 것 때문에 비판받았다.

38) 부실채권(junk bond)등급이란 스탠다드 푸어사의 등급이 BB 이하이거나 무디사의 등급이 BB 이하인 채권을 지칭하며, 이자율은 높지만 원리금지급에 대한 불확실성이 높은 채권을 말한다. 스탠다드 푸어사와 무디사의 채권평가등급에 관해서는 본서의 제9장 제4절에 자세하게 설명하고 있다.

은 것이다. 그 결과 오렌지 카운티가 발행한 채권가격이 급락했고, 그러한 채권소유자에게는 엄청난 투자손실을 안겨주었다. 신용평가등급의 하락 때문에 미래의 투자자들은 보다 높은 재정위험에 대한 대가로 더 높은 이자율을 요구했고, 따라서 오렌지 카운티의 재원조달비용은 크게 증가되었다. 오렌지 카운티 재정파탄의 경험 때문에 상당수 투자자들은 지방채에 대한 보험을 구매하려고 했다. 왜냐하면 얼마간의 보험금으로서 파산이 발생하였을 때 원리금을 보장받을 수 있게 되기 때문이다.

(2) 오렌지 카운티 재정파산의 교훈

오렌지 카운티 재정관인 로버트 시트론(Robert Citron)은 채권을 팔 목적으로 투자자들에게 투자위험성을 충분하게 고지하지 않았으며, 자금을 불법으로 전용하였고(misappropriating fund),[39] 또 회계기록을 허위로 작성하였다는 등과 같은 여섯 가지의 중죄를 인정하였다. 1994년 당시 미국의 정부재창조운동(reinventing government movement)에서는 ① 공공영역관리자에 대한 자율성부여와 ② 과정보다 결과에 바탕한 감시가 핵심적 요인으로 되어 있지만, 재정투자에 관한 자율성은 좀 더 예외적인 관리가 필요하다. 왜냐하면 투자담당자들은 자신들의 실수를 인정하려고 하지 않을 뿐 아니라 그들의 실수는 사회전체에 매우 치명적 결과를 초래하기 때문이다. 투자은행들은 그들의 체제상 펀드관리자(fund manager)들의 투자결정을 면밀하게 감시하는 다중적 장치를 마련한다. 공공영역은 투자결정에 관한 감시에서 민간영역보다 훨씬 더 보수적인 견제와 균형의 장치가 필요하다.

1990년대 들어 공공영역에서의 기업가정신(entrepreneurship)은 정부효율성과 시민들의 후생증진을 위해서 제창되어 왔고, 또한 지방정부의 재정문제해결을 위한 한 방편으로도 제시되어왔다. 기업가적 공공관리자들은 추가적 재원확보와 지출삭감을 위한 새로운 방법을 모색하며, 새로운 기회에 신속하게 대응한다. 이것은 종종 공공관리자로 하여금 보다 나은 (장기적)결과를 위해서 위험수

---

39) 하지만 시트론이 개인적 용도로 공적 자금을 사용하였다거나 브로커들로부터 불법적인 리베이트를 받았다는 증거는 없었다고 한다.

용적(risk-taking) 활동에 적극적으로 대응하게끔 한다. 보다 나은 장기적 결과를 위한 단기적 손실은 자율성과 전문가적 재량을 위한 기업가정신의 원동력이기도 한 것이다.

하지만 공공영역에서의 기업가정신은 민간 영역에서의 그것과는 다르게 정의되어야 한다. 공공영역은 집사정신(stewardship)·시민참여·책임성과 같은 민주적 가치와 기업가적 방식의 의사결정 간에 적절한 조화가 요구된다. 지방정부의 투자에 관해서보면, 장기적 관점에서의 투자수익일지라도 공공자금(public fund)의 안전성문제 때문에 무시될 수 있어야만 할 것이다. 하지만 재정적 곤란은 공공관리자로 하여금 책임성을 망각케 하여 보다 기업가적인 모험적 태도를 취하게끔 만든다. 오렌지 카운티의 재정파탄은 우리들에게 공공영역에서의 기업가적 정신이 가져오는 이점뿐만 아니라 그 비용까지도 인식해야한다는 교훈을 준다. 그러한 비용은 납세자에게 초래되는 잠재적인 심각한 재정부담 및 정부에 대한 신뢰성 상실과 같은 형태로 나타난다. 납세자들은 민간기업체의 주주와 다르다. 민간 기업체의 주주들은 종종 그들의 대리인인 기업경영자들의 위험수용적(risk-taking) 결정의 결과를 기꺼이 수용할 수 있다. 주주들은 투자수익을 극대화하기 위해 자발적으로 기업에 투자하지만, 납세자들은 정부서비스에 대한 대가로서 강제로 조세를 납부해야만 하는 의무를 진다. 그렇기 때문에 공공영역에서의 기업가적 정신은 민간영역에서의 그것과 같을 수는 없는 것이다.

3. 일본 홋카이도 유바리(夕張)시의 재정파산[40]

홋카이도(北海道)의 유바리(夕張)는 면적 763.36km에 인구 14,719명인[41] 소

---

40) 본 절의 내용은 강형기(2008), 정순관·하정봉·길종백(2008), 남황우(2007)의 논문에서 발췌하여 요약·정리한 것이다.

41) 이것은 2002년 9월 기준의 인구였고, 2012년 3월 10,417명, 2020년 4월 기준 7,705명으로 감소하였다. 1920년 51,064명이었던 유바리시의 인구는 꾸준히 증가하여 1960년에는 107,972명에 이르렀지만 이후 일본정부가 석탄에서 석유로 에너지 정책을 전환함에 따라 급격하게 감소하는 추세를 보였다(강형기, 2008: 35).

도시이다. 유바리시는 1888년[42] 대규모의 석탄매장이 발견됨으로써 철도와 도로가 개설되었고, 탄광주택이 들어서면서 광산도시로 개발되었다. 일본의 석탄산업은 메이지정부 이후 국책산업으로 국가의 지원과 보호 하에 발전해왔으며, 유바리시는 일본 내의 20여 개에 달하는 산탄(産炭)지역 중 최고로서 1960년에는 인구 약 11만 명에 달하는 도시로 성장하였다. 탄광노동자의 생활을 위해 병원, 주택, 수도, 일용품, 오락시설 등 일상생활 전반에 걸쳐 광산회사가 편의를 돌봐야 했고, 국가의 지원이 뒤따랐다.

하지만 일본의 에너지 정책이 석탄에서 석유로 전환됨에 따라 광산이 폐쇄된 산탄지역의 지방자치단체는 고용확보 및 인구감소를 위한 대책을 마련해야만 했었다. 즉 국가지원 하에 공업단지와 도로 및 공원의 조성, 각종 스포츠시설, 문화시설의 정비 등과 같은 지역진흥정책을 전개하였다. 유바리시도 예외는 아니었다. 특히 유바리시는 '관광'을 전략적 지역재생사업으로 선정하여 '탄광에서 관광'으로라는 스로건하에 전개된 지역정책들이 성공을 거두면서 일본 지방자치계의 스타도시로 부상했다.

유바리 시장은 산탄지역진흥임시조치법을 이용하여 국가와 홋카이도로부터 최대한의 재정지원을 받으면서 1977년에는 탄광을 활용한 테마파크 '석탄 역사촌'을 계획하였고, 1980년에는 석탄박물관을 완성하였으며, 1983년에는 테마파크를 개장하였다. 1978년에는 스키장개발, '석탄 역사촌 제2기'개발, 대형 리조트호텔·골프장·50면의 테니코트의 건설 등 국가와 민간의 투자액을 합쳐 약 5천억 엔에 이르는 '신생유바리·지역활성화계획'을 수립하였다. 실제로 1988년에는 마츠시타(松下興産)가 유바리 파인바레(夕張パインバレー)를 설립하고 '석탄역사촌관광'으로부터 스키장을 매입하여 리조트개발에 착수하였다. 1990년에는 이벤트 사업에도 진출하여 제1회 국제 영화제를 개최하는 등 관광을 통한 지역경제의 활성화가 성공하는 것처럼 보였다(정순관·하정봉·길종백, 2008: 126).

관광을 전략사업으로 선택한 유바리시는 지방자치계의 스타로 부상하고 있었다. 많은 대회에서 금상을 탔으며, 전국 각지에서 유바리시의 지역부양정책을

---

42) 메이지(明治) 21년이다.

배우기 위해 연수단이 몰려왔을 정도였고, 유바리시의 적극적 투자와 관광개발
은 일본사회에서 최고의 아이디어작품으로 간주되었다. 그 당시 일본 자치성의
재무국장은 "전국의 시장 중에서 경영수완이 뛰어나기로는 유바리 시장이 제일
이다. 다른 데에서 하고 있는 실업대책처럼 대증요법이 아니라 관광유바리를 지
향하는 등 척박한 산탄지역을 기사회생의 길로 이끌고 있다"라고 유바리 시장
을 높이 평가 하였다.

사실 유바리시는 1986년 일본 경제동우회로부터 '아름다운 도시 만들기 상'
1989년 일본 자치성으로부터 '활력 있는 지역개발우량단체 표창' 2002년 산업통
산성으로부터 '고향산업50선'에 선출되었고, 1999년에는 국제 도시활성화 기술
회의로부터 '특별영예상'을 받았다. 또한 1993년에는 후지산케이 그룹으로부터
국제영화제에 대해서 광고대상 이벤트상을 받으면서 유바리시는 지방자치계의
선두주자로 인식되고 있었다(강형기, 2008: 38). 하지만 이러한 유바리시가 2006년
에 이르러서는 그동안의 시설건설을 위한 과잉투자로 누적된 353억 엔에 이르
는 적자 때문에 재정파산에 직면하여 동년 6월 20일 재정건전단체로 신청할 것
을 표명하였고, 2007년 3월 6일 총무성이 유바리시의 재정건전단체지정에 대한
동의서를 정식으로 발부함으로써 유바리시는 재정건전단체로 전락하게 되어 재
정파산을 맞이하게 되었다.[43)]

---

43) 일본의 경우 재정파산이란 재정건전단체로 승인된 상태라고 간주된다. 재정재건단체란 1956
   년에 시행된 지방재정재건촉진특별법에 의거하여 재정을 재건하는 지방자치단체를 지칭한
   다. 여기서 말하는 '재정재건'이란 적자를 모두 해소하는 것을 뜻한다. 재정재건단체로 들어
   가는 기준은 특정년도의 실질수지 적자율이 광역단체는 5%, 기초자치단체는 20%를 초과하
   는 경우이다. 하지만 적자액이 기준을 초과하더라도 재건단체로 들어가느냐의 여부는 전적
   으로 각 자치단체의 판단에 따른다. 재건단체로 지정되면 재정조치로서 일시차입금의 정부
   자금융자알선, 일시차입금의 지불이자 및 행정정리에 따른 퇴직수당의 특별교부세에의 산
   입, 퇴직수당채 발행허가 및 지방채발행제한을 해제할 수 있다. 하지만 지방자치단체는 부담
   증가와 행정서비스의 공급제한 등과 같은 내부노력을 강요받게 된다. 지방재정건전화촉진특
   별법은 이미 오래전에 제정되었기 때문에 유바리시의 재정파탄을 계기로 2007년 6월 15일
   지방자치단체 재정건전화에 관한 법률인 자치체재정건전화법을 제정함으로써 재정악화를
   조기에 발견해 개선에 착수하도록 하였다(강형기, 2008: 38-39; 남황우, 2007: 188-190).

1) 유바리시 재정파산의 원인

유바리시 재정파산의 원인은 국가적 산업구조개편에 대한 적응실패 및 중앙정부 재정지원책의 변화와 같은 외부적 요인과 각종 경영수익사업의 실패 및 연성예산제약과 부적절한 회계처리와 같은 내부적 요인의 두 가지로 분류해 볼 수 있다.

(1) 외부적 요인

① 석탄산업의 쇠락에 대한 적응실패

일본정부가 1960년대 중반부터 에너지정책을 석탄에서 석유로 전환하기 전까지 유바리시는 일본을 대표하는 탄광지로서 전성기를 구가하였다. 가장 전성기에는 20개 이상의 탄광과 약 11만에 이르는 인구를 보유하였지만, 국가적인 에너지 정책의 전환에 따라 매년 폐광이 발생하였고 인구감소도 초래되었다. 이러한 결과 1964년 결산의 세입총액에서 지방세가 차지하는 비율은 약 37%였던 것이 1979에는 15%로 감소하였고, 특히 광산세의 경우는 11%에서 3%로 급격하게 줄어들었다(정순관·하정봉·길종백, 2008: 125).

또한 1981년 유바리시의 민간탄광에서 발생한 대형가스폭발사고의 영향 때문에 탄광회사는 회사재생법의 적용을 신청하고 2,500명에 이르는 직원을 해고하였다. 회사는 보유지를 처분하여 채무변제를 해야만 했고, 이러한 과정에서 유바리시는 토지·병원·수도시설·탄광주책 등을 구입하여 재정부담이 크게 증가 되었다. 즉 유바리시는 폐산처리대책에 따라 1979년부터 1994년까지 약 583억 엔을 투입하였는데, 이 중에서 62억 엔 정도를 지방채발행으로 충당함으로써 재정상황의 악화를 부추기었다(정순관·하정봉·길종백, 2008: 125-126).

② 중앙정부 재정의존 관계의 변화

일본은 삼위일체개혁 전까지[44] 지방정부에 대한 중앙정부의 정책노선으로

---

44) 삼위일체개혁이란 고이즈미 정권 하에서 2001년 새롭게 발족된 지방분권개혁추진회의가 추진한 분권개혁으로서 지방정부의 주요 재원인 지방세·지방교부세·국고보조부담금을 개별적으로서가 아니라 통합적·일체적으로 추진하는 것을 뜻한다. 즉 2006년도까지 약 4조 엔 규모의 보조부담금을 폐지·삭감하는 한편 교부세 총액의 축소 및 세원이양을 실시하는 것이 주 내용인데, 결국 중앙지원의 감소를 통한 지방자주성의 확보에 대한 대가로서 지방정부의

서 '부정주의'(paternalism)에 입각한 자비로운 후견인의 역할을 견지해왔다. 하지만 삼위일체개혁은 이러한 정책의 포기를 의미하였고, 이에 따라 중앙의존이 체질화된 지방정부, 특히 낙후지역이 받는 타격은 상당하였다. 유바리시는 과거 산탄지역 및 낙후지역으로서 중앙정부로부터 특수재원을 받았었고, 또한 자주재원이 빈약했기 때문에 지방교부세에 의존하는 비율도 높았었다. 하지만 석탄산업의 쇄락과 삼위일체개혁은 국고보조금과 지방교부세의 대폭적 삭감을 초래하였고, 실제 1999년에 69억 9천만 엔이었던 지방교부세가 2005년에는 46억 4천 1백만 엔으로 감소하였다(강형기, 2008: 34). 특히 일본은 버블경제의 붕괴에 따라 국세와 지방세가 현저히 감소하였고, 중앙정부는 지방정부의 교부세를 일정 수준으로 유지해 주기 위해 막대한 차입금까지 동원하였었지만,[45] 삼위일체개혁은 이러한 관행에 종지부를 찍게 만들었다.

　　한편 중앙정부는 삼위일체개혁의 추진과 함께 지방정부의 재정운용에 대한 충격적인 일종의 경고장으로서 유바리시의 재정곤란을 활용하였다. 즉 고이즈미 정권의 총무장관인 다케나카(竹中平藏)는 "최종적으로는 중앙정부가 책임지겠지!"라는 지방정부의 안일함을 격파하기 위해 지방재정건전화법을 추진하고 있었는데, 유바리시는 그에게 더 이상 지방정부가 중앙정부에 의지할 수 없다는 것을 보여줄 절호의 기회를 제공한 셈이었다(강형기, 2008: 34).

(2) 내부적 요인

① 경영수익사업의 실패

　　마츠시타(松下興産)가 1996년 호텔운영을 포기하는 의향을 표명하자 유바리시는 마츠시타가 운영하고 있던 호텔을 매입하였다. 매입금액은 약 20억 엔이었고, 제3섹터인 '유바리관광개발'이 은행으로부터 빌린 후 유바리시가 20년에 걸쳐 분할하여 갚기로 했다. 2002년에는 유사한 방식으로 스키장도 매입하였다.

지방세 부담증가를 초래하였다.

　45) 이러한 형태의 차입금은 2004년 말 기준으로 지방교부세 총액이 연간 약 20조 엔 정도인 점을 감안한다면 50조 엔의 금액은 약 2년 반에 해당하는 지방교부세가 차입금에 의해 실시되었음을 의미한다(강형기, 2008: 28).

하지만 민간기업이 운영에 실패한 것을 제3섹터가 성공적으로 운영하기란 처음부터 한계가 있었다. 2006년 이후 관광시설의 위탁과 매각, 그리고 역할을 상실하게 된 제3섹터의 운영실패가 명백해졌다. 뿐만 아니라 시립종합병원사업에서도 적자운영이 이어져 유바리시의 재정운영을 더욱 곤란하게 하였다(정순관·하정봉·길종백, 2008: 126).

② 연성예산제약과 부적절한 회계처리

유바리시가 2006년도에 재정파탄을 결의하여 재정재건계획을 만들었을 때의 시장은 고토우(後藤健二)였지만,[46] 유바리시의 재정이 거의 회생불능의 상태까지 접어들기 시작한 것은 1979년 4월부터 2003년 4월까지 24년간 6기에 걸쳐 연임한 나카다 테츠지(中田鐵治)시대 때부터였다. 나카다는 1967년부터 기획실장을 맡았고, 탄광에 의존하고 있는 시의 체질을 변모시킬 필요성을 절감하여 관광산업에 주목하였다. 시장 취임 후에는 "차입금을 아무리 많이 써도 마지막에는 국가가 책임을 질 것이며, 지방자치단체에 도산이란 없다"라는 사고로 적극적으로 사업을 추진하였다. 또한 "재정이 어렵다고 투자하지 않을 것이 아니라, 재정이 어렵기 때문에 오히려 투자해야 한다. 돈이 없기 때문에 일을 못한다는 말은 누구나 할 수 있다. 앉아서 돈이 없다고 하지 말고, 어떻게 해서라도 돈을 만들어 사업을 추진할 때 비로소 '나는 정치가'라고 말할 자격이 있다. 국가도 머리를 굴리겠지만, 우리가 더 민첩하게 머리를 굴려 국가로부터 돈을 빼내는 것이 최고다"라는 말을 자주 하였다고 하는데(강형기, 2008: 36), 이와 같은 사고방식은 유바리시가 연성예산제약(soft-budget constraint)하에 빠지게 되는 대표적 징후이다.

일시차입금은 세입과 세출의 시간적 불일치의 조정을 통해 재정의 탄력적 운영을 돕기 위한 제도로서 회계연도 내에 상환해야 하며, 만약 상환하지 못하면 적자처리가 되어야 한다. 하지만 유바리시는 매년 4월 초에서 5월 말까지에 이르는 출납정리기간[47]을 교묘히 활용함으로써 적자를 숨기는 재무처리 방식을

---

46) 고토시장은 유바리시 부시장출신이기 때문에 재정파탄에 대한 직접적 책임을 면하기 어렵다.
47) 일본의 회계연도는 4월 1일 시작해서 다음 연도 3월 31일 종료한다.

계속하였다. 뿐만 아니라 특별회계와 지방공사 그리고 시가 출자한 회사 등을 이용해 채무를 돌려막으며 건전한 자치체인 것처럼 포장함으로서 재정위기를 숨겼다. 이러한 회계처리방식이 알려진 후 모든 금융기관은 유바리시를 외면하였고, 더 이상 일시차입금을 조달할 수 없게 되자 두 손을 들 수밖에 없었다.

2) 유바리시 재정파산의 결과와 교훈

(1) 재정파산의 결과

재정건전단체로 전락한 유바리시는 상당한 권리와 자율성을 중앙정부에 반납해야만 했고, 재정재건기간 중에는 지방자치단체로서 자신의 의사에 바탕한 재정관리도 할 수 없게 되었다. 뿐만 아니라 유바리시의 공무원·시민·지역정치인들은 모두 재정파산결과에 대한 일정한 책임을 지지 않을 수 없었으며, 우리는 이들이 부담하게 된 책임의 내용을 살펴보기로 한다.

① 공무원의 책임

공공행정의 성격상 재정파산에 대한 개별적·구체적인 책임귀속을 따지는 것은 한계가 있다. 특히 정책결정과 집행과는 사차가 발생할 뿐만 아니라 정책결정자가 퇴직이나 낙선으로 인해 현직에 없을 수도 있기 때문이다. 하지만 유바리시 공무원들은 시의 재정건전계획에 따라 상당한 책임을 떠안게 되었는데, 그 주요 내용은 [표 14-4]에 정리되어 있다.

표 14-4 **구조조정 및 보수의 삭감**

구분	개선내용
직원 수	• 2006년 269명 → 2010년 103명(4년간 166명 감원)
직원의 급여	• 기본급 평균 30% 삭감 및 각종 수당의 삭감 • 연수입 평균감소(640만 엔 → 400만 엔); 관리직(820만 엔 → 440만 엔) • 퇴직수당: 2006년도엔 57개월, 2007년도에는 50개월로 한 후 매년 10개월씩 삭감하여 2010년에는 20개월로 함.

② 시민의 책임

시민들은 시의 재정파산으로 인해 추가적 지방세부담을 하게 되었고, 지금까지 무료였던 쓰레기처리수수료도 새롭게 부담하게 되었다. 뿐만 아니라 주민들에 대한 서비스의 일부도 축소·폐지되었다. 통원교통비[48]·스포츠교실·각종 위원회·방범등 설치 및 전기요금 등에 대한 보조금과 고령자 및 장애자·어린이·각종 산업 등에 대한 보조금이 폐지되었고, 보육시설과 초·중등학교를 통폐합하고[49] 또한 각종 사업이나 사무가 폐지되었다. [표 14-5]는 이러한 주민들의 부담을 요약한 것이다.

표 14-5 각종 주민의 부담증가 내용

구분		인상내용
시민세	개인·균등할	3,000엔 → 3,500엔(전국 최고 수준)
	개인·소득할	6.0% → 6.5%
고정자산세		1.4% → 1.45%
경자동차체		현행세율의 1.5배
입탕세		숙박(150엔)·당일치기(50엔)
시설사용료		50% 인상
시영주택사용료		체납자에 대한 징수강화
하수도사용료		1,470엔/10㎡ → 2,440엔/10㎡
각종 교부수수료 등		각종 교부·열람 등(150엔~200엔 인상) 각종 검진료(100엔~500엔 인상)
쓰레기처리 수수료(신설)		가정용혼합쓰레기(2엔/ℓ); 대형쓰레기(20엔/Kg)

48) 유바리시는 주민 10명 중 4명이 65세 이상 노인으로서 홋카이도에서 고령화비율이 가장 높다. 지금까지 70세 이상 노인들은 시내 시립병원까지 가능 버스비를 200엔만 내면 되었지만 앞으로는 930엔까지 내어야 하게 되었다.
49) 4개의 중학교는 1개로 7개의 초등학교도 1개로 통합되었다(강형기, 2008: 20).

③ 지방정치인

지방정치인은 선거로 선출되는 시장과 시의회의원으로 구분된다. 시장은 시민의 대표로서 주민의 재산과 생명을 보호하고 주민의 복리향상을 위해 노력해야 한다. 한편 시의회의 의원은 시민을 대신해서 집행부의 행정을 감시하고 견제해야 할 책무가 있다. 재정파산 이후 지방정치인들은 보수 및 의원정수의 삭감 등을 경험하였으며, 시장의 급여·시의원의 정수 및 보수 등은 전국 최저 수준이었다. [표 14-6]은 이것을 요약한 것이다.

표 14-6   지방정치인들의 책임

구분		개선내용
집행부	월급여	• 시장: 86만 2천 엔 → 25만 9천 엔; 부시장: 69만 9천 엔 → 24만 9천 엔; 교육장: 58만 9천 엔 → 23만 9천 엔
	수당	• 기말수당: 80% 이상 삭감 • 퇴직수당: 당분간 지급하지 않음
시의회	정원	• 정원의 감소: 18명 → 9명
	보수	• 의장: 37만 1천 엔 → 23만 엔; 부의장: 32만 1천 엔 → 20만 엔; 의원: 30만 1천 엔 → 18만 엔 • 기말수당지급율: 4.45월 → 2.45월
기타 위원 보수		• 평균 60% 삭감

(2) 재정파산의 교훈

유바리시는 한때 경영감각을 행정에 도입하여 새로운 모습의 지방정부경영을 실천한 선구자적 도시로 칭찬받았었지만, 결국 재정파산을 맞이하였다. 유바리시의 사례는 수익창출을 목표로 하는 지방정부의 기업가적 태도에는 상당한 위험이 도사리고 있으며, 지방정부가 특정 국가정책이나 중앙·지방간 재정관계에 관한 정책과 같은 외부환경에 대해 신속하게 대응하지 못할 경우 상당한 고통을 받을 수 있음을 보여준다. 특히 지방정부의 중앙정부 의존적인 자세는 지방정부로 하여금 연성예산제약의 덫에 걸리게 함으로써 재정의 자기책임성을 저하시키며, 지방정부 회계처리의 눈속임은 지방정부재정에 대한 그릇된 정보를 창출함으로써 지방정부행정에 대한 적절한 외부통제를 마비시킬 수 있다. 한편 유바리시는 재정파산과 재정재건노력을 둘러보는 '유바리 다큐멘터리 투어'를 기획해 국내외 지방정부와 기업관계자들의 방문을 유치하고 있다고 하는데 (중앙일보, 2010년 7월 13일) 성공보다 실패가 주는 교훈도 크기 때문에 상당한 의의가 있다고 생각된다.

4. 외국 지방재정위기사례가 주는 시사점

지방자치가 부활된 지 거의 사반세기가 지났다. 지방자치가 막 실시되던 때도 '지방재정의 위기'가 언급되었고, 지금도 '지방정부의 재정위기'에 관한 뉴스가 등장하고 있다. 하지만 동일한 용어로서 지방재정의 어려움을 언급하고 있지만, 그 위기의 내용은 전혀 다르다. 즉 전자의 위기는 주로 국세에 대한 지방세의 비율이 너무 낮아 지방자치를 위한 자주재원이 부족하는 점에 초점이 맞추어져 있지만, 후자의 위기는 지방정부가 재정부족 때문에 공무원의 인건비를 지급하기 위해서 지방채를 발행한다든지 지방정부가 채무지급유예(모라토리움)를[50] 선언해야 하는 등과 같은 보다 실질적이고 구체적 위기이다. 아직 우리나라에는 지방정부의 파산사례도 없고 파산을 염려하는 자치단체도 없다. 그렇지만 우리는 앞서 소개한 외국의 재정위기 및 재정파산사례로부터 다음과 같은 몇 가지 시사점을 도출하여 앞으로 우리나라 지방자치단체가 직면할 수 있는 재정위기를 미리 예방하고자 한다.

---

50) 모라토리움(moratorium)은 채무상환기간이 왔지만 부채가 많이 상환기간을 일시적으로 연기해 달라고 요구하는 것을 말한다. 이것은 돈이 없어 빚을 갚지 못하는 파산(default)과는 명확히 구별된다.

1) 지방채의 발행과 재정위기

1975년 재정위기를 경험한 뉴욕시의 경우 1960~1961회계연도 이후 지속적으로 경상회계의 적자보전을 위한 차입을 함으로써 재정위기의 빌미를 만들었다. 뿐만 아니라 유바리시의 경우도 공영개발을 위한 목적으로 상당한 빚을 조달한 것이 재정파산의 한 원인이 되었다. 지방재정법 제35조는 "지방자치단체의 세출은 지방채 이외의 수입을 그 재원으로 하여야 한다. 다만, 부득이한 경우에는 동법 제11조의 규정에 의한 지방채로 충당할 수 있다"라고 규정함으로써 지방채는 예외적인 재정동원수단으로 인정된다. 지방채의 발행이 무조건 나쁜 것은 아니며, 자본적 지출이나 세대 간의 형평성 등을 고려할 때 적절한 활용이 필요하다.

2) 무리한 수익사업추진의 위험성

오렌지 카운티는 재정확충을 목적으로 재정관이 높은 수익률을 추구하기 위해 위험도가 높은 곳에 투자를 행함으로써 돌이킬 수 없는 재정파산을 초래하였다. 지방정부 운영에서 지나친 기업가정신(entrepreneurship)을 추구한 결과 초래된 재앙인 것이다. 그러므로 지방정부의 재정투자는 수익률보다 안전성이 우선시 되어야 한다. 유바리시의 경우도 민간기업이 추진하다 실패한 사업들을 유바리시가 이어받아 제3섹터 방식을 통한 개발을 시도하였지만 참담한 실패로 끝나 재정위기를 맞이하였다. 그러므로 행정주도로 시행하는 공공사업의 한계를 항상 염두에 두어야 한다. 우리나라는 2008년 이후 각 지방정부들이 경제살리기란 취지하에 산업단지개발을 추진해왔다. 그러나 면밀한 수요조사도 없이 무분별하게 경쟁적으로 산업단지 조성을 추진하여 미분양이 심각한 수준에 이르고 있어 지방정부는 투자금회수가 어려운 실정이고 이것은 지방정부에게는 재정압박으로 작용할 것이다.

3) 합리적 중앙-지방간 사무배분과 복지사업

정부간재정관계이론에 의하면 복지사업은 지방정부보다 중앙정부가 수행하는 것이 더 적절하다. 하지만 뉴욕시는 공무원에게 관대한 연금제도와 고비용의 복지사업을 추구함으로써 재정위기를 초래하였다. 우리나라의 경우 최근 몇년 동안 지방자치단체, 특히 기초자치단체의 사회복지비예산이 폭발적으로 증가하고 있다. 그 결과 2020년 예산기준, 지방자치단체 전체 예산(일반회계 및 특별회계 순계기준)의 29.7%가 사회복지예산을 차지하고 있다. 특히, 자치구의 사회복지예산 비중은 전체예산의 53.9%(일반회계 순계기준)에 달하는 것으로 나타났다(행정안전부, 2020). 이처럼 사회복지예산의 비중이 높은 것은 사회복지예산에 대한 지방정부의 부담비율(매칭비율)이 매년 높아짐과 동시에 지방정치인들의 선심성 복지사업도 매년 증가하여 예산에서 복지비가 차지하는 비율이 꾸준히 증가하고 있기 때문이다. 이와 같은 복지비는 한번 증가하면 다시 줄이기가 용이하지 않기 때문에 재정위기를 촉발할 수 있는 요인이 될 수도 있다.

최근 고령화·저출산 시대를 맞이하여 각 지방자치단체별로 출산장려금 등을 지급하고 있는데, 출산장려금의 금액이 각 지역별로 천차만별이다.[51] 만약 국가전체의 인구는 변동이 없는 상황에서 특정 지역의 인구가 감소한다면 그 지역별 출산장려금을 지급하는 것은 의미가 있을 수도 있다. 하지만 인구감소가 국가적 문제일 때 각 지방정부의 차별적인 출산장려금은 형평성문제도 제기된다. 따라서 이런 출산장려금은 당연히 중앙정부가 맡아서 지역에 상관없이 동일한 수준으로 지급되어야 할 것이다.

4) 연성예산제약하의 지방재정운영

연성예산제약(soft-budget constraint)이란 예산제약이 지출제약으로 연결되지

---

51) 2019년 기준, 전남 진도군의 경우 첫째 아이 500만 원, 둘째 아이 1,000만 원, 셋째 아이 2,000만 원의 축하금을 지급한다. 이에 반해 서울시 일부 자치구는 첫째 아이 출산시 아무런 혜택이 없고 둘째 아이 30만 원, 셋째 아이 40만 원을 지급하는 경우도 있다.

못하는 것을 말한다. 지방정부가 최종적으로는 국가로부터 지원을 받을 수 있다는 계산 하에 자신의 재정력을 고려하지 않고 무리한 사업을 벌리는 것이 곧 연성예산제약하의 재정운용인 것이다. 유바리시의 시장이 "차입금을 아무리 많이 써도 마지막에는 국가가 책임을 질 것이며, 지방자치단체에 도산이라는 없다"라고 언급한 것은 전형적인 연성예산제약하의 사고방식이고, 그것이 최종적으로는 방만한 재정운용으로 귀결되었다.

우리나라는 약 25년 동안의 지방자치 과정 중 세입의 자율성은 크게 증가되지 않았지만 상대적으로 세출의 자율성은 크게 신장하였다고 생각된다. 탄력세율제도와 같은 재원확충의 길이 있는데도 불구하고 조세법률주의라는 미명하에 지방세의 확충보다 중앙정부에 의존하려는 경향이 뚜렷하다. 지방자치실시 이후 각 지방정부는 각종 축제를 실시하고 있는데, 처음에는 지역축제로 출발하였다가 축제의 규모를 키우면서 차츰 중앙정부의 보조금을 요구하고 있다. 일단 사업을 벌려 놓고 부족한 재원을 중앙정부로부터 지원받으려는 것이다.

뉴욕시, 오렌지 카운티, 유바리시 모두 재정위기 또는 재정파산을 극복하는 과정에서 혹독한 시련을 겪었다. 재정위기를 극복하기 위해 공무원 수의 삭감, 보수의 삭감, 공공서비스의 삭감 등을 통해서 재정건전화를 추구하였다. 이것은 연성예산제약이 경성예산제약(hard budget constraint)으로 전환되었음을 의미한다. 우리나라도 지방재정위기를 예방하려면 이러한 연성예산제약의 사고방식에서 벗어나야 할 것이다.

5) 조세가격의 개념정립과 중앙정부의 적절한 감독관리

지방재정운용에 대한 가장 좋은 통제는 중앙정부보다도 지역주민들로부터 나와야 한다. 하지만 이렇게 되기 위해서는 지방공공서비스에 대한 지방정부주민들의 비용의식을 강화시켜 지방세를 지방공공서비스에 대한 대가로 인식하는 조세가격(tax price)의 개념이 정립되어야 한다. 민간재를 구매할 때 모든 사람들이 반드시 값싼 상품만을 선호하지는 않는다. 조세가격으로서 지방공공재를 구입한다고 생각할 경우에도 조세가격의 하락만이 유일한 추구목표가 아니라 지방정부의 공공재가 돈에 대한 가치(Value for Money)가 있느냐의 여부가 중요하다. 미국과 같은 나라에서는 이른바 발에 의한 투표(voting with one's feet) 메커니즘이 잘 작동하여 주민에 의한 통제가 상대적으로 용이하다.

지역주민들이 조세가격의 개념을 통해 공공서비스의 돈의 가치(VFM)를 이해하려면 지방정부 주민들과 지방정부간에 지방재정운용에 관한 정보의 비대칭성이 제거되어야 한다. 이와 같은 지방정부 재정운용에 관한 정보의 비대칭성은 여러 가지 이유 때문에 발에 의한 투표 메커니즘이 잘 작동되는 미국과 같은 나라에서도 완전히 해결되지 못하고 있다.[52] 성숙된 지방자치시대의 중앙정부의 역할은 이러한 정보비대칭성을 제거할 수 있는 정책방안을 마련하는 것이다. 이러한 방안으로 발생주의 복식부기회계제도의 도입, 신용평가의 정착, 중앙정부에 의한 재정분석과 재정진단 등을 들 수 있다.

지방재정법 제5장 및 제5장의2는 재정분석 및 공개, 긴급재정관리에 관한 것으로서 지방자치단체의 책임성을 강화하기 위하여 재정분석·재정진단·재정분석 또는 진단에 대한 조치[53]·통합재정정보의 제공·지방재정공시제도의 실시 등에 관한 규정을 담고 있다. 재정분석 및 재정진단 결과 등을 토대로 재정위험 수준이 심각하다고 판단되는 지방자치단체를 행정안전부장관은 지방재정위기 관리위원회의 심의를 거쳐 재정위기단체로 지정할 수 있다. 정부는 이 같은 재정위기관리제도를 더욱 강화하기 위하여 2015년 긴급재정관리제도를 도입하였다. 긴급재정관리제도는 행정안전부가 긴급재정관리단체에 긴급재정관리인을 파견할 수 있도록 하는 등 자치권의 일부를 제한하면서 지방정부의 재정위기 상황을 적극적으로 대응할 수 있도록 하는 강도 높은 제도적 장치라고 볼 수 있다.

---

52) 앞서 소개한 캘리포니아주 오렌지 카운티의 재정운용에 관해서 일반시민들은 충분한 정보를 파악하지 못하였다. 이와 같이 주민들과 지방정부간의 정보비대칭성은 정보부족 때문일 수도 있고, 비록 정보는 있지만 주민들의 정보이해수준이 낮기 때문에 일어날 수도 있다.

53) 현행 지방재정법 제57조는 재정분석결과 건전성과 효율성이 뛰어난 지방정부 및 재정분석 결과 재정진단단체로 지정되어 행정안전부의 권고 및 지도사항의 이행결과가 우수한 지방정부에게는 특별교부세를 별도로 교부할 수 있도록 하는 긍정적 인센티브를 포함하고 있다.

제4편
주요 참고문헌

■ 감사원.(2005).「감사원보도자료: 자치행정 감사결과 설명회개최」

■ 강신택.(1995).「사회과학연구의 논리: 정치학·행정학을 중심으로」(개정판). 서울: 박영사.

■ 강인재.(2000). "지방정부 회계개혁의 과제."「지방정부연구」, 4(2): 111-124.

■ 강형기.(2008). "일본의 중앙지방관계의 변화와 지방재정의 자기책임성: 유바리(夕張)시의 재정파탄과 한국지방정부에의 교훈."「한국지방자치학회보」, 20(2): 23-47.

■ 국회예산정책서.(2020).「2020 예산안 성인지예산서 분석」. 서울: 국회예산정책처.

■ 국회예산정책처.(2020).「2020 대한민국 재정」. 서울: 국회예산정책처.

■ 국회예산정책처.(2015).「대한민국 재정 2015」.

■ 권순만.(1997). "Fiscal Distress and Entrepreneurship in Local Governments: Lessons from the Bankruptcy of Orange County, California."「한국정책학회보」, 6(1): 363-375.

■ 권형신·이상용·이재성.(2001; 1998).「한국의 지방재정: 이론과 실무」. 서울: 도서출판 해남.

■ 김상헌.(2004). "지방자치실시가 정부지출구조에 미친 영향."「2004년 지방재정학회 춘계학술대회발표논문집」. 83-96.

■ 김신복.(1999).「발전기획론」(수증증보판). 서울: 박영사.

■ 김재영.(1999). "지방정부의 자금관리방안: 인천광역시를 중심으로."「21세기를 위한 지방재정개혁방안」(한국지방재정학회 Proceeding): 95-114.

■ 김정훈.(1999). 조세법률주의와 지방세확충.「자치재정의 이상과 갈등」(강원 개발연구원·조선일보사 공동주최 정책세미나 보고서). 13-34.

■ 김혁·김경호·전중열.(2009).「복식부기 정부회계」. 서울: 신영사.

■ 김형양.(1989). "중기재정계획의 실제와 실효성확보방안."「시정연구」(부산시), 4: 267-277.

■ 남황우.(2007). "유바리(夕張)시 재정파산에 관한 연구."「도시행정학보」, 20(3): 183-209.

■ 민 기.(2010). "재정준칙 PAYGO도입방안에 대한 시론적 고찰: 제주특별자치도를 중심으로."「지방정부연구」, 16(3): 91-109.

■ 민 기·박철민.(2015). "지방자치단체의 예산 재의(再議)요구권의 쟁점 및 개선 방안,"「지방정부연구」. 19(3): 223-241

■ 민 기·백상규.(2016). "지방자치단체 추가경정예산 편성 결정요인에 관한 연구,"「재정정책논집」. 18(4): 93-120.

■ 민 기·류춘호·홍주미.(2018). "지방자치단체 세출예산 이월 원인과 억제 방안,"「한국지방자치학회보」. 30(1): 81-109.

■ 박기묵.(2015). "지방자치단체의 복지지출 증가로 인한 대체효과에 관한 연구,"「지방정부연구」. 19(2): 173-197.

■ 백상규·민 기.(2016). "지방정부 유형별 예산편성 행태에 관한 연구,"「재정정책논집」. 18(1): 91-114.

■ 서정섭.(2001). "미국지방재정위기의 발생과 관리제도에 관한 고찰."「한국지방재정논집」, 6(1): 223-244.

■ 안종석.(2003). 지방소비세 신설-필요한가?「재정포럼」, 90: 48-63.

■ 여성가족부·한국여성정책연구원.(2010). 「2011년 성인지 예산서 작성메뉴얼」.

■ 염명배·이성규.(2015). '페이고(PAYGO) 제도에 관한 실사구시적 논의: "한국형" 페이고 제도의 모색. 「재정정책논집」, 17(3): 99-142.

■ 옥동석.(1999). "정부회계제도의 개혁: 발생주의와 복식부기."「재정논집」, 14(1): 167-197.

■ 원구환.(2014). 「재무행정론」. 서울: 대영문화사.

■ 원윤희.(2003). 지방분권화 시대의 지방재정 및 지방세제 발전방향. 「한국지방재정논집」, 8(1): 5-24.

■ 유 훈.(2000). 「지방재정론」(제3정판). 서울: 법문사.

■ 윤영진.(2011a). "성인지예산제도 개관."「지방재정과 지방세」, 46: 3-29.

■ 윤영진.(2011b). 「새 재무행정학」(제5판). 서울: 박영사.

■ 윤영진.(2001). "지방재정의 건전성 확보를 위한 재정관리제도 개선방안."「지방재정의 건전성 제고」(한국지방재정학회 2001년 제 1차 정기학술대회 논문집): 5-36.

■ 이경훈.(1988). "지방재정제도-어떻게 달라지는가(1): 지방재정법령개정내용해설."「지방재정」, 7(2): 88-102.

■ 이승종.(2005). 「지방자치론: 정치와 정책」(제2판). 서울: 박영사.

■ 이영조.(1991). 지방자치의 측면에서 본 국고보조금의 실태. 「지방과 행정연구」(부산대학교 행정대학원), 3(2): 103-125.

■ 이윤호·김성현.(2007). "자녀용돈과 연성예산제약." 「경제학연구」, 55(1): 155-187.

■ 이희재.(2014). "미국 지방자치단체의 재정위기관리 절차에 관한 연구." 「지방행정연구」, 28(4): 367-390.

■ 임성일.(2012a). "지방 성인지예산제도 도입이 지방재정에 주는 의미와 과제." 「한국행정학회 하계학술대회 발표논문집」: 1-30.

■ 임성일.(2012b). "주민참여예산제도는 무엇이고, 어떻게 하면 활성화시킬 수 있는가?" 「제주특별자치도 주민참여예산교육자료」: 14-60.

■ 임성일.(2001). "지방재정의 건전성 제고방안." 「지역균형발전과 지방 재정의 효율적 운영방안」(한국지방재정공제회·한국재정학회·한국지방재정학회 2001 지방재정세미나 논문집): 43-86.

■ 전상경.(2018). 「정책분석의 정치경제」. 서울: 박영사.

■ 전상경.(2011). 「현대지방재정론」. 서울: 박영사.

■ 전상경.(2012). 「정책분석의 정치경제」(제4판). 서울: 박영사.

■ 전상경.(2009). "그램리히의 뉴욕시재정위기." 신무섭외 13인 공저 「현재지방재정의 주요이론」. 서울: 대영문화사: 311-324.

■ 전상경.(2006). "재정분권화와 연성예산제약 및 지방재정규율." 「지방정부연구」, 10(1): 325-341.

■ 전상경.(1995). "미국 캘리포니아주의 재산세 저항운동과 그 정책적 함의: Proposition 13을 중심으로." 「사회과학논집」(동아대학교 사회과학연구소), 12: 253-274,

■ 전상경.(1994). "지방정부예산편성행태와 지방의회예산심의행태에 관한 가설적 논의: 부산시를 중심으로." 「한국행정학보」, 27(4): 1051-1072.

■ 정순관·하정봉·길종백.(2008). "지방자치단체의 파산과 지역거버넌스의 역할: 일본 유바리시 사례를 중심으로." 「한국지방자치학회보」, 20(1): 114-134.

■ 정재호·이성우.(2018). "지방자치단체의 행사축제경비 예산 결정요인에 관한 실증연구: 지방자치단체장을 중심으로," 「통계연구」. 23(10: 48~71.

■ 제주특별자치도.(2020). 「재정관리보고서」.

■ 「조선일보」.(2005a). 지방자치 10년(상). 6. 27: A9.

■ 「조선일보」.(2005b). 지방자치 10년(하). 6. 28: A10.

■ 주현정·민 기.(2019). "지방정부 재정사업평가에 대한 외부평가결과에 미치는 요인분

석." 「한국지방자치학회보」, 31(2): 163-182.

■ 지방자치인재개발원.(2020). 「지방예산실무」. 전북: 지방자치인재개발원.

■ 최진현.(2007). 「복식부기팀의 지방자치단체 실무회계」. 서울: 무역경영사.

■ 최창호.(1988). 「지방자치제도론」. 서울: 삼영사.

■ 표영인 · 최종윤.(2008). 「'왜'를 설명한 회계원리」(제5판). 서울: 박영사.

■ 한국법제연구원.(2007). 「최신외국법제정보」. 2007-5: 33-38.

■ 한국지방자치학회(편).(1995). 「한국지방자치론」. 서울: 삼영사.

■ 행정안전부.(2006). 「지방재정분석 · 재정공시담당자 연석위크샵자료」

■ 행정안전부.(2010). 「2011년도 지방자치단체 예산편성운영기준 및 기금운영계획수립 기준」

■ 행정안전부.(2019). 「2020년도 지방자치단체 예산편성운영기준 및 기금운영계획수립 기준」.

■ 행정안전부 · 한국지방행정연구원.(2019). 「FY2018 지방자치단체 재정분석 종합보고서」.

■ 행정안전부.(2020). 「2020년도 지방자치단체 통합재정 개요[상]」.

■ 伊東弘文.(1992). 「入門地方財政」.東京: ぎょうせい

■ 宮本憲一.(1991). 「補助金の政治經濟學」. 東京: 朝日新聞社.

■ Bordignon, Massimo.(2000). "Problems of Soft Budget Constraints in Intergovernmental Relationships: The Case of Italy." Research Network Working Paper #R398, Inter-American Development Bank.

■ Bureau for Gender Equality.(2006). "Overview of Gender-responsive Budget Initiatives." July 22.

■ Chari, V. V., Jones, L., & Marimon, R.(1997). "The Economics of Split-Ticket Voting in Representative Democracies." American Economic Review, 87: 957-976.

■ Dewatripont, Mathias & Roland, Gerard.(1999). "Soft budget constraints, transition and financial systems." Memio., ECARE.

■ Gramlich, Edward M.(1976). "The New York City Fiscal Crisis: What Happened and What is to be Done." The American Economic Review, 66(2): 414-429.

■ Inman, R.(2003). "Transfers and Bailouts:Enforcing Local Fiscal Discipline with Lessons from U.S. Federalism." In Jonathan Rodden et al.(ed.), Fiscal Decentralization and the Challenge of Hard Budget Constraints, 35-83. Cambridge, Massachusetts: The MIT Press.

- Kornai, Janos.(1986). "The Soft Budget Constraint." Kyklos, 39: 3-30.
- Kornai, Janos.(1979). "Resource-Constrained Versus Demand-Constrained System." Econometrica, 47: 801-819.
- Maskin, Eric.(1996). "Theories of the Soft Budget-Constraint." Japan and the World Economy, 8(2): 125-133.
- Mills, Edwin S. and Hamilton, Bruce W.(1984). Urban Economics (3rd. ed.), Glenview, Illinois: Scott, Foresman and Company.
- Oates, W.(1972). Fiscal Federalism. New York: Harcourt Brace, Jovanovich, Inc.
- Olson, M., Jr.(1965). The Logic of Collective Actions: Public Goods and the Theory of Groups. Cambridge: Harvard University Press.
- Rodden, Jonathan.(2003). "Federalism and Bailouts in Brazil." In Jonathan Rodden et al.(ed.), Fiscal Decentralization and the Challenge of Hard Budget Constraints, 213-248. Cambridge, Massachusetts: The MIT Press.
- Rodden, Jonathan, Eskeland, Gunnar S., & Litvack, Jennie(ed.)(2003). Fiscal Decentralization and the Challenge of Hard Budget Constraints. Cambridge, Massachusetts: The MIT Press.
- Sintomer, Yves, Carstew Herzberg and Anja Roecke.(2008). "Participatory Budgeting in Europe: Potentials and Challenges." International Journal of Urban and Regional Research, 32: 164-178.
- Sousa Santos, de Boaventura.(1998). "Participatory Budgeting in Porto Alegre" Politics & Society, 26:461-510.
- Tiebout, Charles M.(1956). "A Pure Theory of Local Expenditures." Journal of Political Economy, 64(5): 416-424.
- Tullock, G. (1993). Rent Seeking. Brookfield: Edward Elgar Publishing Company.
- Vigneault, Marianne. (2005). "Intergovernmental Fiscal Relations and the Soft Budget Constraint Problem." Working Paper 2005(2) IIGR, Queen's University.
- Wampler, Brian.(2007). Participatory Budgeting in Brazil. University Park: The Penn State University Press.
- Webb, Stephen B. (2003). "Argentina: Hardening the Provincial Budget Constraint." In Jonathan Rodden et al.(ed.), Fiscal Decentralization and the Challenge of Hard Budget Constraints, 189-212. Cambridge, Massachusetts: The MIT Press.

- Wildavsky, Aaron.(1961). "Political Implications of Budgetary Reform." Public Administration Review, 21: 183−190.
- Wittman, D. 1988. "Why Democracies Produce Efficient Results?" Journal of Political Economy, 97: 1395−1424.

Local · Public · Finance

제15장

지방교육자치기관의 성격과 재정구조

제1절 지방교육자치기관의 성격과 구성

1. 지방교육자치기관의 성격

우리나라의 지방교육자치제는 1948년 미군정시에 선포된 지방자치법을 토대로 도입되어 1961년 5·16 이전까지 실시되었다. 그러나 교육자치제는 5·16 이후 줄곧 중단되었다가 지방자치 실시와 더불어 1991년에 부활되었으며,[1] 현재는 집행기관 구성에 있어서 지방 일반행정과 분리된 채로 운영되고 있다. 현행 교육자치제는 "지방자치단체의 교육·과학 및 체육에 관한 사무를 분장하기 위하여 별도의 기관을 둔다"라는 지방자치법 제121조 제1항의 규정에 따라 지방 일반자치단체로부터 독립된 분리형 지방교육자치기관인 교육청의 형태로 운영되고 있다.

---

1) 교육자치제의 발전과정에 관해서는 남정걸(2001: 100-105)을 참고하기 바란다.

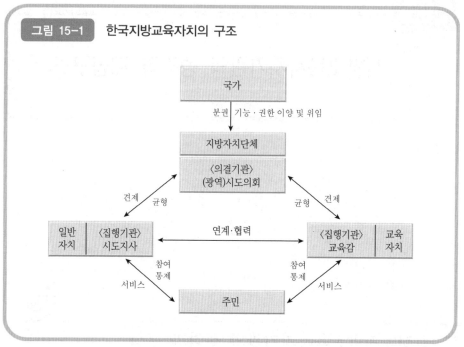

그림 15-1 한국지방교육자치의 구조

출처: 이인회·고수형.(2014) 재구성

1991년 3월에 제정된 지방교육자치에 관한 법률은 지방자치단체의 교육·과학 및 체육에 관한 사무를 특별시·광역시·도의 사무로 규정하였다. 이에 따라 각 광역자치단체의 교육청은 [그림 15-1]과 같이 일반자치단체와 분리된 독립적 심의·의결기관의 교육위원회와 집행기관의 교육감으로 구성되었다. 그러나 2010년 7월부터 종전의 교육위원회는 폐지되고2) 교육의원을 중심으로 구성되는 시·도의회의 상임위원회(예, 교육위원회)가 담당하게 됨으로써 교육행정과 일반행정 간의 통합을 위한 긴 여정의 첫걸음이 시작되었다. 이후 교육의원 선거 일몰제(2014년 6월 30일)에 따라3) 2014년 7월 1일부터 시·도의회 내의 상임위

---

2) 이와 같은 조치는 2006년의 지방교육자치법 개정에 따른 것이며, 제주도의 경우는 2006년 7월 1일부터 제주특별자치도라는 단층제 형태의 지방정부로 전환됨에 따라 다른 광역자치단체와는 달리 2006년부터 실시되었다.

3) 이러한 조치에도 불구하고 제주도는 제주특별자치도설치 및 국제자유도시조성을 위한 특별

원회가 교육·학예에 대한 사무의 심사·의결을 담당하고 있다. 시·군·구 단위
에 설치되어 있는 지역교육지원청은 자치기관이 아니라 각 시·도 교육청의 하
부행정기관이다.

시·도 교육청은 교육재원 조달을 위한 과세권을 갖지 못하며, 지방자치단
체가 징수한 지방교육세를 지방자치단체 교육비특별회계를 통하여 전액 수령한
다. 시·도 교육청은 해당 지방자치단체로부터 지방교육세 이외에도 법률로 정
해진 법정전입급(法定轉入金)과[4] 경우에 따라서는 주민의 교육여건 개선을 위한
공공도서관 운영지원비 등의 비법정전입금을 지원받기도 한다.

미국의 경우, 교육에 관한 업무는 전적으로 주정부의 권한에 속한다. 주의
회는 연방 또는 주의 헌법에 반하지 않는 범위 내에서 교육에 관한 입법의 전권
을 보유한다. 주의회는 주법에 따라 교육위원회와 교육구 교육위원회에 규칙(r-
ule, regulation) 또는 조례(by-law) 등의 제정권(quasi-legislative or regulatory power)
및 행정권을 위임하고 있다(한국교육개발원, 2014: 50).

미국 주정부의 교육자치 구조는 교육위원회(State Board of Education), 교육감
(Chief State School Officer, State Superintendent, Commissioner of Education), 교육청(State
Department of Education)으로 되어 있다. 교육자치의 기관구성은 각 주정부에 따라
다르지만 전체 50개 주 중에서 40개 주는 [표 15-1]에서처럼 크게 네 가지 유
형으로 구분된다. [표 15-1]에서 유형 I 은 주민이 선출한 주지사가 교육위원회
를 임명하고 교육위원회가 교육감을 임명하는 형태이고, 유형 II 는 주민이 주지
사와 교육위원회를 선출하고 선출된 교육위원회가 교육감을 임명하는 형태이
며, 유형 III 은 주민이 주지사와 교육감을 선출하고 주지사가 교육위원회를 임명
하는 형태이고, 마지막으로 유형 IV 는 주민이 주지사만을 선출하고 주지사가 교
육위원회와 교육감을 임명하는 형태이다(이인회·고수형, 2014: 153).

법에 의해 현재도 교육의원 제도를 유지하고 있다.
4) 법정전입금과 비법정전입금 등에 관한 사항은 본서의 제16장을 참고하기 바란다.

| 표 15-1 | 미국 주정부 교육자치 기관 구성 방법 |

유형	구성방법	주(State)
I	주민이 선출한 주지사가 교육위원(회)을 임명하고, 교육위원회에서 교육감 임명	Florida, Illinois, Kentucky, Maryland, Massachusetts, Missouri, 등 12개주
II	주민이 주지사와 교육위원(회)을 선출하고, 교육위원회에서 교육감 임명	Colorado, Nevada, Utah, Michigan 등 8개주
III	주민이 주지사와 교육감 선출, 주지사가 교육위원(회)을 임명	California, Georgia, North Carolina 등 11개주
IV	주민이 주지사만 선출하고, 주지사가 교육위원(회)과 교육감 임명	New Jersey, Virginia, Pennsylvania 등 9개주

출처: 이인회 외(2014) 재구성, Education Commission of the States[5]

우리나라에서는 지방교육자치와 지방일반자치 간의 관계 정립에 관해 현재까지 많은 논란이 계속되고 있다. 이승종(2005: 115-119)은 지방교육자치를 교육행정기관의 자치로 보는 관점, 교육주체의 자치로 보는 관점, 지방자치의 일환으로 보는 관점으로 구분하면서 지방교육자치를 지방자치의 틀 안에서 접근해야 할 필요성을 강조한다.[6]

1998년에 출범한 김대중 정부는 2000년부터 교육자치와 일반자치의 통합을 계획하였으나 교육계의 강한 반발로 이를 실현하지 못하였다. 노무현 정부도

---

5) http://ecs.force.com/mbdata/mbquestU?SID=a0i700000009vZE&rep=K12G3&Q=Q0642

6) 교육행정기관의 자치로 보는 관점은 교육의 특수성을 강조하여 다른 것에 우선하여 지방교육행정기관의 분리·독립을 강조하는 것이며, 이러한 견해는 주로 교육계를 중심으로 제기된다. 교육주체의 자치로 보는 관점은 교육현장에서의 교육주체의 자치, 즉 학교자치로 파악하는 것으로서 지방교육행정기관과 일반지방행정기관과의 분리·독립은 부차적 문제라고 생각한다. 마지막으로 지방자치의 일환으로 보는 관점은 앞의 두 견해 모두 지방교육자치를 지방자치의 틀 안에서 접근하지 않기 때문에 지방자치의 본질적 요소인 분권·참여·중립성의 일부 또는 전부를 소홀히 취급하게 되고 결국 지방교육자치의 바람직한 발전을 저해한다고 주장한다. 즉 첫 번째 관점은 분권·참여·중립성 모두를 소홀히 다루며, 두 번째 관점은 분권·중립성의 문제를 소홀히 한다는 관점이다.

일반지방행정과 교육지방행정의 통합을 위한 노력을 기울였지만 반대론자의 벽을 뛰어넘지 못하였다. 교육계를 중심으로 한 반대론자들의 논리는 주로 교육이 갖는 전문성, 정치적 중립성, 자치의 상징성으로 요약될 수 있다.

교육자치는 1961년 5·16 군사정변으로 폐지되었으며, 그 결과 시·군 교육행정의 기능은 시장·군수 산하의 교육과로, 시·도 교육행정의 기능은 시장·도지사 산하의 교육국으로 흡수·통합되었다(남정걸, 2001: 102). 이와 같은 역사적 배경 때문에 교육자치와 일반자치의 통합이 이론적으로 바람직하다는 일부학계의 주장은 마치 교육자치를 정지시키고 교육행정과 일반행정을 통합시킨 5·16 하의 과거체제를 정당화하는 듯한 인상도 주었다고 생각된다. 많은 사람들이 지방자치와 교육자치를 정지시킨 5·16 하의 정치·경제·사회체제는 바람직하지 않은 것으로 간주하기 때문에, 5·16 하에서 단행된 바 있는 일반행정과 교육행정의 통합 그 자체에 대해서 부정적인 시각을 가질 수도 있는 것이다.

현재의 지방교육자치에관한법률 제38조는 "시·도의 교육·학예에 관한 경비를 따로 경리하기 위하여 당해 지방정부에 교육비특별회계를 둔다"라고 규정하고 있다. 각 시·도 교육자치기관인 시·도 교육청의 예산은 곧 해당 광역자치단체의 교육비특별회계로서 결정된다. 교육비특별회계가 광역지방자치단체의 특별회계로서 광역지방의회의 예산심의를 받긴 하지만 그 실질적인 운영은 해당 광역자치단체의 교육청에 의하여 이루어진다.

교육서비스의 효율적 공급을 위해서는 교육자치와 일반자치의 분리여부보다도 교육서비스의 공급과 주민이 부담하는 교육 비용 간의 연결고리의 유무가 더 중요하다. 미국도 우리나라처럼 교육자치와 일반자치가 분리되어 있지만, 교육구가 독자적으로 지방세를 징수할 수 있는 권한이 있어 지방세가 교육서비스에 대한 가격으로서의 역할을 할 수 있다. 그 결과 주민들은 자신들이 부담하는 세금과 교육서비스의 품질 간의 관계에 더 민감해지고, 그것이 교육서비스의 효율적 공급을 가능케 해준다.

우리나라 국민들의 높은 교육열을 고려할 때 교육자치가 주민들의 적극적인 참여 속에 활성화될 수 있는 가능성은 매우 높다. 하지만 현재와 같이 교육서비스와 그것에 대한 일반주민들의 비용부담의식이 연계되어 있지 않은 상황에서의 교육자치는 형식적 자치로 흐를 수밖에 없다. 교육자치기관이 독자적인 조세권을 갖지 못하는 현행의 우리나라 체제 하에서는 상대적으로 교육자치와 일반자치의 통합이 교육서비스 공급의 효율성 증가에 유리하다고 생각된다.7)

우리나라에서의 교육자치에 관한 논의는 '자치'라는 실질적 내용보다도 '형식'에 초점이 맞추어져 왔다는 것이 저자의 생각이다. 왜냐하면 그에 대한 대부분의 논의가 교육서비스에 대한 비용의식의 고취를 통한 교육서비스의 효율적 공급방안에 대한 탐구보다는 기존의 재원조달방안 하에서의 교육행정과 일반행정의 분리여부 그리고 교육위원회의 구성 및 교육감과 교육위원의 선출방식에 대한 탐구위주였기 때문이다.8)

비록 지방교육세가 있지만 그것에 대해 교육청은 아무런 권한도 행사할 수 없고 중앙정부와 지방자치단체의 결정에 수동적으로 따를 뿐이다. 실질적으로 주민들이 교육서비스에 대한 비용의식을 느낄 수 있는 부분은 지방부담 중 교육비특별회계와 주민부담의 두 항목뿐이며 대부분의 재원은 중앙정부와 지방자치단체에 의해서 결정된다.

교육청은 교육이라는 단일항목의 서비스를 생산·공급하기 때문에 여러 가지 다양한 서비스를 공급하는 일반자치단체와는 달리 서비스공급의 효율성에 관하여 논의하기가 상대적으로 용이한 입장에 있다. 따라서 교육자치기관은 '자치'의 이념을 구현하기 적절한 조직이지만 현재와 같은 우리나라제도로는 그러한 이점을 살리기가 매우 어려운 것 같다. 이것과 관련하여 전술한 미국의 교육구(school district)는 우리에게 많은 시사점을 준다.

---

7) 물론 현행처럼 분리된 상태에서 각 지방교육자치기관에 미국처럼 조세권을 부여하는 것도 교육서비스의 효율적 공급을 가능케 하는 한 방편이다. 우리의 경우 외형적으로는 미국식을 택하고 있지만, 실제로는 미국과 전혀 다른 방식으로 운영되고 있다. 따라서 교육서비스의 효율성 제고를 위해서는 형식과 실질이 일치되는 제도의 도입이 요구된다.

8) 이것은 어떤 의미에서 교육자치제도에 관한 개선을 통하여 사회후생의 증진방안을 모색하는 것이 아니라 자신의 입지구축이나 영역확장을 위한 방안을 모색하는 것이 아닌가 하는 의구심을 자아내게 한다.

2. 지방교육자치기관의 구성

지방교육자치기관인 시·도 교육청은 2021년 현재 1개의 특별시, 6개의 광역시, 1개의 특별자치시(세종), 8개의 도, 1개의 특별자치도(제주)에 모두 17개가 설치되어 있다. 지방교육자치제는 1991년에 부활된 이후 교육의 자주성과 전문성 및 지방교육의 특수성을 살리기 위한 목적으로 지방정부의 사무 중 교육·과학·기술·체육 그 밖의 학예에 관한 사무만을 분리시켜, 교육위원회에 심의·의결기능을 맡기고 교육감에게는 집행기능을 맡기는 기관분립형 방식으로 운영되어 왔었다. 이후 2006년의 지방교육자치법 개정에 따라 2010년 7월부터 종래의 교육위원회제도는 폐지되고 그 기능은 시·도(광역)의회의 상임위원회(i.e., 교육위원회)가 맡고 시·도의회 의원의 지위와 권한을 가진 교육의원을 선출하는 등 지방교육자치기관의 구성에 상당한 제도적 변화가 있었다. 그러나 이 같은 교육의원제도는 2010년 도입당시 2014년 6월 30일까지만 유효한 한시적 제도(일몰제)로 도입된 것이기 때문에 2014년 7월부터는 별도의 교육의원제도가 폐지되고 주민직선에 의해서 선출된 시·도의회 의원이 교육·학예에 관한 의안과 청원을 심사·의결하고 있다.[9] 다음에서는 지방교육자치의 의결기관과 집행기관에 대해서 보다 더 구체적으로 고찰하고자 한다.

1) 의결기관의 변천[10]

(1) 교육위원회 제도 도입(1991~2010년)

1991년 지방자치제 부활에 맞추어 교육법에 규정되어 있던 지방교육자치 관련 조항을 분리한 지방교육자치에관한법률이 제정(1991년 3월 8일, 법률 제4347호)되었다. 이 법에는 시·도의 교육·학예에 관한 주요 사항을 심의·의결하기 위하여 시·도에 교육위원회를 설치하고, 교육위원은 시·군 및 자치구의회가 추천한 자

---

9) 제주특별자치도는 지방교육자치에관한법률의 규정에도 불구하고 제주특별자치도설치및국제자유도시조성을위한특별법에 근거하여 '교육의원'을 별도로 선출하여 상임위원회 형태의 교육위원회를 구성하고 있다.

10) 본 내용의 일부는 한국교육개발원(2014) 자료를 참고하여 작성한 것이다.

중에서 당해 시·도의회에서 선출하도록 규정되었다. 그리고 교육·학예에 관한 사무를 집행하는 교육감도 시·도의회에서 선출하도록 규정하고 있었다. 그러나 법률 개정으로 교육위원과 교육감은 학교운영위원 대표에 의해 선출되도록 변경되었으며, 이후 법률 재개정을 통해 학교운영위원 전원에 의한 선출로 변화되었다.

1991년에 제정된 지방교육자치에관한법률에 의한 교육위원회는 지방의회의 위임형 심의·의결기구로 운영되어 왔기 때문에 교육·학예에 대한 최종 의사결정 권한은 지방의회에 있었다. 이로 인해 교육계에서는 교육자치의 수준을 제고하기 위하여 교육·학예에 관한 별도의 독립형 의결기구를 설치해야 한다는 주장이 제기되었다. 다른 한편 교육계 외부에서는 지방의회가 있는데 별도의 교육 관련 의결기구를 구성하는 것은 지방자치법 위반이기 때문에 교육위원회를 지방의회에 통합해야 한다는 주장이 제기되었다.

(2) 시·도의회로의 교육위원회 통합 및 단일화(2010년~현재)

2006년에 지방교육자치에관한법률이 개정됨에 따라 2010년 7월 1일부터 교육위원회의 구성방식이 크게 변경되었다. 종전의 독립된 교육위원회가 폐지되고 시·도의회의 교육 관련 상임위원회(i.e., 교육위원회)가 그 기능을 맡게 되었다. 시·도의회 상임위원회로서의 교육위원회는 비록 예전과 동일한 명칭이 사용되었지만, 그 의미하는 바는 완전히 다르다. 즉 시·도의회 상임위원회로서의 교육위원회는 ① 시·도의회의원과 ② 주민의 보통·평등·직접·비밀선거에 의해서 선출되는 임기 4년의 교육의원으로 구성되며, 이때 교육의원이 과반수가 되어야 한다. 교육의원은 종전의 교육위원회제도 하의 '교육위원'과 신분이 완전히 다르며 시·도의회 의원으로서의 지위와 권한을 갖는다.

여기서 주의해야 할 점은 '교육위원회'라는 용어가 교육자치제부활 이전에도 사용되었고 교육자치제 부활 이후에도 줄곧 사용되어 왔지만 그 의미가 다르다는 것이다. 즉 교육자치제 부활 이전에는 합의제 집행기관으로서의 교육위원회를[11] 지칭하였지만(남정걸, 2001: 105–106), 교육자치제 부활 이후 1991년부터

---

11) 1961년 5·16으로 교육자치제가 폐지된 이후 제3공화국 시절인 1963년 12월 합의제집행기관인 교육위원회가 발족되었으며, 이는 1991년 지방자치제 부활 때까지 존속하였다. 현재의 교

2010년 8월 31일까지는 교육자치기관의 의결기구를 지칭하였고, 앞서 설명하였듯이 2010년 7월 1일부터는 시·도의회 상임위원회로서의 교육위원회를 지칭한다.12)

2010년 7월 1일 이전까지 교육·학예에 관한 중요한 사항은 해당 광역정부 지방의회에서도 심의되었기 때문에 종전의 교육위원회는 완전한 의결기관이라고 할 수 없었다. 즉 지방교육자치에관한법률 제8조는 교육위원회의 의결사항을 11가지로 열거하고 있다.13) 그 중에서 일부 항목은 교육위원회의 결정 후 다시 광역지방의회의 결정을 거쳐야 했기 때문에 그러한 항목에 대해서 교육위원회가 갖는 권한은 종종 심의권이라고 불린 반면, 다른 항목들은 교육위원회의 결정이 곧 광역지방의회의 결정으로 인정되었기 때문에 이에 대해서는 교육위원회가 갖는 권한은 종종 의결권이라고 불렸다. 하지만 2010년 7월 1일 이후부터 시행된 시·도 상임위원회로서의 교육위원회제도 하에서는 전술한 심의권과 의결권의 구분이 별다른 의미가 없게 되었다.

2010년 7월 1일 새로운 교육의원제도가 도입됨에 따라 지방교육자치에관한법률 제11조의 규정에 근거하여 교육위원회(상임위원회)가 행한 의결은 시·도의회 본회의의 의결로 간주되었다. 동법 제11조가 규정하는 교육위원회의 의결사항은 ① 조례안, ② 예산안 및 결산, ③ 특별부과금·사용료·수수료·분담금 및 가입금의 부과와 징수에 관한 사항, ④ 기채안 , ⑤ 기금의 설치 및 운용에 관한 사항, ⑥ 대통령령으로 정하는 중요재산의 취득 및 처분, ⑦ 대통령령으로 정하는 공공시설의 설치·관리 및 처분에 관한 사항, ⑧ 법령과 조례에 규정된 것을 제외한 예산의 의무부담이나 권리의 포기에 관한 사항, ⑨ 청원의 수리와

육위원회는 지방의회와 같은 역할을 하지만 그 당시의 교육위원회는 일종의 기관통합형이라고 할 수 있다.

12) 서로 다른 성격을 지니는 교육위원회가 2010년 7월 1일부터 8월 31일까지 공존하였다. 왜냐하면 2006년 개정된 지방교육자치법에 따라 선출된 교육의원의 임기는 2010년 7월 1일부터 시작되었지만 개정 전의 지방교육자치법에 따라 선출된 교육위원의 임기는 2010년 8월 31일까지였기 때문이다. 따라서 두 달 간 시·도의회의 교육업무를 교육의원과 교육위원이 모두 처리하게 되었고 이들 모두에게 급료가 지급됨으로써 국민의 세금이 낭비되는 결과가 초래되었다.

13) 이 조항은 2014년 6월 30일자로 교육의원제도의 폐지와 함께 현행법에서는 삭제되었다.

처리, ⑩ 외국지방자치단체와의 교류·협력에 관한 사항, ⑪ 그 밖의 법령과 시·도
조례에 의하여 그 권한에 속하는 사항 등이다. 이 중에서 ①에서 ④까지는 종전
의 교육위원회가 심의권을 행사하던 사항이고 ⑤부터 ⑪까지는 의결권을 행사
하던 사항이다.

　　이상과 같이 살펴본 교육위원회와 교육의원제도14)가 2014년 6월 30일자로
폐지되어 역사 속으로 사라지고, 2014년 7월 1일 이후 교육·학예 관련 사무는
광역의회의 일반 시·도의원이 처리하게 되었다. 따라서 교육·학예 관련 사무는
시·도의회의 교육위원회(상임위원회)를 거쳐 본회의에서 최종적으로 심의·의결
하는 절차로 통합 및 단일화가 이루어졌다. 이러한 변화로 인해 지방교육자치에
관한법률 제6조부터 제17조까지는 삭제되었다.

2) 집행기관: 교육감

　　지방교육자치에관한법률 제18조는 시·도의 교육·학예에 관한 사무의 집행
기관으로서 시·도에 교육감을 두도록 규정하고 있다. 현재 교육감은 주민의 보
통·평등·직접·비밀선거에 의해 선출되고 계속 재임은 3기에 한한다. 2006년에
지방교육자치에관한법률이 개정되기 전에는 학교운영위원 선거인단에 의한 선
거로 선출되었지만, 2007년부터 현재와 같은 방식으로 선출되었다15). 국가행정
사무 중 시·도에 위임하여 시행되는 사무로서 교육·학예에 관한 사무는 교육감
에게 위임하여 시행되므로 이 경우 교육감은 국가기관으로서의 지위도 갖는다.

　　현행 지방교육자치에관한법률 제20조는 교육·학예에 관한 교육감 관장사
무를 열거하고 있으며, 그 주요 내용을 분류하여 정리하면 다음과 같다: ① 조례
안의 작성·예산안의 편성·결산서의 작성, ② 교육규칙의 제정, ③ 학교 기타
교육기관의 설치·이전·폐지에 관한 사항, 교육과정의 운영에 관한 사항, 과
학·기술교육의 진흥에 관한 사항, 평생교육 및 그 밖의 교육·학예진흥에 관한

---

14) 제주특별자치도는 제주특별법에 교육의원 관련 내용이 규정되어 있어 2021년 현재, 전국에
　　서 유일하게 교육의원제도를 운영하고 있다.

15) 주민직선교육감은 2007년 2월 14일 부산광역시, 12월 19일 제주특별자치도에서 직선으로 선
　　출되었다. 이후 2010년 6월 지방선거에서는 전국적으로 직선제가 실시되었다.

사항, 학교체육·보건·학교환경정화에 관한 사항, 학생통학구역에 관한 사항, ④ 교육·학예의 시설·설비·교구에 관한 사항, 재산의 취득·처분에 관한 사항, 특별부과금·사용료·수수료·분담금·가입금에 관한 사항, 기채·차입금 또는 예산 외의 의무부담에 관한 사항, 기금의 설치·운용에 관한 사항, ⑤ 소속 국가공무원·지방공무원의 인사관리에 관한 사항, 그 밖에 당해 시·도의 교육·학예에 관한 사항과 위임된 사항.

교육감은 교육·학예에 관한 시·도의회의 의결이 법령에 위반되거나 공익을 현저하게 저해한다고 판단할 때에는 그 의결사항을 이송받은 날부터 20일 이내에 이유를 붙여 재의를 요구할 수 있다. 뿐만 아니라 교육부장관으로부터 재의요구를 하도록 요청받은 경우에도 시·도의회에 재의를 요구하여야 한다. 재의요구를 받은 시·도의회는 재의에 붙이고 시·도의회재적의원 과반수의 출석과 출석의원 3분의 2 이상의 찬성으로 전과 같은 의결을 하면 그 의결사항은 확정된다. 교육감은 재의결된 사항이 법령에 위반된다고 판단되면 대법원에 제소할 수 있다.

교육감은 소관사무 중 시·도의회의 의결을 필요로 하는 사무에 대하여 ① 시·도의회가 성립되지 않거나,16) ② 학생의 안전과 교육기관 등의 재산보호를 위하여 긴급히 필요한 사항으로서 시·도의회가 소집될 시간적 여유가 없거나, ③ 시·도의회에서 의결이 지체되어 의결되지 않을 경우 선결처분(先決處分)을 내릴 수 있다. 교육감이 전술한 이유 때문에 선결처분을 내릴 경우 지체 없이 시·도의회에 보고하고 승인을 얻어야 하며, 만약 승인을 얻지 못하면 그때부터 선결처분은 그 효력을 상실한다.

---

16) 시·도의회의원의 구속 등의 사유로 지방교육자치에관한법률 제12조 또는 지방자치법 제64조(의결정족수)의 규정에 의한 의결정족수에 미달하게 된 때를 말한다.

제2절 지방교육자치기관의 세입구조와 재정현황

1. 지방교육자치기관의 세입구조

앞 절에서 이미 언급하였듯이 현재 우리나라의 지방교육자치는 지방정부의 일반자치(일반행정)와 이원화되어 운영되고 있다. 이와 같이 지방정부의 일반행정과 지방교육행정이 이원화되어 있는 나라는 우리나라와 미국을 제외하고는 매우 드물다. 이웃 일본을 포함하여 대부분의 유럽국가에서는 지방교육행정이 지방정부 일반행정의 범위에 포함되어 있다.

우리나라의 지방교육재정은 「지방교육자치에관한법률」 제38조에서 '시·도의 교육·학예에 관한 경비를 따로 경리하기 위하여 당해 지방자치단체에 교육비 특별회계를 둔다'라고 규정하고 있다. 과세권이 없는 시·도교육청은 일반자치단체의 시·도 일반회계와는 별도인 시·도교육청 특별회계를 두고 국가로부터의 교부금·보조금 수입, 일반자치단체로부터의 전입금 수입, 그리고 자체수입 등을 계리(計理)한다.

지방교육재정 특별회계의 국가지원금은 [표 15-2]에서와 같이 지방교육재정교부금과 국고보조금으로 구성된다. 지방교육재정교부금은 당해연도 교육세법에 의한 국세분 교육세 세입액 중 유아교육지원특별회계법에서 정한 금액을 제외한 금액과 당해연도 내국세(목적세, 종합부동산세, 담배에 부과하는 개별소비세 총액의 100분의 45 및 다른 법률에 따라 특별회계의 재원으로 사용되는 세목의 해당 금액은 제외) 총액의[17] 20.79%를 재원으로 한다. 지방교육재정교부금은 지방교육재정교부금법 제4조의 규정에 따라 보통교부금과 특별교부금으로 나누어지며, 보통교부금은 당해연도 내국세 총액의 20.79%에 해당하는 금액의 100분의 97이고 특별교

---

[17] 내국세란 목적세, 종합부동산세 및 다른 법률에 의하여 특별회계의 재원으로 사용되는 세목의 당해 금액은 제외한 세목을 말한다.

부금은 나머지 100분의 3이다. 지방교육재정교부금 이외에 2019년 12월 31일 지방교육재정교부금법 개정을 통해 증액교부금이 신설되었다. 과거에도 증액교부금이 있었으나 2005년 폐지되었다. 증액교부금은 지방교육재정상 부득이한 수요가 있는 경우에는 국가예산으로 정하는 바에 따라 보통교부금과 특별교부금 외에 따로 증액교부할 수 있도록 규정하고 있다(제3조 제4항). 국고보조금은 시·도교육청이 교육 관련 국가시책사업을 수행할 때 중앙부처로부터 보조받는 금액으로서 매년 그 규모가 다르다.

표 15-2 **지방교육자치기관의 세입구조**

지방교육재정 교육비특별회계 세입	국가 지원금		지방교육재정교부금	보통교부금	당해연도 내국세 총액의 20.79%의 100분의 97, 당해연도 국세분 교육세
				특별교부금	당해연도 내국세 총액의 20.79%의 100분의 3
				증액교부금	수요발생시 결정
			국고보조금		중앙부처의 교육이해 관련 사업
	지방자치단체 전입금	법정전입금	지방교육세		① 취득세의 납세의무자 ② 등록에 대한 등록면허세의 납세의무자 ③ 레저세의 납세의무자 ④ 담배소비세의 납세의무자 ⑤ 주민세 균등분의 납세의무자 ⑥ 재산세의 납세의무자 ⑦ 비영업용 승용자동차에 대한 자동차의 납세의무자
			담배소비세		특별시·광역시 담배소비세액의 45%
			시·도세 전입금		목적세를 제외한 시·도세 총액의 3.6~10%: (특별시 10%, 광역시 및 경기도 5%, 기타 3.6%)
			학교용지 부담금		학교용지확보등에관한특례법 제4조에 의한 일반회계 부담 학교용지 매입비
			지방교육재정교부금보전금		취득세율 인하와 지방소비세 확대에 따라 감소되는 지방교육재정교부금 보전

		교육급여보조금	「국민기초생활보장법」 제43조에 따라 지방자치단체가 지원하는 보조금
		무상교육경비 전입금	고등학교 무상교육 등에 다른 경비로 지자체와 교육청 간의 협의
	비법정 전입금	광역자치단체 전입금	공공도서관 운영비, 학생급식비 및 급식 시설지원금, 교육정보화사업, 기타 교육협력사업 등
		기초자치단체 전입금	
자체수입			입학금 및 수업료, 사용료, 수수료, 자산수입, 이자수입, 기타 수입 등
지방교육채			지방재정법 제11조에 근거하여 재정부족에 보전
기타			순세계잉여금, 보조금 사용잔액, 전년도 이월금
내부거래			회계 간, 회계 기금 간 거래

 지방자치단체로부터의 전입금은 지방교육재정교부금법 제11조에 의한 법정전입금인 지방교육세, 담배소비세 전입금, 시도세 전입금, 학교용지 부담금, 지방교육재정교부금 보전금, 무상교육경비전입금과 지방자치단체(광역정부 또는 기초정부)가 자율적으로 지원하는 비법정전입금으로 구성된다. 법정전입금 중 비교적 규모가 큰 지방교육세는 지방교육재정 확보를 위해 2001년 신설된 지방세로 본세에 부가하여 징수되는 세금(surtax)이다. 지방세법 제151조(과세표준과 세율)에 의한 지방교육세의 과세표준과 표준세율은 취득세(부동산, 기계장비, 항공기 및 선박취득)액의 20%, 등록(자동차에 대한 등록면허세는 제외)에 대한 등록면허세액의 20%, 레저세액의 40%, 주민세 균등분 세액의 10%(다만, 인구 50만 명 이상의 시에서는 100분의 25로 한다), 재산세액의 20%, 자동차 소유에 대한 비영업용 승용자동차세액의 30%, 담배소비세액의 43.99%로 구성된다.

 도를 제외한 서울특별시와 광역시는 담배소비세의 100분의 45에 해당하는 금액을 교육비특별회계로 전출해야 한다. 여기에 덧붙여 서울특별시는 특별시세 총액의 100분의 10, 광역시 및 경기도는 광역시세 또는 도세 총액의 100분의 5에 해당하는 금액, 그 밖의 도 및 특별자치도는 도세 또는 특별자치도세 총액의 1천분의 36에 해당하는 금액을 교육비 특별회계로 전출하여야 한다. 학교용지 매입 부담금은 학교용지확보등에관한특례법에 의해 일반회계(일반자치)가 학교용지 매입비의 2분의 1을 교육비특별회계로 전출해야 하는 법적 의무경비이다.

비법정전입금은 법규로 정해져 있지 않지만 시·도(광역정부) 또는 시·군·자치구(기초정부)가 자치단체 관할 지역 내의 교육·학예의 진흥을 위해 별도로 지원하는 경비이다. 이 같은 비법정전입금으로는 공공도서관 운영비, 학생급식비(친환경 또는 무상급식 포함) 및 급식 시설지원금, 교육정보화 사업, 기타 협력사업비 등이 있다.

교육청 자체수입은 학생이 납부한 납입금과 재산매각 또는 임대 수입 등 지방교육자치기관이 자체적으로 징수·확보하는 수입을 말한다. 교수·학습 활동 수입에는 입학금, 수업료, 지난연도 수업료, 기숙사 및 급식비 수입이 있으며, 행정활동 수입에는 토지사용료, 시설물사용료 등의 사용료와 검정(檢定) 수수료, 제증명 수수료 등의 수수료 수입 등이 있다. 자산수입은 토지·건물의 자산임대 수입과 토지매각 등의 자산매각 수입이 있으며, 이자수입에는 여유자금 예치에 따른 예금이자, 변상금, 위약금, 연체료 등의 잡수입과 전년도 결산 결과 발생한 순세계 잉여금 및 이월금 등이 있다. 기타 수입으로는 지방재정법 제11조(지방채의 발행)에 따라 교육감이 교육·학예 등 분야에 항구적 이익이 되거나 긴급한 재난복구 등의 필요가 있을 때 발행하여 조달하는 지방교육채 수입이 있다. 지방교육채를 발행할 때에는 일반자치단체와 마찬가지로 지방채 발행 한도액 범위에서 시·도의회의 의결을 얻어야 한다. 다만, 외채를 발행하거나 지방채 발행 한도액을 초과하는 지방채를 발행할 경우에는 교육부장관의 승인과 시·도의회 의결을 받아야 한다. 기타 수입으로 순세계 잉여금, 보조금 사용잔액, 전년도 이월금, 내부거래 등이 있으나, 이러한 수입은 회계연도의 변경, 회계 간 거래에서 발생되기 때문에 실질적인 수입이라고 보기 어렵다.

2. 지방교육자치기관의 재정현황

1) 세입현황

지방교육자치기관의 세입은 그 수입의 원천에 따라 의존재원과 자체재원으로 구성된다. 의존재원은 국가와 지방자치단체로부터 이전되는 수입이며, 자체수입은 교육비특별회계의 부담수입이다. 지방교육채와 주민(기관) 부담 등의 수입은 기타 수입으로 분류된다. [표 15-3]은 교육부가 발표한 2020년 본예산의 재원별 수입 현황이다. 이 표에 의하면 2020년 지방교육재정 세입 총액은 739,014억 원으로 이는 2019년 세입보다 4.7% 증가하였다. 2020년 전체 세입 중 중앙정부로부터의 이전수입이 전체의 78.5%(579,949억 원)를 차지하며, 그 대부분은 지방교육재정교부금으로서 전체의 72.4%(535,140억 원)이고 국고보조금은 1.1%(7,966억 원)에 불과하다. 증액교부금은 2020년에 새롭게 도입된 제도여서 2020년 예산에는 편성액이 없다.

지방자치단체로부터의 이전수입 비중은 131,256억 원으로 전체 지방교육재정의 17.8%이다. 이는 2019년 대비 4.3% 증가한 것이다. 2020년 본예산의 세부적 내용을 살펴보면 지방교육세 전입금 9.3%, 담배소비세 전입금 0.8%, 시·도세 전입금 4.1%, 학교용지 일반회계 부담금 0.2%, 지방교육재정교부금보전금 1.5% 등으로 나타났다. 지방자치단체로부터의 비법정이전수입 비중은 전체 세입의 1.9%(13,954억 원)이며, 전년보다 12.0% 증가하였다. 세부내역을 살펴보면 광역자치단체로부터의 전입금이 1.2%, 기초자치단체로부터의 전입금이 0.7%이다. 일반자치단체체로부터 교육청에 오는 세입은 대부분 시·도 광역정부의 법정전입금이 주를 이루고 있다.

지방교육자치기관의 자체수입은 지방교육재정 총액의 1.0%(7,610억 원)로 이 중에서 입학금 및 수업료가 4,176억 원으로 0.6%를 차지하고 있다. 지방교육채는 거의 발행하지 않고 있으며, 전년도 예산으로부터 발생하는 순세계잉여금 수입이 전체 수입의 2.5%(18,401억 원)를 차지하고 있다. 결산상 잉여금과 순세계

| 표 15-3 | 세입 재원별 예산(본예산) 현황 | | | | | (단위: 억 원, %) | |

재원별	'20회계연도(A)		'19회계연도(B)		증감 (A-B)	증감률 (A-B)/B×100
	금액	구성비	금액	구성비		
합계	739,014	100.0	705,960	100.0	33,055	4.7
이전수입	712,736	96.4	677,554	96.0	35,182	5.2
중앙정부이전수입	579,949	78.5	551,215	78.1	28,734	5.2
지방교육재정교부금	535,140	72.4	511,733	72.5	23,406	4.6
보통교부금	527,426	71.4	505,136	71.6	22,290	4.4
특별교부금	7,713	1.0	6,597	0.9	1,116	16.9
증액교부금	0	0.0	-	-	-	-
국고보조금	7,966	1.1	2,004	0.3	5,961	297.4
특별회계전입금	36.834	5.0	37,477	5.3	△634	△1.7
지방자치단체이전수입	131,256	17.8	125,792	17.8	5,463	4.3
법정이전수입(의무)	117,302	15.9	113,331	16.1	3,971	3.5
지방교육세전입금	68,905	9.3	67,449	9.6	1,456	2.2
담배소비세전입금	59,51	0.8	5,781	0.8	169	2.9
시도세전입금	30,290	4.1	27,800	3.9	2,491	9.0
학교용지일반회계부담금	1,142	0.2	2,176	0.3	△1,034	△47.5
지방교육재정교부금보전금	10,793	1.5	9,825	1.4	967	9.8
교육급여보조금	221	0.0	299	0.0	△78	△26.2
무상교육경비전입금	0	0.0	-	-	-	-
비법정이전수입(재량)	13,954	1.9	12,461	1.8	1,492	12.0
광역자치단체전입금	8,643	1.2	7,326	1.0	1,317	18.0
기초자치단체전입금	5,311	0.7	5,136	0.7	175	3.4
기타이전수입	1,531	0.2	547	0.1	984	179.9
민간이전수입	1,443	0.2	460	0.1	984	214.0
자치단체이전수입	88	0.0	88	0.0	0	0.5
자체수입	7,610	1.0	11,164	1.6	△3,553	△31.8
입학금 및 수업료	4,176	0.6	8,042	1.1	△3,865	△48.1

사용료 및 수수료	264	0.0	273	0.0	△9	△3.4
자산수입	432	0.1	575	0.1	△143	△24.8
이자수입	983	0.1	854	0.1	130	15.2
기타수입 등	1,756	0.2	1,421	0.2	335	23.5
지방교육채 및 기타	18,401	2.5	17,242	2.4	1,159	6.7
지방교육세	0	0.0	0	0.0	0	—
기타	18,401	2.5	17,242	2.4	1,159	6.7
순세계잉여금	18,401	2.5	14,242	2.4	1,159	6.7
보조금사용잔액	0	0.0	0	0.0	0	—
전년도이월금	0	0.0	0	0.0	0	—
내부거래	268	0.0	—	—	268	—

※ 교육비특별회계와 기금간의 처리를 위한 내부거래 예산 과목 신설('19회계연도 기준, 적립금처분수입 대체)
출처: 교육부(2020: 8).

잉여금은 전년도 예산에 대한 결산과정에서 나타나며, 이전수입의 초과징수, 세출 불용 등에 의해서 발생된다.

2) 세출현황

정부재정의 세출분류기준에는 여러 가지가 있지만 일반적으로 널리 활용되는 것이 기능별 분류와 성질별 분류이다. 기능별 분류는 국가 및 지방정부가 수행하는 기능을 대항목으로 구분하는 것이다. 현행 기능별 분류는 16개 분야를 중심으로 나누어져 있으며 교육은 그 중의 하나이다.[18] 이 같은 16개 분야의 분류 하에 지방교육재정에 대한 세출은 정책중심의 사업별 분류와 지출대상 품목 중심의 성질별 분류로 구분된다.

(1) 정책중심의 사업별 분류

지방자치단체는 지방의 전략과 정책을 사업에 체계적으로 반영하기 위하여

---

18) 교육은 050이라는 코드가 부여되어 있다.

사업예산제도가 도입된 2008년 회계연도 이후부터 기존 품목 중심의 세출예산 분류체계를 정책사업 중심으로 개편하였다. 지방교육재정의 세출예산에 대한 정책사업은 유아 및 초·중등교육, 평생·직업교육, 교육일반 총 3개의 부문으로 세분된다. 유아 및 초·중등교육의 정책사업으로는 인적자원운용, 교수·학습활동지원, 교육복지지원, 보건·급식·체육활동, 학교재정지원관리, 학교교육여건개선시설이 있고, 평생·직업교육의 정책사업으로는 평생교육과 직업교육이 있으며, 교육일반의 단위사업으로는 교육행정일반, 기관운영관리, 지방채상환 및 리스료, 예비비 및 기타로 구분되어 있다.

[표 15-4]는 2020년도의 정책사업별 세출예산(본예산)을 정리한 것이다. 전체 세출 739,014억 원 중 유아 및 초중등교육 사업에 95.8%(708,286억 원), 평생·직업교육에 0.2%, 교육일반에 3.9%가 투자되고 있다. 이처럼 유아 및 초중등교육 사업과 이를 지원하는 교육일반에 투자되는 세출이 전체 지출의 대부분을 차지한 것은 지방자치법 제9조 제2항에서 '유아원·유치원·초등학교·중학교·고등학교 및 이에 준하는 각종 학교의 설치·운영·지도'를 사무 범위에 규정하고 있기 때문이다. 이러한 규정에 따라 평생·직업교육의 업무는 교육자치기관보다 주로 일반자치단체에 의해 수행된다.

유아 및 초중등교육사업 내의 정책사업을 살펴보면 인적자원운영에 전체 예산의 50.1%, 학교재정지원관리에 16.9%, 교육복지지원에 10.2%, 학교교육여건개선시설에 8.7%, 교수-학습활동지원에 6.4%가 투입되고 있다. 일반자치단체와 달리 교육자치기관의 세출은 인력운영부문 지출이 가장 높게 나타나고 있는데, 인건비는 삭감하기 매우 어려운 항목이어서 인건비 비중이 높은 것은 교육재정의 경직성이 매우 높다는 것을 시사해 준다. 기타, 평생·직업교육과 교육일반 부문은 지방교육재정에서 차지하는 비중이 매우 낮기 때문에 구체적인 설명을 생략하고자 한다.

표 15-4	2020년도 정책사업별 세출예산(본예산)						(단위: 억 원, %)

부분	정책사업	'20회계연도(A)		'19회계연도(B)		증감 (A−B)	증감률 (A−B)×100
		금액	구성비	금액	구성비		
합계		739,014	100.0	705,960	100.0	33,055	4.7
	유아 및 초중등교육	708,286	95.8	661,661	93.7	46,625	7.0
	인적자원운용	370,552	50.1	347,363	49.2	23,189	6.7
	교수−학습활동지원	47,207	6.4	42,481	6.0	4,726	11.1
	교육복지지원	75,469	10.2	73,360	10.4	2,109	2.9
	보건/급식/체육활동	25,379	3.4	24,673	3.5	707	2.9
	학교재정지원관리	125,232	16.9	113,247	16.0	11,985	10.6
	학교교육여건개선시설	64,446	8.7	60,537	8.6	3,909	6.5
	평생·직업교육	1,781	0.2	1,605	0.2	175	10.9
	평생교육	1,637	0.2	1,490	0.2	148	9.9
	직업교육	143	0.02	116	0.02	28	23.9
	교육일반	28,948	3.9	42,693	6.0	△13,746	△32.2
	교육행정일반	9,102	1.2	8,061	1.1	1,042	12.9
	기관운영관리	6,979	0.9	5,561	0.8	1,419	25.5
	지방채상환 및 리스료	9,032	1.2	24,259	3.4	△15,227	△62.8
	예비비 및 기타	3,834	0.5	4,813	0.7	△979	20.3

출처: 교육부(2020: 47).

(2) 성질별 분류

지방교육재정 세출예산 분석에서 가장 기초적으로 사용되는 과목의 구분은 경비의 성질별 구분이다. 성질별 분류는 지출대상 품목을 중심으로 구분되어 있기 때문에 품목별 분류라고도 한다. 성질별 분류는 인건비, 물건비, 이전지출, 자본지출, 상환지출, 전출금, 예비비 및 기타, 내부거래 총 8개 그룹으로 구성되어 있다. 인건비는 교육행정기관 및 각급 학교의 정규직, 무기 계약직 및 기간제 근로자 등의 보수 등을 포함한다. 물건비에는 교육행정기관의 사무관리비, 공공운영비 등을 포함한 일반운영비, 여비, 업무추진비, 직무수행경비 등이 있다. 이전지출은 민간에 대한 보상 및 보조, 자치단체 보육료 지원 등과 같은 민간위탁사업을 위한 지출이다. 자본지출에는 학교교육여건 개선을 위한 학생수용시설, 학교일반시설, 교육환경개선시설과 교육행정기관시설 및 기타 일반사업의 시설사업비 및 자산취득비 등이 있다. 상환지출은 지방교육재정의 채무와 의무부담행위에 소요되는 비용이며, 전출금은 공·사립학교의 학교회계로의 전출금이다. 예비비 및 기타에는 국고보조금 및 지방자치단체 보조금, 기타 지원금 등 집행잔액의 반납금 이 있다.

[표 15-5]는 지방교육재정을 성질별로 구분한 것이다. 2020년도를 보면 인건비가 전체의 60.9%(450,006억 원)로 가장 높고, 공·사립학교 지원을 위한 전출금이 19.9%(147,122억 원)이며, 학교신설 등과 관련된 자본지출이 10.7%, 물건비가 4.0%, 보육료 보조 등을 위하여 민간부문 등으로의 이전지출이 3.8%, 예비비 및 기타 0.5%, 상환지출과 내부거래가 각각 0.1%를 차지하고 있다.

성질별 분류의 그룹별 하위의 편성목별 재원비중을 살펴보면, 인건비 그룹 중 교원 인건비가 39.6%(292,412억 원), 사립학교교직원인건비 8.7%(64,559억 원), 지방교육행정직공무원인건비 5.9%(43,621억 원)를 차지하고 있다. 2020년 인건비는 2019년 예산 대비 5.7% 증가하였다. 물건비 중에는 운영비가 3.6%로 가장 높은 비중을 차지하고 있으며, 물건비는 2019년 대비 19.0% 증가하였다. 이전지출 중에는 만 3~5세아 교육비·보육료 및 방과후과정 관련하여 어린이집 지원비인 자치단체 보육료보조가 2.6%(19,462억 원)로 나타났다. 자본지출 중 건설비가 9.7%(72,013억 원)로 가장 큰 비중을 차지하고 있는데, 건설비는 학교 건물 신축, 증축, 개축에 소요된 건설비, 학교환경개선사업비, 사립학교시설 지원비 등에 소요되는 경비이다. 이어서 전출금은 공립학교 운영비, BTL 운영비, 학교특별교육지원비, 민자사업운영비 등의 공립학교 전출금이 전체 세출예산의 15.0%(111,013억 원), 사립학교 운영비재정결함보조, 사립학교목적사업비, 사립학교BTL운영비, 사립학교특별교육지원비, 사립학교유치원학비지원 등의 사립학교 전출금이 전체 세출예산의 4.9%를 차지하고 있다.

표 15-5 **지방교육재정 성질별 세출예산(본예산)** (단위: 억 원, %)

부분	정책사업	'20회계연도(A)		'19회계연도(B)		증감 (A-B)	증감률 (A-B)×100
		금액	구성비	금액	구성비		
합계		739,014	100.0	705,960	100.0	33,055	4.7
인건비		450,006	60.9	425,573	60.3	24,432	5.7
	교원	292,412	39.6	279,256	39.6	13,156	4.7
	교육전문직원	5,584	0.8	5,239	0.7	345	6.6
	지방공무원	43,621	5.9	42,166	6.0	1,455	3.5
	사립학교직원	64,559	8.7	59,445	8.4	5,114	8.6
	기타직	38,005	5.1	34,126	4.8	3,879	11.4
	맞춤형복지비	5,825	0.8	5,342	0.8	483	9.0
물건비		29,214	4.0	24,744	3.5	4,471	18.1
	운영비	26,706	3.6	22,444	3.2	4,261	19.0
	여비	1,424	0.2	1,265	0.2	159	12.6
	업무추진비	503	0.1	476	0.1	27	5.7
	직무수행경비	81	0.01	77	0.01	5	6.0
	복리후생비 등	500	0.1	482	0.1	18	3.8
이전지출		27,828	3.8	30,906	4.4	△3,078	△10.0
	자치단체 보육료보조	19,462	2.6	19,832	2.8	△370	△1.9
	자치단체 경상보조	1,574	0.2	1,591	0.2	△17	△1.1
	기타 이전지출	6,792	0.9	9,483	1.3	△2,691	△28.4
자본지출		79,253	10.7	70,193	9.9	9,060	12.9
	토지매입비	3,859	0.5	2,348	0.3	1,511	64.4
	건설비	72,013	9.7	36,945	9.1	8,068	12.6
	유·무형 자산취득비	3,236	0.4	2,865	0.4	372	13.0
	기타 자산취득비	145	0.02	1,035	0.1	△890	△86.0
상환지출		900	0.1	12,682	1.8	△11,782	△92.9
전출금 등		147,122	19.9	137,047	19.4	10,075	7.4
	공립학교	111,013	15.0	103,541	14.7	7,472	7.2
	사립학교	36,109	4.9	33,506	4.7	2,603	7.8
예비비 및 기타		3,838	0.5	4,815	0.7	△977	△20.3
내부거래		853	0.1	-	-	853	-

출처: 교육부(2020: 50).

　　향후 지방교육재정은 학생 수의 감소에 따른 교원 등의 인력운영비가 축소될 것으로 예상되는 반면, 취학 전 아동에게 지원하는 교육비와 보육료 지원 등은 증가될 것으로 전망된다. 일반자치재정에서 사회복지 예산의 증가와 함께 SOC 시설 등에 투자되는 자본지출의 감소가 나타난 것과 같이, 지방교육재정에서도 각종 교육복지사업의 확대와 고등학교까지의 무상교육확대에 따른 이전지출이 늘어나는 대신 학교시설 투자와 같은 자산취득에 소요되는 재원투자의 절대 금액 및 비중이 감소될 것으로 보인다. 자체 과세권이 없을 뿐만 아니라 재정의 의존성이 일반자치재정보다 구조적으로 훨씬 심한 지방교육재정의 속성상 세수가 감소하는 시대에 접어들면서 새로운 재정수요에 대한 재원조달의 문제는 새로운 재정과제로 대두될 것으로 보인다.

제16장

지방교육재정지원금의 이론과 실제

제1절 지방교육재정교부금 제도 개관

1. 지방교육재정지원금의 구성

일반적으로 우리나라에서 정부지원금제도라고 하면 지방교부세·국고보조금 그리고 1991년에 도입되어 2005년까지 존속하였던 지방양여금 등을 연상하게 된다. 이와 같이 정부지원금제도를 논의할 때 지방교육재정지원금이 비교적 소홀히 다루어져 온 것은 교육자치가 일반자치와 분리되어 있기 때문인 것 같다. 하지만 지방교육재정지원금(local educational grant-in-aids)도 하위정부에 대한 상위정부 지원금의 일종이며, 단지 그 적용분야가 교육에 한정되어 있을 뿐이다. 교육이 차지하는 중요성을 감안한다면 이러한 분야에 보다 많은 관심이 주어져야 하며, 지방교육재정지원금도 일반적인 형태의 지원금제도와 같은 맥락에서 고찰되어야 할 것이다.

우리는 정부지원금제도의 이론적 논거로 효율성의 증진·형평성의 증진·부정적 간섭주의(paternalism)에 의한 가치재의 공급 등을 열거하였다. 이 같은 이론적 논거는 지방교육재정지원금의 경우에도 그대로 적용된다. 교육은 공공재로서의 기능을 갖기 때문에 교육서비스의 효율적 공급을 위해서 국가의 지원이 요구된다. 또한 지방정부 재정이 열악하고 지역 간 재정력 격차가 존재하기 때문에 공평한 교육서비스 공급을 위해서도 국가의 관여가 필요한 것이다. 뿐만 아니라 교육은 국가의 백년지대계(百年之大計)이기 때문에 국가적 차원에서 장려하기 위해 국가의 재정지원이 요구되는 것이다.

지방교육재정지원금제도에는 지방교육재정교부금과 국고보조금의 두 가지가 있다. 이들 각각은 여러 가지 면에서 일반행정의 지방교부세·국고보조금과 대응된다. 일반행정의 지방교부세는 행정안전부가 주무부서로서의 역할을 하지만, 교육행정의 지방교육재정교부금은 교육부가 그러한 역할을 한다. 일반 지방정부의 정부지원금에서 국고보조금은 지방정부의 전체 재원에서 상당히 중요한 비율을 차지하고 있지만,[1] 지방교육재정지원금에서 국고보조금이 차지하는 비율은 1.0% 미만에 불과하다.

지방교육재정에 있어서 정부간재정관계는 중앙정부로부터의 지방재정교육교부금 및 국고보조금과 일반자치단체인 시·도로부터의 시·도전입금으로 파악될 수 있다. 2004년부터 2018년까지의 지방교육재정 세입금 결산액을 살펴보면, 전체 세입금은 2004년 331,435억 원에서 2018년 788,365억 원으로 14년 동안 137.9%(456,930억 원), 연평균 6.4% 증가하였다. 이 중 중앙정부이전수입은 2004년 216,874억 원에서 2018년 565,633억 원으로 동 기간 중 160.8%(348,759억 원), 연평균 7.1% 증가하였다. 일반자치단체(시도 및 기초)로부터의 전입금은 2004년 63,944억 원에서 2018년 135,758억 원으로 동 기간 중 112.3%(71,814억 원), 연평균 5.5% 증가하였다. 이에 반해 수업료 등 순수 자체수입과 지방채, 전년도 결산으로부터의 이월금이 포함된 자체수입은 동 기간 중 101.8%(36,357억 원), 연평

---

1) 2018년 기준(일반회계), 국고보조금이 지방정부의 전체 지방재정 수입에서 차지하는 비중은 25.8%이다.

균 3.9% 증가에 머물렀다. 각 기간별 전체적 추이를 살펴보면, 중앙정부로부터의 이전된 지방교육재정교부금의 비중이 전체 지방교육재정의 70% 내외를 차지하고 있으며 연평균 증가율도 지방정부로부터의 전입금이나 자체수입보다도

표 16-1	지방교육재정 세입 구조					(단위: 억 원)	
연도	합계	중앙정부이전수입		지방정부전입금		자체수입	
		금액	비중	금액	비중	금액	비중
2004	331,435	216,874	65.4%	63,944	19.3%	50,617	15.3%
2005	344,794	238,555	69.2%	60,156	17.4%	46,083	13.4%
2006	347,413	248,169	71.4%	65,045	18.7%	34,198	9.8%
2007	387,000	272,367	70.4%	72,779	18.8%	41,853	10.8%
2008	454,937	332,292	73.0%	80,253	17.6%	42,393	9.3%
2009	481,294	309,661	64.3%	78,213	16.3%	93,420	19.4%
2010	484,826	325,672	67.2%	79,111	16.3%	80,043	16.5%
2011	517,030	363,112	70.2%	86,380	16.7%	67,539	13.1%
2012	549,341	394,009	71.7%	91,588	16.7%	63,744	11.6%
2013	572,576	410,696	71.7%	92,467	16.1%	69,413	12.1%
2014	605,164	409,780	67.7%	102,889	17.0%	92,495	15.3%
2015	623,605	400,888	64.3%	110,824	17.8%	111,893	17.9%
2016	660,979	438,345	66.3%	120,511	18.2%	102,124	15.5%
2017	724,435	506,774	70.0%	130,255	18.0%	87,406	12.1%
2018	788,365	565,633	71.7%	135,758	17.2%	86,974	11.0%
연평균 증가율	6.4%	7.1%		5.5%		3.9%	

주: 1) 시·도교육비특별회계 결산기준임
　　2) 중앙이전수입은 지방교육재정교부금과 국고보조금, 시도전입금은 법정·비법정 전입금이며 자체수입은 자체수입, 지방교육채, 이월금임.
출처: 한국교육개발원. 「2018년 교육통계연보」.

크게 나타나고 있다. 이러한 점을 볼 때, 지방교육재정은 국가재정, 즉 중앙정부의 국세 세입에 따라 지원되는 지방교육재정교부금의 증감에 따라 큰 영향을 받는 다는 것을 알 수 있다. 이와 함께 고등학교 무상교육 등으로 인해 자체세입의 감소는 더 커질 것으로 예상된다.

2. 지방교육재정교부금제도의 발전과정

현재의 지방교육재정교부금법은 1958년에 제정된 의무교육재정교부금법과 1963년에 제정된 지방교육교부세법을 통합하여 1971년에 제정되었다. 동법의 목적은 지방자치단체가 교육기관 및 교육행정기관을[2] 설치·경영함에 필요한 재원의 전부 또는 일부를 국가가 교부하여 교육의 균형 있는 발전을 도모하기 위한 것이다. 1971년에 두 법을 통합하게 된 것은 다음과 같은 두 가지 이유 때문이라고 한다. 첫째, 그 당시 중학교 무시험제 실시로 희망자 전원이 중학교에 진학하게 됨에 따라 중등교육기관이 급격하게 팽창 되었고, 둘째, 세계적 추세에 따라 중등교육재정수요에 부응하고 의무교육의 정상화를 위해 재정수요를 효율적으로 배분·사용해야 할 필요성이 대두되었다(한국개발연구원, 1991: 127).

지방교육재정교부금법은 제정 이후 여러 차례의 개정이 있었지만 여기서는 주목할 만한 제도적 변화가 수반된 개정만 간략하게 살펴보려고 한다. 먼저 제정 당시의 지방교육재정교부금법은 보통교부금과 특별교부금으로 구분되어 있었다. 전자의 재원은 ① 당해 연도 의무교육기관의 교원봉급[3] 전액, ② 당해 연도 공립의 각급 학교[4] 교원 봉급의 반액, 그리고 ③ 당해 연도 내국세 총액의 11.8%에 해당하는 금액으로 구성되었고, 후자는 내국세 기여분의 10% 규모로 구성되었다. 따라서 당시 지방교육재정교부금에 대한 내국세의 기여는 총액의 12.98% 규모였다. 한편 지방자치단체의 교육비부담과 관련하여 동법 제11조는

---

2) 그 소속기관도 포함된다.
3) 모든 수당까지 포함한다.
4) 서울특별시가 설치·운영하는 학교의 교원은 제외된다.

"국가가 부담하는 교원봉급을 제외한 공립 각급 학교 교원의 봉급은 당해 지방
자치단체가 부담하되,[5] 서울특별시 및 부산시의 경우에 있어서는 일반회계의
전입금으로 충당한다"로 규정하고 있다.

1972년 8월 3일에 발표된 경제의 성장과 안정에 관한 대통령긴급명령 때문
에[6] 내국세 총액의 일정 비율로 연동되어 있던 지방교육재정교부금의 법정교부
율제도의 효력이 중지되었다. 이에 따라 8·3조치가 해제된 1982년까지 매년 국
가예산에서 교육재정교부금의 규모가 결정되었다. 법정교부율제도가 그 효력이
중지된 1973년부터 1982년 4월 8·3조치가 해제될 때까지의 10년 동안 내국세
의 약 10.55% 정도만 지방교육재정교부금재원으로 이전되어 약 4,650억 원의
세입결손이 초래되었다. 이러한 재정감소 때문에 교육시설투자가 급감하여 교
육여건이 매우 악화되었고, 그 결과는 곧바로 과밀학급·과대학교·이부제(二部
制)수업·노후교실 등의 증가로 나타났다(송기창·윤정일, 1997: 263).

1982년 4월 3일 개정된 동법의 주요 내용은 다음과 같다. 8·3조치가 해제
됨에 따라서 지방교육재정교부금 중 보통교부금의 재원은 ① 당해 연도 의무교
육기관 교원봉급의[7] 전액, ② 당해 연도 의무교육기관을 제외한 공립 각급 학
교의[8] 교원봉급의 반액, ③ 당해 연도의 내국세[9] 총액의 11.8%, ④ 당해 연도
의 교육세에 해당하는 금액으로 하도록 한다는 것이었다. 종래까지 법정교부율
로 규정되었던 특별교부금의 재원도 매년 국가예산으로 정하도록 규정되었
다.[10] 한편 교육비에 대한 지방자치단체의 부담에 관한 규정도 "국가가 부담하

---

5) 일반자치단체가 부담한다는 것은 교육비특별회계의 다른 수입으로 부담한다는 의미이다. 교
   육비특별회계는 어디까지나 일반자치단체의 특별회계이기 때문에 비록 수업료 등과 같은
   해당 교육청의 자체수입으로 부담한다고 해도 그것은 결국 일반자치단체의 수입으로 간주
   된다.
6) 이 긴급명령은 통상적으로 '8·3조치'로 불렸다.
7) 종전에는 봉급과 함께 지급되는 모든 수당까지 포함되었다. 그러나 법개정에 따라 봉급액을
   기준으로 하여 지급액이 산정되는 기말수당과 정근수당만 포함된다.
8) 서울특별시가 설립·경영하는 학교의 교원은 제외된다.
9) 목적세인 방위세와 교육세는 제외된다.
10) 지방교부세의 경우도 8·3조치 때문에 법정교부율제도가 일시적으로 중지되었지만, 8·3조치
    의 효력이 중지됨에 따라 부활되었다. 지방교부세의 경우 법정비율이 종래의 17.6%에서
    13.27%로 감소하였고, 특별교부세도 법정교부율제도로 복귀하였으며, 증액교부금제도가 도

는 교원의 봉급을 제외한 보수는 당해 지방자치단체의 교육비특별회계에서 부담하되, 서울특별시 및 부산직할시에 있어서는 교육비특별회계에서 부담하는 보수 중 봉급에 한하여 당해 지방자치단체의 일반회계전입금으로 충당한다"로 변경되었다.

1988년 12월 31일에 개정된 동법의 주요 내용은 다음과 같다. 즉 지방세법 개정에 따라 담배 관련 수익금 및 담배판매세가 담배소비세로 통합되어 지방세로 되었고, 이에 따라 지금까지 담배에 부과되었던 교육세만큼 교육재정교부금 재원에 결손이 발생하였다. 동법의 개정은 이러한 결손액을 보전하기 위한 것으로서 지방자치단체의 교육비 부담을 위하여 "서울특별시 및 직할시(현, 광역시)는 담배소비세의 30퍼센트에 해당하는 금액을 매 회계연도 예산에 교육비특별회계 전출금으로 계상하여야 하며, 추가경정예산에 의하여 담배소비세의 증감이 있을 경우에는 전출금도 이를 증감하여야 하고, 담배소비세 예산액과 결산액의 차액으로 인한 전출금의 차액은 이를 늦어도 다음 연도의 예산에 계상하여 정산하여야 한다"는 새로운 항목이 추가 되었다.

1990년 12월 31일에 개정된 동법의 주요 내용은 지방교육양여금제도가 도입됨에 따라 개정된 국세와 지방세의 조정에 관한 법률과 연관된 사항을 정비하는 것으로서 ① 지방교육재정교부금의 교부범위의 변경, ② 지방교육양여금제도의 도입에 따른 지방교육재정교부금재원의 조정, ③ 특별교부금제도의 법정화와 증액교부금제도의 도입, ④ 지방자치단체의 교육비부담에 관한 사항의 변경 등으로 요약된다.

이전까지 지방교육재정교부금의 교부범위는 의무교육기관의 교원봉급 전액 등과 같이 몇 개 항목으로 구체적으로 정하여져 있었지만, 앞으로는 지방교육재정의 기준재정수입액이 기준재정수요액에 미달하는 지방자치단체에 대하여 그 미달액을 기준으로 교부하도록 바뀌었다. 종전까지 교육세 전액이 교부금재원이었지만 그것이 지방교육양여금재원으로 바뀌었고 그에 따라 의무교육기관을 제외한 공립중등학교 교원봉급의 50%에 해당되는 부담금액도 삭감되었다.

입되었다는 점에서 교육재정교부금과 다르다.

보통교부금은 당해 연도 의무교육기관 교원봉급 전액과 내국세 기여분[11] 총액의 11분의 10으로 하고, 특별교부금은 내국세 기여분 중 나머지 11분의 1로 함으로써 특별교부금제도는 법정화되었다. 이것과 더불어 국가는 지방교육재정상 부득이한 수요가 있을 경우 국가예산이 정하는 바에 따라 증액교부금을 교부할 수 있게 되었다.[12] 한편 지방자치단체의 교육비부담과 관련하여 의무교육에 관련되는 경비는 교육비특별회계의 재원 중 교부금 및 지방교육양여금으로 충당하지만, 의무교육기관을 제외한 공립의 각급학교교원의 봉급에 관하여 서울특별시는 그 전액을, 부산직할시는 그 반액을 각각 당해 지방자치단체의 일반회계로부터 전입하게 되었다.

1993년 12월 31일에 개정된 동법의 그 주요 내용은 서울특별시 및 직할시의 일반회계에서 교육비특별회계로 전출되던 담배소비세의 전출비율을 기존의 30%에서 45%로 확대하는 것이었다. 이것은 휘발유·경유에 대한 특별소비세를 목적세(교통세)로 전환함에 따른 재정결손을 보충하기 위한 것이다.[13]

1995년 12월 29일에 개정된 동법의 주요 내용은 광역자치단체의 교육비부담에 관한 것이었다. 즉 법 개정 이전까지 광역자치단체의 교육비에 관한 부담은 ① 서울특별시와 부산직할시가 부담하는 의무교육기관을 제외한 공립 각급학교 교원봉급, ② 서울시와 직할시가 부담하는 담배소비세의 두 가지로 되어 있었다. 1995년 12월 개정된 지방교육재정교부금법은 여기에다 광역지방정부인 특별시·광역시·도는 각각 해당 정부 지방세 총액의 2.6%에 해당하는 금액을 교육비특별회계로 전출토록 하는 규정을 추가하였다.[14] 또, 기초지방정부인 시·군·자치구가 상위 지방정부의 장의 승인을 얻어 관할구역 내에 있는 고등

---

11) 내국세의 재원 중 국세와 지방세의 조정에 관한 법률 제5조의 규정에 따라 국가가 지방에 양여한 금액은 제외된다.

12) 우리나라는 10진법을 쓰는 국가인데도 불구하고 무엇 때문에 11분의 10 또는 11분 1과 같은 형식을 취하는지 저자로서는 이해하기 어려운 부분이다. 이러한 사정은 지방교부세의 경우도 마찬가지이다.

13) 왜냐하면 교육교부금의 재원은 내국세의 11.8%인데, 목적세는 내국세에 포함되지 않아 법정 교부비율이 변하지 않아도 실질적인 금액은 상당히 감소되기 때문이다.

14) 이 비율은 1999년에 다시 조정하도록 명시되었다.

학교 이하의 각급 학교 교육에 소요되는 경비의 일부를 보조할 수 있도록 하는 규정도 추가되었다.

2000년 1월 28일에 개정된 동법은 지방교육재정을 안정적으로 확보하기 위하여 초·중등학교에 대한 국가지원 확대, 지방자차단체의 교육투자에 대한 책임과 역할을 제고하기 위한 조항들을 포함하였다. 이에 따라 지방교육재정교부금의 재원은 ① 당해 연도 의무교육기관의[15] 교원봉급과 동법에서 정하는 각종 수당을 합산한 전액, 그리고 ② 당해 연도 내국세[16] 총액의 13%에 해당하는 금액으로 결정되었다. 따라서 내국세 총액의 비율이 약 1.2% 포인트 가량 증가하였다. 한편 서울특별시와 부산광역시만이 부담해 오던 의무교육기관을 제외한 공립 각급 학교 교원봉급 지원의 경우 나머지 광역시와 경기도도 각각 봉급예산의 10%에 해당되는 액수만큼 일반회계에서 부담하게 되었다. 여기에 덧붙여 종전까지 광역지방정부가 목적세를 제외한 지방세 총액의 2.6%를 교육비특별회계에 전출토록 되어 있었으나 그 비율이 3.6%로 인상되었다.

2004년 12월 30일에 개정된 동법의 주요 내용은 ① 교부금의 재원구성과 그 규모, ② 보통교부금·특별교부금·증액교부금의 구성비율과 운영, ③ 광역자치단체의 교육비특별회계 전입구성에 관한 것인데 그 개정 조항들은 2006년 12월 31일까지 한시적으로 적용되도록 규정되어 있다. 2005년부터 지방교육양여금제도가 폐지되기 때문에 그 제도하에서의 세입과 세출이 모두 지방교육재정교부금의 틀 속으로 들어오게 되었다. 따라서 교부금의 재원은 종래의 "당해 연도의 의무교육기관교원봉급전액"이란 항목과 증액교부금 항목을 삭제하는 대신 ① 당해 연도의 내국세[17] 총액의 19.4%와 ② 지금까지의 지방교육양여금 재원이었던 당해 연도 교육세법에 의한 교육세 세입액 전액으로 구성되었다.

보통교부금과 특별교부금의 재원 구성비율도 달라졌으며 증액교부금제도

---

15) 초·중등교육법 제12조 제3항의 규정에 의하여 의무교육 대상자의 교육을 위탁받은 사립학교를 포함한다.

16) 국세와 지방세의 조정 등에 관한 법률 제5조의 규정에 의하여 국가가 지방자치단체에 양여하는 금액은 제외된다.

17) 목적세와 다른 법률에 의하여 특별회계의 재원으로 사용되는 세목의 당해 금액은 제외된다.

는 폐지되었다. 즉 지금까지 보통교부금은 당해연도 의무교육기관교원봉급 전체와 내국세 기여분의 11분의 10이었고, 특별교부금은 내국세 기여분 중 나머지 11분의 1이었다. 그러나 동법 개정에 따라 보통교부금은 교육세 전체와 내국세 기여분의 96%로 하고, 특별교부금은 내국세 기여분 중 나머지 4%로 상당히 줄어들었다.

지방자치단체의 교육비특별회계 전출금도 ① 지방교육세, ② 담배소비세의 100분의 45,[18] ③ 서울특별시는 목적세를 제외한 특별시세 총액의 10%, 광역시 및 경기도는 목적세를 제외한 시세 또는 도세 총액의 5%, 그 밖의 도는 도세 총액의 3.6%로 단순화시켰다. 종전에는 의무교육기관을 제외한 공립 각급 학교 교원의 봉급에 관하여 서울특별시는 100%, 부산광역시는 50%, 부산광역시를 제외한 광역시와 경기도는 10%씩 차등적으로 부담케 했기 때문에 재정여건이 어려운 부산광역시로부터 꾸준한 제도개선의 요청을 받아 왔다.

2006년 12월에 개정된 동법의 주요 내용은 ① 지방교육재정의 안정적 확보를 위해 2008년도부터 내국세 총액의 19.4%로 되어 있던 교부금재원비율을 내국세 총액의 20%로 상향조정하고, ② 기준재정수입액 산정시 지방세를 재원으로 하는 것은 표준세율에 의해 산정한 금액의 80%만 반영하던 것을 전액으로 바꾸었으며, ③ 지방자치단체가 법정전출금 외에 별도의 경비를 교육비특별회계에 전출할 수 있고 또한 광역자치단체도 학교에 직접 경비를 보조할 수 있는 근거를 마련하는 것이었다. 또한 동법은 2010년부터 지방소비세의 도입에 따른 내국세의 교부율을 조정하기 위하여 2010년 1월 1일에 개정되었으며, 내국세 총액의 20%의 비율이 내국세 총액의 20.27%로 인상·조정되었다. 2010년 조정된 교부율은 2018년 중앙정부가 추진하는 재정분권 정책에 따라 지방소비세율을 부가가치세 총액의 11%에서 2019년부터 15%로의 인상에 따른 지방교육재정교부금 감소분을 보전하기 위하여 지방재정교부금 교부율은 2019년부터 20.46%로 인상하였다. 이후 정부는 재정분권정책 추진을 위해 2020년부터 지방소비세율은 다시 21%로 상향하자 이에 따른 지방교육재정교부금 감소분을 보

---

18) 도는 제외된다.

전하기 위하여 2019년 12월 31일 지방교육재정교부금법을 개정하여 교부율을 20.79% 상향하였다. 이와 함께 2019년 12월 3일 '국가는 지방교육재정상 부득이한 수요가 있는 경우에는 국가예산으로 정하는 바에 따라 제1항 및 제2항에 따른 교부금 외에 따로 증액교부할 수 있다'(제3조 제4항)는 증액교부금 항목을 신설하였다.

제2절 현행 지방교육재정교부금 운영과 일반지방 정부와의 재정관계

1. 지방교육재정교부금의 구조

현행 지방교육재정교부금은 2019년 12월 31일에 개정된 법에 근거하여 운영된다.[19) 지방교육재정교부금은 보통교부금, 특별교부금, 증액교부금으로 구성된다. 보통교부금은 ① 교육세법에 의한 당해 연도의 교육세 전액과 ② 내국세 총액 20.79% 중 97%로 구성된다. 한편 특별교부금은 내국세 총액 20.79% 중 3%이다. 2004년 법 개정 이전까지 보통교부금은 의무교육기관 교원봉급 및 각종 수당 전액에 해당되는 봉급교부금, 내국세의 일정 기여분으로 이루어지는 경상교부금, 그리고 증액교부금의 세 부분으로 구성되어 있었다. 이상을 정리한 것이 [표 16-2]이다.

[표 16-2]에서 봉급교부금은 초·중등교육법 제12조 제3항의 규정에 의거하여 의무교육 대상자의 교육을 위탁받은 사립학교를 포함한 당해 연도 의무교육기관에 근무하는 교원봉급과 제 수당을 합산한 전체 금액이다. 이와 같은 재원결정방식은 지방교부세를 비롯한 다른 국고지원금제도에 비하여 다소 특이하

---

19) 2010년 3월에 지방재정교육교부금법이 또 한 차례 개정되었지만 그것은 타법 개정에 따른 조정이었고 전체적인 틀은 2010년 1월에 개정된 법과 동일하다.

종류	2004년 12월 30일 이전제도		현행제도(2020년기준)
보통교부금	봉급 교부금	의무교육기관의 교원봉급 및 각종 수당	① 당해 연도 교육세법에 의한 교육세 전액
	경상 교부금	내국세 총액[21] 13% 중의 11분의 1	② 당해 연도 내국세 총액[20] 20.79% 중의 97%
특별교부금	내국세 기여분 중의 나머지 11분의 1		당해 연도 내국세총액 20.79% 중의 3%
증액교부금	필요에 따라 국가예산에 계상함		재정수요 발생시 증액교부

표 16-2 지방교육재정교부금의 구조의 비교

다. 왜냐하면 대부분의 국고지원금 재원은 특정 사업의 수요액을 전액 반영하는 경우가 드문데 반하여, 봉급교부금의 경우 수요액을 100% 반영하고 있기 때문이다. 이것은 의무교육이 전적으로 국가의 사무라는 논리에서 도출되는 것이라고 할 수 있다. 그렇기 때문에 보통교부금의 주 관심은 경상교부금에 주어졌고, 흔히 보통교부금이라고 할 때는 편의상 경상교부금을 지칭하는 것으로 이해되어 왔다. 그러나 2004년의 교부금법 개정으로 봉급교부금이라는 의미는 사라지게 되었다.

2. 현행지방교육재정교부금의 배분메커니즘

1) 보통교부금

보통교부금의 배분은 해당 교육자치기관의 기준재정수입액(Standard Fiscal Revenue: SFR)이 기준재정수요액(Standard Fiscal Needs: SFN)에 미달하는 경우에 그 미달액을 기준으로 하여 총액으로 배분된다. 이 같은 배분기준을 좀 더 구체적

---

20) 목적세와 종합부동산세 및 다른 법률에 의하여 특별회계의 재원으로 사용되는 세목의 당해 금액은 제외된다.
21) 목적세와 다른 법률에 의하여 특별회계의 재원으로 사용되는 세목의 당해 금액은 제외된다.

으로 나타낸다면 특정 교육자치기관 i의 보통교부금(Ordinary Educational Transfer: OET)은 식 (16-1)과 같이 공식화될 수 있다.

$$OET_i = \max[\alpha \times SFN_i - SFR_i,\, 0]$$

$$\text{such that } \sum_{i=1}^{n} OET_i = T \cdots\cdots\cdots\cdots\cdots\cdots\cdots\cdots\cdots\cdots\cdots\cdots (16\text{-}1)$$

여기서

i: 특정 교육자치기관

α: 주어진 제약조건 T를 만족시킬 수 있도록 조정된 조정률

SFN_i: 특정 교육자치기관 i의 기준재정수요액

SFR_i: 특정 교육자치기관 i의 기준재정수입액

T: 보통교부금의 총재원

하지만 제주특별자치도의 경우 보통교부금은 제주특별자치도 설치 및 국제자유도시조성을 위한 특별법에 따라 (공식 16-1)의 배분메커니즘과는 무관하게 배분된다. 동법에 의하면 지방교육재정교부금법의 규정에도 불구하고 교육부장관이 제주도에 교부하는 보통교부금은 교부금법에 의한 보통교부금 총액의 1.57%로 한다. 그렇기 때문에 보다 엄격히 말한다면 위의 식 (16-1)에서 T는 제주특별자치도의 몫을 제외한 보통교부금 총액이다. 이와 같은 보통교부금의 배분공식은 일반행정의 보통교부세의 배분공식과 기본적인 틀은 동일하다. 얼핏 보면 간단해 보이지만 기준재정수요액(SFN_i)과 기준재정수입액(SFR_i)의 산정은 복잡하다. 기준재정수입액의 산정은 기준재정수요액의 산정에 비하여 상대적으로 용이하다. 다만, 현재 보통교부금은 기준재정수요액에서 기준재정수입액의 차액 전액을 교부하고 있다.

(1) 기준재정수입액 산정

2020년 현재 기준재정수입액의 산정은 지방교육재정교부금법 제11조의 규

정에 따른 일반회계전입금을 위시한 교육·학예에 관한 지방자치단체 교육비특별회계의 수입예상액으로 한다(지방교육재정교부금법 제7조). 이 경우 수입예상액 중 지방세를 재원으로 하는 것은 지방세법의 표준세율에 의하여 산정한 금액으로 하며, 그 밖의 수입예상액의 산정방법은 대통령령으로 정한다.

일반회계로부터의 전입은 지방세법 제151조에 따른 지방교육세에 해당하는 금액, 담배소비세의 100분의 45에 해당하는 금액('도'는 제외), 서울특별시는 특별시세 총액의 100분의 10, 광역시 및 경기도는 광역시세 또는 도세 총액의 100분의 5에 해당하는 금액, 그 밖의 도는 총액의 1천분의 36에 해당하는 금액으로 구성된다(지방교육재정교부금법 제11조).

교부금법 시행령 제5조(기준재정수입액의 산정 등)에 따르면 지방세를 재원으로 하는 수입은 전전년도 지방세 세입결산액에 최근 3년간의 평균 증감률을 적용하여 산출한다. 지방세 및 세외수입의 징수실적 또는 징수전망 등을 기초로 한 세수의 변동요인이 있을 때에는 교육부장관이 기준재정수입액을 보정할 수 있다. 기타 지방세 외의 수입예상액(공립 유치원 및 공립·사립고등학교 수업료·입학금과 학교용지부담금)에 대한 산정기준은 교부금법 시행령 별표 3에 규정하고 있다.

(2) 기준재정수요액 산정

지방교육재정교부금법 제6조에 의하면 특정 교육자치기관(i) 기준재정수요액(SFN_i)은 각 측정항목별로 측정단위의 수치(Measurement Unit: MUi)에 그 단위비용(Unit Cost: UCi)을 곱하여 얻은 금액을 합산한 금액으로 한다. 측정항목 및 측정단위는 대통령령으로 정하고, 단위비용은 대통령령이 정하는 기준의 범위 안에서 물가변동 등을 감안하여 교육부령으로 정하도록 되어 있다. 이 같은 구조의 기본적 골격은 식 (16-2)와 같이 표시될 수 있다.

$$SFN_i = MU_i \times UC_i \quad\quad\quad\quad\quad\quad\quad\quad\quad (16-2)$$

기준재정수요액 측정항목은 [표 16-3]과 같이 교직원 인건비, 학교·교육

표 16-3 보통교부금 기준재정수요액 산정 측정항목 구성

1. 교직원 인건비(교원수, 교원증원수, 교육전문직원수 등 인건비)	
2. 학교·교육 과정 운영비	가. 학교경비 나. 학급경비 다. 학생경비 라. 교육과정 운영비 마. 교과교실 운영비 바. 산업수요 맞춤형 고등학교 운영비 사. 추가운영비
3. 교육행정비	가. 기관 운영비 나. 지방선거 경비
4. 교육복지 지원비	가. 지역 간 균형교육비 나. 계층 간 균형교육비
5. 학교시설비	가. 학교교육환경 개선비 나. 공립학교 신설·이전(移轉)·증설비 다. 개발지구 내 공립 통합·운영학교 신설·이전비 라. 공립유치원 신설 증설비 마. 학교 통폐합에 따른 신설·이전·개축·증설·대수선비 바. 사립학교 이전 건축비 부족분 지원 사. 학교 기숙사 시설비 아. 청사신설 이전비
6. 유아교육비	가. 유아교육비·보육료 지원 나. 유치원 교원 인건비 보조 다. 유치원 교육역량 지원비
7. 방과후학교 사업비	가. 방과후학교 사업지원 나. 자유수강권 지원 다. 초등 돌봄교실 지원
8. 재정결함 보전	가. 지방교육채 상환 나. 민자사업 지급금

자료: 지방교육재정교부금법 시행령 별표 1 재정리.

과정 운영비, 교육행정비, 교육복지 지원비, 교육기관 등 시설비, 유아교육비, 방과후 학교사업비, 재정결함 보전 등 총 8개 항목으로 구성된다.

기준재정수요액은 각 항목별 측정단위와 단위비용을 산정공식에 반영하여 수요액을 산출하여 합산한 후, 재정결함 보전수요와 자체노력수요를 합산한다. 자체노력수요에는 학교·학급 통·폐합 및 신설 대체 이전 지원, 학교신설 민관협력 확대, 외부로부터의 교육투자 유치, 지방채 조기상환 지원, 중등 직업교육 학생 비중 확대지원 등이 포함된다.

2) 특별교부금

특별교부금은 지방교육재정교부금법 제5조의2(특별교부금의 교부)에 의해 교육부가 지방자치단체의 교육행정기관 또는 교육기관에 교부하는 일종의 교부금이다. 특별교부금은 지방교육재정교부금의 재원 중 내국세 총액 20.79% 중의 3%를 그 재원으로 한다.

특별교부금은 ① 전국에 걸쳐 시행하는 교육 관련 국가시책사업으로 따로 재정지원 계획을 수립하여 지원하여야 하는 특별한 재정수요가 있을 때 특별교부금 재원의 100분의 60, ② 기준재정수요액의 산정방법으로 포착할 수 없는 특별한 지역교육현안수요가 있을 때 특별교부금 재원의 100분의 30, ③ 보통교부금의 산정기일 후에 발생한 재해로 인하여 특별한 재정수요가 있거나 재정수입의 감소가 있을 때 특별교부금 재원의 100분의 10에 한하여 교육부장관이 교부한다. 이때 ③의 규정에 의한 금액의 사용 잔액이 예상되는 경우 교육부장관이 지방교육행정 및 지방교육재정의 운용실적이 우수한 지방자치단체에 대한 재정지원의 재원으로 사용할 수 있다(지방교육재정교부금법 시행규칙 별표 1). [표 16-4]는 특별교부금 교부수요와 구성비 및 교부기준을 요약 정리한 것이다.

측정항목과 측정단위 등을 이용하여 정교한 공식에 의해서 산정되는 보통교부금과 달리 특별교부금은 다음과 같은 특징이 있다(한국교육개발원, 2012: 80-82). 첫째, 보통교부금은 교육부가 학교 수, 교직원 수, 학생 수 등을 근거로 기준재정수입액과 기준재정수요액을 산정한 후 그 차액을 보전해 주는 반면, 특

표 16-4		특별교육교부금의 항목별 배분기준
구분	구성비	교부기준
교육 관련 국가시책사업	60%	전국에 걸쳐 시행하는 교육 관련 국가시책사업으로 따로 재정지원계획을 수립하여 지원하여야 할 특별한 재정수요가 있는 때
재해대책수요	10%	보통교부금의 산정기일 후에 발생한 재해로 인하여 특별한 재정수요가 있거나 재정수입의 감소가 있는 때
지역교육현안	30%	기준재정수요액의 산정방법으로 포착할 수 없는 특별한 지역교육현안수요가 있는 때

별교부금은 이 같은 산정공식 없이 교육부가 재량권을 가지고 특별한 재정수요가 있는 지방교육행정기관에 교부한다. 이렇게 교부된 특별교부금은 보통교부금과 달리 특정한 용도에만 사용되어야 하는 비목(費目)의 제한이 있다.

둘째, 특별교부금은 예측할 수 없는 특별한 재정수요 등에 충당할 목적으로 사용된다는 점에서 예비비와 유사한 성격을 가지고 있다. 예비비는 국가재정법 제55조에 따라 중앙예산기관(기획재정부)의 심사, 국무회의의 심의, 대통령의 승인을 거쳐 집행한 후 집행된 내역에 대해 국회의 승인을 받아야 한다. 특별교부금은 이러한 절차적 통제 없이 교육부장관의 재량에 의해서 재원이 배분된다.

셋째, 교육 관련 국가시책사업에 사용되는 특별교부금은 국가시책사업의 수행에 소요되는 재원을 국가가 부담하는 국고보조금과 유사한 성격을 갖고 있다. 국고보조금은 해당 사업이 관계 중앙부처의 예산에 계상되고 필요에 따라 해당 사업에 소요되는 재원의 일정 부분을 국가와 지방이 공동 부담해야 한다. 그러나 특별교부금은 지방교육행정기관의 재정부담 등의 의무가 없으며, 교육부장관의 재량에 의해 사업대상이 예산집행시기에 정해진다.

이상과 같은 점을 종합적으로 고려해 볼 때 특별교부금의 필요성이 어느 정도 인정되지만, 중앙예산기관이나 국회의 통제를 받지 않고 교육부장관이 재량적으로 사업을 선정하고 재원을 배분하기 때문에 예산결정에 있어서 다음과 같은 문제점이 발견되고 있다(감사원, 2008: 12-31). 첫째, 예산심의 과정에서 삭감된 사업을 특별 재정수요라며 특별교부금으로 추진하거나, 확정된 사업을 증액하는 형태로 특별교부금이 지원된다. 이로 인해 교육재정의 효율적 운용이 저해될 수 있고, 또한 기획재정부·국회 등의 예산심의 권한이 약화될 수 있다.

둘째, 정부예산에 반영되기 어려운 사업 또는 지원요건에 맞지 않는 사업들이 특별교부금 대상으로 선정되기도 한다. 사업 중 사전에 수요 예측이 가능하고 시기적으로 정부예산에 반영하여 추진할 수 있는 사업을 정부예산에 반영이 어렵다는 이유로 특별교부금으로 추진하는 사례 등이 발견되고 있다.

셋째, 특별한 지역교육현안 수요 발생여부와 관계없이 시·도 교육청에서 수요 발생을 예측하여 자율적으로 추진하고 있는 학교시설 증·개축 사업 등의 보충재원으로 사용하는 것처럼 시·도 교육청에 나눠 먹기식의 재원 교부가 이루어지고 있다.

넷째, 특별교부금 배분에 있어서 정치적 요인이 작용한다는 것이다(백연기·배정아, 2020: 64). 교육재정 주관 부처인 교육부를 감독하는 국회 교육상임위원회 소속 의원의 수가 많은 시·도교육청에 특별교부금의 예산이 많이 배정된다는 것이다. 이는 지역 소속 국회의원들이 교육부의 업무에 대해 직접적인 영향력이 있기 때문에 각 시·도교육청에서는 국회 교육상임위 소속의원들을 상대로 지역 예산확보나 현안사업을 해결하려는 노력이 특별교부금 배정에 반영된 결과라고 볼 수 있다.

이러한 문제점을 예방하기 위해 특별교부금의 성격을 보다 명확하게 하는 한편 특별교부금의 규모 축소를 통해 교육부와 정치권의 재량을 약화할 필요가 있다. 이러한 예방책과 더불어 특별교부금 사업 선정에 있어서의 투명성제고, 예산의 집행과 철저한 사후관리, 성과평가의 강화와 같은 조치가 요구된다.

3) 증액교부금

증액교부금은 문재인 정부의 대표 교육공약인 고교 무상교육 실시에 소요되는 재원확보를 위해 2019년 12월 3일 지방교육재정교부금법에 "국가는 지방교육재정상 부득이한 수요가 있는 경우에는 국가예산으로 정하는 바에 따라 제

1항 및 제2항에 따른 교부금 외에 따로 증액교부할 수 있다"(제3조 제4항)는 규정을 신설하였다. 고등학교 무상교육은 OECD 36개국 중 우리나라만 유일하게 실시되지 않고 있는 상황이다. 중학교의 고등학교 진학률이 2019년 기준 99.7%(464,717명 중학교 졸업자 중 고교 진학자 463,130명)에 달하고 있는 것은 이미 고등학교 교육이 보편화되었음을 말하고 있다. 따라서 증액교부금의 신설은 고등학교 등의 무상교육 경비 부담에 대한 국가, 지자체의 재정적 의무를 명확히 규정하고 있는 것이다.

증액교부금 신설은 지난 2002년부터 2004년까지 3년 동안 중학교 무상교육 실시를 위해 증액교부금 특례조항을 두었던 전례를 근거로 만들어진 것이다. 지방교육재정교부금법 제14조(2019.12.3. 신설)에 따르면 국가는 초·중등교육법에 따른 고등학교 등의 무상교육에 필요한 비용 중 1,000분의 475(47.5%)에 해당하는 금액을 지방교육자치기관에 증액교부하여야 하며, 시·도 및 시·군·구는 1,000분의 50(5%)에 해당하는 금액을 교육비특별회계로 전출하여야 한다. 지방정부에서 교육청에 지원하는 5% 증액교부금은 지방정부가 그동안 부담하던 교육급여, 한부모가족지원, 농어업인 자녀 학자금 지원 및 공무원 자녀학비 보조수당 등 기존에 고등학교 학비를 지원해 오던 금액을 교육비특별회계로 전출하는 근거를 마련한 것이다. 이번에 신설된 증액교부금은 2020년 1월 1일부터 2024년 12월 31일까지 한시적 효력을 가지는 것으로 법 부칙에 명시되어 있다.

3. 일반지방정부와 지방교육자치기관간의 재정관계

일반지방정부와 지방교육자치기관 간의 재정관계를 이해하려면 우선 양자 간의 법적 지위부터 살펴볼 필요가 있다. 현행 지방자치법 제121조 제1항은 "지방자치단체의 교육·과학 및 체육에 관한 사무를 분장하기 위하여 별도의 기관을 둔다"라고 규정하고 있고, 동조 제2항은 "제1항의 규정에 의한 기관의 조직과 운영에 관하여 필요한 사항은 법률로 정한다"라고 규정하고 있다. 이와 같은 지방자치법 규정에 따라 1991년 3월 지방교육자치에 관한 법률이 제정되었다.

비록 교육자치가 실시되고 있지만 교육자치기관은 일반자치단체와 그 법적
지위가 다르다. 실제 교육자치기관인 시·도 교육청의 재정은 광역자치단체의
교육비특별회계 형태로 운영되고 있으며, 시·도교육청은 지방교육세에 대한 과
세권 및 징수권도 없다. 따라서 일반지방정부와 해당 시·도 교육자치기관 간의
재정관계에서 지방교육재정이 형식적으로는 독립적이지만, 내용적으로는 지방
정부의 재정관계에 크게 영향을 받고 있는 의존적 관계로 파악될 수 있다.

현재 광역자치단체는 일반회계에서 해당 시·도 교육청의 교육비특별회계
에 ① 지방교육세에 해당하는 금액, ② 담배소비세의 100분의 45에 해당하는
금액, ③ 서울특별시는 목적세·주민세 재산분 및 종업원분·특별시분재산세를
제외한 특별시세 총액의 10%, 광역시 및 경기도는 목적세를 제외한 광역시세
또는 도세 총액의 5%에 해당하는 금액, 그 밖의 도 및 특별자치도는 도세 및 특
별자치도세 총액의 3.6%에 해당하는 금액을 전출하여야 한다.

1971년 12월 28일 지방교육재정교부금법이 제정될 때부터 지방자치단체의
부담에 관한 규정이 있었고, 그 이후 법이 개정될 때마다 그러한 부담의 내용이
바뀌어 오늘에 이르고 있다. 교부금법의 개정에 따른 지방자치단체의 부담의 변
천과정에 관해서는 이미 제2절에서 언급하였다. 그 중에서도 가장 획기적인 변
화는 2004년 12월 30일의 법 개정에 따라 의무교육기관을 제외한 공립 각급 학
교 교원봉급에 관한 서울특별시·광역시·경기도의 일반회계전출금의 폐지와 전
출금 구성의 단순화이다.

한편 시·도 교육자치의 장인 교육감은 일반회계로부터의 전입금으로 충당
되는 세출예산을 편성할 때 미리 당해 지방자치단체의 장과 협의하도록 되어 있
다. 뿐만 아니라 1995년 12월 29일의 교부금법 개정에 따라 시·군 및 자치구는
특별시장·광역시장 또는 도지사의 승인을 얻어 대통령령이 정하는 바에 따라
관할구역 안에 있는 고등학교 이하 각급 학교 교육에 소요되는 경비의 일부를
보조할 수 있게 되었다. 특히 2001년 1월 28일의 법 개정에 따라 기초자치단체
장은 광역자치단체장의 승인 없이도 전술한 교육지원을 할 수 있게 되었다.

2006년 12월의 지방교육재정교부금법 개정 전에는 교육청에 대한 지방정

부의 자발적 재정지원의 법적 근거가 취약했고 또한 그 지원도 거의 없었다. 제주특별자치도를 제외한 광역자치단체의 해당 시·도 교육청에 대한 법정지원금은 해당 지방정부의 의지로써 이루어지는 것이 아니라 중앙정부의 정책적 판단에 따라 결정되었다. 지방교육세의 신설이 지방정부의 지방교육비 부담에 대한 의지의 표현이라고는 하지만, 그 신설과정을 살펴보면 지방정부의 의지와는 무관함을 알 수 있다. 왜냐하면 지방교육세는 지금까지 지방세에 부가되어 징수된 국세였기 때문에 지방정부의 재정동원이나 의지와는 전혀 관계가 없었기 때문이다.

시·도 교육청에 대한 광역지방자치단체의 재정지원의지를 살피려면 2001년부터 도입된 지방교육세에 탄력세율을 얼마만큼 적용하는가에서 찾을 수 있다. 그러나 제2절에서 이미 언급하였듯이 2006년 12월 지방교육재정교부금법 제11조 제6항의 개정과 제7항의 신설로써 지방자치단체의 교육에 대한 투자활성화를 위한 법적 근거가 마련되었기 때문에 지방자치단체마다 교육지원에 대한 강도를 달리 할 수 있게 되었다.[22]

경제학적 관점에서 지방자치의 필요성을 말한다면 공공재 공급의 효율성 제고라고 할 수 있다. 초·중등 교육서비스는 대표적인 지방공공재이기 때문에 중앙집권화된 획일적인 방식에 의한 공급보다도 지방자치단체의 자율과 책임에 입각한 분권화된 공급이 바람직하다. 지방자치란 일정한 주민들이 자치체를 구성하여 그 지역 내의 공동문제를 스스로의 부담으로써 처리하거나 그 대표자를 선출하여 처리하는 과정이다. 여기서 스스로의 부담이라는 것은 지역주민의 책임성을 뜻하고 궁극적으로는 공공서비스에 대한 비용의식과 밀접히 연관되며, 대표자를 선택하여 처리한다는 것은 자율성을 뜻하는 것으로 해석될 수 있다. 이런 관점에서 생각해 보면 교육서비스를 현재와 같이 독자적인 과세권도 없는 교육자치기관 체제 하에 일반행정서비스와 별도로 분리하여 공급한다면, 자치의 두 가치인 책임성과 자율성을 살릴 수도 없을 뿐만 아니라 교육서비스의 효

---

22) 전상경·류춘호(2008)는 부산광역시를 대상으로 기초지방정부의 교육재정지원에 관해서 분석하고 있다.

율적 공급도 매우 어렵게 될 것이다.

교육계에서는 '교육의 자주성·전문성·정치적 중립성 및 대학의 자율성은 법률이 정하는 바에 의하여 보장된다'는 헌법 제31조 4항을 근거로 일반행정으로부터의 교육행정의 독립(성)을 교육자치의 중요한 구성요소로 여기며 그것을 교육자치의 핵심이라고 간주한다. 그렇지만 전문성과 자주성을 강조하여 교육자치기관을 별도로 설립하고 교육비특별회계를 설치하도록 하여 일반행정으로부터 교육서비스를 분리시킨 우리의 구조는 다른 국가에서 유사한 사례를 찾아보기 어렵다. OECD 국가 중에서는 교육과 일반행정이 완전히 분리된 사례가 미국의 학교구(school district)라고 생각된다. 하지만 엄밀히 본다면 독립적인 과세권을 갖고 있는 미국의 학교구와 우리의 시·도 교육청은 근본적으로 그 성격이 다르다(박정수 외 5인, 2000: 301-305).

미국은 건국 초기에 정부가 아니라 지역주민이 스스로의 필요에 의해 학교를 설립하고 자녀들을 교육시켰으며, 그 비용은 각자 보유하고 있는 재산에 비례하여 분담하였다. 오늘날 미국이 일반행정조직과는 다른 교육행정조직인 학교구를 형성하고 그 주된 비용은 재산세로써 조달하게 된 것은 바로 이와 같은 역사적 유산에 바탕하고 있는 것이다(Evans, Murray, and Schwab, 1995).

열악한 교육재정을 보충하기 위해서 해당 지방정부의 역할이 강조되어야 한다는 주장이 끊임없이 제기되고 있는데도 불구하고, 그러한 요구가 실현되지 못하는 이유는 무엇일까? 간단히 말하자면 그것은 지방정부가 아무런 권한을 행사할 수 없는 상황에서 재정을 부담할 유인을 갖지 못하기 때문이다. 지역주민들의 입장에서 교육서비스의 효율적 공급을 생각한다면, 교육자치와 일반자치가 통합되든지 또는 현재와 같이 독립된 상태로 남든지 간에 자치의 두 이념인 책임성(특히 비용의식)과 자율성을 보장할 수 있는 제도개선이 모색되어야만 할 것이다.[23]

---

23) 이러한 제도개선에 관한 중·단기적 방안은 박정수 외 5인(2000: 316-322)에 잘 제시되어 있다.

제5편
주요 참고문헌

- 감사원.(2008).「감사결과 처분요구서: 교육과학기술부 특별교부금 운용실태」.
- 교육부.(2020).「2020회계연도 교육비특별회계 세입·세출 본예산 분석결과」. 세종시: 교육부.
- 남정걸.(2001).「교육행정 및 교육경영」. 서울: 교육과학사.
- 박정수 외 5인.(2000).「지방자치환경의 변화에 따른 지방재정조정 제도의 개편방안」. 서울: 한국조세연구원.
- 백연기·배정아.(2020). "지방교육재정 특별교부금 배분의 결정요인으로서의 정치성과 합리성."「지방정부연구」, 23(4): 49-70.
- 송기창·윤정일.(1997).「교육재정정책론」. 서울: 양서원.
- 이인회·고수형.(2014). "한국과 미국의 교육자치구조의 비교."「한국콘텐츠학회」, 14(4): 148-159.
- 전상경·류춘호.(2008). "기초지방정부의 교육재정지원에 관한 연구: 부산시를 중심으로."「한국지방재정논집」, 13(2): 81-110.
- 한국개발연구원. (1991).「한국재정 40년사」. 제3권(재정관련법령 및 주요정책자료).
- 한국교육개발원.(2012).「2012 교육재정백서」.한국교육개발원 수탁연구 CR 2012-51.
- Evans, W. N., S. E. Murray and R. M. Schwab.(1995). "Toward Increased Centralization in Public School Finance." presented at National Tax Association Seminar. (재인용).

찾아보기

저자 약력

민 기
Columbia University in the New York City(행정학 석사, 1993~1995)
University of Kentucky. Lexington, Kentucky(행정학 박사, 1996~2000)
한국토지공사(1986~1993, 1995~1996), 국회사무처(2000~2002),
국무조정실 산업진흥관 국장(2007~2009)
행정고시(2008)·외무고시(2011)·지방직공무원 출제위원(2015, 2019)
한국지방재정학회장(2017), 한국행정학회 부회장(2020)
제주대학교 사회과학대학장·행정대학원장(2017~2019)
(현) 제주대학교 행정학과 교수(2002~2006, 2009~현재)

강윤호
서울대학교 행정대학원 졸업(행정학 석사, 1991~1992)
서울대학교 대학원 행정학과 졸업(행정학 박사, 1996~1999)
Indiana University, Visiting Scholar(2007~2008)
한국해양수산개발원(KMI) 방문연구원(2020)
한국지방정부학회 회장(2021), 서울행정학회 부회장(2020)
대통령직속 정책기획위원회 자문위원(2018~현재), 한국판 뉴딜 국정자문단 위원(2020~현재)
부산광역시 시정연구위원회 위원(2013~현재)
(현) 국립 한국해양대학교 해양행정학과 교수

전상경
서울대학교 행정대학원 졸업(행정학 석사, 1977~1980)
University of Pennsylvania 졸업(정책학 석사 및 박사, 1983~1989)
University of California(Berkeley), Fulbright Research Associate(1994~1995)
The Wharton School, University of Pennsylvania, Senior Fellow(2003~2004)
중국 강소성 사회과학연구원 방문연구원(2009~2010)
한국지방재정학회 「한국지방재정논집」 편집위원장(2004~2005)
한국지방정부학회 「지방정부연구」 편집위원장(2005~2006), 학회장(2008)
(현) 동아대학교 행정학과 명예교수

제5판
현대지방재정론

초판발행	2002년 3월 15일
제5판발행	2021년 1월 10일

공저자	민 기·강윤호·전상경
펴낸이	안종만·안상준

편 집	배근하
기획/마케팅	조성호
표지디자인	이미연
제 작	고철민·조영환

펴낸곳	㈜ **박영사**
	서울특별시 금천구 가산디지털2로 53, 210호(가산동, 한라시그마밸리)
	등록 1959. 3. 11. 제300-1959-1호(倫)
전 화	02)733-6771
f a x	02)736-4818
e-mail	pys@pybook.co.kr
homepage	www.pybook.co.kr
ISBN	979-11-303-1146-3 93350

* 파본은 구입하신 곳에서 교환해 드립니다. 본서의 무단복제행위를 금합니다.
* 저자와 협의하여 인지첩부를 생략합니다.

정 가 32,000원